Souvenirs d'un

[法] 古伯察/著　耿昇/译

voyage dans La Tartarie et Le Tibet

中国藏学出版社

鞑靼西藏旅行记

目　录

第一卷

第二卷

法国遣使会士古伯察的入华之行

（译者代序）

耿　昇

自19世纪中叶后来华的旅行家和探险家中，法国遣使会士古伯察（Régis-Evariste Huc，1813～1860年）穿越整个中国的长途旅行，最具传奇性和神话色彩。他自1839年8月入华，与其会长秦噶哔（Joseph Gabet，1808～1853年）受遣使会主教孟振生（Joseph Martial Mouly，1807～1868年）的派遣，于1841年2月20日离开澳门，并于同年6月17日到达当时法国在华传教区的所在地——北直隶的西湾子（今河北省崇礼县境内），由此出发，经过热河、蒙古诸旗、鄂尔多斯、宁夏、甘肃、青海、西康地区，历时18个月的艰苦旅行，最终于1846年1月29日到达西藏首府拉萨。在拉萨居留近两个月后，清朝驻藏大臣琦善经上奏朝廷获准后，将他们驱逐出藏。古伯察一行于1846年6月初到达西康首府打箭炉（康定），然后又先后经由四川、湖北、江西等省后，于1846年9月末到达广州，最终于同年10月中旬到达澳门。他由此而完成了这次环中国的长途旅行。

古伯察等人的这次旅行，以及由此而引起的中法外交交涉，是19世纪中叶中法关系史，特别是中法文化交流中的一件大事。本文对此略作钩沉，以代本译著之序。

1. 古伯察的早期事迹及其入华旅行之缘起

古伯察家族原籍为法国的蒙唐（Montans），即今塔尔纳—加龙省（Tarn-Garonne）的一个地方。古伯察本人于1813年6月1日生于开吕斯（Caylus），位于蒙他板（Montauban）东北四十多公里处，为其家庭的七个孩子之一，[①]其父原为法军参谋部上尉。为了方便孩

① 雅克玲·泰夫奈（Jacqueline Thévenet）：《西来的喇嘛》，巴黎塞格出版社，1989。

子们接受教育，古伯察的父母全家迁至图鲁兹。古伯察曾先后分别在图鲁兹的小神学院和神学院注册学习，主攻神学和哲学，这为他后来的工作与职业奠定了基础。正是由于这一原因，许多后世研究人员都直言不讳地把这位蒙他板人说成是图鲁兹人。①

古伯察于1836年10月9日在巴黎参加了遣使会②。1838年5月25日，他从图鲁兹的大主教达斯特罗（d'Astros）手中受领神品证书；1839年1月28日由巴黎大主教盖伦（Quélen）晋铎。就在同一天，他高兴地致信父母，宣布他很久以来就想成为传教士的愿望即将兑现："我收到自罗马发来的委任我作为教廷入华传教士的书简，我正准备前往我的传教区。"③这说明他对自己被教廷传信部任命到中国的一个宗座代牧区，感到非常自豪，从而在他那短暂的一生中，开始与中国结下了不解之缘。

2. 古伯察为入华旅行而在澳门作准备

1839年3月6日④，古伯察其两位教友——巴黎与里昂的普里瓦（Privas）和沃特兰（Vautrin），到达位于法国北部英吉利海峡的港口勒阿佛尔（Le Havre），准备乘"阿代玛尔号"（Adhémar）船，起锚扬帆远航中国。"阿代玛尔"号建造于1829年，是一艘双桅横帆船，登记吨位为240吨，吃水深度为15法尺，长40～45米，宽8～9

① 如包世杰（Jean-Marie Vincent Planchet）为其《鞑靼西藏旅行记》版本所写的序言，北京西什库遣使会印书局1924年。

② 遣使会是天主教的修会之一，原来旨在向贫穷地区派遣传教士，故得名"遣使会"；由于它是于1625年由法国人味增爵（Vincent de Paul，1581～1660年）创建于法京，故又被称为"味增爵会"；又因创建于巴黎的圣一辣匝禄（Sain-Lazare）教堂，而被称为"辣匝禄会"。该会在17世纪和18世纪上半叶并不太活跃，活动区域有限，主要是向乡下人、平民、赤贫和病人布道。1773年传入中国。1785年解散耶稣会时，它接管了中国耶稣会传教区的一切财产。1804年5月27日，拿破仑应教皇庇护七世的请求，指定该修会的目标是"管理和主持东方，特别是中国的传教区，而培养和提供传教士"。从此该会活力骤增。古伯察一行正是在此背景下入华的。

③ 雅克玲·泰夫奈：《西来的喇嘛》第1章，《从开吕斯到勒阿弗尔》。

④ 对于古伯察偕一行驶离巴黎的时间，诸家说法有异，包世杰于《鞑靼西藏旅行记》的序言中认为是3月24日，泰夫奈于《西来的喇嘛》中认为是3月3日，伯希和于《秦噶哔和古伯察先生的拉萨之行》中认为是3月6日，本文采纳了伯希和的说法。

米。它以勒阿弗尔为船籍注册港。该船每两年远航亚洲一次，去时运载几名旅客，回程时运回以中国产品为主的大量远东商品，特别是丝绸、茶叶和香料。它虽不及1698年远航中国的法国"海神号"("安菲特利特号"，L' Amphitrite)那样早、那样重要和那样著名，但它在19世纪上半叶的中法经济文化交流中，也曾起过重要作用，故而值得略提一笔①。

"阿代玛尔号"船刚刚于1838年5月16日自远东返航。当时在巴黎的遣使会总司库德旺(Etienne)与船主签订了运送三名新招募会士赴澳门的合同。但由于种种原因，该船直到1839年3月6日才起锚，运载着古伯察一行三人(两名神父和一名修士)向远东驶去。

由于晕船、船上的简陋条件和自然环境的恶化(特别是要经常逆风航驶)，古伯察一行历尽艰辛，历时110天，航程三万多公里，才于1839年6月24日在印度尼西亚的首都巴达维亚(雅加达)停泊靠岸。1839年8月1日，他们一行终于到达了中国的澳门。古伯察后来曾写道："在三个半月间，我们渡过了英吉利海峡、大西洋、太平洋、巽他海峡和中国海，终于在1839年8月1日这一天，到达澳门。"他在从澳门致普罗斯佩尔(Prospère)的书简中指出："我非常喜欢澳门，它在我心中激起了使我永远、永远、永远都会珍爱的记忆。"②

澳门对于遣使会来说也意味深长。因为自耶稣会士自1773年离开之后，北京的主教——葡萄牙方济各会士汤士选(Alexandre de Gouvea)曾要求葡萄牙教省的遣使会士们占据澳门的圣若瑟学院，并根据果阿学院的模式在那里建立一座中国司铎候选人的神学院。从1784年起，在葡萄牙女王玛丽娅一世的财政支持下，这项计划才得以付诸实现。同年，法国国王路易十六也紧急要求派遣法国遣使会士入华，以填补由于耶稣会士被迫撤离而留下的空缺。但在18世纪的澳门，葡萄牙"保教权"的势力尚很强大，以致法国的遣使会士们大都更希望避开澳门，从广州直接进入中国。但在19世纪时情况略有变化，中国内地的传教活动，主要由法国

① 泰夫奈：《西来的喇嘛》，39~41页。
② 包世杰：《鞑靼西藏旅行记》序言。

和意大利天主教士所操纵,福建一带则属于自17世纪以来便盘踞在那里的西班牙的势力范围。整个中国的天主教传教士分别属于天主教四大修会:多明我会、方济各会、巴黎外方传教会和遣使会。所以,从传教士们的观点来看,当时澳门已具有"世界性"的特征了。

法国遣使会士在澳门的定居始于1820年。继湖北和河南教案之后,南弥德(Louis Lamiot)率几个中国青年信徒在澳门避难,从而初创了与葡萄牙圣若瑟神学院有别的法国遣使会神学院的雏形。1831年继任南弥德的陶若翰(Jean-Baptiste Torette),接待了由"阿代玛尔号"船首次运来的法国旅行家与传教士。法国住院住于澳门城的西北,距圣安东(Saint Antoine)教堂不远的地方。

古伯察刚到澳门便迫不及待地为进入中国内地传教而从事多方位的准备。其首当其冲的任务便是学汉语和习汉字,而且还必须是纯正的"官话"。其次是他要学习有关中国的一切知识。正如古伯察到达澳门的一个月之后,于1839年9月6日的一封书简中所指出的那样:"我必须逐渐放弃自己的全部旧习惯,甚至连吃饭和走路的姿态方式也成了我的学习科目。"[①]此外,他还以中国人的习惯穿衣戴帽,自称"天地神人之主"。这一切均是为了将来适应中国传教区的生活。他在澳门还违规而在中国遣使会巡按使陶若翰面前发誓。在获悉其教友董文学(Jeam Gabriel Perbyre,1802~1840年)在武昌被杀身亡(罗马教廷曾将他封圣)的消息后,立即要求穿上这位殉教者的服装,虔诚地赴中国内地(主要是北方的蒙古地区)传教。因为自从法国传教区被从北京驱逐之后,他们便迁到了今内蒙古附近的西湾子。

古伯察入华时,恰逢鸦片战争前后。罗马教廷顽固地坚持抨击中国礼仪,禁止天主教徒尊孔祭祖,禁止外国传教士们穿戴儒装华冠,甚至禁止用汉语作弥撒礼拜仪式。入华传教士们依靠西方殖民列强的坚船利炮,以殖民宗主国政府为靠山,稍后又援引丧权辱国的不平等条约,逐渐开始横行乡里、鱼肉乡民、作恶多端,屡屡爆发"教案"。腐败的清政府对内镇压不遗余力,却无力抵御外辱。虽然自1821年起,在道光皇帝的推动下,《大清律》中加入了禁止

① 该封书简载《教会》(Ecclésia),第207期,71~72页,1966。

西洋人传播天主教的条款，但心有余而力不足。就在这样的背景下，经过精心而又周密的策划，古伯察一行自澳门出发，前往内蒙西湾子传教区。

3. 古伯察一行从澳门到内蒙古的旅行

1841 年 2 月 20 日星期六晚 6 时，古伯察一行乘他们租用的帆船，连夜从珠江口入关，秘密地进入了中国内地。2 月 22 日，古伯察"完全进入了中华帝国。那里本来禁止任何西洋人进入并以处死相威胁"[①]，他详细描述了珠江及其支流西江两岸的风土人情，特别是当时中国的南方门户广州大港。据他记述，广州地区于 1840 年左右约有一百二十万人口，其中 1/3 的人生活在水上。由于他是秘密地进入那里的，所以第一天与第一夜是在一名基督徒的地窖中度过的，自感漂浮在一个新世界的汪洋大海中。23 日夜间，他继续北进，翻过粤赣两省的天然分界线梅岭而进入江西。古伯察进入赣南平原并渡过赣江后，又行进四日，才到达由其初修院中的教友白寿（Pierre Peschaud）主持的一个传教区，此人早于他两年出发赴澳门。遣使会士们自 1838 年才进入江西，江西与浙江两省均由拉谟（Alexis Rameaux）主教主持。当时仅在江西省，便有由 7 名传教士主持 150 多个小基督宗教的会口，传教士们对它们逐一巡视。古伯察在那里与教友共同度过了几天[②]。1841 年 4 月 1 日，古伯察到达江西吉安，下榻于另一位遣使会士拉利伯（Bernard Laribe）的住院，以共同度过复活节，其中包括几名准备送往澳门神学院的青年人。

在离开江西之后，古伯察一行到达了当时由意大利方济各会士控制的湖北。在武昌城外，拜谒两名遣使会传教士刘方济（Clet）和董文学的墓地[③]。武昌的宗座代牧黎佐拉迪（Pizzolati）对此非常

---

① 古伯察 1841 年 4 月 4 ~ 11 日书简，载《遣使会年鉴》第八卷，363 ~ 395 页，1842。

② 古伯察 1841 年 4 月 4 - 11 日的书简，载《谁还在想着鞑靼地区？》，由泰夫奈选编的古伯察书简集，巴黎基美出版社，47 ~ 67 页，1992。

③ 1841 年 9 月 16 日的书简，载《遣使会年鉴》第 8 卷，409 ~ 416 页，1842。

赞成，并让当地的一名青年基督徒充当他的向导。

古伯察再从湖北到河南，一直进入直隶和北京，并且很快又向长城以外的蒙古地区前进了。

4. 古伯察一行在内蒙古的居留

1841 年 6 月 17 日，古伯察一行经过四个多月的中国之行，终于到达了今河北省的崇礼县县治西湾子。西湾子当时有八百多口人，基本都是天主教徒。1829 年，一名中国遣使会士薛玛窦(Matthieu Sué)为逃避北京灭洋教之风潮，带领法国传教区的一批传教士和神学院的学生避难于此。巴黎的遣使会长上们对此地也颇感满意，分别于 1835 年派遣孟振生主教(1835 年 7 月 12 日到达)、1837 年派遣秦噶哔(1837 年 3 月到达)前去支持该传教区。1840 年，内蒙古经过两年附属于满洲宗座代牧区之后，又变成了一个单独的宗座代牧区，古伯察的同乡孟振生成为该地区第一名领衔的宗座代牧主教[1]。古伯察于 1841 年到达西湾子时，内蒙古共有三千多名基督徒，基本上都是为了逃避教案，从北京和内地其他地方迁去的汉人。由于在内蒙古的遣使会士们尚无与中原汉族信徒打交道的经验，所以他们处心积虑地去寻求与其他地方的蒙古人，甚至是与西藏人打交道的机会。这也是古伯察后来赴藏布道的原因之一。

古伯察等在西湾子停留期间，最大的成功是使齐氏和冯氏两名原喇嘛归化为基督徒，其教名分别为冯保禄(Paul)和齐彼得(Pierre)。他们成了西湾子最早的两名蒙古族基督徒。保禄帮助秦神父作翻译，并陪同他到附近地区巡视，尤其是 1839 年赴呼和浩特。彼得则由于其宗教虔诚而被孟振生主教派往澳门，古伯察于 1840 ~ 1841年间曾在那里频频与他交往，而且正是身穿他的中式衣装离开澳门的。

古伯察在西湾子滞留长达近两年，以适应传教区的生活并学习汉语。他们的所谓“传教”工作，不过是作弥撒、举行圣事、讲授教义书、培养土著传道员、教基督徒们唱经和祈祷、照顾病人和小

---

① 古伯察 1841 年 9 月 15 日的书简，载《遣使会年鉴》，第 8 卷，397 ~ 408 页，1842。

神学院的学生等。事实上，他的汉名古伯察，正是在西湾子居住期间才起的。

1843 年耶稣升天节（5 月 25 日）前夕，古伯察离开了西湾子，到东北方向的黑水和嘞唎沟传教区去了。古伯察在澳门时结识的教友达京（Florent Daguin）偕另一位（西湾子传教区的第五位）遣使会士翁羊铎（Laurent Carayon），于 1843 年 7 月 7 日到达西湾子，再加上孟振生主教、秦噶哔和古伯察，在这个小小的法国遣使会使教区中，已经聚集了六名遣使会士，在当时并不发达的西湾子确已显得人员太臃肿了。孟振生主教决定分流一部分人到其他地方去布道。蒙古翁牛特右旗（汉人称之为西敖汉王旗）库里图（Kulìtu 或 Kulìutu，可能应为古鲁头或呼必图）是位于黑水河畔的一个小村庄。黑水川过去是翁牛特旗一名蒙古王公的围场。乾隆时代（1777 年），从山西迁来的一个汉族木材经营商张氏家族，将附近的马架子村全部购买下来，在那里开了一家商行和一家烧锅。其雇工之一的白氏，曾因与北京的天主教徒赵氏有交往而接受归化。张氏全家也都接受归化。此后，法国遣使会中国传教区的中心便设立在那里，无论是外国传教士、原住民、因受教案牵连而逃亡至此的中原汉人，纷纷云集于此。人们普遍认为，在 1844 ~ 1845 年间，整个内蒙古地区共有 7000 ~ 8000 名基督徒，分布在三个中心：中蒙古的西湾子、东蒙古的黑水和中蒙古的小屯沟①。不过，秦神父为了向罗马教廷邀功，于其上呈教廷的报告中，却指出内蒙古于 1839 年共有万余名基督徒，分布在小屯沟、热河、古鲁头、嘞唎沟、桥头和九台沟等七个中心②。除了这六名法国遣使会士外，还有六名中国司铎，如薛玛窦（1860 年 12 月 17 日死于西湾子的孟家坟）、韩若瑟（1844 年死于宣化府），韩·克里斯冬（Christom，1891 年死于北京东堂）③等人。

距呼必图有 80 公里处，在黑水河的一条支流上，便是金庙（Altan-Somé，阿勒坦—苏木），它是克什克腾旗的旗治（经棚镇）。此地已由过去的宗教中心变成了中原、蒙古和西伯利亚之间的一处

① 《遣使会年鉴》，第 11 卷，439 页，1846。

② 《遣使会年鉴》，第 13 卷，124 页，1846。

③ 《遣使会年鉴》，第 13 卷，124 页，1846。

重要商业枢纽。古伯察不断地进喇嘛庙中参观。他得出的结论是:“极端贫困的地区、极其富丽堂皇的寺庙和财宝堆积如山的寺产”。这是他在巴黎和中国内地从未见到过的贫富差异。

1843 年 11 月,古伯察在孟振生主教的授意下,开始“速成”地学习蒙古语和满语,甚至还包括藏语。在距马殿(甸)子不远的桑寨河谷,生活着土酋托库拉(Tokoura)的儿子,此人任他的蒙文老师,此外还有藏米昂(Tsnmiant)喇嘛和附近佛寺的喇嘛,帮他学习藏语。但据洛内(Launey) 于其《西藏传教史》和伯希和于其 1926 年发表在《通报》中的文章认为,古伯察的蒙文和藏文水平都只不过是略通一二。

1844 年 5 月,秦噶哔率达京和保禄赶到黑水与古伯察会合。秦神父于前一年为划定蒙古传教区与满洲传教区的界限,而从事过长途旅行。因为孟振生主教已向他们下达了赴北部游牧蒙古人中去布道的指示。孟主教在 1845 年 3 月 7 日致教廷传信部的一封书简中指出,他将派遣其教友古伯察和秦噶哔赴北部游牧蒙古人中,以进一步研究这些民族的习俗和性格,尽可能准确划定蒙古和满洲宗座代牧区的区界。“要在游牧蒙古人中作出首次尝试,以便于他们之中创建一个传教区”。“这些资金足可以使我们于去年向蒙古北部派去两名来自教廷的欧洲传教士。他们于 1844 年 9 月 10 日从蒙古—汉人传教区(指由汉人居住的蒙古地区的哵咧沟之马架子会口)出发。这就是秦噶哔和古伯察神父,两位都相当熟悉蒙语和满语,比较熟悉藏语,能够顺利地执行他们向蒙古人布道、并试于他们之中开辟一个传教区的使命”①。

以上就是古伯察在内蒙古居留期间的基本活动。他的一切活动都是为向西部和北部游牧民族布道而作准备的。

5. 古伯察一行从蒙古赴西藏旅行

正如孟振生主教于 1846 年 2 月 8 日一封书简中写到的那样:“没有秦噶哔和古伯察的任何消息……他们出发快两年了,前往北

① 《遣使会年鉴》,第 11 卷,444 ~ 446 页,1846 年。

方的蒙古游牧民中布教”[1]。两人本来是要赴蒙古北部喀尔喀人中布道去的，但由于这两个人的个人兴趣和害怕被俄罗斯人抓获的心理，故而转向西行，改道赴拉萨。事实并不像他们在事后撰写的著作中一再声称的那样，一开始便把西藏拉萨作为自己的既定目标。[2]

1844 年古伯察在秦噶哔主教和原青海三川县的土族喇嘛萨木丹净巴（桑巴钦巴）的陪同下，从黑水或咧咧沟出发，经过 18 个月的旅行，1846 年 1 月 29 日到达拉萨，完成了一次穿越中华帝国的大旅行。他们沿途经过了热河，内蒙古的察哈尔、克什腾旗、多伦诺尔、察哈尔八旗、额附旗、卓资寺、喀尔喀大库伦、西土默特旗、呼和浩特、鄂尔多斯、拉济卓隆、塔松诺布、阿拉善等地，宁夏、甘肃、青海。驻藏大臣琦善奉清廷的命令，将他们驱逐出藏并解往四川。他们于 1846 年 3 月 15 日离开拉萨，于同年 6 月到达康区的打箭炉（康定），然后又经过四川、湖北、江西和广东，于 1846 年 9 月末到达广州，同年 10 月中旬到达澳门，从而结束了这次环中国 11 省区的长途旅行。古伯察等是第一个进入西藏腹地的法国人，也是早期从那里活着出来的少有的九个欧洲人之一。

古伯察于其 1846 年 12 月 20 日致德旺先生的书简中指出，他们于 1844 年 8 月 3 日离开黑水[3]。但伯希和于《秦噶哔和古伯察先生的拉萨之行》中却认为是 1844 年 9 月 10 日，泰夫奈于《西来的喇嘛》一书中也采纳了这一时间。对于古伯察一行到达和离开拉萨的时间，作者自称是 1846 年 1 月末，并于 3 月 15 日离开拉萨。后来包括包世杰（J. -M. Planchet）在内的许多学者，都采纳了此说。但秦噶哔神父于其游记中认为他们到达拉萨的时间是 1845 年 12 月末，离开的时间是 1846 年 2 月 26 日。伯希和经过认真而又仔细的研究后认为，他们到达拉萨的时间应早于 1846 年 1 月 1 日，离开的时间 3 月 15 日则显得太晚。这些细微差异，与古伯察著作中的丰富内容与中法交涉的重要性相比较，无关宏旨。

---

① 《遣使会年鉴》，第 11 卷，628 ~ 629 页。

② 伯希和《秦噶哔和古伯察先生的拉萨之行》，载《通报》，151 ~ 154 页，1926 年。

③ 此信载《遣使会年鉴》，第 12 卷，118 ~ 182 页，1847；《传信年鉴》，第 19 卷，269 ~ 308 页，1847。

古伯察一行离开嗍咧沟之后兴致勃勃，认为自己梦寐以求的在蒙古人中生活并归化他们的夙愿要实现了。为了沿途行动方便，尤其是为了避开清政府禁令的围截，他们均化装成西藏的喇嘛，因为西藏喇嘛会受到蒙古人尊重，故后人称他们为“西来的喇嘛”。他们两位不仅在旅行目的地方面，而且在旅行策略方面，都配合默契。

他们记下了大量有关风土人情、山川地貌、几次与蒙古王公贵族的相会、与西藏入贡使的同行、商品交易、灾异、开荒垦殖、动植物奇观、交通要塞等诸多方面的宝贵资料。但表象的东西记载多了一些，科学考察的东西却略显薄弱。马尔康（Markham）于其《西藏》（第94页）一书中认为，古伯察的著作缺乏科学性。托玛斯·霍尔底斯（Thomas lloldich）于《神秘的西藏》中也声称，孟振生派遣古伯察和秦噶哔西行，只是为了去西藏“游览”。就连一向捍卫古伯察而反击俄国探险家普热瓦尔斯基之诬词的英国学者玉尔（Yule）也认为，古伯察作为一名旅行家，太缺乏“地理意识”。法国入华遣使会士包世杰于其为古伯察的《鞑靼西藏旅行记》所写的序中指出，科学考察并非古伯察的职业，因为他环中国旅行的目的是传教①。

下面，笔者仅根据古伯察的《鞑靼西藏旅行记》一书，分地区地对他入藏沿途的见闻略作介绍。文中所引，除标明出处以外，均出自该书。

6. 古伯察有关蒙古诸旗和鄂尔多斯的记述

古伯察一行从黑水川出发，经过了翁牛特旗、克什克腾旗、多伦诺尔、墨尔根旗、察合尔八旗、额附旗、西土默特旗之后，到达了鄂尔多斯的蒙古人地区。

作者看到鄂尔多斯地区极其干旱贫瘠，那里只能种植荞麦和谷子，但线麻却生长得极其茁壮。在该地区旅行必须为人和牲畜携带充足的饮水。鄂尔多斯的居民们都居住在用破毡片和破羊皮搭成的简陋帐篷中，蒙古族和汉族居民们生活得非常艰苦。当时

① 载《传信年鉴》，第20卷，118～126页，1848。

蒙古诸旗中尚盛行奴隶制，牧民们必须依附他们的领主，不能任意去某一地方驻牧。

蒙古诸旗的王公都归附了大清皇帝，因为清朝皇帝也是鞑靼人（此说有误，满族人实为通古斯人）。这些王公们的尊号基本就相当于欧洲的王、公、伯、子、男等。他们按照自己的意愿统治其辖地，仅仅承认清朝皇帝为其君主，绝不像中世纪欧洲那些好战的王公之间那样经常大动干戈。蒙古王公们始终都怀着尊敬的心情服从北京宫廷的决议，每年必须晋京朝拜天子，但清朝皇帝无权推翻各旗的统治家族。王公可能会因咎而被革职，但必须由其子嗣位。在十年之前，巴林部的王公被北京宫廷指控策划了反对大皇帝的阴谋，被理藩部判处剁脚刑，但王公托人向监斩官送礼，而监斩官也仅满足于割掉其头发和扒掉其靴底，然后上奏朝廷，由其子嗣位。蒙古地区的王公家族形成了一个贵族阶级，全部土地都属于他们。人们称这些贵族为“台吉”，他们均受蓝顶。各旗领主于台吉中选择协理台吉，一般有三名，名为图萨鲁克齐，帮助和协理王公履行职务。在图萨鲁克齐之下是图默勒，即管理无关紧要事务的低级官吏。最底层是那些精通蒙古语、满语和汉语的书记或翻译。他们均成了蒙古诸旗的官阶系列。

古伯察发现那些非王公家族的鞑靼人都是奴隶，他们生活于对其领主的绝对依附之中，除了纳税之外，还必须为其主子放牧畜群。但蒙古领主和奴隶们都生活在帐篷中，彼此友好相处。主子可以大摇大摆地进出奴隶的帐篷，奴隶们向他献奶茶，他们互相交换烟锅而共同抽烟，孩子们也不分贵贱地在一起戏耍。在鄂尔多斯地区，甚至出现了比主子还要富裕的奴隶。王公们从来不给奴隶们起有辱人格的绰号，称其奴隶们为“兄弟”。这种奴隶制远没有中世纪罗马奴隶那样严厉和违背天理人伦，它与残暴的罗马奴隶制截然不同，甚至与之形成了鲜明对照。

古伯察详细记述了蒙古喇嘛活佛的转世、选定和坐床过程。一名大喇嘛圆寂时，绝不会使该寺的僧众们陷于哭泣和哀悼的吊丧气氛中，因为蒙古人都知道沙布隆即将迅速转世。这种圆寂只不过是生死轮回链中的一环。上师的弟子们都处于焦急等待之中，他们在彩虹出现时去请懂得人世界奥秘的占卜师打卦，询问其寺住持已在西藏的什么地方转世。由活佛转世的灵童一生下来就会以权威的口吻说："我是大喇嘛，某某寺的活佛。请把我带到我原来的喇嘛寺中，我是该寺永生的住持。"鞑靼人获悉后就立即出发赴西藏迎接活佛回寺。他们经过艰难的旅行后就会到达灵童出生的地方，经过一番考察验证之后，便将他迎了回去。新活佛坐床时，当地所有王、公、官吏、喇嘛和奴隶们都来参加。除了这名活佛之外，蒙古人始终都要于其王公家庭中选择另一名大喇嘛。那名西藏出生的活佛仅仅是供人崇拜的偶像，而实际上要由蒙古大喇嘛行使具体职权，从而形成了一种类似君主立宪制的国家，即"国王掌权不执政"的局面。在这两位住持下，还有数名低级僧官。他们参与管理具体事务：收入、采购和戒律。此外，还有喇嘛们的弟子——沙必。这些喇嘛们必须学习藏语和藏文经文。

对于鄂尔多斯蒙古人的婚姻习俗，古伯察也有详细记述。蒙古青年人结婚是由父母和媒妁安排的。新娘不带嫁妆，而是由男方提供聘礼，聘礼多少由男方父母的慷慨程度而决定。一切都要事先安排并作公证。举行婚礼前先要向家中供养的佛像上供，供品为一颗煮好的羊头、鲜奶和一条白哈达。婚礼由喇嘛主持，双方的亲朋参加婚宴，婚宴一般持续 7 ~ 8 天，由说唱艺人表演节目。鄂尔多斯地区实行一夫多妻制，正妻为家庭的主妇，也是最受尊重者，侧房则必须尊重大房。由于该地区喇嘛太多，为了不使过多的妇女无人赡养，该地区才被迫实行一夫多妻制。夫妻间的离婚也不必经由官府，丈夫可以随时找到一种借口休掉妻子，任何人也不会对此感到惊讶。丈夫得到了众人因婚礼而送给他的绵羊和马匹，而被休女子的父母也可以再次将其女儿出嫁以换取新的嫁妆。

在鄂尔多斯的拉济—卓隆寺，大喇嘛可以自我剖腹而又不会死亡。博克图为了显示其法力，经过长时间的祈祷和斋戒之后，在人群的欢呼声中登上莲台，从腰间解下一口钢刀放在膝盖上，与喇嘛们共同诵经之后，便操起锋利的钢刀，将腹部剖开。众僧纷纷向这一进入三昧态的喇嘛询问奥秘事务、未来的事态和某些人的命运。博克图对所有这些问题都作了被视为神谕的回答。他最后将伤口的血搜集起来，诵经运气，一切又都恢复了原状。古伯察对这一切都无法解释，便认为是魔鬼于其中起了作用。在一般情况下，具有剖腹本领的喇嘛们都不是上层大喇嘛，而是名声不好和不大受人尊敬的游方喇嘛。那些严守戒律的正统喇嘛认为所有这类表演都是邪恶无益的，普遍对此表现出了鄙夷。但寺院的教祖们并不禁止这类活动，每年都有几天用于类似的表演，目的是吸引更多的香客和获得更多的布施。出于同样的原因，寺院成了汉蒙两族僧众进行互市的地方。喇嘛们作剖腹表演的日子，也正是举行大型庙会的时间。

古伯察一行在阿拉善旗遇到了进京朝觐的阿拉善蒙古王爷。这些王爷们每年要于农历正月初一向清朝皇帝朝拜。他们与阿拉善王爷同行了一段时间并互相交谈。清朝藩部王公们晋京，首先是为了表示和确认对朝廷的归附与臣属关系，其次是为了向大清皇帝纳贡。这类“朝贡”是任何藩部王公都不能拒绝的，贡品主要为优良品种的骆驼和马匹，皇帝用它们来扩充他那饲养在察哈尔的大批畜群。阿拉善王公也必须进贡他们的方物，如鹿肉、熊肉、獐子肉、香草、山鸡、蘑菇和鱼类。由于他们在冬季晋京，这些食品都已被冷冻了，所以不会腐烂。他们每年还向清朝皇帝进贡大批山鸡蛋，以供皇宫制作后宫嫔妃们用的涂发油蜡。这些贡物成了鞑靼王公及当地民众的一种沉重负担，平民们必须服徭役、纳税、上贡方物和提供马匹牲畜。藩部王公到达北京之后，都居住在被指定的区域内。宫中一名高级官吏管理入朝的这些高贵王爷们，一般每年都有两百多名，他们在北京时不与皇帝本人有任何交往，也没有任何隆重的召对。春节那一天，这些藩部王公都必须去参拜太庙并跪拜皇家先祖。他们在太庙过厅的一条大道上列队，以恭候圣驾，依其品位高低而排成行。皇帝以隆重的礼仪从宫中出来，到达太庙时则受到所有人山呼“万岁”的欢迎。天子穿过他们的跪拜行列而进入太庙，向先祖灵牌跪拜三次。两百多名王公都要毕恭毕敬地跪拜在那里，只有当皇帝起驾后才敢离开。所有鞑靼王公都由清朝皇帝发给俸银，这种措施必然会产生良好的政治效果。藩部王公们接受俸银之后就成了大皇帝的奴隶和仆从，皇帝也有权力要求他们言听计从和俯首帖耳。这一年，藩部王公们都收到了皇帝用镀银铜锭冒充银锭而发放的俸银，这是由于奉旨发放俸禄的朝中官吏从中作弊之故。

这一年正好天大旱，阿拉善地区的牲口至少有 1/3 死亡。由于路途艰难，古伯察一行决定不再从阿拉善地区旅行入藏，而是渡过黄河，进入甘肃（实为今之宁夏），然后再从甘肃经青海入藏。

7. 古伯察有关甘、宁、青地区的记述

古伯察一行离开黑水川之后，经过两个多月的艰苦旅行到达甘肃省(包括今宁夏和青海的部分地区)。

他们渡过黄河便到达了黄河畔石嘴子城，下榻于一家仁义店。该地区不再是蒙古人的帐篷，而到处都是砖木结构的建筑。店主公殷勤好客。石嘴子附近有丰富的煤矿，开发经营煤炭成了当地人的主要财源之一。该城的东郊由大型瓷器作坊组成，生产贮水的大缸以及其他各种瓷器，甘肃省每年向外输出大量的这类瓷器。石嘴子的食物很丰富，昼夜间到处都有流动饭铺送饭上门，牛羊肉、米饭、面条、糕点、蔬菜一应俱全。该地区的居民都是头戴蓝色小帽的回民。石嘴子附近的土地非常肥沃。引黄灌溉工程系统非常发达，所有田地都被精耕细作。

古伯察一行到达了宁夏城。该城的城墙已非常古老，但保存完好。宁夏城是一座古老的王城，距鞑靼人地区不太远，但其贸易却不具任何规模。该城已部分地遭到了遗弃，但从宁夏到下河堡一段，则又是风景如画，到处都呈现了繁荣昌盛的景象。最佳圣景却要到中卫，那里的富庶景象与宁夏城则具有天壤之别。

离开中卫之后，古伯察等人又返回了阿拉善沙漠，沿着清朝向伊犁发配充军人员的道路前进。经过长流水、高塘子等干旱和常遭土匪骚扰的地区，他们再次翻过长城，经过三眼井之后，又到达了富庶地区。在甘肃的这一地区，土地肥沃，以种植小麦为主，所消耗的不太多的大米要从邻省调入。该地区的山羊和绵羊均属优良品种，羊肉和面饼成了当地人的主要食物。那里取之不尽的煤矿资源又使当地人有了唾手可得的燃料。甘肃成了最适于过舒适生活的地方。

古伯察发现甘肃的居民并不是纯汉族血统，他们之中的鞑靼—西藏血统者更多，也更加突出与明显一些。这一点更为清楚地表现在农村居民的性格、语言和习惯方面。他们之中没有汉族人的那种过分繁缛的礼节，相反则以其粗犷的坦率好客而引人注目。人们在汉语方言中可以发现一大批蒙语和藏语词汇，句型结

构非常特殊。其食物则是汉人不大喜欢的奶、酥油和奶子酒等。甘肃有许多香火旺盛的喇嘛庙，遵循经宗喀巴改革后的藏传佛教崇拜仪轨。

古伯察提到了甘肃的一个很奇特的民族察罕胡尔人（白胡尔人，应该是指土族人，但也可能是指裕固族人）。他们居住在三川地区。察罕胡尔人个个都是足智多谋和智力超群的人。他们所操的是蒙语、汉语和东部藏语的混合语言，不过他们自称属于鞑靼民族血统。察罕胡尔人归附了清朝大皇帝，但他们却由一批世袭权力的"土司"统治，其中的吉土司和杨土司是最著名和最令人生畏者。杨土司在长时间内曾对西藏首府拉萨施加过很大影响，但这种影响在1845年的诺们罕事件之后遭到了破坏。

古伯察一行经过庄浪河、平番、河交邑、平口、老鸭堡……之后，到达了西宁府。西宁是一座庞大的城市，但居民不大稠密，其商品大都被丹噶尔城截留。丹噶尔是位于甘肃和青海边境上一座小城。西宁府的客店中不接受诸如鞑靼、西藏和其他藩部来往过客，这些人必须前往"歇家"去投宿下榻。歇家的食宿和招待都是免费的，但歇家掌柜的要对经商者们出售和采购的一切征收一种所得税。开设歇家必须经官府批准，并向官府纳税。

古伯察一行人经过西宁城后到达了丹噶尔。该城居住有西藏人、西番人、红毛儿人、额鲁特人、倮㑩人、汉人、青海鞑靼人和古代从突厥斯坦迁来的穆斯林后裔。丹噶尔城有许多歇家，大都由穆斯林们开办。

从丹噶尔进藏，由于道路艰险、气候恶劣、土匪出没，所以古伯察等一行无法单独从事这次旅行。他们便决定在这里停留下来，等待八个月之后从北京返回的西藏晋京朝贡使的到达，以附他们入藏。古伯察与秦神父从塔尔寺请来了大胡子桑达拉为老师，开始向他学习藏语。新年之后，他们又迁到了塔尔寺僧房中借宿。古伯察留下了对塔尔寺及东科尔寺的长篇而又详细的记述，有许多内容是其他人未曾提到过的。他提供了有关这一时代塔尔寺的珍贵资料。

塔尔寺当时共有4000名喇嘛，出现了令人心旷神怡的景象。在一条宽而深的河沟中，各种飞鸟鸣叫和飞舞，山坡上是一片白色的僧房。金顶大佛寺上飘扬着六角彩幡，在山坡上每前进一步都有佛龛，龛内香烟缭绕。穿红色袈裟和头戴黄色法冠的喇嘛们举止庄重，保持沉默或低声细语地讲话。除了神学院上课和举行祈祷的时间外，喇嘛们一般均于其僧房内闭门修持。塔尔寺的名声非常大，鞑靼和西藏地区的喇嘛们都来朝圣进香。

塔尔寺最著名的节日是每年正月十五日举行的“花祭节”或“酥油灯花大会”。古伯察等人于这一年亲自参加了这次佛教节日的庆祝活动。中国的任何地方都不曾有在塔尔寺那样的排场和隆重的仪式来庆祝这一节日，甚至在西藏内地举行的庆祝仪轨也难以与这里媲美。那里事先要由一个“美术委员会”审查那些极其绚丽多彩的酥油花。这些酥油灯花由世俗和宗教的艺术品共同组成。中国西北的许多民族都有人赶来参加这次大会。那里塑造的所有人物、服装、风景、装饰品等等都是用新鲜酥油堆塑而成。他们共用三个月的时间来完成这次特殊表演的准备工作。从喇嘛寺最著名的艺术家中选拔出来的人每天忙于生产酥油，双手始终浸泡在水中，而且是在冬天最严寒的季节工作，所以他们都要忍受很大的痛苦。主管人提供本年度的花卉图案并主持制造工作。塑造任务完成后，便交由另一批艺术家来涂装饰彩色。在节日的前夕，各地的佛教徒们接踵而来，塔尔寺周围遍是帐篷。正月十五这一天，外来朝圣进香的人最多，特别是红毛儿人和安多地区的西番人等。正月十五日夜，酥油花被露天陈列或供奉于各座佛殿的前面，它们被发出迷人光芒的灯饰照得通亮。那些酥油花很难让人相信它们是由沙漠深处的艺术家们制作的艺术极品。所有酥油人像都具有一种使人目瞪口呆的表情，人物造型生动而充满活力，姿态非常自然，衣服高雅而没有任何拘束，羊皮、虎皮、狐皮、狼皮和其他各种毛皮的衣服都体现得惟妙惟肖，栩栩如生，让人怀疑它们是真实物品。佛陀的形象塑造得颇似高加索人类型，其他人物像分别具有蒙古族、藏族和西番人的特征。那些巨大的浅浮雕则分别由代表飞禽走兽和山水花卉的装饰图案环绕。在通向一座佛殿的路上，陈列出了分别代表战争、狩猎、舞蹈和游牧生活的场面，最后在大雄宝殿前面是一个大剧场，戏中的人物和舞台装饰都是用酥油塑制成的。那些人物像塑造得有一法尺高（每法尺约合 325mm）。它们代表着一批前往诵经的喇嘛。当听到海螺号声后，便会从两侧的小门中，推出两行由奶油堆塑成的小喇嘛，最后是身穿礼服的喇嘛教高僧上师。塔尔寺的大喇嘛在海螺号声中也出来观花了，四处巡视一周后便返回大雄宝殿。其余人则沉浸在尽情的欢乐之中，他们歌唱和舞蹈，互相拥挤。庆祝活动一直持续到深夜。待到翌日太阳升起时，所有酥油都被推进山沟里喂乌鸦去了。这项花费了巨大财力和人力的工程仅作了一夜表演。香客们也都匆匆返回各自的故乡，塔尔寺又恢复了平静。古伯察神父介绍说，塔尔寺是为了纪念改革家宗喀巴而建造的。据传说，其中有一棵是从宗喀巴剃度的头发中长出的树。古伯察专门去考察了这棵树，发现树上的每片树叶中都写有一个藏文字母。它生长在喇嘛寺的山脚下，距大雄宝殿不远的地方。大家从中不可能发现任何作弊行为，藏文字母出现的位置并非始终如一，有时出现在叶子的中部，有时又出现在根部、顶部或两侧，幼叶上写有雏形字。这棵叫作“十万佛像树”的古树高不过八法尺，树枝如同羽冠状展开。树叶具有桂皮味。每年农历八月，树上会开满鲜艳的红花。在其他任何地方都不存在这样的树。许多人试图在其他地方繁育它，可是均未获成功。

当康熙皇帝到塔尔寺降香时，布施金钱，以在这棵“十万佛像”树之上建了一座银质圆顶盖。他还布施给大喇嘛一匹日行千里的黑骏马和一副装饰有宝石的马鞍，这一切都成了塔尔寺的镇寺之宝。康熙还为该寺的35名喇嘛的日常生活设立了一种年度俸银。塔尔寺的名望主要应归功于宗喀巴，同时也是由于寺内良好的戒律和严格的教育。该寺共包括四个学院：密宗经院、显宗经院、医明经院和时轮院。

古伯察一行在塔尔寺居住了三个月（并非八个月）之后，寺规要求在那里居住超过这一期限的人，都必须穿佛教徒的袈裟。他们由于不愿意采纳佛教的服装，所以只好离开塔尔寺，前往距那里不太远的东科尔寺，继续等待西藏晋京朝贡使的返回。

东科尔寺是塔尔寺医学院学生们采集草药的地方。每年9月初，学生们在那里采集大量草药，用以制造藏药。藏医非常注重临床经验，他们能诊断人身上的440处疾病，个个都能指出每种疾病的特征、诊断手段和除病的方法。他们的医典事实上是一批格言集和特殊的处方集。藏族医生不像汉族医生那样害怕见血，喜欢放血和使用火罐。其验尿技术很高超。喇嘛医生们掌握有许多秘方和验方。在东科尔寺采集到的药草被研成细末,分小剂量包装。赴塔尔寺朝圣进香的蒙古人和西藏人都大量购买这样的草药,尤其是蒙古人对来自塔尔寺的一切草药都无限信任,甚至还企图从那里移植药草苗木。

8. 古伯察有关西藏的记述

1845 年 9 月底,西藏使节到达了丹噶尔。古伯察一行附使团入藏。他们经过青海湖附近、倮㑩人居住区、布哈音果勒河、柴达木、古格山和巴颜喀拉山、那曲和彭布,终于在 1846 年 1 月 25 日进入拉萨。他在拉萨期间与驻藏大臣琦善、西藏地方政府的摄政、噶伦、伊斯兰教徒和拉萨居民们均有广泛接触。他对这个时代西藏的政治和社会情况作了特别详细的记载:

拉萨的布达拉宫是在全世界享有名望的佛寺。"布达拉"意为"佛陀之山",在那里可以看到大批外来的朝圣进香人。拉萨成了亚洲各民族的聚散地,街道上到处都聚集着朝圣进香人和商贾。城内居民主要由藏族、游牧人、克什米尔人和汉人组成。居住在拉萨的外来人主要是来自不丹一带的印度人,他们大都是优秀冶炼工,有许多铁匠、锅匠、金银首饰匠和机械师等。克什米尔人都是穆斯林信徒。他们在拉萨有自己独立的行政机构。这些人也是拉萨最富有的商人,大都是银币兑换人和金银经营商,同时又经营成衣、豪华用品和化妆品。他们在拉萨拥有一座清真寺,蔑视佛教徒们的信仰。穆斯林们在拉萨形成了一个人数众多和独特的民族集团。拉萨的汉人大都是清朝驻藏的兵勇或衙门中的官员。清朝皇帝从一开始就认识到,赢得达赖喇嘛友谊具有重要意义,因为达赖喇嘛对蒙古人的影响很大。清朝向西藏派遣"驻藏大臣",代表中央政府向达赖喇嘛表示敬意并负责处理与附近地区的关系。清朝从四川调集军队入藏,与藏军共同保卫边境,因为与西藏有一山之隔的印度已被与清朝为敌的英国人占领。驻藏清朝官兵的给养由北京朝廷承担,基本每三载换防一次。

西藏地方政府纯粹是由喇嘛们组成的,酷似教皇国的教会政府。达赖喇嘛将立法、司法与行政权力集于他一人之手。继达赖喇嘛之后便是诺们罕，汉人称他为“藏王”。诺们罕始终在沙布隆中选择。地方政府的所有事务都依靠诺们罕和被称为噶伦的四大臣来主持。

1844年，十一世达赖喇嘛的三名前任相继圆寂，这一事实在拉萨居民中引起了混乱和震惊。大家流传说第一位达赖喇嘛是被绞死的，第二位是被其寝室的屋脊压死的，第三位是被毒死的。忠于达赖喇嘛的甘丹寺的大喇嘛也遭到了同样的命运，人们都流传说诺们罕是这些谋杀事件的肇事者。该诺们罕的原籍是甘肃省杨土司的西番人，他于自己的身边集中了一大批信徒和支持者，将色拉寺置于了自己的保护之下，诺们罕对色拉寺1.5万名出家人广施恩惠，给予许多特权和丰厚的年俸，他把该寺的大批僧人安插到行政机构中去。他依靠自己赢得的强大支持，相继使三位达赖喇嘛死于非命，以便把权力掌握在自己手中。噶伦们秘密与扎什伦布寺的班禅活佛联合起来，然后再依靠清朝皇帝那不可抗拒的力量来对付他。清王朝宣布自己是达赖喇嘛的保护人。班禅活佛与四位噶伦上表呈奏北京朝廷，清朝皇帝敕封琦善为驻藏大臣，督办西藏地方上的事务。琦善到达拉萨之后立即与班禅活佛和四名噶伦共同配合行动，查处了诺们罕，并审讯了其他人，以澄清事实真相。诺们罕承认第一位达赖喇嘛是被绞死的，第二位是被窒息而死的，第三位是被毒死的。

古伯察等人在西藏居住期间，琦善对他们的行迹和意图忧虑重重。他们于是便搬进了摄政王的府邸。

他们在其房间中布置了一座小教堂。这是在拉萨建立的第一座天主教教堂。他们用绮丽的壁纸帷幔来布置它，然后又用圣像来点缀它。拉萨的许多好事者都怀着好奇的心情去参观，要求古伯察等解释天主教的教理。有些人也开始学习古伯察编译的天主教经书，但他们心中始终都怀着对藏传佛教的强烈信仰。

古伯察等人在拉萨与摄政交往甚厚。他们在摄政府中公开传播天主教，摄政几乎每天晚上都请他们吃藏饭，按中原方式烹调饭菜。他们谈古论今，交谈国内外大事。据古伯察认为，该摄政是一位才能出众的人。他依靠自己的功德而升任为噶伦，在此之前始终艰难和辛苦地工作，曾跑遍了西藏辽阔的地区。这或是为了战争，或是为了谈判，有时也是为了巡视各地呼图克图们的工作。繁忙的公务也没有阻止他学习深奥的喇嘛教经书知识，甚至那些最著名的喇嘛教高僧们的知识也远不及他。但人们最钦佩的则是他处理公务的能力。摄政希望把古伯察等人留在拉萨，并千方百计地袒护他们。古伯察等人妄想摄政于某一天会受洗而成为天主教徒。

清朝驻藏大臣琦善则相反，他始终与这两名传教士针锋相对，严重对峙。古伯察等人到达拉萨不久，便被琦善传去，查封并检查了他们的全部行李，特别注意搜查地图，这是由于他害怕外国人绘制中国地图以供外国政府进攻中国使用。这位传教士记载说，琦善当时已六十多岁，但精力充沛，庄重、和蔼可亲而又才智横溢。他尚能回忆起他鸦片战争期间在广州与英国人和法国人打交道的情况，也比较熟悉天主教和外国传教士们的在华活动。从他对待桑巴钦巴的态度中，便可以看到他非常仇视为外国人效力的中国人之观念。琦善经过与传教士们的一再交涉之后，上奏清朝宫廷，决定驱逐他们。琦善声称他奉大皇帝的命令保护拉萨的活佛，天主教已被清朝皇帝宣布为邪教，所以要驱逐这些人。因为天主教意欲取代佛教，反对崇拜偶像，这一切均会破坏西藏人民对达赖喇嘛的信仰，进一步破坏喇嘛教教阶僧官制和西藏地方政府，琦善最后限令他们于八日内离开拉萨，而且不允许他们从印度方向出走（从拉萨到印度的第一个英军据点只需要 25 天），而是让他们经四川到广州，共要旅行八个多月。琦善为此而向沿途各地下达指令，委员递解，请四川总督宝兴在成都接待他们并让他们继续东行。驻藏大臣还让一名戍边期满并准备荣返故里的清朝军官李国安一行同行。古伯察等人实际上是在清朝军队的押解下离境的。

曾直接与古伯察等人打交道并奉朝廷的诏令，把他从西藏驱逐出去的清朝驻藏大臣琦善，为此而呈奏清朝宫廷的奏折，为我们留下宝贵的见证。

《清实录》于道光二十六年（丙午）四月乙丑（1846 年 4 月 29 日。这与古伯察神父著作的时间完全吻合）记载："又谕：琦善等奏，盘获咈嚹哂（即法兰西，France）洋人并起出洋书洋文，录供呈览一折。据称：'该洋人等由福建、广东等处至京，复由盛京会遇，经历口外，同至西藏，冀图传教。现将该洋人等于讯后委员解川'等语，该洋人于汉语、清文、蒙古文字皆能通晓，恐未必实系咈嚹哂人。著宝兴于解到川省时，将其来历及经过处详细研鞫，务得确情，即兴具奏。原摺并供单均著钞给阅看，木匣所贮洋信、洋书等件著一并发给。将此谕令知之。”

《清实录》于道光二十六年（丙午）闰五月乙巳（1846 年 7 月 14 日）记载：“谕军机大臣等：前据琦善等奏，盘获咈囒哂洋人至藏传教，将该洋人于讯供后委员解赴四川。当降旨令宝兴于该犯解到时，将其来历及经过处所，详讯确情具奏。兹据奏称：‘研讯该洋人等所供，与驻藏大臣所讯大略相同。察其须眉眼色，确系洋人，并非内地奸徒假冒’等语。此人远涉重洋，经历数省，学习各处文字、语言，意究何居？所供仅止劝人为善，别无他意。所传人数、姓名不能记忆，恐难凭信。至该国王发给戒表，持赴广东交与驻扎总官，前往各处传教，是否实有其事，著耆英、黄恩彤于解到时，将洋人等详细研鞫，并暗加体访。该洋人是否实系该国所遣，及有无送银接济之事，并将匣内所贮洋信、洋书等件，交通晓洋字之人逐件译明，庶可得其底细。如果确系咈囒哂人，并无别项情节，即著斟情形妥为办理。原折及供单均著钞给阅看，特此谕令知之”（卷 430，11 ~ 12 页）。

《筹办夷务始末》卷 75 载有《琦善等奏盘获传教法人并起出了文书录供呈揽折》：“驻藏大臣琦善、帮办大臣瑞元奏：窃西藏年班堪布等由京回藏，奴才等风闻有随行可疑之人，为饬噶布伦汪曲结布查获之人，呈送前来。奴才等公同查验，具系蒙古喇嘛打扮，询问皆能汉语，于清文、蒙古文字均能讲通，惟唐古特文字语言尚未熟悉。一名约则噶哔（Joseph Gabet，即秦噶哔），一名额窪哩斯塔（Evariste，古伯察），共祖弟兄，咈囒哂人，在所属之奔底舍哩（疑为 Pondichery，即印度之本地治里。当时许多传教士都是经印度入华的——引者注）地方居住，素习天主教，约则噶哔于道光十六年，由福建起程，经江西、湖北等省至京。其弟额窪哩斯塔，于道光二十一年由广东起程，经湖北至京，在盛京地方彼此会遇，遂一同行住，于热河、察哈尔、归化城及蒙古地方，均经往来。至二十二年在察哈尔地方，雇用现获之甘肃碾伯县番民萨木丹尽巴（Samdedchimba 本书译作桑达钦巴——引者注）为主服役。上年（二十五年）行至西宁，闻唐古特番商由京回藏，遂一同前来，即被拏获。

“诘以该国距中华路途险远，人生地疏，不在本处焚修，转复前来何为？且藏经传自西域，与该夷住阯匪遥，何必舍近而图远？佥供中国各处，均有学习彼教之人，冀图益广其传。而讯以同教姓名，又称未能记忆。检其行李，清字、蒙古字及印版夷文天主教经典甚多，无甚关要，当即发还。惟内有夷字二张，讯系该犯等家信，并该国携来传教凭据。夷字五张，又夷字二十一本，其中是何语言，无人认识。质之服役之番民萨木丹尽巴，据供受雇用工属实，不能知其底里。奴才等查该犯等，甫经西藏，即被盘获，既无可质讯之处，即所供经过各所，亦系一面之词，而起出夷书夷字，又复无人辨识，若悬揣推求，转不足以成信谳。再口外道路穹远，跬步皆山，一经奉提，解送耽延。西藏既无可质讯之处，谨不揣冒味，于讯供后，即分起委员解交四川督臣暂为收管，俟命下之日，由彼提解，较为便捷。合并陈明。”（廷寄：据琦善等折，著宝兴详鞫所获法人）。

9. 古伯察一行从拉萨到四川的旅行

1846 年 1 月 26 日，古伯察与秦噶哔因遭琦善驱逐，被迫离开拉萨。桑巴钦巴被勒令留下。传教士们为他留下了一点钱。古伯察将显微镜留给了西藏摄政，将一封致法国当局的信件留给了即将赴加尔各答的克什米尔人的头人。摄政送他们一部四体合璧字典（可能是《四体清文鉴》），克什米尔人送给他们某些供旅途用的生活必需品。

两位传教士本来可以走一条捷径，即从拉萨直接到克什米尔，再从英属印度返归法国。但清政府不允许他们走这条使清政府非常敏感的路，而是取道从西藏到康区、四川、湖北、江西、广东至澳门的一条路。此路长达 2400 公里，连同休整的时间在内，足足需要 3 个多月的时光。沿途要翻越无数海拔超过 4000 米的险峻大山，渡过怒江、金沙江和澜沧江这些举世闻名的高山峡谷中的激流。一名原籍四川的驻藏官吏李国安同行，由 15 名士兵押解。西藏摄政也出于对法国人的友情，派遣一名 50 多岁的大喇嘛和 7 名士兵护送他们，以到达西藏辖地东界。他们一行总共 16 名中原人和 8 名藏族人，个个都骑马，另有一批赶驮运行李的牦牛的驮夫。

这支人马沿途的食宿和运输，都由清政府的官吏们安排，由国库支付开销。

他们1846年2月末离开拉萨后，李国安借给古伯察一部《卫藏图识》，此书成了传教士康藏地区的旅行指南读物。李国安已经是第八次跋涉川藏之路，这一次要退休而返回中原了。

在每一部，如墨竹、鹿马岭、江达、拉里、阿兰多、郎吉宗、丹达、嘉裕桥、瓦合山、察木多、昂地、察雅、巴塘、理塘和打箭炉，食宿均不成问题，运输也有乌拉服务。他们到达康区首府察木多之前，只损失了三头牦牛。

“康地骑士”骁勇慓悍，清政府在那里设有300名兵勇和4名军官驻防，负责捍卫澜沧江两条支流杂绪河与昂绪河之间的察木多(昌都)城。因为通向川滇的两条大道均自那里出发。清朝皇帝的驿使和赴西藏上任的政府官员、西藏入京的朝贡使一般都经由四川之路而来往于北京与拉萨之间。古伯察一行所走的也是这一条路。

古伯察一行在察木多休息三天后，在巴贡村遇到了困难。李国安被迫与当地的土酋——管氆氇的大头人交涉。看在两名外国传教士的面子上，后者才给他们安排了乌拉。经过乍丫前后，本来于他们前面行走的一名浙江籍的官吏及其子先后死亡，李国安与古伯察被迫护送两人的灵柩前进，前者也在这种郁郁不乐的气氛中因年迈、多病和体衰而死于理塘与巴塘之间。

这样一来便出现了军中无帅的局面。两位本来是被押解出境的法国传教士却临时充当了指挥官，继续率队向四川进发。康定的官吏们又给两位法国传教士租到了轿子。他们采用了很时髦的打扮。古伯察一行对成都平原的繁荣景象印象深刻，那里出产水稻、小麦、玉米、高粱、甘蔗、棉花等，地下矿藏又有煤、盐和石油。他们在内蒙传教以及在漫长的旅行中大都与贫穷的牧民和难民打交道，现在却与定居的汉人，尤其是与汉族文人和贵族们打交道了，这对他们来说完全是一种新鲜事。古伯察指出：“非常有教养的中国人很可爱，他们的社会也不失魅力……我们将尽力向这个高贵的贵族证明，法兰西的文明并不逊色于中国人的文明礼仪”①。

① 伯希和:《秦噶哔与古伯察的蒙古之行》,151～152页。

他们在四川的另一大发现是在那里有一批很活跃的遣使会士和其他传教士,既有富裕阶级出身者,又有来自贫民阶层者。巴黎外方传教会于1660年左右在法国创建。自17世纪末以来,世俗司铎帕昌(Pallu)和德·拉莫特(de LaMotte)奉教廷之命,在中国创建最早的巴黎外方传教会的宗座代牧区,尤其是四川宗座代牧区。由于当时的传教士们采纳了适应当地风俗习惯和培养土著神职人员的方针,故而在该地区牢固地扎根。

古伯察和秦神父从康定到成都,用12天左右才乘滑杆行走完400公里的道路。他们甚感惊讶地获悉,教廷已将西藏划归了外方传教会的活动地域,遣使会士们不能返回那里去了。但他们到成都后受到了首先是成都三司的审问,后来又受到了四川总督宝兴的一场审问。宝兴最后决定把他们押往广州和澳门,以交给法国领事。

当古伯察一行于1846年6月13日到达四川首府成都时,四川总督宝兴曾就他对秦噶哔和古伯察等人的审讯查处上报朝廷。道光二十六年乙巳(闰五月二十一日,1846年7月14日),宝兴上《宝兴奏严讯在藏所获法人情形折》①:

大学士四川总督宝兴奏:

承准军机大臣字寄,四月初四日,奉上谕:琦善等奏,盘获咈囒哂夷人,并起出夷书夷文,录供呈览一折。著宝兴于解到川省时,将其来历及经过处所,详细严鞫,务得确情,既得具奏等因。钦此。

兹于五月二十一日,由藏将该夷人等解到,臣随督同在省司道向其询问,该夷人等皆能汉语。据供一名噶哔约则(Joseph Gabet,秦噶哔),一名额窪哩斯塔(Evariste,古伯察),均系咈囒哂人,同习天主教,认为兄弟均在外传教,道光二十一年在关东小北口等地会遇。余供与驻藏大臣所讯无异,噶哔约则系于道光十六年到广东,嗣由福建、江西、湖北、河南、山东、直隶到京,又由京至热河、关东、蒙古、察哈尔、归化城、鄂尔多斯、兰州、丹噶尔地方,随同唐古特番商到藏。所到之处,或住

① 《筹办夷务始末》(道光朝)卷75,道光二十六年乙巳(闰五月二十一日)。

数日、数月及余年不等。汉文汉语系在京学习，满洲及蒙古字语皆在关东学会，并无一定师传。额窪哩斯塔系于道光二十一年附该国兵船到粤，随亦由广东、江西等省至京，出归化城一带传教，嗣与噶哔约则会遇，即同住同行，其汉语系在北口外学会。至番民萨木丹尽巴，系甘肃碾伯县人，因早年随喇嘛赴蒙古地方流落，经该夷人等雇令服役。

臣以该夷人等远出传教，意究何居？且多年如此，日用更从何出？何以久不回国，究意有无一定年限？其所传之徒，已有若干？西藏系喇嘛所居，该夷人等一同赴彼，又欲何为？复又详细研诘，据称伊国习教之人，以传教为修善，所传益广，功德益深，并不向习教人索取银钱。如情愿出外传教，呈明国王，发给戒表，持赴广东，交与在粤驻扎总管，前往各处传教，并无一定年限。倘在途缺用，寄信与广东总管，即送银接济。伊国出外传教之人，各省皆有，无非劝人为善，别无他意，尽人可传，既传之后，亦不复措念。伊等会遇同教及所传人数姓名，均不能记忆。至西藏地方，向有伊国之人居住，伊等到彼，本欲俟传教后，即从廓尔喀回国，因唐古特字语未能通晓，尚未传人，即被驻藏大臣查获解川等语。拆阅木匣，所贮夷书夷信等件，无人认识，诘问该夷人，皆供伊等家书及传教凭据。

伏查该夷人等所供各情，是否属实，无可质证。传授天主教，现亦例所不禁，且察验该夷人等须眉眼色，迥与中国人不同，其为外国夷人并非内地奸徒假冒，亦确无疑，似无须再事推求。惟夷字夷书内，究竟系何言语，自应同该夷人等一并解交广东省，查传通晓夷字之人译明。如果并无别情，即交咈囒哂人认领回国，以昭覈实。至萨木丹尽巴，讯止受雇服役，于该夷人等底细不能知晓，应即解回原籍甘肃碾伯县，交保管束（廷寄：据宝兴折，著耆英等详鞫在藏所获传教法人）。

事实上，在成都审问古伯察和秦神父期间，三司中号称是皇帝堂兄弟和心腹的满族人，对待他们尚为友善，此人还向他们出示了1815年在四川殉教的大布道者徐德新（Dufresse）主教的一本“欧文书”。宝兴对他们也算得上礼节有度，既设宴招待他们，又为他们下一阶段的旅行提供了服务。据古伯察记载，宝兴向他们宣判：

"制造麻烦的琦善,他本来完全可以让他们住在西域。现在既然已经到了中原地界,那就将他们交给法国领事手中吧!以便他能辨认他们并将他们遣返归国。"[①]传教士们甚至自称是宝兴的朋友,竟敢站着而不是跪着与总督对话。他们还敢带着其红腰带和黄色橄榄帽跑遍全中国。两位传教士对这一判决感到非常满意。这很有可能是自我吹嘘。宝兴属于觉罗氏,其传载《国朝耆献类征初编》卷40,29~41页。古伯察于1849年末至1850年初再次从澳门赴京时,听说宝兴正应诏晋京,急欲会见他以示谢意。但宝兴事实上于1848年农历十月间(公历10月27日~11月25日)逝世[②]。由此看来,宝兴也可能确有恩于古伯察一行。

1846年6月24日,古伯察一行离开成都,由四川的一文(丁先生)一武两名新官吏和15名左右的兵卒押解出境。此后,他们有时乘船,有时乘轿子向湖北省前进。

10. 古伯察等从四川到澳门的旅行

古伯察一行从巴东到松滋一段,平安无恙地乘两只船航行。经过松滋之后,却风大浪急,等到他们到达荆州(江陵)时,有一只船翻船,三名押解兵勇被淹死。他们便决定弃舟而乘轿子旅行。由于时值7月,骄阳似火,他们又决定日伏夜行。古伯察于此期间大病一场,又烧又吐。医生要给他针灸,他坚决反对,最后用几粒红药丸治好了顽疾。再经过天门和汉川两程,他们终于于1846年8月24日到达湖北首府武昌。古伯察1841年春北上北京时曾在该城停留过,他的两位教友董若翰和刘方济1820年于此殉教。古伯察认为,当时有800万人的武昌三镇,既是中国的交通枢纽,也是商贸中心。由于湖北巡抚赵炳言接待不周,他们又援引宝兴的友谊来威胁,从而得到了良好待遇。丁先生以及四川的押解官兵均告辞,返回成都复命去了[③]。

① 引自泰夫奈:《西来的喇嘛》,181~182页。
② 见伯希和:《秦噶哔与古伯察的西藏之行》,170-171页。
③ 古伯察:《中华帝国》,巴黎拉罗塞出版社再版本,第14章,337~361页,1980。

在武昌府,又换了一名新官吏负责把两位法国传教士押解到江西省会南昌。此官吏姓柳,眼睛经常流泪,所以古伯察称之为“哭柳”,“哭柳”本是法文中对“垂柳”的称呼。

离开武昌城后,他们取道东北,以走一条官道。古伯察从中辨认出了他于1841年曾前往祭祀董若翰和刘方济的红土山坡。董若翰是他1835年从勒阿弗尔到澳门旅行期间的旅伴。他们从武昌到广州,尚有1200公里的长途跋涉,而且正值8月酷暑。

在黄梅,当地官府又为他们补充了一支三十多人的解押队伍,由两名小军官指挥。他们一直行进到鄱阳湖北端的湖口,那里已经标志着进入了江西省。他们又决定乘商船渡鄱阳湖,经过48小时航行才上岸。古伯察于1841年经江西赴北京时,为保密而不敢去鄱阳湖观光,这次却大饱眼福。他们大摇大摆地进入了南昌,下榻于一家叫做“会文馆”的客栈。由于他们未经事先通报而到达,客店已爆满,店主公将他们安排在四面通风的走廊里用餐,押解他们的中国官兵们极不乐意,而两位欧洲人却喜出望外,充分反映了两种文化的差异。他们在南昌停留了五天,接受了许多人的拜访,包括不少在当地的欧洲传教士。

古伯察一行于1846年8月末在南昌停留期间,最多的是筹划返回广州和澳门后的对策。他们首先要设法通知法国驻澳门的领事和遣使会司库。江西是遣使会的独占领地,所以他们便想起了利用这一网络,将经由他们二人签名的信件送往澳门。法国驻澳领事于9月间才收到此信。他们于信中声称,自己已经去过西藏并在拉萨建了一座小教堂,受到了西藏当局的善待,但中国政府的一个部却因基督宗教取得的成绩和法国的名声受到的尊重而产生嫉妒,于是便下达了让他们离开的命令。他们还叙述了与四川总督的会见,宝兴采取一切方便以让他们继续赶路。他们在该地区甚至享受到了自己应得到的荣誉①。

南昌知府下令为他们租三只船,一直逆江而上到达梅岭关(梅关)。此时湖北的官兵均已完成使命而返归。江西只派两个人押

---

① 见考狄:《古伯察和秦噶哔被从西藏驱逐(1846年)未刊文献》,巴黎1909年,9~15页。请参阅孔贝尔1846年9月26日和10月25日的书简,均载《巴黎外方传教会档案》第5卷,第304期,1428~1429、1445~1446页。

送。经过 15 天的航行才登陆。他们利用这一时间整理了自己的游记资料。他们在南雄住了一夜后，翌日又乘官船于江北顺流而下，直到北江与政宾水汇合处，也就是广州的门户。1846 年 9 月 25 日（道光二十六年八月六日），他们到达了广州。自从秦噶哔和古伯察在桑巴钦巴的陪同下，自咧咧沟出发以来，已有两年 15 天的时光了。他们共跋涉一万多公里，其中有 6000 公里系骑马而行，1000 公里乘轿而行，余者乘船而行，完成了一次环中国的大旅行。

两年多杳无音讯的古伯察和秦噶哔于 1846 年 9 月 25 日～26 日突然在广州出现，招致了如同雪片一般的书信。负责引渡他们的大清帝国的两广总督耆英、荷兰驻穗领事巴塞尔（Senn van Basel）、法国驻澳门领事北古（Lefebvrede Bécourt）、在华巴黎外方传教会司库李播（Napoléon Libois）、在华遣使会代理司库孔贝尔（Jean Combelles）等都写去了信件。这批外交官和传教士们的信件现都分别收藏在法国外交部、嘉布遣会、遣使会和外方传教会档案馆。古伯察和秦噶哔于他们个人的书简及著作中，也都对此作了详细描述。

由于法国领事常驻澳门，所以两位传教士暂时居住在荷兰驻穗领事馆内。两广总督耆英只留下一大木箱档案文稿以备审查，这些材料都是在拉萨由驻藏大臣和摄政监督装进去的。在此期间，孔贝尔将他前一个星期收到的白寿（Pérocheau）自武昌发出的，由古、秦二神父自南昌寄给他的信件寄给德旺先生，并从中加了一段对法国领事大不敬的话："他们自认为会有人替自己鸣不平，但他们大错而特错了……北古声称：我不能做任何事，我未接到指示。"北古确实仅满足于致信法国外交部长基佐（Guizot）：中国人"经过整个中国而把他们送到了我这里，我将于下月初在澳门等待他们……他们以其语言和态度之强硬，到处都受到了尊重"①。

1846 年 10 月 14 日星期日，古伯察和秦噶哔在澳门大海滩登陆。三个星期后，北古又收到耆英退还的装满文件的大木箱。

在此期间，耆英的一切安排都是奉清廷诏令措办的。耆英在两名法国传教士到达广州后，便于道光二十六年九月初三日（公元 1846 年 10 月 22 日）上奏朝廷《两广总督耆英奏报讯明至藏传教之

---

① 引自泰夫奈：《西来的喇嘛》，203 页。

法国夷人仅为传教并无别情折》:

协办大学士两广总督臣耆英、广东巡抚臣黄恩彤跪奏,为遵旨讯明至藏传教之咈囒哂夷人,谨将酌办情形恭摺覆奏,仰祈圣鉴事。

窃臣等承准军机大臣字寄,道光二十六年闰五月二十一日奉上谕:前据琦善等奏,盘获咈囒哂夷人至藏传教,将该夷人于讯供后,委员解赴四川,当降旨令宝兴于该夷解到时,将其来历及经过处所详讯确情具奏。兹据奏称,研讯该夷人等,所供与驻藏大臣所讯大略相同,察其须眉眼色,确系夷人,并非内地奸徒假冒等语。该夷远涉重洋,经历数省,学习各处文字语言,意究何居?所供仅止劝人为善,别无他意。所传人数姓名,不能记忆,恐难凭信。至该国王发给戒表,特赴广东,交与驻扎总官,前往各处传教,是否实有其事,著耆英、黄恩彤于解到时,将该夷等详细研鞫,并暗加体访,该夷人是否实系该国所遣?及有无送银接济之事,并将匣内所贮夷信、夷书等件,交通晓夷字之人逐件译明,庶可得其底细。如果确系咈囒哂夷人,仅为传教,并无别项情节,即蓄斟酌情形,妥为办理。原摺及供单均著钞给阅看,将此谕令知之。钦此。

旋准江西省转准前途各省,将该夷人噶哔约则、额窪哩斯塔二名咨解到粤,当饬臬司严良训,会同委员候补道赵长龄,督同广州府将该夷等详细研鞫。据供,伊等于道光十六年及二十一年先后来至中国传习天主教,到过广东、福建、江西、湖北、河南、山东、直隶等省,由京城赴关东,彼此会遇,后由边外蒙古地方行走至甘肃兰州等处,同往西藏,致被拏解等供。覈与四川督臣及驻藏大臣所讯供词大略相同。诘以该夷远涉重洋,经历数省,学习各语言、文学究竟何居?据供,伊国以传教为功德,多传一人,即多得一功德,是以不惜远道,来至中国,前赴各省传教。又因伊国语言文字,中国人不能通晓,是以学习中国文字并各省语言,无非为便于传教起见,并无他意。伊等所习天主教,实系劝人为善。至所过各省,均时来时去,并无久留。所传人数亦无册籍记载,实在不能追忆姓名,诘以广东向来咈囒哂贸易之人甚属无多,其领事设自近年,从前并无夷目羁留于此，所称驻扎总官系属何人？何以该国王有发给戒表，来粤照验之事？至伊等远赴内地，时阅数年，路经万里，盘费亦属不赀，何能尽由本国带来？究系何处何人接济，令其一一确切指出。据供，伊等所携戒表，如中国僧人度牒，澳门各国夷人同教不少，见此度牒，便可以留居住。其实十六年、二十一年伊等来粤时，伊国委无驻扎总官，前在四川省系属混供，所需盘费缘伊等剃发改装，又粗通中国及满、蒙语言文字，与内地僧人无异，随处募化，均有人施舍。伊等具系单身，无多花费，是以不致困乏，兼有盈余，并非另有别人接济。伊并称，闻本国领事理在澳门，伊等沿途感受风寒，尚需在省医治，恳求暂交啲嘣国领事收领等情。由司详解前来。

臣等亲提研鞫无异。遵复暗加体访，该夷系属咈嘣哂人，并非奸徒冒混。随将匣内所贮夷信、夷书，转交委员平庆道潘仕成，密传达室通事翻译，因与红毛文字不同，未能辨识。复经该道交咪唎坚国夷目识认，据称夷信系该夷等从前在粤所接家信、该国王所给传教文凭，即该夷等所称戒表、夷书，仍系天主教常行之书，西洋称为福音书，词句较多，一时不及翻译，现有伊等旧存译就汉字刻本呈阅等语。并据该委员向该夷目取到汉字夷书一本查阅，文词鄙俚，尚无违悖字句。当饬将该夷噶哔约则、额窪哩斯塔二名，发交啲嘣夷目收领，转交咈嘣哂夷目管束。旋接咈嘣哂夷目北古申称，该夷等实系由伊国前来中国传教，今蒙送还，不胜感激。等情。

伏查天主教自前明利玛窦传入中国，已历数百年之久，而澳门之大、小三巴寺均建立多年，向为番僧麕聚之所，华夷错杂，真伪难分。上年咈嘣哂首请将习教为善之人，免予治罪，臣等即料各国夷人必有潜赴内地传教者，是以定议时，特于约内注明，不许夷人远赴内地传教，严立限制，以便将来遇有拏办，免致借口。此次噶哔约则、额等及前次大吕宋国夷人纳巴罗，先后经西藏及湖北查拏解粤，均经讯明于数年前赴内地传教，系在未定条约之先，当即发交各该夷目收领，并饬按照条约严如管束，该夷目等以成约在先，各无异说。以后遇有似此案件，办理当可不致棘手。

除将咪夷呈出译汉夷书一本咨交军机处查覈外，所有讯明该咈囒哂夷人仅为传教,并无别情,及臣等办理缘由,理合恭摺具奏。伏乞皇上圣鉴。谨奏。

道光二十六年十月十六日奉硃批:另有旨。钦此。

九月初三日

（军机处录福奏折）

"廷寄:答耆英等折。"

谕军机大臣等:耆英等奏,讯明至藏传教之咈囒哂夷人,酌办情形一摺,览奏已悉。此次赴藏传教之咈夷噶哔哟则、额穷哩斯塔二名,由川省咨解到粤,经该督等讯明,该夷人虽远涉重洋,经历数省,实止冀图传教,并无别情,亦非奸徒冒混。并夷信等件交咪唎坚夷目识认,旋据呈出译汉刻本,查阅词句,尚无违悖,自属可信,现已将该夷等交该夷目管束,自应加此办理。惟各国夷人不准潜赴内地传教,载在条约,限制甚严,虽此次赴藏之噶哔约则等,及前次由湖北拏获之大吕宋夷人纳巴萨(罗),计期均在未定约之先。以后惟当谕知各该夷人,除五口地方准其建堂礼拜外,断不准擅至各省任意遨游。务令该夷目自行约束,嘱遵条约,以息事端而免借口,是为至要!①。

11. 古伯察回到澳门之后的活动

当古伯察偕秦神父活着从拉萨返回澳门后,那些法国人简直不相信自己的眼睛和耳朵了,他们聚精会神地倾听古伯察滔滔不绝地讲述其《鞑靼西藏旅行记》中的最早历险片断,也就是那些令人难以置信的冒险故事。法国在澳门的巨商杜朗(Durrand)设盛大晚宴招待他们,其次是李播等外方传教会会士、孔贝尔等遣使会士和北古领事。两名传教士被捧得有点头脑发热。北古领事劝他们冷静下来,以避免在撰写有关西藏的著作时会出现有损其名誉

---

① 《筹办夷务始末》(道光朝)卷77,道光二十六年丙午十月戊辰(1846年12月4日)以下:《明清时期澳门问题档案问题汇编》,中国第一历史档案馆、澳门基金会、暨南大学古籍研究所合编,人民出版社,1999年,第4卷,654~657页。

的不实之词。孔贝尔声称在他们身上已经辨认不出其教友们的那种具有自知之明和虔诚坦率的气质了，长途跋涉已使他们变得过分独立。李播则认为他们很少论述与宗教有关的内容，越来越不像传教士，却像一名以冒险而沽名钓誉的人了。

古伯察等自认为是不公正地被从拉萨驱逐，所以他绞尽脑汁地要动用一切必要手段以重返西藏，这就成了他们当时的全部心思。据法国入华遣使会代理司库孔贝尔 1846 年 10 月 25 日致其总会长的一封书简[①]记述："当我告诉他们说，西藏已被升级当宗座代牧区，并交由巴黎外方传教会负责时，他们简直就如同气疯了。他们承认，此举严重地干扰了他们的计划。"他们的计划就是通过法国驻澳门领事进行干预，让中国当局将他们送回曾盘获他们的地方。如果法国领事不能够或不愿意使他们的宿愿得以实现，那就要说动法国政府、议会、公共舆论和报刊来直接干预他们的事业。当时，古伯察等认为他们返回西藏并非绝不可能。因为有消息流传说，当他们经过重庆之后，西藏摄政曾就琦善下达的一系列政令而向清政府提出申诉，试图将两位遭逐的法国传教士追回拉萨。这是古伯察在致李播的书简中散布的消息，李播自己虽不反对两名传教士返回西藏，他却补充说："假如两名遣使会士被召回西藏摄政身旁，那么摄政也永远不会感到满意，很快便会对我们的宗教冷淡起来。"[②]

古伯察和秦噶哔很快也发现，他们的计划在澳门未激起任何反响。他们万般无奈地诉诸于上层，尤其是向罗马教廷申诉，以废除教廷传信部将西藏划归外方传教会布道范围的决议，因为四川刚刚获悉这项决议，它尚未产生任何效果。据孔贝尔认为，事实上秦噶哔最早构思了这项新计划，但他一直保密到 1846 年 10 月 20 日，才与古伯察联袂做出决定。这在事实上是不大可能的。首先，西藏摄政并未向清政府参奏琦善。因为琦善很快便被提升为四川总督，后又步步高升，屡任要职。其次是后来多有外国传教士入藏，均照此法处置。甚至到了 1848 年，当法国巴黎外方传教会会士罗启桢（Charles René Reuno，1812 ~ 1863 年）同样自粤入藏传

① 泰夫奈：《西来的喇嘛》，209 页。

② 1846 年 9 月 24 日的书简，载《外方传教会档案》，第 450 卷，1200 页。

教,在西康察木多被盘获后,当时已迁升为四川总督的琦善和清朝驻藏办事大臣穆腾额仍然仿效前法,禀报朝廷后,遣押出境。穆腾额于道光二十八年五月二十七日(1848 年 6 月 27 日)上奏朝廷的《驻藏办事大臣穆腾额请将盘获法夷罗启桢汉民冯延安就近解川研鞫办理折》[1]中,还旧话重提地讲到了古伯察入藏一事:

> 奴才获查,道光二十六年正月内,有咈嚹哂人一名约则噶哔、一名额窪哩斯塔,二人来藏传教,经前大臣琦善盘获奏明,解交四川总督,奉旨:著宝光研讯。因夷信、夷书等件无人认识,复解交广东省查讯办理。奉上谕:著耆英等详细研鞫,果系咈嚹哂夷人,仅为传教,并无别项情节,发交该国夷目收领管束在案。

古伯察和秦噶哔仍不甘心失败,又向法国政府提出了申诉和要求。有一份文件是由他们二人联袂签署的。其中未署时间,收藏在法国外交部 1847 年 3 月 18 日这一时间下的档案中。因为秦神父于 1846 年 11 月底离澳门归法。所以这份文件很有可能是写于这个时间之前,也就是写于他们二人尚在一起的时候,原件后来寄往法国。因为原件笔迹是古伯察的,所以也有可能是他写好后寄给秦噶哔签字。但此后古伯察忙于著书,不一定有此时间。这份文件叫作《遣使会传教士秦噶哔和古伯察向法国政府申诉,抗议中国政府于 1846 年使他们在西藏遭到的不公正待遇和压制》。两名传教士要求法国政府就他们受到的不公正待遇而向中国政府进行交涉和采取报复措施。尽管此件后在法国没有引起多大反响,但它毕竟是这场中法外交交涉中的一份重要文献[2]。这份文件甚为冗长,在刊本中也占 14 页。本文对此略作简述。

古伯察、秦噶哔两神父在该文件中首先长篇地叙述了他们从北京到内蒙古(鞑靼)地区,再从那里进入西藏的漫长而又艰险的过程,自称他们赴内蒙是为了向鞑靼人布讲福音,赴西藏也是为了

---

① 《明清时期澳门问题档案文献汇编》第二册,568 ~ 570 页。

② 此件已由雅克玲 · 泰夫奈夫人发表,载古伯察 1839 ~ 1848 年的旅行书简集《谁还在想着鞑靼地区?》,巴黎基迈出版社,165 ~ 179 页,1992。

使大喇嘛的心灵中放射出第一缕基督的光芒。他们到达拉萨后，害怕西藏人误把他们视为英国人而对他们产生强烈敌意，立即声明自己是法国人，是为了传播基督宗教而入藏的。当时西藏人尚不熟悉法国。年仅八岁的大喇嘛之摄政友好地接待了他们。当地克什米尔穆斯林大头人经常赴加尔各答，他许诺将长期地保护这两名法国传教士，可以让他们自由地在西藏活动，不允许他人干预其事务。他甚至还设法为传教士们租了一间房子，他们便于其住宅中建起了第一座小教堂。清朝驻藏大臣琦善却认为他们形迹可疑。经过搜查和审问之后，下令将他们驱逐。两位传教士认为这是中国当局想在西藏排斥法国人，诡称传教士不能在西藏被视为"外国人"，因为"外国人"有自由活动并受到保护的权利。但琦善声称他们传播一种已遭中国政府明令禁止的邪教。古伯察等人甚至鼓动摄政与驻藏大臣抗衡。但驻藏大臣还是决定了他们的被押解出藏的时间、路线和押送官兵，甚至不允许他们推迟几天出发。作者极力挑拨了驻藏大臣与摄政、西藏地方政府之间的关系。此文接着又叙述了他们从拉萨到澳门的长途旅行，历数了他们一路上所受到的所谓"不公正待遇"，其中有许多内容与《鞑靼西藏旅行记》和《中华帝国》中的记述是互相矛盾的。这一切都是为了提出蓄谋已久的要求："因此，我们认为法国政府不应再无动于衷地对待中国的这种前所未闻的意图，它竟敢继续玷污基督宗教和法国的名声"。

他们甚至还夸大其词地说，从四川总督宝兴的言行中完全可以洞察，中国政府很早就感到了其驻藏大臣使他们在西藏受到的"屈辱"，感觉到了不公正和不光彩。他知道法国政府会为对待法国的这种"意图"而算总账。如果法国政府对这样一种行为保持沉默，那反而太令人震惊了。他们所要求的最终目的是设法让清朝驻藏大臣获得清廷颁旨：1. 既不直接也不间接地反对传教士们在西藏居留，而且更应该给予他们所需要的支持和保护，就如同对待居住在该城的偶像崇拜的法师们一样；2. 给予经过"廓尔喀之路"的喜马拉雅通道的所有传教士们友好接待，如同对待朋友和宗教布道人那样。

他们进一步罗列了在西藏传播基督宗教的益处。"基督教一旦在偶像崇拜的'亚洲之罗马'（指拉萨）立足，便会向前往那里吸取其宗教信仰的那些民族中传播,就像心脏里的血液流向血管网中一般。在拉萨定居的传教士们既无官号又无职责,以便到处都能激励尊重和信任的情绪,从而可以完全自由地跑遍鞑靼的所有区域和整个中国北方。法国便可以在西藏,就如同它已经在其他许多民族中所作的那样,具有了赴最遥远地区的名义。但法国到那里去,既然不是为了大量掠夺其耕田和山脉中的财富,也不能为了去腐化和灭绝他们,而是越过一切屏障和冒着一切灾难,以其财富和鲜血为代价,为他们带去教法之光和文明的善举。"

我们由此可以看到,无论是法国驻澳门领事,还是在华传教士和法国政府,都未对古伯察等人的活动作出积极响应。

秦噶哔于1846年10月末乘蒸汽轮船回国,依然企图在那里为其传教区辩护。他不是应召归国的。教友们力图挽留他,但未能使他继续留在中国。

古伯察独自一人留在了澳门。他为了保持某种气氛,便与杜朗、李播等共谋,上演了一场大闹剧。古伯察化装成了一个自称自北京直接赴澳门的中国官吏,并设法让美国常驻商务代表亨德(Hunter)接见,以让此人看一下他是否能成功地扮作真正的中国人。经过两个小时的交谈,亨德始终把他作为中国人了。数日之后,当亨德去外方传教会总部拜访他时,才发现他是法国人。这一方面说明,古伯察在一段时间内百无聊赖;另一方面又说明,他始终还准备出发返回西藏。他一直在努力学习汉、蒙、藏三种语言。他还从广州请来某些能帮助他的藏族喇嘛,修订他过去所写的那些小书:一部教理书、一本佛教教义大纲。他于1846年10月28日致德旺先生的书简中,又寄去了"一批藏文识字课本、愿文和12篇对话",以证明其藏文水平和归化藏民的能力。孔贝尔有意推荐了赴浙江传教区,以等待西藏事态的明朗化。但德旺先生的命令未能下达,古伯察则利用这一时间撰写其游记。

自从南京条约签订之后,原澳门的外侨、商人、外交官和传教士们都逐渐迁往英国人占领下的香港了。由意大利方济各会士们主持的教廷传信部司库早在1842年就离开了"保教权"味道十足的澳门。1844年,当法国拉萼尼(Lagrenés)与耆英签订《黄埔条约》时,法国驻澳门领事起过很大作用。但法国也正准备向中国派遣一个常驻外交使团并在上海设立领事馆,澳门的作用随之也无关紧要了。自从神学院的中国学生从1845年起返回他们各自的教区,法国遣使会司库处仅成为一个过路站。总之,香港和其他"五口"逐渐取代了原来澳门所扮演的那种敲开中国门户的角色。

古伯察在澳门时,曾向其家庭写过许多封书简,其中有三封被保存下来了。1846年11月1日的第一封书简介绍了其旅行。1847年3月26日的第二封书简,对其父于1846年10月20日的逝世表示哀悼。1847年10月26日的第三封书简,是为祝贺其弟获得学位的。这说明经过28个月的沉默之后,他又与其家庭恢复了联系。

古伯察尚等待秦神父为他寄来某些基本用书,以撰写其游记。但在未得到这些资料的情况下,他于1849年1月1日离开澳门,在教友高慕理(Ange-Michel Aymeri)的陪同下赴北京教区。他们乘法国海军的一艘轻型护卫舰"贝莱娜公主"号出发。此舰本是于1847年4月24日驶离瑟堡,以将法国首任驻华全权公使陆英(Torth-Rouen)男爵送往中国。陆英正想去上海拜访法国新任驻上海领事——原拉萼尼使团的主任秘书敏体呢(Charles de Montigny)。古伯察自己非常高兴和荣耀地随公使团进入中国内地。公使团中的人员也都津津有味地听取他讲述自己的探险故事,他们都希望尽快发表这一切。

1848年1月21日,古伯察到达上海,迫不及待地致信德旺先生,一方面是为了感谢他允许自己返回传教区,另一方面是向此人汇报自己在船上与公使先生的谈话,特别是其创建高地亚洲传教区的计划。他最后还请求德旺协助出版其游记。他后来又将其游记从公使手中索回,以备亲自整理出版。古伯察在上海时,曾与法国公使、"贝莱娜公主"号船船长、江苏布政使李德、南京主教赵方济(Mersca)等共同进餐,并博得了李德的好感[①]。

古伯察与吉耶(Guillet)于1848年3月中旬离开上海,4月15日到达北京。他本来寄希望于已被召回北京的前四川总督宝兴身上,希望宝兴能向上层引荐,但宝兴已死。此时的古伯察对于传教已不大感兴趣,而热衷于写作和旅行。浙江宗座代牧——遣使会使石主教(Pierre Lavaissière)于1839~1840年间与古伯察在澳门

① 泰夫奈:《西来的喇嘛》,219-222页。

相识。当时在浙江的还有法国遣使会士顾主教(François-Xavier Danicouvt)和中国遣使会士方方济(François Fang)。他们共同邀请古伯察赴宁波与舟山一游。由于对宗教不再具有热情,再加上那里潮湿闷热的气候,古伯察于1851年又返回澳门。1851年9月3日,法国的另一艘三帆小型战船"喀西尼"号(Cassini)正在澳门与香港之间停泊。此舰是于3月6日驶离法国洛里昂的,装备有6门大炮并配备120名船组人员。让古伯察神父乘一艘战船返国,正合传教士们的心愿。正如顺主教于1850年4月26日致德旺先生的书简中所说的那样,只有乘战船才会使传教士们更具气派和权威性[①]。古伯察于1851年12月29日星期一夜登上了"喀西尼"船,该船于翌日起锚驶往交阯支那海岸和新加坡。至此,古伯察到1851年12月30日离开澳门,在中国共度过12年零5个月。

12. 古伯察返法及此后的活动

古伯察于1852年1月14日到达交阯支那,在那里参观了许多港口后,改乘"阿尔及利亚"号船,经槟榔屿、本地治里到孟买,从孟买又乘邮船赴亚丁。他从亚丁渡过红梅,历经埃及和苏伊士沙漠、开罗、亚历山大港、黎巴嫩、叙利亚、宗教圣地巴勒斯坦,1852年5月20日(耶稣升天节)到达圣城耶路撒冷。一个月之后,他终于回到了法国马赛。他立即从马赛赶到了巴黎,以向塞夫勒大街95号的遣使会总部汇报。

古伯察在巴黎主要有两项工作。首先是恢复体力,特别是以温泉浴来恢复其已遭到严重损害的身体的健康。其二是撰写其从蒙古赴西藏的游记《鞑靼西藏旅行记》的定本和从康定到澳门的旅行记《中华帝国》。其《鞑靼西藏旅行记》的长篇序言系1852年8月7日写于"河克斯温泉"。1853年1月10日,他获得法国政府骑士荣誉勋位勋章。但遣使会的长上们却拒绝将证书交给古伯察,因为这种荣誉与味增爵信徒们的那卑微人生的理想相抵触。但古伯察于1853年3月21日前往蒙佩利埃主教区,以从蒂博主教手中

① 由泰夫奈引证:《西来的喇嘛》,229页。

接受勋章，而该主教本人也是皇家荣誉勋章的获得者①。同年3月31日，他向其会长提出休假的要求，一方面是其母病重，另一方面他自己也需要调养医治其关节炎。

1853年12月14日，古伯察向其总会长提出退出遣使会的要求。这一方面是由于他身体欠佳，另一方面又是迁怒于教廷传信部将他所痴迷的西藏划归了外方传教会的布道范畴，这使他一再向法国政府和教会交涉，以求通过上层干预而使他重返西藏之希望越来越渺茫。他退会的要求最初曾遭到过拒绝。圣诞节时，他再次重提退会之请，其追加理由是自己的性格和气质与传教士格格不入。1853年12月26日，遣使会接受了古伯察神父退会的要求。从此之后，古伯察依然是司铎，但已不再是传教士，更不是遣使会士了。从1854年起，他便设法在巴黎找到了住处，以撰写《中华帝国》，此书的序言作于1854年5月24日，法国外交大臣于此前后曾宴请他。法兰西第二帝国的皇帝路易·波拿巴和王后欧耶妮于10月请他吃午饭，以倾听他讲述那些有趣的故事。王室内侍长、罗道尔夫·多尔纳诺伯爵等在座奉陪。对于一名前入华传教士来说，这已经是莫大荣耀了。

拿破仑三世皇帝当然会利用这一机会，鼓励古伯察继续发表其游记著作，以获得皇家印书局的青睐。该书局在路易十三执政时期的1640年创建，随着法国的"革命"与帝制"复辟"的反复变化，它也分别被称为"皇家印书局"和"国家印书局"。它除了出版官方文献之外，也出版科学著作。自19世纪初叶起，它开始出版东方学著作，而且可以很好地印刷中文方块字和埃及象形文字，甚至还可以印刷藏文、蒙文和阿拉伯文等。它每年还以"奖赏和鼓励"的名义，免费印刷一批精选著作，年度预算为两万法郎②。在皇帝和皇后的示意下，古伯察的《鞑靼西藏旅行记》的续篇《中华帝国》便被纳入到该书局1854年的资助出版计划中了，而且排名相当好，为此书的花费是3969.8法郎。但皇家印书局的印数绝不会

① 详见法国国家档案馆的荣誉勋章档案，第L.1317016号。由上引泰夫奈书第241页引证。

② 这是1820年1月12日颁布的法令。详见保尔—玛丽·格里内瓦尔德(Paul-Marie Grinevald)：《国家印书局》，载《法国出版史》第3卷，巴黎1985年，208～209页。

超过500册,其中有许多又要免费赠予各大图书馆。所以,当时的习惯做法是继此版本之后,紧接着便会有个搭车商业版本,《中华帝国》亦属此列。我们通过1854年7月8日和29日的《法国书目》而获知,该书在高姆兄弟书局(Gaumes Frères)和阿德里安·勒克莱尔(Adrien Le Clère)书店出版两卷本,书价共15法郎。该书第二版仅价值12法郎。古伯察的母亲刚获悉儿子著作的出版便于1854年7月29日在图鲁兹逝世了,享年69岁。

法国政府于1853年1月10日颁发给古伯察的骑士荣誉勋章,于1855年4月30日在荣誉勋位管理会签署,并于7月3日在圣克卢授予了他,同时将12法郎划入信托局账户①。

古伯察退出遣使会后,便谋取获得一个"议事司铎"的称号。因为以这一名义,他可以从宗教信仰事务部领取一笔不菲的俸禄。议事司铎主要职责是在大教堂中主持公开大众弥撒。几经周旋,甚至经由法兰西第二帝国皇家的干预,他最终才获得这一职位。

阿尔弗莱德·德·维尼(Alfred de Vigny)曾将《中华帝国》一书提交法国科学院,以谋求获得1855年的两个蒙迪雍(Montyon)奖之一。此项各自为2500法郎的图书奖,旨在奖励贫穷、杰出而又推出了重要著作的法国学者。尽管异议甚多,古伯察神父还是赢得了这项大奖。

当老资格的汉学家们并不看好自学成才的古伯察时,新闻媒介却大肆吹嘘其著作,多名政治界和文学界名人都对"作者题献"的书表示感谢并奉为至宝。如后来成为法兰西第三共和国的创始人和总统的梯也尔(Aldophe Thiers),便曾于1854年9月14日致信古伯察,声称自己"以一种无限喜悦和越来越强烈的好奇心",阅读了《中华帝国》的开篇几章,法国19世纪的最早浪漫主义诗人和1848二月革命时实际上的政府首脑拉马丁(Alphonse de Lamartine),于1854年12月27日致信古伯察:"西藏更加新奇,中国中原更为广阔。我希望您在其他几卷书中能穿越其他省份。惟有真正的舆地学家,才能有资格做大作家。"拿破仑三世的外交大臣德律安·德·吕(Drouin de Lhuys)于1855年6月4日邀请古伯察赴

① 法国国家档案馆《荣誉勋章档案》,第L.1317016号。由上引泰夫奈书第249页引证。

昂布兰维利埃(Amblainvilliers),并亲切地称之为"我的大名人":"您继在西藏旅行之后,似乎有点枯燥无味了,但您却给许多人带来欢乐,将会受到很热烈的欢迎。"尤其是法国当时著名的浪漫主义诗人、小说家和剧作家、法国科学院院士维尼于1855年7月26日致信古伯察,称其书"轻松地和毫无负担地介绍了您的痛苦和危险,以同样满不在乎的欢乐而讲到了您受到了考验"。塞居尔(Ségur)公爵夫人索菲娅·罗斯托普钦(Sophie Rostopchine)之父是俄国军官和政治家,曾于1812年任莫斯科总督,鞑靼血统。公爵夫人也自诩为"成吉思汗的直系后裔"。她于1855年邀请古伯察赴其府上,请他讲述其鞑靼蒙古的旅行。公爵夫人的女儿奥加尔·德·彼塔伊(Olgade Pittay)也对古伯察的来访留下了深刻印象:"原传教士古伯察以其犀利而流畅的文笔,写下了一部文学代表作《鞑靼西藏旅行记》……这位著名传教士的讲述生动而诱人,充满思想、机智、欢乐和新观点,讲得有声有色……"①

古伯察始终与仍留在香港的巴黎外方传教会会士李播保持着经常性的联系,不断向他推荐即将赴华的法国传教士。他永远不会忘记中国并始终想返回那里。他于1857年5月21日还致信李播说:"您可能很快就会在交阯支那与我谋面。我已就此问题而与皇帝作过长谈,我将尽力永远做传教士。"②

事实上,在1857年中,拿破仑三世的心腹亲信们都在关注着一件事,它是由古伯察的上书引起的。古伯察于上书中要求"为了法国的利益和王国政权",法国应该占领交阯支那。他提出的论据很多,首先是根据1787年签订的越法凡尔赛条约,法国有权这样做;其次是由于法国在中国海中有足够的武装力量,故而很容易实现这项计划;最后是法国人占领岘港,将会使那里成为一个他人无法攻取的港口,是控制高地亚洲贸易的重要战略据点。古伯察特别指出:"英国人瞪圆眼睛盯着岘港。如果他们洞察到我们占领那里的权力和计划,那么他们就会先于我们而动手。"皇帝将其上书批转外交大臣研究,后者又交给其年长而资深的部属彼埃尔·珊特拉(Pierre Cintrat)处理,此人将古伯察的观点批驳得体无完肤,

① 转引自泰夫奈书,256~259页。

② 《巴黎外方传教会档案》,第315卷,83页;第316卷,727、867页。

他认为1878年的条约已失效："掌握在我们手中的岘港，可能会成为一块孤立阵地，很难得到保护，也可能很难维持下去。"他清楚地看到，交阯支那的外贸几乎专属于中国人，干脆让英国人和荷兰人去控制亚洲的这一部分地区吧。他坚持认为，法国国内尚有许多问题亟待解决，绝没有必要在印度洋与中国海之间，再制造一个新的关注中心，也是麻烦和负担中心。拿破仑三世皇帝看到这份报告后，便于1857年4月7日，召见了古伯察并决定创建一个研究对策委员会。但正在此期间，于5月和9月间寄来了交阯支那宗座代牧佩勒兰（Pellerin）主教阁下的两封信。请求皇帝"怜悯我们的衰败的传教区"并"不要抛弃我们"。因为法国前任驻上海领事敏体呢在此前被派往岘港（法国人一直称此地为"土兰"），以缔结一项贸易协定，但却以失败告终，那里也由此而爆发了激烈的仇教活动。法国乘机夺取了印度支那的三座主要城市：顺化、河内与西贡。1858年9月1日夺取岘港，1859年2月18日夺取西贡。1862年6月5日签订了《西贡条约》，使越南逐步论为法国殖民地[①]。

所以，古伯察仅以"前入华传教士"的名义，在不足三年的时间内，便说动了拿破仑三世，成了该皇帝在亚洲政策方面的谋士。他筹划这些活动的目的始终是为了重返西藏，让法国从各方面向中国当局施加压力。但法国此时面对英国在印度的攻势，已对进入西藏无能为力了。它最多也是以国家出资而赞助古伯察再次刊印一本有关西藏的书。

除了受到法兰西第二帝国皇室、官方和学术界的厚礼款待之外，古伯察还受到了教廷的嘉奖。1856年1月，教皇庇护九世对其《鞑靼西藏旅行记》和《中华帝国》两书表示祝贺。红衣主教安东内利（Antoinelli）于1856年1月14日，以教皇的名义而从罗马致信古伯察，鼓励他继续"怀着同样的激情，以您的著作而为宗教事业和耶稣—基督的天主教会服务"[②]。

古伯察确实在继续为宗教工作。他于1857～1858年间，写成

---

① 考狄：《法兰西第二帝国初期的殖民政策，印度支那，1852～1859年》，巴黎，38～52、157～176页，1921。

② 古伯察：《中国中原，鞑靼地区和西藏的基督教》一书的序言，第1卷，15～16页。

了其四卷本的《中国中原、鞑靼地区和西藏的基督教》。他的奢望是从起源开始来研究中国各主要地区的基督教。这套四卷本书的划分也别出心裁，风格独特。其第 1 卷截止发现好望角的时代（1497 年），第 2 卷直到大清王朝的开国（1644 年），第 3 卷到康熙皇帝的晏驾（1722 年），最后一卷到法国于 1856 年夺取广州为止。全书以西方传教士的资料为主线条论述。此书的序言系 1856 年 11 月 17 日写于特鲁松（Thelusson）公爵遗孀的沃吉安（Vaugien）城堡，位于圣·雷米—莱谢夫勒斯（Saint Rémy-Les-Chevreuse）。该序言略带夸张地突出了"天主教的法国"在亚洲应起的作用，由此而表现了作者那同时关注传教和政治的意图。《法国书目》预告《基督教》一书分别于 1857 年 1 月 31 日（两卷）、1858 年 1 月 16 日、同年 10 月 23 日出版四大卷的消息。古伯察还兴致勃勃地致信其原会长秦噶哔神父，向他通报这套书的出版，并向他表示致敬和感谢[①]。

古伯察在撰写和出版其著作的同时，仍与法国政界、宗教界和学术界频繁交往。法国二月革命时政府首脑拉马丁分别于 1858 年 1 月 22 日和 1859 年 1 月 6 日宴请过他。法国科学院院士、原法国多明我会会长、屡屡反对教皇格列高利和拿破仑三世的拉科代尔（Henri Lacordaire）于 1859 年 2 月 12 日致信古伯察，并在索雷兹（Sorèze）接待他。当古伯察与秦噶哔于 1846 年经过重庆时，曾会见过巴黎外方传教会会士——重庆的助理主教范若瑟（Desflèches）。时任川东宗座代牧主教的范若瑟于 1859 ~ 1860 年返回巴黎，并立即会见了古伯察。范若瑟于 1860 年 1 月中旬致信其教友加利（Galy）说："我见到了古伯察先生……其著作在整个欧洲产生了巨大反响，造成了很好的影响，供一个不大倾向于阅读《传信年鉴》的大众群体阅读。我也颇为不快地见到过几名传教士，他们由于这些书在某些细节上的失误，而反对这种普遍赞同的观点。古伯察虽然已不再是遣使会士了，但他从未停止做一名好司铎。"[②]

1860 年 3 月 25 日（另一说是 27 日），古伯察去巴黎圣·托玛

---

① 此信载《鞑靼西藏旅行记》，第 1 卷，25 页。

② 此信载《巴黎外方传教会档案》，528、1213 页。

斯—阿奎那（Saint Thomas d' Aguin）教堂作弥撒，由于突然中风而死亡，享年47岁，真可谓是短暂而又轰动人世的一生。29日，由其弟泰奥菲尔主持，于圣·托玛斯—阿奎那教堂举行葬礼，但最后却被安葬在蒙巴纳斯（Montparnasse）。1860年4月1日的《巴黎宗教周刊》宣布了这一消息，称他“在中国传教区连续工作14年，赢得了骑士荣誉勋章，是多部受人重视的著作的作者”。

13. 古伯察的有关中国的著作

上文已陆续地提到了古伯察有关中国的汉学著作，笔者于此再略作概述。

1.《鞑靼西藏旅行记》

伯希和于其上引文中曾指出：“很少有游记会具有可与古 伯察神父的著作相媲美的命运。此书在1850～1868年间，至少出版了七个法文版本，后又被译成了一大批文种”。

《鞑靼西藏旅行记》是记载了古伯察于1844～1846年从内蒙古黑水川出发，进入西藏，又被琦善驱逐至西康首府康定这一段路程的行记。这是古伯察在澳门完成的一部两卷本著作，全书共10章，近60万言。当它于1850年出版时，古伯察尚滞留于中国。他回国后作了修订并写了一篇长序，于1853年出版的第二版，也就是其定本。伯希和于上引论文中，详细列举了此书的不同版本。据伯希和统计，在1926年之前，便有12～13个法国版本。其中最佳者，乃属1924年由遣使会士包世杰（Jean Marie Vincent Planchet）于1924年在北京西什库遣使会印书局刊印的版本。自1987年之后，法国又多次再版此书。此书在问世之后的半个世纪期间，便先后被译成了英文、德文、荷兰文、西班牙文、意大利文、瑞典文、俄文本。特别是在本书于1860年译成英文本后，在西方的影响日益扩大。1939年（昭和十四年），后滕富男将此书译作日文，由东京生活书店出版，从而又使该书在东方传播。此书成了法国汉学界的一部“经典”之作。

2.《中华帝国》

《中华帝国》本为《鞑靼西藏旅行记》的续篇，详细记载了古伯察从康定到澳门,直至离澳归法前一段旅行。此书是他返回法国后,于1854年出版。作者为其书写序言的时间是1854年5月24日于巴黎。此书后来也屡屡再版,并且也有多种文字的译本。包世杰于1926年在北京也作了一个注释插图本。法国勒罗歇(Le Rocher)出版社于1980年出版了由法兰西斯·拉加散(François Lacassin)作序的版本,1992年又出版了与《鞑靼西藏旅行记》的合订本。正如拉加散于其序言中所指出的那样:“在所有的经典游记中,《中华帝国》是最使人百读不厌的上乘之作。我们应将此归功于作者的人格和他对于所论述地区的接触。古伯察与18~19世纪的大部分大旅行家们相反,他善于绕过异国情调和说教口吻的双重暗礁。他清楚地知道,人们期待他的并不是一本教科书,而是一种可以提供某个不同人类社会资料的亲历记。”①全书共21章,60余万字。其中记载的许多人和事,都能以同时代的汉文典籍的记述相印证。1928年,此书由威廉姆·哈兹利特(William llazlitte)译作英文在伦敦出版,很少为他人作序的法国狂妄不可一世的汉学泰斗伯希和为该书英译本作序。

《中国中原、鞑靼和西藏的基督教》的四卷本巨作于1857~1858年间出版。其序言写于1856年11月17日。这是一部叙述中国及其两个各具特色地区之基督教历史的著作。它实际上是依靠第二手的书本文献及游记编纂而成,形成了一部中国基督宗教史的资料集,似乎并未实现作者赋予它的巨大希望和兑现其抱负。不过,书中搜集、罗列了西方入华传教士们的大量著述,仍不失其宝贵的资料价值。西方治中国基督宗教史的专家,历来也都很注重它。

古伯察还写了不少有关中国的文章。例如,他于1850年2月在《基督教哲学年鉴》第2卷第85~95页中发表的《一名佛教学者与一名天主教徒的对话》,此文后来又几乎全文转载于其《鞑靼西藏旅行记》第2卷第303~314页中了。他于1858年9月25日,在《通讯人》杂志新编第9卷第106~130页中,发表了《最早在华殉教人》一文,事实上是取自《基督教》一书第4卷,第3章,第108~147页,再加上四段新著。

---

① 伯希和:《秦噶哔和古伯察的拉萨之行》,载《通报》,1926年,133页。

古伯察有关中国的书简也很多。在1841~1848年间,《遣使会年鉴》便发表了其九封书简。它们有不少后来收入到《鞑靼西藏旅行记》中了。1842~1849年间《传言年鉴》又全文或摘录地发表了上文提到的书简中的六封。1866年的《教会》杂志发表了古伯察致其家庭的九封未刊书简,并转载了两封已在《遣使会年鉴》中发表过的书简。他致拿破仑三世皇帝的上书先由考狄刊布于《法国的殖民政策》一书中,后又由包世杰收于其1926年版本的《中华帝国》中了。古伯察致德旺先生的书简(1847年11月24日)也收入《鞑靼西藏旅行记》第1卷第25页中了。

法国外方传教会的原档案员和蒙古史专家雅克玲·泰夫奈(Jacqueline Thevenet)夫人,一共搜罗了古伯察的其他56封书简,大都写于1838~1860年间,其中有53封是手稿,3封是可信的抄件。泰夫奈于1992年又出版了古伯察的书简集,共发表了古伯察的八封书简(1839~1848年)和向法国政府的申诉书,取名为《谁还在想鞑靼地区?》。泰夫奈写了一篇序言并作了注释。这都是古伯察寄自澳门和蒙古的书简,对其最初的旅行和最早在中国做传教士的经历,充满了热情。他刚刚30岁,便显示出了其观察家和讲述家的才能。

佛经《四十二章经》系汉明帝感梦遣使西域求法时,"于月支国遇沙门竺摩腾译写此经还洛阳",相传为中国第一部汉译佛经,译于公元67年,系小乘佛教基本经典。古伯察一直坚持将此经文译作法文,并有部分译文发表于《鞑靼西藏旅行记》。这是法国人最早为翻译佛经而作出的尝试,也是该经文惟一的法文译本。

14. 国外学者对于古伯察的研究

对于古伯察及其著作的研究,最早分别出自几位为其大作作序的作家。如分别为《鞑靼西藏旅行记》作序的伯希和与包世杰,为《中国中原、鞑靼和西藏的基督教》作序的阿登纳·德·提扎克(Henri d'Ardenne de Tizak)。这些作序的人都是严肃的学者型人物,他们的评论都具有很高的学术价值。

伯希和于1926年在《通报》第133~178页中,发表了长篇书评《秦噶哔和古伯察先生的拉萨之行》一文。伯氏以他那惯于扮演的“国际汉学界的警察”之角色，在对古伯察的著作给予了充分的评价之后，又在具体时间、地点、资料来源方面作了详细考证，找到了某些毛病。但伯氏广征博引，仔细搜集了古伯察的大批著作及其佐证材料，批驳了学术界和探险家们对古伯察的旅行和著作提出的质疑。基本上是自此文发表之后，一度甚嚣尘上的否认古伯察环中国旅行的议论便销声匿迹了。

法国汉学家考狄（Henri Cordier）于1900年在巴黎出版了《古伯察和秦噶哔于1846年被从西藏驱逐，未刊文献》一文，全面为古伯察辩护。考狄仔细爬梳，深挖细找，清理出了一大批有关古伯察的中西官方文献：1. 法国驻澳门领事北古致法国外交部长的信，信中向他宣布了古伯察和秦神父“被捕”的消息。这实际上是“误传”，他们只不过是被“押解”离藏而已。2. 荷兰驻广州领事巴塞尔于1846年9月27日致荷兰外交部的信，以通报古伯察和秦神父安全到达广州的消息。3. 法国领事北古于1846年10月24日致法国外交部长的信，以向他报告古伯察和秦神父到达澳门。4. 清朝两广总督耆英于1846年9月29日致法国领事的照会，为中国政府对待两名遣使会士的态度辩解。5. 法国领事于1846年10月11日对两广总督的复照。6. 耆英于1846年10月25日再致北古领事的照会。鉴于本文篇幅，不再一一引用这些文献了。

考狄于1912年在巴黎出版的《法兰西第二帝国初期的殖民政策，印度支那，1852～1858年》中，详细研究了古伯察于1857年向拿破仑三世上书夺取印度支那的具体情节。作者认为法国占领印度支那的导火索是在那里发生了教案，而法国这项政策的最早鼓吹者和始作俑者正是古伯察。考狄于1906年在荷兰莱敦出版的《法国1847年驻华的第一个公使》中，再次研究了古伯察、北古与敏体呢之间的联系。

研究古伯察的另一批学者则是探险家。他们之中的许多或出于自信，或者是为了抬高自己而贬低他人，都在不同程度上对古伯察和秦噶哔的西藏之行提出了质疑。这也是由于他们早期未看到中法外交交涉的官方文件而造成的误解。

俄国探险家普热瓦尔斯基（Nicolaĭ Prjvalski）于1877年，经过鄂尔多斯和阿拉善，再沿青海湖前进。他在到达柴达木盆地之后，由于钱已花光，而无法到达拉萨。普热瓦尔斯基于其《蒙古和唐古特地区》一书（法译本，巴黎 1880 年版）中，处处诋毁古伯察，一口咬定古伯察的入藏游记是臆想和虚构的，坚决否认古伯察曾进入过西藏。此书成了攻击古伯察游记的集大成者。当然，普热瓦尔斯基在西蒙古的二十三号找到原随古伯察入藏的桑巴钦巴。"他借口自己年事已高，拒绝陪同我们前往西藏"，这件事伤害了普氏的自尊心，也成了他对古伯察入藏之行拼命否认的原因之一。

普热瓦尔斯基出于对自己未能到达西藏而感到格外恼火。由于他掌握了比两名遣使会士更多的科学考察和历史地理方面的知识，所以他宣称："纵观全局，从青海湖开始，古伯察神父提出的一切都是虚构的"。普氏在库仑的一次宴会上断言，古伯察神父从未到过拉萨。他在阿拉善驸马坊告诉蒙古王公们说："法国天主教传教士古伯察和秦神父声称，他们曾真正成功地进入拉萨并在那里停留了两个月，此事纯粹是欺世盗名"，"古伯察声称他在塔尔寺度过八个月（古氏仅讲"三个月"）。我在那里会见了自 30～40 年来一直居住在寺中的许多喇嘛，所有人都向我断言，他们之中从未有过外国人。"普热瓦尔斯基对古伯察所描述过的山川地貌、物产、自然异象、交通道路、人情风俗诸领域，都向古伯察发动了全方位的攻击。但正如奥尔良王子所提出的那样："总而言之，那些认真研究过这些问题的人都认为，这些批评实际上是提高而不是贬低了古伯察神父的形象。当那名俄国旅行家强调在该传教士的著作中发现错误时，我们感到他怀有一点嫉妒的心情。"①

法国亨利—菲利普·奥尔良（Henri-philippe d' Orléans）生于 1867 年，是法国夏尔特尔大公的儿子，也是路易—菲利普国王的孙子。他在 22 岁时就曾赴中亚探险。1895～1896 年间，他从河内到加尔各答，沿红河、萨尔温江流域前进，考察了伊洛瓦底江之源头。他于 1901 年之后再度赴亚洲旅行并最终死于河内。他写过几部游记：《从巴黎经陌生的西藏赴交州》（1891 年）、《从交州到印度》（1898 年）、《从交州经大理到阿萨姆》（1896 年）、《从云南到英属印度》（1895 年）。他为了替古伯察辩护，特别于 1893 年推出了一篇《古伯察神父及其批评者》，重点批评了普热瓦尔斯基。他对古

① 由包世杰于其《鞑靼西藏旅行记》版本所写的序言引证，1924 年北京版。

伯察游记的某些细节也提出过质疑，这是由于他未见到本文提到的那些晚期得到的档案，但基本上给予古伯察肯定和积极的评价。

法国东方学家巴尔贝·多列维利（Barbey d'Aurevilly）于1906年在巴黎出版了《大历史的边缘》一书，其中对古伯察神父及其著作给予了很高的评价。他认为古伯察的游记“是一部将会传世的著作，它只会被一部具有同样智力的著作超越和使之遭遗忘……本著作并非是我们有关亚洲知识的里程碑，而是其总结。那些新的概述和由其他人观察到的现象，必然会围绕本书而聚集起来，它如同一座丰碑一般长存。这或是为了证实或驳斥他的说法，或者是为了从中增补中国的风俗、法制和各种事态可能会遭受的变化”①。

许多有关旅行与探险的书籍、杂志和辞书，均发表过有关古伯察的专门文章、词条和章节。他们对古伯察的褒贬不一。

布肖（Jean Bouchot）于1924年11～12月间，在《印度支那学报》中发表了《古伯察神父的抄袭》一文，他迎合了某些旅行家的说法，认为古伯察游记中的许多内容并非作者的亲自经历，而是从其他旅行家和当地人中打听到的。事实证明，布肖的许多观点是站不住脚的。

克鲁泽尔（Fernand Crouzel）于1898年在《法国遣使会士通报》第118和119期中，发表了《入华的图鲁兹人》一文。法国著名藏学家雅克·巴科（Jacques Bacot）在由勒鲁瓦—古尔汗（Léroì-Gourhan）主编的《探险家》（1947年巴黎版）中写下了《古伯察神父》一章（第200～203页）。居维利埃—弗莱里（Cuvillier-Fleury）于《1837～1854年间的旅行和旅行家》（1856年巴黎版）中专列一章《入藏遣使会布道团》（第282～298页）。美国汉学家亨德（W·C·Hunter）于1885年在伦敦出版的《古代中国拾零》论述了古伯察，已由包世杰翻译发表于其《中华帝国》注释本（1926年北京版）的序言中了。拉图尔·马迪尔（La Tour Madure）于1901年在《当代人》第490期中，发表了《1841～1860年赴鞑靼和西藏的传教士古伯察神父》（第1～16页）、西蒙·莱伊（Simon Leys）于1983年在巴黎出版的《火中之林，论中国的文化和政治》一书第41～48页

---

① 巴尔贝·多列维利：《大历史的边缘》，巴黎，71～88页，1906。

中，讲到了《古伯察神父的困惑》。勒内·马尔蒂诺（René Martineau）于1964年发表过《传教士古伯察的未刊书简》一文，载《胡斯曼人问题》第50~61页。梅萨斯（G ·Meissas）于《本世纪的大旅行家》（巴黎1889年版）中发表了《古伯察神父》一文（第189~206页）。塞居雷（Pierre Seguret）在《19世纪的西方传教士》（1981年巴黎版）中，于第99~106页写下了《世界屋脊的弥撒，天才神父古伯察》一章。

在古伯察逝世100周年的时候（1860~1960年），法国《遣使会年鉴》于1960年7月30日的第125卷中，发表了《开吕斯的神父古伯察逝世百周年祭》（第314~363页）。《塔尔纳和卡罗纳考古学会学报》第86期（1960年）也发表了《开吕斯的传教士古伯察》（第87~89页）。1959年8月2日，法国电视台在《新旅行记》的节目中，播放了有关古伯察神父的节目。

15. 与古伯察关系密切的秦噶哔和桑达钦巴的情况

秦噶哔（Joseph Gabet，1808~1853年）神父也是法国遣使会会士。他于1808年12月4日[①]诞生于塞耶河畔的内维（Névy-Sur Seille，位于汝拉山区），1833年10月27日晋铎，1835年3月21日从勒阿弗尔乘船赴华，于8月19日到达澳门。经过在澳门居住一年后，于1836年8月15日出发赴蒙古传教区，于1837年3月6日到达。他与古伯察从事了一次从蒙古赴西藏，又被押回澳门的旅行。他自1846年10月末离开澳门返法。于1847年1月间到马赛。尽管他已被任命为特罗亚纳（Troane）的异教地区的挂名主教，但他还是于1849年率一批圣女赴巴西，最后于1853年3月3日因患黄热病，而死于巴西距里约热内卢有半法里之遥的耶稣山岛[②]。

秦噶哔神父留下的有关中国的汉学著作不多，主要是书简和

---

① 据伯希和认为是12月4日，而包世杰认为却是12月6日。今从伯氏之说。

② 有关秦噶哔的生平，请参阅上引伯希和文：《秦噶哔和古伯察先生的拉萨之行》，载1926年《通报》；西蒙·莱斯为秦噶哔的《1846年中国的天主教传教区》一书所写的序，巴黎瓦尔蒙德出版社，1999年；包世杰为古伯察《鞑靼西藏旅行记》写的序，北京，1924年。

向罗马教廷的报告。大致有如下著作：

①《中国传教区现状一瞥》，秦噶哔于1848年呈奏教皇庇护九世的报告。此书最早于1848年在普瓦西出版，1999年又由西蒙·莱斯（Simon Leys）作序重版。

②秦噶哔《在拉萨居住并被从西藏驱逐的报告》节录，载《传信年鉴》第20卷（1848年），第118～126页。

③秦噶哔的《呈奏教皇庇护九世的有关中国传教区的报告》，载《遣使会年鉴》第13卷（1848年），第114～226页。

④《遣使会士秦噶哔和古伯察的西藏游记》，载《传信年鉴》第20卷（1848年），第223～251页。

陪同古伯察和秦神父入藏旅行的青海三川土族青年桑巴钦巴（萨木丹尽巴），原来为一名沙弥，系由秦神父在黑水归化，取教名为受洗约翰（Jean-Baptiste）。他到达拉萨后，被驻藏大臣琦善驱逐回原籍。直到1859年之后，他仍然生活在西湾子和东蒙古的二十三号。遣使会士白振铎于1859年、比利时传教士弗兰克（Vrank）于1865年、谭微道（Armand David）于1866年、德沃斯（Alph Devosp）于1870～1877年间、俄国普热瓦尔斯基于1877年、克雷尔博（Clerbaux）于1891年、柔克义（W·W·Rockhill）于1888年都曾见到过他，或者是听说过他。他也曾陪同其他外国传教士在中国旅行。由于他拒绝陪同普热瓦尔斯基入藏旅行，故而遭到这名俄国人的嫉妒，从而导致了普氏坚持否认古伯察入藏旅行的真实性。由于普氏的中国学识要比古氏多得多，故而也欺骗了不少人。

综上所述，法国遣使会士古伯察的环中国大旅行，以及由此而产生的中法外交交涉，都发生在鸦片战争爆发和中外第一个不平等条约签订之后不久。此时的中法双方的地位与利玛窦时代大相径庭，与1900年时的八国联军和辛丑条约时代也大不相同。中西两种文化已失去了平等对话的地位，但西方文化的典型代表——天主教在中国尚不能畅行无阻地传播。正是在这样的大背景下，中西文化交流正处在一个急剧的转型期。西方列强正想使中国彻底殖民地化，而中国传统文化也在顽强地抵抗。中国从一个独立强国，正在急转直下地向半封建和半殖民地的深渊滑去，但中国传统文化的力量，仍能够阻止中国完全变成殖民地。因此，这场外交交涉并不仅仅是两个国家之间的一场纠纷，更是两种文化的一大冲突。中国近代的落后和衰败，并不仅仅表现在经济、政治和外交上，而且更多地则是表现在文化与思想观念上。不加分别地排斥外来文化和顽固地闭关自守，并非是爱国和救国之道；敞开大门，一切都全盘西化，更是饮鸩止渴。总之，中国在19世纪上半叶，失去了一次融入世界经济文化大潮流和“一体化”的机会，从而导致了悲惨的结局。

本书的作者并不是蒙古学家或西藏学家，充其量只能是传教士和旅行家。他所记述的许多事并不非常确切，有些说法甚至是荒谬的。为了不使译文篇幅过于冗长和啰嗦，我们在一般情况下就不再作解释了，读者可以去自行考证研究。

该书的法译本很多，本来应采纳1980年出版的最新版本，令人遗憾的是新版本没有注释。斟酌再三，我们最终决定采用1924年遣使会设在北京西什库的遣使会书局出版的包世杰本。书中的注释及某些章节后面的“附录”均系由包世杰所作。包世杰是法国遣使会士，1870年生，1894年莅华，先在上海传教，后于1896年到达北京，任遣使会的司铎。第一次世界大战后，罗马教皇派代表驻北京，包世杰任代表团秘书，最后于1932年回归法国。他的主要著作有《庚子北京殉难录》(1922～1923年，两卷本)等。他刊行的古伯察《鞑靼西藏旅行记》的版本质量相当好，是该书众多版本中的佼佼者，因为他本人也是一位中国通。

译者水平有限，错误和欠妥之处在所难免。欢迎广大读者批评指正，不胜感激。

2002年元月8日

于中国社会科学院历史研究所

新版本序言

包世杰

在开始阅读古伯察先生的游记之前，读者最好是首先认识一下本历险记的两名主人公，了解世人对他们的评论以及最终使他们获得公正评价的原因。这就是为什么我于此以导言的形式，提供这两名传教士传记的某些细节，接着引证奥尔良公爵著作中的某些摘录①，概述此著受到的最严厉攻击，并提供曾在实地证实了这两名传教士所说情况之可靠的权威答复。

秦噶哔神父与古伯察的传记

秦神父（Joseph Gabet 秦噶哔），是古伯察这次穿越中国的著名旅行中的旅伴和长上，他于 1808 年 12 月 6 日诞生于伦勒索尼埃（圣克洛德教区）的内维。他在完成其神学学业以后，于 1833 年 10 月 27 日被晋铎为神父。他于 1834 年 3 月间加入了遣使会，1835 年 3 月 21 日乘爱德蒙号船出发前往中国，同行的有后来在武昌殉教的享真福者董文学（Perboyre）和后来签订 1860 年条约时任翻译的艾神父（Delamarre），于同年 8 月 19 日到达澳门。他在该城中居住了整整一年，于 1836 年 3 月 16 日在那里发宗教愿，于 8 月 15 日出发前往蒙古传教区并于 1837 年 3 月间到任。其汉姓是秦。

他在黑水和热河多年布道之后，成功地皈化了三名喇嘛，其中之一就是遣使会冯会士，曾被孟振生（Mouly）主教任命为蒙古的宗座代牧，并奉命开创蒙古传教区。秦神父提出申请并获许由古伯察先生作为其教友。

秦神父在从澳门寄给他的继承人达京（Deguin）的一封书简中，用下面这段话解释了他赴远方执行使徒使命的原因："我们从

① 卡尔曼·列维：《古伯察神父以及对他的评论》，1983。

嘣唎沟出发前往喀尔喀人中，由于我们肯定会被当成俄国人，所以我们更愿意取道西部。我们经过了察哈尔，接着又渡过了黄河，经过了鄂尔多斯和阿拉善诸旗，最后来到了一个叫做塔尔寺的著名喇嘛寺。我们希望在那里创建蒙古的第一个基督教会口。我们在那里度过了八个月*，最终发现无法实现自己胸怀中抱有的奢望，甚至再不能于那里居住了，因为那里想强迫我们身着喇嘛服装，所以我们被追迫再到其他地方寻求安身之地。当时汉族人与藏族人间爆发的冲突，使我们不可能再返回去了，我们被迫转向西方，进入了卡尔梅克大沙漠。经过数月的行程之后，我们到达了西藏的首府拉萨。我们在那里进行初步尝试之后，就为发现取得了超出自己希望的成就而感到宽慰。我们在那里建立了一座小教堂，在这个佛教之都首次唱起了真正的祈祷经文……"

秦神父一旦从西藏回到澳门之后，便在香港传信部司库樊力西亚尼(Feliciani)的建议下而乘船回法，以向那里报告这种已开始衰败的传教区形势，然后再去罗马申请返回中国的权力。但在此期间，西藏的宗座代牧区已创立并委托给巴黎外方传教会主持。

至此，秦神父奉命陪同一批圣女前往巴西(1849 年)，并创建了马里安纳神学院。他于 1853 年 3 月 3 日因患黄热病而死于里约热内卢。

* * *

古伯察(Régis-Evariste Huc)于 1813 年 6 月 1 日生于开鲁斯(图鲁兹区)，出身于原籍为马提尼克岛的一个家庭。其父原为法军参谋部的上尉，在结婚数年之后定居于图鲁兹，以有利于对其孩子们的教育。古伯察在该城的小神学院中完成了学业，后来于 1836 年 10 月 9 日在巴黎参加了遣使会的修会，于 1838 年 10 月 15 日发宗教愿，于 1839 年 1 月 28 日被盖伦主教晋铎为神父。

数周之后(3 月 24 日)，他离开了巴黎并偕里昂的普里瓦(Privas)先生和沃特兰(Vautrain)修士等两名传教士，在勒阿弗尔乘阿德玛尔(Adhémar)号双桅横帆船同行出发。他后来写道："在五个

---

* 此处有误，应为三个月。——译者

半月间，我们渡过了英吉利海峡、大西洋、大洋、巽他海峡和中国海，我们终于在1839年8月1日这一天到达了澳门。”

古伯察于澳门违反中国人的礼仪，在中国遣使会传教区的巡案使陶若翰（Torette）先生面前发誓。他也是在那里获悉了其教友享真福者董文学于武昌殉教的消息，他甚至还想自己穿上已殉教者的服装。该神父于1841年2月20日星期六离开了澳门，于同年6月17日到达了西湾子。人们在那里为他起了一汉名：古伯察。

他在西湾子或在该县中停留了近两年，这是既为了在那里熟悉传教区的生活，又是为了在那里学习汉语。他在1943年的耶稣升天节之前不久，便出发前往黑水和嘞咧沟传教区。他在后两地一直致力于学习满语和蒙古语，一直到他在其会长的陪同下去开创蒙古传教区为止。

1844年8月3日，秦神父和古伯察离开了黑水（Houlitou）[1]，经过嘞咧沟，以从事他们那次直到1846年10月才在澳门宣告结束的长途跋涉。他在该城中逗留了相当长的时间，以用于整理其旅行笔记并撰写《鞑靼西藏旅行记》（1847～1849年）一书。

对古伯察先生的批评和赞扬

亨利·菲利普·奥尔良公爵写道：“在1844年中期，遣使会的两名法国传教士古伯察和秦神父离开了黑水，从沙漠大碛中前往寻找统治高地亚洲诸民族的迷信之发源地。”他们的随行人员仅有一名蒙古喇嘛桑达钦巴（萨木丹尽巴）。神父们进入了鄂尔多斯人地区，穿过了阿拉善沙漠，翻过了万里长城，前往喇嘛庙塔尔寺居住了三个月，他们在此期间学习了藏语。他们在蒙古语方面的知识使他们当时被视为喇嘛并随一支人数众多的旅行队前往拉萨。他们绕过了青海湖，翻越了矗立在柴达木南部的大山，经过了西藏北部的高原，最终于1846年1月29日，在“18个月期间与无数的苦难和疲劳进行斗争之后，到达了他们这次旅行的目的地，进入了拉萨城”。但他们的灾难并未到此而宣告结束。中国当局对他们

① 北京东北5～6日行程的一个小基督教会口。

产生了怀疑，强迫他们在到达拉萨的46天之后离开该城。他们又必须重新起程，再次穿越了西藏。但这一次是由西向东，接着进入了中华帝国的中原地区，最终于1846年10月初又重新在澳门看到了太平洋海岸。

仅仅是在五年之后，到了1851年，古伯察修道院院长以两卷本发表了他长途旅行的详细记述①。

“这部著作在法国仅仅产生了微不足道的反响。作者是一名普通传教士，直到那时尚没有什么名气，不懂得进行大肆宣扬的艺术。从读者一方来说，他们对于这位旅行家经过的地方仅有一种非常含糊的概念，并不理解他曾遇到的困难，人们指责他有意进行夸张。此外，当时我们对于地理发现的不太重视态度，也成了许多思想家不读古伯察神父著作的原因。该书获得成功的形式则与其作者本来设想的情况完全不同。他的故事被视作‘有趣’。大家鄙视其中所包括的有意义的尤其是真实的内容，而只能从中发现那些显得独特的地方。人们把他介绍的那些有时是颇为惊人的故事，视为纯粹的臆造杜撰。这部著作成了儿童们的读物，就如同今天的儒略·凡尔纳的著作一样。但英国作家裕尔告诉我们说，一名传教士主教将于某一天会为其案头陈列这样一部小说而进行辩解。”

“古伯察神父的游记可能有时会使人觉得不太真实，但大众是否有权对它作出如此不容置辩的判断呢？可以允许对此提出质疑。世人对这些内容不能仅仅相信表面现象。当一名旅行家的权威尚未确立时，为了评价其书的真实性，必不可缺的就要考证继他之后的其他旅行家们的核实。”

“这位遣使会会士之所说在20年间未能得到证实。仅仅是到了1870年，继古伯察之后的第一位旅行家——普热瓦尔斯基将军（当时仅为少尉）经过了鄂尔多斯和阿拉善，沿库库诺尔（青海湖）前进。这名俄国旅行家在经过柴达木之后，不幸却处于了钱不措

① 《鞑靼西藏旅行记》，12开两卷本。《遣使会年鉴》（第12卷第118页～第13卷第227页）和《传信年鉴》从1847年起，几乎同时发表了古伯察致遣使会总会长德旺的一封书简，其写作时间为1846年12月20日。这两部年鉴于1848年发表了蒙古宗座代牧区主教秦神父《致教皇庇护九世的有关中国传教区的报告》一文。

手的境地，再不能或再不敢继续取道拉萨了。他也可能对于未能到达那两名传教士曾到达过的地方而感到一定程度的气恼。所以他在返回后一直坚持几乎是系统地诋毁这两名传教士的游记。由于他掌握了那两名传教士所缺乏的科学知识，所以他自认为，其观点在不同程度上决定了他给予他们什么程度的信任。他宣称，纵观全局，从青海湖开始，古伯察神父提出的一切都完全是虚构的”。

奥尔良补充说：“我对许多情况都掌握有证据。在许多情况下是可能的，但不是长久的。因为普热瓦尔斯基在到达青海湖之后，并未再沿古伯察之路前进多远，无法更多地核实古神父的观察。”①

“尽管诸如爱莲斯（Ney-Elias）、裕尔等英国作家和其他人，或在向皇家地理学会的报告中，或在序言中，都回答了普热瓦尔斯基，但该俄国旅行家对古伯察神父游记的批评，依然被许多地理学家们所接受。有一些人认为该传教士的著作完全是由错误编织而成的，其他人又认为它仅仅是一部普通的传奇故事或长篇小说，其中大部分内容似乎都不值得过分重视”。

“当我们出发赴西藏时，这位旅行家激发我们产生的钦佩感情，当然并不会使我们相信他的记述，但我们未抱有任何成见。我们随身携带了这本书，因为我们觉得自己不应忽视任何有关这片不大为人熟悉地区的文献，无论它显得价值如何。在我们出发的六个月之后，便超越了俄国和英国旅行家们在西域所达到的极远地区，除了包括在这名传教士游记中的资料之外，我们再没有掌握其他任何情况了。从此之后，我们便经常阅读装在驮于我们马鞍上的口袋中的《鞑靼西藏旅行记》。”

“我们当时过着像古伯察神父一样的生活，我们经受了同样的苦难，生活在同样的居民中，在这里于西番人的黑色帐篷中喝一杯茶，在那里与拉萨的噶伦们交谈，而且还有一名蒙古喇嘛作翻译。我们到处和随时都对这位法国传教士记载的准确性，其描绘景象的忠实性，对最微小细节记载的具体程度感到吃惊。我们从他身上看到了一名博览一切并表现出了极大真实性的旅行家。如果不接受全书，那就很难接受书中各部分的这种具体的准确性。所以，

① 继普热瓦尔斯基之后，其他旅行家都从不同的方向，走过一段古伯察的路。他们都未曾讲过这名传教士的是非，对他完全保持沉默。

对古伯察游记提出的许多指责，都使我们感到惊奇。返回法国之后，我逐一地研究了这些批评，探讨它们之中的真实之处和不可靠的地方。在作了通盘考虑之后，我觉得世人尚未给予古伯察神父应得到的公正待遇。我于此并不试图把自己的观点强加于人，因为这可能是我个人的看法。但我最近一次的旅行使我比其他人更有权论述该传教士的著作。我认为应把我的看法提交给读者。我仅仅要求读者们能非常乐意地随同我共同注意一个有时是非常枯燥的问题，在阅读中要采取宽容的态度，在判断时采取公正的立场。”

* * *

“普热瓦尔斯基从对该传教士旅行的事实本身提出质疑而开始。他在库伦的一次宴会上断言，古伯察神父从来未曾到过拉萨。他在阿拉善驸马坊告诉蒙古王公说，法国天主教传教士古伯察和秦神父声称他们曾真正成功地进入拉萨城并在那里停留了两个月，此事纯粹是在欺世盗名”[①]。

“他于 1837 年 6 月 17(29)日从阿拉善的丁转营写给俄国驻北京公使的一封信中还说：在青海湖和柴达木，有人还特别清楚地记得古伯察声称曾属于其组成部分的那支特大旅行队。我感到惊奇的是任何人都未曾记得其行列中有外国人。古伯察声称他在塔尔寺(Goumboum，他写作 Kounboum。但正如大家将于下文所看到的那样，这里肯定是指塔尔寺)度过了八个月[②]。我在那里会见了自 30 或 40 年来一直居住在该寺中的许多喇嘛，所有人都向我断言，他们之中从未有过外国人。此外，在宁夏和阿拉善，人们都非常清楚地记得 25 年前两名法国人的存在”。

* * *

① 见德德肯斯(Dedekens)神父的书简，其中介绍了鄂尔多斯的主教沃斯的资料。此人在俄国将军经过那里时尚为一名普通的传教士。

② 我不再重提有关该喇嘛寺名称的看法了，我将于下文不远处再来论述这一问题。我还应指出，古伯察神父并未说在塔尔寺停留了八个月，而仅仅是三个月。

“普热瓦尔斯基针对这次旅行的全程所提出的这第一种批评，很容易驳斥。无疑正是这一点，才向我们解释了那名俄国旅行家在他晚期的著作中不再重复这个问题的原因。”

“这名俄国佬当时似乎忘记了，古伯察和秦神父正是由于他们的化装和蒙古语知识，才得以跟随那支旅行队前进，他们化装成喇嘛。因此，大家没有留下对这两名外国人的记忆，也就不会令人惊奇了。”

“自从普热瓦尔斯基经过该地区之后，不少比利时传教士都到过塔尔寺。他们甚至还在那里居住过，因为他们具备与喇嘛们用蒙古语交谈的便利条件。”

“他们之中的一人写信告诉我说，我们的传教士们在塔尔寺向喇嘛们询问了古伯察和秦神父的情况。喇嘛们都不知道这两个名字，但他们提到了两名西方的喇嘛在那里居住了几个月以学习藏文。我的通讯人又补充说，只有几名老人尚能回忆起此事来。”①

我们还掌握有古伯察的仆人桑达钦巴的见证。

“我于1881年，在鄂尔多斯地区的三道河与古伯察神父的仆人桑达钦巴交谈过，他的真正名字叫做桑达秀保（Sandadchiubo），他尚生活在鄂尔多斯的一座蒙古城市巴哈巴勒哈逊（Barrabalgassen）。这是一名正直的基督徒。比利时传教士们经常逼问他，以图使他脱口而讲出一些互相矛盾的话来，但他们从未成功地使他否认古伯察曾记载的内容及他声称在拉萨和途中所见到的任何情况。任何人都不怀疑这名蒙古人讲的是真话。他捍卫已故去的古伯察有何益？他自己现在生活在我们的传教士之中，由传教区供养”（德德肯斯神父的《书简》）。

普热瓦尔斯基本人在二十三府村也遇到桑达钦巴。这名俄国人说：“他向我们叙述了其奇遇中的许多情节，描绘了路途中经过的许多地区”。

“裕尔认为，这段文字丝毫不意味着，桑达钦巴的故事并不与古伯察所说的情况相符。”

我还可以补充说，桑达钦巴还受到过著名的自然学家谭微道（Armand David）的询问，此人也是北京传教区的遣使会士，他们搜

① 原赴甘肃的比利时传教士德德肯斯神父的书简。

集的资料与古伯察先生之所说完全相符。此人在他的《蒙古游记》(第75页)中确实讲过:“我的第四名旅伴昨夜抵达,这就是在穿行蒙古地区时为我领路的桑达钦巴。他现在比在那次著名旅行时又老了三十多岁……毋须指出,我们当然迫不及待地向桑达钦巴询问他与其神父们在那次冒险旅行中的情况。我们非常满意地听到他证实我们那名图鲁兹教友略有一点诗意的叙述。一切都是真实的,只有几处无关紧要的时间错误和某些自然史中的混乱,一个像我们这种职业的人,一般都不会被认为能对自然史有深刻理解。”

奥尔良王公继续说:“即使缺少桑达钦巴的资料,古伯察的游记故事本身,以及在此之前古伯察与秦神父致遣使会会长德望先生的书简,也足可以证实他这次旅行的真实性。如果仔细阅读一下,那么我们立即就会发现,这部旅行记不是也不可能是杜撰的。他讲得朴实无华,我甚至还可以说他讲得很‘天真烂漫’(如果这一术语有时不被作恶意使用的话)。这种笔法不可能出现在那些杜撰和根据传闻或一名作家的笔记而写成的著作中。他的描述非常准确、生动、真实,甚至不允许人认为它是臆想出来的。古伯察神父有时甚至以一名法国南方人的眼光观察问题,不过他特别准确地观察了,尤其是特别准确地讲述了他耳闻目睹的一切轶事趣闻。”

“这尚不算完。我们自己也提供了有关古伯察曾在拉萨居住过的一种可信资料。我们作为继古伯察之后第一批赴拉萨的欧洲旅行家,并得以与西藏当局建立了持续性联系。在经过一个月过分冗长的讨论之后,我们成了他们的朋友。我们在等待允许我们继续穿行西藏的答复时,与当地的行政长官进行交谈,向他们讲述法国,并向他们询问有关拉萨的情况。然而,当他们有一天向我们讲到,欧洲旅行家们在拉萨的存在会在他们以及西藏当局之中产生危险时,一名老喇嘛补充说:‘许多年之前,有两名蒙古喇嘛来到了我们之中。他们受到了友好接待,参观了本城的市容,进入了喇嘛寺中。但经过一段时间之后,人们便发现他们是一些化装成喇嘛的西人。官府害怕众人对他们产生偏见,他们只得离开那里了’”。

“这种提示肯定只能是指古伯察和秦神父。因此,甚至就在拉萨城内,有人尚保持着对他们经由本地的记忆。”

* * *

“我觉得这次旅行的真实性已得到了充分证实。现在,只需要我研究一下其游记的可靠性了。”

奥尔良公爵于此又回顾了一番大家在该书中紧接着受指责的段落之后所作的某些地理考证。他接着得出结论认为:

“总而言之,那些认真研究这些问题的人都认为,此类批评实际上是提高而不是贬低了古伯察神父的形象。当那名俄国旅行家强调在该传教士书中发现错误时,我们感到他具有一点嫉妒心情。在普热瓦尔斯基身上,我们也发现了一种由于另一个人在他自己的地盘完成了一项巨大事业,而他本人却未能如此行事的遗憾心情。两名普通的传教士比一名军官做得还好,他是无法原谅他们的①。他后来不敢像早期那样,再讨论这次旅行本身的真实性问题,而是攻击从提供的一个未知地区知识之观点,来看待其成果的重要意义问题了。他在一段时间内,曾沿古伯察走过的同一地区旅行,这名俄国佬当时似乎出于成见,而仅仅以他所看到的一切来反对那名传教士。由于这一原因,他可以不择手段,甚至不怕自我食言,歪曲其先驱的著作,故意忘记了其中一部分。尽管采取了这些伎俩,但他只能证明古伯察比其他任何一名旅行家都更为正确。他未能贬低古伯察,而相反却是贬低了自己,损害了他自己那严肃而博学的旅行家之名声。他在讲到古伯察时,带有特殊的偏见。当他与古伯察的观点一致时,他便小心谨慎地不吐一言;当他借鉴古伯察书时,则更不肯透露一字了。有些人把这名俄国将军的著作与古伯察的游记作过一番比较。我们向学者爱莲斯先生借鉴了如下结论:‘在从前旅行家们所行走的路线中,古伯察之路要比我听说过的其他任何旅行家,都更符合普热瓦尔斯基所走过的道路了。尽管他对古伯察的批评都很严厉,除了某些由于道听途说和旅行背景的差异之外,我们更应把前一种游记(普热瓦尔斯基的著

① 在奥尔良公爵的书籍出版之前,在某种所谓文人界中,当讲到古伯察先生的著作时,都习惯于耸耸肩膀,以示不屑一顾。请参阅明恩溥(A·H·Smith):《汉语中的谚语俗语集》,266页;夏鸣雷(Havret):《西安基督教碑》第2卷,239、367页等。

作)看作是对古伯察游记的证实,而不是其他’。”

*　　*　　*

我在奥尔良公爵对古伯察那颇有意义的赞扬问题上,耽搁得稍微久了一些,虽然古伯察先生并不特别需要这样做。因为古伯察及其长上秦神父,从未以学者或舆地学者自居,而是以其更好一些的身份——传教士而自慰。下面就是他们的行程:“我们于1844年8月到达,在圣母升天节的数日之后,接待了我们的宗座代牧孟振生(Mouly)的一名使者,他为我们带来了从事旅行的经费以及教谕。他任命我(这是秦神父在讲)为未来传教区的会长,古伯察先生享有司库的尊号。信中的一段文字是这样写的:‘你们一定要逐帐篷、逐部族、逐喇嘛庙地行进,一直达到上帝的天意使你们知道,它想让你们停下来开始自己事业的地方为止’”。

他们在心中惦记着科学的同时,实际上却主要是从事传教旅行。这是他们的目的,他们仅仅想到这一切,认识新的民族并以自己的谨慎、正直和平易近人而赢得他们的支持。在他们之中,步枪从不会让火药去袭击人。他们那传教士的性格从来都会不失时机地表现出来。应该承认,一身喇嘛的服装帮了他们很大的忙,但他们仅仅穿了一身喇嘛们的非宗教服装,这就足可以使他们到处都获得尊重和良好接待了。当有人想强迫他们穿喇嘛们的宗教服装时,他们痛苦地让人从塔尔寺中驱逐了出去。当他们居住于其著名教友家中时,这些人始终懂得尊重他们那司铎的性格。他们始终都牢记着其事业,沿途中一直祈祷,甚至在经过一整天令人不可思议的疲劳之后,晚上还要念日课经。当他们离开过夜的一站之后,他们常常更喜欢在那里插上一根十字架。

到达拉萨之后,他们远没有忘记其使命。放弃了作神圣的弥撒,他们的葡萄酒变质了,用圣像装饰他们那寒舍,并于那里向善良的人们布道拯救的真正教理。当他们被驱逐时,甚至再无钱生活了。

这种贫寒状态与另一名也曾经过西藏的旅行家的生活排场,形成了鲜明对照,这就是邦瓦洛(Bonvalot)先生。

我们的这两名传教士虽然被迫依靠上帝的天意,其随行者仅有传奇人物桑达钦巴，还有他们甚至在途中丢掉的一只狗，秦神父的坐骑是一头雌骆驼，古伯察先生有一匹白马，为他们的向导准备的是一匹老骡子，向导身后还拉着两头驮载行李的骆驼。

在另一次探险（邦瓦洛的探险团）中，其所带行装的清单却并非如此简单。在进入戈壁之前的库尔勒，众人都忙于组织旅行队。他们已经有了一群绵羊、20 名随从人员。邦瓦洛先生提供了主要采购物的清单：加咸味黄油的小面饼 1600 斤，其次是 320 斤上等面粉、280 斤羊油脂、80 斤盐、80 斤芝麻油、烟叶，最后是为马匹准备的 6000 斤青稞。后来又在随从队中增加了 4 个人。我们感到非常遗憾，这就是他们忘记指出所有这些生活必需品的价格了，尤其是忘记提供累计总价值了……我听说是共达几十万法郎。

古伯察和秦神父也是同样地严守秘密，不提供他们花销的数字。但后来刊印的孟振生主教的行政管理报告，却指出了他 1844 年应负担的开支数目：北京的 400 两白银。由于 1 两白银当时相当于 7.50 法郎，所以其总数为 3000 法郎，它说明这是一个微不足道的数目。

著名的斯文赫定于 1906 ~ 1908 年间从事了一次确实是神话般的旅行，即从克什米尔赴西藏。他提供了对古伯察和秦神父游记的另一次证实……如同对待我们的教友一般，当时也出现了一些中国官吏把他从那里驱逐出去了。他通过经由其他未被人考察过的地区而服从了他们的命令。他这次英雄般的旅行共持续 23 个月，从而为他赢得了荣誉。

这并不是我们那两名传教士的命运。在罗马和法国，对秦神父有关中国传教区和当时开始的慈幼会的报告的欢迎，以及对于古伯察著作的含糊看法，则很少以人类的荣耀来回报他们。他们在人间没有得到多大安慰。他们希望能坚持忠于他们的神召事业。正如我已指出的那样，秦神父被派往巴西以管理十二修女慈善院，并在那里创建马里安纳大神学院。古伯察先生在澳门经过九年成效不大的工作之后，只好返回了法国，他在那里继续其从基督教观点看来，是有关中国的不朽事业。

这两人虽然平安无恙地从西藏出来了，但却在新的岗位上牺牲了生命。他们二人都在 50 岁之前去世了。秦神父死于 1853 年 3 月 3 日，仅有 45 岁；古伯察死于 1860 年 3 月 25 日，享年 47 岁。

* * *

我就用巴尔贝·多列维利有关古伯察先生著作的一页文字，来结束本篇已经显得冗长的导言吧：

“这是一部将会传世的著作。它只会被一部具有同样智力的著作超越和被人遗忘。那部新的著作也必须如同此书一样，代表着两年的工作精力、前所未闻的毅力、在古伯察先生工作过的地方得到有关中国的观念，从而向我们提供有关中国的相应资料，像这名勇敢的传教士所发挥过的那样发展这些观念。在此之前，本著作并非是我们有关亚洲知识的里程碑，而是其总结。那些新的概述和由其他人观察到的现象，必然会围绕本书而聚集起来，如同一座丰碑一般长存。这或为了证实或驳斥他的说法，或者是为了从中增补风俗、法制和各种事态可能会经受的变化。如果它们发生了变化，如果时间的拇指（尽管有指甲，但从其长度来看是中国人的指甲）从中滑脱而又没有在覆盖该民族的风俗色彩上留下痕迹，那么这种油彩比他发明的另一种油彩就更具有滑性”。

* * *

尽管古伯察的著作有各种语言中的大量版本，正如大家在阅读考狄（H·Cordier）的《汉学书目》的书目栏时，就会发现的那样，这些著作甚至在藏书家们那里也很难找到了。现在变得必须重版了。他的那些在北京的法国同一传教区的教友和继承人认为，发表《鞑靼西藏旅行记》的新版本是一种家庭义务，在其中加入一些为理解其游记而往往需要的历史和地理考释，增加在先前的法文和其他文字的版本中，未放在括号中的汉字专用名词。此外，这也是美国一名颇受尊重的旅行家柔克义（Rockhill）博士很久之前就在他的《喇嘛之国》中表达的愿望。他于其中讲到了古伯察先生：“总而言之，无论如何评价其著作也不会太高，如果能以合适的方式出版并加一些注释，那么像普热瓦尔斯基少校对他提出的那些指责，就永远不会在大众中享有威望了。”

我有义务于此向多伦(d' Ollone)[1]将军和在蒙古的比利时传教士们表示崇高的谢意,他们无偿地自愿向我提供了一些观点,还有一大批当地地理与语言资料,这是我在已出版的书中无法找到的。

Jean Marie Vincent Planchet

1932 年圣马丁节于北京

(指 11 月 11 日——译者)

① 这位著名的军官用下面这样一段殷勤的话表示,愿意将其照片供给我使用:“我不仅仅感谢我的大名鼎鼎的先任的经验使我学会并能够干的一切,而且还对在某种程度上参与某不朽的和无比的探险,而给予高度评价。”——伯爵将军、苏瓦松的指挥官多伦

作者序言

古伯察

这些游记过去受到了热烈欢迎，我于此发表一个新的版本，但对其初版未作任何显著的修改。我远没有想到自己会有写一部文学著作的抱负，而仅仅是试图朴素无华地叙述我们在高地亚洲漫长而又艰巨的长途跋涉中，最引我们注目的内容。我们参观过的这些地区，几乎都是近代欧洲人所陌生的，过去曾如此震撼了大地的那些古老的鞑靼种族，显得如同是一个新的世界。这就向我们解释了读者为什么会怀有某种兴趣浏览它，而这却是不大习惯写文章和14年来一直专心于学习亚洲语言的传教士的一部游记。

我的许多朋友都很殷勤地向我指出，我的游记开始得过分唐突了。读者们可能对突然发现被带到了万里长城之外和进入一个翁牛特旗，而感到不知所措，可能最有学问的地理学家们都不知其名。那些未能孜孜不倦地坚持阅读《传信年鉴》的人，实际上在看到法国传教士们出现在蒙古草原时，可能会感到某种极大的惊奇，他们可能很乐于知道我们是怎样到达那里的。始终都讲自己个人是很难受的。但由于在阅读一部游记时，有时大家都会很关心旅行家，所以我就更乐于填补有人已向我指出的缺陷，为那些忠实地和有毅力地追随我们的人，勾勒一幅在鞑靼和西藏游牧部族中旅游的路线图。

1839年2月间，盖伦主教先生选中了我，并以耶稣—基督的名义对我说："走吧！向所有民族布教去吧！……"数日之后，我便在勒阿弗尔港登上了一艘船的甲板。船长下令起锚，我心中充满了勇气和信心，但又难受地啜泣着离开了这个可爱的法国，我认为可能要永远告别此地了……阿德玛尔号双桅横帆船扬帆向中国驶去。

在用了五个半月的时间穿过了英吉利海峡、大西洋、大洋、巽他海峡和中国海之后，我们到达了澳门。当时，英国人已开始用欧洲大炮隆隆地轰击天朝帝国的海岸了。一名被囚禁在武昌狱中的法国遣使会会士——享真福者董文学正准备获得殉教的荣誉。鸦片战争持续的时间很长，也很激烈。欧洲强国英吉利的战舰在长江中游弋，沿途中洗劫了不止一座大城，一直将其轮船和舰队开往南京城下。中国人的自尊心受到了严重损害。英国轻而易举地获得了胜利，欧洲坚信中国的大门已被打开。但事实上完全不是这样。中央帝国始终是封闭的，中国的外交官们开始修复由军官们造成的灾难。今天，维多利亚女王陛下的一名臣民不敢再冒险地在广州城落脚了……享真福者董文学也要坚持一场长期而可怕的斗争，但他得以作为信徒而取胜，荣耀地在湖北省府的公共广场上死去。现在如同过去一样，天主教传教士们是惟一敢于穿越中国各省的欧洲人。

正是在我们这位尊敬的教友的保护下，我们才向这些不欢迎我们的地区迈出了第一步。董文学先生在被处死时所穿过的衣服，刚刚寄到了我们的澳门司库处。我们这些可怜的传教士，有勇气穿上他那最近被殉教者的鲜血染红的珍贵的圣装。

我们穿过遍是鞑靼族和汉族士兵驻防的广州城，他们正在无益地策划反抗印度公司大炮的进攻。我们经过三个月在这些辽阔而又令人好奇的省份内奔走之后，满怀着对上帝的感激之情而到达北京，同时也惊奇地摆脱了如此之多的危险，置身于这一神奇帝国的首都。这一置身于世界之外并曾以其古老文明，而使欧洲所有年轻的国家都感到震惊的中国，仅被我们视为一个与外界人类隔绝和陷入蒙昧中的民族了。我们生活在该民族之中，可以用手触摸到它，可以嗅到它的气息。它的艺术、产业、风俗习惯的特殊性、单音节的语言以及我们刚刚开始释读的奇特方块字、其经营商业和农业的才能，所有这一切都不同程度地出现在我们面前，使我们陷入了深深的惊讶之中。但有一种事却特别使我们的内心受到了强烈和持久的震撼。在这些崇拜偶像的民族中旅行时，我们在各地的山上、城市和乡镇中以及大河两岸，到处都能发现某些享有特权的家族，也跪在十字架下并念诵经文，如同那些天主教徒在所有地方所做的那样。他们也像天主教徒们一样，但却是秘密地和在他们那简陋的住处内部，隆重庆祝世界性的美好宗教节日！这是对地下墓道多么动人的纪念啊！

我们毫不迟疑地翻过了天朝皇帝为抵抗鞑靼人的入侵而建起

的著名关隘——万里长城，但它无法阻止基督教的神圣入侵。在数年期间，蒙古是指定给我们的传教区。传教士们在这一荒凉和艰苦地区的生活，往往都是非常艰难的。开垦祖先辽阔土地中的这一部分，只能是以许多屈从和忍耐力来进行。这并不是因为那里的土质始终不肥沃，而是因为那里有许多荆棘、杂草生长得叶茂根深，以至于神的种子往往都会枯萎和死亡。然而，凡是经得住长久忍受，并能在哭泣和苦难之中播下福音种子的人，有时也因能重新来到这块田地，并满心喜悦地在那里捆扎其收获物，而感到宽慰。

1844 年，我开始在喇嘛庙中专心钻研佛教。那种前往寻求统治了高地亚洲诸民族的迷信之发祥地的愿望，导致我们从事了这次长途旅行，并一直把我们引向西藏的首府。清朝对这些地区的专制保护扰乱了我们的居住。我们经过长期而又无用的反抗之后，便根据中国皇帝的敕令被驱逐出拉萨并一直押解到澳门。我正是在澳门汇辑了沿途搜集到的一些笔记内容，并试为我的欧洲教友们写出这部回忆录，他们的慈悲心肠当然会关心传教士们的磨难和疲劳……我于是便再度取道北京，第三次穿越了天朝帝国的某些省份。

在京师略作休息之后，我明白自己再无法适应北方的严酷气候了。我在西藏大雪中积劳成疾，从而迫使自己重新南下回到我们在南方的传教区中①。我的疾病就如同自己的处境一样每况愈下，常常都面临瘫痪。从此之后，我再也不适宜从事我们那圣徒的疲劳活动了。当时已允许我返法国求医，因为我寻求使用中国验方的做法，始终未能奏效。

我们一行于 1852 年 1 月 1 日登上了前来访问交阯支那、交州和马来亚海岸的卡西尼克号小蒸汽巡洋舰，离开了澳门。法国轮船应停泊在新加坡。我非常遗憾地告别了我的朋友普拉斯船长，并离开了那艘船。这艘船证明，遵守宗教义务与航海生活的艰苦和约束，完全可以统一起来。

一艘法国三桅战船阿尔及尔号即将驶往印度，船长是超群的傅立逊(Fourichon)先生，他非常愿意让我乘船返法。我又继续赶

① 古伯察先生在浙江宁波的教友处居住了一段时间。

路，当然不是直接地走，但却是以世界上最舒适的方式旅行。因为周围的人对我表示的友好态度，使我提前体验到了祖国的可爱。卡西尼克号和阿尔及尔号船在我对于海外的亲切回忆中，永远是不可分割的。只要稍微与法国船队有所接触，那就会使人非常热爱并钦佩它。

我们在印度怀着极为强烈的兴趣于本地治里、马赫和孟买观光。我发现这种神秘的印度文明，确实正在徒劳无益地于英国统治的无情枷锁下挣扎。但在这些人数众多和惹人注目的居民中，那些强有力的统治者们似乎仅仅关心商业投机和物质享受，人们更喜欢看到基督教对婆罗门教的古老谬误所施加的缓慢而又持久的影响。传教士们在那里如同在中国一样，也以应该取得最大成就的热情和毅力进行斗争。所以，毫无疑问，福音的博爱彻底战胜种姓和特权之威严制度的一天，终将会到来。

在锡兰、香料岛和亚丁（英国人在那里如同在另一个直布罗陀海峡一样巩固了其势力）靠岸停泊之后，我们的船渡过了红海并又从苏伊士沙漠中到达了埃及。埃及！这是记忆中多么激动人心的国度啊！大家该是怀着何等陶醉的心情，在开罗郊区参观孟菲斯的遗址、哈里发的墓葬、金字塔、柏拉图曾构思其著作并由黑柏环绕着克雷奥帕特尔方尖碑的赫利奥波利斯，都似乎在凄惨地喃喃地叫着克尔白的光荣名字……所有人都会有这样的回忆，但基督徒则会从中引起更为动人的回忆，若瑟主教正是来到了这一地区，上帝居民的文明正是在这里萌生。世人在尼罗河畔可以看到遗弃摩西的地方、马利亚的圣婴无疑经常在那里散步。因为在距那里不远的地方，有人指引我们拜谒了神圣家族在埃及居住时曾住过的房子。

现在，蒸汽轮船在尼罗河中游弋，把游客从开罗运往匆匆忙忙按照欧洲方式建起的庞大的亚历山大名城，但在那里已找不到过去的一切了。大家被迫翻阅书籍，以使其中大量的图片复活，如繁华的教堂、殉教人、学者与高等学府等。在中国、马来亚、印度、锡兰和红海，人们到处都可以发现英国的统治。他们那不可抑制的扩张需要，一直在设法吞并所有的民族。大家在埃及仍可以看到英国的统治，法国的影响于1848年就在那里消逝了。很久以来就觊觎法老王们土地的英国人，巧妙地利用我们的内部争执和我国局势的不稳定状态，渗透到阿拔斯人帕夏的政府。但法国（我们应抱有这种希望）将很快在各处都恢复属于它的地位，埃及可以毫无畏惧地依靠一个享有金字塔英雄般名称的政府。

5 月 3 日，我离开了亚历山大港，前去参观叙利亚、贝鲁特、黎巴嫩山、推罗和西顿，这些地方甚至没有留下遗址。圣一约翰一达克、卡尔梅尔和贾法，贾法检疫所中仅有一些生活得很悠闲的瘟疫患者。

不允许在最著名的佛教圣地作过如此长期旅行的天主教传教士特别接近巴勒斯坦，除非是手捧威士忌酒先参拜由人类的救世主诞生、生活和升天而成为神圣的地方。因此，我非常幸运地能去朝拜耶路撒冷。我在耶稣升天节那天登上了奥利维埃山，用我的口唇舐尝耶稣基督升天时留在山崖上的神圣印记。

一个月之后，我们又见到了自己的祖国——法国，这是所有国家中最漂亮和最美好者。我前往比利牛斯山峰的阿克斯温泉，以恢复我在喜马拉雅山区丧失的精力。

1852 年 8 月 17 日于阿克斯温泉

第一卷

第 一 章

北京法国传教区——翁牛特旗一瞥——准备出发——鞑靼——汉族客栈——改换服装——桑达钦巴的形象与性格——赛音—乌拉(吉祥山)——赛音—乌拉的雾淞和土匪——在大漠中的第一次扎营——宏大的皇家园林——山顶的佛教古建筑——克什克腾旗风土记——当地居民的特征——一座金矿的惨淡经营——两名要求为他们占卜的蒙古人——桑达钦巴遇险记——多伦诺尔城郊——附录

从前在鞑靼—满族王朝前几代皇帝时代曾非常繁荣兴旺的法国北京传教区,已由于嘉庆帝[①]的多次仇教而遭到破坏和几乎崩溃了。传教士们都遭逐或被处死。由于当时欧洲处于极大的混战之中,因而无暇去救援那些身处远方的基督徒。这些基督徒在长时间内几乎遭人遗弃了。所以,当法国第一批遣使会会士们重新出现在北京时[②],他们仅仅发现了传教区的残余和废墟。大批基督徒

---

① 嘉庆——满族王朝的第五代皇帝,他于 1796 年登基,1820 年晏驾。

② 重新出现在北京的第一名法国遣使会(味增爵会)会士是孟振生(Mouly)先生,他当时尚处于秘密行动之中。“他经过九个月的旅行而于 1834 年 6 月 14 日在澳门登陆。他在那里学习了汉语,然后便向北京渐进。他自己叙述了这次旅行的所有危险,由于绕行好望角而使之共持续了八个半月。他又用了同样多的时间从澳门前往北京。人们把他化装成病人。他每天用茶水洗一次脸,使脸色变得发黄和苍白。大家让他在客店中面对墙壁而睡,盖着被子。尽管采取了这样谨慎的防范措施,他还是多次几乎被人识破。如果被识破,那么他就会人头落地。他最终到达了北京附近。由于一次区域性的打洋教事件,他未能像他们希望的那样进城。毕学源(Pirès)主教让人通知他说,应等待这场风暴过去。孟振生先生于是便从正福寺前往蒙古,薛神父在那里把遭逐的法国传教区的领导权移交到他的手中。这一美好的传教区很快就从其遗址上新生了。”(樊国良:《北京及其概况》,204 页)。

为了摆脱中国当局的追捕都越过了长城，前往鞑靼沙漠中去寻求少许和平与自由，依靠蒙古人允许他们耕种的几片土地为生。传教士们经过艰苦不懈的努力，最终把这些溃散的基督徒们重新聚集起来，并从那里领导已交由几名汉人遣使会士直接管理的北京传教区。法国的传教士们不能像过去那样冒险定居于帝国京师内了。因为他们在京师的存在可能会危及这个刚刚复兴的传教区的前途。

我不止一次地前往草地，拜访生活在蒙古地区的中国基督徒，因而有机会远足旅行①。有时还去蒙古人的帐篷中略坐片刻。一旦当我认识了这一游牧民族，我就非常喜欢他们，从内心深处感到了一种强烈愿望。我从此之后便把自己的全部余暇用于学习鞑靼语。在1842年间，教廷终于满足了我们的最高愿望，把蒙古地区升为宗座代牧区。

大约在1844年初，西湾子②的信使到来了，那里是中国的一个

---

① 秦神父与古伯察在草地的旅行：

〔a〕1843年前往阿勒坦苏木(见《游记》,27、132页)，这就是克什克腾旗地区的经棚。

〔b〕小口里儿(同上引书,140页和以下)。

〔c〕大口里儿(库伦,同上引书,134页)。请参阅普热瓦尔斯基:《蒙古人和通古斯人地区》。裕尔的考证第15页，其中发表了秦神父于1842年6月从达兰纳写给德旺的一封书简，原载《传信年鉴》第20卷，其中描述了他在苏尼特人中和大库伦的旅行。

〔d〕古伯察先生去拜访了蒙古贵族托库拉，他在那里学习了蒙古语(《游记》第1卷,110页)。请参阅这次旅行的记述，载《传信年鉴》第17卷,1835年。古伯察先生在桑寨河谷(位于库里图或黑水川基督教会口与马架子之中途)停留了几天，他把该地译作"桑树寨川"(同上引书,368~398页)。

〔e〕矛山东的一名叫做张峰的基督徒向我介绍说(1897年)，其父从前曾陪同"古神父"(古伯察)旅行过五天。这里可能是指赴阿勒坦苏木的旅行。

② 西湾子现今仍是中蒙古宗座代牧的主教住院。在1828~1847年间，法国北京传教区的中心也设在那里。中国的这个小村庄是由移民们创建的，位于长城之外宣化府十法里处。"在中国的遣使会士薛神父前往那里居住的时代，它已有三百多名基督徒了"(《传信年鉴》第11卷,41页,1838)。1836年8月6日，孟振生先生在那里隆重地为一座新教堂祝圣。在全村一千多名居民中，共计算到676名基督徒。

小基督教会口，蒙古的宗座代牧主教[1]就将其主教住院设在那里。这名修道院长给我们送来了有关我们正准备从事的这次长途旅行的教谕。我们这次旅行的目的是研究鞑靼人的特征和风俗习惯；如果可能的话，那么也要研究宗座代牧区的范围和区限。我们很久以来就在筹划的这次旅行最终被定下来了。我们派遣了一名新近受归化的年轻喇嘛[2]，去寻回我们已寄养在奈曼旗牧场中的几头骆驼。[3] 在等待他返回来的期间，我匆匆忙忙地完成了那些蒙文著作，我在一段时间内一直在忙于撰写这批著作。

---

① 古伯察先生的宗座代牧主教是孟振生(Josph-Martial Mouly)主教。他于1807年8月2日诞生于菲热克，1825年10月18日在巴黎参加遣使会，1831年4月2日在亚眠被晋铎为神父。他于1833年9月30日在潘伯夫登船前往中国，1834年6月14日到达澳门，1835年7月12日以法国北京传教区会长的身份到达西湾子。自从法国在北京的最后一位传教士钱德明(Amiot)先生被驱逐(1820年)之后，由中国蒙古的一名遣使会士薛玛窦神父主持法国传教区的行政工作。这样称呼也是为了与设在北京地区的葡萄牙传教区相区分。

当把蒙古地区提升为宗座代牧区(1840年8月23日)的时候，孟振生主教奉命以富苏兰主教的身份主持该传教区。他于1842年7月25日在荣格子(陕西)接受主教受任仪式。因此，这是在古伯察到达蒙古之后。因此是孟振生主教派遣秦神父和古伯察前往鞑靼地区从事那次著名旅行的。

孟振生主教在逝世之前，曾有幸把法国传教区重新迁回北京，在那里收回了原来京师的诸教堂(1860年)，并在北堂建立了其大教堂。他于1865年12月4日死于那里。

② "喇嘛"在藏文中的本意指"上师"，欧洲人把它作为"佛教出家人"的同义词(德格丹:《语法》,32页)。

③ 这名青年喇嘛就是桑达钦巴，中国基督徒们则以"齐喇嘛"一名而称呼其人，其生平和归化已由古伯察神父在其书中(第1章)作了描述。他于其《基督教在中国》第4卷，第376页中，又补充了如下具体内容："一天，桑达钦巴在北京街头闲逛，他结识了几名基督徒，这些人向他介绍了他们的宗教。由于大家的关心和坚持，所以成功地向他传授了该教理的实质内容。此外，因为他还具有一种天生的善性，充满了坦率和忠诚，所以为他举行洗礼不会有多大困难。"

古伯察与另一名受归化的喇嘛(他后来成了风伯录神父)也由此人于1841年2月20日这一时间内提及："一名不久才归化教法和现在是我们澳门神学院学生的蒙古喇嘛，把他的长袍让给了我。"(《传信年鉴》,243页,1843)

我的那些有关祈祷和教理的小书完全准备就绪了。我们那名青年喇嘛尚未出现。不过我认为他绝不会迟到。因此,我们便离开了黑水川前往哵咧沟去等待他。我们觉得这后一个驿站更有利于我们进行旅行的准备工作。但时光在毫无结果的等待中流逝了。秋天的寒意已开始使人感到有些刺骨。我们非常害怕在冬季的严寒中开始于鞑靼沙漠中奔驰。因此,我们决定派人去寻找我们的骆驼和那名喇嘛。一名好心的传道员也是一个善于探险和健步如飞的人,他登程出发了。此人于约定的日子返回了。他的寻找几乎没有任何后果。他仅仅从一名鞑靼人那里获悉,我们的那名喇嘛在数日前就离开,并以为我们已把那些牲畜赶回来了。所以,当我们的这名使者获悉没有任何人出现时,该是多大的惊讶啊!他说:"我的双腿怎会比一头骆驼跑得还快呢?它们先于我从奈曼出发[①]……我现在却先于它们而到达!我的神父们啊!再耐心等待一天吧。我保证骆驼和喇嘛明天将会到达这里。"又过了数日,我们始终处于同样的处境。我们于是又一次派遣送信人去寻找,嘱咐他一直到达放牧骆驼的牧场,要亲眼看到这些事态,而不要相信任何人的报告。

在令人难以忍受地等待的这几天中,我们继续在哵咧沟[②]居

---

① 奈曼旗是组成内蒙古昭乌达盟的11个蒙古部族之一。它仅有一旗,其首领叫多罗达尔汉郡王。汉人一般都称他为"奈梵王",意为奈梵或奈曼王。

奈曼部的北部以翁牛特旗为界,南邻土默特旗,东接喀尔喀左旗,西部是敖汉旗(据《蒙古游牧记》记载)。该部的驻牧地在老河或老哈河与黄河(西喇木伦河)的汇合处之南。

过去,在该旗中有几户居住在九寨沟的基督教家庭,曾由黑水的传教士们巡视过。古伯察先生讲过的这几头骆驼也可能是从他们之中放牧到牧场中去的。

"奈曼"在蒙古文中意味着"八"。

② 哵咧沟的意译为"毗邻的山口"。

年轻的遣使会士古伯察

住，这是一个属于翁牛特[①]旗[②]的鞑靼人地区。这些地区似乎曾被大变革骚乱过。现今的人声称，在古代，该地区曾由一些高丽部族盘据。他们被用战争驱逐出去了，逃到了他们现今尚占据的介于黄海和日本海之间的半岛上。既然我们在鞑靼地区的这部分辖地中，经常会遇到一些大城市的废墟即与欧洲中世纪那些古城堡颇为相似的遗址，所以当大家在这些瓦砾中进行发掘时，发现某些长矛、箭矢、农具残片、装满高丽钱币的瓷罐就不会罕见了。

在17世纪中叶前后，中原汉人开始进入这一地区。当时，该地区的风景非常优美秀丽，山上长满了茂密的森林，蒙古包到处分布在大牧场的山谷里。汉人花很少一笔钱就可以被准许开垦沙漠。耕作逐渐得到了发展。鞑靼人被迫迁徙，并将他们的畜群赶到其他地方。从此之后，该地区很快就改变了面貌。所有的树棵均被砍伐，山峰上的森林消失了，草地都被放火烧毁，新的耕农迅速地使这片土地的肥力枯竭了。

---

① “翁牛特”旗或蒙古翁牛特部是组成内蒙古昭乌达盟的11部之一。其北部以巴林旗和克什克腾旗为界，南部以阿鲁科尔沁旗为邻，西部是热河围场或承德府。它共包括两个旗，即翁牛特右旗和左旗。

左旗驻牧于黄河或西拉木伦河与老哈河之间。其首领或扎萨克享有贝勒（三级公）的尊号。贝勒居住在乌丹城西北八里处的乌丹贝子府。他在汉人中则以“东敖牛贝勒”之名而著名，指东翁牛特的贝勒。黑水川以及秦神父和古伯察的旧居库里图均位于该王公的辖地界内。

翁牛特右旗驻牧地在围场或皇家园林的东北。其首领或扎萨克享有“王”的尊号，居住在老府或西白河流域，他在汉人中以“西敖牛王”而著称。咖咧沟便位于其领地上。这就是古伯察所说的翁牛特部。

② 尽管鞑靼部族人数不多，人们却称他们为“旗”（小王国），因为这些部族的首领叫做“王”。

现在，这些地区已基本完全被汉人占据。使这一贫瘠地区变成荒芜的原因——非常不规则的季节之差异，可能应归咎于他们那毁灭性的垦殖制度。这里经常出现干旱，春风几乎于每年都会把大地吹干。① 天空呈现出一片阴沉灰暗的样子，受惊的民众们都在等待着巨大灾难的降临。大风越刮越猛烈，有时一直持续到盛夏。届时人们就会看到被旋风吹起的灰尘直冲云霄，使天空变得灰暗和遮天蔽日。有时甚至在正中午，人们也会被夜间恐惧的一片黑暗所包围，甚至在某种程度上感到比最黑暗的夜间还可怕千倍。在这样的风暴过后，大雨就不会让人等待多久了。但此时，大家对暴雨更为害怕而不是企盼。因为在一般情况下，它都是下得令人毛骨悚然。有时如同苍天崩裂了一般，突然间露出了一个洞，让天上盛满的全部雨水如同一个大瀑布一般地骤然间一倾而下。耕田及庄稼顷刻间便浸没在一片泥海之中，其巨浪沿山谷的两麓奔腾，席卷了沿途所遇到的一切。激流飞快地奔腾而去，只要几小时就可以使地面重新露出。但田里再没有庄稼，甚至几乎没有可以生长植物的土壤。那里仅仅剩下了深深的沟壑，填满了砾石，从此之后再没有希望能用犁铧耕种了。

在这一灾难甚多的地区，还经常下冰雹，冰雹往往奇大。我们在那里发现过重 12 斤的冰雹。有时只需眨眼间就可以消灭整群的牲畜。1843 年，在一次大暴雨中，人们在长空中听到了如同一种令人可怕的大风的响声。时隔不久，在距我们的房子不远的地方降下了一块比一扇磨盘还大的冰块。人们用斧头砍碎了它。虽然当时的天气非常炎热，但一直等了整整三天才使它完全融化。

干旱和水灾有时会造成灭绝居民的饥荒。道光十二年②(1832年)的那次饥荒，是大家听说过的最可怕的一次。中国人声称到处都出现了普遍的预兆，但从未有人能解释清楚。在 1831 年冬季，有一种不吉祥的流言传播开了。据说第二年将会出现既无贫又无富、血将流满山坡、白骨将堆满山谷的景象。

所有居民中都讲这样的话，儿童们在玩耍时也重复这样的话。

---

① 一句汉文谚语证明了这一事实："春雨难下"。

② 道光是鞑靼—满族王朝的第六代皇帝。他当时正在临朝执政。道光晏驾于1851 年。其 19 岁的儿子继位，新的年号叫作咸丰(1861 年晏驾于热河)。

1832年年初时，所有人都被这种不祥的忧虑所支配。春季和夏秋季都无雨而过去了，秋天在庄稼还是绿色时便降霜了。一切全都被彻底毁坏，完全是颗粒无收。乡民们很快就沦为赤贫。房舍、田产、牲畜都用以换粮食了，而当时粮食价格之昂贵，就如同以黄金的重量出售。一般当人们啃吃完了山上的野草之后，便掘地一直从中挖出草根来充饥。经常重复的那种可怕预兆已完全实现了。许多人死于山上，当时他们正步履艰难地在那里爬行以捡几根草吃。尸体弃满了路旁，住宅中也堆满了死人，有时整村人都灭绝得一个不剩。不分贫富，饥荒以同样无情的程度，降临到了所有人头上。

我们正是在这一凄惨的地区，以某种不耐烦的情绪，等待我们派往奈曼旗的送信人。我们约定他返回的日子到了，许多天又过去了，但既没有骆驼的影子，也不见喇嘛。这使我们感到极端惊讶，而且也再没有任何其他送信人可派遣了。我们被逼得走投无路，更无法在这种痛苦和无益的等待中生活更长的时间。我们正在苦思冥想其他办法，因为我们认为已掌握的那些方法都化为泡影。出发的时间已不能更改地最终确定下来。此外，我们还决定一名基督徒用车把我们送到多伦诺尔，那里距嘣咧沟有近50法里之远。到了多伦诺尔，我们辞退这名临时的向导。我们接着就独自进入沙漠，就这样从事自己的朝圣旅行。这一计划使基督徒们担惊受怕，他们不明白两名欧洲人怎能独自在一个陌生而又对他们不友好的国家中，从事如此遥远的旅行呢？但我们有理由坚持自己的决定。我们不想让汉人陪同自己。我们认为绝对需要最终粉碎束缚入华传教士们的桎梏。一名传道员小心谨慎的防范或更应该说是胆怯懦弱，在鞑靼地区没有任何用处，一名汉人可能会成为我们的障碍。

在我们出发前夕的那个星期天，一切准备就绪。我们的两只小行李箱都已上锁，那些基督徒们都前来与我们道别。但出乎所有人的预料之外，就在这个礼拜天太阳西垂的时候，我们那名送信人回来了。他刚一露面，我们就很容易从他那痛苦和失望的脸部表情中，发现他得到了令人沮丧的消息。他说："我的神父们啊！事态很不妙。一切全完了，再没有任何可以等待的了。在奈曼旗，再没有教堂的骆驼了。那名喇嘛无疑也已被杀，我认为魔鬼在这一事件中起过巨大作用。”

怀疑和畏惧往往会比已确信的不幸更折磨人了。这些消息虽然是令人难以忍受的,但它们却把我们从自己的困惑处境中摆脱出来了,而又丝毫不改变我们已确定的计划。在接受了我们的基督徒们长时间的慰问之后,我们便去睡觉了,坚信这一夜将是我们游牧生活前夕的一夜。

当突然间在外面响起了许多人的喧闹声时,夜已经很深了。喧闹的和多种的响声震动了我们住宅的大门。所有人都匆匆忙忙地起身,我们的那名青年喇嘛和骆驼都来了。这简直是发生了一次小小的革命。我们的日程就自动改变了。我们不再是于星期一而是于星期二出发,不再是乘车而是要骑骆驼旅行,一切都应以鞑靼人的方式行事。大家兴致勃勃地去睡觉,但谁都不肯入睡,每个人都利用夜间这段很短的时间,设想有关这支旅行队最轻便的装备计划。

翌日,在准备出发的同时,我们的那名喇嘛向我们解释了他那有情可原的姗姗来迟。首先,他患了一场长期的疾病;其次,他又长时间地追寻已跑脱于沙漠中的骆驼;最后,他被迫前往衙门以要求归还有人偷去的一头骡子。一场官司、一场疾病、一些丢失的牲畜,这就是足可以宽恕其迟到的原因。惟有我们那名送信人独自没有享受这种普遍的欢乐,因为所有人都清楚地知道他拙劣地应付了委托给他的任务。

星期一一整天,都被用于装备这支旅行队。所有人都为此作出了贡献。有的人忙于修理我们旅行中的住房,或者讲得更清楚一些则是一部分人缝补一顶蓝色粗麻布帐篷;其他人则为我们削了一大批木桩子。这里有些人在擦洗一口黄铜小锅,加固一个已拆散的三角支架;那里又有人为我们制作绳子,调整骆驼驮子的大批配件。裁缝、木匠、补锅匠、打绳匠、马具皮件工,各种手艺和各种职业的人,大批地集聚在我们住宅的小院子中。因为无论大人小孩,我们所有的基督徒最终都愿意和希望,他们的神父们能以尽可能舒适的条件登程。

星期二清晨,只等待穿骆驼的鼻子并在鼻孔中穿一个木栓了,这在某种意义上是充作嚼子使用。这件事就交给了我们那名年轻的喇嘛。在这种痛苦的操作中,我们那些可怜的单峰驼发出的狂

中国的使节

烈的和刺耳的叫声，很快就把村中的所有基督徒都聚集起来了。在此时此刻，我们的喇嘛完全变成了这一操作的英雄。人群在他周围排成了一圈。每个人都想看一下他是怎样慢慢地拉动嵌入骆驼鼻子中的木栓的绳子，他会让骆驼们唯命是从并随心所欲地跪下。对于汉人来说，看到我们的喇嘛把两名传教士旅行家的行李安排和绑在骆驼背上，则是一种新鲜和奇怪的事。当一切准备妥当时，我们便饮了一杯茶并前往小教堂。[①] 基督徒们唱起了出发的

① 这是白氏家族的旧公所，后来成了教会的财产。

祈祷经文,我们接受了他们那掺杂眼泪的告别,然后就启程了。桑达钦巴[1]庄严地骑在一头身体发育不良的黑色骡子背上开路,他后面带着两头驮着我们行李的骆驼,其后面又跟着两名传教士秦神父和古伯察:前者骑一头大母驼,后者则骑一匹白马。

我们出发了,而且正确地决定放弃我们的旧有习惯并把自己装扮成鞑靼人。但我们不能一下就能化装得很好,刚迈第一步就完全失去了中国人的样子。除了我们是在一部分步行和另一部分骑马的中国基督徒们护送(他们出于尊重而在一段时间内陪同我们行进)之外,我们还应把咧咧沟的大传道员开的一爿客店,作为我们第一程的到站。

我们这次小小旅行队的前进一开始就不是充满成功的。我们在上骆驼鞍驮和牵骆驼的技术中,尚很生疏和完全没有经验。所以,我们几乎每时每刻都要不断地停下来,有时是为了调整几条能伤着牲口的绳子或木板,有时是为了捆紧我们那些扎得不牢固和时刻有翻落危险的行李。尽管有这些持续的耽搁,但我们仍在前进,不过速度则是难以形容的缓慢。在行走 35 里[2]之后,我们走出了耕作区而进入草地。这时的行走比较正常了,骆驼们在沙漠中则比较轻松自在,它们的步伐似乎变得比较快捷了。

我们攀上了一座高山,那些单峰驼则懂得为它们付出的辛劳进行补偿,它们左右啃吃那些接骨木的细嫩枝条或野蔷薇的叶子。我们为了驱赶这些懒洋洋的牲畜而被迫发出的呼喊声,又惊动了狐狸,它们在我们接近时,不时地从其巢穴内钻出来又逃之夭夭。我们刚刚攀登上这座陡峭的大山之顶峰,便在山凹中发现了由基督徒们开设的客店羊巴儿殿。[3] 我们便走向那里。我们所走的这

---

① 它本是我们这个骆驼驭手的藏文名字。这一蒙古文名字的正确写法似乎是 Samt' ant Jimba(萨木丹尽巴)。古伯察使其旅伴的名字如此通俗化,以至于我们认为应保持这名新的"星期五"的错误拼写法(本译本正是由于这一原因而采纳了桑达钦巴的译法。——译者)。

② 一华里相当于一法里的 1/10,为 500 米。

③ 羊巴儿殿(不是"店")中的"殿"字在该地区系指一片辽阔的平原。例如,"满殿子"是东蒙古高原的名称,多伦诺尔就位于该高原上。"殿"有时也作"甸"。羊巴儿殿位于马架子之西北 35 里处。

条路始终由清澈见底的溪水流淌，从山麓中流出并汇集于山脚下，形成了一条环绕客店的风景优美的小河。我们受到店老板（或者按中国方式应称为“掌柜的”①）的迎接。

在距中原边陲不远的鞑靼地区，大家有时会在沙漠中遇到几家孤立的客店。它们一般均由一个宽敞的四合院组成，由中间交织着荆棘的长枝条搭成。在这套四合院的正中央有一幢土屋，其高最多不过十法尺。除了左右两厢的几间简陋的小房间之外，整个客店都是由一间宽敞的房子组成，同时用作厨房、餐厅和寝室。当行客到达时，他们全部来到这一大厅中，那里实际上很脏、气味难闻和烟熏火燎。一条长而宽的大炕就是为他们准备的下榻处。他们把一种占据了大间3/4位置的炉灶称为炕。② 它高达四法尺，炕面很平整，炕上再铺一领苇席。那些有钱的人再于这领席上铺上毡毯和兽皮。其前面有三口安在这种灰色的地下的大锅，为行人熬粥用。

烧热这些大锅的灶眼与炕洞相通，从而使热量传到那里。这样一来，炕上的温度一直很高，甚至在冬季严寒的情况下也如此。旅客一旦到达，掌柜的就请他们上炕，大家就盘腿围一张大桌子坐在那里，桌腿多有5～6法寸③高。大厅的下部是留给店中伙计们使用的，他们来回走动，在锅灶中烧火、煮茶、和莜麦与荞麦面以为旅客们准备饭。这些鞑靼—汉族式旅店中的炕是人们能够想象出的最活跃和最别致的舞台，大家可以在炕上吃饭、喝水、吸烟、玩耍、喊叫和嬉戏。到了夜间，这条在白天轮番作餐厅和赌场的炕，突然间又变成了睡觉的床。旅客于炕上打开他们的被子（如果他们有的话），或者是钻到他们的衣服下，一个挨一个地睡觉。当客人很多时，行客便排成两行，腿脚的方向始终相反。虽然所有人都睡下了，但并不是所有的人都能由此而入睡。当有些人正在安静

---

① “掌柜的”系指一爿客栈的老板。

② 炕是一个用砖砌的宽大之床，灶中的烟火从下面通过，这就使乡民们很便宜地得到了一个简陋而又暖和的床榻，冬季的白天是可以在那里聊天的“沙发”，夜间则是供睡觉的舒适的床。

③ Pouce，法国古代长度单位，等于1/12法尺，约合27.07毫米。——译者

地酣睡时，其他人则在抽烟、饮茶或兴致勃勃地高谈阔论。被昏暗和微弱的灯光照得不太亮的这一屋人那入迷的场面，以一种强烈的恐怖和可怕的感情刺激了人们的灵魂。这些客栈中的灯具并不以其雅致漂亮而引人注目。在一般情况下，它们都是一只被打碎的杯子，其中有一根盘在浓厚而气味难闻的酥油中的灯芯。这片破瓷器放置在墙壁上挖的一个洞中，或者是放在两根作为灯座的木钉上。

店掌柜的把他的小单间安排作我们的下榻处。我们在那里吃晚饭，但我们不想在那里睡觉。因为我们是鞑靼旅行家，拥有一顶良好而漂亮的帐篷，我们想把它支起来以练习着使用它。这一决定不会使任何人感到生气。我们明白，自己这样做并不是出于鄙视客店，而是出于热爱游牧人的生活。因此，当支起帐篷并把我们的羊皮铺在地上之后，我们便用柴草点着了一堆大火以略微暖和一下，因为夜间已开始冷了。一旦当我们睡下，更夫①便使劲地敲一面锣。这种青铜乐器那颤动而又洪亮的声音，一直震荡在山谷中，连经常出没在这片沙漠中的虎狼也感到了害怕。

当我们起身时，天尚未亮。我们在启程之前必须完成一件非常重要的工作，即必须改换服装，在某种意义上说是自己作一番"变化"。居住在汉地的传教士们都毫无例外地穿汉式服装，他们与商人没有任何区别，外表上没有任何宗教特色。被迫坚持穿这些世俗服装，会令人非常懊恼，因为它们是传播福音的巨大障碍。在鞑靼人中，一名参与布讲宗教的黑头人②只会引起人们的耻笑和鄙视。大家都认为黑头人负责世俗事务，宗教事务与他们无关，完全属于喇嘛们的专权。我们认为那些似乎是在入华传教士中确立

---

① 这些巡夜人叫做更夫，一般都是敲木梆子。

② 鞑靼人把世俗人称为"喳拉库姆"（黑头人），这可能是由于他们蓄留头发。这是与被迫削发的喇嘛们的白色头颅相比较而言。

在蒙古文中，Harak' oun 与 Charak' oun 相对，前者指"黄人"或喇嘛。这可能是根据他们服装的颜色而称呼的。蒙文中的 Hara 意为"黑色的"，K' oun 指人，从而形成了蒙文文言文中的复合词 Kumun。此名词用于指世俗人，与 Chara - K' oun（喇嘛）相对立，这可能是由于他们穿黄色衣服。请参阅卡瓦列夫斯基:《蒙 - 俄 - 法文辞典》第 2 卷，1519 页。

和保留了穿世俗服装的习惯,于我们身上不复存在了,我们完全可以脱掉它。[①] 我们认为使自己最终进行传教试验的机会来临了,应证明我们使徒的神圣性。宗座代牧所写的教谕,在这一问题上所表现出的愿望,完全符合我们的心意,我们毫不犹豫,决定采纳西藏喇嘛们的俗装。我们称之为"俗装",是因为他们还专门有一种宗教服装,当他们在佛寺中祈祷或参加偶像崇拜仪轨时才穿。西藏喇嘛们的服装更引起了我们的注意,因为它符合年轻的新入教者桑达钦巴所穿的穿着。

我们向客栈的基督徒说明,自己已决定不再化装成汉族商客,我们更希望剪去发辫和彻底剃光头。这一消息牵动了他们那过敏的神经,有些人显得快要流泪了,甚至还有一些人试图游说,使我们改变这一决定。但他们那些哀婉动人的语言,仅仅是从我们心中一闪而已。我们从一个小包中取出的一把剃刀,就是我们对他们说教作出的回答。我们把剃刀交给了桑达钦巴,只须顷刻的时间,就使我们自离开法国时便蓄留的长发辫脱落在地。我们又穿上一件黄色大袍,在右侧用五枚镀金纽扣扣好,在腰部扎了一条很长的红色腰带。我们于这件袍子之外又套了一件红色的坎肩,背心的上部是一个紫绒小领。上面带有一个红球的黄帽子成了我们新服装的补充。

在最终完成这项工作之后,我们便开始吃午饭。当时的气氛非常闷闷不乐和寡言少语。当店掌柜的端上了小酒杯和冒着热气的中国温酒壶时,我们便向他宣布,既然已更换了服装,我们也应该改变生活习惯。我们对他说:"撤去这酒与这把热酒壶吧! 从今以后,我们就放弃喝酒和抽烟了"。我又笑着补充说:"你知道,好喇嘛是要戒酒和戒烟的。"我们身边的那些中国基督徒都没有笑,他们一言不发,并以一种慈悲的目光凝视着我们。因为他们从内心深处坚信,我们必将在鞑靼沙漠中因缺吃少穿和遭受苦难而死。

---

① 我们认为两位传教士的换装不会不引起人们的奇怪或某种更严重的事态。因为黑水传教区的一名主教,最近将这一事件汇报了罗马,询问"为了更容易地把天主教信仰传入蒙古人中的传教士,是否可以穿喇嘛们的服装,至少是否可以按他们的方式剃头,即完全剃光头发"。

教廷传信部根据1685年对印度作出的一项旧决议而回答说,即使在服装的颜色方面,也不允许这样做(《外方传教会档案集》,香港,第225号)。

午饭结束后，正当店中的伙计们折叠帐篷、为骆驼上驮子和组织出发时，我们取出了几个馒头并向沙漠中附近一条小溪岸边走，以采摘醋栗枝上的一些“饭后水果”。很快就有人告诉我们说，一切都已准备就绪，我们跨上了自己的坐骑，仅在桑达钦巴一人的陪同下取道多伦诺尔。

我们就这样独自和在无向导的情况下，走进了一个新的世界。从此之后，我们再也不会在自己面前找到由过去的传教士们踏出的羊肠小道了。因为我们穿行在一个任何人都尚未曾布讲过福音的地区。一切都宣告结束，我们身边再没有那些非常殷勤地为我们服务，并以他们的关心而在传教士周围形成的一种如同在其祖国一般的气氛的基督徒了。我们在一片对自己不友好的土地上只能依靠自己，被迫处理自己的事务，在路途中再没有希望听到兄弟和朋友们的声音了……但这又有何妨！我们感到心中充满了勇气和毅力，以那名曾说过“前往教化所有民族，我在岁月的流逝中永远与你们在一起”的人之毅力而前进！

正如我上文已指出的那样，桑达钦巴[①]是我们惟一的旅伴。这一青年人既非汉人，又非鞑靼人和藏族人。但初看起来，那就很容易在他身上发现那些人们应称为“蒙古种族”人的特点。其鼻子宽大和异常地向上翘，一张呈直线状的大嘴，嘴唇厚而凸起，皮肤被晒得非常黝黑，这一切都导致其相貌显得粗犷和倨傲。当他的两只小眼睛从完全脱落了睫毛和长眼睑下露出来时，或者是当他皱起额头的皮肤而观察你时，便会同时激发人的信任和恐惧感。在这张奇怪的脸上，没有任何明显的差异，既不是汉人的那种狡黠的诡诈，也不是鞑靼人的那种诚实的纯真，更不具藏族人的那种慓悍的精力，而是所有这些性格都略有显示。桑达钦巴是一名察罕胡尔人。我们于下文还将有机会介绍我们这名青年驼手家乡的某些具体情况。

---

① 秦神父于其《呈教皇的报告》中补充了有关桑达钦巴的下述情况：“就在这个时候(1842 年冬季)，居住在北京一座喇嘛中的第三名来自察罕胡尔(察罕蒙古族，土族人)地区的喇嘛，通过新入教者保禄(原为喇嘛)的渠道，而熟悉了基督教理，他也被上帝的恩宠所打动，成了初学教理者，后来他又受洗并起了一个教名受洗约翰(Jean - Baptiste)。正是他在我们赴西藏的长途旅行中充当我们的助手和旅伴(《传信年鉴》，第 13 卷，141 页)。

桑达钦巴在11岁时便逃离了喇嘛寺，以逃脱一名师傅的责打，他认为此人的惩罚过分苛刻了。后来，他那流浪和无所事事的青年时代，大部分都是在汉地城市或在鞑靼沙漠地区度过的。大家很容易理解这种独立的生活不大会使他那先天的粗犷性格变得高雅起来，他的智力完全未被陶冶；但他那肌肉的力量则极大，他本人对这一本领也并非不感到自鸣得意，而是非常喜欢卖弄。他在受到秦神父的教诲并接受其洗礼之后，很想坚持为传教士们服务。我们最近从事的旅行完全符合他那惯于流浪和冒险的习性。这一青年人在引导我们穿越鞑靼沙漠时，不会对我们有任何帮助，他对这一地区并不比我们熟悉多少。因此，我们的惟一向导是一副罗盘，外加由安德里沃——古荣绘制的一幅高质量的中华帝国的地图。

从我们一旦离开羊巴儿殿店起，便毫无阻碍地和相当顺利地前进，惟有我们在翻越一座山时遭到了不少中国官吏们的咒骂。他们赶着驮载沉重驮子的大队骡子，一旦当他们看到我们的一队骆驼向他们走近时，便立即勒住骡子的嚼子。骡子受惊，它们寻求左右奔逃，使驮子抖乱了，有时将车子撞翻，骡夫们以千般漫骂，以对这一意外情况进行报复，诅咒我们骆驼的体态庞大臃肿和我们服装颜色的刺眼。

我们攀登的这座高山叫做圣—乌拉山，①也就是吉祥山。这很可能是世人出于反义而赋予了它一个如此滑稽的名称。因以它为舞台的恶性事故和悲惨的冒险非常出名，并使人议论纷纷。我们通过一条艰难的、陡峭的和大部分都被山岩碎块阻塞的山路攀登此山。在攀登的中途，有一座供奉被称为“圣奶”的女山神的偶像

① 当地的汉人称此山为“赛汗坝”，也就是赛汗高原。在羊巴儿殿，人们要攀登该高原（坝上）。从羊巴儿殿到多伦诺尔（喇嘛庙）共有400里，要依次经过哈木沟、小教子、红山子、空克殿、东沟。

赛汗山与张诚（Gerbillon）所描述过的白察山（或山脉）为同一山，他认为该山是本地区最高的山，该地区几乎所有的河流均由那里发源。在此问题上，有一大批欧洲学者，如费里斯（Fritche）、谢米诺夫（Semenow）、欧谢尔（Euschell）、李希托芬等甚至否认存在着一座白察山。福兰阁在《热河志》中描述了他怎样在作为秦神父和古伯察继承人的比利时神父们以及当地土著人的帮助下，找到了白察山，从而使这座不幸的山获得了存在的权利，虽然许多大科学家们都对它判了死刑。请参阅上引福兰阁书，2~10页。

寺庙。该寺庙住有一名出家人,他的工作是不时地向被水冲得已完全无法通行的道路上扔几铲土。这种善行使他有权要求经由其僧房前的赶车人稍作布施,以足够他维持生活。

在攀登了近三个小时之后,我们最终到达了山顶。来到了一片辽阔的高原,它从东到西共计一整天的路程(从北至南的延长无法计算)。我们从该高原的上部,在鞑靼平原很远的地方,发现了于山坡上排成阶梯形的蒙古包。远远望去酷似大批蜂房。许多江河都从该山的山麓发源。我们在所有的江河中辨认出了沙拉木伦河(潢水),我们的目光远远地望着其变幻莫测的河水,流经过了克什克腾[①]旗(我们不应把沙拉木伦河或潢水与著名的大黄河相混淆)。它在流经了克什克腾旗和奈曼旗之后,又经过柳条边地区而进入满洲,自北向南流,一直入海。它在入海口的地方取名为辽河。

圣—乌拉山(吉祥山)以其雾凇而引人注目。那里没有一个冬天不发生寒流使相当数量的行人丧命的事。经常是整队的人马没有按时到达目的地,后来于山上找到了他们,但人员和牲畜都被冻死了。除了凛冽气候的危险之外,还应加上匪寇和凶猛野兽的危险。土匪在那里可以说是定居的,专门等待前往多伦诺尔或从那里返回的行人。那些落入这些土匪手中的人,该是多么不幸啊!土匪不满足于抢劫钱财和牲畜,甚至还扒掉行人的服装,让那些被拦路抢劫的人忍受寒冷和饥饿的折磨。

这些地区的土匪懂得为他们的强盗行为加上一层文雅和礼貌的色彩。他们没有粗鲁到用一支枪瞄准你的喉咙和突然叱咤你“要钱还是要命!”他们相反却彬彬有礼地出现在你面前,然后又对你说:“我们的老兄,我步行走得太累了,请把你的马借给我吧……我手头缺钱,请你借给我点钱吧……今天太冷了,请把你的衣服借给我吧……”如果老哥大发慈悲地如数出借这一切,那么他们就会对他说:“谢谢!老哥!”否则,这种谦恭的要求就会自动以棍棒相击来支持。如果这尚不够,那就要拔刀威胁了。

① 克什克腾旗被汉人用通俗语言称为黑山滩。一旦逆满洵子而上,那就会直接到达黑山滩,这就是说一直到达距黑水有30或40里远的地方。

太阳已开始陨落，我们尚没有从坝上下来，但却想宿营了。我们首先关心的是在这些荒凉偏僻的地区，找到一个合适的住宿站，也就是说一个有柴草、有水和牧草这三种主要野营必需品的地点。此外，由于“吉祥山”的坏名声，我们希望找到一个偏僻和孤立的地方。因为我们在游牧生活中尚未经受锻炼，完全是初学乍练的新手，所以有关土匪出现的思想不停地使我们感到担心。我们始终害怕宿营于过路人的众目睽睽之下，因为他们可能会于夜间来偷我们的行李和抢劫我们的牲畜。由大树环抱的一片低洼地成了我们选中的目标。在让骆驼卧下并卸下了驮子之后，我们便自动在皇家园林的边上，从一棵千年松树的树干下流出的泉水旁，找一块比较平坦的地方，以试图支起帐篷。我们的这座小型麻布宫的建筑，给我们制造了许多忙乱和疲劳。

“开始干得很坏，后来就好一些，接着才会很好，最后就不会有任何差错了。”

完成这第一道工序之后，我们又安排了自己的看门狗。因为我忘记说了，看门狗是我们这支旅行队的组成部分。一根粗大的铁钉一直向地下钉到了钉头上。钉头穿过了一个环，环上拴着一根长链子，链子头用一个箍拴在我们忠实的看门狗阿尔萨兰（Arsalan）[①]身上，其职责就是在有外人接近时就吠叫。在如此确保我们刚才占领的这块领土不受侵犯之后，我们便去拾捡干畜粪[②]并捡一捆干树枝。很快就准备做饭了。当我们看到锅中的水沸腾之后，便于其中煮几把挂面，或者是事先准备好和拉成基本如同面条那样的细面。作为作料，我们从中加入了一片从很好的肥肉上削下的肉末，这是羊巴儿殿的基督徒送给我们的。一旦当我们认为这锅荤杂烩煮好时，每个人都从其怀中掏出木碗来并盛满了挂面。我们的晚餐实在令人倒胃口，甚至无法吃下去。我们笑着互相对视了一番，但在心灵深处则很懊恼，因为我们腹中受饥肠辘辘的折磨。生产挂面的匠人一般都从中加了盐，使之不腐烂变质，并能长

---

① Arsalam 是一个鞑靼—蒙古文，意为“狮子”。

② 鞑靼人称干畜粪（当它已被晒干和适宜燃烧的时候）为 argol（更确切地说应为 argal）。

期于库房中贮藏。我们所购买的这种挂面咸得怕人,因而只得甘心重新煮一次。我们把第一锅汤喂阿尔萨兰,它也不想吃。在用水冲洗了这餐简单的晚饭之后,我们又煮了第二次。这第二次试验也并不比第一次好多少。而汤始终都极咸,我们被迫放弃吃这顿饭。但桑达钦巴的胃口已适应和习惯于任何伙食,他勇敢地奔向了饭锅。我们现在只有吃中国人所说的"干凉"①饭了,从食品袋中取出了几个馒头并走向了皇家园林,至少可以用一次愉快的散步作为我们这一顿饭的调味品。

我们游牧生活的第一顿晚饭,并没有坏到我们原来害怕的那种凄惨程度。上帝的天意使我们在森林里找到了非常美味的野果,这就是欧李儿和山里红。这些野果中的第一种是一类野生樱桃,但味道极差。它生长在绝不会超过4~5法寸高的苗子上。山里红②是一种深红色的小果,味道酸甜,可以用来制作一种极为甘美的果酱。结山里红的树不高,但枝杈极其茂密。

皇家园林由北至南共包括100多法里,从东到西近80法里。康熙帝在蒙古的一次出巡中,决定把这里作为他的狩猎地(围场)。他每年都前往那里,继他之后直到嘉靖的历代皇帝,都遵守他开创的先例。嘉靖在热河一次狩猎中被雷击中。这种大规模的狩猎现已中断27年之久。嘉靖的儿子和皇位的继承人道光皇帝坚信,此后狩猎活动与注定要死亡的事联系起来了。自从他登基之后,再未踏上过热河的土地,那里本来可以被视为是中国专制君主的凡尔赛宫。但那里的森林及栖身于其中的野兽的处境,并没有得到很好的改善。虽然对被抓获的任何在森林中持枪狩猎的人,都要被判作终身流放,但森林中始终都遍是偷猎者和盗伐者。每隔一段距离就设有守林人,但他们留在那里,似乎仅仅是为了垄断盗卖木材和野味猎物的权力。他们竭尽全力地方便偷猎盗伐行为,其

---

① "干凉"可能正是"干粮"的讹变,即吃点心一类。古伯察先生想于此玩弄字眼。

② 据中国人认为,山里红和山楂并不完全是同一种水果。山楂比山里红的个头要稍微大一些。中国人用山楂果制造一种冻糕,制成长方形,可以用刀切,叫做山楂糕。中国过年节时,大家吃得很多。

至于山里红果,则在挖出其核之后用来作为蜜饯,用瓷罐销售这种果酱,即山里红酱。

条件是把一大部分油水留给他们。偷猎者在农历四到九月间特别多，当时的鹿角长出了新的枝叉，其中含有一种呈半凝结状的血，当地人就称之为鹿茸[①]。新生的鹿茸在中医药中具有重要用途，由此而极其昂贵。一枝鹿茸可以出售到150两白银。

鹿和獐子大群地在这一庞大的围场中溜达。这里的老虎、野猪、黑熊、豹子和狼的数目同样也很多。那些独自或零散地冒险进入森林迷宫的樵夫和猎人，往往都会惨遭不幸，他们失踪得使人永远发现不了任何一点遗迹。

害怕遇到某种这类凶猛野兽的情绪阻止了我们的散步，使之不要持续太久。此外，天已开始黑了，我们匆匆忙忙地返回帐篷。

我们在沙漠中过的第一夜睡得相当安宁。天刚蒙蒙亮，我们便起来了。泡进滚开的茶水中的一把莜麦面充作早餐，在重新把驮子抬到骆驼身上之后，我们便启程了。我们始终在“吉祥山”的高坝上行走，我们很快就发现了一个敖包，鞑靼人前往敖包脚下向山神顶礼。这一建筑实际上仅仅是一堆无秩序地砌起来的石块。其基部有一个大花岗岩香炉，人们于其中烧香。其顶部有大批干树枝，胡乱地用石块固定住。在这些树枝之上悬有白骨或布片，上面写有藏文或蒙文偈句。经过敖包前面的那些虔诚信徒们，并不仅满足于跪拜和焚香，他们还在这一石堆上抛扬相当多的银钱。途经这条路的汉人也不会放过机会而在敖包前逗留，而且在几次躬身之后便拾捡蒙古人虔诚地布施在那里的供物。

在鞑靼的所有地区，大家经常会遇到这类不成形状的建筑，它们遍布所有的山顶，蒙古人把那里作为经常性朝拜的目标。这些敖包使我们无意间联想到了《圣经》所讲的那些“圣地”，犹太人违犯先知们的禁令而对此表示崇拜。

当地势开始倾斜低垂时，天时已近中午。这就提醒我们说已接近了高坝的边缘。我们沿陡峭的山坡下到了深谷中，在那里发现了一个小小的蒙古聚落。我们未作滞留地经过了那里，前往一个小池塘边支起帐篷。我们已进入了克什克腾旗的辖地，该地区

---

① 鹿角又称鹿茸或茸角，现在每枝根据不同质量而普遍都可以卖到80、100甚至150两白银。

丘陵交错并有许多小溪流经。在那里到处都可以发现丰富的牧场和柴薪林。匪徒不断蹂躏这片不幸的地区。汉人很早以前就进入了该地区,把这里作为所有罪犯的流放地。现在,“克什克腾居民”基本就成了违法犯人的同义词,他们不害怕从事任何杀戮,在任何犯罪行为面前都不会后退手软。人们都说该地区的自然界遗憾地发现人类践踏了它的权力。在犁铧经过的所有地方,土地便变得肥力枯竭、干旱和沙砾石很多了。这里仅收获莜麦,居民们习惯于以此为食。在该地区,只有一个交易的地方,在蒙文中叫作阿勒坦苏木(意为“金庙”)[①]。此地首先是一座喇嘛庙,其中住有近2000名喇嘛。汉人逐渐迁移到那里以与鞑靼人互市。1843年,我们有机会参观了该聚落,当时已具一座城市的规模,从阿勒坦苏木起,有一条大道一直通向北方。它经过了喀尔喀人地区、克鲁伦河和金安山,一直到西伯利亚的城市涅尔琴斯克(尼布楚)。

太阳刚刚落山,我们已在帐篷内忙着煮茶。阿尔萨兰以其吠叫声告诉我们,已有生人前来。我们很快就听到了一匹马的奔驰声,一名骑马人出现在门前。那名鞑靼人把双手合十到额前向我们喊叫:“门德(你好)!”我们请他喝一杯茶,他把马拴在帐篷的一个桩子上,又前来坐在炉灶的周围。他一坐下就迫不及待地对我们说:“喇嘛老爷们,你们诞生在天下的哪一部分?”“我们是西天人。你呢?你的故乡在哪里?”“我那贫寒的蒙古包在北部,在位于我们右方的这条大河的深处。”“你的故乡克什克腾是一个美丽的地方。”这名蒙古人忧郁地摇了摇头,没有回答。我们沉默了一会儿,又补充说:“老哥,草地在克什克腾旗内尚非常辽阔。难道在你们的草原上播种不更好吗?你们要这些未耕作的地有什么用?难道粮食大丰收不比这些草更好吗?”他以一种深信不疑的口吻回答说:“蒙古人天生要住在蒙古包中和放牧畜群。只要在我们的克什

---

① 这个蒙古文名称后来再不为汉人所知了,该地区现在叫作经棚,刚刚建县。它是黑山滩和克什克腾旗的主要城市,位于距黑水有200里、距马架子有300里处,地处望落河(西拉木伦河的支流)畔的沙窝子中。请参阅坎培尔:《蒙古行记》,伦敦1904年,17页;拉赛尔:《从北京到齐齐哈尔》,671页;斯密施:《横穿兴安岭山区的旅行》,载《地理学报》,1898年5月号,498~509页。

克腾旗尚保留这一习惯，我们就会很富裕而愉快。现在，自从蒙古人开始种地和建筑房舍以来，他们都变得贫穷了。契丹人（汉族人）①进入了这一地区。畜群、耕地、房舍等落入了他们手中。我们还剩下了几片草原，那里还于蒙古包中生活着一些未因贫苦而被迫移徙到其他地区的蒙古人。""既然你们觉得中原人的生活方式如此不好，那为什么还让他们进入你们的地区呢？""这句话不错。但喇嘛老爷们，你们不会不知道蒙古人都天真淳朴，心肠软弱。我们很同情这些制造麻烦的中原人，他们哭泣着前来向我们乞求布施。大家出于慈悲而让他们耕种了几片田地。可是蒙古人不知不觉地也奉他们为楷模，步他们的后尘，放弃游牧生活而事耕耘。他们赊账喝中原人的酿酒并吸他们的烟，购买他们的布帛。到了算账的时候，所有的利息都被定成40%或50%。中原人于是便使用暴力，蒙古人被迫把一切都抛弃给他们，如房子、土地和畜群。""那么，你们为什么不向衙门告状呢？""向衙门告状！啊！这不可能的。契丹人能说会道。一个蒙古人不可能告赢契丹人……喇嘛老爷们，克什克腾旗的一切都完了……"蒙古人说完这些话就起身了，向我们深深鞠一躬，便扬鞭策马而去，很快就消失在沙漠中。

我们在克什克腾旗界内走了两天路，到处都会发现赤贫居民们的贫困痛苦。这一地区的天然资源却异常丰富，尤其是在金银矿方面更为得天独厚。这些财富本身却往往成了他们最大灾难的致因。尽管严禁私自开发矿山，来自中原的强盗们有时却大队聚集起来，并手拿武器去开掘矿山。有些人具有发现金矿的特异功能，据说，他们是根据大山的地势以及它所产的植物种类，来指导自己的行动的。只要有一个具有这种不祥天才的人，就可以造成大片地区的毁坏，很快就会发现有成千流离失所的人前来追随他，该地区很快就会成为更大罪行的舞台。在一部分人忙于开矿的时

---

① "契丹人"是蒙古人对汉人的称呼，俄国人现今尚称中国为"契丹"，称中国人为契丹人。契丹很久以来就变成了一个称呼中国的名词，契丹人也就是指中国的汉人。

此名当然派生自907～1125年在辽河流域和中国北方所创建的一个强大王朝——通古斯部的契丹王朝，即辽王朝。宋（汉人）、西夏（唐古特人）和蒙古的所有部族都向契丹纳贡。其王朝被创建了金王朝的女真人推翻。请参阅科瓦列夫斯基：《蒙文语法》第19节。

候,其他人则在附近地区从事强盗活动,他们既不尊重财产所有权也不尊重人权,恣意进行远远超越了大家可以设想出来的暴力活动。这种混乱状态一直持续到他们甚至敢于攻击某位勇敢而又强大的官吏为止,他会彻底消灭他们。

类似的灾难经常蹂躏克什克腾旗,但任何一次灾难都无法与1841 年爆发在翁牛特旗的那次相比。当时有一名汉族"看金人"(山师)来到了一座山上,他发现该地蕴藏有他寻找的金矿之后,便呼叫其同胞们。那些恶汉和流浪汉立即从四面八方云集而来,其人数一直达到 12000 人。这支可怕的大军在某种意义上可以说是征服了该地区,在两年间自由自在地于那里从事掠夺活动。几乎整座山头都被投入熔炉中炼了一遍,从中提炼了很多黄金,以至于全中国的金价贬值一半。该地区的居民们枉然地向汉族官吏告状,官吏们认为介入这一事件没有任何好处可捞,便拒绝改善这种局势。翁牛特旗的王爷也不敢与这些数目日益增加的狂徒们进行较量。

一天,福晋前往祭祀祖坟,她必须经由聚集了这支淘金大军的河谷。其车子很快就被包围,有人粗暴地强迫她下车,她仅仅是通过牺牲掉其宝石的办法,才得以允许继续赶路。福晋回府之后强烈发泄她的愤怒,严厉地指责王爷懦弱。她说:"这该是多大的耻辱啊!在你的旗内,甚至你的福晋现在也不能安全地旅行了。"翁牛特王爷被这些指责激怒了,立即纠合其两旗之众,怒不可遏地出师讨伐矿工。矿工们占据了地势和人员的优势,坚守了很久,但最终被鞑靼骑兵突破了防线,发生了一场可怕的大屠杀。许多人前往坑道内去寻找避身地,蒙古人发现之后便用巨石堵死了进口。人们在数日期间都可以听到这些不幸者们的吼叫声。但蒙古人却不怜悯他们,让他们死于这一令人恐怖的隐蔽所中。那些被活捉的人都被带到王爷面前,他下令挖掉他们的双眼,最后才把他们放生。

我们刚刚离开克什克腾旗进入察哈尔地界,便遇到了一个兵营,那里驻扎着一支清朝军队,负责维持治安。宿营的时间到了,这些士兵不是以他们的存在使我们感到放心,而相反只会增加我们的恐惧,因为我们知道他们本身就是该地区最肆无忌惮的盗贼。因此,我们便躲在两块山岩之后藏身,在那里勉强找到能支起帐篷的地方。我们刚刚安排完自己的小住宅,便远远地望见在环绕此地的山坡上,疾驰来许多骑马人。从他们那行动的急促和飞快速度来看,他们似乎是在追捕一个不断逃脱他们的猎物。其中的两名骑兵无疑是发现了我们,于是便迅速地向我们奔驰而来。他们下马之后便跪在我们帐篷的进口处。这两名骑马者是鞑靼蒙古人。他们非常激动地对我们说:“会祈祷的人,我们来请你们去占卜。今天有人偷走了我们的两匹马,我们枉然地寻找盗贼的踪迹,已有很长时间了。法力和学问无边的人,告诉我们能在什么地方找到我们的马。”我回答说:“老兄们,我们不是佛教喇嘛,我们不信占卜打卦。说出能使人重新找到丢失的东西,这是希望听一种欺骗人的假话……”这些可怜的鞑靼人倍加恳求。当他们看到我决心不移时,便上马返回山中。

桑达钦巴保持沉默,他似乎丝毫没有注意这一事件。他一直蹲在灶旁,其嘴唇不离他两手捧着的一只茶杯。他最终皱了一下眉头,突然站起来走到了帐篷门口。骑马人已远去了,但这名察罕胡尔人发出了一阵喊叫声,并打手势鼓励他们返回来。那些蒙古人认为我们已决定为他们占卜,毫不犹豫地原路折回。一旦当他们到达能听到说话声音的地方,桑达钦巴便向他们喊道:“我的蒙古弟兄们,今后要多加小心,特别要注意你们的畜群,那样就不会有人偷你们了。牢记这些话吧,因为它比世界上所有的占卜都更有价值……”他在发表了这一通演说之后,便庄重地返回帐篷中,前往炉灶边继续喝茶去了。

我们开始时为他这种奇特的做法感到生气,但由于两名骑马人都没有被激怒,所以我们也为此而发笑。桑达钦巴低声抱怨说:“这很简单,蒙古人不肯下辛苦看管其牲畜;其次是当有人偷了他们的牲畜时,他们到处奔走以求占问卜。任何人都不会像我们这样坦率地告诉他们。喇嘛们使这些人保持轻信占卜,因为这是他们的一种很好的财源。”桑达钦巴又作了一种不耐烦的样子补充说:“此外,没有办法不这样做。如果您对他们说您不会占卜,那么他们就不会相信您,他们坚信您不想为他们效力。为了摆脱他们,最简单的办法就是盲目地给他们一个回答……”桑达钦巴讲到这些话时便开始大笑,而且笑得特别纵情,以至于他的两只小眼完全被掩蔽起来了。我们对他说:“你是否偶尔也要占卜几次?”“在我还很年轻时,那时我最多15岁,我当时经过了察哈尔正红旗,曾被几名蒙古人召去,并把我带到了他们的帐篷中。他们在那里请我为他们占卜,以求知他们三天前丢失的一头牛跑到哪里去了。我徒劳地向他们抗议说自己不懂占卜,我甚至也没有学过读字。他们对我说:'你骗我们,你是一名察罕胡尔人,我们知道从西方前来的人始终都会一点占卜。'由于我没有办法摆脱这种窘境,我便斗胆模仿自己过去曾见过喇嘛们在类似的情况下所做的那样。我命令某人前往寻找11粒羊粪蛋,要他捡能看到的最干的。我很快就得到了这一切。我郑重其事地坐在那里,数着羊粪蛋,把它们分了类。我又重新数一遍,在我的袍子上转动它们,最后才不耐烦地对等待在那里的蒙古人宣布了占卜结果:'如果你想找到你的牛,那就去北方寻找它吧。'一旦当我讲了这些话,他们立即就准备好了四匹备鞍的马,四个人骑马飞快地横穿沙漠,向北奔去,由于特大的偶然性,牛果然被找到了。他们宴请我八天,我只得携带一大批酥油和茶叶等生活必需品离开。我现在已属于圣教,已知道这些事不好并受禁止,否则,我完全会对这两名骑马人发表占卜辞,那很可能为我们赢得今天晚上请我们喝的一顿好奶茶。"

这些被盗的马匹完全证明了我们所宿营地区的坏名气。因此,我们认为比前几天更要小心谨慎。在夜幕降临之前,我们把马匹和骡子赶了回来,把它们拴住固定在帐篷门前的桩子上。我们又使骆驼卧在周围,以便能够堵住任何通道。按照这样的安排,任何人都不能在我们得不到骆驼警报的情况下接近我们,因为骆驼一听到响动,就会发出能唤醒最沉睡者的嘶叫声。最后,在帐篷的一根柱子上挂好了旅行灯后,我们让这盏灯整夜都亮着,然后就略作休息。我们在这一夜中长时间地失眠。至于那位不受任何事干扰的察罕胡尔人,一直以其全部肺活量打呼噜,直到天亮。

我们一大清早就作出发的准备,因为要急于离开这一名声不好的地区,并到达离我们仅有几法里远的多伦诺尔①。

在途中,一名骑兵急躁地赶来,突然间停在我们的面前。他在审视了我们一番之后便说:"你们是唰唰沟基督徒们的首领吗?"他

---

① 拉尼埃(Lanier)这样描述了该城:"多伦诺尔(七湖)城有两万名居民,是通过一条路而与海拉尔相联系的货栈。那里有一些铸造喇嘛庙的钟和佛像的很著名的铸造厂。在40公里之北,便是一百零八庙的上都之遗址,即元朝汗们的故都。"请参阅《亚洲,地理读物选》,第2册,614页,1896年。

多伦诺尔位于内蒙古,后被划归直隶省。那里是东蒙古马匹交易的大市场。人称之为喇嘛庙。

根据我们的肯定回答又急匆匆地继续赶路,并有几次转过头来继续凝视我们。这是负责看管喇咧沟畜群的蒙古人。他们在该基督

中国的官轿

教会口中经常见到我们,但我们新服装的奇特性使他无法辨认出来。我们还遇到了头一天晚上求我们为他们占卜的鞑靼人。他们在天明之前到达多伦诺尔马市,怀着在那里发现他们那些被偷牲畜的希望。他们的寻找始终未取得成果。

我们沿途中遇到的大批鞑靼人和汉族旅行者,这就标志着我们离多伦诺尔大城不太远了。我们在面前遥远的地方,已经隐约望见了两座喇嘛庙的金顶在阳光下闪闪发光,喇嘛庙都建于城北。我们在墓葬群中走了很长时间,因为人们到处都被已去世的前代人的遗骸所包围。当发现该城活着的居民与被埋在一个庞大墓地和墓碑下者一样多时,大家便会说死神不停地在活人堆中活动。在这片辽阔的和似乎使城市也变得暗淡无光的墓地中,我们发现到处都有一些零星的小花园。由于精耕细作,在那里成功地种植了一些长势很不错的蔬菜:韭菜、菠菜,坚硬而苦涩的莴苣和球形甘蓝。这后一种菜是数年前从俄罗斯传入的,它们非常神奇地适应了中国北方的气候。

除了这些蔬菜种植之外,多伦诺尔就不产任何东西了。那里的土地干旱多沙,水源极其稀少。人们仅仅在某些地点,才能发现几个水量不太充沛的泉眼,在炎热季节便会枯竭。

附　录

1. 法国北京传教区

“法国传教区”一词使人联想到了整个使中国北方福音化时期的历史，它当时具有一种后来的形势已使之失去的非常明确的意义。几句解释的话将会帮助大家理解一种今天已发生深刻变化的形势。

在 1685 年左右，路易十四国王向中国派遣了几名耶稣会士，以在那里开设一个既是宗教又是科学的机构。康熙皇帝高度评价新来传教士们的才能，赐给了他们一所住宅，它随着时间的推移而成了北堂的建筑(1693 年 7 月 11 日)。

虽然法国北京传教区从来也未曾有过向北京主管教区提供主教的特权，甚至也没有在钦天监中行使权力的机会，但这一切完全由南堂的葡萄牙传教区所专有。但法国传教区一直到解散耶稣会时，都维持着一个与南堂分庭抗礼的基督教团和其独立的墓地(正福寺)。

在取缔耶稣会时，路易十六国王非常关心使法国保留北京的这一设施，从教廷获得了该年 12 月 7 日的教谕，它委托法国的遣使会士们坚持这项事业。第一位会长是罗广祥(Nicolas Raux)先生。他在古德明(Ghislain)先生和巴茂正(Paris)修士的陪同下于 1785 年 4 月 29 日到达北京。古德明先生于 1801 ~ 1812 年间继任了他，此人的继承人是南弥德(Lamiot)。南弥德在其教团享真福者刘方济(F. – Clet)的案件中受嫌。虽然后来承认了他的无辜，南弥德也被迫于 1820 年 3 月离华。

在南弥德离华以后，任何其他新的外国传教士都不允许赴北京了。一名中国遣使会士薛某人受托，以法国传教区会长的身份，负责残存的设施。

但在 1826 年，中国政府仍继续执行其仇教的行为总则，下令没收了北堂的设施并拆毁教堂。一名姓于的官吏用5000两白银购买了其中的房屋和地皮(1826年),教堂终于在次年被拆毁。这样一来,北堂的设施最终寿终正寝了,在法国传教士手中共掌握了135年。

不久以后,薛先生本人也必须离开北京了。他首先避难于宣化府,然后又逃往蒙古,定居在一个叫作西湾子的基督教小会口中,在那里继续巧妙地领导法国的北京传教区,一直到孟振生先生到达为止(1835年)。西湾子从此之后变成了一个布教活动的中心,拥有本地教士们的一所学校。

薛先生立即将法国传教区的权力交还孟振生先生手中,这一美好的传教区不失时机地从其废墟上新生了。新的合作者很快就来了:首先就是秦噶哔神父,他于1837年3月到达西湾子;接着是古伯察先生,于1841年6月17日到达;达京(Daguin),1843年3月11日;翁羊铎(Carayon),1843年7月7日。当秦神父和古伯察先生从事他们的这次旅行时,他们尚为该传教区仅有的欧洲神职人员。

我们不应忘记,甚至就在这一时代,葡萄牙传教区仍继续存在,尽管它在北京的大教堂已被关闭,但它仍保持了对北京主管教区的管理。自从毕学源(Pirēs)主教死后(1838年11月2日),便由葡萄牙遣使会士卡斯特洛(Castro)在土著教士的帮助下,管理包括整个直隶省的葡萄牙辽阔传教区。

2. 被处死和被从中国驱逐的法国传教区的传教士

他们是奥班(Aubin),遣使会士,于1795年7月4日死于陕西西安府的狱中;利施纳(Richenet)和杜玛宰尔(Dumazel),法国的艺术家,被从直隶边界押到澳门(1805年);享真福者刘方济(Fs. Clet),于1820年2月17日被处死于武昌府;陈·弗朗索瓦(Chen François),遣使会神父,他是享真福者董若翰(Perboyre)的教友,被流放到伊犁并于1825年左右被杀;何纳爵(Ho Ignace),中国的遣使会士,北堂的学生,于湖广被捕并被放逐(1830年);享真福者董文学,于1840年9月11日被绞死于武昌;翁羊铎先生,被捕于大同,然后又作为普通刑事犯而被步行押往澳门(1844 年),于 1846 年由于持续地受苦而死于河南金家岗;古伯察和秦神父,作为本书内容的那次探险旅行的主角人物,被从西藏解往澳门(1845 年);孟振生主教,北京教区的主管人,遣使会士,被解往上海;董若翰(Anouilh)主教,遣使会士,孟振生主教的助理主教,与中国的遣使会士邱先生一并被解往上海,于 1860 年负责天津传教区。

在这一名表中还应增补在北京西堂的四名教廷传信部的传教士,于 1811 年遭逐;赛拉(Serra)先生,南堂(北京)葡萄牙遣使会士,于 1826 年遭逐。

以北京的会长为主的法国北京传教区,不行使任何司法权,但都是在北京、陕西和山西等地的主教的主管下工作。这就可以解释其成员们都分散在中国的南北各地的原因了。他们仅仅从 1840 年起才开始拥有独立的宗座代牧。

3. 蒙古土地的拓殖

雷孝思(Régis)神父与其他传教士们,于 1709 年绘制了内蒙古的地图,他于其报告中写道,喀喇沁王爷是第一位吸引汉人前去耕殖其土地的人(杜赫德书,第 2 卷,22 页)。

1750 年左右,赵氏家庭在其异教主子们的迫害下,逃往了蒙古的翁牛特旗,即到达乌兰哈达(今之赤峰市)地区。中国的耶稣会士刘保禄(Paul Liou)神父于 1772 年前去那里视察(《耶稣会士书简集》第 4 卷,194 页)。1777 年,这一赵氏家族从蒙古人手中买得了整个黑水川地区的土地,那里也变成了一个基督教中心。在该河流域,现在尚有两座教堂及两处传教士们的住院。其一在黑水(库里图),其二在茂山屯,分别有 879 和 493 名基督徒。我们还应补充说明,黑水川向北部草地派出了千名之多的一批基督徒。该地区最近由巴林旗的王爷开放了耕耘。他们在那里形成了包括 1849 名基督徒的大营子基督教教团。

自从古伯察和秦神父的旅行之后,汉人对蒙古地区的拓殖取得了很大的发展,汉族移民将蒙古人向北后推了数千里。蒙古地区利用这些已向耕耘开放的土地,创建了一大批非常兴旺发达的基督教小会口，直隶省的贫穷基督徒们迁居其中，许多人都在那里幸福地和甚至是富裕地生活。

4. 蒙古宗座代牧区和法国北京传教区统计表
(1845 年 3 月 17 日)

天主教居民	16000 人
不信教的居民	无数
1844 年的归化	30
改宗教信仰者	4344
传教士	5
土著司铎	8
小教堂	7

当时(1844 ~ 1845 年)在整个蒙古地区有 7000 ~ 8000 名基督徒。三座大教堂刚刚在三个彼此之间相距甚远的地方，矗立起来了：

(1)西湾子，今天是中蒙古的主教住院。

(2)黑水，今天的库里图，位于东蒙古。

(3)小屯沟，位于中蒙古，后来被遗弃了(孟振生主教致教廷传信部的书简，见《遣使会年鉴》,439 页,1846 年)。

秦神父致教皇的报告提供了一些略有小异的数字和名字:“我们的基督徒今天共分为以其所在地的名称命名的七个主要地点，如西湾子、木屯沟、热河、库里图、哵咧沟、桥头、九台沟，共包括略不足一万名基督徒(1839 年)”(《遣使会年鉴》第 13 卷,124 页)。

5. 遣使会士和中国教士

在秦神父和古伯察从黑水出发时，属于 1844 年的蒙古传教区者(1844 年 8 月 3 日)计有：

(1)欧洲人：孟振生,1835 年 7 月 12 日到达西湾子，于 1868 年 12 月 4 日死于北京。

秦神父,1837 年 3 月到达。

古伯察,1841 年 6 月 17 日到达。

达京,1843 年 3 月 11 日到达,1859 年 5 月 20 日死于库里图。

翁羊铎,1843 年 7 月 7 日到达,1848 年 8 月 17 日死于河南金家岗。

(2)中国人:薛玛窦,1860 年 12 月 17 日死于孟家坟(西湾子)。

韩若瑟,1844 年月 22 日死于宣化府。

葛·克里索多姆,1891 年 9 月 17 日死于北京的东堂。

一共有六名汉族神父(秦神父:《遣使会年鉴》第 13 卷,124 页)。

6. 草地

汉人称尚未让汉族农民耕耘的蒙古草原为“草地”,那里完全由仅仅从事饲养其畜群的蒙古部族居住。这是一片无边无际的草地。在古伯察时代,草地从黑水基督教会口以北 50 公里处开始。数年以来,巴林旗的王爷将其地盘向汉人开放,他们的人数在那里变得如此之多,以至于必须开设一个新的县——林西县。

特尔斯塔本神父的一封书简向我们提供了对草地的一种典型描述:“我们进入了任何耕作区之外,也就是说进入草地或蒙古荒漠。在这里,长得很茂密的草有时可达一人高。这里到处都有红柳丝,那里有些山岭上又覆盖着长满刺的灌木。这就是不时展现出的草地面貌,始终如此,惟有到处都会出现大群的马、牛或羊,还有在小山丘附近仅支一天的牧人帐篷。这就是处于未开垦状态的大自然,一望无际的地平线。这是偏僻旷野的儿子们的世界,也就是蒙古人的世界,他们可以骑着其不知疲倦的骏马,在各个方向奔驰。这是具有古朴风俗习惯和天真好客的地区,正如在我们《旧约》圣书中所描述的那样”(1902 年)。

7. 学习鞑靼语

古伯察和秦神父坚持学习蒙古语和满语，接着又学习藏语。我们在《传信年鉴》第 17 卷（1845 年）369～398 页中读到，古伯察神父对他在上寨沟的一名叫作塔库拉的蒙古贵族家中度过 12 天的记述。塔库拉的儿子之一——藏米奥喇嘛任他的蒙古文教师。古伯察先生写了“一小本对话教科书，它是一种包括最常用词汇的辞典”。当他拜访塔库拉帐篷附近的一座佛塔中的喇嘛们时，甚至也从事学习藏文。他的蒙古文知识是微不足道的，因为他在那里只停留了很短时间。

有关古伯察和秦神父的语言天才，在蒙古的一名传教士雷神父（de Jaegher），于某一日向某些老基督徒们提出了这样一个问题：这两人中的哪一位讲的汉语或蒙古语最好？大家回答说：“秦神父讲汉语和蒙语很好。古伯察先生讲的汉语很流利，以至于使人不把他当作是一名欧洲人。”事实上是在 1853 年，他于澳门拜访一名叫作亨德（William C. Hunter）的美国人，结果被人当作来自北方的一名官吏。亨德于其著作《古代中国点滴》（179 页）中承认，他从来未对任何人的语言才能感到如此惊奇。当然，这里是指汉语口语，因为笔头汉语事实上是另一种完全不同的语言。古伯察先生如同大部分传教士们一样，很难找到充足的闲暇，以学会一种甚至是中国人自己也需要坚持学习数载的语言。

我们对于其藏语水平同样也可以这样讲。“根据现今的数位传教士之所言，古伯察神父似乎没有充足的时间能学到藏语的许多知识。”详见南志恒（A. Launay）：《西藏传教史》第 1 卷，第 55 页。此外，这也是作者本人亲口承认的事实（见本书第 2 卷，第 4 章）。

孟振生主教 1845 年 3 月 7 日的一封书简，对他们的语言学知识作了这样的叙述：“秦神父和古伯察是两位颇有满文和蒙文修养的人，相当多地掌握了藏文，以更有效地向当地有学问的喇嘛们行使圣职”（《遣使会年鉴》第 11 卷，444～445 页，1846 年）。

由古伯察和秦神父作的“蒙文著作”是一些短篇的祈祷文和教

理书。

他们从蒙文翻译了《四十二章经》。见《遣使会士秦神父和古伯察自蒙文翻译的由佛陀布讲的42项教义要点》,载1848年《亚细亚学报》第4套,第11卷,535～537页(考狄:《欧洲汉学书目》第1卷,第3册,第736号)。

8. 蒙古宗座代牧区的创建

蒙古直到1838年之前始终为原北京主管教区的组成部分,甚至从拆毁北堂和将法国传教区迁至西湾子之后,蒙古仍属于该主管教区,该传教区的会长从毕学源主教或其继承人手中接受代理主教的权力。

教皇格里高利(Grégoire)十六世通过1838年8月14日的教谕,将满洲和蒙古从北京主管教区中剥离了出来,在那里建立了一个新的宗座代牧区,交由巴黎外方传教会的方济各(Vérolles)主教管理。此人刚刚到达其宗座代牧区,1840年8月28日的一道新的教皇敕书,又把蒙古升为脱离了满洲的宗座代牧区,由法国遣使会士和法国传教区会长孟振生先生负责。这些教皇谕旨直到1842年才传到蒙古。同年7月25日,费苏兰的正式领衔主教和蒙古的第一位宗座代牧主教孟振生,在太原府(山西)附近由艾若亚敬(Salvetti)主教举行了授任仪式。孟振生兼任蒙古宗座代牧和位于北京主教区中的法国传教区各区域的会长,也就是说兼任北堂堂区、宣化府、北京西山、永平府和遵化州的会长。古伯察和秦神父正是在这位高级神职人员的指导下,从事他们的旅行的。

9. 对这次远途旅行的指示,宗座代牧区的边界

孟振生主教在发自西湾子(1845年3月7日)的一封书简中写道:"这些资金最终可以使我们于去年,向蒙古北部派去了两名来自教廷的欧洲传教士。他们于1844年9月10日从蒙古汉人传教区(也就是基本上是由汉人居住的蒙古地区,即位于喇唎沟的马架

子基督村)出发。这就是秦神父和古伯察先生,他们两位都相当熟悉满语和蒙语,比较熟悉藏语,能够顺利地行使他们向游牧蒙古人布教,并试图在他们之中开创一个传教区的使命”(《遣使会年鉴》第11卷,444~446页,1846年)。

1846年2月8日,孟振生主教对于这两名传教士的探险命运表示担忧,他又写道:“没有秦神父和古伯察的任何消息……他们出发很快就两年了,前往北方的蒙古游牧民中布教”(同上引杂志,628~629页)。

因此,使蒙古人福音化完全是秦神父和古伯察这次旅行的目的。那为什么又要指责古伯察先生未能从事更多的科学考察事业呢?如同裕尔含沙射影地攻击他的那样,虽然裕尔也曾捍卫他而反击普热瓦尔斯基(见普热瓦尔斯基的《蒙古和唐古特人地区》一书法文版序言第22页)。裕尔说:“总而言之,无论古伯察教士因从事风景描述而有多大功劳,他也没有任何科学修养,他甚至没有那种地理学家的意识。舆地学家们尽管无法使用仪器进行勘察,但也可以对地理知识的发展作出巨大贡献。”

我对此仅有一句话的回答:因为这一切既不是古伯察先生的职业,也不是他的旅行目的。他于1839年利用化装而潜入中国,当时恰逢其教友董若翰(J. G. Perboyre)因冒失轻率的行为,付出了生命的代价。因此,他每天在一个禁止他去的地方居住时,都冒着被杀头的危险。裕尔忘记了古伯察先生当然不会具有科学知识,完全不可能像稍晚那些地理探险家和旅行家们在国家间条约的保护下所做的那样(见上引雷神父书)。

10. 黑水川和哵咧沟

“由此我们离开了黑水川以前往哵咧沟等待他”。

这就是说旅行家们从库里图(传教士们在住院所在地,又叫作黑水)出发前往马架子这个基督村(哵咧沟河谷的住院)。这两个基督教会口彼此之间相距有两日的行程,也就是说近两百里。两位旅行家于1844年8月3日离开了他们在黑水的住院,后来再也未能见到他们(见艾若亚敬主教上引《一瞥》36页)。

当时的传教士书简中经常提到的黑水，并不是一个村庄的名称，而是一道河谷的名称，或者更应该是最早为一条河的名称，后来又变成了该河所流经的河谷的名称。因为河谷往往仅为河床，但在一年的大部分时间内都干涸。因此，“黑水河谷”或“黑水流域”是对汉文名称“黑水川”的译法，在蒙古语中叫作哈拉乌苏（Hara－Oussou）。遣使会教士们在黑水川中居住的村庄名称库里图或唎咧沟都是蒙古文—汉文词。

同样，唎咧沟是一条河和一条河谷的名称，蒙古人称之为 Birin－gol，汉人译作“唎咧沟”。传教士们把该名译作法文Gorges－Contiguës（相毗连的山谷），虽然尚需要勉强从这些用汉文对音的蒙古文名字中找到一种意义。传教士们的唎咧沟住院在古伯察先生时代，甚至在今天都设于马架子村。

这一黑水过去叫作围场，也就是翁牛特旗的一名蒙古王公行围狩猎的地方。在乾隆时代开始将这一地区的土地向耕耘开放（18 世纪）。从山西迁来的一个张氏家族在那里经营木材，定居在东山的马架子村，他们在那里开了一家商行，甚至还有一个烧锅（酿造粮食酒的作坊）。他的雇员之一姓白，由于与北京的原基督徒赵氏家族的交往而受归化。

张氏家族最后也受归化了。白氏家族的每个人也如同张氏家族一样，于府宅中设小教堂，基督徒们前往那里共同祈祷并在拜访时接见传教士们。朝鲜的第一位宗座代牧包儒略（Bruguiére）主教正是死于张氏公所（祈祷室）中。古伯察先生在出发之前也就住在白氏公所中（上引雷神父）。

11. 高丽货币

雷神父写信告诉我们说：“有人给我带来了一些新出土的古代货币，我从未能辨认出它们是高丽货币。有人在地下发现的这些货币中的大部分均为宋代（960～1279 年）。但我也找到了王莽时代（9～23 年）的‘布’和某些‘明刀’或赵王国（公元前 481～公元前 255 年）的明城刀形币”。

有人把该地区的中国人出土的一切钱币都归于了古代的高丽

人,古伯察先生本处所沿用的也正是这种通行的说法。这种观点是否有历史根据呢?我绝不相信它。蒙古地区过去曾有过许多鞑靼民族居住,如东胡人、山戎人、鲜卑人、乌桓人、库莫奚人、奚人、契丹人等。但历史上从未提到该地区由高丽部族占据过,而仅是由慕容部或契丹人把从他们地区劫持的高丽家庭流放到这里来过。这些高丽家庭定居在由他们的胜利者为他们指定的某些城市或区域(高丽营)。其余的大城市都不是发祥于高丽人时代,而是起源于鲜卑人(慕容部,曾建立北燕王朝,立都龙城,即今之朝阳县),特别是起源于契丹人。这些人创建了一大批城市,惟有其名称在他们的编年史《辽史》中保留下来了,大家今天还可以发现他们的残余。他们特别是在东蒙古有两大京城,这就是位于蒙古巴林旗中的上京和位于辽河畔的中京,中京又被民众称为大明城,而它的真实名称则叫作大宁。

大量的佛塔或窣堵波(汉语中叫做塔,蒙古文中叫做 Soborga)分散在整个地区,它们一般都标志着一座契丹或辽王朝古城的遗址。大明塔(实际上是大宁塔)位于中心古城内,它是现存最漂亮的塔之一。

12.“这可能是根据他们的毁林理论……”

这已不再是“可能”了,而完全肯定是乱砍乱伐森林,成了蹂躏这一不幸地区的旱灾和水灾的主要原因。汉人垦荒直到山顶上,把树木和荆棘连根刨去,以至于那里在数年之后就只剩下光秃秃的一片山谷了。泥土都被雨水冲跑了。不再能被山上的任何植被吸收的雨水以激流冲下山谷,卷走了那里的可以耕种生长的土壤,仅仅给那里留下了一些很深和贫瘠的沟壑。当河谷中的肥沃土壤损失殆尽时,再没有充足可耕地的汉人,便向更靠北的地方迁移,在那里可以找到尚待开垦的蒙古新土地,并在那里再重新开始同样的荒芜毁坏活动。无论是政府还是官吏们都不关心这些具体问题,每个人都是为了自己!

古伯察先生受到了一个英国旅行家宓吉(Alexander Michie)在一部叫作《从北京到彼得堡的西伯利亚陆路》的著作中猛烈的攻

击。他在其书内以《与荒芜相对的耕耘》为标题的一章中,认为古伯察先生是别出心裁:"此人不是欣赏汉族耕农","这些人以十足的毅力和耐力勤劳地从事农业",从而将文明地区的边界向蒙古沙漠推进,但他却"提出了一种新的和奇怪的理论,认为开垦沙漠是一种破坏行为"。

如果古伯察描述的所有这些灾害并不能都归咎于汉族移民,如出自沙漠的大风和黄沙旋风等,那么我就向宓吉认输。但对于古伯察神父指责他们使该地区变荒芜一事,那也不是宓吉的那些充作古伯察神父之错误的解释。"这种做法确实是耗尽土地肥力的行为"。在东蒙古(由古伯察先生描述的地区),贫穷的汉族农民的耕作方式,当然会使该地区完全荒芜。宓吉先生认为古伯察先生因偏袒蒙古人而对汉人存有偏见,就如同这名传教士未曾于数年间生活在那些形成了其基督徒羔羊群的汉族拓殖地中一般,或是他未曾自由自在地研究贫穷的汉族农民那具有耐心,但却缺乏预见和破坏性的劳动后果一般。他没有必要请教蒙古人,也没有必要"对他们之所说过分轻信"才能够在深知底细的情况下判断他描述地区的状况。居住在这一地区的所有欧洲传教士们,都只能证实古伯察先生的观点(《从北京到彼得堡的西伯利亚陆路》,伦敦,1864 年)。

* * *

李仙得博士在其横穿云南的探险旅行中,于 1911 年也提出了与所有旅行家相同的看法。他写道:"我们在二十营附近发现很少有树林。由汉人居住的整个雅砻江畔都由于种植粮食作物而使植被遭到了彻底破坏。人们甚至还根据习惯而毁坏了所有的植物,以至于夏季的暴雨就会将山麓上的所有腐殖土几乎都冲到雅砻江中去了。这样一来,我在散步时于山脚下发现,小麦和青稞的收成微薄到了极点。"

"这是一个非常奇怪的民族,他们无论迁居到哪里,都会在那里垦殖,创造贫瘠的土壤和制造沙漠化。其帝国是一个所有灾害都横行的国家,如旱灾、水灾、饥荒、瘟疫等都在令人痛心地泛滥"(《云南游记》,176 页)。

* * *

这些破坏行为使一名大自然的狂热仰慕者——在北京的遣使会教士谭微道先生，发出了下面这样一通充满激情的感慨言语。他于1871年写道："当大家看到对原始森林的破坏速度发展之快时，就会感到难过。原始森林现在于中国仅剩下几片残余了，再也不会被更替了。伴随着大树同时消失的还有大批的灌木，以及其余只能在它们的树阴下才能繁衍生长的植物，同时还有需要依靠森林才能生存和延续其品种的大小动物……非常遗憾，其他人在不同的地方，也在从事中国人在他们的国土上所做的这一切。

"非常遗憾，人类的基本教育没有相当快地和适时地发展，以拯救如此之多的有机物免遭一次无法救药的毁灭，本来造物主是将这些有机物置于我们的大地上，是为了让它们与人类生活在一起，不仅仅是简单地装饰这个世界，而且也是为了让它们在那里扮演对于整个经济都是有益的和相对必要的角色。对于物质利益的自私和盲目的追求，促使我们把这个对于那些懂得欣赏它的人来说，是非常神奇的宇宙变成了一片平淡无味的土地。一方面是马匹和猪崽，另一方面是小麦和土豆，很快到处都将取代上帝从虚无中创造出来，以与我们共同生活的成百上千种动植物。它们有权利生存，我们却无可挽回地毁灭了它们，使它们突然间变得不可能生存下去了。我从来不相信应该如此理解上帝向第一批人类讲的话：'居住大地并征服它。'上帝创造了人类（我们通过《圣经》中的语言及其赐给人类的能力而看到了这一切），他们是一切生灵的主宰者；上帝创造了动物和植物，它们都供人类使用，但它们无疑是供人类合情合理地使用的。然而，从人类对待上帝的其他有生命的造物行为的观点来看，他们在对待大地上的造物之态度，远不是一名贤王而是暴君的行为。令人难以置信的是，造物主使大地上出现了如此之多的生物，它们在各自的领域内繁衍得令人高度钦佩，他们在各自的角色中表现得如此十全十美，而上帝又怎会允许它的代表作（人类）亲手让它们永远地绝灭呢？热爱大自然的人，也就是说热爱上帝造物的人，在看到其同类如此虐待应该尊重的一切东西时，就几乎会感到变成厌恶人类者了。"（《第三次赴中华帝国的旅行记》第1卷，189页）

当大家看到在北京以东的传教士于1921年11月间向我们描述的那样美好的东西消失时,便会理解这段记述的语气了。

“我从万里长城之外110里处,那些垦殖满族王公们旧围场的基督徒中,作完一次临终涂油礼返回来了。我在中国从未见到过如此美好的一块土地,山头上覆盖着森林,所有的山口都有激流奔腾。人们居住在红皮肤人的驻牧地,用松树的火把照明,因而熏黑了当地人的面庞。在夜间可以于很近的地方听到大松鸡的啼鸣声。基督徒们为我准备了一次熊肉宴。这是我生平第一次品尝这种野味,相当美味适口。”

“非常令人遗憾,这样秀美和如此有益于人类的风景,在十年之后都将会荡然无存了,无论是树木、耕田还是其余一切,都不复存在,甚至可能连水都不再有了。”

13.12 磅重的冰雹

一名英国旅行家(克洛德·鲁塞尔)于其游记《从北京到齐齐哈尔》(发表于《地理学报》第5卷,617页,1904年5月)中指出,古伯察的这种论调“动摇了读者对其游记真实性的信任”。

但这却不是莫勒修士的看法。他是布尔日天文台的一名才学横溢的台长。此人未表示反对地于其《雷雨雹三灾》(巴黎阿特姆·法雅尔书局版,98页)中引证了古伯察先生的资料。这里明显是指比较小的冰雹块,但同样也是指古伯察先生所说的比磨扇还大的雹块。

我们可以说蒙古是一个冰雹之乡。早在中世纪时,方济各会士柏朗嘉宾(Jean de Plan Carpin)就已经提到了它:“这里也经常下很坚硬的冰雹。所以,在推举皇帝和举行皇帝登极大典的时候,恰逢于我们恭立的庭院中下了一场大冰雹。正如我们后来所获悉的那样,由于冰雹的突然融化,使该宫廷中的一百六十多人都被淹没在冰雹融水之中,甚至许多物品及简陋住宅也被洪水冲走了。”(《蒙古史》第610页,由达维扎克刊行,收入由地理学会出版的《游记和回忆录丛书》第4卷中)。

据中国编年史记载：

公元前149年"丙戌秋，衡山雨雹，长者五寸，深者三尺"。（戴遂良：《历史文献》，451页）

"乙卯，夏五月，山阳济阴雨，雹杀人，雹大如鸡子，深二尺五寸"。（同上引书，633页）

"癸酉十二月，雷雨，雹大如马头"。（同上引书，528页）

1337年，在元王朝的末帝顺帝执政年间，提到降落了一场大如孩童和狮子一般的冰雹："日赤如赭，冰雹如同小孩和狮子一样大。"（霍渥斯：《蒙古史》第1卷，312页）

近来，在1913年7月11日，在辛口（今建平县，热河政府所在地）下了一大块长八尺、高五尺和宽两尺的冰雹。"仿佛一块石冰似的"，伴随着闪电和霹雳，"云彩发红"。辛口的居民前往那里取冰，使用镐头才能破开冰块。

世人声称，这一事件被电告热河。它比古伯察先生所说的磨盘大的雹块还要大。

尊敬的雷神父叙述了这一事件。他肯定了这些情节出自范迪克（Van Dyck）神父，此人在同一县中的深井做传教士。

14. 欧李儿和樱桃

中国人称一种短柄酸樱桃为欧李儿。它不是生长在树上，而是长在一种灌木杆上。现在共有两个品种：其一为淡红色，其二为深红色，比前者的个头要稍大一些，其核完全是一种樱桃核。布列斯奈德（Bretschneider）于其《中国植物志》中没有提到这种水果树。张诚（Gerbillon）于其蒙古游记中讲到了它（见杜赫德：《中华帝国全志》第4卷，167页）。

欧李儿一名是蒙古文 oulan 经汉化之后的名词。科瓦列夫斯基（Kowalewski）于《蒙古文—俄文—法文辞典》第1卷，第394页中指出，"oulana，一种樱桃，在满文中叫作 oulana、foulana、mamoukia等"。我们所说的普通 cerise 在汉语中叫作樱桃，居住在蒙古地区的汉人从来不把欧李儿称为樱桃。

《热河府志》第16函（卷28，23页）中提到了这种水果，它称之为乌喇柰。“乌喇柰,一名欧李子,土人称为酸丁。乌喇柰,塞外红果也,实似樱桃,味甘甜,不可多食”。

下面就看一下张诚于1688年是怎样描述这种水果的:“晚上,有人给我们带来了一篮子当地人叫作欧李儿的小水果。它几乎与我们的酸樱桃完全相同,惟有它更具有面团之味。它奇特地有利于消化。公公和马老爷派人专门去为徐日升(Pereira)神父寻找。因他感到极不舒服,完全倒胃口,以至于他不能吃任何食物。这种水果似乎对他极有利,完全如同事实上已出现的那种效果。虽然这些水果已几乎腐烂或已半干,他仍旧贪婪地吞食之,由此而感到好多了。翌日,我也吃了一些,使我感到很好。当它成熟了的时候,味道非常适口。它生长在鞑靼这一地区的山谷和山脚下的茂密草丛中的小灌木棵子上”(杜赫德:同上引书,第4卷,167页)。

“……有许多不同的品种,那些比较淡红色者最佳,几乎与我们的酸樱桃的味道相差无几。”(同上引书,175页)

请参阅科瓦列夫斯基:《蒙古文—俄文—法文辞典》第1卷,394页。

第二章

多伦诺尔的饭馆——城市面貌——钟和佛像的大铸造厂——与多伦诺尔喇嘛们的交谈——宿营——砖茶——与墨尔根王福晋的会见——蒙古人对朝圣进香的爱好——暴风雨——一名蒙古头人介绍英国人侵略中国的战争——察哈尔八旗风土记——皇家畜群——帐篷的外观与内部陈设——鞑靼人的风俗和习惯——三湖宿营——夜间的幽灵——桑达钦巴叙述其年青时代的冒险活动——鞑靼地区的灰松鼠——到达石板台

我们进入多伦诺尔(喇嘛庙)城时,感到非常疲劳和充满着困惑,因为我们完全不知道到哪里去下马。我们如同落入一座迷宫中一般,沿着狭窄和弯弯曲曲的街道长时间地漫步,我们的骆驼勉强能在人和东西的堵塞中走了出来。我们最终进入了一家客店。卸下了我们骆驼的驮子,把我们的行李堆在为我们准备的一个小房间中之后,便前往市场上买草并分给牲口吃。我们一口气地干完了这一切。店掌柜的按照惯例给我们的房门挂了一把锁,锁上房间便交给我们一把钥匙。我们不浪费一点时间地前往城内吃晚饭,因为大家都饿了。我们没用多长时间就发现了一个幌子(三角旗)在一家门前飘扬。这是一家饭馆。我们进去了。一条走廊把我们引向一间宽敞的厅子,那里井井有条和对称地摆着小桌子。我们坐在那里,立即就有人在我们每个人面前都放了一壶茶,这是每顿饭前所必经的序曲。在吃任何一点东西之前必须喝许多茶,而且始终都要喝滚烫的茶。正当大家忙于用茶灌肚子时,又接受了掌柜的拜访。在一般情况下,这是一个风度翩翩的人,具有讲起话来令人神奇地滔滔不绝的本领。此外,他还知道所有地区和所有人的事情。他最后便问你按什么顺序上饭菜。随着大家提出所要的菜名,他又唱着重复一遍菜名,以便向掌锅的人①宣布。他们的菜上得很快。开始吃饭之前,礼节要求所有人都站起来并依次

① “掌锅的人”指厨师。

请坐在同一饭厅中的所有的人，大家都以手势相邀请说："来啊！大家都来一起吃吧！来喝一小盅酒和吃一点菜。"全体人都回答说："谢谢！谢谢！你们最好还是坐到我们的桌子上来吧，该由我们请你们。"经过这种礼节性寒暄之后，正如人们所说的那样，众人都算施礼了，于是便可以像贵人一样地吃饭。

一旦当大家站起来准备走时，掌柜的就出现了。当人们穿过餐厅时，他又重新唱大家要的菜谱，最后高声和用明白易懂的语言宣布了花销的总数。人们接着来到钱柜上，交纳所要求的款额。一般来说，中国的饭馆也如同欧洲那样灵活，以刺激客人们的自尊心并增加对食品的消耗。

两种原因促使我们首先向多伦诺尔[①]进发。首先，我们要在那里采纳一些东西以补充旅行用具。其次，我们觉得必须与当地喇嘛们建立联系，并搜集有关鞑靼地区最重要地点的资料。

我们需要置办的一小批生活必需品，从而为我们提供了跑遍该城各个住宅区的机会。多伦诺尔（七湖）被汉人称为喇嘛庙。满族人称之为 Nadan—Omo，藏族人称之为 Tsot—Dun。这些名称仅仅都是多伦诺尔的译名，同样意指"七湖"。在由安德里沃—古荣刊布的地图[②]中；该城叫作 Djo—Naiman—Saume，在蒙古文中意为"一百零八庙"。我们徒劳无益地探讨了这一名称的出处，当地人从来未如此称呼过它。

多伦诺尔不是一个建造比较规范的城市，而是一大片简陋和分布不整齐的住宅区。大家于其狭窄和弯曲的街道中只会看到污水坑和垃圾堆。当步行人于两侧前后排成一行，在崎岖不平的人行道上行走时，那些车辆、骆驼和骡子队则艰难地在黑色的和很深的恶臭泥潭中前进。经常出现翻车事故，那时就很难表达这些陋巷中的混乱和阻塞状态了。牲口们在泥潭中因窒息而死，商品被损或落入成群涌来的扒手们手中，从而进一步增加了混乱。

虽然多伦诺尔不具多少吸引人的地方，尽管其郊区很贫瘠，冬天严寒和夏天酷热，但该城的居民很多，贸易很兴隆。俄罗斯的商

---

① 近代地理学家一般都写作 Dolonoor。

② 在由安德里沃—古荣刊布的中华帝国的地图中，除了很少的几处不确切之外，其余都相当准确。我们应于此承认，它在我们一行的长途旅行中，对我们帮助很大。

品通过恰克图之路南下到达那里；鞑靼人不停地把大批牛、骆驼和马群赶到那里，他们返回时又带走了烟叶、布帛和砖茶。外来人的这种络绎不绝的往返，使多伦诺尔的居民呈现了一种生气勃勃和气氛活跃的外貌。流动商贩们奔向街头，以向行人推销他们的小商品；坐商们在店铺中用甜言蜜语和彬彬有礼的行为呼叫和招揽买主；身穿鲜艳的红色和黄色袈裟的喇嘛们，试图炫耀他们那在艰难的通道中驾驭狂暴和不驯服马匹的本领。

山西省商人（晋南）是多伦诺尔城人数的最多的群体，但很少有人在那里最终定居。数年之后，当他们的钱柜装得已足够盈实的时候，他们便从那里返回故乡。在这片辽阔的交易市场上，中原人永远都会发横财，而鞑靼人都会破产。多伦诺尔就如同一个特大的气泵，它能令人不可思议地倒空蒙古人的钱囊。

出自多伦诺尔大铸造厂的那些钢铁和青铜的漂亮铸像，不仅仅在整个鞑靼地区，而且在西藏最偏僻的地区，都具有赫赫的名望。它那庞大的铸造厂向已皈依了佛门信仰的所有地区寄送佛像、钟和各种在偶像仪轨中使用的法器。那些小雕像都是用一块整材料制成的，但那些大的则是分部件铸制成后才拼装起来的。我们在多伦诺尔停留期间，曾亲眼看见一支确实很大的队伍出发，前往西藏，他们负责护送惟一的一尊佛像，共有 88 头骆驼拆散驮载。乌珠穆沁旗的王爷前往拉萨朝圣，要去拜见达赖喇嘛①。

我们利用自己经过多伦诺尔的机会，请人根据来自法国的一尊漂亮的模型而铸造了一尊基督像，结果制造得很成功，很难分别出复制品和原物。这些汉族工人们能非常廉价地巧妙工作，尤其是令人惊奇的和蔼可亲。他们似乎远没有某些欧洲艺术家们那样很强的自尊心和固执己见。他们始终服从其顾客的意愿，很容易地放弃自己的想法。他们首先将其作品制成泥膏团，如果订户认

---

① “达赖”（Dalaî）一词出自蒙古语，其对应的藏文字应为 Gythmts' o（海，嘉措）。达赖喇嘛原来叫做格鲁巴仁波且（保护主）。

达赖喇嘛是格鲁派的教主，也就是属由宗喀巴改革后的一派，从前曾得到过天朝政府的正式承认。有人有时候还认为达赖喇嘛是活佛。如果说这不是一种错误，那至少也是不确切的。事实上不存在活佛，而仅仅存在喇嘛上人或菩萨的化身。达赖喇嘛是观世音的化身。

“活佛”一词完全是汉语，被正式承认的所有化身都称为活佛。

为它不符合其想象的式样，那么他们便重新开始，一直到能够放入模子中加工为止。

我在此之前于多伦诺尔的另一次停留期间，经常有机会参观喇嘛庙并与崇拜佛教偶像的祖师们建立了联系。我觉得喇嘛们都不大有学问。一般来说，他们的象征论绝不会比世俗人的信仰更为纯洁。他们的教理始终都不明确，在一种甚至他们自己也不能理解的庞大泛神论中游荡。当我向他们询问某种明确和实际的事情时，他们始终表现得极其犹豫不决，模棱两可。其弟子们告诉我们说，他们的师傅精通一切，他们的师傅又援引大喇嘛们的一切神智，而大喇嘛自己与某些名寺的上师相比则又自认为是无知者。然而，弟子和师傅，大喇嘛和小喇嘛，所有人都一致声称教理来自西方，他们在这一点上观点一致。他们对我们说；你们越是向西前进，教理就表现得越纯洁和明晰。当我们向他们阐述基督教真谛时，他们从不作讨论，而仅满足于平静地说："我们这些人没有那里的所有愿文，西方的喇嘛会向你解释一切，将会使你们明白一切。我们相信来自西方的传说。"

此外，这些话仅仅证明了在鞑靼所有地区都很容易发现的一种事实。没有一座具有相当规模的喇嘛庙的大喇嘛或住持不是从西藏来的人。任何一名曾赴拉萨旅行过的喇嘛在回来后，都能确保受到所有鞑靼人的信任。他会被视为一名高级人物，如同是一位"先知"，甚至是一位使"永久圣地"和"神地"[①]内部的有关前世和来世的一切奥义，都会被揭示于他面前的人物。

我们在慎重地考虑了自己所获得的有关喇嘛们的全部资料之后，便决定向西行。10月1日，我们从多伦诺尔出发。我等并非是一帆风顺地穿过了这座贫瘠的城市。我们的骆驼只能踉跄和惊跳地在泥潭中前进，行李驮子不停地左右摇摆和震动。我们每前进一步，都害怕那可怜的驮兽会失去平衡而摔倒在泥潭中。当我们能在某处遇到一片比较干燥的地盘，让骆驼卧下并重新扎紧我们的行李包时，就感到非常高兴。桑达钦巴气得发抖，他来回走动，一言不发，仅满足于咬紧嘴唇表示其愤恼。

当我们向西到达城市时，便再不需要穿行污水坑和垃圾堆了，

① 拉萨（神地）在蒙语中被称为"永久圣地"。

但却陷入另一种窘境。我们面前没有任何前人踏出的路，甚至没有任何羊肠小道，而是一片漫长和无休止的小丘陵，以及细松和流动的沙漠。我们走在上面时，只能非常费力和疲劳地前进。我们在这片沙地中被一种闷热折磨得喘不过气来。我们的驮畜浑身直冒汗气，我们自己也口干舌燥得要命，但我们徒劳无益地在身旁周围寻找几滴水以略解干渴。

天已晚了，我们开始害怕找不到一个合适的地方来支帐篷。但地面逐渐变得坚实了，我们最终得以发现了一些植物的踪迹。沙漠很快就变小了，大地变得越来越美丽和有了绿色植被。我们在距自己不远处的左侧，发现了一个山谷的出口。秦神父催其母驼急驰而去，查看这一地点。他很快就出现在一个山坡的顶上，高声呼叫并向我们打手势。我们便向他走去。因为天意使他遇到了一个相当好的住宿处。那里有一个小水塘，其水有一半被茂密的灯心草和水草棵子掩饰起来了，在山坡上到处都遍布荆棘，这正是我们所需要的一切。我们又渴又饿又疲劳，不敢奢望更好的地方了。

当骆驼卧下之后，我们每个人都自动地、不用争论地和匆匆忙忙地拿起木碗去在水塘的灯心草之间舀几口水喝。这里的水相当新鲜，但一股强烈的硫磺味扑鼻而来，我记得自己曾在比利牛斯的美丽城市阿克斯喝过类似的水，而且还曾看见在法国的药铺里出售这种水，此水至少每瓶出售 15 个苏。它该是多么恶臭和难闻啊！

在我们充分地解渴之后，体力又逐渐得到了恢复。我们这时才能支起帐篷，每个人都费力地从事自己的工作。秦神父前往树丛中砍了几捆枝条，桑达钦巴用其衣襟捡了一堆干兽粪，古伯察先生坐在帐篷的进口处开始学习烹调术，把一只母鸡开了膛。阿尔萨兰以一种贪婪而紧盯不舍的目光望着其内脏。我们在穿越沙漠时，希望至少每天有一顿小宴之豪华。我们出于民族感情，想让我们的察罕胡尔人美餐一顿根据法式烹饪术的规则而烹调的饭菜。因此，我们把这只家禽作了艺术性的切剁，然后投入大锅底。几根放在盐水中渍过的芥根、大葱、一瓣大蒜和一根红辣椒就成了全部作料。这一切很快就不费劲地煮开锅了，因为我们这一天拥有丰富的柴薪。桑达钦巴把双手伸进锅中捞出一块鸡肉并仔细地观察一番。他向同餐人宣布说火候已到，于是立即把锅从三角架上撤下来，再放到草地上。我们便紧围着锅坐下来，让膝盖能触及到它。每位就餐的人都拿有两根筷子，尽力夹住漂浮在一锅汤表面的肉块。

当我们吃完饭，并向在沙漠中赐给我们这顿美餐的仁慈上帝谢恩之后，桑达钦巴去池塘边洗锅。为了补充这顿盛餐，我们很快又去喝蒙古茶。蒙古鞑靼人用的茶并不以汉人消费茶的方式炮制。正如大家所知道的那样，汉人在一般情况下都饮用最幼嫩的茶叶，他们仅仅用开水泡一下就行了，从而使水具有一种金黄的色泽。那些经过粗加工并于其中混入纤细茶梗的叶子，都在模子中压缩并粘结在一起了，具有建筑业中使用的砖头之形状和厚度。这样制成的茶在市场上就以“鞑靼茶”的名称出售。因为这种茶几乎完全被该民族耗用，那些要消耗一大批这种茶的俄罗斯人当然除外。当鞑靼人希望煮茶时，他们便从砖茶中砸下一小块，粉碎后放入锅中煮，直到茶水变成淡红色为止。他们再从中投入一小撮盐，继续煮沸。当茶水几乎完全变成黑色时，再加入满满的一碗奶，然后在一个大罐子中倒入这种饮料，鞑靼人以喝这种茶为乐趣。桑达钦巴对此非常高兴，而我们则是因为没有更好的茶才迫不得已地喝它的。

第二天，在我们折起帐篷后，便离开自己停留了几个小时的这一避难处。我们毫不留恋地离开它，因为本来就不是出于喜欢而选择和占据这块地方的。但在为了离别这块好客的土地（我们已于平生第一次于其上面睡了一夜）之前，我们想于此留下纪念，即一种感恩的还愿物。我们在自己曾过夜的“家”中统统插上一个木制小十字架，这条规则也一直坚持沿用在我们的其他宿营地中。难道传教士们还能在他们迅速穿过沙漠时，留下其他痕迹吗？

当我们听到身后如同有许多马蹄的践踏声，许多混乱而不明确的声音响动时，我们最多走了一个小时的路。我们转过头去看，在遥远的地方发现了一大队人马，急速向我们走来。三名骑马人很快就赶上我们。我们从其中一人的服装上辨认出他是一名鞑靼官吏。他以使人震耳欲聋的声音向我们喊道：“喇嘛老爷们，你们的祖国在哪里？”“我们来自西天。”“你们那慈善的影子经过了哪些地区？”“我们来自多伦诺尔城。”“你们沿途平安吗？”“直到这里，我们一直幸运地骑行……你们呢？你们平安吗？你们的故乡是哪里？”“我们是喀尔喀人①，来自墨尔根王旗②。”“那里雨量丰沛吗？你们的畜群兴旺吗？”“我们牧场中一切都平安无事。”“你们的旅行队前往哪里？”“我们将前往五台山巡礼……”在这次突然而急促的谈话中，这支队伍中的其余人也到达了。我们紧挨着一条溪水，其河沟两岸都有荆棘丛环绕。旅行队的队长命令停了下来，成群结队而来的骆驼围了一大圈，大圈的中心放置了一辆四轮车。骆驼御手们高呼：“嗦！嗦！”骆驼服从这一命令并自动地蹲下，就如同受到了同一种打击一样。当大批帐篷如同变魔术一般地支在河岸时，有两名蓝顶的官吏走向车前，打开了车门。我们立即就发现从中下来一名鞑靼女子，身穿绿色长丝袍。她是喀尔喀人地区的福晋，要去山西省著名的五台山③寺朝圣。当她一看到我们，便举起双手向我们致意。她对我们说：“喇嘛老爷们！我们将于此扎营，此地吉祥吗？”我们回答说：“朝圣进香的墨尔根王福晋，您可以在这一地点平安地点火。我们将继续赶路，因为当我们卷起帐篷出发时太阳已很高了。”我们讲完这些话之后，便告别了墨尔根王爷的大队鞑靼人马。

然而，当我们看到该福晋及其大队侍从这样通过沙漠去遥远的地方朝圣进香时，千般意念纠缠着我们的心。巨大开销如同旅行的危险、疲劳和苦难一样，都不能阻止他们。这是因为这些善良的蒙古人实际上基本都具有宗教思想。他不断地想着来世，而本世间的事则在他们眼中不值分文。所以，他们在本世的生活就如同不在这里生活一样。他们不耕田，不建房，无论在哪里都仅仅把自己看作是来去匆匆的过客。他们内心深处浸透的这种强烈感情，始终都表现在长期旅行中。

这种朝圣进香的爱好是一种很值得注意的事态，它在任何时

① 外蒙古的蒙古人，特别是喀尔喀人比其他蒙古部族更长时间地维持了自主，甚至在大清王朝时也如此，他们的内附仅仅是名义上的。从中再加入额鲁特的两个旗和辉特的一个旗，其旗数共有86个。喀尔喀人的首领或汗每年以“九白”（九种白牲畜，即八匹白马和一头白骆驼）的贡物来表示他们归附大清王朝。

② 田清波(Mostaert)神父说，墨尔根王旗是喀尔喀蒙古人的一个小旗的名称，附属于土谢图汗部，位于喀尔喀和苏尼特旗的南部边界。

③ 五台山高3600法尺，是中国佛教的四大名山之一，位于山西的东北部。

候都控制着信教居民。对真正上帝的崇拜导致犹太人每年多次前往耶路撒冷寺。在上古时代,那些对宗教信仰具有某种关心程度的人,都前往埃及学习奥义并向俄赛里斯的祭司们请教学问。菲赛斯山神秘的斯芬克斯向旅行家们推荐俄狄浦斯找到其答案的深刻奥义。在中世纪时,朝圣的思想在欧洲也占突出地位,当时的基督徒们对这类虔诚活动充满了热情。当突厥人改宗成了伊斯兰教徒时,也成群结队地赴麦加。最后,到了现代,大家在中亚还会遇到络绎不绝的大批朝觐人。他们始终受深刻和真挚的宗教感情鼓动和驱使。我们需要指出的是,随着教义逐渐变成唯理性之后,朝圣的热潮在欧洲也就减弱了,人们才开始讨论宗教真谛问题。相反,越是教理在民众中活跃和普遍,朝圣也就越流行。这是因为教法的活跃性和普遍性,产生了大地上旅行者的一种最深刻和最充沛的感情,而这种感情当然会在神圣旅行中表现出来。此外,保留了所有真谛的天主教会,在礼仪中引入了出神仪式,这就如同是对朝圣的回忆一般。这也是为了提醒人们,此地就如同一片沙漠,我们所有人在那里从一生下来,就开始走向永生的庄严旅行。

我们把墨尔根王的朝圣人远远地抛在了后面。我们已经开始感到遗憾,未能与他们一起扎营于那条漂亮的小溪旁和水丰草肥的牧场中,而他们已于那里扎营了。随着我们发现大片乌云从地平线升起、扩大并遮黑了天空,一种恐惧情绪便不知不觉地从心中升起。我们焦急不安地从四周寻找一个自己能停留的地点,但我们在任何地方都找不到水。正当我们处于困惑和不知所措时,几滴大雨点警告我们应不失时机地行动了。桑达钦巴急躁地喊道:“快宿营吧!快宿营吧!我们用找水来消磨时间又有什么好处?在天黑下来之前就宿营吧。”“你讲得很好,但到哪里去饮牲畜?你一人每晚就喝一大锅茶,我们去哪里取水?”“水,我的神父们,一会儿就会落下你们用不尽的水。快宿营吧!不必害怕。”“今天任何人都不会被渴死了,我们应迅速挖坑,然后就可以喝雨水了。”桑达钦巴接着说:“不,不用挖坑。你们看到那里的那名牧人吗?你们看到那畜群吗?那里肯定会有水。”我们确实在一个河沟中发现了一名赶着大群绵羊的人。我们立即离开了原路,疾步向这一方向奔去。倾盆大雨开始一泻而下,从而更加快了我们的前进速度。更加不幸的是我们的一头骆驼的驮子倾覆了,驮子从其驼峰间脱落到腹下,我们被迫让骆驼卧下并把行李于其背上拨正。当我们到达一个被雨水搅混并不断增加水量的小湖边时,浑身的衣服湿淋淋的。现在已没有必要再讨论今晚我们在什么地方支帐篷了,因为我们已别无选择,地面到处都有很深的积水。

暴雨明显变小,但风力却变得更大了。我们非常艰难地打开自己那简陋的帐篷,它已变成如同从洗衣桶中捞出的一团破衣服。当我们想打开帐篷时,更增加了困难。我们最终找到了一块避风的地方,一场冰冷的小雨一直在不停地下。一旦当住处被安排好时,桑达钦巴便向我们讲了这样一席安慰的话:"我的神父们,我曾向你们预言今天不会被渴死……而是要被饿死,我对此则不敢保险。"我们确实处在无法生火的逆境中。大家在这一地方看不见一根树枝,也没有一根柴枝。前往寻找干兽粪,那是枉费心机,大雨已把沙漠中的这惟一的燃料变成了一团稀浆。

我们采取了自己的办法,正准备在冷水中泡一点面粉充作晚餐。我们突然间发现两名鞑靼人牵着一头小骆驼向我们走来。在按照惯例致意之后,其中一人对我们说:"喇嘛老爷,今天天下雨了,你们肯定无法支灶。""唉!因为我们没有干畜粪,又怎能支起我们的锅来呢?!""所有人都是兄弟,彼此之间应互相帮助。但黑头人应尊崇和侍奉上人。这就是为什么我们前来帮你们点火……"这些善良的鞑靼人在我们寻找宿营地时便发现了我们,预料到了我们的窘境,急忙向我们献上了两背筐干牛粪。我们感谢上帝对我们的这种出乎预料的帮助,那名察罕胡尔人立即开始准备面粉以做晚饭。今天的定量略为增加一些,以便请这两位不速之客吃饭。

我们在用这顿寒酸的晚饭时,发现那两名鞑靼人之一对他的同伴极其殷勤。我们问他在正蓝旗中享有什么军衔。"两年之前,当察哈尔诸旗出兵去平息南乱①时,我的军衔是传达。"②"你们在南方的这次著名战争中的情况如何?你们这些牧民怎么会有士兵的勇气呢?因为你们习惯于过一种和平的生活,可能不熟悉这种在于屠杀其他人或让人杀戮自己的可怕职业。""是,是,我们是牧

① 当时英国人对中国南方发动了战争,鞑靼人一般称此为"南乱"。

② 这是一个满文字,在蒙古文中未出现过。

人,这不错。但我们也没有忘记自己是士兵,八旗兵组成了大清皇帝的后备军。你们知道帝国的规则,当敌人出现时,首先派遣契丹的团练,其次是动员索伦地区各旗的兵。如果战争还不结束,那就只有向察哈尔各旗发出求援信号,他们出动的风声足可以使敌人闻风丧胆,迅速平定动乱和恢复秩序。”“为了南方的这次战争,察哈尔诸旗都征丁了吗?”“都征丁了。大家开始时认为这是无关宏旨的小事一桩,每个人都声称不会触及到察哈尔。契丹的团练首先出兵了,他们未起任何作用。索伦诸旗也出兵了,他们也未能消除南方的热点。皇帝于是便向我们降了圣旨,每个人都应立即投军,选拔其最好的宝马良驹。大家抖去了弓弩和箭囊上久封的灰尘,刮去了长矛上的铁锈。人们在每个帐篷中都迅速地宰羊、吃告别饭。我们的妻子和儿女都在哭,但我们其他人则向他们讲了一番安慰的话。我们告诉他们说,我们受圣主(皇帝)的恩惠已有六世,而他又从未要求我们做过任何事。他今天需要我们,我们怎能后退?他把察哈尔的锦绣河山赐给我们以放牧畜群,同时又成为他对付喀尔喀人的屏障。现在,既然南方出现了动乱,我们应向南方发兵。喇嘛老爷们,难道这些话没有道理吗?是,我们应发兵……圣旨于太阳升起的清晨传到,到了中午,领催(拨什库)已率领他们的人马到传达周围聚集,而传达又在努鲁察音聚集起来了。我们在那里等待佐领。我们同一天就向北京进发。我们被从北京带到天津卫,在那里停留了三个月。”“你们被打败了吗?你们见到敌人了吗?”桑达钦巴问道。“没有,敌人未敢出现。契丹人到处向我们反复说,我们走到哪里就必会使敌人遭受无数的伤亡。他们对我们说:反击这些洋鬼子有什么用?他们像鱼一样生活在水中,往往会在大家最无防备的时候突然出现在水面上,并投掷一些被点火的西瓜①。一旦当人们张满弓向他们射箭时,他们立即又如同青蛙一样潜入水底。他们就这样绞尽脑汁地设法恫吓我们,我们这些八旗兵不害怕。我们在出发之前,大喇嘛们翻阅了有关天机的书,并断言说这一事件将会以我们的胜利而告终。皇帝赐给了每位‘传达’一名懂医道和熟悉一切魔术的颇有学问的喇嘛。

---

① “西瓜”原指西方的瓜,即一种水果瓜或黄瓜。中国人在开始时把欧洲炮称为“西瓜炮”。

他们能为我们治疗由于气候而造成的疾病，并保护我们不受洋鬼子巫术之害。那么，我们还有什么可怕的事呢？那些作乱的人获悉圣主那所向无敌的察哈尔军队已逼近，都被吓昏并要求议和。圣主出于浩荡的皇恩同意与他们议和。我们于是便班师还乡，以守牧我们的畜群。”

泸定桥

我们觉得这支著名军队的故事实在是扣人心弦。我们在一时间忘记了自己在沙漠中所处地位的艰难，强烈希望再搜集一些有关英国人远征中国的详细情节，但夜幕已经降临，那两名鞑靼人取道返回他们的蒙古包中去了。

当仅剩下我们时，我们的思想就变得很凄凉和忧郁，完全是在战栗不安中想到这个刚刚开始的长夜。我们怎能稍稍休息一下呢？帐篷内部如同泥塘一般。我们在长时间内点燃的大火也未能烘干自己的衣服，它仅仅能把其中所积的部分水变成蒸气。我们夜间在地下铺了皮褥子以便在酣睡中防潮，但却因被浸透而变得可怕。它酷似泡在水中的一张兽皮。在这种凄惨的处境中，一种充满着轻微忧郁的思想却使我们略感安慰。我们于心灵深处觉得自己是讲过下面这段话的人之信徒：“狐狸有巢穴，天空的飞鸟也有窝，但人类的儿子却没有休息头脑的地方……”

我们在一个夜晚的大部分时间内都熬夜未眠之后，非常疲劳，最终精疲力渴。我们最终被瞌睡征服了，在一段时间内便处于昏沉沉的似睡非睡状态，蹲在灰堆边上，双手紧捧腹部，头倚在双膝上。

我们以一种无可形容的高兴心情看到这个漫长而悲惨的夜结束了。在黎明时，蔚蓝的天空，万里无云，这就向我们预示会对前一个夜晚的凄惨作出幸运的补偿。一轮明亮而又射出灿烂光芒的太阳，使我们产生了自己那尚很潮湿的服装在路上很容易被晒干的希望。我们非常专心认真地准备出发，这支旅行队便开始行动。天气特别晴朗，草地中茂密的草便抬起了被水压弯的头，路基开始变得坚硬，我们也非常高兴地感到了阳光的温暖。最使我们心花怒放的事，则是进入了察哈尔正红旗那风景如画的平原。

察哈尔（Tchakar）①在蒙古文中意为“邻地”或“毗邻地”②。该地区东部以克什克腾旗为界，西部是西土默特旗，北部是苏尼特旗，南部是万里长城。其占地面积为长 150 法里，宽 100 法里。察哈尔居民都是皇帝的士兵，每年都可以获得根据其级别而决定的军饷。步兵每年领取 12 两白银，骑兵 24 两。

察哈尔共分八旗，以八种颜色的名称相别。这就是正白旗、正蓝旗、正红旗、正黄旗和镶白旗、镶蓝旗、镶红旗、镶黄旗。每个旗都有明确的辖地并拥有一种叫作“牛录一章京”的衙门机构，负责审理可能会在旗内出现的诉讼。除了这一机构之外，八旗中还各有一位叫作佐领的首领。最后，在这八位佐领中再选择一人，兼任八旗都统。对察哈尔八旗的最高督察权由喀勒干（张家口）的都统执行。所有这些官品都由中国皇帝确立和安排。事实上，察哈尔只不过是一个庞大的兵营，在那里驻守有一支预备军。肯定是为了使这支军队始终保持一声令下就能出发的状态，所以严禁这些鞑靼人耕田。他们应以军饷和畜群的收入为生。整个八旗的土地都是不可分割的。有时会有人向汉人出售一部分，但这种出售从来都会被法庭宣布为无效。

皇帝的大批和肥胖的畜群就饲养在察哈尔草原。这些畜群由骆驼、马、牛和羊组成。一共有 360 群牧畜，每群中都包括 1200 匹

---

① 蒙古地区由三个主要民族居住：蒙古人、突厥人和汉人。突厥人占据了西部，汉人占据着南部并在那里垦殖，剩余的全部地区都由蒙古人居住。

蒙古人分成了许多部或旗。主要有：北方是喀尔喀部（1164～1227 年的征服者成吉思汗就属于该部）；西部是卡尔梅克人（又分成了布里雅特人、土尔扈特人和额鲁特人），其大部分人都流入了西藏、松花江流域和西伯利亚；东部是察哈尔部。

② 作者把 Tchakar（其意不详）与 Tjacha（毗邻地）混淆了。

马。大家根据这一数字就很容易估计皇帝所占有的大量牲畜了。每群牲畜都由一名授白顶的鞑靼人负责牧守。总检查官都在适当时候前来视察牲畜。如果他们发现牲畜的数目有所减少,牧人头领要负责以其资财补充畜群。尽管采取了这些措施,鞑靼人仍不会放过机会,把圣主的财富用于他们自己的私利,他们使用了一种欺骗性的替换。当汉人拥有一匹劣马和一头老牛时,他们便牵往皇帝的牧人那里,这些人为收取一小笔钱,就可以让他们随意在畜群中挑选另一头。他们通过这一手段,保持牲畜的数目始终一样多,从而能平安无事地进行欺骗活动。

我们从未在更好的天气下穿越过更漂亮的地区。沙漠有时极其可恶可憎,但有时也有可爱的一面。由于这种娇媚比较少,所以就会使人更容易感觉到,大家曾在有人居住的地区徒劳无益地寻求这种魅力。鞑靼地区具有一种极其特殊的地貌,世界上没有任何一个地方如同鞑靼地区一样。在那些高度文明的民族中,人们走到各地都会遇到人数众多的城市、丰富和品种繁多的农作物、成千上万种的艺术品和工业产品,以及不停的贸易风潮。大家在那里始终会感到被拖卷进了一个巨大的漩涡之中。相反,在尚未形成文明的地区,则仅仅是一些数百年的森林以及大批茂盛和巨大的植物,那里的灵魂似乎被这种强盛和壮观的自然现象所窒息。鞑靼地区则与这种景象没有任何相似之处。那里没有任何城市、建筑、艺术、工业、庄稼和森林,到处始终都是一片草地,有时被巨大的湖泊、壮丽的江河以及独特和雄伟的山脉隔绝,有时又展现出一片辽阔无际的平原。所以,当人们置身于这些绿色的、其边缘消失在远方地平线上的偏僻地区时,在气候平静的时候就会认为是置身于海洋之中。蒙古草原的面貌不会激起欢乐和悲哀,而更应该是这二者的混和感情,即一种伤感和宗教虔诚般的气氛,可以使灵魂崇高而又不使之完全忘记人世间的事。这种感情主要是出自上天而不是大地。它似乎完全符合由诸器官操纵的一种感受的特征。

人们有时在鞑靼地区也会遇到比平时更活跃和更有生气的平原。这就是河水和牧场的美景吸引了大量家庭时的情况。那时我们就会看到,在各处都支起大小不同的帐篷,酷似准备放飞于空中的充气气球。背负一只筐的儿童们在附近到处奔跑,以寻找干兽粪，然后全部堆积在帐篷的周围。母亲们追赶着小牛犊，在露天煮茶或准备奶制品。男子们骑着慓悍骏马并武装以很长的套马杆，向各个方向奔驰，把大群牲畜赶往优质牧场。我们可以发现他们在遥远的地方活动，犹如海浪一般起伏波动。

这些非常热闹的场面往往突然间就会消失，再也遇不到过去充满生命力的任何东西了。人员、帐篷、畜群似乎突然间都消逝得无影无踪。大家仅仅在沙漠中发现堆起的灰、尚未熄灭的炉灶、猛禽正在争夺的几片骨骸，完全是标志着游牧蒙古人从那里经过的遗迹。如果有人询问这些突然迁徙的原因，那就只能举出如下几条：牲畜啃光了当地作为植被的草，头人因而发出了离开的信号，所有牧人都卷起了帐篷，他们赶着畜群前往其他随便一个什么地方，寻找更加新鲜的牧场去了。

在正红旗那水草肥美的草原上走了整整的一天之后，我们便前往一个似乎经常有人居住的山谷中宿营。我们刚一下马，许多鞑靼人便匆匆忙忙地跑到我们面前，表示愿意为我们效劳。在帮助我们卸下了骆驼的驮子和建起我们的蓝布帐篷房子之后，他们就请我们前往他们的帐篷中饮茶。由于天时已经很晚，我们便留在了自己的帐篷中。礼节性拜访被推迟到了第二天，因为我们邻居那热情好客的邀请，促使我们在他们之中停留一天。此外，我们也非常乐意地利用天气和地点之美好，彻底休整一番，以恢复昨天使我们遭到的损失。

翌日，我们没有把时光用于自己的琐碎家务和诵读日课经，而是把它用于了拜访蒙古人的帐篷。当桑达钦巴看家的时候，我们便出去转了一圈。我们首先必须高度注意确保自己双腿的安全，因为成群的巨犬会疯狂地向我们的双腿扑来。一根小木棍就足够我们自卫了。但一旦当我们到达了一个帐篷的门口，就必须把自己的武器放在门槛之外，鞑靼人的礼仪要求必须如此。手中武装着一根鞭子或一根棍子进入帐篷内部，那就是可能对该家庭造成的最严重的奇耻大辱，那就是以一种抽象的方式对他们说："你们这些人都是狗。"

鞑靼人中的拜访致意方式很坦率、简单和摆脱了汉族礼仪中的无数俗套。在进门时就笼统地向所有人一并问安说"阿慕尔！"或"门德！"（你好），然后就可以轻松地坐在户主的右边，户主蹲在门的对面。这时,每个人都从腰间悬挂的小袋中取出一个小鼻烟壶,然后互相传递,同时又伴随着讲几句礼节性的客套话:"牧场丰富吗?你们畜群的情况好吗?牝马怀驹了吗?""你们骑行平安吗?沿途平安无事吗?"等等。在双方特别庄重地讲了这些客套话之后,家庭主妇一言不发地向来客伸出了手。这些人迅速地从怀中取出木碗,这是鞑靼人必不缺少的随身携带物。他们把木碗递给女主人,她在斟满奶茶之后便立即还给他们。在那些稍微富裕一些的家庭中,一般都在来客面前摆一桌简单的小吃:酥油、莜麦面、炒小米、几片奶酪。这一切都单独分盛在四个经过油漆的小木盒中。大家随意选择一些这种鞑靼零食,再泡于茶中。那些想以更豪华和更体面的方式招待来客者,便在灶边的热灰中温一瓷瓶蒙古酒。这种酒实际上仅仅是马奶或酸奶,他们把它贮藏一段时间以使酒精发酵,最后在一件充当过滤器的用具中粗糙地作过滤处理。惟有天生的鞑靼人才能适应类似的饮料,其味道很淡,具有一种焦臭味。

蒙古帐篷呈圆柱状,从地面一直上升到半人高。在这一直径为 8 ~10 法尺的圆柱体之上,又安装了一个被截顶的圆锥物,好像一个灯罩。帐篷的架子下部由互相交织在一起的木棒架子组成,从而能使之如同一张网那样伸缩。从圆锥周围排出的木棒都汇集于顶部,基本如同一把伞的伞股。这一帐篷架子后来又被一层或数层粗糙的厚羊毛呢包裹。其门低而狭窄,但却有两个门扇。一根相当高的横木梁形成了门槛,以至于为了进帐篷,则必须同时抬脚和低头。除了门之外,还有在圆锥体上部挖的另一个洞。灶中的烟就是通过那里而冒出去的。一块毛毯就可以随意堵塞烟道,即通过一根绳子,其一端拴在门前。

帐篷的内部就如同分成两部分一般。进门方向的左侧是专供男子使用的,外来人应通过那里进帐篷。一个经过右侧进帐篷的男子会犯最严重的失礼行为。右部由女子占据,所有的家庭用具都集中在那里,有一个用于贮水的大瓷缸,一些粗细不同的树干被挖成了桶形,用于盛放按照不同加工处理奶而制成的乳制品。在帐篷的中央是一个插在地中的很宽的三角架,始终都准备支起一只活动的锅,可以随意地在上面放置和撤去。这口锅是铁制品,形状如钟。在灶后和面对门的地方是一张长沙发,这是我们在鞑靼人中发现的最奇特的家具。其两侧是两只枕头,而枕头的顶端则又是镀金和经过精心雕刻的铜片。可能没有任何不存在这种小床的帐篷,它似乎成了一种绝对必需的家具。这是多么奇怪和不可思议的事啊!我们在长途旅行中,没有发现一件沙发是近期制造的。我们有机会拜访了一些生活得很富裕甚至是很阔气的蒙古人家庭,但这一奇特的长沙发始终使我们觉得它是一种简陋和破烂不堪的东西。虽然这种家具时刻都会破成碎片,它却一直保留下来了,不间断地世代相传。在从事鞑靼贸易的地方,我们跑了许多旧货店和当铺,从未见到过有这类家具出售,无论是新的还是旧的,概付阙如。

在沙发一边的住人处,一般都放着一个方形的小橱柜,其中收藏着用于装饰这一淳朴和幼稚民族的服装的多种细小物品。这一橱柜也作为一尊小佛像的供坛,这尊以木雕或用镀金铜制成的神像在一般情况下都是坐着,双腿交叉,用一条黄色旧塔夫塔绸的袈裟一直裹到脖子上。其体积和形状都酷似我们的酒杯的九个铜盏,对称地供在佛像之前。鞑靼人就是在这种小供盘中每天向他们的佛像供奉水、奶、酥油和面粉,最后是几部用黄丝绸包着的藏文经书补充了这座小佛塔的装饰。惟有那些已剃度和保持独身生活的人,才有特权触及这些祈祷经文;如果一名黑头人胆敢以其不净和世俗之手触及它们,那将会犯亵渎神灵罪。

他们的帐篷架子上挂有许多羊角,作为蒙古人住宅中布置的补充,牛羊肉块、装满酥油的牲畜膀胱囊带、箭矢、弓弩和一支火药枪都挂在牛角上。因为没有一个鞑靼人家庭至少不拥有一件火器。我们非常惊奇地发现季姆科夫斯基在他的北京游记[①]中,竟然写下了这段不伦不类的文字:"我们火器的响声吸引了蒙古人,他们仅仅懂得自己的弓弩和箭矢……"这位俄罗斯作家应该知道,并不像他认为的那样,火器会使鞑靼人感到惊奇。因为现已证明,早在13世纪初叶,成吉思汗的军队中就有炮兵。

大家在蒙古帐篷内呼吸到的空气是令人不快的,甚至在对此不习惯时则几乎是难以忍受的。这种强烈的气味有时能使心脏激烈跳动,它出自鞑靼人使用的衣物和用具中充满的脂肪与酥油腥

① 季姆科夫斯基著:《经蒙古赴北京旅行记》,第2章,57页。

味。由于这种经常性的污秽，他们被汉人称为“臊鞑子”①，而汉人自己也并非没有气味，他们在卫生洁净方面也不是很讲究的。

在鞑靼人中，操持家务完全依靠女子。女子们要挤牛奶，制造奶食品，有时还要跋涉远途去汲水、拾捡干畜粪并晾晒之，最后是把干畜粪堆在帐篷周围。缝制衣服、鞣革、缩绒等都依靠她们。她们在杂务中仅仅依靠那些尚很年轻的孩子们。

男子们的活计很有限，仅仅是把畜群赶到水草丰富的牧场去。对于那些从童年时代就习惯于骑马的男子们来说，这种劳动与其说是一种辛苦还不如说是一种消遣。只有当他们被迫追赶逃群的牧畜时，才会付出相当的辛苦。那时他们就急匆匆地在小道上奔驰，更像是飞翔而不是骑行，有时攀登山峰，有时又进入峡谷，一直到他们把逃群的牲畜赶回大群中为止。鞑靼人有时出去狩猎，但他们从事这种活动主要不是为了追求效益，而是为了开心。他们武装以火枪或弓弩，杀死獐狍、野鹿和山鸡，一般要将野味奉献给他们的王爷。如果遇到狐狸，那么他们始终都会奔驰以活捉之，因为他们害怕用其他方法猎狩而损坏了它们那非常珍爱的毛皮。当鞑靼人看到汉人故作诡计，挖掘陷阱，让狐狸在夜间掉进去，再进行捕捉时，便会经常嘲笑他们。正红旗的一名猎人对我们说，他们自己能诚实地捕捉狐狸，当他们看到狐狸之后，便跳上马追去，紧追不舍，一直到逮住它为止。

除了骑马奔驰之外，蒙古鞑靼人一般都生活在高度的游手好闲中。他们一天中的大部分时间都待在帐篷中，睡觉、饮奶茶或吸烟斗。鞑靼人有时也闲逛，也可能像一名巴黎人一样。但他们以一种不同的方式闲逛，既不需要拐杖，也不需要夹鼻眼镜。当有人

---

① 蒙古人在他们经过的沿途都发出他们身上充满的牛粪气味；即使在黑暗中，这些人在 20 步之远也能暴露他们的存在。汉人由此而嘲弄性地称他们为“臊鞑子”或“糟鞑子”。

过去传教士们的记述中用这样的话提到了他们身上的气味：“无论他们（蒙古人）采取什么样的谨慎方式，只要他们一接近，大家就会感到他们的存在。明显正是由于这一原因，汉人才称他们为臊鞑子。甚至他们的帐篷也几乎始终都有一股羊脂腥味，大家对此很难适应。所以，当到达这一陌生的社团（那里用兽皮作服装，住宅装在车子上）中时，可以采取的最好办法是推翻其帐篷，然后再在离前者有几步路的地方重新支起来，以便使这种气味缓慢地散去”（上引杜赫德书；第 4 卷，37 页）。请参阅：《中国传教史》第 3 卷，568 ~ 569 页，1898 年；斯默神父的著作，1897 年 8 月 15 日。

头脑中突然想到去稍微观察一番外部世界发生的事时，便摘下挂在门上的马鞭，骑上一匹始终都为此目的而备好鞍辔和拴在帐篷口的桩子上的马匹。他于是就不选择方向地冲向沙漠。如果他在遥远的地方望见一名骑马人，于是就向他奔去，如果他看到某一顶帐篷中冒出了青烟，于是便奔向那里。其目的始终都仅仅是与这一陌生人交谈一段时间。

我们在察哈尔这一风景秀丽的平原度过的两天，对我们来说并非无益。我们有充足的时间整理我们的衣物和行李，特别是我们有机会更深入地研究鞑靼人和学习游牧民族的生活习惯。当我们准备出发时，我们的鞑靼邻居便前来帮助我们卷起帐篷，为我们的骆驼上驮子。他们说："喇嘛老爷们！你们今天可以宿营三海，那里的水草丰美。如果你们走得快的话，那么你们在太阳垂落之前就会到达那里。在三海以远周围，则只能到很远的地方才能找到水。喇嘛老爷们，祝您们一路平安。"我们回答他们说："我们也祝你们这些人平安……"桑达钦巴又重新开路，始终骑在他那头黑骡子身上。我们毫无遗憾地离开了这一营地，就如同我们离开所有的住宿地一样。惟一的差别仅是我们在自己支起帐篷的地方留下了更大的一堆灰，附近的草被脚步践踏得比平时更为严重一些。

清晨，天气非常晴朗，虽然略带寒气。但在午后，北风便吹了起来，吹得越来越狂猛。它很快就变得如此刺骨，以致于我们非常后悔没有带我们那顶皮毛大帽，以便将面部稍微遮挡一下。我们加快了脚步，以便尽早地到达三海并躲身于我们那可爱的帐篷中。我们怀着能遥望到有人向我们指出的那些湖（海）的希望，所以不停地左右眺望，但始终没有结果。天已很晚了，从鞑靼人对我们所说的情况来看，我们非常害怕超越我们在这一天能遇到的惟一宿营地。但经过仔细观察之后，我们望见一名骑马人缓慢地向一个山沟走去。他距我们很远，但我们不能放弃去向他询问某些情况的机会。秦神父以其坐骑的长腿全速向这一侧奔去。骑马人听到了母驼的叫声，他转回头来发现有人向他走来。他立即转过身，飞快地朝着秦神父奔来。一旦当他到达能使人听到其说话声的距离时，便高声呼叫："上人，你是否看见过黄羊？我找不到它们的踪迹了。""我没有见过黄羊，我正在找水，而又没有找到，水源离这里远吗？""你从哪里来？到哪里去？""我属于你在那边可以瞭望到的那个小旅行队。有人告诉我们说，我们今天能于途中找到湖水并可以住宿于湖畔。至此我们却什么也没有看到。”“怎么可能会如此？你们不久前刚刚从离水不远的地方经过。喇嘛老爷们，让我随你同去，我将指给你们看三海。”他立即用力地抽了其马三鞭，以使它能跟上母驼的大步伐。他们很快就到达了正在等待他们的那支小旅行队。猎人对我们说：“信经的人，你们走得稍微远了一些，现在必须返回去。请看那边。”他边说边用其弓尖给我们指路：“你们看到那些飞翔于草地上空的鹳鸟吗？三海就在那里。”我们回答说：“谢谢你，老兄。我们很遗憾地不能像你给我们指出三海那样，向你指出黄羊在哪里。”蒙古猎人把合十的双手放在额头向我们致意。我们非常信任地向他指出的地点前进。我们刚刚朝这一方向走了几步，便发现了湖水存在的征兆。草更为稀少，也不像其他地方那样绿了，如同干树枝一样在牲畜的蹄子下劈啪作响，均被踏得粉碎。白色的硝霜层变得越来越厚。我们最终到达了一个湖畔，在稍有一段距离的地方又望见了另外两个湖泊。我们飞快地从坐骑上下来并试支起我们的帐篷。由于风力极大，只能经过一番辛苦和耐心的忙碌之后，我们才成功地固定住帐篷。

当桑达钦巴为我们煮茶时，我们便设法消除一天的疲劳，望着我们的骆驼贪婪地舐着大地上如同喷粉一般地布满的硝酸盐。我们特别喜欢地看着它们俯身于湖畔，并大口贪婪地喝这种带咸味的水，水被它们那长长的脖子吸起就如同被吸在水泵中一般。我们相当长时间地享受这种消遣，突然间听到我们身后有一种混乱和嘈杂的响声，酷似受强劲逆风吹动的一只船上风帆那无规则的响声。我们很快就得以从这场风暴中区别出了桑达钦巴发出的高声呼叫。我们匆匆忙忙地奔去，恰恰在飓风卷起了我们的“卢浮宫”之前赶到。自从我们到达之后，风力加强了，同时也改变了方向。它正好从我们帐篷的出口处吹起。当时特别害怕火灾，因为大风把燃着的干牛粪吹到了各处。因此，我们必须立即行动，试图改变帐篷的方向。我们最终成功地使自己虚惊一场，稍微疲劳了一阵子。这一意外情况却使桑达钦巴更加忧郁了。他在一夜间心情极其恶劣，因为风吹灭了火，所以推迟了他煮茶的时间。

随着天开始变黑，大风停下来了，天气最终变好了。长空晴朗，月光皎洁，星辰闪烁。我们在这片辽阔的偏僻地区独自孤零零地生活,从远方仅能望见,在地平线上出现了如同巨魔般矗立着的奇特而又形状不明的大山。我们仅仅能听到水鸟的各种啾鸣声,它们在湖面上争夺睡莲茎端和宽叶。桑达钦巴不是那种能欣赏沙漠中这种平静魅力的人。他终于成功地点着了火,煮茶的任务占据了他的全部时间。因此,我们让他蹲在锅旁,自己就在这一周长有近半法里的大湖畔散步,同时诵读祈祷经。我们已走完了湖周的一半,同时又作祈祷。我们的声音慢慢地变了,步伐也放慢了。我们又停在那里一言不发,在一段时间内仔细倾听,不敢讲一句话,甚至作出巨大努力以遏制我们呼吸的声响。我们最后互相说出了大家的恐怖感觉,但也仅仅是低声地和充满感情地说:“您刚才没有听到吗？在我们附近似乎有人声。”“是,如同有许多声音在秘密地讲话。”“但仅有我们在这里,这件事很蹊跷……不要讲话,再注意听一遍!”“我们什么也听不到了,我们无疑是产生了幻觉……”我们又开始走路,继续念我们的祈祷经文。但我们刚刚走了几步,又重新停下来了。我们非常清楚地听到了同样的响声,如同悄悄讨论问题的许多人混乱无章的喃喃声,但我们却什么也没有看到。我们于是便登上了一片高丘,借助月光发现,在距我们不远地方的大草丛中,有人影蠕动。我们清楚地听到了他们的声音,但尚未清楚到能辨别出他们是讲汉语还是鞑靼语。我们匆匆忙忙地向自己的帐篷走去,用脚尖轻轻地前进,不发出任何响动。我们认为这是一批土匪,他们发现我们的帐篷之后正在讨论抢劫我们的办法。

我们对桑达钦巴说:“我们在这里不安全,刚才在距此很近的地方发现了人群,听到他们说话的声音。你赶快跑去寻找牲畜,把它们牵回帐篷附近。”桑达钦巴皱着眉头说:“但如果盗贼前来,那么我们该怎么办？应该搏斗吗？我们可以杀死他们吗？圣教允许这样行事吗?”“先去寻找牲畜,我们然后再告诉你应该怎样做。”当牲畜都回来并被拴在帐篷附近时,我们便告诉那位勇敢的察罕胡尔人,让他去安心地喝茶,我们将返回曾听到和看到那些神秘人物的地方。经过向各个方向进行搜查,既没有听到也没有看到任何东西,仅仅在距大湖有几步远的地方发现了一条经常有人往来的小路。我们于是便猜测那些使我们虚惊一场的仅仅是一些没有恶意的过路人,他们沿这条被掩盖于草丛中的小路前进。因此,我们平安无事地返回了帐篷，在那里发现我们那名勇敢的桑达钦巴，正在其皮靴的翻口处用力磨他在多伦诺尔购买的一口大刀。他以一种生气的口吻对我们说："好啊！土匪在哪里？"他同时使用拇指试其刀锋。"没有强盗，铺开羊皮吧！我们将休息一会儿。""很遗憾，因为我觉得刀非常锋利了。""很好！很好！桑达钦巴。你表现得很勇敢，那是因为你知道没有盗贼。""啊！我的神父们，绝非如此，什么时候都应讲诚实的话。我不否认自己的记忆力很差，从未学过很多祈祷经文。但在勇敢方面，我可以向你们夸海口说，我与其他人一样。"当我们听到这种奇怪和出人意料的比较之后，便放声大笑。桑达钦巴接着说："你们发笑，我的神父们，啊！那是因为你们不懂察罕胡尔人，在西部三川地区很著名。我的同胞们不大注重生命。他们从来就是用一口大刀和一支火枪武装起来，外出走路。有时为一句话和一个眼神，他们便会搏斗和厮杀。一生中未杀过任何人的人，无权昂首阔步地走路，大家不能说他是一个勇敢的人。""这真神奇了，你是向我们说你是一名勇敢的人。当你在三川时，共杀过几个人……"桑达钦巴被这一问题问得很尴尬，很不自在。他向两侧转动脑袋，强颜欢笑。最后，为了岔开话题，他将碗放在锅中，盛满茶后再取出来。我们对他说："看啊！快喝你的茶，然后再向我们介绍有关你的勇气的那些事。"

桑达钦巴用其袍襟擦了一下木碗，又把它重新放回杯中之后，他向我们作了这样的叙述："我的神父们！既然你们希望我讲自己，那我就向你们讲一个故事。我曾犯过一桩大罪，但我想当我加入圣教时，耶和华已宽恕了我。

"那时我还是一个小孩子，最多不过七岁。我正在靠近家父住宅的一块田里，忙于放牧一头老母驴，这是我家当时拥有的惟一一头牲畜。我的一名同伴，要邻居的一名年龄与我相仿的孩子前来与我玩耍。我们很快就争执起来，从对骂直到大动拳脚。我手拿一根粗树根打他，在其头部用力地击了一下，他便倒在我的脚下动也不动了。当我看到自己的小伙伴躺在地上，一时间惊慌失措，不知道应该怎样办。我被吓坏了，因为我认为会有人来捉我并杀死我。我首先观察了一下自己身旁，看一下是否能找到一个可以掩藏我的同伴的洞，但没有成功。于是我便想到自己藏起身来。在离我家几步远的地方有一大堆被存作柴薪用的柴草。我于是便向这些柴草走去，从中挖好一个基本到达了柴垛中央的洞，最后，这一艰苦的劳动严重划破了我的面部和双手，我便钻进了这一藏身处，下决心不再出去了。

"当黑夜到来时，我明白大家正在找我，听到了母亲高声呼唤我，但我一直坚持不回答。我甚至很注意不搅动柴堆，害怕有人发现我的藏身处并前来杀死我。最使我感到害怕的是听到了许多人在喊叫和争执。过了一夜之后，我从清晨就感到饥肠辘辘，于是便开始哭起来了。但我仍不敢放声地哭，始终害怕被不停地经过我身旁的人听到。我下决心不再从柴草堆下钻出去了。""难道你不怕饿死吗?""我从来没有这样想过。我饿，这就是一切。这藏起来就是为了不死。因为我认为，如果大家找不到我，那他们就不会杀死我。""瞧！快结束你的故事吧！你在柴草堆中共呆了多长时间?""是！我常听人说不能在不吃饭的情况下活很长时间，但大家都这样讲而没有试验过。至于我，我坚信一个七岁的孩子，在绝对不吃任何东西的情况下，到少可以活三天四夜。

"第四夜之后，从一大清早起，大家就在柴草堆中发现了我，我便翻动起来，把一切都搞乱了，我试图逃脱。一旦当我父亲抓住我的臂膀，我便开始痛哭和啜泣。我向父亲喊道：'不要杀死我，不是我杀死了纳桑伯颜……'大家把我抱回了家，因为我不想走。正当我在痛哭和感到悲痛时，所有人都笑了。最后，大家告诉我说，不要害怕，纳桑伯颜没死。过了一会儿，纳桑伯颜出现了，他确实生气勃勃，但脸部有一很宽的伤口。我打他的那一棍仅仅使他窒息和摔倒了。"

当这名察罕胡尔人结束了其叙述时，他便时而看着我们之中的这个人，时而又瞧瞧那个人，不停地重复笑着说："一个人可以不吃饭活三天。"我们对他说："桑达钦巴，这无疑是一个好的开端。但尚未说你曾杀死过几个人。""我从未杀过任何人。我认为这是由于我于三川故乡只生活了很少一段时间。在十岁时，他们便让我进入了一座大喇嘛寺。我的师傅是一名很严厉的老喇嘛，他每天都用棍子打我，因为我不会背诵他教授给我的经文。但他枉然地打我，丝毫无效，我从未学会过任何东西。他于是便停止了我的学业，我负责去挑水和捡牛粪。然而，我并未因此而逃脱挨打。这种生活使我最终变得不可忍受了。我于某一天逃了出来，向鞑靼地区一侧跑去。经过几天盲目的行走,我也不知道自己到了哪里。正在这时,我遇到了一名赴北京的大喇嘛。我便追随这支旅行队走,接受他们的命令,放牧一大群用作这支队伍沿途食物的绵羊。在帐篷中已没有我的位置,我被迫露天睡觉。一天,我在一堆石头后面的避风处睡觉,次日醒得很晚,发现营地已没有任何人了。旅行队已出发,我独自一人被遗弃在沙漠中。当时,我尚不会区别天际的四个方向,因而被迫长期盲目地流浪,一直到遇上一个鞑靼人的聚落为止。我就这样生活了三年,时而于此,时而于彼,向那些接待我的人略作微薄效力。最后,我到达了北京,立即前往完全由察罕胡尔人和西藏人组成的大喇嘛寺黄寺①,我很容易地就被那里接受了,我的同胞们为我凑了一点钱,以买红袈裟和一顶大黄帽子。我得以参加诵经的人群,从而能分配到一份布施。”当听到诵经的话时,我们便询问桑达钦巴,他怎样得以参加诵经,因为他既未学会读经,又未学会祈祷。他回答说:“这件事很好办,我的一名朋友把他的书借给了我。我把书放在膝盖上,在嘴唇间低声哼读,模拟坐在我身旁者们的语调。当其他人翻一页时,我也同样做。这样一来,主持人很难发现我作弊。

“在这个问题上,我遇到了一件非常严重的事,它差一点使我被从喇嘛寺中驱逐出去。一名发现了我诵读经文方式的恶喇嘛非常喜欢嘲笑我,以损害我的方式而取笑悦人。当皇太后薨世时,我们被请进了“黄宫”(Palais Jaune)②去念经。在诵经仪式开始时,我心平静气地坐在自己的位置上,把经书放在膝盖上。当这名坏喇嘛蹑手蹑脚地走到我的身后,他把头伸向我的肩膀之上,就如同念经书,实际上更是为了模仿我,因为他试图仿效我在经班中低声哼读的方式。于是,其哈气一直喷到我的头上,我在他门面上狠狠地打了一拳,打得如此之狠,使他在距我有几步远的地方仰天大跌。这一意外事件惹得‘黄宫’中哄堂大笑。祖师们获悉了这一情

① 黄寺位于北京城墙以北走25分钟行程的地方。它系由清朝于1651~1694年在一座古庙的地基上建起来的。当蒙古王公和达赖喇嘛应诏见驾时,就住在该寺内。

在黄寺中制造了一些镀金铜的饰像,以供应西藏和内蒙古的寺院。在那里还锻打圣器、小供像以及供仪轨用的各种法器。有时尚需要京师的釉工嵌金属花纹和装饰。

每年正月二十三或二十五日,在这里要举行奇特的化装仪轨,叫作“打鬼”。

② 尽管发音相似,但这里很可能是指“皇宫”而不是“黄宫”。

况，根据藏传佛教戒律中的严厉规则，我应被用黑鞭抽打三天，然后带上桎梏在喇嘛寺的塔中关一年。一名了解我并对我比较关心的祖师充当了调解人。此人去找到了寺监喇嘛并对他们说（他讲的完全符合实情）：我打过的那名弟子喜欢欺负所有人，他把我逼得走投无路了。他为我说情讲得如此之好，以至于最终获得了饶恕我的命令。我以赔礼道歉而了事。我故意在行走中遇到了我冒犯过的那名喇嘛，我便对他说：'老哥，我们今天是否可以喝一杯茶呢……'他回答说：'出去喝茶！我有什么理由不去喝茶呢？'我们于是便到了附近一条街上并走进一家茶馆。当我们在茶馆中的一张桌子上坐下之后，我把自己的鼻烟壶递给了我的教友并对他说：'老哥，我们那一天发生了一点事，这不好，首先应承认你有错。至于我，我也相信自己出手稍重了一些。此外，这一事件过去已很久了，再不要想它了……'讲过这些话之后，我们便开始喝茶，互相讲了一些闲话。"

我们这位察罕胡尔人的轶闻趣事很快就把我们带向深夜。骆驼已站了起来，在湖边咀嚼它们的"早餐"。我们还有很少一点时间休息一下。桑达钦巴说："我不睡，我将看守骆驼。而且很快就要天亮了。我在等待期间可以升起一堆好火并准备片汤①。"

桑达钦巴没有耽搁地呼唤我们说天将发亮，片汤已准备好。我们匆匆忙忙地起身，在吃了一碗片汤（或者煮在水中的莜麦面）之后，便把一个小十字架插入一片土丘，然后就继续我们的朝圣旅行了。

当我们遇到在彼此相距不远的地方挖的三口井时，天已经过了中午，虽然天尚很早，我们却想到了住宿。一片看不到任何住宅的辽阔平原，在我们面前一直延伸到地平线上。我们可以猜测该平原中没有水，因为鞑靼人在那里掘了井。因此，我们支起了帐篷。但我们很快就发现自己选择了一块最坏的宿营地。除了带咸味的臭水之噩运外，又加上燃料的奇缺。我们长时间地寻找干兽粪，但一无所获。最后，眼力很好的桑达钦巴认为在遥远的地方发现了一片辽阔的围栅，他说那里可能关着牛群。他把一头骆驼带到了那里并怀着得到一大批燃料的希望。当他返回来时，他确实

---

① "片汤"或"板汤"，指面条汤。

带有几个装满很好的干畜粪的口袋。不幸的是它们不太干燥，不可能烧着火。我们的那名察罕胡尔人试图采取一种权宜之计。他操起了铁铲，挖掘了一种火炉，上面用草皮筑成了一烟囱。这一小灶实际上具有浓厚的田园诗的风格，非常好看。但它的最大的缺点是完全没有用途。桑达钦巴枉然地这样或那样摆弄燃料，他白费力气地以其全部力气呼吸，毫不懈怠地吹火，结果完全是白费力气和消磨时间。我们得到的仅是烟雾，大量的浓烟，大家完全被烟笼罩着，但却没有一点火。锅中的水始终保持着令人失望的沉静。我们只好放弃煮茶和准备面粉了。但我们至少希望热点水，哪怕只是用温度来消除它那咸味和无法忍受的气味也好。这就是我们使用的办法。

我们在蒙古平原上发现了一种灰毛松鼠，如同田鼠一般生活在穴洞中。这些动物在它们那小洞穴出口的上部，非常艺术地用草堆积了一个小圆屋顶。它们以此来避雨和对付恶劣的天气。这些被太阳晒干的小柴草堆的形状与体积，如同鼹鼠堆起的活土丘一样。我们支帐篷的地方有一大批灰松鼠出没。干渴使我们变得残酷无情了，我们于是便开始捣毁这些可怜小动物的巢穴。随着我们接近去夺取它们的“屋脊”，它们都匆匆忙忙地逃回了洞中。由于我们费力地进行“破坏”，最终得到了相当粗的一束干柴，足可以加热井水，这是我们这一天中惟一的食物。

虽然有时无法生火能迫使我们节约，但我们的食物储备却减少了，现在只剩下了很少一点面粉和炒小米。我们遇到的一名鞑靼骑马人提醒我们说，现在距一个叫作石板台(泥潭)[1]的贸易货栈不远了。这一地点改变了我们所走的路。但我们在到达青城之前无法在其他地方得到供给，而我们当时离那里还有一百多法里之远。因此，我们向左部斜穿而去，很快就到达了石板台。

---

① 田清波(Mostaert)神父据蒙古文而拼写作 Sjabartrac，汉人称此地为石板台。这是皇家古道上的重要一站。

第三章

月饼节——一家蒙古包中的盛宴——鞑靼地区的说唱艺人——召请帖木儿——鞑靼人的教育——女子们的手艺——前往寻找我们丢失马匹的蒙古人——被遗弃的故城——从北京赴恰克图的道路——中国与俄国之间的贸易——北京的俄国修道院——一名鞑靼人请我们去医治其病危的母亲——鞑靼医生——间歇热的恶魔——蒙古人使用的各种殡葬形式——五台山的喇嘛庙—鞑靼王公的葬礼—额驸旗的起源—鞑靼人的摔跤——遇到三只狼——蒙古人中的车马运输体系

我们于农历八月十五日(1844 年 9 月 26 日)到达石板台,这是汉人重大欢庆的日子。这一节日以"月饼"之名而著称,它要追溯到非常遥远的古代。它是为了崇拜一种迷信信仰中的月神而确立的。在这一隆重的日子里,工作都要停下来,从业人要从其业主那里获得一些金钱犒赏,每个人都穿上了最漂亮的服装,所有家庭很快都在盛宴中尽情欢乐。亲戚和朋友们互相送大小不同的礼物,其中刻有月亮的形象,也就是说一只玉兔蹲于其中的小树丛中。

自 14 世纪以来,这一节日具有了一种不大为蒙古所知的政治特征,但汉人中的传统却一直保持了这种特征。在 1368 年左右,汉人想推翻由成吉思汗创立并统治了中华帝国近百年的鞑靼元王朝。在所有各路中都策划了一次广泛的密谋,所有地方同时举行暴动,即于八月十五日屠杀为维持征服而居住于每个汉族家庭的蒙古士兵。四面八方都发出了信号,信号由一封藏在月饼中的通告发出的,因为人们在类似的节日中都习惯于互相送礼。杀戮立即开始,分散在帝国所有住户中的鞑靼士兵被彻底歼灭了。这场灾难结束了蒙古人的统治。现在,汉人庆祝月饼节,主要是为了纪念他们恢复其民族独立的这场悲惨事件,而不是对月亮的迷信。

蒙古人似乎完全忘记了对这一流血事变的记忆,因为他们每年也与汉人一样庆祝月亮节,就这样不知不觉地庆祝了他们过去的敌人战胜自己先祖的胜利。

在距我们宿营地有一支步枪射程之远的地方，我们发现支起了许多蒙古包，其大小和干净与否都证明了蒙古包中居民的富裕程度。此外，这种观点也被在附近吃草的大群牛、羊和马所证实。当我们在自己的帐篷中念日课经时，桑达钦巴前往拜访这些蒙古人。很快，我们就发现一名长着长白胡须的老翁向我们走来，其面部轮廓说明他是一名贵人。他由一名青年喇嘛和他手中拉着的一名儿童陪同。老翁对我们说："喇嘛老爷们，四海之内皆兄弟，共同住在蒙古包中的人彼此之间却如同骨肉相连。喇嘛老爷们，来寒舍小坐片刻吧。本月十五日是一个隆重的节日，你们是旅行者和背井离乡的人，今晚不能坐在贵府的炉灶旁。来我们之中休息几天吧，你们的出席会给我们带来和平与吉祥。"我们对这名老翁说，我们不能完全接受他的美意，但在晚上作完日课之后，我们将去他家喝茶并谈论一会儿有关蒙古民族的事。这名尊贵的鞑靼人回去了。陪同他的那名青年喇嘛很快又出现了，此人告诉我们说大家正在等待我们。我们认为自己不能拒绝答应这样一种充满友情和坦率的邀请。因此，在嘱咐察罕胡尔人负责看家之后，我们便尾随这位前来邀请我们的青年喇嘛去了。

古伯察在开吕斯的故居

在进入蒙古帐篷之后，我们惊奇地发现了一种在鞑靼地区不大习惯维持的洁净状态。帐篷中间没有炉灶，我们的眼睛在任何地方都看不到那些在一般情况下都充斥鞑靼人住宅的粗笨炊具。大家很容易发现一切都为节日而作了安排和布置。我们坐在一大块红色地毯上，很快就有人从附近的帐篷中搬来食品：奶茶、用酥油炸过的小馒头、奶酪、葡萄干和红枣。

我们认识了自己周围的

一大批蒙古人之后，大家的谈话不自觉地转向月饼节。我们对他们说："在我们西方，人们不知道这个月饼节，大家仅崇拜天、地、日、月和所存在的万物之缔造者耶和华。"老人把双手合掌于额前说："阿！圣教！鞑靼人也不崇拜月亮。他们发现了汉人庆祝这一节日，于是也在不知底细的情况下就追随这种习惯。"我们回答说："是啊！你们追随这一习惯而又不知道其原因。这是一句充满深刻含义的话。这也是我们在契丹人地区听到的情况。"我们于是便在这座蒙古包中介绍了我们知道的有关月饼节的可怕日子。听了我们的叙述之后，这些鞑靼人的面部都充满了惊奇和呆愕。青年人彼此之间低声议论，但那位老人却保持一种忧郁的沉静。他低下了头以掩饰其双眼中流出的大颗泪珠。我们对他说："高龄的老哥，这一故事似乎没有使你感到惊奇，但它却使你心中充满了激动。"老翁在抬起头并以手背拭其双眼之后说："上天啊！我并非不知道使年轻一代产生了如此震惊情绪的这桩可怕事件，但我想永远不讲此事，始终拒绝回忆它。因为它使任何未将其良心出卖给契丹的鞑靼人都感到脸红。当我们的大喇嘛于某一天知道了这件事，那么我们先祖遭耻辱被杀的血债将会受到报复。当能指挥我们的圣贤横空出世时，我们之中的每个人都会起来追随他。那时我们将迎着太阳走，去向契丹人清算他们于其房舍的隐蔽处洒下的鞑靼人的血债。蒙古人每年都庆祝这一节日，大部分人仅仅把它视为一种与己无关的礼仪。但月饼始终会在某些人心中回忆起我们受到的背信弃义的祸害，以及一种适当报复的希望。"

经过一段时间的沉默之后，老翁又补充说："圣人啊！无论如何，今天确实是一个节日。既然你们肯屈尊莅临寒舍，最好是不要使我们的心产生悲伤的思想……"他对坐在门槛上的一年轻人说："孩子，如果羊肉已充分煮好，就端走奶制品吧！"当此人清理帐篷内部时，该家庭的长子走进来，双手捧着一张长桌子，上面出现了一只切成四大块的和互相堆积在一起的羊。一旦当桌子被放在客人中时，家长便操一把挂在腰带上的刀，把羊尾巴切开，将它分成了两份，并给我们每人奉上了一块。

在鞑靼人中，绵羊尾巴被视为羊身上最美味的部分，因而也是最为尊贵的佳肴。鞑靼绵羊尾巴的形状及肥美程度格外引人注目，它们很宽大，呈圆球状，很肥厚。其周围羊脂的重量，根据羊只的大小,而介于6~8斤之间。

因此,在家长以这一肥胖而可口的绵羊尾表示款待之后,所有共餐的人都拿着小刀,开始随心所欲地切割这些巨大的肉块。当然,在鞑靼人的这种盛宴中,人们既不会发现盘子,也不会看到叉子,每个人被迫把他的那块羊肉放在膝盖上并毫不拘束地用双手撕开,惟有不时地在贴身坎肩的前襟擦擦到处流溢的油脂。我们开始时觉得非常难堪。他们在向我们奉上这条白色的绵羊尾巴时,无疑是怀着世界上最好的愿望。但我们尚未充分放弃自己那欧洲人的成见,而敢于在没有面包、盐巴的情况下啃吃这些肥羊肉块,它们在一定程度上是在我们的手指间颤抖。因此,我们两个人之间以我们的国语商量了一番,在这种狼狈的处境下应如何办。我们觉得偷偷地重新把我们的这一大块羊脂放在桌子上似乎极为不妥,坦率地告诉晚餐东道主,并向他解释说,我们不喜欢他们的珍贵美肴,这是不可能的和违犯鞑靼人礼节的。因此,我们决定采取如下办法:我们把这条惹人麻烦的羊尾巴切成小块以奉献给在座的各位客人,请他们在这个节日分享我们那稀少而珍贵的美味佳肴。一开始,我们要与那些完全出于真诚的拒绝争辩,但最终依次轮番解决了我们那份无法吃的羊脂球菜。他们允许我们啃一块羊腿,其味道更符合我们对早年口味的记忆。

当这道传奇般的菜吃完之后,在蒙古包中间仅剩下一大堆很白和啃得很光滑的羊骨头了。一个孩子去摘下了挂在一只羊角上的三弦琴并将它递给了家长。此人又把它传给一名谦虚地低下头的青年人。一旦当他把蒙古三弦捧在手中时,双目立即炯炯有神,闪烁着耀眼的光芒。家长对我说:“尊贵和神圣的旅行家,我请了一名说唱艺人,用几段说唱故事来为今晚增加几分光彩。”当老翁向我们讲这番话时,演唱者已经用手拨动其乐弦而道出了开场白。他很快就以洪亮和抑扬顿挫的声音唱起来了。他有时也停下来,并于其唱词中加入一些生气勃勃和充满激情的道白。大家看到所有这些鞑靼人的脸都朝向演唱者,同时又以其面部的运动来表达这些唱词的意义。说唱艺人表演一些民族的和富于戏剧特色的内容,从而刺激了听众的兴趣。对于我们这些不太熟悉鞑靼地区历史的人来说,我们对于被蒙古说唱艺人轮番推上舞台的所有这些陌生人物都不太感兴趣。

当老翁递给他一大杯马奶子酒时,他已经演唱了一段时间。说唱艺人立即把三弦琴放在膝盖上,接着便用这种蒙古饮料润了一下喉咙,由于他刚才叙述的如此之多的奇闻而喉咙干燥了。当他喝完马奶子酒并用舌头舐杯子那尚潮湿的边缘时,我们对他说:“说唱家,在你刚才演唱的诗歌中,一切都很美和颇为受人欣赏。但你对不朽的瘸子帖木儿尚只字未提,召请帖木儿是一首著名的和深受蒙古人喜欢的歌。”许多人异口同声地呼唤:“是,为我们唱一曲召请帖木儿①的歌吧!”说唱诗人保持了一段沉默,从其记忆中搜寻,以一种有力和军人的口气演唱了以下几节:

“当神一般的帖木儿住在我们帐篷中时,蒙古民族都是令人生畏者和尚武之士。他的活动搅动了大地,一眼就可以使太阳照耀下的万众被惊呆。

“啊!神一般的帖木儿,你伟大的灵魂是否很快就要转生?

“回来吧!回来吧!我们等待你,啊!帖木儿!

“我们生活在自己辽阔的草原,这里平静和美妙得如同羔羊。但我们的心在沸腾,它现在尚充满着火一般的激情。对帖木儿荣耀时代的记忆,一直在萦绕我们。能成为我们的领路人,并使我们成为武士的首领在哪里?

“啊!神一般的帖木儿,你伟大的灵魂是否很快就要转生?

“回来吧!回来吧!我们等待你,啊!帖木儿!

“青年蒙古人的臂膀如此有力,甚至能驯服野公种马。他能在遥远(玉皇大帝)地方的草上发现走失骆驼的踪迹……啊!他再没有力气拉开先祖们的弓,其双眼无法识破敌人的诡计。

---

① 帖木儿在法文中作 Tamerlan(瘸子帖木儿)。他于1336年出生于克什的郊区赛卜斯,他通过女系而成为成吉思汗的后裔。帖木儿经过多次战斗之后才成功地控制了河中地,在战斗中因受伤而变成了瘸子。1369年,他操纵鞑靼人全体大会宣布他为察合台的首领,定都撒马尔罕。他于1380年开始了远征,抢劫城市、用砖头和泥浆把活战俘堆起来建塔和筑城墙。他蹂躏了呼罗珊、波斯、钦察、伏尔加河流域,一直推进到莫斯科城郊,又摧毁了阿斯特拉罕。他借口保护伊斯兰教又于1398年入侵印度,一直兵临德里城下,击败了马哈木苏丹,下令处决了十万名战俘。后来,他与奥斯曼突厥人的苏丹巴耶塞特一世交战,于1402年6月18日在安卡拉或安西尔附近,与之遭遇并击败了他。被俘的巴耶塞特受到了体面的对待。瘸子帖木儿几乎占领了整个小亚细亚,强迫希腊皇帝纳贡,最后于1404年回到撒马尔罕。他死于奥特拉,留下了历史上不曾有过的最大的毁城犯和最无情的杀人犯之名声。

“啊！神一般的帖木儿，你伟大的灵魂是否很快就要转生？
“回来吧！回来吧！我们等待你，啊！帖木儿！
“我们在神圣的山岭上发现飘荡着喇嘛的红袈裟，我们的希望已在自己的帐篷中开花。啊！喇嘛！请告诉我们这些事吧。当你要念经时，霍尔穆斯塔（玉皇大帝）是否向你揭示来世的某种事？
“啊！神一般的帖木儿，你伟大的灵魂是否很快就要转生？
“回来吧！回来吧！我们等待你，啊！帖木儿！
“我们在神圣帖木儿脚下焚烧了香木，前额触地，我们向他供奉绿色茶叶和我们畜群的奶制品……我们已准备就绪，蒙古人已站起来，啊！帖木儿！你这个喇嘛！降福于我们的弓箭和长枪吧！
“啊！神一般的帖木儿，你伟大的灵魂是否很快就会转生？
“回来吧！回来吧！我们等待你，啊！帖木儿！”
当鞑靼说唱艺人唱完这首民族史诗之后，他站起身来并向我们深鞠一躬，他将其乐器挂在钉于蒙古包壁上的木楔中，然后便出去了。老翁对我们说：“邻居们也都在过节，他们都在等待说唱艺人。既然你们似乎津津有味地聆听鞑靼史诗，我们过一会儿继续听。我们本家中有一兄弟，他的脑海中储有大批蒙古人喜欢的小曲……但他不会弹弦，仅仅是一名说唱艺人……”老翁笑着说：“没有关系，宁布！到我面前来，你不会永远都有西方的喇嘛来听你说唱。”
蹲在角落中尚未被我们发现的一名蒙古人，立即敏捷地站起来并占据了那名说唱艺人留下的空位置。此人的相貌非常惹人注意，其脖子完全缩在宽大的肩膀中，其白色和一动也不动的一双大眼睛，与其被太阳晒黑的面庞形成了鲜明对照，最后是没有梳理和披散在两侧的头发，使他完全具有一种粗犷的形象。他开始说唱起来了，但这是一种拙劣的赝品，是一种为原有的真正歌曲配的新词。他的最大本领是能长时间地憋一口气，作出各种各样的鬼脸并能使其听众们听得入神。我们很快就被他的大喊大叫吵昏了头，耐心地等待休息的时间以结束这场晚会。但事情不如人意，可以说是这位可怕的名家高手已经猜到了我们的想法。当他唱完一曲之后，竟以一种故意气人的本领再接上另一曲，永不停止。因此，我们被迫长期忍受，并在夜深时仍耐心地等待他那冗长的唱词。他最终停了一会儿，饮一杯茶。他一口气喝下这杯茶，开始清理喉咙准备重新开始……我们立即起身并向户主献上了我们的小鼻烟壶，在向同伴们致谢之后便返回自己的帐篷。

大家在鞑靼地区会经常遇到这样的流浪说唱艺人，他们挨帐篷行走，到处讴歌其故乡的人物和事件。他们一般都一贫如洗，悬在腰带上的一把三弦和一支笛子就是他们的全部所有，但他们始终都会受到蒙古家庭和蔼可亲和满怀敬意的接待。他们往往在那里居住数日。在他们离开时，主人一定会送给他们一些旅行中的生活必需品，如奶酪、装满酒的牲畜膀胱皮囊（其实是反刍动物的瘤胃或盲肠。——译者）和茶叶。这些说唱艺人们使我们联想到了希腊的吟游诗人和荷马史诗的演唱艺人。汉族地区说书人的人数也很多，但可能在任何地方都没有在西藏那样普及。

节后的第二天，太阳刚刚升起，一名儿童便出现在我们帐篷的门口，他手捧一个装满了鲜奶的木盆；臂膀上挎着一只编织粗糙的灯心草小篮，篮子中装有一些新鲜的奶酪和一片酥油。不多时间之后又出现了一名老喇嘛，身后跟着一名肩上扛着一袋干畜粪的鞑靼人。我们请他们都进我们的帐篷中坐一会儿。喇嘛对我们说："西方兄弟，请接受我送给你们的这点薄礼吧。"我们向他深鞠一躬以表谢意，桑达钦巴匆忙去煮茶。由于我们恳求喇嘛等一会儿以准备茶，所以，他对我们说："我今晚再来，我现在无法接受你们的美意，因为我尚没有向卑弟子指定他今天应学习的经文。"讲到这里，他向我们指了一下那个为我们带来奶制品的小孩。他于是便拉着弟子的手返回住处了。

这名老喇嘛是家庭教师，其职责就是指导这个儿童学习藏文经文。鞑靼人的教育具有很大的局限性。那些已剃度的人，一般都是独自书写和发愿。人们在这一地区不会发现任何公学堂。除了某些有时让其子于家中学习的富裕蒙古人之外，所有的青年喇嘛都被迫前往寺院中。艺术、学问和工艺，事实上都集中于那里。大家在其他地方则发现不了任何踪迹。喇嘛不仅仅是祭司，而且还是画家、雕塑家、建筑家和医生，甚至是世人的心脏和头脑，也是他们的权威人物。

对未进人寺院的蒙古青年的教育，仅在于从童年时代起就学习射箭和打火枪，尤其是骑马几乎吸引了他们所有的人。当儿童一旦断奶和其体力已得到了充分发育时，便教他骑马行动。人们让他跟随大人骑在马后部，然后便开始策马奔驰，那个年幼的骑马人以双手抓住其师的衣裙。这样一来，鞑靼人很早就习惯了马上运动，由于习惯性的锻炼，他们很快在某种程度上就与其坐骑成为一体了。

最为吸引人的场面可能莫过于观赏蒙古骑手们追一匹未驯服的马了。他们手执又长又重的套马杆，杆头上是一根结成活套的绳子。他们飞快地或者是沿着他们追捕的马之蹄印向前飞驰，或者是奔向崎岖不平和遍布坑洼的山沟里，有时又驰骋在山麓上，他们在最为变幻莫测的迂回路上追捕它，一直到成功地追上它为止。他们于是便用其牙齿咬住了缰绳，两手抓住沉重的套马杆并向前探身子，以便把活套套在马脖子上。他们在这种活动中，为了能麻利地制服最不驯服的马匹，除了必须有许多灵活的技巧之外，还应有极大的勇气。有时套马杆和套马索同时断裂，骑手也要落马。不过我们从未亲眼目睹过这种场面。

蒙古人如此习惯于骑马行走，以至于他们一旦下马步行，便会完全迷失方向，如同被置身于天边外一般。他们的行动笨拙而沉重，双腿的弯曲形状、上半身始终向前倾斜、目光不停地在自身周围环顾，这一切都说明他是一名骑手，一个在马背上或骆驼背上度过了大部分时光的人。

当鞑靼人在夜间赶路时，他们甚至常常不肯费力下坐骑去睡觉。如果有人询问途中遇到的行人在哪里过夜……他们就会以一种令人伤感的语调说："在骆驼上。"当看到旅行队发现一块肥美的牧场而于正午在那里休息时，那确实是一个奇特的场面。骆驼分散在各个方向，啃吃着草原上茂密的牧草，而鞑靼人则骑在牲畜的两个驼峰之间，如同他们躺在一张舒适的床上一样酣睡。

这种不停的活动和这些持续不断的旅行，有力地促使鞑靼人变得非常强壮了，他们能够忍受最可怕的严寒，不会感到任何一点不适。在鞑靼沙漠中，尤其是在喀尔喀人地区，寒冷如此严酷，以致于在冬季的大部分时间内，由于水银柱结冰而使气温表无法标示其温度了。整个大地经常被大雪覆盖。如果西北风骤起，大草原立即就酷似在其海床底部滚动的滔滔大海。大风吹起了特大的雪浪，向前推动着巨大的冰雪波涛。这时，鞑靼人就勇敢地奔去救援他们的畜群，以喊声吆喝着畜群并把它们赶到遥远的大山中的避风处。这些勇敢的牧人有时也在风暴中停留不动,就如同向大自然的暴虐挑战和蔑视严寒一般。

鞑靼女子们的教育并不比男性教育发达多少,女子们不练习射箭和打枪。她们对骑马却并不陌生,如同男子一样,以灵巧技艺和勇气跃上马背。但她们仅仅在一些特殊情况下才骑马,如在旅行中再没有人去找回丢失的牲畜时。在一般情况下,放牧畜群的工作与女子无关,她们应在蒙古包内负责家务琐事和缝补营生。鞑靼女子都以女红针线活的灵巧而久负盛名。正是她们制造靴子、帽子,才制成一整套蒙古人着装的衣服。她们缝制的皮靴的款式实际上并不雅致,但相反却令人难以置信地结实。我们不明白她们使用如此粗糙和如此不完备的工具,如何能够成功地制造永远坏不了的产品。应该承认她们很会利用时间,活计做得非常缓慢。鞑靼女子善于刺绣,其成品在一般情况下都具有能激起赞赏的风格、精细和品种。我们可以肯定,大家甚至在法国的任何地方,都找不到像我们有幸在鞑靼人中见到的那样漂亮和那样绝妙的刺绣。

在鞑靼地区,人们使针的方式与汉地不同。汉人缝东西时,是从下向上穿针,鞑靼人相反则是从上往下引针。在法国可能与这两种方式都不同,如果我们记忆力好的话,那就似乎觉得法国人是从右向左横着飞针走线。我们无法对这三种缝纫方法各自的长处表态,而是把这一问题留给了尊敬的裁缝人员去决断。

该月的十七日(公元 1844 年 9 月 27 日),我们一大清早就前往汉地石板台一站,以在那里准备我们所必需的面粉。石板台正如其蒙古文名称(Chaborté,意为泥潭)所说明的那样,是一个潮湿和遍是泥潭的地区。那里的房屋均以泥土建成,被圈在一个高围墙的院落中。其街道均不规则,弯曲而狭窄。这一小城的外貌昏暗和阴沉,那里居住的汉人比在其他任何地方都表现得更为贪婪。大家在那里可以采购到蒙古人平时所使用的一切东西:莜麦面、炒小米、布帛和砖茶。鞑靼人从沙漠中将其产品运往这里,主要是盐巴、蘑菇和皮货。

一旦当我们回到帐篷,就匆匆忙忙地准备出发。当我们在帐篷内整理自己的日用品和行李时,桑达钦巴前往寻找在附近放牧的牲畜。过了一会儿,他后面牵着我们的三头骆驼返了回来。他以一种凄惨的口吻嚷道:“这就是我们的骆驼,但马和骡子哪里去了呢?我刚才还见过它们,因为我拴住了它们的蹄子以防止走失……我们应将此事看作它们被盗窃了……始终不宜驻扎在距汉人很近的地方,难道大家不知道居住在鞑靼地区的汉人中有偷马贼吗?”这些话对于我们就如同一声霹雳。但现在不是我们恣意进行咒骂的时候,最好是迅速沿盗马贼们的踪迹追去。因此,我们各自骑上一头骆驼,迅速向相反的方向奔驰而去以寻找我们的牲畜,让阿尔萨兰看守帐篷。我们的查找始终没有成果,于是便前往蒙古人的帐篷,并向他们通报说我们的马匹在附近丢失了。

根据鞑靼法典,当一支旅行队的牲畜走失,附近驻扎的人都必须去为他们寻找。甚至是在他们无法找到丢失牲畜的情况下,要送给这些人其他牲畜以取代之。这条法律显得很奇怪,与主宰欧洲民族的法律不太相符。当有人在不太知道底细的情况下,驻扎在一个蒙古人的附近,那么牲畜、行李和人员都要由他负责。如果某种东西丢失了,那么法律就会认为他是盗贼,至少是同谋犯。这种习惯可能大大促使蒙古人在小道上追牲畜的艺术,变得非常灵巧。他们仅仅视察一下牲畜在草地上留下的微小和不成形的蹄痕足迹,就可以指出马匹经过已有多长时间以及它上面是否骑着人。一旦他们找到了踪迹,他们就会在千般迂回的途中追踪之,没有任何因素会使他们失掉线索。

我们刚刚向自己的蒙古邻居作了这番声明,族长便回答说:“喇嘛老爷们,请你们心中不要产生愁苦。你们的牲畜不会丢失,这些地区既没有盗贼也没有盗窃团伙。我将派人去寻找。如果找不到你们的马匹,那么你们可以随意在我们的畜群中挑选你们最中意者。我们希望你们在此出发时就像到达我们这里一样平安。”正当他如此叙述的时候,八名鞑靼人跨上了马并随身携带长长的套马杆,开始去寻找。他们首先分开并多次变换地点,向各个方向奔驰,有时又原路折回。他们最后集合成一队并向我们来的路上疾驰而去。一起与我们观看他们的所有这些活动的蒙古头人说:“他们已找到线索了。喇嘛老爷们,快来这顶蒙古包中坐一会儿吧!我们喝一杯茶,等待你们的马匹的返回。”

可能经过两个小时的等待之后,一个孩子来到了门前,通告我们说骑手们回来了。我们匆匆忙忙地跑出去,向我们走过的那条

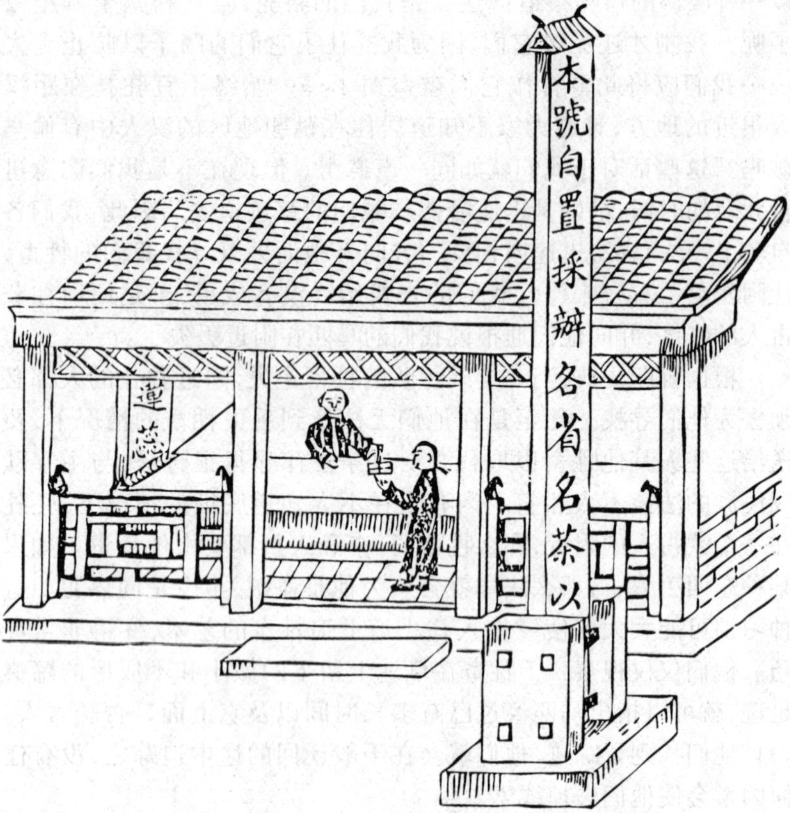

中国的茶叶店

路眺望。我们于一片灰尘之中似乎看见了一支快似风一般的速度前进的大军。我们很快就辨认出了八名骑手和用笼头牵着我们的两匹马，所有这队人马都在全力奔驰。当鞑靼人到达我们身前时，他们就用这种在焦虑不安之后而出现的满意姿态告诉我们说，在他们地区从不会丢失任何东西。我们对这些慷慨的蒙古人刚才为我们所作的杰出服务表示感谢，满口夸奖他们的灵巧。告别他们之后，我们就去为逃跑的马备鞍并立即出发了。我们于是便向青城（指归化城，又称绥远城，即今呼和浩特。——译者）出发，我们来时从其城外经过以便在石板台获得生活必需品。

我们行走了近三日，便在沙漠中遇到了一座规模巨大和雄伟的古代建筑。这是一座荒凉和被遗弃的大城旧址。那些带堞垛的城墙、瞭望塔、位于四方的四座大门,所有这一切都保存完好。但其中的3/4似乎都深埋地下了,上面覆盖着一层厚厚的草皮。自从该城遭遗弃之后,地面缓慢地增高,几乎最终达到了堞垛的高度。当我们到达南门前时,便告诉桑达钦巴继续前进,我们则去参观鞑靼人所说的“旧城”。我们怀着严重的恐惧和凄凉的震惊情绪进入了这一广阔的城内。人们在那里既看不到瓦砾也看不到废墟,而仅仅是有一半已被埋入地下的漂亮而庞大的城市的外貌,野草如同一块包尸布一般把旧城覆盖起来了。地面的不平坦似乎尚可勾勒出街道和主要建筑物的布局。我们遇到了一名蒙古青年牧人,他正在默默地吸烟斗,坐在一个小土丘上,他的大群山羊正在城墙上和被遗弃的街道上吃草。我们一无所获地向他提了几个问题。该城于哪个时代建成?哪个民族曾居住过该城?什么样的事件和变化把他们从此地驱逐出了呢?这是我们无法知道的问题。鞑靼人称此地为“旧城”,但他们的所知也不会更多。

人们在蒙古沙漠中经常遇到这类大城的遗址。但与这些古迹的起源有关的一切问题,都漆黑一团。啊!类似的场面使人心中充满了凄凉。希腊的遗址,人们在埃及曾遇到过的那些富丽堂皇的废墟,所有这一切都已经不复存在了,它们确实都属于过去。然而,大家还可以理解眼前所看到的一切,可以追溯曾使这一地方发生动乱的许多变化。当进入曾“活埋了”赫尔库拉纳的坟墓时,确实只能在那里发现一具巨大的尸体。历史的记忆始终都能把它复活。人们在鞑靼地区遇到的这些被遗弃的故城,却未能保留下任何一点记忆,这都是一些没有墓志铭的墓葬,其周围呈现了一种任何事件都不能打破的孤独和寂静。有时仅仅是鞑靼人在他们那流浪性的奔驰中于那里停留片刻,以放牧他们的畜群,因为那里的牧场在一般情况下都很肥美而丰富。

虽然人们对于在鞑靼地区的沙漠中发现这些遗址的大城问题上,尚不能肯定任何内容,但大家可以猜测,它们的存在不会追溯到13世纪之前。我们知道,蒙古人在这个时代控制了中华帝国,他们的统治持续了近一个世纪。据中国史学家们记载,就是在这个时代,才发现在北方的鞑靼地区出现了大量繁荣的城市。在14世纪中叶,元王朝被从中国中原驱逐了出去。本想彻底消灭鞑靼军队的永乐皇帝[①],蹂躏了他们的地区并放火烧毁了其城市。他甚至连续派军队三次进入漠北追袭他们,甚至一直进入位于长城以北200法里的地方。

我们在经过旧城之后,又遇到了一条由南向北延伸的宽阔大道,它与我们所走的那条由东向西的路相交叉。这是赴北京的俄国使节们一般都要走的路。鞑靼人称之为"公主路"[②],因为北路是由天朝皇帝赐婚予喀尔喀王公的一位公主的旅行而踏出来的。这条路在经过察哈尔和西苏尼特旗之后,便通过墨尔根王旗而进入喀尔喀地区。它从那里又从南至北地在戈壁[③]向大漠延伸,在紧靠大库伦[④]的地方渡过土拉河,最终到达了恰克图,俄国在那里设有商行[⑤]。

1689年,在康熙皇帝与俄罗斯的国王察罕汗(白汗,即俄国沙皇)之间缔结了一项和约。两个帝国的边境被划定,把恰克图指定为两个民族之间的互市点。该城在某种意义上被分成两部分。北部是俄国商行,南部是鞑靼—汉人的栖居地。其中间的驿站事实上不属于这两大强国中的任何一方,而被留作商业交易。当时不允许俄国人进入鞑靼人的领土,中国皇帝的臣民同样也对等地无权越过俄国边境。恰克图的贸易额相当大,似乎对两个民族都颇

---

① 永乐是中国明王朝的第三代皇帝。正是他于1421年把由明王朝的缔造人洪武帝定在南京的中央政府迁回了北京。他的在位期既漫长又政绩特别辉煌(1403~1425年)。

② 在蒙古文中作 Koutchou-Dcham 或 Kountchou-intjam,在汉文中作"公主"。

③ 蒙古人把"戈壁"读作 Koubi。

④ 库伦在蒙文中作 Konren 或 Kchoen。

⑤ 恰克图是西伯利亚的一座俄国城市,地处蒙古的边境上,那里在长时间内始终是俄国与中国全部贸易的仓库。1727年10月21日,俄国与中国之间在那里签订了由符拉迪斯拉维奇使节谈判的条约,划定了两个帝国的边境,把每两年可以被北京接受的俄国商人数目确定为200人,允许俄国人在北京建一座教堂(东正教),四名神父和六名汉语学生有权在该京城居住。

一直到近年来,在蒙古地区存在的最繁华的路仍是从喀勒干(张家口)经库伦到恰克图的那条。每年共有10万头骆驼把茶叶从张家口运往恰克图,国内贸易于冬季也使用120万头骆驼,夏季则使用30万辆牛车。

从张家口到恰克图的驿站由俄国组织,长期以来都具有一种非常重要的作用。用骆驼八天就足可以使书信穿过介于把这两城分隔开的辽阔偏僻地。在中国建立电报系统之前,欧洲的电讯就是从恰克图传到北京的。所以,正是通过恰克图的电报,中国才得以知道1870年法国—德国之间战争的爆发。

为有利可图。俄国人出口呢子、绒布、肥皂和小五金杂品，用来交换自己消耗量颇大的砖茶。由于中国对俄国产品一般均以砖茶付款，所以由此便产生了呢绒在中国出售的价格要大幅度低于它们在欧洲市场上的价值。某些投机商由于不了解俄国与中国之间的贸易，所以才在广州找到了他们商品的一个合适的出口地。

1727 年 10 月 21 日，由俄国政府的特使符拉迪斯拉维奇与北京宫廷的大臣，又签订了一项新的条约。从这一时代起，俄罗斯就在天朝的京师开设了一座修道院和一个学堂，在学堂里为汉人和鞑靼—满族人培养翻译。第十年对这两个机构的人员轮换一次，从彼得堡派遣新的教徒和其他学生。这支小旅行队由一名俄国军官率领，负责护送这些人，并在他们到达后又安排在北京，或者是把那些已完成其工作期限的教徒和结束了他们学业的学生带回其祖国。从恰克图到北京，俄国人由中国政府支付旅行开支费用，由鞑靼族军队一站一站地护送。

季姆科夫斯基先生于 1820 年负责把一支俄国旅行队送到了北京。他于其游记中指出，他从未能知道向导为什么让他们走了一条与过去的使节们走过的路不同的路线。鞑靼人经常向我们解释其原因。他们对我们说，这是中国政府的一种政治防范措施，即命令俄国人走迂回的路和弯路，使他们无法亲自辨认出路来。这种防范措施无疑是可笑的。它肯定不会阻止俄国沙皇找到通向北京的路，如果俄国沙皇某一天心血来潮要亲自向中国天子递上一道战表的话。

我们在鞑靼地区遇到的这条恰克图之路使我们深受激动。据说，这是一条通向欧洲的路。所以对祖国的思念很快就袭击了我们。我们不由自主地靠拢在一起，因为我们觉得需要谈论一番法国。我们觉得这次谈论充满了魅力，自己感到如此心满意足，以至于使我们不知不觉地赶路。当看到在一个小山包上矗立的蒙古包时，突然又使我们的思想回到了游牧生活中。我们突然间听到了高声喊叫，在遥远的地方发现一名鞑靼人在怒气冲冲地指手画脚。由于我们无法清楚地辨别这些手势是向谁作出的，于是便继续赶路。我们于是又看见那名鞑靼人跳上拴在帐篷门口的一匹备鞍马，向我们疾驰而来。当他赶上我们，便敏捷地下马并跪了下来。他边喊边把手指向天空：“喇嘛老爷们，可怜可怜我吧！不要再赶路了,快去救我那就要死的母亲吧!我知道你们的威力无穷,快去用你们的祈祷医治一下我那垂危的母亲吧。”撒马利亚的话又呈现在我们的脑海中,我们认为慈悲之心无法使自己对此置若罔闻。因而,我们便原路返回,前往靠近这名鞑靼人的住处宿营。

正当桑达钦巴安排帐篷时,我们便刻不容缓地前去看望病人。她确实已处于一种几乎是绝望的状态了。我们对围在自己身旁的人说:“沙漠中的居民们,我们不会识别草药,也不会根据脉搏而诊断生命的运动。但我们将为这一病人祈求耶和华。你们尚未听说过这个无所不能的上帝,你们的喇嘛不懂他。但应相信耶和华是主宰生死之主。”当时的情况不允许我们对这些可怜的人发表更长的讲演。因为现在他们已陷入痛苦之中,并为病人感到焦虑不安,所以他们对我们的话都心不在焉。我们于是便回到我们的帐篷进行祈祷,户主陪同我们前往那里。当他看到我们的经文,便对我们说:“你们所说的耶和华那无所不能的经文就是这些吗?”我们回答他说:“是的,这是惟一的真正祈祷经文,惟一能拯救人类者。”他于是便向我们每个人都跪拜,以前额触地,然后又拿起我们的经文触头以表示尊重。在整个念诵经文期间,那名鞑靼人始终跪在我们帐篷的门口,保持着一种深沉和宗教虔诚般的寂静。当我们结束后,他又向我们重新跪拜一次。他说:“圣人啊!怎样感谢你刚才给予我的无限恩惠呢?我很穷,既不能送给你们马匹,也不能送给你们绵羊。”我们回答说:“蒙古兄弟,安心吧!耶和华的司铎们不能为获得财富而念经。既然你不富裕,那就接受我们这点微薄的施舍吧。”我们送给了他一块砖茶。那名鞑靼人被这种做法深深打动了。他激动得讲不出一句话,几滴感激的眼泪是他仅有的回答。

次日清晨,我们高兴地获悉病人的病情已有所好转。我们很乐意能在此地再停留几天,以便能培育在这个家庭中已播下的宗教信仰种子的萌芽,但我们必须继续赶路。几名鞑靼人想陪同我们走一段路以表示谢意。

我们已经指出,鞑靼地区仅由喇嘛行医。一旦某个家庭出现疫情,大家便跑到附近的一座喇嘛寺中请医生。此人前往病人处并开始为之诊脉。他把病人的拳头同时握在自己的手中,用手指在动脉上来回游动,基本如同器乐演奏家的手指来回在一把三弦琴的琴弦上拨动一样。汉人诊病的方式与此不同,汉族医生是相继在两个手臂上摸脉，而不是同时进行。当喇嘛充分地研究了病情之后，便作出诊断。因为从鞑靼人的宗教观点来看，始终是恶灵(tchutgour)以其存在而折磨病人。所以首先应医治来驱鬼。喇嘛医生同时也是药剂师，在喇嘛们使用的特效药的制造过程中，丝毫不含矿物和化学物质。他们的药始终是由研碎的药草组成，然后再煎成汤剂或凝结后制成圆形药丸。当小药铺中的草药丸空竭时，喇嘛医生并不会为此而感到棘手，他用藏文字在一片小纸头上写下了药的名称，然后用其唾液使这片纸略湿后便卷了起来，病人怀着服真正药丸一般的信心吞下这一纸团。鞑靼人声称，吞下这种药的名字或药本身，绝对会有同样的疗效。

喇嘛为促使驱鬼而使用了医术处理后，便按照他要驱逐的这种魔鬼的特征而安排祈祷。当病人贫穷时，恶鬼当然就会很小，那时祈祷就会简短，也不太隆重，有时仅限于念一种简单的驱魔咒语。喇嘛甚至往往仅满足于声称他既不需要药丸，也不需要祈祷，应耐心地根据霍尔木斯塔所作出的判断，等待疾病痊愈或死亡。但如果病人富裕和拥有很多畜群，那么事态将会完全不同。首先，应坚信以其存在而致病的魔鬼威力巨大和令人生畏，它无疑是诸恶灵之首，因为大魔鬼不可能如同小鬼一般旅行，而应为它准备漂亮的衣服、一顶上乘的帽子、一双阔气的靴子，尤其是一匹岁口小而慓悍的骏马。如果没有所有这一切，那就可以肯定魔鬼不会离去，造成使用药和念经都无益的后果。甚至还可能会出现一匹马不足，因为魔鬼的品位有时会如此之高，它后面还拖着一大批仆从和侍奉者，所以喇嘛索求的马匹数目也就无限。这一切始终都取决于病人财富的多寡。

当所有这一应物品都根据由医生确定的计划而安排好时，仪式便开始了。他们邀请附近喇嘛寺的多名喇嘛，祈祷一直持续 8 天或 15 天，一直到魔鬼不再存在为止，也就是说他们要该家庭支付这些喇嘛念经期间的全部生活费用，不择手段地盘剥该家庭的茶和羊肉。如果病人到了最后仍将死亡，那就是明确证明已经卓有成效地念过经了，恶魔已被驱走。病人确实死了，但他肯定不会堕落。喇嘛们断言说他将转世于一种比他刚才离开的处境更好的地位。

喇嘛们为治好病人而诵读的经文，有时又伴随着凄凉和动人的仪轨。负责黑水川的基督教小会口的古伯察先生,有缘结识了一个蒙古家庭并不断去拜访他们,以便学习蒙古人的风俗习惯和语言。某一天,该家庭的家长——尊贵的托库拉的老婶母患了间歇热。托库拉说:“我已经请好了喇嘛医生,他宣布说有一个楚古尔(恶鬼),我该怎么办呢? 其开销将会使我破产。”经过数日的等待之后,他最终决定请医生。他的预见没有错。喇嘛们声称其身上确实有恶鬼,应及早驱逐之。因而,他非常忙碌地进行准备。八名喇嘛在傍晚时到达,然后就开始用干草扎了一个他们称作“间歇热鬼”的大草人,他们又通过插在其双腿间的一根桩子而让它站在病人生活的帐篷中央。

仪式于夜间11点钟开始。喇嘛们来到帐篷内部排成了一圈,手执铜锣、海螺、钟、鼓以及他们那噪声甚大的音乐中的各种乐器。这个喇嘛圈的前面由该家的鞑靼人组成,共有九名之多。他们都蹲着,一个紧挨一个。那名老妇人跪着或者更应该是蹲着,面对着代表间歇热鬼的草人。喇嘛医生的面前是一个盛满小米和用面团做的几尊小塑像的大铜盆。九块燃烧着的牛粪冒着浓烟,以一种神奇和摇曳的火光照耀着这一奇特的场面。

随着发出的信号,乐队演奏了一支能吓退最大胆的魔鬼的开始曲。那些黑头人或世俗人有节奏地拍着手,为乐器嘈杂的声音和祈祷的吼叫声伴奏。当这种可怕的音乐结束时,大喇嘛打开了驱魔经书,把它放在膝盖上。随着单调地念经,他于铜盆中取出几粒小米并根据经书中规定的要求,而向其周围东抛西扬。大喇嘛在一般情况下独自祈祷,有时用一种悲伤和压抑的语调,有时又悠扬和大声地祈祷。他有时放弃那种带韵律和有节奏的诵经方式,那时大家会说他突然间大动肝火,这是他在指手画脚地向稻草人作强烈而诚挚的督促。经过这次可怕的驱魔仪式之后,他把双臂伸向左右发出了信号,所有的喇嘛立即就以一种迅速而流利的语调诵读一种震耳欲聋的单调经文,所有的乐器都开始演奏。全家人突然鱼贯而出,围绕帐篷跑了一圈,使劲用木桩撞击,同时又发出了能使人头发于头皮上怒冲而起的喊声。完成三次这种凄惨的转经仪轨之后,这一行人便匆匆忙忙地返回,每个人又都重新坐到他原来的位置上。这时候,当所有的出席者都用双手掩面时,大喇嘛便站了起来并前去焚烧稻草人。当火焰升起时,他便发出了一声高叫，大家立即异口同声地重复。黑头人夺走了被烧着的魔鬼，并奔跑着把它携往远离帐篷的草原上。当间歇热鬼在喊声和诅咒声中被焚毁时，仍跪在帐篷中的喇嘛们则以一种平静、庄严和隆重的语调唱他们的祈祷经。

其家庭成员从他们那勇敢的奔驰中返回来了，歌声停止了，取而代之的则是欢呼声，中间伴有大声的发笑。所有人很快就熙熙攘攘地跑到了蒙古包外面，每个人都手执一个点燃的火把。大家便开始行走，黑头男子走在最前面；接着是那名患间歇热的老人，由两名家庭成员在左右两侧扶着她的臂膀；继病人之后走着八名喇嘛，演奏着他们那令人可怕的乐曲。大家就这样把老妪带到了附近的蒙古包中，因为那名医生已决定她在整整一个月期间不能返回其故居。

在经过如此奇特的治疗之后，病人完全痊愈了，再未复发过阵热。由于阵热恰恰发生在最可怕的场面开始时，所以发热当然会被那可以想象出的最可怕、最令人难以置信的表演造成的强烈刺激而中断。

虽然大部分喇嘛都在设法维护鞑靼人那无知的轻信，以便接着为私利而剥削他们，但我们有几次却遇到了某些人坦率地承认，在他们的全部仪轨中，伪善和欺诈行为于其中起了巨大作用。喇嘛寺的一名寺主某一天对我们说："当一个人患病时，念经是合适的。因为佛陀是死亡之主宰，是他决定了众生的转世。吃药也很好，因为药草的最大效果是佛陀赐给我们的。如果恶鬼能寄附于一名病人身上，这是可信的。但为了驱逐它和迫使它离去，那就应该送给他一些服装和一匹马。"这就是由无知而欺人的喇嘛们发明的作法，他们希望依靠其教友们而积敛财富。

鞑靼人中埋葬死人的方式不统一，仅仅在最隆重的葬礼中才召请喇嘛们。在万里长城附近，在蒙古人与汉人杂居的所有地区，汉人的习惯不知不觉地占据了优势。所以，在这些地区，一般都盛行汉人的生活方式：死人的尸体被装殓在一口棺木内，然后再葬入一座墓中。在沙漠的那些真正的游牧民族中，全部殡葬仪礼就是把尸体运往山顶上或深谷中。人们然后将之抛弃给野兽和凶禽吃掉。有时会在鞑靼沙漠中看到，雄鹰和野狼激烈争夺这些死人的遗骸，再没有比这更可怕的场面了。

最富有的鞑靼人，有时也让人相当隆重地焚烧其死者。他们用土筑一种金字塔状的大灶，在完工之前要把尸体站立着置于其中，周围用柴草围起来。人们接着完成泥土工程，使之完全被覆盖起来，仅仅在下面留一个小门，在顶部留一个出口，使烟排出去，并维持空气的对流。在焚烧期间，喇嘛们围住了这一建筑并诵读经文。当尸体已被充分焚烧时，便拆毁了炉灶并取出了遗骨以交给大喇嘛，大喇嘛将之研成很细的粉末，再从中加入等量的面粉之后，便仔细地将这一切都糅和起来，由他亲手制造各种体积的饼状物，然后一批接一批地收起来，如同塑造一座小金字塔一般。当大喇嘛这样处置了遗骸后，再隆重地将之运往一个提前由占卜师指出的地方所建造的小塔中。

大家几乎始终都为喇嘛们的骨灰建造这样的墓葬。我们在山顶和喇嘛寺附近，都可以发现大批这样的小墓葬塔。此外，我们还可以在蒙古人遭汉人驱逐的地方遇到它们，因为这些地区已几乎不再有鞑靼人居住的遗迹了。他们的喇嘛寺、牧场以及蒙古包和畜群都消失了。一切都消失了，而由新的民族、新的建筑和新的风俗习惯取而代之。那里仅有几座建于墓葬上的小塔尚屹立着，以证明这些地区的过去占有者的权力和对契丹人占领的抗议。

最有名气的蒙古墓葬位于山西省的著名喇嘛寺五台山①。据鞑靼人认为，五台山的喇嘛庙是人们能找到一块好墓葬的最佳选地。该地区如此圣洁，以至于那些有幸埋葬在那里的人，肯定会实现最好的转世。该地区神奇的圣性被归予了佛陀的存在，佛陀于数世纪以来，始终生活在一座大山之中。1842 年，我们已有机会讲到的尊贵的托库拉将其父母的遗骸运往五台山，他怀着无限的幸福在那里目睹了年老的佛爷。他对我们说："在大喇嘛寺后面有一座很高的山，必须手脚并用地爬行才能攀登上去。在到达山顶之前，途中遇到了一个在山岩上开凿的柱廊。人们趴在地上，通过一个并不比烟斗孔大的洞观察，在分辨清楚某种东西之前，要在那里

① 五台山是山西的一座大山，高 3600 法尺，是非常繁华的朝圣地。在唐代，那里有 360 座寺院。现仅有 150 座左右，其中有 24 座是由章嘉佛主持的。蒙古人喜欢将他们先祖的骨灰运往那里。1907 年，拉萨活佛(达赖喇嘛)被英国远征军驱逐，曾在那里长期居住。请参阅多伦:《最后的蒙昧人》,358 页和以下。

停留很长时间,最终才逐渐地习惯于从这个小洞观察。人们终于有幸在大山的最深处发现了老佛爷的圣容。他双腿盘着坐在那里,一言不发。在他周围,始终不断有向他顶礼膜拜的各地喇嘛。

无论托库拉讲述的故事如何,我们可以肯定,鞑靼人和西藏人自己在有关五台山喇嘛寺的问题上,也以一种令人不可想象的方式,放纵了狂热和盲信。我们在鞑靼沙漠中经常遇到肩挑其父母遗骸的蒙古人结队前往五台山,几乎是以黄金的价格购买几尺地皮,以便能在那里建一块小墓地。这种情况一直到土尔扈特蒙古人中也如此,他们要整整一年的时间,经历闻所未闻的困难,前往山西省。

为了介绍有关鞑靼人的全部情况,我还应补充说明,他们的王公有时也使用一种极为荒谬和极为蒙昧的殡葬方法:他们把王公的尸体运往一座用砖砌的建筑物中,该建筑物装饰着代表人、狮子、大象、老虎和佛教神话中各种内容的大量岩石雕像。为这名尊贵的死者同葬在位于建筑物中央一个宽大地穴中的陪葬物中,有大批的黄金和白银、王公服装和宝石,最后是他在彼世中可能会需要的一切。这种豪华极度的殡葬,有时要断送大批奴隶的性命。他们选择一些最漂亮的童男童女,让他们吞汞一直到因窒息死亡为止。据说他们这样就可以保持其面庞的容光,甚至显得如同活着一般。这些不幸的受害者都被安排站立在其主子的尸体周围,在某种意义上就如同在他生前一样,继续为他效劳。他们分别手执烟斗、扇子、小鼻烟壶和尊贵鞑靼人的其他所有小装饰物①。

为了保护这些陪葬物,他们又在墓穴中安放了一种能连发多支箭的弓弩。这张弓或者更应该说是组合在一起的这许多张弓,都被拉开了弦,箭头已准备好时刻待发。他们把这种暗杀的兵器布置得如此巧妙,一旦打开埋葬尸体的墓道之门,其震动就会使第一支箭射中进来的人。第一支箭的发射,立即会导致第二支箭离弦,如此类推,一直到最后一支箭,从而使那些在贪婪或好奇心促使下打开这些墓道门的不幸者,立即就会因身中千支箭而倒毙在他们企图亵渎的墓中。在造箭工匠处就出售已经完全造好的这种杀人武器。汉人有时也采购之,以便他们外出时用来看守家门。

---

① 这种殡葬方式过去就曾使用过,但它现在更是属于民间传说而不是真实历史。

经过两天的行走之后,我们进入了一个叫作额驸的旗[①]。它是八旗辖地的组成部分,乾隆皇帝[②]为了喀尔喀王公而将之分割。大清王朝的开国君主顺治曾说:“在南方永不设王,在北方永不废盟”。这一政策从此之后始终由北京宫廷严格遵守。乾隆皇帝为了维护该王公的内附,将其公主下嫁,希望通过联姻手段而把此人留在北京,并由此削弱喀尔喀王公们那种变得日益可畏的势力。乾隆下令在皇城内为他建一座既大又漂亮的府邸,但这一蒙古王公无法适应宫廷中那繁琐而又专断的习惯。他生活在威严与豪华之中,但却不停地受到对蒙古包和畜群之回忆的困扰,他甚至非常留恋其故乡的大雪和雾凇。宫廷中的安抚不能驱散他那无法忍受的烦恼,他便提出要返回其喀尔喀草原。另一方面,他那年轻的夫人则习惯于北京宫廷奢侈娇逸的生活,无法忍受那种去沙漠中陪同乳牛和牧人度日的习惯。皇帝采取了一种折衷的解决办法,它似乎既屈从了其驸马的意图,又没有过分惹起其爱女的不满。他从察哈尔地区分割出了一部分领土,作为陪嫁而封给了喀尔喀王公。皇帝诏令在这片偏僻的地方筑一座漂亮的小城,赐给此城100户精通手艺和中国艺术的奴婢。这样一来,那名青年满族公主既保留了住城并拥有一个宫院的习惯,而蒙古王公也可以在草地中享受太平,并在那里重温他童年时代度过的那种游牧生活的一切情趣。

额驸的王公随身把一大批喀尔喀蒙古人带到了他那很小的旗中,他们居住在封给该王爷的辖地内的蒙古包中。这些鞑靼人保持了人们一般都归于南蒙古人的那种身强力壮的名誉。他们从童年时代起就从事体育锻炼。每年当在北京举行某种公开的竞技摔跤比赛大会时,他们总不肯放过机会而大批前往,以获得对胜者的犒赏和提高其地区的名声。虽然他们在力气方面要大大优于汉人,但他们有时也难免被他们那普遍都更为灵活,尤其是更为足智

---

① 该地并不像蒙古其他旗一样形成一个单独的旗,地图中没有标注它。它被如此称呼是由于该旗的王公为“驸马”,也就是皇帝的乘龙快婿。杜赫德(见其书第4卷,174、253页)写作 Guèfou 或 Guevou,这是根据用于翻译满文 Efou 的汉文方块字“额附”的发音而拼写的。钱德明(《满文辞典》121页,1154条)说 Efou 指姐夫,即姐姐的丈夫。它也是对王公女儿们的丈夫和皇帝公主丈夫的称呼,汉文中叫作驸马。

② 乾隆是大清王朝的第四代君主,于1736~1796年执政。

多谋的对手们摔倒在地。

在1843年的摔跤大赛中，额驸旗的一名竞技者击败所有鞑靼族和汉族的竞争者。他那高大的身躯由其两条如同无法撼动的柱子般的长腿支撑着，其如同铁钩一般的大手抓住其对手，把他们举起来并摔在地上，几乎不费吹灰之力，易如反掌。任何人面对此人的神奇力量都无法与之相抗衡。正要给他奖金，一名汉人出现在竞技场上。这名汉人长得瘦弱，身体矮小，这一切似乎无论如何也只会使他增加鞑靼人的胜数。但他却步履坚定地走上前来。额驸旗的歌利亚①已经准备以其强壮有力的双臂抓住他时，而那名口中含满水的汉人，却突如其来地喷了他一脸。鞑靼人的第一个动作就是将双手放在眼上拭面，但那名精于心计的汉人突然间抓住了他的身体，使他失去了平衡并在所有观众的大笑声中，把他摔倒在地。

这一简单故事是由在我们穿越额驸旗时，曾与我们共同旅行过一段时间的一名鞑靼骑手介绍的。他边走边向我们指点着远处零零散散的一些正在玩摔跤格斗的儿童。他对我们说："这是我们额驸地区所有居民最喜欢的运动。在我们之中，人们只尊重男子的两种才能：骑射和格斗。"我们遇到了一批儿童，他们在我们所走的小道旁正在作体操锻炼，我们得以在自己的坐骑上自由自在地审视他们。当这些顽童看到我们在欣赏他们时，他们很快就倍加卖力。这批童子军中的最大者，似乎也不会超过八九岁，双臂将一个几乎与他具有同样高身材和长得很肥胖的同伴紧紧抱住，正在把他抛在自己头部左右并再把他接在手中，如同玩耍一个球一样。他的同一套动作重复了七八次，每次我们都战栗不安地为这个小孩的生命担忧，这一欢乐的人群只知道欢跳雀跃，以欢呼声祝贺表演者的成功。

八月二十二日（1844年9月2日），我们刚刚离开额驸旗这个弹丸之地，便爬上了一座高山，山麓上生长有几簇冷杉和桦树。看到这一切之后，使我们感到非常高兴。鞑靼沙漠一般都失去了植被，非常单调地光秃。所以当我们不时地在途中遇到几棵树时，便不禁感到了某种安慰。但这种最初的欢乐感，很快又被另一种性质完全不同的感情所窒息。当我们在大山的拐弯处发现三只大狼

① Goliath，原指《圣经》中的巨人。——译者

时,被吓得麻木了,狼群似乎正在以一种冷静的勇猛等待我们。当看到这些凶兽之后,我们便不由自主地突然停止前进,就如同出于本能一般。经过这最初的浑身颤抖之后,桑达钦巴便跳下他的小骡子并跑去用力拉我们骆驼的鼻子。这一办法获得了奇特的成功,我们那些可怜的牲畜发出了高度刺耳和极端可怕的叫声,受惊的野狼撒腿就逃。阿尔萨兰发现狼群逃走,无疑是认为它们害怕它,于是便以其小腿全力追袭他们。狼群很快就转过身来,要不是秦神父用力发出高声叫喊,并用力拉其母驼的鼻子而跑去救它,我们帐篷的看门狗必然会被它们吞噬掉。狼群第二次逃走,逃得无影无踪,而任何人都不想重新去追捕它们。

虽然该地区由于缺少居民,似乎把辽阔的鞑靼草原放弃给了野兽,但本处却很少会遇到狼。这无疑是由于蒙古人向它们发动的不停和激烈的攻击造成的,他们到处都大肆捕杀狼群。由于这些野兽可以对他们的畜群造成极大危害,所以他们视之为主要敌人。一只狼在附近出现的消息,对于所有人都是必须迅速上马的信号,因为在每个蒙古包门前都拴着事先备好鞍的马匹,所以整个平原上眨眼之间便遍是大批骑手,所有人都以其长杆相武装。野狼徒然地向所有方向奔跑,到处都会遇到向它们冲来的骑手。如同獐子一样灵巧的鞑靼马匹,在任何崎岖和陡峭的山麓上,都能追捕野狼。最终成功地用套索套在狼脖子上的骑手则把它拖在身后疾驰,一直到达最近的一个帐篷为止。大家在那里再牢牢地绑住野狼的嘴巴,以便能非常安全地拷打它。这头猎物的结局,则是完全被活剥,然后再放生。在夏季,它还能这样生活数日;但在冬季,没有狼皮保护而被置于如此的严寒之中,它立即就会冻死。

当我们再逢一种相当奇怪的遭遇时,我们刚刚摆脱狼群的时间尚不太久。我们发现各由三头牛拉的两辆小车向我们走来。它们与我们走的是同一条路,但反向而行。每辆车上都用粗铁链拴着几只外形可怕而凶暴的狗,每侧都拴着四只,后面拴有四只。车上装着涂了红色漆的长方形箱子,赶车人坐在箱子上并由那里操纵其套车的牲畜。我们无法猜测其中所装物的特征,为什么它们只能以这支可怕的塞伯拉斯(Cerbère,原指看守地狱大门的五只犬。本处指狗。——译者)护送队赶路。根据当地的习惯,我们不能向他们询问这件事。稍有不慎,我们在他们眼中就会被视为怀有险恶用心的人。我们仅满足于询问他们,我们距今天希望到达的卓资寺是否还很远，但犬吠声及其链子的响声，使我们无法听到他们的答复。

在向一个山沟深处行走时，我们在一座不太高的山峰上，望见一些形状不太明确的东西。我们很快又发现这些东西酷似一字排开的大炮。我们越是前进，这些东西就越来越清晰地显示出来了，最后证明了我们的这种想法。我们觉得清楚地看到了这一大批的瞄准平原的大炮炮车的轮子、炮架，尤其是炮口。但我们无论如何也无法想象出，拥有这样一批大炮的军队，怎能生活在这种沙漠中和处于这个非常偏僻的地方呢？我们在想入非非地进行千般大胆猜测的同时，便加快了自己前进的步伐，因为我们迫不及待地想近前研究这些奇怪的出现物。仅仅是当我们完全到达山顶时，这种幻觉才完全被驱散。被我们当作大炮的那些东西实际上却是一支很长的蒙古小车队。我们对自己的误解苦笑了很长时间，但我们对自己在如此之长的时间内处于幻想之中却毫无惊异。这些两轮小车都停了下来并以其车辕倚地。每辆车上都装有一个盐袋，用席包裹，席边都超过了口袋边，从而使其形状酷似炮口。这支旅行队的蒙古赶车人正在忙于露天煮茶，而其牛正急匆匆地在大山另一侧啃草吃。

在鞑靼沙漠中运输商品时，由于缺少骆驼而一般都是通过这种小三轮车来完成。这类小车实际上是仅用几根未经加工的木棒制造的。它们在我们面前就如同长长的一队不动物品，它们也特别轻便，一个儿童就可以轻而易举地扛起它来。拉车的牛都有一个小铁环穿在鼻孔中，一条把牛与它前面的车子拴起来的绳子正扎在小铁环中。这样一来，从第一辆到最后一辆小车都串联在一起了，形成了不会中断的一列。赶这些牛车的蒙古人一般都是骑在牛背上，很少会看到他们坐在车上，几乎从未有人步行。从北京到恰克图的大道、通向多伦诺尔和青城（呼和浩特）或者是到达大库伦的所有道路，都不间断地遍布这种车队。人们在能亲眼看见它们之前很久，便会听到那些一直套在牛脖子上的小铃发出的凄凉和如同大铁钟一般单调的声音。

我们与在山上遇到的蒙古人共饮了一杯奶茶之后，又继续赶了一段路。当我们在距卓资喇嘛寺有百多步的一条小溪旁支起自己的帐篷时，太阳就要落山了。

第四章

受基督教归化的青年喇嘛——卓资喇嘛寺——有关修造宗教建筑的请表——佛寺概貌——诵读喇嘛教祈祷经文——佛寺的装饰、绘画和雕塑——喀尔喀人地区大库伦的地貌——哲布尊丹巴的北京之行——千名喇嘛的库伦——喇嘛王爷及其协理台吉之间的诉讼——买一只獐子——鞑靼地区的雄鹰——西土默特旗——鞑靼耕农——到达青城——满族一瞥——满族文献——满洲的基督教现状——东鞑靼的风土和物产——满洲人在练弓方面的技巧——附录

虽然我从未参观过卓资喇嘛寺,但我们却通过别人向我提供的资料而已经非常熟悉它了。前来教秦神父蒙古语的那名青年喇嘛就是在那里长大的,他受基督教归化,为在鞑靼民族中传播福音产生了很大的希望。当他于1837年离开喇嘛寺时,刚刚25岁。他在那里共度过14年,曾学习了喇嘛教经书并且非常熟悉蒙文和满文文献了。他对于藏语仅有一种非常肤浅的知识。其师老喇嘛学识很渊博,他不仅在喇嘛寺内,而且在镶黄旗的整个地区都颇受尊重,对弟子寄托着很大希望。所以,老喇嘛仅仅违心地同意弟子暂时离开一段时间,只准他一个月的假。在出发时,弟子根据惯礼而跪于其师的脚下,并求恩师为他进行占卜。当老喇嘛诵读了一部藏文经书的几叶文字之后,便向他讲了这样几段话:“你在14年间始终留在师傅身边,如同一个忠实的沙必(弟子)。你今天将首次远离我而去。由于你的前途使我产生了一种极大的悲痛,因而望你记住并按约定的时间返回。如果你的离别超过了一个月的期限,那么你的命运将使你永远也不能踏上这座神圣的喇嘛寺了。”青年弟子出发了,决心逐点牢记其师的教诲。

当他到达我们西湾子传教区时,秦神父把一段基督教史综述作为其学习蒙文的内容。口语和文字课几乎整整持续了一个月。青年喇嘛被圣教真谛的力量征服了,公开地背弃佛教而受领教名

保禄(Paul),在虔诚地聆听了教理之后最终受洗。老喇嘛的预言已完全实现了。保禄自受归化之后,再未重新踏入他离开的喇嘛寺。

卓资喇嘛寺居住有二千名左右的喇嘛。据说这里是皇帝所宠爱的寺院,他对该寺大加赐赏和敕封特权。在这里供职的喇嘛都能获得北京朝廷的一份俸禄。那些被获许和因得到其祖师确认的理由而离开喇嘛寺者,继续有权分得在他们外出期间赏下的钱财和生活必需品。当他们返回时,他们可以如数得到应属于他们的一切。大家无疑应把在卓资寺中到处都可以看到的那种富裕景象归于皇恩。那里的住宅很干净,甚至很雅致,从不会像其他地方那样有身裹肮脏的褴褛衣衫的喇嘛。在那里,学习满语颇受尊重,这是该喇嘛寺对国朝极端忠诚的不容置疑的证据。

除了某种罕见的特殊情况之外,皇帝的布施在建造喇嘛寺中只起很小的作用。人们在沙漠中经常会遇到的这些宏伟和豪华的建筑,都应归功于蒙古人那些自愿和自发的热忱。无论这些民众的衣食穿着多么简单和节俭,他们都很慷慨。当涉及到虔诚信仰的宗教开支时,我们甚至还可以说他们令人惊奇地挥霍。当大家决定在某处的喇嘛寺中建一座殿堂时,那些化缘喇嘛们便立即上路了,随身携带一种证明其使命之合法性的许可证。他们分散在鞑靼地区的诸旗中,以老佛陀的名义沿帐篷挨门乞求布施。当他们到达某一家庭时,便宣布他们旅行的目的,指着其中盛有布施品的圣盆。他们到处都喜洋洋和热情地受到欢迎。在此情况下,没有任何人拒绝相助,富人在钵盂[①]中放几锭金银,那些没有贵重金银的人就像他们所说的那样,将奉献牛、马或骆驼,甚至穷人也根据他们那微薄的财富而出份子。他们布施酥油块、皮货以及用骆驼毛或马尾搓成的绳子。经过一段时间之后,他们就这样筹集了大批款项。在这些表面上看来非常贫穷的沙漠中,人们看到如同中魔般地矗立起了一些建筑物,其宏伟和华丽程度使最富裕头人的财富也相形见绌。无疑正是以这种方式和由于所有信徒们的热心赞助,人们过去才在欧洲看到了那些豪华的大教堂,其巨大的工程不停地突出了现代人的自私和冷漠。

---

① badir 或 patar。这是喇嘛们为化缘而使用的盆或钵盂。

我们在鞑靼地区看到的喇嘛寺都是用砖头或石块建筑的。惟有最贫穷的喇嘛才在那里用土建筑了住宅,但它们都用石灰水刷得雪白,以致于它们与其他建筑没有任何共同之处。寺院一般都建筑得相当雅观,极为坚固,但这些建筑始终都显得如同塌陷了一般。它们与其建筑规模相比始终都显得很低矮。大家在喇嘛寺附近发现矗立起了大量混乱的塔,此外还有带斑点和高大的金字塔,往往都是建在宽大的地基上,地基与它们所承负的建筑物之单薄都不大协调。我们很难说鞑靼地区的佛寺可以归于哪一类知名建筑。这始终是一种奇特的特大华盖式建筑体系,具有弯弯的大柱子的柱廊和没完没了的台阶。在大门的对面,有一个木头或石头的祭坛,普遍呈一种倒圆锥状,神像即供奉于其上面。这些佛像很少有站立的,我们始终见它们都跏趺而坐。这些供像很漂亮和很规则,除了其耳朵过长之外,它们均属于高加索风格。完全没有汉族地区菩萨的那种狰狞和凶煞的相貌。

在大供像的前面和它所占据祭坛的高度上,有一个镀金的座位,喇嘛寺的大喇嘛活佛就在那里就坐。寺院的内部都被几乎贴在地面上的长案子占据,这是一种放在大喇嘛座位左右的长沙发,从佛堂的一端一直通向另一端。这些长沙发上面覆盖有地毯,在各行之间有一空隙以使喇嘛们能自由通行。

当祈祷的时刻到来时,一名负责把寺院的香客召到诵经处的喇嘛,便前往站在寺院的大门前,用尽其肺部的全部力气吹一个海螺号,轮番向四面八方吹奏。这一法器的响声极容易使人在很远的地方听到,提醒远方的喇嘛们注意,仪轨要他们开始祈祷。每个喇嘛于是便穿起了法衣和戴上了法帽,前往集合于寺院内的大院中。诵经的时间一到,第三次响起海螺,山门大开,活佛走进了大雄宝殿。当活佛坐在祭坛上时,所有喇嘛都把他们的红靴子放进衣帽间,赤脚默默地前进。随着他们进入大雄宝殿,向活佛三次跪拜顶礼。他们然后便在长凳子上按其级别依次而坐。他们盘腿趺坐,始终转身(即面对面地)诵经。

一旦当这一仪轨的主持者摇动一把小铃发出信号后,每个人都低声喃喃地诵经,如同进行准备行动一样,同时又在膝盖上转动一小节印刷的经文。经过这段短时间的诵经之后,便是一阵沉静。接着再次摇铃,于是又以庄严悠扬的语调和以二重的方式诵读单调经文。藏文祈祷经文一般都分成小节，按格律和抑扬顿挫的文笔写成，非常适合于以和声诵读。有时，在由小节确定的某些休止处，乐师喇嘛们就演奏一曲与单调的诵经之富有旋律的庄重口气不大谐调的音乐。这实际上是铃、钹、鼓、海螺、喇叭等乐器的杂乱而又震耳欲聋的交响噪音。每名乐师都以某种狂暴演奏其乐器，由此而产生了极大嘈杂和混乱。

寺庙内部一般都布满了装饰品，小供像和与佛本传及最著名喇嘛高僧的历代化身有关的绘画。一些铜器如同金子一般闪闪发光，其体积和形状都如同茶杯。这一切都分多层次以阶梯状摆在佛像之前。人们正是在这些铜器中持续不断地供奉奶、酥油、蒙古酒和小米。每个阶梯两端的最后都摆着一些小香炉，香炉中始终不停地焚烧采自西藏圣山的芳香植物。装饰性金属箔和绣金的华丽丝绸，在供像的头顶上形成了一种如同大天幕的东西，从那里悬挂着燕尾旗和用彩纸或劈开的兽角制成的灯笼。

惟有喇嘛才是为装饰和布置寺庙作出贡献的艺术家。到处都布置有绘画，但它们一般都不符合在欧洲被普遍接受的风格和准则。在那里特别突出的是奇特和滑稽的风格。除了佛陀之外的所有人物像，往往都具有一种魔怪和撒旦的外貌。其服装从来不像是为穿用的那些人缝制的。大家会说掩饰在这些褶裥衣服下面的四肢都被折断和解体了。

在所有这些喇嘛教绘画中，有时也会发现几幅不乏美感的画。某一日，我们在克什克腾旗参观了一座叫做“金庙”（阿勒坦—苏木）的大喇嘛寺，发现了一幅使我们感到非常惊奇的绘画。这是一大幅绢画，其中心绘有趺跏坐在一块华丽地毯上的佛陀。在这幅和真人一样大的画像周围，如同光轮一样地绘有一些隐喻佛陀之千种功德的小画像。我们百看不厌地欣赏这幅绢画，它不仅仅以画中线条的清洁和悦目而引人注意，而且还以其面部的表情和色彩的丰富而佼佼。我们可以说所有这些人物都栩栩如生。我们向一名陪同我们的老喇嘛询问了有关这幅赏心悦目绘画的某些情况。他将双手合十于额前回答说：“这幅画……这幅画是最古老时代的珍宝，其中包括佛陀的全部教理。这不是一幅蒙古画，它来自西藏，系由永久圣地的一名上师所作。”

风景画一般都比故事画的内容表现得更好。花卉、飞鸟、树木、神话动物，所有这一切都画得逼真，非常悦目。其色泽特别强烈和令人难以置信的鲜明。我非常遗憾地看到，风景画家们对于透视法和明暗对比法所知甚少。

喇嘛们更应该是优秀雕塑家而不是画家，所以他们不遗余力地于其佛寺中安排雕塑像。这些供像有时混乱地摆满了寺院，它们确实可以证实艺人们雕刀的多产，但却没有为其高尚的审美观赢得赞扬。首先，在整个寺院附近，到处都是蹲在花岗岩石块上的老虎、狮子和大象。围绕通向山门台阶的石栏杆几乎始终都被打凿、雕刻和装饰着千种奇特的形象，分别代表着飞鸟、爬虫和其他臆想的动物。在栏杆内部，有时是石雕，但始终都雕刻得具有大胆独创的风格和令人叫绝的逼真。

虽然蒙古喇嘛寺从其规模和富丽方面都无法与西藏的寺院相媲美，但那里也有一些在佛陀的崇拜者中很著名和享有很高荣誉的寺院。这些喇嘛寺中最著名者，就是位于喀尔喀人地区的大库伦①寺。因为我在鞑靼北部旅行期间，已有机会参观过该城，所以我于此提供其某些细节。

大库伦的喇嘛庙建于土拉河畔。一片辽阔的森林即从那里开

---

① “库伦”在蒙古语中意为“城”，大库伦就是大城或博格达城（圣城）。在汉文中，库伦系指蒙古人的圣城。俄罗斯人所称呼它的 Ourga（库伦）一名出自 orgo（一高级官吏的衙门）一词。该城位于土拉河的支流色尔必河畔，城市距河流有三公里。它是建于海拔 2000 米高的一座熄灭的火山——圣山对面的那个山岭上，传说中认为成吉思汗（大汗、合罕）便诞生于那里。

该城现在共分成三部分：一、库伦或寺院，包括主要的寺院和活佛的大雄宝殿。拉萨的达赖喇嘛在英国远征军进入其首府（1904 年 8 月 2 日）之前曾退避到那里。二、喇嘛城，其中有几座喇嘛寺和一些喇嘛们的僧房。三、买卖城，即商业城，在那里成交大宗的牲畜，如骆驼、绵羊，还有丝绸、蜂蜜等，在俄国人、蒙古人和汉人之间成交。

在大清王朝统治时代，天朝在这里设立了一重要常驻代表或大臣，其官号为“库伦办事大臣”。一名叫作办事大臣的高级蒙古官吏为其副。这两名官吏督办俄国与恰克图边境城市之间的贸易和交往关系。

清王朝的崩溃和民国的创立，成了蒙古人利用的一个机会，从而宣布独立于中国，并落入了俄国人之手（库伦条约）。

此外，社会制度的变化和布尔什维克在俄国造成的动乱，削弱了这一民族，从而使中国促使活佛废除了其独立。

段祺瑞内阁的垮台，尤其是其右臂——当时担任这一地区高级职务的小署的崩溃，使俄国人和蒙古人把中国内地人（1921 年 2 月 3 日夺取库伦）从整个外蒙古，也就是古伯察神父所说的喀尔喀人地区，驱逐了出去。

始，一直延伸到俄国边界，有六至七日行程的距离。据说，这片森林向东包括200法里的地面，一直到达满洲的索伦地区。在到达大库伦之前，必须在辽阔的、荒凉的和如同一片瀚海般的沙漠平原中行走整整一个月。这片戈壁大漠始终具有令人伤感和凄凉的面貌。绝没有一条小溪、一眼小水泉使这一偏僻地区增加生气。一旦当攀上哲布尊丹巴①地区的西界库古尔山峰之后，自然界的面貌就完全改变了。到处都是风景如画和充满生气的山谷、成阶梯状和上面覆盖着与世界同样古老的森林的大山。一个大山谷的底部作为土拉河的河床。该河于巴克拉山发源之后，在很长一段时间内由东向西流，流经了放牧喇嘛寺畜群的平原，然后在库伦转了一个弯之后，便流向了西伯利亚，最终注入贝加尔湖中了。

喇嘛寺建于该河以北的一座大山的宽阔山麓上。哲布尊丹巴和其他数名大喇嘛所居住的各个寺庙，都以其高大以及覆盖寺庙的金顶而引人注目。在这座大喇嘛寺或作为该寺分寺的附近那些喇嘛庙中，一般都生活有3000名喇嘛。在山脚下，平原中始终遍布大小不一的篷帐，朝圣进香人居住于那里，一直到他们的笃信得到满足为止。最遥远地区的佛陀崇拜者也都沓至纷来，争相前往那里朝圣。"鱼皮鞑子"们在那里把他们的蒙古包支在土尔扈特人旁边，他们都是从圣山（博格达—乌拉）山峰上下来的。西藏人和喜马拉雅山区的游牧民，则以他们那长长的牦牛队缓慢地向前行走，前往与乘雪橇同来的松花江与阿穆尔河畔的满族人相会合。那里始终是支开或卷起帐篷的活动，无数来来往往的进香人骑着骆驼、黄牛、牦牛，或者乘车和雪橇，或者是步行和骑马，携带千奇百怪的行装。

远远望去，山麓间上下一排排平行建筑的白色喇嘛僧房酷似一座大祭坛的阶梯，此处的至圣所便是哲布尊丹巴的寺院。喇嘛王就在这一金碧辉煌的圣庙内，接见一批批不停地跪在他面前顶礼的崇拜者。他在该地区被称为圣主，没有一个喀尔喀鞑靼人不

---

① 哲布尊丹巴是大家在所有呼图克图中最熟悉的一名，是蒙古的教祖，自1604年以来就居住于库伦。他是继西藏中部的"两宝"之外，喇嘛教等级中最强大和最受尊重者。见普热瓦尔斯基：《蒙古和唐古特地区》，由裕尔书第48页引证。"此人就是古伯察先生所说的Guison-Tamba。"

以作为他的弟子而感到自豪。当遇到大库伦的某一居民时,如果问他自哪里而来,那么他就会自豪地回答说:"我是库伦圣人的弟子。"

在距喇嘛寺有半法里和离土拉河畔不远的地方,有一个很大的中国贸易市场。汉人的木房或土屋始终都由木栅栏环绕,以防盗贼。因为尽管朝圣人都很笃诚,但也不乏有不知自爱而抢劫他人财产者。秦神父帐篷中在夜间被偷走一只钟表和几锭银子,使我们无法毫不保留地相信圣人弟子们的正直性格了。

大库伦的经商活动非常繁华,那里的俄国和中国的商品很丰富。在成交过程中,始终是以砖茶付款。如果在那里出售一匹马、一头骆驼、一间房或任何一种商品,其惯例是价款都用茶叶支付。五块砖茶代表着一两白银的价格。所以,使富兰克林思想上产生反感的货币体系,完全不适用于此鞑靼人。

北京朝廷向大库伦①派驻了几名官吏,其借口是为维护居住在该地区的汉人中的良好秩序,但事实上是为了监视其势力不断使中国皇帝产生阴影的哲布尊丹巴。北京中央政府没有忘记,著名的成吉思汗就出自喀尔喀部,对他的征服之回忆尚未从这些黩武民族的记忆中消失。所以,在库伦发生的任何情况,必然会引起中国皇帝的警觉。

1839 年,哲布尊丹巴南下北京,去晋见道光皇帝。当中原地区刚刚风闻其目的时,朝廷中便出现了一场惊慌,喀尔喀大喇嘛的名声使皇帝于其深宫内苑中大惊失色。于是便派出了一些谈判代表,以试图说服哲布尊丹巴从其旅途中返回,或者至少是使事态安排得不会危及帝国的安全。他们没有成功地使喇嘛王改变决心,但决定他仅有 3000 名喇嘛随同。他入朝时,不让已经提出要随他赴北京的其他三名喀尔喀人的首领陪同。

一旦当哲布尊丹巴呼图克图启程,鞑靼地区的所有部族都蠢蠢欲动,大家看到在他经过的沿途不断有从各地涌来的大批人。每个部族都携带供品前来,有成群的马、牛和羊、金锭、银锭以及宝石。他们在戈壁沙漠的沿途,每隔一段距离就掘几口井,这支人马

① "千名喇嘛的库伦"或汉文中的"大库伦"系指 Ourga。汉文中的"小库伦"即今热河辖地中的绥东县。古伯察介绍其出身的喇嘛王就住在那里,这就是千名喇嘛的库伦。

经过地区的王爷们,很早就在预定的宿营地提前准备生活必需品。喇嘛王坐一乘黄色大轿,由四名贵族驾驭的四匹马拉着。这支队伍中的3000名喇嘛簇拥于轿子的前后,分别骑马和骆驼,乱无秩序地向各个方向奔驰,沉浸在欢乐之中。大道两旁都由观众或更确切地说是迫不及待地等待圣人到达的崇拜者们所簇拥。当轿子出现时,所有人都跪倒,然后全身匍匐于地,双手合掌于头部。大家可以说这是一尊为向民众广施恩惠而肯屈尊经过该地区的神之降临。哲布尊丹巴就这样隆重和得意洋洋地继续赶路,一直到达万里长城。他到长城后就不再是神了,而仅仅成了几个游牧部族的王公,受到了中原人的蔑视,成了他们讽刺和嘲笑的对象。但这些人也使北京宫廷感到了害怕,因为他们可能会对帝国的命运施加可怕的影响。当时朝廷只允许其随从中的半数人员越过边境,剩余的全部人马,都被迫驻扎在万里长城以北,即察哈尔平原。

哲布尊丹巴在北京居住了三个月,不断地朝见皇帝,并接受满族王公和国朝达官贵人们那多少有些令人质疑的崇拜。他最终使大清政府摆脱了他那不识时务的入朝。他在朝拜了五台山和青城的喇嘛寺之后,便取道返回其辖地。但他未能平安无恙地到达,圆寂于中途。据蒙古人认为,他是清朝皇帝残酷行为的受害者,在北京服了慢性毒药。这一死亡严重伤害了喀尔喀鞑靼人,但也没有使他们过分感到沮丧和难过,因为他们坚信哲布尊丹巴永远不会真正死亡。他只不过是转世到另一地区了,然后便会以更显年轻、更为容光焕发和更加精力充沛的面貌返回来。1844年,他们果然获悉其活佛已转世于西藏,他们于是便隆重地迎请这个五岁的灵童,以让他重新于其不朽的座位上坐床。正当我们在青海湖畔逗留时,看到了喀尔喀人的一支庞大的旅行队经过,他们正前往拉萨迎接大库伦的喇嘛王。

"千名喇嘛的库伦"也是一座著名的喇嘛寺,创建于满族人入主中原之日。当中国大清王朝的缔造人顺治皇帝①,从满洲的森林中南下进军北京时,在途中遇到了一名西藏喇嘛,于是便向他求卜其事业的前途。喇嘛预言他会马到成功。顺治当时就对他说,当

---

① 顺治当时仅有四岁。因此,这一故事只能是指在征服北京后立即晏驾的顺治之父。我于此原文记述了他向我们介绍的故事,顺治是1644~1662年执政的清朝皇帝。

自己到达北京后，便回来迎请他。可是当满族人控制了帝国的京师之后，那名西藏喇嘛践约前来，皇帝辨认出了为他卜过吉卦的人，特向他表示感谢，就封赏给他一大片土地以筑喇嘛庙，其收入用于维持千名喇嘛的生计。从这一时代起，“千名喇嘛的喇嘛寺”就得到了发展，现在共有4000名喇嘛。但它一直保持原来的名称。商人们逐渐迁移到那里，在附近形成了一个相当大的城市，同时由汉人和鞑靼人居住。该地区的主要商品是牧畜。

该喇嘛庙中的大喇嘛同时也是地方上的王爷，具有行使审判、立法和委派官吏的权力。当他圆寂时，人们便理所当然地前往西藏寻找其转世之胎，他必定会在那里转世。

当我们参观千名喇嘛的库伦时，由于在喇嘛王和在蒙语中叫作札萨克①的四名大尊长之间，爆发了一场纠纷而乱作一团。后者放任到了要结婚和在距喇嘛寺很远的地方建私宅的程度，这都是违犯喇嘛教戒律的事。大喇嘛想使他们遵守教规，但这四名札萨克为反对他而提出了一大堆申诉，向热河都统②（总督鞑靼人一切

抽大烟

① 札萨克是尊长，系由动词dzassakho（统治）派生而来的蒙古文。在蒙古人中，该词系指作为旗长的贵族。某些喇嘛教主也通过分享而同样占有这一尊号。

② 热河都统是一位品级为总兵的将军，其职务很重要，因为蒙古的辽阔地区都被置于他的管辖之下，山庄和围场都由他守护。

事务的满族高官)控告他。当我们经过喇嘛寺时,这场官司已持续了两个多月,我们很快就发现寺中因缺乏住持而受到了严重影响。祈祷和研究都已停止。外院的山门敞开,似乎很久就没有关闭了。我们进入寺内,仅发现一种忧郁的寂静。院落和墙壁上到处都长满了草,寺院诸门均已上锁,但透过门闩的光线尚可看到祭坛、喇嘛们的座位、绘画、供像,这一切的上面都蒙封厚厚的一层灰尘,一切都说明该喇嘛庙很久以来就已经停止使用。由于缺乏寺主,再加上这场诉讼的结局不明朗,从而使所有戒律的约束都放松了。喇嘛们四散而去,人们已开始认为喇嘛寺的存在本身已受到严重损害。从此之后,我们发现,由于支付了巨资,这场诉讼才以有利于喇嘛王而结束,四名札萨克都被迫在一切方面均服从其主的命令。

我们还可以把青城(绥远)、喇嘛庙、热河以及长城以内的北京雍和宫和山西五台山的寺院,都列入喇嘛教的名寺。

在离开卓资喇嘛庙之后,由于我们进入了正红旗,才遇见一名蒙古猎人在马上驮着一头刚刚杀死的很漂亮的獐子。我们很久以来就被迫吃淡而无味的莜麦面,仅用几块油脂作调味品。看到这一野味之后,我们产生了一种稍微改善一下自己膳食的愿望,而且也感到自己的胃由于整日挨饿而迫切需要一种更有营养的食品。因此,在向猎人致意之后,我们便问他是否愿意把他的獐子卖给我们。他回答说:“喇嘛老爷们!当我设陷阱捕獐子时,心中没有任何经商的思想。停宿于卓资山之上的中原车夫们,曾想以400文钱买我的猎物。我回答他们说:不。喇嘛老爷们,我无法像对待契丹人那样与你们讲话。这就是我的獐子,请随意拿去吧。”我们告诉桑达钦巴付猎人500文钱,将该野兽挂在骆驼脖子上之后,我们便继续赶路。

500文钱基本上与500个法国苏的价值相等,这是一只獐子的正常价格,一头绵羊要贵三倍多。鞑靼人不太喜欢野味,汉人更不爱吃它。他们声称黑色肉从不如白色肉好吃。不过在中国的大城市中,尤其是在北京,黑色肉似乎在富翁和贵人的餐桌上很受尊重,这可能是由于物以稀为贵之缘故,同时也是为了打破日常菜肴的单调性。这种观点并不涉及满族人。满族人是最大的狩猎爱好者,一般都爱吃任何一种野味,尤其是熊、鹿和山鸡肉。

当我们遇到一个极美的地点时，其时最多不过中午。在经过一个从两座大山的山岩（其山峰耸入云端）之间开凿的狭窄出口之后，我们便置身于一块大盆地中，四周高山环绕，那里到处都生长着古松苍柏。一眼水流丰沛的清泉产生了一条小溪，岸边长满了当归和野薄荷等植物。这条溪水在茂密的野草中绕该盆地一圈，然后通过一个类似我们进来的那种山口奔腾而去。一旦当我们的目光对该地区那引人入胜的美景浏览一番后，桑达钦巴便向我们提议，立即去那里支帐篷。他说："不要再远走了，请就在这里宿营吧。我们确实走得时间不长，太阳还很高，但我们今天该早一点宿营，需要加工这只獐子。"任何人都未对这名抢先发言者的讲话提出异议，他的提议被一致通过，我们前往泉边支帐篷。

桑达钦巴经常向我们吹嘘他那屠夫的手艺，而且他还为此而感到沾沾自喜。他急于向我们显示其本领，在把獐子挂到一根粗松树枝上之后，便在一颗帐篷钉子上磨刀，将袖子挽到肘部。他问我们是希望以突厥式、汉式还是鞑靼式切割獐子肉。我们没有任何理由喜欢其中的此种而不是彼种，所以就让桑达钦巴任凭其才能去干。他很快就把这头野兽剥皮和开膛，后来又把肉切成块，但没有把四肢拆散，让刮得干干净净的骨架仍悬挂在树上。这是突厥式的方法，人们经常在长途旅行中使用之，以便不使骨架增加无益负担。

一旦当这一工序结束后，桑达钦巴便从我们那一大块野味中割下了几片，再放到陈旧羊脂油中煎炸。这种烹调獐子肉的方式可能并不符合烹饪术规则，处境的困难使我们不能做得更好了。我们的美餐很快就准备就绪。出乎我们的预料，我们未能第一个品尝这种佳肴。我们正兴致勃勃地坐在草地上，中间放着充当我们菜盘的锅盖，我们突然间听到如同一阵暴风自天而降临到自己头上。一只大鹰如同离弦的箭一般地冲向我们的晚餐菜盘，然后又以同样的速度飞翔而去，那鹰爪抓走了几片獐子肉。当我们惊魂稍定时，最好的办法就是为这次奇遇捧腹大笑。但桑达钦巴没有笑，他心中大怒，这并不是由于心痛被抢走的獐子肉，而是鹰在飞走时以其翅尖蛮横无理地伤着了他的面部。

这一事件使我们在以后的旅行变得处处极其小心谨慎。在我们旅行期间，我们曾不止一次地发现雄鹰盘旋在我们头上，在我们吃饭时窥伺我们，但尚未发生任何事故。我们的莜麦面从未引起鸟中之王的贪食欲。

在鞑靼沙漠中，几乎到处都可以遇到雄鹰。人们有时会看到它搏击长空，有时又栖落在平原中间的某一高丘上，如同哨兵一般长时间一动不动地停在那里。没有任何人会猎鹰，它可以自由自在地筑巢、哺育鹰雏，在从不会受人类骚扰的情况下生老病死。大家会经常遇见落在地上的鹰，显得比一只普通的绵羊还大。当有人接近它时，它在飞向长空之前，被迫要击双翅，首先在地面跑很长一段距离，继此之后才能略微离开地面而自由地飞向空中。

经过数日的跋涉之后，我们离开了八旗而进入西土默特旗。当满族人征服全国时，土默特王爷作为满族人的盟友而在远征中军功显赫。满族人胜利后，为了感谢他们的帮助，便把位于北京以北和万里长城以外的一片肥美的土地封赏给他。从这时起，该旗便被称为东土默特旗，而原来的土默特旗则取名为西土默特，它们彼此之间由察哈尔部相隔开。

西土默特旗的蒙古鞑靼人并不过游牧生活，他们既耕耘农田，又从事文明民族的所有行业。我们在沙漠中旅行已有近一个月的时间了，每天遇到合适的地方就支起帐篷过一夜，我们仅仅习惯于抬头看天，脚下和周围是无垠的草原。在很长时间以来，我们已与外部世界隔绝。因为我们每走很远的距离，才能望见几名如同候鸟一般飞速经过草地的鞑靼骑马人。我们不怀疑，自己的习惯和爱好不知不觉地改变了，蒙古沙漠为我们造就了一种喜欢安静和孤独的性格。所以，一旦我们到达耕耘地区，生活于骚动、阻塞和混乱之中，便会感到是受到了文明的压抑和窒息，觉得气不够用，似乎每时每刻都会在精神上受压抑而死。但这种感觉只不过是暂时的。归根结底，在经过一天的赶路之后，我们还是觉得去一家很暖和与供应齐全的客店下榻，要比被迫支起帐篷、去捡牛粪、在能稍事休息一会儿之后必须亲自做一顿粗茶淡饭，要舒服得多和愉快得多。

西土默特旗的居民完全如同大家可以想象的那样，全部失去了蒙古人的性格特征。他们都在不同程度上汉化了，我们在他们之中遇到了许多连一句蒙古话都听不懂的人。甚至有时还有人对那些草原尚未被犁铧耕耘的兄弟们，表现出一些鄙视。他们对那些永远过着一种游牧生活并居住在简陋蒙古包中的人,感到可笑,这些人本来可以容易地建造住宅并向他们占据的大地索取财富和享受。此外,他们也有某种理由更为喜欢农夫而不是牧民的职业,因为他们居住在一片平川沃野,灌溉条件优越,特别肥沃,适宜种植各种农作物。当我们穿越这一地区时,庄稼已收获完毕。但当到处尚可看到田间遍布大堆的庄稼捆子时,大家便会很容易地看得出这里获得了大丰收。此外,土默特旗到处都有一种极其富裕的外观,沿途任何地方都不会像在中原那样,到处都是破烂不堪和如同遗址一般的住宅。在那里从来也不会像在其他地方那样,能看到那些被贫困折磨得疲惫不堪和半身裹着几块褴褛衣衫的赤贫。他们的安居乐业特别表现在环抱村庄和大路两旁的整齐树木方面。由中原人耕种的其他鞑靼地区从未出现过如此面貌,那里的树从来等不到变老,甚至他们根本不想在那里栽树,因为他们确信这些树第二天就会被穷人们拔去作柴薪烧。

当我们进入"青城"①(库库浩特,汉人叫做归化城)时,已在土默特旗的耕耘地区行走三日了。那里有两个同样名字的城市,彼此之间相距五里远。大家称其中一城为"旧城",另一城为"新城"或商业城(归化城和绥远城),以此来区别它们。我们首先进入了这后一座城,系由康熙皇帝为保护其帝国不受北敌之侵犯而筑成。城市的市容整洁美观,非常庞大,甚至在欧洲也会令人赞不绝口。我们仅仅是指用砖砌的带雉堞的城墙。因为城内那低矮的汉式房屋与环绕全城的高大而宽厚的城墙,无论如何也不协调。城内惟一引人注目处是其规则性,有一条由东向西的宽大而漂亮的街道。一员将军率一万大军驻守那里,他们每天都必须操练。所以,该城可以被视为一座大兵营。

青城新城的守兵都是鞑靼—满族人。但如果大家事先都无法

---

① "青城"(库库浩特)是由于其喇嘛寺中脊瓦的颜色而被如此称呼的,在汉文中叫作旧城,共由两城组成。此名仅适用于旧城,即蒙古人城。新城从一开始就获得了其正式名称绥远。青城直到1664年都是蒙古人的活佛(呼图克图)或古伯察先生所说的哲布尊丹巴的驻锡地。从这一年起,哲布尊丹巴便迁居于库伦。

该城是整个内蒙古地区最大的居民点。那里的经商规模很大,从该地区各个角落集中到绥远的骆驼毛,都从这里转运天津。自1924年起,绥远就由京绥路与北京和海岸连结起来了,从而必然会使其地位大幅度地提高。

知道内情,那么仅听他们讲话就会使人完全不怀疑这一点了。在他们之中,可能没有一个人会讲当地方言。自从满族人控制幅员辽阔的中华帝国以来,两个世纪过去了。我们甚至可以说,在这两个世纪期间,他们一直在不停地为自我毁灭而工作。他们的风俗习惯、语言文字,甚至是原有的祖地都已汉化。今天,我们可以断言说,满族已不可挽回地要彻底消失。为了解释这种奇怪的逆进化状态,为理解汉人是怎样得以同化其胜利者和赢得满洲,那就必须追溯很远古的时代并进行某些详细解释。

在明朝(1368~1644 年统治中国的汉族王朝)时代,满族人或东鞑靼人在经过长期的内战之后,选择了一名统一所有部族的首领并创建了一个小王朝。从此之后,这些粗犷和蒙昧的民族,便缓慢地得到了重要发展,甚至能够使北京朝廷感到不安。1618 年,其势力已得到了巩固,其首领毫无畏惧地向天朝皇帝控告了他的七条罪状,并声称要问罪报复。这种肆无忌惮的宣言是这样结束的:“为了报复这七种侮辱,我将消灭和征服明王朝”。明王朝很快就被揭竿而起的起义军所推翻,起义军首领包围并攻占了北京。对自己的命运感到失望的皇帝在以自己的血写下血书后,便在御花园的一棵树上吊死了:“既然社稷已亡,皇帝也应死”[1]。明朝军队的将领吴三桂[2]向满族人求援,要求帮助他平息起义军。起义军逃溃了,正当这位汉族将军在南方追袭他们时,鞑靼人的首领返回了北京。当他发现御座已空缺时,自己就登基称帝了。

在这一事件之前,由明王朝严密把守的万里长城抵御了满族人入侵中原,相反也禁止汉人进入满洲。但当清王朝征服了全帝

---

① 此树现在尚存在。我们于 1850 年在北京见到了。它已完全干枯,带着大清王朝的缔造人加给它的巨大锁链,以惩罚它在中国皇帝想自缢时向他伸出了一根树枝。这样一种可笑的措施,可能是为了在民众的心目中,保卫皇权不可侵犯的威望(1852 年)。

② 吴三桂原籍为辽东。当他于 1643 年获悉其君主自杀和李自成夺取北京之后,忧国之心似乎在其野心勃勃的政治抱负中没有占多大分量,完全如同民国时代的一名督军,立即看到了可以把这种局面运用到个人目的上去。他坚决地帮助满族人夺取了明王朝的继承权,正是他这名所谓为其被推翻的君主报仇的人,绞死了大明朝的最后后裔永历及其子——受归化人公斯当定(Constantino)。当然,他的效劳得到了报偿,升任云南和四川的总督。1674 年,他想成为中国的皇帝。当他于 1678 年死于衡州(湖南)时,其事业已处于无望之中。

国之后，这两个民族之间再没有互相分隔的边界了。万里长城的障碍已被跨越，一旦当从一个地区到另一个地区的交通自由时，北直隶①和山东的那些被限制在他们那狭窄省份中的汉族居民，便如同潮水一般地涌向满洲。鞑靼首领被认为是其辖地的主人和占有者。他们在成为全中国的皇帝后便将其辽阔的占地封给了满族人，其条件是他们每年都必须向他交纳繁重的杂税。汉人通过高利贷、诡计和不屈不挠的斗争而最终控制了其胜利者的全部土地，仅仅为他们保留了其尊号、徭役和杂税。满族人的身份，已不知不觉地变成了许多人都没法动摇的一种重压。据一条法律规定，每三年都必须在各个旗中进行一次人口普查，那些不在户籍册上登记姓名的人，都被认为不再属于满族。但所有那些因贫穷而追求被免除徭役和兵役者都不去登记，仅仅这样做就可以加入汉族人的行列。这样一来，随着一大批汉人向长城以外迁移，许多满族人都自愿放弃了他们的族籍。

满族的衰败，或更应该说是灭绝过程，今天发展得比过去任何时代都更快。一直到道光临朝年间，松花江流域尚完全由满族人占据，这些辽阔的地区禁止汉人进入，禁止任何人在那里耕种土地。从当今皇帝在位的初年起，便拍卖这些地区以补充国库的空虚。汉人如同猛禽一般地冲向了那里，仅仅数年，就足以从那里彻底消除可以回忆起其故主的一切迹象了。现在，大家徒劳地在满洲寻找完全排除了汉人的一座城市和一个乡镇。

然而，在这场全面的变迁之中，还有诸如锡伯（西任）和索伦等几个部族，尚忠实地保留着他们那满族的特征。直到今日，他们的领地既未被汉人进入，也没有被耕耘。他们继续生活在帐篷中，并向禁卫军提供兵勇。不过我们却发现，他们在北京的频繁出现以及他们有时在各兵营中的长期居住，已开始严重影响他们的情趣和习惯了。

当满族人征服了全中国时，他们在某种程度上是强迫失败者

① 北直隶这一名称变得越来越古老和不适用了。它是自明代传到我们这一时代的，当时中国共有两京——北京和南京，同样也有两个直隶省——北直隶和南直隶（今江南省）。自从南京城被剥夺了赐给京都的所有特权和权限之后，直隶一名仅仅适用于北京所在的省，不再使用小品词“北”，因为已不存在南直隶了。

穿他们的一部分服装，并实施他们的部分风俗习惯①。但汉人所做的要远远超过这一切，他们懂得强迫其征服者采纳他们的习俗和语言。现在，大家无益地跑遍直到阿穆尔河（黑龙江）的整个满洲，完全如同在汉地的某一省份中旅行一般。地方色彩已完全消失。除了某些小游牧部族之外，任何人都不操满语。如果康熙和乾隆皇帝没有把满文抄写在永久的建筑中，那么就可能不会再有这种美好语言的踪迹了。这些古建筑始终吸引着欧洲东方学家们的注意。

从前，满族人没有自己独特的文字。只是到了 1624 年，东鞑靼人的首领太祖高皇帝②，才诏令其民族的多位学者根据蒙古文字母而设计了他们的文字。稍后不久，到了 1641 年，一名叫作达海的满腹经纶的文人，改进了这种初步的工作，使满文具有了今天所看到的那种端丽明快和优雅的程度。

顺治令人负责翻译汉文中的一些文学代表作。康熙建立了一个四译馆，集中了一批同样精通汉文和鞑靼文的学者。大家都热情和长期地坚持翻译经典和历史著作，编纂了多部字典。为了表达直到那时尚不为满族人熟悉的新鲜事物和一系列新观念，则必须创造一些大部分是向汉人借鉴的术语，但他们又试图略作修改以适应满文的特征。这是一种趋向于缓慢地使满语丧失其特征的做法。乾隆对此作了修改。他令人编纂了一部字典，其中排斥了所有的汉字。他们询问老人和最熟悉其母语的学者，对任何发现了一种现已不使用，但值得列入这部重要著作中的古术语者，都给予犒赏。

由于国朝前几代君主那英明的关心和热情，现在已没有任何优秀的汉文著作未曾被译成满文。所有这些译文都翔实可靠，因为它们都是在数代皇帝的直接监修下，由一个博学的学馆译制的，后来又由其他也很博学的学馆校订，这些学馆的成员都十分精通汉语和满族方言。

满语由于这些认真负责的著作而获得了一种坚实可靠的基础。大家完全可以不再讲这种语言，但它始终仍为一种学术语言，

---

① 大家知道，吸烟和结发辫的习惯就出自满族鞑靼人。

② 虽然太祖高皇帝未于北京执政，但他可以被视为清王朝的真正创始人和第一代皇帝。他在全胜中晏驾，当时其军队已到达了北京的大门，其陵墓在盛京。

将会对希望在亚洲研究中取得进展的语言学家们具有巨大帮助。除了对最优秀的汉文著作的大量和忠实的译本之外,大家还掌握有藏文和蒙古文喇嘛教经文主要著作的满文译本。这样一来,仅仅有数年的工作,就足可以使一位坚持不懈学习的人能够卓有成效地研究可能会遇到的最为珍贵的满文不朽文献。

满语很优美,听起来悦耳与音调和谐,但特别令人仰慕的是这种语言的清晰明了程度。学习这种语言将是讨人喜欢的和很容易的,尤其是自从卡依·德·卡贝伦茨的《满语语法要素》[①]出版后,则更为如此。这名东方学家非常成功地以简单明确的文笔,阐述了满语的结构和规则。他的这部优秀著作对于所有那些希望研究这种语言的人来说,都不能不是一种巨大的帮助。这种语言在它的诞生地也出现了消逝的危险,而法国则为学术界把它保存下来了。卡贝伦茨先生于其书的序言中指出:"我选择用法文来写我的书,因为法国直到现在仍为惟一的一个有人学习满语的国家。所以我认为有必要让那些希望学习这种语言的人,也把法文作为所有有关这种文献著作的语言。"

当法国传教士们,以他们在这些遥远地区得到的财富,来充实其祖国的文化宝库时,他们也不断地同时在这些崇拜偶像的民族中,传播基督教之光芒。偶像崇拜民族的宗教,仅仅是同时借鉴自老子、孔子和佛陀的教理与修习的可怕大杂烩。

大家知道,在本朝开创初期,传教士们以他们的天才而在宫廷中赢得了很大的信任。在当时皇帝前往其故土的漫长而又频繁的出巡中,他们经常陪王伴驾。这些传播福音的虔诚使徒们,从不会放过机会利用他们所受到的保护和施加的影响,而沿途到处传播真宗的种子。这就是基督教传入满洲的最早起源。在开始时只有很少的新教徒,但由于汉人的迁徙,其数目后来大幅度地增加了,那里始终都有几户基督徒家族。那里的传教区直到最近几年仍属于北京主管教区。南京的主教[②]负责管理北京主管教区,当他看到

---

① 萨克斯的阿尔特伦堡版,文献销售处。

② 古伯察先生所说的北京教区管理人是毕学源(Gaetan Pirès - Pereyra)。他是葡萄牙遣使会士,自1806年以来任南京主教,但一直受到中国政府的阻碍而无法到任。由于他年事已高,最后才让他进入北京,但却受到严密监视,他是最后一位于钦天监供职的传教士。毕学源于1838年11月2日逝世,由俄国北京传教区负责安葬。

其生命已接近垂暮之年时,害怕其祖国葡萄牙当时已出现的政治动乱,不允许葡萄牙教会派遣大批开拓者前来经营交给他的大片地区。因而,他便向教廷传信部发出呼吁,恳求该部把已成熟的“庄稼”置于他的保护之下。由于缺乏前来收获的工人,这些收成出现了霉坏的危险。教廷传信部被这位尊敬而热忱老人之焦虑不安感动了,在为满足这一重要传教区的需要而采取的措施中,包括使满洲从北京主管教区脱离出来,并交由外方传教会负责。哥伦比亚的主教方济各[①]阁下被任命为这个新宗座代牧区的主教,他只要具有一名使徒的耐力、忠诚和所有道德,就可以管理这一基督教团。新教徒们的偏见和不大熟悉宗教十诫准则,对于方济各主教来说,都是要比异教徒们的冷酷无情更难克服的障碍。但他的经验和智慧很快就战胜了所有困难。传教区又获得了新的生命力,基督徒的数目逐年增长。所有这一切都使人产生了一种希望,即满洲宗座代牧区必然会不失时机地成为亚洲最繁荣的传教区之一[②]。

满洲北部以西伯利亚为界,南部到渤海湾和朝鲜,东部是日本海,西部是俄国的达乌里亚和蒙古。

盛京[③]在汉文中叫沈阳,它是满洲最重要的城市,应被视为现今中华帝国的第二个京城。皇帝在那设立了宫廷和以北京各部为模式的部。盛京是一座庞大而漂亮的城市,由宽厚而高大的城墙环绕。其街道宽阔而正规,没有北京的街道那些肮脏和混乱。一个大区完全由皇帝王公(即皇族宗室成员)居住。他们都被置于一

---

① 方济各(Emmanuel - Jean - François Verrolles)主教于1805年4月12日诞生于卡昂,于1828年5月31日晋铎,于1830年7月加入外方传教会,同年出发赴四川传教区。他于1838年12月12日被宣布任命为哥伦比亚主教、满洲和辽东的宗座代牧主教,于1846年11月8日由方济各会士艾若亚敬(Salvetti)主教举行授任仪式。他于1878年4月29日死于营子。

② 满洲自1808年起便存在有两个宗座代牧区。其一是以盛京主教住院为中心的南满宗座代牧区,另一个是以吉林为首府的北满宗座代牧区。这两个传教区基督徒的数目为55000人。

③ 盛京(满文作 Muokdèn)被汉人称为沈阳或盛京,一般叫作奉天府。它是大清王朝兴起的摇篮,拥有这些故主们的寝陵。该城位于使之与欧洲和日本连结起的两条大铁路的交叉处,地处富饶和肥沃的满洲平原中央,它越来越具有重要地位。日本人在盛京建立了兵营,似乎正准备在那里立足和最终定居。他们曾于1905年在那里大胜俄国人。

名大官吏的监督之下,此人负责考察他们的行为、纠正在他们之中所出现的舞弊事件。那些严重违犯为他们规定的法规者,都要经这名最高的官吏审判,他有权对他们作出终审判决。

继盛京之后,最著名的城市有被高木桩栅栏环绕的吉林①当今在位的皇族之摇篮宁古塔。辽阳州②、开州和金州则以从附近海岸运进的大批商品而著名。

由一大批江河流经的满洲,是一个天然肥沃的地区。自从该地区的耕作权落入汉人手中之后,土地便出产大批自关内传来的产品。在南部成功地播种旱稻或不需要灌溉的水稻,以及由康熙皇帝发现的皇家稻。这两种水稻在法国也肯定会茂盛地生长。那里还收获大量的小米、高粱(或印度米)、芝麻、荨麻、线麻、烟草,它们都是整个中华帝国的最佳产品。

在满洲的这一部分,尤其适宜种草本棉花,它能提供极其丰富的皮棉。1 亩③或 15 平方丈(原文如此!)左右的土地,普遍能产 2000 磅棉花(此处是指旧磅,每磅约为 380 克。——译者)。棉桃生长成了蒜瓣或蛋壳状,有时甚至有一个核桃大。这种棉桃随着它成熟就分成了三瓣,露出了三四束小棉团,内含棉籽。为了把棉籽弹出去,中国人使用了一种拉得很紧的弓,在小棉团上弹动弓弦。在为来年留下种籽之后,剩余的棉籽用于榨油,这种油的质量可以与麻油相媲美。满洲的北部过分寒冷而无法种植棉花,但这可以由丰产的小麦得到补偿。

除了这些中国所共有的产品之外,满洲还拥有三种独有的特产。有一句谚语说,关东有三宝④,人参、貂皮、乌拉草⑤。

这些产品中的第一种(人参)很早以来就为欧洲人所熟悉,所

---

① 吉林是满洲的一个省与省会名称,其居民有十万余众,是大规模工业和贸易活动的中心,那里尤其向关内输送烟叶。这里有松花江上汽轮航行的码头,拥有一家兵工厂。

② 辽阳州是满洲的一座很重要的城市,那里是 1904 年 9 月 4 日俄日大战的战场。

③ 亩是中国的土地面积单位,约为 600 平方法尺,用 15 弓(5 法尺)乘以 16,因而其积就是 240 弓或平方步。

④ 满族人叫 Ilan Baobai,蒙古人叫做 Korban erdeni,在西藏又称之为 Thok-Soun。

⑤ 这句谚语如下:“关东出来三宗宝,人参、貂皮、乌拉草”。

请参阅奥斯特:《中国的俚语和谚语》,97 页,284 条,其中提供了鄂尔多斯的一种不同说法:“莜麦、山药和皮袄,口外三宗宝”。请参阅《中国和刚果传教史》,第 3 卷,569 页,1898 年 1 月。1897 年斯麦神父的书简。

以我们就不用再作解释。数年之前，有一个科学院竟对这种植物的存在感到怀疑，甚至严肃地询问传教士们是否应将之置于"虚构的神灵"之列。人参①可能是满洲最大贸易的一个门类，它在汉地也不是小药，人们至少都可以在那找到它的一些根系。

人参根是直根，呈梭状，很粗糙。它很少会达到小拇指粗，其长度在2～3法寸(约合27.07mm)之间徘徊。当对之作合理的炮制之后，它呈透明的白色，有时也略带红色或黄色。我们觉得钟乳石的分支与这种植物根最相似。

中国人一直在大讲人参的奇特效力。虽然对于世人赋予它的神奇效力应大打折扣，但人们也不得不承认这是一种对于中国人的身体结构起了成功影响的补药。老翁和身体衰弱的人服用它，能根治其迟钝和虚脱。中国医生们相当普遍地声称，由于人参能促进血液产生巨大的热量，所以服用人参对欧洲人只会有百弊而无一利，因为欧洲人的体质本来就很热了。无论中国人高度吹捧的这种特效药如何，它有时也受到了欧洲人的极大嘲弄，但它仍是令人难以置信的昂贵，一两人参要出售10～15两白银。那些曾经有机会研究过中国人性格的人都不难想到，甚至这种昂贵也不会使人参具有如此的名望。富豪与官宦们高度评价它，很可能是由于它是穷人可望而不可及的。肯定有许多人是仅仅为了炫耀和获得挥霍大笔开支的轻佻名声才服用之。

朝鲜也产人参，人称之高丽参，但其质量大大低于在满洲挖掘到的人参②。

东鞑靼地区的第二宝是貂皮，它会使猎人们经受令人难以相信的危险和疲劳，所以其价格也极高，仅仅供帝国中的王公和高级官吏们使用。

---

① 人参是中国人的名药，是一种在其他药均无效时也能获得成功的药。其汉名来自这种植物的根与人形有些相似。在道光皇帝时代，人参正处于彻底消失的时候，一道诏令禁止采集之。从此之后，大家便开始种植人参，但其产品远没有山参的药效。这种珍贵的植物根的正常价格是每斤80两白银(800～1000法郎)。仅在1916年，各国就从中国进口了价值3761505两白银的人参。

② 数年以来，美国人也在他们那里非常成功地种植了人参，并成为一种巨额商品(1852年)。

乌拉草①的情况却并非如此。满洲的这第三宝相反却能使最贫穷的人使用。乌拉是一种用牛皮制成的皮鞋。当人们于其中加入某种仅仅生长在满洲和被称作乌拉草的野草时，就会使脚感到温暖和舒适，甚至在最寒冷的季节也如此。这种乌拉草以低价出售，无疑是由于它在此地确实名副其实。当另外两宝维持大人物们的傲慢和豪华时，乌拉草却温暖了穷人和行人的脚，因为贫困使这些人无法穿皮靴和美观的布鞋。

正如我们上文已经讲过的那样，满族鞑靼人几乎完全放弃了他们的风俗习惯，而行汉人的礼仪。但在他们固有性格的这种变迁中，他们却始终都保留了对狩猎、赛马和射箭的高度酷爱。他们自古以来就令人非常奇怪地重视此类各种各样的活动。为了使大家坚信这一点，仅仅需要翻阅一本满文辞典就足够了。一切与这些活动有关的行为都用专用名词表示，而又从不需要使用委婉迂回的说法。满语中不仅仅有些指马匹的不同颜色、岁口和质量的专用词，而且还有表示其运动的特殊名词。有关狩猎和射箭的一切情况也都如此。

今天的满族人仍是优秀射手。大家尤其是特别称赞那些属于索伦部的人之敏捷。在所有的聚落中，官吏与民众们都要定期进行射箭练习。与真人一样高大的三个草人以直线排在彼此之间相距 20 ~ 30 步的地方，骑手站在一条平行线上，与第一个草人的距离约为 15 步左右，其弓要拉满弦并准备使箭离弦。一旦当发出信号，他便催马向前疾驰并将箭射向第一个靶子。他一刻不停地又从箭囊中取出第二支箭，重新拉满弦并瞄准第二个草人射去。他接着以同样的方式瞄准第三个草人而射出第三支箭。在此期间，其马一直在沿着踏出的路线奔驰向前，以至于他必须始终紧紧地踏住马镫子，相当敏捷地操纵以便不会远离希望射中的目标。从第一个到第二个草人，射手徒劳地从其箭囊中取出箭矢并拉满弓弦，他一般总是射不中靶心，所以被迫后退一些再射。当射第三支箭时，离靶心已经很远了，他应像安息人一样完全向后射箭。为了

① 乌拉草是野生态的一种葡萄茎草，其绒毛特别能御寒。蒙古人用它来垫肥大的鞋，虽不太美观，但却很暖。他们用皮带将之扎在脚上。有一点可以肯定，这就是谚语中把乌拉草与人参和貂皮并列是有些夸张。“乌拉”还有河流的意思。

享有优秀射手的名声，他必须在每个草人身上射中一箭。一名满族作家说："学会射箭是鞑靼人第一项和最重要的一项科学。虽然这件事看起来很容易，但却很少会获得圆满成功。该有多少人日夜苦练啊！有多少人怀抱着弓弩待旦！但那些成为明星的人在哪里呢？在比赛中宣布的名字多吗？愿你有一个硬朗而结实的身体，避免有害的姿态……然后把每支箭都瞄准目标，那你就可以算是好射手了。"

在我们到达青城的军城（绥远）的第二天，我们便又从那里出发前往商业城。我们为自己身处一座满族城中，但又经常仅仅能听到讲汉话，而心中感到有些迷茫。我们无法想象一个背叛了其祖籍的民族是什么样子，现在一个统治民族与被统治民族之间没有任何区别，惟有他们仅略少手艺又略多一点虚荣心而已。当这名藏族喇嘛向鞑靼首领许诺将征服全中国时，就像他预言说他将很快在北京登基称帝。如果此喇嘛告诉他说，其全体民众及其风俗习惯、语言和地区将永远地被中华帝国所统一，那么他讲的则更为是真话。如果一次革命推翻了当今的王朝，那么满族人也将被迫融合在中华帝国中①。杜赫德神父针对有关由耶稣会士们根据康熙皇帝的钦令而测绘的一幅满洲地图而指出，他们尽量避免在该幅地图上标注汉文名称。他提出的理由如下："例如，对于一名穿越满洲的旅行家来说，能知道萨哈连乌拉江就是汉人所说的黑龙江又有什么用呢？因他不是与汉人打交道的，而他所需要的鞑靼人可能从未听到过这一汉名"。这种看法在康熙时代可能是正确的，但今天明显应持与他们的说法相反的观点。在跑遍满洲时，人们听到的始终是黑龙江，几乎从来不会听到萨哈连乌拉一名。

---

① 古伯察先生的预见非常准确地实现了。满族人于1912年被从权力的宝座上推翻了，甚至再无能力返回其故乡，那里已完全被早先的失败者们占据。

俄国人利用中国的革命，通过佛教僧侣和蒙古头人，尤其是通过库伦的呼图克图发出了号召，他宣布自立为外蒙古的独立君主。1913年10月21日，在库伦签订的条约承认了这种只会有利于俄国的新局面。

附　录

热河行宫和围场

热河现称承德府，位于北京东北150公里处，地处长城以外。它在清王朝前五位皇帝临朝期间，在整个夏季都成了朝廷的凡尔赛宫。行宫与围场由一道长为25公里的围墙环绕。

过去的那些为皇帝服务的传教士们，往往在皇帝避暑度假时伴驾到达那里。英国使节马戛尔尼勋爵就是在那里受到了乾隆皇帝的召对(1793年)。下面就是他介绍赴热河旅行的印象。

他的秘书巴罗(John Barrow)说："我非常遗憾地未能看到皇帝在热河的辽阔围场。据马戛尔尼勋爵认为，它几乎是无法让人作任何比较的，华丽的装饰与宏伟的规模浑然一体。这就是该使节的看法。皇帝获悉，我们在穿越了从英国到中国之间的辽阔地区，我们对于参观其帝国中所有的奇特和引人入胜的一切事物，都表现了强烈兴趣。所以他开恩命令他的丞相，亲自领我们参观他的热河围场或皇家园林。这些园林在汉语中叫作万树园。能够穿行这些园林，那将被视为一种特别恩宠的标志，我们于清晨3点钟起床后入宫，在那里恭候皇帝驾幸……我们一共约有三千名骑马的人，行进在一个美不胜收的园林中。那里的一切都井然有序，酷似卢顿的城郊。地面令人欢欣的高低不平，如果大家愿意的话，那也可以说是波浪形的起伏。随着我们的前进，便看到我们面前有一片辽阔的湖水，其水面消失在遥远的地方和黑暗之中……湖畔也如此千变万化、斑驳陆离，就如同最具匠心的画家的画笔所能绘制出这类内容画中的综合。它们由于一种很突出的岬角和深陷进去的湖湾之持续混合，而造成锯齿状，以至于我们每向周围瞥一眼，都会发现某种新鲜的和出乎意料的东西。那里不缺小岛，但其数目仅仅恰到好处，每个岛都恰恰处于它最合适的位置上，并具有一种惟它才会独具一格的特征。岛上以一座小塔或某种其他建筑而引人注目……大家便前往研究了它们。我可以说，在这段短短的行程中，至少看到了40或50座不同的宫殿或楼阁。所有这些宫殿都以最为豪华的方式作了装饰。

"……如果想详细描绘这些迷人园林那美不胜收的奇景,那将是根本不可能完成的任务。我们在英国的娱乐园中,从来没有见过在热河出现的那种由最杰出的想象力产生的精巧布局、令人赏心悦目和富于幻想的风景与装饰。

"……丞相告诉我们说,我们仅仅看到了园林的东部,他还需要让我们参观比前者更为辽阔的西部。这一部分与前一部分形成明显的对照,这一部分将大自然所有高级的美与另一部分拥有的高水平的朴素、美观和欢快的表象结合起来了。大家将在那里看到一片具有世界上风景最美的森林。这里是由茂密的、野生的、参差不齐的树木组成的森林,其中遍布山岩,生活着有鹿、麃和其他供人类猎狩以及对于人类没有任何危害的动物。森林在某些地方一直延伸到一眼望不到头的尽处……人们在那里每隔一段距离,就会发现行宫、别墅和无人居住的寺院。这些寺院是建筑在那些显得最适合这类建筑的地方……楼阁亭榭、宝塔都按照它们的类型建筑在自己应在的位置上。这一切始终都装饰着它们在园林中的坐落处,如若再增加其他任何建筑,都会改变其外貌。"(巴罗:《中国游记》第1卷)。

"热河最大的寺庙是布达拉寺,它是康熙皇帝为了接见达赖喇嘛,于1780年以西藏的布达拉宫为模式仿建而成的。这些建筑的主体呈矩形,每侧都有200尺。它与所有的其他中国建筑都不同,其外部酷似一座欧洲建筑的门面。它非常高大。我们可以从中计算到11排窗户,这就说明具有同样多的层数……"(斯当顿:《马戛尔尼游记》第3卷,308页)。

嘉靖皇帝晏驾于遭雷击后的热河行宫中。从此之后,北京朝廷便中断了每年前往那里行围狩猎的习惯。热河行宫仅有一次接待了中国皇帝,这就是于1860年。当京师被占领时,迫使咸丰皇帝逃到了承德。他本人也于次年在那里晏驾。

这一神奇的行宫正在消失中。民国的都统们盗走了原来皇帝们积累的所有财宝,宫殿都已坍毁和半消失了。被马戛尔尼大加赞美的漂亮园林也受到了抢劫。在不久的将来,甚至连作为纪念的状态也不存在了。

请参阅科纳尔神父绘制的皇家大园林图,见《天主教传教区》,273页,1916年。

第五章

青城旧城——皮匠区——中原商人的奸诈行为——三全店——中原人对鞑靼人的剥削——两换店——蒙古人中的伪币制造者——买两件羊皮袄——骆驼交易场——骆驼商们的习惯——一名青城的大喇嘛遭杀害——喇嘛庙的骚乱——北京朝廷与拉萨地方当局之间的谈判——喇嘛教教团——大清王朝对喇嘛寺的政策——遇到一名西藏喇嘛——从青城出发

我们从满族城到青城(归化城)旧城最多有半个小时的行程。我们通过环绕城市的辽阔菜田中开辟的一条宽阔的路而到达那里。除了高出其它建筑的喇嘛寺之外,大家只能看到一大片乱无秩序地挤在一起的房舍和店铺。旧城的城墙尚完整地存在着,但城中多余的居民被迫迁出城外。大批房舍在不大为人察觉的情况下,于城外建成,形成了大片居住区。现在,城郊的规模正发展得与城内一样大了①。

我们首先通过一条相当宽阔的大街进城,在街道上仅仅发现一座叫作五塔寺②的大喇嘛庙,尚可引人注目。它被如此称呼,是由于在该建筑物的北部,矗立着一座很漂亮的四方形的塔。这一高塔的顶峰被用于另外五个如同箭一般的尖顶小塔的基座。中间的一个小塔很高,可以说一直耸入云霄。其它四个塔彼此之间等

---

① 这座旧城于16世纪中叶由阿勒坦汗建成。下面就是秦神父于1839年所作的描述:

“这是一座很古老的城市,其贸易规模在中华帝国的北方绝没有可以与之相媲美者,但该城则更以其寺院的数目和著名程度而与众不同。城中共包括四座主要的佛寺,其中第一座包括一个颇似欧洲教堂塔楼那样的大塔。主塔上面有五座哥特式的小塔,无疑正是由此而称该寺为五塔寺。青城的四个大喇嘛寺各自包括2000~3000名的喇嘛,四座寺共有一万名。除了这些主要的寺之外,还有几座不太大的寺院,有的在城内,有的位于城外,各自容纳100~200名喇嘛。这样一来,青城的喇嘛总数可多达近14000名。”

② 它不是我们上面讲过的位于山西省的那座五台寺。

高，但没有第一个高，位于四角，就如同是簇拥中间的那个长箭塔一般。

紧挨喇嘛寺之后，便是我们所走的那条街，它突然间中断了，我们的左右只有两条陋巷。我们选择了自己觉得不太脏的那一条，在开始时行进得相当容易。但我们越是向前走，这条小巷就变得越泥泞难走了，它很快就变成了一个遍布黑色和令人窒息的污泥的泥潭。我们进入了皮匠街，只得缓步和不停地战栗着前进，因为泥水有时淹没了一块大家必须奋力蹬上去的巨石，有时又掩盖了一个会突然间被陷进去的深坑。我们尚未行走 50 步，牲畜们便全身沾满了污泥，浑身流汗。最不幸的是我听到了，正好在自己面前稍远一些的地方，发出了震耳的嘈杂声。这都是一些从同一条弯弯曲曲的巷子中前来的骑马和乘车的人，他们以其喊声而警告他人，在进入同一条路之前要等待他们先进去。对于我们来说，后退和躲到一边都是不可能的事。于是我们也从自己一方发出大声呼叫，始终继续前进，焦急地等待这一幕的结束。在胡同的拐角处，可怕的结局出现了：别人的马匹在看到我们的骆驼后都受惊了，立即转头折回并互相挤撞在一起，向能给它们提供一个出路的所有通道冲去。多亏我们的驮兽镇定自如，我们便这样继续向前走而不用向任何人让路。我们最终再未遇到令人烦恼的事故，到达了一条比较宽敞和两边都是漂亮店铺的街道。

我不停地左右观望，期待能发现一家客栈，但一直未实现。在华北和鞑靼地区的大城市中，习惯上是每家客店只收留同一类旅客。有的供粮食商人下榻，其余者属于马贩子等等，依此类推。每家客店都根据其商业性质而具有自己的具体做法，向不是同一类的所有客人紧闭两扇大门。只有一种旅店留宿普通行人，人们称之为行人客店。惟有这后一种店才适合我们下榻，我们只是徒然地走路，在任何地方都没有发现这种行人客店。我们于是便停留了一会，以求过路人指出行人客店在哪里。我们立即发现一名青年人从一家店铺冲出来，并急匆匆地向我们靠拢。他对我们说："你们是在找一家客店吧。啊！请允许我亲自带你们去吧。"他说着就与我们同行。"你们在青城很难找到适合你们的旅店。这里是人山人海，有好心人也有歹徒。喇嘛老爷们，难道事态不正是我所说的那样吧。人们的行为都不尽相同。谁不知道恶人始终都比好人多呢？瞧！我向你们讲的是肺腑之言。在青城,人们很难找到一个凭良心行事的人,但这种坦率却是无价之宝……你们这些鞑靼人,你们知道良心是什么。我很早就认识鞑靼人了,他们都很好,心术正直。我们这些中原人却并非如此,我们都惹人讨厌和狡黠,在一万名中原人中才勉强能找到一个有德之士。在本青城,几乎所有人都以欺骗鞑靼人和强夺豪取他们的钱财为生。”

当这个行为无拘无束和附庸风雅的青年中原人,喋喋不休地向我们讲所有这些献媚之词时,他又轮番地时而向我们献鼻烟,时而轻轻地拍我们的肩膀以示友好,有时又抓住我们的马缰绳并想亲自牵马。在所有这些殷勤的行为的背后,他的双眼不时地盯着我们一头骆驼身上驮的两只大箱子,并投去强烈的目光。这清楚地告诉我们,他非常关心其中所装的东西。他认为其中装有很珍贵的商品,他想全部垄断之。我们向各个方向的行走已近一个小时了,一直未到达他夸夸其谈地向我们许诺的那家客店。我们对自己的领路人说:“我们很难过地看到你如此劳神,但我们还不清楚你将把我们带到哪里去。”“听我的,让我做吧！老爷们。我将把你们领到一家很好的、上乘的客店中。不要说我费力气了,不要说这样的话。瞧！这些话使我面红耳赤,难道我们不都是兄弟吗？鞑靼人和中原人的这种差异又有何妨呢？我们语言不同,服装不一,但我们知道人类仅有同样的一颗心,同样的一种良心和一种不变的公理准则……好吧！请等我一会儿,我很快就会返回你们之中来。老爷们!”他如同一支离弦的箭一般冲进了附近的一家店铺中。他很快又返了回来,向我们千般道歉让我们等他了。“你们很累了,是吗？这是可以想象的。在途程中始终如此。行路永远不会像在自己家中一样。”当他这样讲的时候,又有另一名中原人接近了我们,他没有前者那样欢乐和喜气洋洋的脸色。此人身体瘦弱单薄,嘴唇薄而紧闭,两只深陷于眼眶中的小眼使其相貌具有了一种显而易见的诡诈。他对我们说:“喇嘛老爷,你们今天到的？太好了,太好了！你们一路平安吗？……啊！你们的骆驼很好,你们可能旅行得很顺利和很愉快。你们终于到了。太好了……四儿!”他对第一个与我们打交道的伙计说:“你快把这些尊贵的鞑靼人领到一家客店中去,很好。请注意客店要好,把他们带到永义店吧。”“我们恰恰正是要去那里。”“太巧了！店老板是我们的挚友,我亲自去不会无益。我将引荐这些尊贵的鞑靼人。瞧！如果我不去，那将会使我心中感到难过。当有幸遇到兄弟时，最好是帮他们一些忙。老爷们，难道我们不都是兄弟吗？请看我们两人（他指着其青年搭档）都是同一店铺的雇员，我们习惯于处理鞑靼人的事务。啊！在这座简陋的城市里，有些值得信赖的人太好了！”

从这两个表现出无限忠实者的行为来看，人们可能会把他们当成老朋友。但对于他们来说太不幸了，我们对于某些中原人的这类手段很熟悉，我们的性格中没有鞑靼人的那种淳朴和轻信。因此，我们坚信这是两个骗子，他们正准备剥夺我们携带的钱财。

极力从四周观察，我们发现了一块用粗大的汉字写的这样一块招牌：“三全店，安寓客商，马驼店，老不误主顾”。我们立即向其大门走去，我们的两名“保镖”徒劳地抗议说不是这里，我们仍进去了。在让我们的牲畜队进入一条长胡同之后，我们自己也进入了客店的四合院中。当看到在院子中来回走动的带小蓝帽的人之后，我们就知道自己进了一家突厥客栈。

这使那两名中原人很不乐意。但他们却一直尾随我们寸步不离，而又不显得过分难堪，继续扮演其角色。他们装模作样地惊呼：“店家哪里去了？请看，赶快开一大间房，一个漂亮和干净的房间。大人们来了，他们需要一个合适的房间。”店掌柜的出现了，口中叼着一个钥匙，一手拿扫帚，另一只手拿着一个洒水的盆子。我们的两名“保镖”眨眼之间就夺走了这一切。他们口里嚷着：“让我们来干吧！我们想为自己的两名尊贵朋友效劳。你们这些开店人，干活不周到，事倍功半，仅会为金钱而工作。”他们立即开始为他们刚打开的房间洒水、扫除和擦抹。当一切准备就绪后，我们便上床休息，他们出于礼貌而俯在地上。当给我们上茶时，一名衣着干净和身段优美的青年人走进了我们的房间，他手捧一块丝帕的四角，我们无法看到其中所包的东西。那个老滑头对我们说：“老爷！这一青年人是我们商号老板的儿子。我们的主人看到你们来了，急忙派儿子来问你们沿途是否平安。”青年人于是便将其丝帕放在我们面前的一个小凳子上。他对我们说：“这是几块茶点，我父亲在家中让人为你们准备了米饭。当你们喝完茶时，请你们高兴地光临我那破旧的寒舍吃一顿便餐。”“你们为我们费心有什么用？”他们同时呼叫：“啊！请看一下我们的面包吧！你们讲的话已使人面红耳赤了。”店主人端上茶时，打断了他们那令人厌烦的汉语寒暄客套话。

我们自言自语地说：“这些可怜的鞑靼人，当他们不幸落入如此这般人的手中之后，他们必然会被人掠夺一空。”我们用法文说的这些话引起了这三名骗子的高度惊奇。他们之中一人询问我们：“阁下居住在鞑靼地区的哪一个宝旗。”“寒舍不在鞑靼地区，我们不是鞑靼人。”“啊！你们不是鞑靼人……我们清楚地知道。鞑靼人没有如此威严的风度，他们的人不会表现出这样的高尚。我们是否可以问一下府上是什么地方。”“我们来自西方，我们的国家距此很远。”其中的那位老者说：“这太好了，你们是西方人。我对那里知道得很清楚……这些青年人很少懂事理，他们不会观察面相……啊！你们是西方人！我们非常知道你们的国家，我曾多次前往那里旅行。”“我们非常高兴地知道你了解我们的国家。你无疑懂我们的语言。”“你们的语言？我不能说我完全熟悉它，但我懂十个单词中的三四个。要讲这种语言，还有某些困难。但这又有何妨！你们这些人懂得汉语和鞑靼语，这很好。啊！贵国的人都是本领高强者……我和你们的同胞始终都交情甚笃，我习惯于处理他们的事务。当他们到达青城时，始终是我负责给他们采购物品。”

我们同胞们的这些朋友之意图不用怀疑了。他们那处理我们事务的强烈欲望，则是我们必须摆脱他们毛遂自荐的重要原因。当我们饮完茶之后，他们行了一个大礼并请我们到他们家中吃饭。“老爷们！我们已准备了米饭，敝号的掌柜在家恭候你们。”我们郑重地回答说：“请听着！我们讲几句充满理智的话。你们辛辛苦苦地把我们领到了一家旅店，这很好，你们诚心诚意地这样做了。你们在这里已为我们做了许多事，安排这个，收拾那个。你们的掌柜给我们送来了茶点。你们当然都怀有一颗具有无限善意的心。如果不是这样，那你们为什么会对我们这些外邦人作如此之多的事呢？现在你们请我们到贵府去吃晚饭……从你们一方来说这是好意，但从我们一方来说则是不能接受的。在没有长期交往的情况下去别人家吃饭，这不符合中国的礼仪，同样也与西方的风俗相悖。”我们严肃地讲的这一席话，完全打消了那几名诈骗者的幻想。我们又补充说：“如果我们暂时不能去宝号，那就去向你们的掌柜代我们致歉意吧！感谢他关心我们的美意。我们在出发之前可能要采购某些东西,那将是我们前往拜访你们的机会。我们现在去距此很近的突厥餐厅吃饭。”他们以一种略显败兴的口气说:“好吧！好吧！这家餐厅极好。”讲完这些话后,我们便起身,同时出了大门。我们前往城中吃晚饭,他们去向掌柜的汇报其诡计的不光彩结局去了。我们大笑他们的沮丧,而他们却对其伎俩遭到了如此下场而感到气恼。

再没有比中原人与鞑靼人之间所从事的交易,更加不公正和更为令人愤慨的事了。如果天真和淳朴的蒙古人到达一座商业城时,那么他们立即就会被中原人包围并如同强行一般将他们拉到自己家中。中原人立即给他们上茶,卸掉其牲畜的驮子,接着便在某种程度上吹捧他们,并使他们感到晕头转向。蒙古人的性格中不存在口是心非之念,同时也不怀疑别人会如此,所以很快就被这些伪装的友善行为所感动。他们认真地对待了别人向他们滔滔不绝地说的忠诚友好的话,最后坚信自己有幸遇到了一些可以信赖的人。此外,他们自信自己很少有经商的本领,于是便非常高兴地发现了一些兄弟(正如他们所说的那样是阿哈图,Ahatout),而这些兄弟们又很乐意负责代他们买卖,在铺子后面请他们免费吃的一顿丰盛的晚饭,最终使他们坚信这个中原人团伙的忠实了。鞑靼人天真地想:“如果这些人怀有谋求私利的欲望,希望骗我,那么他们就不会免费为我举行如此丰盛的晚餐,也不会为我付出如此巨额的开支。”

一般正是在这第一顿晚餐时,中原人才运用其性格中所带有的一切不诚实和诡诈本领。一旦当他们制服了这名不幸的鞑靼人时,便再不会放弃他。他们给他斟大量的烧酒,让他喝得一醉方休。他们就这样一直在家中挽留他三四天,长期监视不放,让他抽烟、喝酒和吃饭,而店铺伙计则随心所欲地出售他的牲畜和购买他可能需要的物品。他们在一般情况下都让他以通行价格的两倍甚至有时是三倍来采购商品。尽管如此,他们始终具有能说服这位不幸者的邪恶才能,使他坚信为他办成了很有利的交易。所以,当他从那里返回草地中时,他便会对那些助人为乐的“契丹人”的令人难以置信的慷慨行为,充满了迷恋和崇拜。他许诺今后如果需要买卖某种东西时,那就一定要再返回该店铺。

青城的中原商人请我们到他们家中吃饭,仅仅是希望按照鞑靼人的方式对待我们。他们想夺占操纵我们钱袋的权力。他们最终却受到了那些熟知他们全部企图者的嘲弄,他们的这种做法很少会取得成功。

在我们到达青城的第二天,我们便开始准备采购一些过冬的衣物。大家已经明显感到寒冷了,没有皮衣就冒险进入沙漠是很不谨慎的。为了能以最大的方便采购我们的这些物品,我们首先要去抛售几两白银。大家知道,中国人的货币体系仅仅由圆形小枚铜钱组成,其体积如同半个苏(Sou)大。它中间钻了一个小方孔,用一条绳子把它们串起来,这样就可以方便携带。这是在中华帝国内流通的惟一货币,汉人称之为钱,鞑靼人称之为 dehos,欧洲人为它起了一个名称叫 sapeque(铜钱)。黄金和白银不能铸币,而是要铸成大小不一的锭子,然后方可用于流通。刀形和叶形的黄金同样在交易中流通。银号收购金银并以铜钱和代表一笔铜钱价值的钞票付款。一两白银一般出售 17~18 吊(每吊 100 文)铜钱,这种兑率取决于流通地区的白银稀少还是丰富的程度。

兑换商在交易中有两种赢利的方式。如果他们以合适的价格付款,那么他们就在重量上作弊;如果他们的戥子和秤称重方式很公平,那么他们就因此而降低白银的兑率。当他们与鞑靼人打交道时,他们就不使用这两种作弊方式中的任何一种。相反,他们小心谨慎地称银两,甚至试图称得比其真正重量还多一点,接着就以比通行价格高的兑率付现钱。他们使用这些办法能更有效地欺骗那些鞑靼人。他们佯装似乎是在兑换中有所损失。如果仅仅从白银的重量和价格来考虑,那么他们就确实要赔钱,但他们在计算中却捞了回来。在把白银兑换成铜钱时,他们故意算错。鞑靼人只会根据他们的念珠来计算,根本不可能会发现其中的舞弊行为,被迫取走换给他们的那笔钱。鞑靼人对于出售的白银始终都感到很满意,因为给他们称得很好并获得了较好的比价。

在我们前往青城出售白银的两个两换店中,汉族兑换商想根据他们的习惯而使用这后一种方法,但他们上当了。其戥秤上的重量很准确,他们出的兑价比通行兑率稍高一些,因而成交了。两换店掌柜的取来中原使用的计算器——算盘，他在装模作样地认真地计算了一番之后，便向我们宣布了他的计算结果。我们说："这里是一家两换店，你们这些人是买主，我们则是卖主。你们已经计算过了，我们也应核算一遍。请给我一支笔和一页纸。""再公正不过了，你们刚才讲的活道出了交易的根本法则。"他们殷勤地将其墨盒递给我们。我们取来一支笔，经过简单的计算后，我们发现有 1000 文钱的差别。"掌柜的，你的算盘算错了 1000 文钱。""不可能。难道我会突然间忘记了怎样使用算盘？请看我算一遍。"他又开始拨弄其"计算器"上的珠子，而当时正在店中的人却惊奇地看着这一幕。当他算完后便说："确实是这一数，我没有算错。"他把算盘递给了其身旁的一个伙计。此人验算了一下，他们的计算相同。银号掌柜的说："你瞧，没有错误。这怎可能与你刚才写的不相吻合呢？""知道为什么你的计算与我们不相吻合没有多大关系，可以肯定的是你的计算是错误的，而我们的计算才是正确的。请看一下我们写在纸上的这些小字，这与你们的算盘完全不同，它不会错。当世界上的所有财会人员都采取这种运算法时，当终生为此而工作时，那你们一定会得出这样的计算。人们始终都会发现你少算了 1000 文钱。"

银号中的人感到狼狈不堪，他们已开始面红耳赤，这时另一个知道此事将会向很麻烦的方向转化的人充当了仲裁人。他说："我为你们计算一遍。"他操起了算盘，他的计算与我们相符。两换店的掌柜于是便向我们深施一礼。他对我们说："喇嘛老爷们，你们的算术比我要好得多。""不，绝非如此。你们的算盘很好，但在哪里能看到从不会算错的会计呢？你可能会算错一次。如果说我们今天碰对了，那是出于好运气。"在如此背景下，这些话则是中原礼仪所严格要求的。当某人办错事时，大家应避免使人脸红，或者按中原方式讲是不要使他失去面子。

当我们用这些话为所有人遮丑之后，每个人都急急忙忙地去看我们在上面写了几个阿拉伯数字的那页纸。他们彼此之间津津乐道地说："这可真是一个好算盘，它很简单、可靠和运算迅速。""喇嘛老爷，这些字代表着什么？这一算盘是什么？""这是一个永远不会出错的算盘。这些字都是天文官吏们为了计算日月蚀和四季运行①而采用的数字。”在对阿拉伯数字的优点进行简单讨论之后,他们非常正确地付给了我们铜钱,我们便非常友好地告别这些人。

这些人有时也成为他们自己欺骗行为的受害者,大家甚至会发现鞑靼人有时也会使他们落入陷阱。某一天,一名蒙古人拿着一块经过仔细包扎的元宝②,来到了两换店,那里把重3斤的一锭银子叫作元宝。大家知道,在中国,1斤共有16两。3斤从来不是严格准确的,始终会多4~5两。银锭一般均可达到52两重。那名鞑靼人说:“我的元宝重52两,我在家中已称过了。”“你们那鞑靼人的秤最多不过是适宜称羊肉块,用于称银子则没有任何用处。”双主经过一阵争执之后,终于成交了,这一元宝的重量经称量后为50两。鞑靼人根据惯例而收到了兑票和证实其银重量及价值的纸币。他便带着一大笔铜钱和纸币返回其帐篷。

夜间,两换店的掌柜向雇员们询问他们白天的成交额。其中之一说:“我买进了一块元宝,赚了2两以上。”他急忙跑到柜上去寻找他买来的那个元宝。两换店掌柜的经过反复观察这块银锭之后便皱起了眉头:“你买的这是什么元宝?这种东西可能就是你所需要的了,但它肯定不是银子。”这块元宝很快就在所有伙计的手中传递,每个人都说它是假的。购买者说:“我认识那个向我出售它的人,只有向官府控告他了。”

一状告了上去,衙役们立即出发去缉捕伪造银币者。这是一种大罪,比死刑小不了多少。罪证确凿。那个元宝经过认真鉴别,确实是伪造的,而且每个人也都知道是那名鞑靼人出售的。但此人始终厚颜无耻地说他不是罪犯。那名鞑靼人说:“小人卑贱地请求准许我讲几句自我辩护的话。”官老爷说:“讲!注意不要讲不合实情的话。”“我这两天确实向该两换店出售了一块元宝,但它是纯银的……我仅是一名鞑靼人,一个小民,正是由于这一原因,有人在我离开之后于柜上用一个假元宝换了我出售的那个真的

① 耶稣会士神父们把阿拉伯数字的用法传进了北京观象台。

② 元宝是中国人在引入墨西哥式的钱币前所流通的银锭。最常见的元宝重50两,但也有10两重的。

……我不会讲许多话，但我请父母官开恩，下令仔细称一下这个假元宝。”父母官立即下了命令，大家发现这一块元宝的重量为52两……鞑靼人于是便把手伸向一只靴子中，并从中取出了一个小包。他在打开多层的破布之后，向官吏出示了一张纸。他说：“这就是我从银号中收到的一张兑票，它可以证明我的元宝的价值和重量。”官吏吼叫着说：“给我传上这张兑票……”当他用眼浏览了一番并以满怀狡黠的微笑补充说：“根据伙计写的这张兑票证明，这名蒙古人出售了一块重50两重的元宝……这一伪银锭却重52两……真实情况到底如何呢？伪币的制造者在哪里呢？……”任何人回答这些问题都不会有困难，每个人都明白，甚至那位官吏本人也清楚地知道，鞑靼人确实出售了一块伪造元宝，其重量的差别仅仅出于伙计的作弊。在这种情况下，中国法官想坚持公正倒无关紧要，他不公正地判作蒙古鞑靼人有理。两换店的人都遭到了杖笞。如果他们不用钱平息官吏的盛怒和阻碍严厉地执法，那么他就会把伪币制造者们处死。

只是在某些罕见和特殊的情况下，蒙古人才能成功地胜诉中原人。在一般的事态发展中，他们到处和始终都会被其邻居们欺骗，这些人以大量阴谋诡计而最终使他们变得穷苦。

一旦当我们有了铜钱，便想采购几件冬衣。经过计算我们那干瘪的钱袋之后，我们便决定去一家旧衣店买衣穿，并以旧衣服凑合。在汉地和鞑靼地区，穿用其他人的服装不会感到有任何厌恶情绪。那些需要去作礼节性拜访或去参加某种欢庆活动的人可以无拘无束地去邻家或借一顶帽子，或借一条裤子，有时也借鞋子或靴子。任何人对这种借用都不会感到惊奇，这种做法是习惯所认可的。大家在互相借穿衣服时只会感到一种担心，这就是借用人把它卖掉以还债，或者是在穿后把它放进当铺中去。此外，那些需要服装的人就毫不在乎买旧衣或新装。在这样的情况下，价格便宜就是应考虑的第一个问题。大家对于穿别人的裤子不会有任何难为情，就如同是住进一间已有人住过的房子一样。

这种穿他人服装的习惯不大符合我的癖好，它使我感到特别厌恶。甚至是自从我们到达西湾子传教区以后，也从未被迫改变自己的古老习惯。但我们盘费的微薄却被迫不顾及反感行为了。因此，我们试图前往一家估衣店寻找适合自己的服装。没有一个小城市中不会具有大量的估衣店，一般均出自当铺。在所有那些以典押而借贷的人中，只有很少人才赎回他们典当的东西。按照鞑靼人和汉人的说法，这就是“当死了”，也就是说超过了已确定的时限，典当人丧失了赎回的权力。青城的估衣店堆满了鞑靼人的服装。对于我们来说，这太好了，可以使我们根据自己已选购的新衣服而配齐一套。

我们首先参观了第一家店铺。他们向我们出示了一些破烂的带里子的羊皮袄。虽然这些旧衣服极其破烂，上面还沾满了油污，从而使人很难辨别出其本色，但商人仍向我们索求高价。在双方经过长时间地讨价还价之后，我们仍然难以成交。因此，我们放弃了这第一次尝试。我完全可以说自己以某种满意的心情放弃了这次机会，因为我们感到被迫穿这些脏衣服损害了自己的自尊心。我们又去参观了另一家估衣店，接着又一家，最后是一大批。我们遇到了一些很漂亮的，可以说得过去和非常合适的服装，但我们始终是考虑开支问题。我们将要从事的旅行可能会持续数年，特别是在一开始时需要一大笔钱。在奔走了一整天，结识了青城的所有破烂商人以及翻动了其中所有的旧装和腰带之后，我们又返回

1855 年获得荣誉勋章的古伯察

了第一家旧衣店，将就着买了那些我们已经讨价还价地争论过的衣服。因此，我们买了两件古旧的和外加布面的皮袄，我怀疑其布面原为黄色。我们立即试穿了一番，但很快就发现这些服装的裁缝并不是根据我们的身材缝制的。秦神父的皮袄太短，而古伯察先生的那件则又太长。互相交换又是根本不可能的事，这两名传教士的身材非常不成比例。我们开始想剪去其中之一的过长部分以补到另一件上，这似乎是很合适的。但为此而必须使用一名裁缝，我们钱袋还要遭受损失……这种考虑又使我们排斥了第一种想法，于是便决定依照原来的样子，各穿各自的衣服。古伯察决定用一条腰带将其皮袄多余的部分挽到腰间，秦神父仅满足于让他的双腿有一部分暴露在众目睽睽之下。这一切的不利之处，仅仅是告诉众人说，世人始终都很难以完全符合其身材的方法穿衣。

我们带上了自己的羊皮袄，又要求估衣商向我们出示他的一批旧冬帽。我们看了许多顶，最终选中了两顶狐皮帽，其雅致的外表使我联想到了坑道工高大的筒状帽。当我们买完东西之后，每个人腋下都夹着一包估衣，然后就返回了三全店。

我们在青城又居住了两天。除了需要稍作休整之后，我们还非常乐意参观这座大城，并了解建于城中的数目众多而又著名的喇嘛寺。

青城的商业贸易规模很大，但它的这种规模仅仅来自喇嘛寺，因为寺庙的名声把最遥远地区的蒙古人也吸引到这里来了。所以，这里所从事的商业几乎完全是鞑靼式的。蒙古人把大群的牛、马、羊和骆驼赶到了那里，同样也用车子把皮货、蘑菇和盐巴运往那里，这是鞑靼沙漠中仅有的产品。他们作为交换而在回程中运去了砖茶、布帛、马鞍，在供奉的佛像前焚烧的香烛、莜麦面、小米和某些炊具。青城特别以其大宗的骆驼交易而著名。城中主要街道都通向聚散一个辽阔场地，它是要出售的所有骆驼的聚散地。从这块场地的一端延续到另一端的驴背形高台阶，使这一市场酷似于其中开了巨大犁沟的耕田。所有的骆驼都排成行，一头挨一头地拴起来，安排得如此巧妙，使它们的前蹄正好踏在这些高台阶的上部。这样的一种姿态突出了并在某种意义上加大了那些本来就个头庞大的牲畜。我们很难表达这些市场上的全部喧哗声和混乱秩序。除了卖主和买客互相争执和交谈,如同一次骚乱高峰期的嘈杂声之外,还有骆驼的长嘶,因为人们通过鼻子牵着骆驼以试图训练它们跑下和起立。

为了判断骆驼的力量以及它可以驮载的重量,大家分数次地使它负荷。只要它以某种负荷而站起来,这就证明它可以在途中很容易地承负此种重量。人们有时还作如下试验:当骆驼卧下时,一个人用脚跟踩到它身上并由两手紧紧抓住后驼峰的长毛。如果骆驼可以自行站起来,那么它就会被视为是具有第一流力气的骆驼。

骆驼交易始终通过经纪人而成交。卖主和买客从来不会共同在一起商议。他们选择一些与出售无关的人,他们提价、争论和确定价格,其中一人维护卖主的利益。这些"买卖说和人"再无其他职业,他们从一个集市赶到另一集市而追踪交易,正如他们所说的那样。他们一般都懂得牲畜的情况,伶牙俐口,特别是具有能经住一切考验的诡诈。他们口若悬河地轮番使用粗暴的和假惺惺的花言巧语,来论述牲畜的优缺点。一旦当涉及到价格问题时,舌头便不再发挥功能了,而仅仅是用手势来讲话,互相拉手,在他们衣服那长而宽的袖筒中,以其手指来表示商品价格的高低。当成交之后,他们便同意共同去吃晚饭,由买主出钱。然后他们还可以按照各地的习惯而得到一定数量的铜钱①。

在青城,共有五座大喇嘛寺,各自均有2000多名喇嘛住寺。此外,大家还可以在那里计算到15座左右的较小寺,它们如同是前引大寺的分寺。不必害怕夸张,我们至少可以把其中的常住喇嘛数字计算到两万名。至于那些居住在该城各区的经商和贩马的人,则不计其数。五塔寺是其中最漂亮和最著名的一座。一名呼毕勒罕(也就是大喇嘛)就居住在那里。他在被证明即为曾多次经受生死轮回转生法的佛陀法身之后,今天就被置于了五塔寺的一个过去由哲布尊丹巴占据的法台上。他在继一次几乎导致在帝国中发生革命的悲惨事件之后才坐床。

---

① 经纪人的报酬一般是售价的5%,卖主出2%,买主出3%。有一句谚语称这种比例为"成三破二"。

康熙皇帝[①]在他对额鲁特人的大规模军事西征期间，于某一日穿过了青城，很想去拜访当时的五塔寺大喇嘛哲布尊丹巴。此人迎接皇帝圣驾时，却未从他占据的法台上起身，也未向他作出任何尊重的表示。当康熙走上前去与大喇嘛讲话时，他的一名随身将军被此人不尊重其主的行为惹怒了，抽出宝剑就向哲布尊丹巴砍去，并立即使他死在其法台前面的阶梯上。这一悲惨事件使整座喇嘛庙都骚动了。这种群情激昂的情绪很快就传到了青城所有的喇嘛寺中。人们跑到各处都操起了武器，这一天带有很少侍从的皇帝本人的生命也面临着极大危险。为了试图平息喇嘛们的愤怒，皇帝公开斥责了其将军的暴力行为。但将军回答说："如果哲布尊丹巴不是一名活佛，那么他面对天下之主为什么不起立？如果他是一名活佛，那么他怎能不知道我即将处死他呢？"危及皇帝生命的事态变得越来越危如累卵了。他再无其他撤离手段，只好脱去其帝王的龙袍而穿上普通士兵的号衣。他利用这种化装和全面混乱的时机，成功地与驻扎于那里不远的大军会师。在青城护驾的一大部分士兵都被杀，特别是杀死哲布尊丹巴的那名凶手。

蒙古人试图利用这场动乱。有人很快就宣布哲布尊丹巴已转世，他转生到了喀尔喀人地区。喀尔喀人把他置于了自己的保护之下，发誓要向杀死他的人报仇。大库伦的喇嘛们积极地组织起来，他们已经脱去了其黄色和红色的袈裟而穿上了黑孝衣，以纪念

庙宇

① 康熙皇帝自晏驾后被谥为圣祖，为国朝最伟大的一代君主。他曾长期而又政绩昭彰地于1662~1723年临朝，大家经常不无道理地把他比作与他同时代的路易十四国王。

青城的这一悲惨事件。他们很久以来就不再剃头,作为服丧的标志而蓄须留发。归根结底,一切都预示鞑靼诸部族将发动一场大动荡。由于康熙帝的积极活动和少有的外交天才,方能最终制止了事态的发展。他巧妙地与西藏的统治者达赖喇嘛举行了谈判。达赖喇嘛又利用他对喇嘛们的全部影响,使他们恢复了秩序,同时康熙又以军事力量向喀尔喀王公们施加了压力。逐渐恢复了和平,喇嘛们又穿上了他们那黄色和红色的袈裟。但为了保持对他们为支持哲布尊丹巴而采取联合行动的记忆,他们于其袈裟的领子上留下了一拇指宽的黑边。今天,仍惟有喀尔喀喇嘛们才带有这一区别标识。

从这一时代起,一名呼毕勒罕在青城取代了最终定居于喀尔喀人地区大库伦的哲布尊丹巴。但康熙帝以敏慧天才而不断关心喀尔喀地区未来的局势,对于这些安排并不感到完全满意。他完全不相信所有这些灵魂转世论,还清楚地洞察到了喀尔喀人声称哲布尊丹巴于他们之中转世的目的,仅仅是把一种在必要时可以反对大清皇权的势力控制在自己的手中。撤销哲布尊丹巴需要有一种冒险的勇气。因此,皇帝在允许哲布尊丹巴存在的同时,也想到了削弱其影响。他在拉萨地方政府的协助下,降旨承认哲布尊丹巴为大库伦的合法领主,但在他的历辈圆寂之后,都必须前往西藏转生……康熙非常有理智地希望一名西藏血统的人,会很难赞同喀尔喀人与北京朝廷作对的感情。

对于康熙帝的圣旨及达赖喇嘛的命令百依百从和非常崇拜的哲布尊丹巴,从此之后必然会前往西藏灵魂转世。然而,由于大家在他尚年幼时便去其故乡寻找并迎请他,所以他必然会受到其周围人的影响。人们都声称,他随着年龄的增长也增加一些不太有利于朝廷的感情。1839 年,哲布尊丹巴从事了我们上文已讲过的那次北京之行,朝廷对此所表现出的恐慌完全出自对所有这些昔日事件的回忆。

从所有鞑靼地区集聚到青城喇嘛寺中的喇嘛,都很少会在那里最终定居。他们在这类“大学”中取得了其学位之后便返回故乡,因为他们普遍都很喜欢在草地中大量分散的小寺庙中生活。他们在那里过着一种更为自由和更为符合其无拘无束性格的生活。他们有时也居住在自己家中,如同其他鞑靼人一样看守畜群。

他们更喜欢安静地生活于自己的帐篷中，而不是在寺院中受戒律和每天诵读经文的约束。这些喇嘛仅仅从他们那黄色或红色的袈裟上，才能看出是出家人，大家一般均称他们为在家僧和百姓僧(居士?)。

第二个等级则由那些既不住在家中，也不定居于喇嘛寺中的人组成，这就是云游喇嘛或挂单和尚。他们基本都如同候鸟一般生活，从来不在任何地点定居。他们不断地受一种我们不知道是什么秘密焦虑的催促，不知道是一种什么样的对休息的反感情潮，使他们始终处于游方之中。他们纯粹是为了旅行而旅行，是为了到处跑路而变换地点。这些人从一个喇嘛寺跑到另一个喇嘛寺，在旅途中可以在他们遇到的所有蒙古包中停留，始终可以确信鞑靼人不会不友好地接待他们。他们无拘无束地穿堂过室，大摇大摆地坐在灶前。大家都为他们煮茶，他们边喝茶边傲气十足地列举他们曾经旅行过的地区。如果他们心血来潮地想在蒙古包中过夜，那么他们便躺在一边，一直酣睡到次日。清晨，他们在继续云游之前，要在帐篷前面默立片刻，漫不经心地观察行云和大山的顶峰，脑袋左顾右盼，如同在察看风向。最后，他们终于启程了，始终没有目的地，完全受他们偶尔在面前遇到的羊肠小道的支配。他们头向前倾和双目低垂地前进，手执一条长棍，背负羊皮囊。当他们疲劳时，便前往山峰上的岩石下、山沟的深处和其他任何一个其一时的任性促使他前往的地方休息。他们在途中往往仅仅会遇到沙漠。如果他们在那里遇到了夜幕突然降临，那么他们就会“盖天铺地而睡”。正如他们所说的那样，苍天就如同这个被称为世界的帐篷的顶盖。

法器

这些云游喇嘛们可以参观他们能到达的一切地区：汉地、满洲、喀尔喀、南蒙古诸旗、乌梁海、青海、天山南北、西藏、印度，有时也去新疆。没有一条他们未曾趟过的河，没有一座他们未曾攀登过的山，没有一名他们未曾向之顶礼的大喇嘛，没有一个他们未曾于其中生活过的民族，也没有一个他们不熟悉其风俗、习惯和语言的民族。在他们的云游中绝不会存在迷路和在沙漠中迷失方向的危险。他们漫无目的地旅行，随意到达的地方始终正是他们希望去的目的地。有关始终远途跋涉的犹太人的传说，恰恰就在这些喇嘛们身上表现出来了。人们会说他们受到了一种秘密的强大力量之影响，使他们不停地从一个地方奔向另一个地方。上帝似乎在他们血管内流动的血液中，增加了某种具有如此动力的东西，促使这些人各自走路，从来不让他们停止。

以教团式生活的喇嘛组成了他们之中的第三类。人们把完全建于一座或数座佛寺附近的一批房子称为喇嘛庙。这些住宅根据其主人的能力而大小不同，豪华程度也各有所异。那些以教团而集体生活于其中的喇嘛，一般都比其他喇嘛更严守教规，也更为坚持诵经和学习。这些人被允许在自己家中饲养几头牲畜，养几头奶牛以供应他们日常的基本食物——奶和酥油，养一匹马以备往沙漠中旅行，养几只羊准备在节日时美餐。

在一般情况下，所有的喇嘛寺都有基金，由王公或皇帝们供应。在一年的某些时期，这些收入都要根据喇嘛们于其等级系统中所达到的品位而分配。那些具有医学家或精明占卜学家之名声者，往往还有机会额外地得到很好的收入，但很少会发现他们能变成富翁，那些具有幼稚和无预见性的喇嘛们，不会节俭地使用他们突然间收入的财富。他们花钱与其赚钱的本事一样大。某名喇嘛前一天晚上还身着肮脏而破烂的僧装，第二天就能以其服装的华丽而与喇嘛寺中的最高僧官相媲美了。某一喇嘛一旦手头有了钱或牲畜，立即就会奔向最近的商业城购买衣物，从头到脚豪华地穿戴起来。但始终有可能是在此后不是他本人使用这些漂亮的衣服。数月之后，他又重新走向汉人居住区，不是去最漂亮的丝绸商店摆阔气，而是将他们的黄色袈裟投入当铺中。其次，喇嘛们都空抱美好的意愿能够赎回他们送入当铺的东西，他们几乎永远无法实现这一愿望。为了坚信这一点，只需要浏览一下鞑靼—汉族城中的估衣店就足可以了，那里始终都堆满了喇嘛们的东西。

从我们所观察到的情况来看，鞑靼地区喇嘛们的数量特别多。我们认为可以不用害怕犯错误而直率地提出，他们至少组成了其居民的1/3。在几乎所有的家庭中，除了长兄仍保持为黑头人外，其余所有的男性儿童都是喇嘛。鞑靼人是被迫而不是出于仰慕才选择了这种地位。他们从出生起，就根据其父母的意愿成为喇嘛或黑头人，父母给他们剃头或让其头发生长。所以，随着他们年龄的增长，他们便按其地位穿戴。后来，某种宗教狂热最终使他们与该教密切地联系在一起了。

有人声称，大清朝的政策倾向于在鞑靼地区增加喇嘛数目。汉族官吏们向我们肯定了这一点，这件事似乎确实如此。其中可以肯定的是，北京中央政府在让汉族和尚们处于贫困和卑微处境的同时，却尊重和促进了一种特殊形式的喇嘛教。据说，中国政府的秘密意图在于增加喇嘛的数目，并通过这一办法阻止鞑靼地区人口的发展。对古代蒙古人势力的记忆不停地使它感到不安，它知道蒙古人过去曾统治了中华帝国。由于害怕一次新的入侵，中央政府坚持通过一切可能的办法而削弱他们的势力。然而，虽然蒙古地区的人口与其辽阔的辖地比较起来显得很稀少，但那里在一天间就可以出现一支可怕的军队。只要像哲布尊丹巴那样的大喇嘛稍一示意，从西伯利亚边界一直到西藏边陲的所有蒙古人立即就会如同一个人一样揭竿而起，就会如同潮涌一般地冲向其上师呼吁他们的任何地方。这样一来，他们自两个多世纪以来所享受到的和平似乎使他们那好战的性格变得软弱无力了。但大家还可以发现他们并没有完全丧失对战争冒险的爱好。成吉思汗率领他们征服世界的大战尚未完全从其记忆中消失。他们在游牧生活的长期闲暇中，非常喜欢谈论这件事，喜欢实现他们设计的含糊的入侵计划。

在我们于青城的短期停留期间，不断地与最著名的喇嘛寺中的喇嘛们建立关系，始终设法搜集有关鞑靼地区和西藏佛教的状况。人们向我们所介绍的一切，只不过是向我们越来越证实过去所获悉的有关同一问题的内容。在青城如同在多伦诺尔一样，所有人都向我们重复说，越是我们向西方前进，我们就越会觉得佛教更为崇高和更为灿烂而明晰。据曾参观过西藏的喇嘛们介绍说，拉萨就如同一大光源，其光芒越远离其中心就会越减弱。

某一日，我们有机会与一名藏族喇嘛交谈了一段时间，他讲述的有关宗教内容的事情使我们感到了震惊。我们逐渐向他阐述的基督教理则未曾使他感到多大惊奇。他甚至向我们坚持说，我们所说的话与西藏大喇嘛的信仰相差无几。他说："不应该把宗教真谛与影响无知者们轻信的许多迷信相混淆。鞑靼人很淳朴，他们会跪拜自己所遇到的一切，在他们眼中看来，一切都是不岫罕（佛陀）。喇嘛、经书、寺庙、喇嘛庙，甚至是他们堆积在山顶上的石头和人骨遗骸，都被他们置于了同一行列。他们每前进一步都要跪倒在地并将合十的双手放于额前而呼唤："不岫罕！不岫罕！""但喇嘛们不是也崇拜无数的不岫罕吗？"他笑着说："这一点需要作一番解释。只有惟一的一位主宰者创造了世间万物，它是无始无终的。在印度，它被称为浮屠，在西藏被称为无所不能的永久神，汉人称之为佛，鞑靼人称之为不岫罕。""你是说佛陀是独一无二的。在此情况下，拉萨的达赖喇嘛、札什伦布的班禅、西番人中的宗喀巴、多伦诺尔的噶尔丹、大库伦的哲布尊丹巴、青城的呼毕勒罕、北京的呼图克图，然后是所有那些居住在鞑靼和蒙古地区的大批萨布隆（活佛）[①]将会怎样呢？""他们都同样是佛。""佛陀可见吗？""不，他没有凡胎肉体，它是一种精神实体。""这样一来，佛陀就是独一无二的了。但实际上却存在着诸如萨布隆和其他那些无数的佛陀……佛陀是无形的，大家无法看到他。但达赖喇嘛、哲布尊丹巴和其他所有活佛都是可见的，从而获得了一种如同我们一样的身体……你应该怎样解释这一切呢？"他伸了一下臂膀并以一种很典型的权威口气说道："这一教理……这一教理是真实的，这是西方的教理，但具有深不可测的奥妙。大家可以一直将此解释到底。"

这名藏族喇嘛的话使我们感到很惊奇，上帝的惟一性、转生的奥义、真实存在的教理，都使我们觉得被包括在这些信仰中了。然而，由于这些表面很正确的教理，他承认了灵魂转世说和一种他无法解释的泛神论。

---

① 用喇嘛的名称来说，人们称呼所有那些死后还经历相继转世的人为萨隆，他们都被视为活佛。

这些有关佛教的新资料，使我们确信从这名西藏喇嘛心中发现了一种比较纯洁和处于世俗信仰之上的象征主义。因此，我们坚持自己的决定，一直继续西行。

当我们启程时，我们便按照习惯叫来了店掌柜的，以便结算账目。我们计算了一下，租用一间三个人四天的房间以及六头牲畜，使我们花费了至少二两白银。我们也非常高兴而惊奇地听到了店主人对我们说："喇嘛老爷们，不用算了，付 300 文钱给柜上吧。这就够了……"他补充说："本店是新建的，我想为它赢得一种好名声。由于你们来自一个遥远的国家，所以我希望你们能对你们那显贵的同胞讲一下，本店值得他们信赖。"我们回答他说，我们将到处大讲他们的无私精神，当我们的同胞有机会来参观青城，他们肯定会在三全店下榻。

第六章

遇到一名吃鞑靼人饭者——阿尔萨兰的失踪——一支庞大的骆驼队——深夜到达察罕库伦——客店中拒绝接待我们——投宿于一羊圈——黄河泛滥——察罕库伦一瞥——出发穿过黄泛区——租用一只船——到达黄河岸——宿营于一座庙的柱廊下——拉骆驼上船——渡过黄河——在黄泛区的艰难行进——在水边宿营——附录

我们于九月四日(1844 年 11 月 13 日)离开了青城。我们已经旅行一个多月了。这支小小的旅行队非常艰难地到达了城外。街中堵塞着小车、牲畜以及商人摆列着各种商品的凳子。我们只能小步前进,甚至经常在能够找到插足之地以前被迫长时间地停留。当我们最终到达城市西门一带最后的一幢房屋时,天已快到中午了。惟有在那里,我们的骆驼才能在一条宽直的路上迈大步自由地向前行走。在我们右方屹立着一座陡峭的山岭,使我们避开了北风,使人完全感觉不到这一季节的严寒。我们穿行的地区始终属于西土默特旗,到处都可以看到与我们在该城东部发现的同样富裕和繁荣的迹象。到处都有许多村庄以及农业和商业生活的一切附属设施。虽然我们不能在耕田中支起帐篷,但我们也想在情况允许时重新锻炼我们那鞑靼人的生活习惯。我们不是进入一家客店去吃早饭,而是坐在一棵树下或一块岩石下,吃我们于青城准备好的几个油炸馒头。来往行人看到这种略显野蛮的生活方式一般都会发笑,但他们实际上对此毫不惊讶。鞑靼人不大习惯文明民族的习惯,他们有权在路中做饭,甚至是在旅店很多的地方依然故我。

在白天,这种旅行方式没有任何不便,不过由于在野外地区过夜是不谨慎的,所以我们于太阳落山时便返回了一家旅店。此外,照料我们的牲畜也迫切要求这样做。由于牲畜们在路途中找不到任何可以啃吃的东西,所以我们不得不为它们采购草料,否则很快就会看到它们被饿得昏倒。

在我们离开青城的第二天，我们在自己过夜的旅店中遇到了一名特殊的人物。我们刚刚为自己的骆驼卸去驮子并把它们拴在草料棚下的一个槽子上，便发现一名行人进入了大院，他身后以笼头拉着一匹瘦得皮包骨的马匹。此人身体并不魁梧，相反却出奇地丰腴。他头戴一顶宽大的草帽，其弯曲的帽檐一直垂到双肩；一把长刀挂在腰间，这与他面部的喜色形成了鲜明对照。他一进来就喊道：“掌锅的，贵店中可否有我的位置？”“我只有一个房间供行人住宿。三名蒙古人刚才到达，现已占了该房间。去看一下他们是否愿意接受你。”新来者大步流星地走向我们已经住下的地方。“喇嘛老爷们！平安和幸福！你们占据了该房间的所有位置了吗？

中国的衙门

是否还能留给我一小点地方呢？”“为什么不会再为你留一点位置呢？因为这里已经有了我们的位置？难道我们这些人不都是出门人吗？”“讲得太好了！讲得太好了！你们是鞑靼人，而我是汉人。不过你们极为懂礼，你们知道四海之内皆兄弟。”他讲完这些话之后便前去将其马拴在槽头上，正巧在我们牲畜的旁边。然后他将其小行李放在炕上，如同一个疲乏不堪的人一样横躺在炕上。他说:“哎哟！哎哟！我终于下店了……哎哟！这里比在路上好得多……我现在可以休息一会儿了！”我们对他说:“你要到哪里去？为什么你在旅行中要佩带一把刀呢?”“啊！我已经走了很多路,还有更多的路要走……我经过了鞑靼人地区。在这些大漠中,最好是身边有一口刀,因为大家难以断定始终都会遇到正直的善良人。”“难道你是经营盐巴或白蘑菇的某一中国公司的成员吗?”“不,我属于北京的一家大商行,负责去鞑靼人中收账……你们这些人呢？你们要到哪里去?”“我们这几天要在察罕库伦渡过黄河,然后将继续西行并经过鄂尔多斯的领土”。“你们似乎不是蒙古人?”“不,我们来自西天。”“啊呀！我们几乎一样,我们的职业并无差异。你们也如同我一样是吃鞑靼人饭者。”“你说是吃鞑靼人饭者……这是指什么呢?”“是,我们的职业是吃蒙古人。我们这些人通过贸易而吃他们,而你们则是通过祈祷而这样做。蒙古人很单纯,我们为什么不利用这一点赚钱呢?”“你错了,自从我们到达鞑靼地区以来,我们花费了大量钱币,但我们从未从鞑靼人处取过一文钱。”“啊呀！啊呀!”“你可能认为我们的骆驼、行李等等一切均来自鞑靼人……你错了,所有这一切都是用来自我国的钱采购的。”“我相信你们来鞑靼地区是为了念经。”“你说对了,我们确实为此而到达这里,我们不会做交易。”我们做了某些详细说明,以使这个好人理解到,在真正上帝的崇拜者和佛陀的崇拜者之间存在的差异。宗教使徒的无私之心特别使他感到惊奇。他说:“在此地区,事态并非如此。喇嘛们从不无偿念经……至于我,如果不是为了赚钱,从不会步履鞑靼人地区。”听到这些话之后,他便放声大笑,同时又喝了一大杯茶。“这样一来,还是不要说我们是同一职业的人,而仅仅说你自己是吃鞑靼人饭者。”他以一个深信不疑者的口吻吼叫:“我可以向你保证,我们这些商人都是真正吃鞑靼人饭者,我们吞噬他们,大口地啃他们。”“我们非常好奇地想知道你怎样做,才能在鞑靼地区吃得这样好。”“确实如此,难道你不了解鞑靼人吗？你们难道没有发现他们都如同稚童一般吗？当他们到达交易地点时,便想要买下他们看到的一切。在一般情况下,他们都缺钱,但我们会帮助他们。我们赊给他们商品,但条件理所当然的是他们要付得昂贵一些。当他们不留下钱而带走商品时,则必须交付一小笔30%或40%的利息。难道这不是很公正吗！慢慢地利息积累了起来，然后再利中计利。这种做法只能与鞑靼人成交。在中原，皇帝的法律反对这种做法。但我们被迫在草地中奔驰，我们完全可以索取利中利……难道这也不很公正吗？鞑靼人的债务是永远不会被取消的，它可以世代相传。人们每年都去讨利息，可以用绵羊、牛、骆驼、马匹等交纳。这些要比钱好得多。我们用低价取走牲畜，然后再高价销售到市场上，啊！鞑靼人的债务是好事！这确实是一座金矿。”

这名“要账的”在阐述剥削方法时，不停地以大声欢笑来为其滔滔的讲述伴奏。他的蒙古语讲得很流利，其性格同时也充满了敏锐和毅力。我们很容易设想，那些鞑靼欠债人被控制在他的手中之后，肯定不会愉快。正如他亲自用他那生动的语言所讲的那样，他确实是一个吃鞑靼人饭者。

天尚未亮，“要账的”就已经起身了。他对我们说：“喇嘛老爷们，我要备马并立刻就走，今天与你们同路。”“希望与别人同路，而又在别人尚未起身时就出发，这真是一种特殊的方法。”“啊！你们这些人骑骆驼走得很快，很快就会赶上我。我们一同到达了察罕库伦（白围场）。”他走了，我们一直休息到太阳升起的时候。

我们这一天很凄凉，始终都在抱怨自己的损失。经过数小时的行走之后，我们发现阿尔萨兰没有跟上旅行队。我们停了下来，桑达钦巴骑上他的黑色小骡子返回去找它。他跑遍了沿途中遇到的所有村庄！但他的寻找一无所获，只好独自悻悻地返回。桑达钦巴说：“这是一只汉地狗，不习惯于游牧生活，可能因在沙漠中奔走感到疲劳，去耕耘区为人效劳了。”“我们该如何办？是否还应该等待？”“不，走吧。天已不早了，由此到白围场尚很远。”“啊！如果没有狗，难道我们就不能旅行吗？”在桑达钦巴讲了这些颇有感情的话之后，我们便上路前进。

首先，丢失阿尔萨兰使我们略感凄凉。我们已习惯于看着它在草原中跑前跑后，在大草丛中玩耍，追逐灰松鼠和恫吓栖落在平原上的鹰。它那不停的活动能打破我们所经过地区的单调，并在某种意义上使人觉得路途缩短了。它的看门作用尤其是我们遗憾的原因。然而，在我们痛惜的感情过去之后，经过一段时间成熟的考虑，使我们明白了这种损失并不像我们开始所想象的那样大。随着我们学会了游牧生活，对小偷毛贼的害怕心情也就日益减弱。

此外，阿尔萨兰也没有很好地完成它的看门任务，每天被迫的长途跋涉使它在夜间酣睡得没有任何事能吵醒它。事态变得更坏了，我们每天早上都来来往往地卷起帐篷和为骆驼负载，阿尔萨兰则始终都呆在一边，趴在草地中沉睡不醒。我们被迫打它几下以警告旅行队即将启程。有一次，一只野狗未遭任何反抗，便在夜间进入了我们的帐篷，甚至还有时间偷吃了我们的莜麦面粥以及一根蜡烛，我们在帐篷外还发现了蜡烛捻及几块残片。一种经济上的考虑最终使我们的悲伤完全平息了。因为每天必须给阿尔萨兰一份面粉，其口粮至少与我们每个人的一样多。可是我们并没有富裕到每天都在我们的饭桌上供给一个食量很大的客人之程度，而它的服务又无法补偿它给我们造成的开销。

据过去人们向我们提供的资料来看，我们应于这一天到达白围场。太阳已落下去了，我们徒劳地向自己前面的远方瞭望，在地平线上看不到任何标志一座城市存在的迹象。我们最终发现，在边远的地方，有一阵如同浓厚尘云一般的东西，它似乎一直向我们飘来。我们逐渐清楚地看到了由突厥商人牵着的大批骆驼的特大体形。他们向北京运输来自西部诸省的商品。与这支普遍都驮着牛皮箱子的一眼望不到头的骆驼队相比较，我们这一支小小的旅行队就显得太寒酸了。我们向开道的骆驼御手询问，现在距察罕库伦是否还很远。他狡黠地笑着说："你在这里看到了我们这支旅行队的一头，另一端尚未出城。"我们回答他说："谢谢！在此情况下，我们很快就要到了。""是的，你们很快就要到达，最多不过15里地左右。""怎么会有15里路？你为什么说你们所有的骆驼尚未都从察罕库伦出来呢？""我向你们讲的是真话，你们不知道我们至少牵着一万头骆驼。""如果确实如此，我们就再没有可耽搁的时间了。祝你旅途顺利，一路平安！"我们立即加快步伐前进。

这些拉骆驼的人被太阳晒黑的面庞，具有某种野性孤僻和愤世嫉俗的表情。他们从头到脚都裹着山羊皮，骑在骆驼的两个驼峰之间，基本如同商品包裹一般。他们勉强地转动着脑袋以观察我们。横穿沙漠的五个月的旅行几乎使他们完全变得粗野了。这支实在了不起的骆驼队的所有骆驼，都在脖子上系着西藏铃铛。其清亮和变化多端的声音产生了一种悦耳的音乐，与拉骆驼人的忧郁寡欢、沉默寡言的相貌形成了鲜明的对照。但我们的行进有时也完全能够迫使他们打破沉默。那名狡黠的察罕胡尔人找到了迫使他们注意我们的办法。几头比其他骆驼更为胆怯的骆驼看到我们的小骡子就受惊吓,它们无疑将它视为一头野兽。它们于是便试图向相反方向逃去,在逃跑中带动了追随它们的其他骆驼,从而使这支骆驼队由于这种作用而呈一张弓形。队形的这种突然变化把赶骆驼人稍微从其闷闷不乐的昏沉状态中唤醒,他们发出了一声沉闷的抱怨声。当他将骆驼队收拢到大路中间时,向我们射来了一道愤怒的目光,桑达钦巴相反却放声大笑。我们徒然地呼唤他稍微闪开一些,以不再惊吓那些骆驼,他装聋作哑,置之不理。这支骆驼队的溃散使他看到了一个非常开心的场面,他有意不停地来回驱动他的小黑骡子。

第一个牵骆驼的人没有骗我们。他的那支骆驼队确实在没完没了地延伸。我们一直走到夜间,右边受一山岭的限制,左边受如同一道活动屏障般前进的骆驼队的限制,这支骆驼队由于桑达钦巴的捣乱而变得呈一个大螺旋状。

夜已经完全黑了,我们尚滞留在途中,根本不知道自己往哪里去。我们遇到了一名骑驴的汉人,他匆匆忙忙地走着。我们对他说:“老哥!白围场还远吗?”“不远了,兄弟们!你们离那里很近了。请看那边闪烁着的光亮,这就是城中的灯光。你们仅有五里地要走了。”在夜间的一个陌生地区,五里地已经很远了,但也只好听天由命。天空似乎变得越来越低,越来越黑,没有一丝月光,甚至没有一丝星光照着我们的前进。我们觉得自己在黑暗的混乱之中和深渊之间行进。我们决心步行前进,希望能看得更为清楚一些。但情况正好相反,我们如同摸索一般缓慢地前进。接着,我的身子突然向后一闪,害怕触到眨眼之间就如同从深渊中间冒出来并矗立在我们面前的大山或城墙。我们很快就汗水直淌,被迫重新上了坐骑。它们的目光肯定比我们可靠。庆幸的是我们骆驼的驮子捆得很牢固。如果在这种黑暗之中,行李如同在我们旅行的头几天经常出现的那样倾覆下来,那该是多大的灾难啊。

我们到达了察罕库伦,但并未因此而使我们的窘境有所缓和。我们进入了一座大城,那里应有很多旅店,但究竟到哪里去寻找呢?所有的店门都已关闭,街上没有任何人。跟在我们后面狂吠和乱跑的大批狗,是惟一说明我们进入了一座大公墓的标志。最后，在信步穿过了几条荒凉而寂静的街道之后，听到了锤子敲打铁砧的有节奏的响声。我们便向这一侧走去，很快发现了一大片火光和一股浓烟，火星飞溅到了街上。这表明我们遇到了一家铁匠铺。我们走上前去叩门，非常谦恭地请求铁匠兄弟能给我们指出一家客店。首先，他们对鞑靼人和骆驼作了一番嘲弄。接着，铁匠铺中的一名青年人点起了一个火把并出来为我们寻找一投宿处。

在第一家客店前，经长时间的敲门和呼叫之后，有一个人最终决定出来了。他半开着门与我们的领路人长时间地交谈。非常不幸，我们的一头骆驼在这时被一只咬了其腿的狗触怒了，无所顾忌地发出了一声响亮的嘶叫。店主抬起头来对这支卑微的旅行队巡视了一番，又突然间关上了大门。在我们投宿的所有客店中，我们基本上都受到了同样的接待。一旦当他们发现是留宿骆驼，他们便会毫不犹豫地回答说已没有空位了。这是由于这些牲畜确实在客店中使人很棘手，它们往往成为制造严重混乱的原因。它们那巨大而又奇特的形状经常会惊吓马匹，以致于那些进店的汉族旅客都提出了不许在店中接待鞑靼骆驼队的条件。我们的领路人由于发现其努力无效而表现厌烦，向我们道了晚安之后，便返回铁匠铺中去了。

我们被饥饿、干渴和疲劳折磨得精疲力竭，因为我们在漆黑的夜中来回走动了许久，穿过了所有街道，又没有找到任何一个能使我们稍微休息一下的地方。在这种可悲而又使人不知所措的处境中，我们只好决定与我们的牲畜一起蜷缩到某个角落中去，在那里耐心地等待上帝的仁慈让黑夜尽快过去。我们对自己的旅行产生了如此一种奇怪的想法，突然我们听到从附近的一个羊圈里发出了羊叫声。我们于是便决定去那里做最后一次尝试。我们前去敲门，门立即开了。“老哥，这里是一家旅店吗?”“不，这是一个羊圈……你们这些人是谁?”“我们是行路人，半路上遇夜幕降临。当我们进城时，所有的客店都关门了，任何人都不想接受我们。”正当我们这样讲述的时候，一名老人走上前来，为了照亮而手拿一根点着的粗树枝。当他发现我们的骆驼和服装之后，便呼叫：“你们好，你们好！喇嘛老爷们，请进里面来吧。院子里有地方安放你们的牲畜。我的房子相当大，你们可以于此休息几天。”我们遇到了一个鞑靼家庭，因而得救了。转眼之间，我们就卸下了行李并将牲畜拴在桩子上。我们最终坐在蒙古人的火炉旁,那里正有奶茶等待我们。我们对老人说:“老哥,无须向你发问了,我们今天应感激蒙古人的好客。”“是,喇嘛老爷们,我全家都是蒙古人。我们很久以来就不住蒙古包。我们来到这里修建住宅以作绵羊的买卖。啊!我们不知不觉地变成了中原人。”“你们的生活方式确实发生了某些变化,但你们的心始终是鞑靼人的……在整个察罕库伦,我们都未找到一家中原人客店愿意留宿我们。”鞑靼人此时发出了一声深深的叹息,并凄凉地摇摇头。

这场对话不太长。户主已发现我们被折磨得极其疲劳了,于是便在大厅的一角打开了一条很宽的羊毛毯。我们以自己的双臂当枕便躺在那里,不多一会儿就酣睡了。如果桑达钦巴没有来摇醒我们说晚饭已做好,那么我们就可能会以这种姿态一直睡到次日早晨。我们置身于壁炉一侧,在那里发现了两大杯奶,灰中埋着两个馒头以及几块煮好的羊骨头。这一切都被放在一条充当桌子的矮凳子上。这太好了。我们迅速贪婪地吃过晚饭之后,又与该家庭交换了一撮鼻烟,然后又返回到我们刚才离开的地方睡觉去了。

第二天,当我们起身时,天已经大亮了。头天晚上,我们既没有力气也没有时间讲我们的旅行。所以,我们迫不及待地把自己的行程路线告诉了那名鞑靼人,并向他请教良策。一旦当我们说明自己的计划是渡过黄河,并继续穿过鄂尔多斯地区旅行时,从各处都发出了惊叹声。那名鞑靼老人说:“这一旅行是不可能实现的。黄河八天以来始终可怕地泛滥成灾,大水尚未退下来,它淹没了整个平原……”这一消息使我们打寒战,因为我们从未料想在察罕库伦会遇到如此严重的障碍。我们过去知道自己将要渡过黄河,可能要乘一条破船,但那样渡河我们的骆驼也相当棘手了。我们从未想到自己将会面临这种河水最严重泛滥时期的黄河。除了暴雨季节已过很久之外,这一年几乎是普遍的干旱。所以人们不可能预料到会有如此大的洪水。这一事件也出乎当地许多人的预料之外,因为每年的黄泛期都发生在阴历六月或七月间。

当我们获悉这一令人沮丧的消息之后,便迅速地向城外走去,想去亲自察看一番,看我们听到的介绍是否被夸大了。我们很快就坚信他们所讲的完全是真情。黄河变得如同一片汪洋大海,根本不可能遥望到其边际。大家只能在很远的地方望见一些似乎是漂在水面上的绿色小岛、房舍和某些小村庄。我们向许多人请教，在遇到如此可悲的局面时应采取什么对策，但众人的观点完全不统一。有人认为我们没有必要再继续赶路了，在大水已退去的那些地方，淤泥很深，道路泥泞难走，骆驼更无法前进；我们特别要防备那些被水淹没的平原，那里几乎每一步都会遇到深坑。其他人则讲了一些使我们听起来不是灾难性的话，他们向我们断言我们在三日间可以逐站找到准备好的船只，摆渡我们的人员和行李不会花很多钱，牲畜可以很容易地登上一只黄河中的大船，随同我们一起渡过黄河。

这个问题的情况都摆出来了，现在必须作出一种决断。我们觉得若原路折回，从情理上说是不可能的。我们相信能得到上帝帮助，会克服所有障碍而到达拉萨。若绕过黄河北上，那就会大大地增加我们旅途的距离，而且还会迫使我们穿过戈壁大漠。留在察罕库伦并耐心地等待一个月，让洪水完全退却下去和地面变得相当干燥，从而能够使我们的骆驼有一条安全和容易走的路，从一方面来看，这一主意似乎最为谨慎；但从另一方面看，我们又面临严重的麻烦。我们与自己的五头牲畜长时间地住在一家客店中，不得不看着小钱包明显地变瘪。剩下的惟有第四种方法了，也就是完全置身于上帝天意的保护之下，不顾泥泞和沼泽而一直前进。事情就这样决定了，我们返回住处作出发的准备。

察罕库伦是一座庞大而漂亮的城市，完全是新建的。它没有标注在由安德里沃—古荣刊行的中国地图中。这无疑是由于原驻北京的耶稣会士神父们奉康熙皇帝的诏令测量中华帝国地图时，它尚未出现。在横穿汉地、满洲和蒙古的旅行中，我们在任何地方都没有发现如同白围场这样的城市。它的街道宽阔、干净且不太嘈杂，其建筑整齐，外表相当雅致。这一切都证明了其居民的富裕。我们在那里发现了几处点缀着漂亮树木的大广场。特别使我们感到惊奇的是，在汉地的城市中从未见过类似的情况。那些维持得非常干净的店铺，都相当充足地供应着汉地产品，有时甚至还出售来自俄罗斯的欧洲产品。但由于察罕库伦紧傍青城，从而大大地损害了其商业。鞑靼人始终都更愿意去青城，那里的商业规模很久以来就在蒙古的所有地区都更为著名。

参观察罕库伦使我们花去的时间，比开始预料的多得多。当我们回到留宿我们的那个鞑靼家庭时，天已近中午了。我们发现桑达钦巴正等得不耐烦和脾气很坏。他装得满不在乎地询问我们的日程安排。我们回答说："今天启程已太晚了，明天再走，将要经由鄂尔多斯。大家告诉我们说，由于遭水淹而已无路可走。那好吧！就让我们走出一条路来吧。"这些话突然间使察罕胡尔人眉头舒展了。他说："这太好了。当人们从事像我们这样的一次旅行，就不应怕五行。那些害怕死于途中的人就不应该迈出门槛。这就是生活的法则。"羊圈中的那名鞑靼人，想壮着胆子对我们的计划提出某种反对意见，但桑达钦巴不让我们费口舌去回答此人。他接过话头勇敢地反驳此人，甚至竟讲了一些粗暴和嘲笑的话，以反对这个尊敬的老翁。他对此人说："我们清楚地看到你已成了一名契丹人。你现在认为，为了赶路则必须等待地干和天晴。瞧，你刚才讲了一些证明你已不再是蒙古人的话。大家很快就会看到你臂下夹着一把雨伞，手摇一只扇子放羊去了。"任何人都不敢再与这名察罕胡尔人辩论。大家决定，明晨天开始发亮时，我们就执行自己的计划。

这一天剩余的时间被用于采购某些口粮。由于害怕一连数日被陷于大水淹没的平原缺乏柴薪，所以我们便准备了一大批羊油炸馒头。我们也没有忘记自己的牲畜，它们也受到了我们的关心。这条路将会变得很累人和很难行走，我们在夜间将向它们提供能够设法买到的最好草料。此外，一旦天亮，我们将慷慨地供给每头牲畜一顿丰富的莜麦。

我们心中充满着勇气和对上帝的信任而出发了。那名非常友好地在家中留宿我们的鞑靼老人，一直把我们送到城外。他在那里指出了远处一片似乎由西向东移动的浓厚蒸气，它标志着那是黄河河道。这名鞑靼人说："在你们望见这些濛濛雾气的地方，有一条在洪水不太大时，用于控制黄河河道的大堤。现在，这条堤已干了。当你们到达那里时，便逆堤而上，一直到那边从右手方向看到的一座小庙，在那里会找到一只渡船把你们摆渡到黄河彼岸。你们一定要盯着这座小庙，不要迷路。"当对这名善良老人的全部照顾表示感谢之后，我们便继续赶路。

我们很快就进入充满淡黄色和已腐臭死水的耕田中了。一眼望去,我们面前只有茫茫无垠的沼泽泥潭,每隔一段距离才有不久前退水的小堤交错其中。这些地区的耕农被迫成了船夫,大家看见他们在耕田中摆渡的小船,从一个地方到达另一个地方。我们仍在这些水淹地中行走,但始终以缓慢和无法形容的艰难步履前进。我们那些可怜的骆驼都身不由己,它们蹄下到处都遇到稀泥,只能滑步前进。瞧着它们的头不停地和惶惶不安地左顾右盼,四蹄瑟瑟发抖,浑身流汗,大家每时每刻都会认为它们即将支撑不住了。

当我们到达一个小村庄时,天已近中午了。我们仅仅前进了半法里路,但已在艰难中走了许多迂回路和绕了不知多少蜿蜒曲折的圈子,使自己精疲力竭。我们刚刚到达一个村庄,就有一群勉强用破衣烂衫遮身蔽体的赤贫团团围住我们,一直追随我们到达一大片水边。因为我们被迫在水坑前停了下来,现在再没有办法前进了。到处都是一望无际的湖泊,它们一直延伸到我们望见在黄河边上矗立的大堤为止。几名船夫迎上前来,询问我们是否想过河?他们保证把我们带到大堤上。他们声称我们从那里可以很容易地到达小庙处,在那里可以找到一只渡船……我们问船主这次摆渡共收多少文钱?

"不多,几乎是不收钱。我们可以让人员、行李、马匹和骡子上船,另一个人牵着骆驼过湖。因为我们的渡船很小而无法装载骆驼。对于如此多的工作,我们确实只收很少一点钱,这几乎是徒劳地付出许多辛苦。""你说得很对,工作量很大,我们不持异议。但最终请讲一句稍微清楚一点的话,你们索取多少文钱?""啊!几乎是不收钱。我们都是兄弟,你们是出门在外的人,我们对此很理解。好吧!我们基本上是无偿地让你们上船,这是我们的义务……但请看一下我们这些人的服装,我们很贫穷,我们的船就是我们的全部所有,我们必须生活。五里地的航行、三个人、一匹马、一头骡子、一应行李……好!因为你们都是信教的人,所以我们只收2000文钱。"这一价格很高,我们没有回答一句话。我们牵着牲畜的缰绳,原路返回,装作要从那里折回。我们刚走了几步,船主便奔向我们:"喇嘛老爷们,难道你们不想乘我的船渡水吗?"我们冷淡地回答说:"不,但你可能太富有而不屑吃任何一点苦了。如果你想让人租你的船,难道你要收2000文钱吗?""2000文钱是我出的价,但你们可以说出至少给多少。”“如果你同意500文钱,我们立即就出发,天已不早了。”“回来吧!喇嘛老爷们,登船吧!”他一边讲这些话,一边抓住我们牲畜的缰绳,我们以这一价格最终成交了。但我们刚一踏入船舱,船主便向他的一个同伴嚷道:“请看,快来这里。我们今天的命运不好,应该稍作一点事。我们将划船航行5里地,而最终只有1500文钱,要供8个人分配。”“1500文钱?请告诉我们,这是否是一句笑话?我们要走了。”我们第二次原路返回。在中国的一切交易中必不可缺的中间人便出现了,并负责解决价格问题。最后决定我们付800文钱。这已经是一笔巨款了,但我们再无其他办法赶路。这些艄公们也清楚地知道这一点,他们要尽可能地利用我们的处境。

装船工作进行得特别快,我们很快就离开了河岸。当我们在湖面上奋力划船前进的时候,有一个人骑在一头骆驼上并将另外两头拉在身后,沿着由一名船员驾驶的小船经过的路前进。此人被迫不断地探测水深,牵骆驼的人非常注意地让骆驼走到由小船领路的狭窄航道中,惟恐被水下掩盖的深渊所吞没。我们看到骆驼缓步前进,仰起了长长的脖子,在湖面之上仅能使人看到它们的头和驼峰脊。我们始终都处于惶惶不安中,因为这些牲畜不会游泳,只要一有失蹄就会沉没于水底。

由于上帝的保佑,一切都安全地抵达了人们向我们指出的大堤。艄公们帮助我们匆匆忙忙地重新把行李安排在骆驼背上之后,又指出了我们应前往的地方。“看到右方的那个小庙吗?在距该庙几步远的地方,你们看到那些木棚和悬在长杆上的黑网吗?……你们在那里会找到过河的船。沿此堤坡前进!祝你们平安!”

我们在沿该堤艰难地行走了半个小时之后,便到了渡船的码头。艄公们立即迎上我们。他们说:“喇嘛老爷们,你们无疑是要渡黄河……但你们看,这件事今晚已不大可能,太阳正要落下去。”“你们的话合情合理,我们明天一早再渡河。但我们今晚讲好价钱,明天就不再费时间讨论了。”那些汉族船夫们更喜欢等到明天讨论如此重要的问题。他们希望在我们即将登船时索取一笔更多的钱。他们从一开始就漫天要价。出于万幸,那里有两只船在互相竞争,否则我们就会破产。其价格最终定为1000文钱。航程并不太远,因为黄河水已几乎完全复归河床,但流速很急。此外,骆驼也必须登船。这笔钱确实很多,但由于渡河的困难和辛苦,所以我们认为还是合理的。

当处理完这些事务之后,我们便想到了过夜的办法。我们不想去这些渔夫们的板棚中寻求避身之地。即使地方相当宽敞,我们对于把自己的东西交给这些人,也有一种难以克服的不快。我们相当熟悉中原人,所以不敢相信他们的正直。因此,我们设法在某处支起自己的帐篷。但我们反复在周围转来转去,始终没有成功,我们不可能找到一个相当干燥的地方。淤泥和死水潭几乎覆盖了所有的地面。在距河岸百步远的地点有一座庙,大家可以通过一条狭窄却明显高出平面的路通向那里。我们前往那里看看是否可以找到一处避身之地。一切都颇为遂心如愿。大门前有一个由三根石柱支撑的廊子,大门用一把大锁锁闭。这个由花岗岩建成的廊子高出地面数法尺,人们可以从左、右和中间的五级台阶攀登上去。我们决心在那里过夜。桑达钦巴问我们,在一个庙的台阶上睡觉是否为一种邪恶的迷信。当我们排除了他的顾虑之后,他发表了一些具有哲理的思考:“这是当地人为敬河神而修建的一座庙。当西藏降雨时,菩萨无力使其他地方避免被水淹。不过此庙今天则用于留宿两名耶和华的传教士,这是它惟一的用途。”我们的察罕胡尔人开始时对于住在这座偶像崇拜庙的廊下产生顾虑,后来又发现这太妙了。他对于这件事的前后对比大笑不止。

在把行李仔细地堆放在这个奇特的宿营地后,我们便去黄河岸边作晚课。皓月当空,照亮了这条滔滔的大河,它那淡黄色和汹涌的河水,在一片平川上奔腾。毫无疑义,黄河是世界上所拥有的最漂亮的江河之一。它发源于西藏的山区,流经了青海而从甘肃省进入中原。它沿着贺兰山①山脚下的沙漠流出,绕过了鄂尔多斯地区。它首先由北向南,然后又由西向东流经中原,最后注入了黄海。黄河的水流在发源地清澈见底,十分秀丽,只是在流经阿拉善和鄂尔多斯之间的沙土地之后,才呈现了浅黄色。其河床几乎始终都与它流经的地面一样高,人们把该河那破坏性的泛滥归咎于

① 贺兰山指阿拉善地区,包括位于鄂尔多斯地区与新疆地区之间的高山地和一个高原。

这种陡壁夹岸的常见缺陷。这些可怕的洪峰在中原地区的破坏性很大,对游牧鞑靼人的损害却很有限。当大水泛滥时,游牧民只要卷起帐篷并将其畜群赶到其他地方,就万事大吉①。

虽然这条表面上非常不驯服的黄河已使我们严重受阻,但我们很喜欢于夜间在安静的河岸边散步,并聆听其滔滔波浪那庄重的低沉而连续的咆哮声。我们正在观察大自然的这种奇景,桑达钦巴前来使我们回到了现实生活之中,他平静地报告我们说,莜麦面已煮好。我们便随他前去吃饭,吃饭的时间很短,饭肴也不算丰盛。我们接着将自己的羊皮铺在廊子下,形成一个三角形,中间堆起我们的全部行装,因为我们从未想到圣址能够阻止扒手(如果附近确有的话)。

正如我们上文已指出的那样,这座小庙是供奉黄河河神的。供于青砖祭坛上的偶像面目狰狞,如同大家在中国的庙中普遍遇到的所有偶像一样。供像于其宽平而颜色鲜艳的面部,突出了两只大眼睛,睁得如同鸡蛋大,人们可以悬空把一根钉子插于其空间。他的眉毛很浓厚,不是画成横眉,而是从耳朵下部一直向上画到额头正中,从而形成了一个钝角。供像带有一种海螺式的帽子,以一种威胁的姿态舞动着一口锯形刀。菩萨左右有两名小弟子,他们向菩萨伸舌头并似乎是在嘲弄他。

在我们即将去睡觉的时候,我们发现一个人向我们走来,手里挑着一只彩纸小灯笼。他打开了关闭庙院的栅栏门,三次跪拜,在小香炉中焚香并在偶像的脚下点起一盏小油灯。此人不是和尚。他那以其辫子形状下垂的头发以及蓝色的衣服,说明他是一名世俗男子。当他完成其偶像仪轨之后便向我们走来。他说:“我让大门开着,你们最好是睡在里面而不在走廊上。”我们回答说:“谢谢,重新关好你的门吧。我们在这里很好……你刚才为什么要来焚香

---

① 黄河的河床曾经过多次大幅度地改道。在古代,其入海口位于北纬39°处的北直隶湾,现在则位于北纬34°处,距原来的地方有25法里之远。中国政府被迫每年耗费巨资将黄河水控制于河床中并预防水灾。1779年,为完成堤坝工程而用的劳工,花费4200万法郎。尽管采取了这样的预防措施,水灾还是很频繁的。因为黄河现今的河床在河南和江苏省内200多法里的地方,要比形成其流域的辽阔平原的平均高度高得多。这一河床始终由于河中冲积的大量泥沙而加高。我们可以预计在一个不太远的时间内,会发生一次可怕的灾难,可以对这条令人恐惧的河流附近地区造成死亡和破坏。

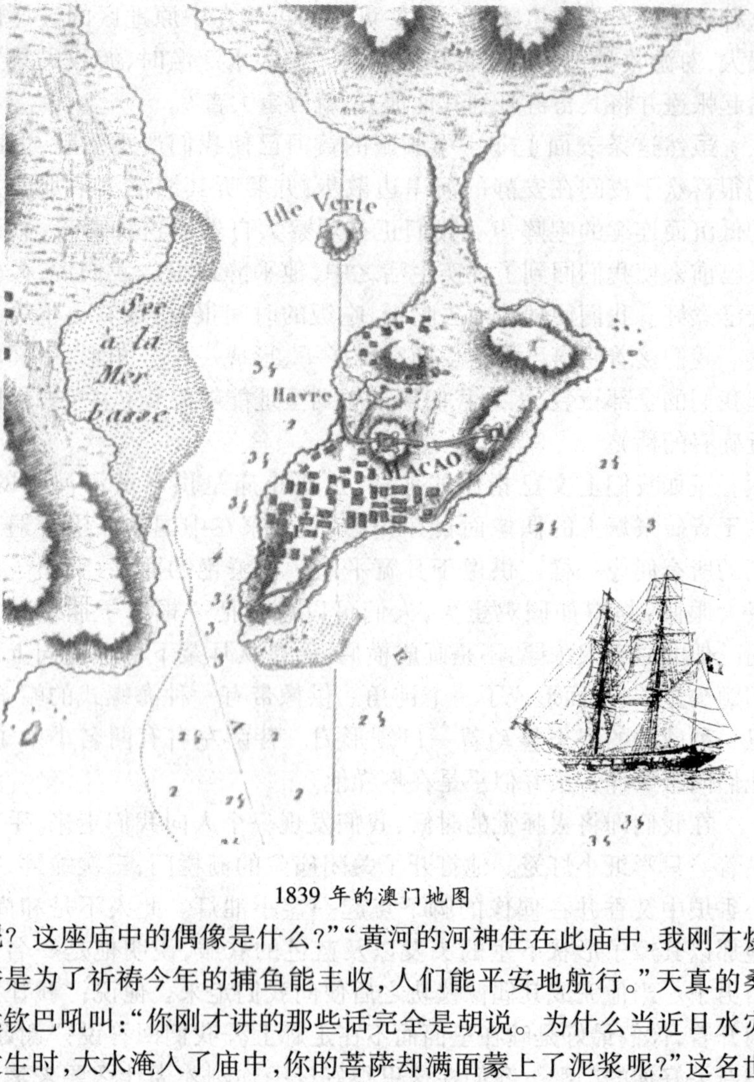

1839 年的澳门地图

呢？这座庙中的偶像是什么?”“黄河的河神住在此庙中,我刚才烧香是为了祈祷今年的捕鱼能丰收,人们能平安地航行。”天真的桑达钦巴吼叫:“你刚才讲的那些话完全是胡说。为什么当近日水灾发生时,大水淹入了庙中,你的菩萨却满面蒙上了泥浆呢?”这名世俗的小庙管理人听到了这种出乎意料的责备之后撒腿便跑。这使我们感到非常惊奇,但我们次日才得到答案。

我们最终躺在自己的山羊皮上并稍作休息。睡意来得很慢,而且还是有间隔的。我们置身于辽阔的沼泽泥潭和大河的河床之间,整夜都感到寒气逼人和刺骨的寒冷。寒气从四肢一直侵入到我们的骨髓中。天空晴朗而宁静。我们早上起床后,便发现附近的污泥上覆盖了相当厚的一层冰。我们迅速地作好了出发准备,但在搜集我们的全部物品时，却发现丢失了一条手帕。我们不慎把它放在庙门的栅栏上了，使它一半搭在庙里面，另一半搭在庙外边。除了那个夜间前来于偶像前还愿的人之外，夜里再没有任何人来过。因此，我们不用作出轻率的判断便可以断定他偷走了这块手帕。我们于是便明白了他为什么很快地逃走，而没有对桑达钦巴的讲话反驳一句。我们会找到这一扒手，因为他是定居在河畔的渔民之一，正如中国人所说的那样，这实际上是无益的“闹事”。必须当场抓住偷盗者。

我们将自己的行李装到骆驼背上，以旅行队的形式赶到了黄河岸。我们已经预见即将到来的这一天会充满各种灾难和困难。骆驼非常怕水，有时绝对不可能把它们拖上一只渡船，有时会还撕破它们的鼻子，用棍棒打得它们遍体鳞伤，仍不能使它们前进一步，实际上更可能会把它们折磨死。我们面前的渡船对我们具有几乎无法克服的困难。这只船既不平坦又不宽敞，就如同那些在一般情况下都被用作渡河的船一样。船舷很高，以致于牲畜被迫冒着被折断腿的危险跳上去。在遇到摆渡一辆小车时，情况则完全不同了。首先必须彻底拆车，然后再用手工把零件装上车去。

艄公们已七手八脚地将我们的东西装到他们那条极糟的船上，但我们阻止了他们。我们说：“请等一会儿，应首先让骆驼上去。因为如果骆驼不想上船，那就没有必要装行李了。”“那么你们的骆驼是从哪里来的呢？为什么不会上船？”“知道它们从哪里来没有多大意义……我要对你们说的话是，这头白色的大母驼从不想渡过任何江河，即使是乘一条平底船也罢。”“平底或不平底的船，大母驼或小母驼，这一切都必须要过去。”他边讲这些话边奔向船舱并操来一根大木棒。他对同伴说：“抓紧缰绳，稍微拉一下这头大牲畜的鼻子。我们将会看到大家是否能成功地让它卧到我们的船上。”其船上的一个人全力拉动拴着骆驼鼻子的缰绳，另一个人用棒子狠命敲打它的后腿，促使它前进。但这一切均无效，那头可怜的牲畜发出了刺耳和痛苦的叫声，伸出了长长的脖子。它的鼻孔中鲜血直涌，四条蹄子颤抖，但仅仅如此，它寸步不肯前进。此外，为了登上船，只有很少一点路可走，其前蹄已接近了船沿，它只要迈前一步就可以上船上。但这是不可能的。

我们无法长时间地忍受这种局面，于是便对艄公说：“够了，不必更多地打它了。否则,你将会打断它的腿,杀死它而不是使它进入你的破船。”两名艄公立即坐了下来,因为他们都累了,其一用力拉缰绳,其二则使劲打骆驼。骆驼也得以休息一会儿。它开始呕吐并吐出了近一桶咀嚼了一半的草,发出了一阵令人窒息的气味。但我们更为焦急不安。我们讨论了一会儿在此窘迫的情况下应采取什么办法。返回察罕库伦并在那里卖掉我们的骆驼而买几头骡子,这是我们的第一项计划。艄公们提示了第二种计划:他们说,在距察罕库伦有两日行程的地方,有另一个叫作包头的渡口。在那里找到渡黄河的船都是平底的,完全适宜渡骆驼……我们觉得这一主意比前者更好,于是便决定采纳之。当我们已经忙于将行李重新放到骆驼的两驼峰之间时,船主突然间站了起来。他以刚刚想到一种绝妙主意的口气呼叫:“还应该再试一次。如果我想出的办法不能成功,那我就不再管了。”他讲完这些话后便发出一阵不可抑制的狂笑。我们对他说:“好吧!如果你想出的一种好主意,那就请你赶快执行吧。时间很紧迫,我们这些人绝无意发笑。”他对同伴说:“拉住缰绳,尽可能靠近它慢慢地拉动。”当骆驼向前走了几步而以其膝部接近船沿时,艄公便急跑几步以其全身的重量扑在牲畜的后部。这种突然的、粗暴的和出乎意料的冲击使骆驼弯下去了四条蹄子。他几乎没有中断地接着第二次发起了推动冲击,骆驼为了避免跌倒而只好抬起前蹄并登上了船。获得这第一次成功之后,其余就容易了。稍微一拉骆驼鼻子和轻轻打几下就足可以完成这一工作了。一旦当大骆驼上船这后,大家都放声大笑。大家使用了同样的方法赶另外两头尚在陆地上的骆驼,这一切都很快地顺利地装上船了。

船主在解开使船停泊在码头上的缆绳之前,想让骆驼卧下,因为他害怕这些庞然大物的运动会造成翻船。这种做法成了一台真正的喜剧。艄公的性格诙谐而暴躁,他一头一头地拉骆驼,时而拉这一头,时而又拉那一头。当他刚一接近,骆驼口中还在半反刍的草便会喷他一脸。艄公也向骆驼鼻子吐一口而作出反击。这项工作进展得不快,当已设法使之卧下的牲畜一看到人离开它去拉另一头时,它立即就会重新站起来。他持续地来回走动并伴以与牲畜互相唾骂。在这场激烈的搏斗中,艄公败阵了。他很快从头到脚都沾满了一种浅绿色和发出恶臭味的物质,但仍未因此而成功地以他的心愿安排骆驼。桑达钦巴看到这场奇特的活动之后便笑得眼泪都流出来了,他最后开始同情艄公了。他对船家说:“走开!去开你的船吧,让我来摆弄这些牲畜。各就各位。”船家刚刚解开其船缆,我们的牲畜已经一头紧靠一头地卧下了。

我们最终在黄河上航行了。四名打桨人驾驭船只,只能以极大的辛苦才能抵挡得住激浪的冲击。当一头骆驼突然间站立起来剧烈地晃动船只,并几乎使船翻沉时,我们仅仅航行了全航程的近一半。艄公有时发出一阵咒骂之后,便告诉我们说,如果我们不想都被大水吞没的话,那就应看好骆驼,并阻止它们站立起来。这确实具有极严重的危险,没有从其腿部绊住的骆驼,完全不服从船只的突然运动,似乎让我们面临一场巨大灾难的威胁。桑达钦巴及时灵巧地接近了骆驼并让它们非常安静地卧下。最后,我们怀着对一切灾难的恐惧心情,到达了黄河彼岸。

在卸船的时候,急于登上岸的马一蹦就跳出了船,但撞在一根木桨上,便侧倒在污泥中。这片地尚未干,我们被迫脱掉鞋子,用双肩把行李扛到附近的一个高坡上。我们在那里又向船家打问,在走完眼前望到的泥潭沼泽之前,是否还很远。船主抬起头来,在观察了一番太阳之后,便对我们说:“很快就到中午了。你们今晚到达小河岸,明天就可以到达干地了。”我们就是根据这些令人沮丧的情况,走入了一名旅行家可能会在世界上遇到的最糟地区。

人们向我们指出了前进的方向,但大水毁掉了任何大道与小路,我们只能根据太阳的运转而决定自己的前进目标,只要沼泽和泥洼地使我们能走就行。我们有时要艰难地走很长的弯路,才能到达我们远远望到的那片绿色的地方,我们希望在那里能找到一条不太泥泞的路,但经常上当受骗。当我们到达望眼欲穿的地方时,出现在我们面前的却是一片茫茫的腐水,水面上飘浮的水草使我们产生了错觉。于是我们又必须原路折回并探寻新的道路,在各个方向试验,但我们的苦难始终没有完结。到处是死水潭或可怕的污泥。我们始终感到战栗不安,每前进一步都战战兢兢地害怕遇到某种深渊。

我们的牲畜很快就被吓倒并精疲力竭,既没有力量也没有勇气继续前进。于是便需要使用暴力,加倍地用力抽打它们并大声呼唤驱赶它们。当它们的蹄子被绊在泥潭植物中时,它们只好跳跃着前进。这就会冒把行李和骑在上面的人抛入深潭中的危险。上帝保佑着这些传教士们,使我们始终免遭灾难。只有我们的那头岁口最小的骆驼三次失去平衡并侧身倒下。但这些事故反而使我们更加钦佩上帝对我们的保佑。它们的失蹄始终发生在很罕见的几处地面比较干燥的地方。如果骆驼不幸倒在沼泽中,那就根本不可能把它扶起来,它会窒息于泥浆之中。

在这一环境恶劣的地区,我们遇到了三名汉族旅行者。他们将其鞋子和衣服包成了一个小包挎在肩上,拄着一根长长的手杖,在沼泽中艰难地前进。我们向他们询问在哪一个方向走才能找到一条畅通的路。他们回答说:"你们本来就应该留在察罕库伦。步行者很难穿过这些泥潭。你们骑骆驼想到哪里去?"他们同情地看

清朝的广东总督耆英

着我们又继续赶路了,因为他们自信我们永远不可能完成自己的事业。

当我们看到一处蒙古住宅时,太阳将要落山了。我们径直走向那里,不再顾及路途有多么艰难了。此外,小心防范也是无益的,我们历经艰辛,已经知道在受大水蹂躏的这些地区没有可供选择的地方。绕行和迂回走路只能会延长我们的苦海,仅此而已。鞑靼人惊讶地看着我们浑身滚满了泥浆,并满身大汗。他们立即

给我们捧上了奶茶,慷慨地留宿我们。他们那小土屋虽然建于一个高岗上,也有一半被水冲走了。如果他们不亲口告诉我们说,他们是放牧察罕库伦中原人之畜群的,那就很难理解他们会定居于如此悲惨的地区。我们休息了一段时间之后,便向他们打听道路的消息。他们说在五里远的地方,河岸已干涸,在那里会发现渡过彼岸的船只。他们补充说:“当你渡过小河之后,你们就可以平安地旅行,不会再遇到水了。”我们对这些善良的鞑靼人所提供的消息表示感谢后便登程了。

经过半个小时的行走之后,我们确实发现了一大片由打鱼小舟往来的水面。人们对这条河的称呼(小河)无疑在过去是适宜的,但在我们发现它的时间则如同一片茫茫无际的大海。我们在河岸支起了帐篷,由于这里地势很高,所以地面特别干。牧场壮观的美景促使我们在此停留数日,以让我们的牲畜休息一下,它们自从离开察罕库伦之后就一直忍受着令人难以置信的疲劳。我们也感到需要对在黄泛区于思想和身体上所遭受的痛苦略作一番休整了。

附 录

黄 河

黄河是一条黄色的大河，如此称呼是由于其水卷走的冲积物所导致的。它是世界上最大的江河之一。它发源于西藏，流经了青海、甘肃，在蒙古绕过了鄂尔多斯地区，然后又越过万里长城，流经陕西、山西、河南、山东，最后在经过3500公里的曲折流程之后注入黄海。它那可怕的和经常性的泛滥，使它获得了"炎黄子孙之一害"的诨号。古伯察和秦神父渡过黄河的地方现已干涸，黄河已向更靠西面的地方改道。普热瓦尔斯基由于根本不懂这一事实，因而怀疑该传教士游记的真实性。

"黄河改道的记载，充满了自大禹时代起直至今日的整部中国历史。其原因是由于水中冲卷的泥沙，泥沙出自它流经地区的地质之腐蚀作用。一旦黄河从山中流了出来，其倾斜度就明显降低，因而既减缓了其流速，又减少了其水流量，越流向下游，发展得越明显。因此，它那直到当时为止，泥沙达到了饱和的水流量，也随着其活力的减少同时成比例地失去一部分。黄河水不能一直冲到海中的这很大一部分泥沙，每年都可达数百万立方米。因而黄河占据的河床便逐渐升高，黄河的所有故道都一直高于它流经的平原。

"1906年，戴理尔（W·T·Tyler）向海关总署报告了黄河的最高水位，在济南府的下游部分，于20年间升高了15法尺。这种局面能持续很久吗？他的基本印象是黄河不可能再于其故河道中维持20年了。如果它再次改道，就再不可能使它回归故道，其后果将比1851年的决口造成的灾难更具有无可比拟的破坏性。这样的大水灾在4000多年间肆虐于15万平方公里的土地上，触及到了2000多万民众。"（孟图克拉特：《马可·波罗》第13章）

第七章

配制汞药治虱——蒙古人的污秽——喇嘛教的生死轮回论——洗涤衣服——游牧生活的总则——水鸟和候鸟——鸳鸯——龙雀——小河的渔夫——捕鱼——遭狗咬的渔夫——苦果或圣—依纳爵豆——准备出发——渡过小河——路途的危险——桑达钦巴的忠诚——与鄂尔多斯旗王爷协理台吉的会见——宿营

当我们占据这一地盘之后，便在帐篷周围挖了一道深沟，以便在下雨时更有利于雨水流入附近的水塘中去。我们用土来堵塞新住宅的边缘，借助于组成骆驼鞍架的垫子和毯子，搭成了柔软而又很厚的简单床铺。总而言之，我们试图使自己享受到可以设想的一切安乐，以得到沙漠能够为可怜的游牧旅行家提供的一切方便条件。当我们完成这一切安排之后，便想到了使我们的人身干净和整洁的帐篷略为相宜一些。

我们上路以来已近一个半月了，尚穿着出发那天穿的衬衣。我们不断受烦扰的刺痒，已经相当清楚地表明自己的衣服上长满了那种污秽不堪的小虫虱子。汉人和鞑靼人已经很习惯它们，但对于欧洲人来说，它们则始终是一种使人感到害怕和厌恶的东西。在我们的长途旅行中，虱子始终是我们所遇到的需要忍受的最大痛苦。我们必须与饥渴作斗争并忍受之，还要与严寒和暴风搏斗。在整整两年期间，野兽、强盗、雪崩和大山的深渊，在某种意义上都从未停止使死亡在我们头上徘徊。但所有这些危险和考验与我们经常受其害的这种可怕的寄生虫相比较，我们始终把那些全部危险都视为微不足道。

从察罕库伦出发之前，我们在一家药店用几文钱买了一些汞，用它制成了一种效果迅速而可靠的治虱良药。这种药方是当我们在汉人中居住时，由别人传授的。如果它对其他人有某种用途，那么我们将于此指出此配方。首先要取半两汞，再放入一些事先通过咀嚼而成为糊状的老茶叶，为了使这种物质变得更稀软，人们一般还从中加入一些唾液，加水则不会具有同样的效果。然后需要揉和与搅拌，以至于使汞分裂成如同尘埃一样细小的小汞珠为止。再把用棉线松弛地搓成的一条小绳子，浸泡在这种水银混和物中。当这种卫生绳晒干时，只要把它拴在脖子上就可以了。虱子的身体会胀起来，呈现一种浅红的颜色，立即就会死亡。在汉地和鞑靼地区，基本每三个月都必须换一次这种绳子。因为在这些不洁的地区，否则就很难预防寄生虫。人们在汉人的家中或蒙古包中坐一会儿，就会染上这种令人生畏的寄生虫。

鞑靼人不会不懂这种有效地和不太贵的预防虱子的办法，但他们却绝对不会使用。他们从孩提时代起就习惯于在虱子中生活，最终变得几乎对此不屑一顾了。惟有当这些不速之客大量繁衍，以至于很明显地侵害其皮肤时，他们才想到了减少其数目的办法。他们脱掉衣服之后，便共同“狩猎”这类“小野味”。对于他们来说，这一工作是一种消遣，如同一种彬彬有礼和开心的娱乐。当时正处于帐篷中的生人或朋友，都会毫无反感地抓起一片衣襟并尽力帮助搜寻虱子。那些正巧在场的喇嘛们，尽量避免模仿黑头人的这种极野蛮的行为，他们捉住虱子也不杀死之，而仅满足于把它们抛向远处，不对它们进行任何残害。因为据灵魂转世论认为，杀死任何一个生灵都必然会成为杀生犯。虽然普遍的观点如此，但我们还是遇见了几名在这一问题上的看法更为纯洁一些的喇嘛。他们承认喇嘛属于从事可敬职业者，应避免杀生。他们认为这并不是害怕做杀人犯和害怕杀死一个转生为动物的人，而是因为这样做与一个诵经人基本上是温和的、与神相通的性格相抵触。

有些喇嘛在这一问题上已经讲究到幼稚可笑的程度了。他们在旅行中始终极其小心谨慎。如果他们在路上发现了某种小昆虫，那么他们就必须要突然停住马并让它向另一个方向走。不过他们也承认，即使最神圣的人，每天也会出于不慎，而使大批生灵致死。为了替这些无意的杀伤赎罪，他们必须斋戒和接受苦厄、念诵某些咒语和愿文并多次跪拜。

对于我们这些没有如此谨慎态度和思想上完全不接受灵魂转世论的人来说，我们则尽量多制一些水银绳。当我们希望彻底消灭日夜折磨我们的寄生虫时，便要加大水银的剂量。

杀死虱子是小事一桩。为了阻止它们过早地再出现，我们必须洗涤自己所有的内衣，因为我们很久以来就不可能把自己的衬衣送往洗染店了。近两个月来，我们一直在路途中，仅仅能自我照料，从此也必须依靠自己。这种困难处境又迫使我们逐渐学会动脑筋想办法，对每种活动都学到了一些。每当我们的衣服或鞋子需要紧急修理时，我们就分别自我充任裁缝和钉鞋匠。我们的游牧生活也迫使我们成为洗衣工。在煮了一些灰水之后，我们便把自己的衣服泡进了灰水中，前往帐篷附近的一个池塘边去洗衣。两块石头（一块用于放衣服，一块用来捶打衣服）是我们可以利用的仅有工具。我们无需费很大力气，因为池塘中的腐水和含钾硝的水很有利于洗涤。最后，我们以一种无法表达的欢乐，欣赏着我们那干干净净的衣服，把它们晒到了很高的草上，然后再折叠起来。这一切对于我们都是一种真正的乐趣。

我们在这一宿营地体验到的恬静，使我们神奇般地从在泥潭中经受的疲劳中恢复过来了。天气很好，甚至可以说是天遂人愿。白天很温暖，夜间天空晴朗。我们拥有随意使用的燃料，洁净而丰富的牧草、硝石的盐霜和带咸味的水，都非常适宜于我们的骆驼。所有这一切都使得我们那因疲劳和危险的沿途痛苦而受创伤的心舒展开了。我们强迫自己遵守一种显得很奇怪的生活规则，它也可能与在信教家庭中所用的规则不太相一致。但这种生活完全适应于我们这个小团体的需要。

每天清晨天刚蒙蒙亮，当第一束阳光尚未照到我们帐篷顶上的时候，我们便起来，既不需要震荡器也不需要铃声。我们简单地洗漱完毕之后就把自己的羊皮卷到一边去，把我们的几件炊具整理好，最后再打扫一下我们的住处。因为我们希望尽量在我们的住处出现一种整齐和干净的外貌。在这个世界上，一切都是相对的。我们的帐篷内部会使一名欧洲人感到可笑，但却使那些有时前来拜访我们的鞑靼人感到钦佩。我们的木碗保持得很干净，我们的锅始终都擦得锃亮，我们的服装尚未完全沾满油腻。这一切都与鞑靼人住宅的混乱无秩序和肮脏形成了鲜明对照。

当我们整理完房间后，便举行共同祈祷，然后就各自分散，前往沙漠中沉思某种神圣的思念去了。啊！在这片辽阔而偏僻地区的寂寞之中，再不需要一本经书在祈祷问题上提示我们了。人世间事物的空虚、上帝的威严、天意的无竭之财、生命的短暂性、为来世辛劳的重要意义、千种其他拯救的思想都自动地出现了，无须费力便静悄悄地占据了我们的思想。这是由于在沙漠中，人们都心旷神怡，不受任何一种形式的约束。这一切都远离了我们，所有这些系统的和奇怪的思想、这种臆想中的幸福之空想、人们都不断会认为可以得到却又不断化为乌有的东西、所有这些利己主义和私利的无穷结合。总而言之，所有这些灼热的激情在欧洲都可以自动地冷却、互相撞击和互相变化，使所有人都群情激昂和都心绪纷繁。在我们的这些寂静的草原中，没有任何能使我们开心和阻止我们把本世界的争执缩小到合理的意义上的东西和能正确地评价上帝和永生的东西。

应该承认，继思考之后的活动，仅仅是神秘的动作。但这是很必要的，也不乏魅力。每个人都背上一个背包，我们到各处去寻找牛粪。那些从未有过游牧生活经验的人，很难理解这类活动可能会伴有欢乐的心情。但当有幸找到在草下掩盖的一块特别大而干燥的牛粪时，大家心中便会感到一种因喜悦而引起的微微颤抖，即那种在一段时间内可以使人突然感到幸福的激动情绪。发现一块上等畜粪的乐趣，就如同猎人高兴地发现了他追捕的猎物之踪迹，也如同一个儿童以闪烁着幸福的光芒注视着他寻找了很久的鹰巢，更如同渔夫看着挂在其钓竿上的一条漂亮的鱼在跳动一般。如果可以用小东西来比拟大东西的话，那么我们还可以把这种欢乐比作于其笔下发现了一个新行星的勒威耶的热情一般①。

当我们的袋子中装满了干牛粪时，我们就非常自豪地去把它们倒在帐篷门口。然后我们便打着火镰和砌灶。当在锅中煮茶的时候，我们又去和面并在灰下烤几种小点心。正如大家所看到的那样，我们的饭既简单又微薄，但始终都很美味。这首先是由于我们亲自烹调，其次是由于非同一般的好胃口本身就是最佳作料。

午饭之后，当桑达钦巴把分散开去寻找良好牧草的牲畜赶到帐篷附近时，我们去念了一段日课经。在中午前后，我们略作休息，很快就香甜地酣睡了，从未被噩梦所打断。这种休息对于我们来说是很有必要的，因为我们每天晚上的紧张准备都要持续到夜很深的时候。我们只好强忍从自己于月光下在池塘边散步的魅力中摆脱出来。在白天，我们周围的一切都很寂静。但当夜幕开始笼罩沙漠时，其场面立即就变得非凡的热闹和富有生气，无数群的水鸟飞来并分散在附近的池塘中，很快就会有千万种沙哑和刺耳的鸣叫声，使天空中充满了一种不正常的协奏曲。听着所有这些激烈地争夺它们过夜的沼泽水草地的候鸟那愤怒的叫声和充满感情的啾啾声调，大家可能会说这是一个正处于内战激动之中的人数众多的民族，其中每个人都在来回活动，每个人都处于混乱之中，希望能以喊声和暴力而为本集团争夺到更多的利益。啊！这

---

① 勒威耶(Le Verrier，1811～1877年)诞生于圣洛，很早就被引向对天体力学的研究，毫不畏惧地对理论天文学中最综合和最深奥的问题进行攻关。此人是喀西尼在科学院的继承人，曾对天王星理论作了重要研究，从而导致了使他成名的对海王星的发现。

这一行星(天王星)很早以来就使天文学家们感到失望。拉普拉斯和德拉姆布尔当时就已经修正了大部分由于运用关于木星影响公式而造成的差距。但时间最终使在一种直到那时尚无人解释过的因素的作用下存在的差距，变得更明显了。

勒威耶通过精确的计算，确定了那个怀疑中的行星的数据及其现在的位置。1846年8月30日，他向科学院报告了其研究成果。天文学家们立即便开始探讨已向他们指出的天际的这一部分。在此之后不到一年时间，柏林的伽勒先生便发现了海王星。这颗行星的方位恰恰位于与那名法国天文学家为它指出的位置有1°远的地方。这一发现成了近代天文学体系的准确程度中最著名的事件之一。

勒威耶公开地承认上帝为宇宙的起源和科学的基础，他始终都是虔诚的教士。在他充任台长的那个天文台中，他很喜欢出示两种东西：他的大折射望远镜，这是当时存在的最大功率的望远镜；另一件就是他的带耶稣像的十字架。在他思想中，这两件物品是两种互相联系的东西(科学与宗教)的象征。

多像一个热闹的夜啊！

鞑靼地区栖息有“游牧鸟”（候鸟），人们不断发现无数大群的飞鸟掠过长空，在它们那一般都变化莫测的飞行中形成千奇百怪的队形，一批刚刚消失，另一批又立即出现。啊！这些候鸟在鞑靼沙漠中都有其特定的生活区，然而人类自己却永远不会在那里始终占据同一地盘，而是生活在不停的迁移之中。我们更喜欢聆听这些如同我们一样是旅行和游牧生灵的嘈杂叫声。联想到它们的长途飞行和在疾飞中经过的大量地区，又使我们产生了一阵强烈的思乡之情，我们法国的形象又突然呈现在每个人面前。我们自言自语地说：“谁知道在这千万只过路的飞鸟中，是否也有经过法国那美丽河山的鸟儿呢？它们是否可能曾有几次在朗格多克平原上或在汝拉山区觅食呢？它们在游览了我们的祖国之后，无疑是通过北欧的道路，越过西伯利亚的冰川和鞑靼高地而飞到这里。”我们私下思忖：“如果这些飞鸟能听到我们的话，如果我们能听懂它们的语言，那么我们该有多少问题向它们提啊！”唉！我们当时尚不知道，自己在此后的两年中完全失去了与我们祖国的联系。

不停地飞越鞑靼地区的这些无数的猛禽，大都在欧洲出现过。它们是鹅、大雁、野鸭、鹳、大鸨和涉禽类的其他多种飞鸟。鸳鸯是在池塘或沼泽水潭的所有地区都能遇到的一种水鸟，它具有鸭子的个头和体态，但其喙圆而不平，头为红棕色而间有小白斑，其尾为黑色，其余的羽毛则是一种漂亮的紫色。其叫声略显凄凉和忧愁的伤感，它不是歌唱，而是模拟一个受难人的抱怨声和冗长的叹息声。这些鸟始终两两成对而行，特别喜欢荒凉和有水的地方。大家会看到它们不停地在水面上嬉戏，一对对地永不分离。如果其中之一飞走，那么另一只就立即随它而去；如果某一只先死，那么也不会让其同伴长期独居，因为后者也会很快由于萎靡和烦恼而死。鸳为公鸟，鸯为母鸟，鸳鸯则是它们的通称。

我们在鞑靼地区发现了另一种候鸟，它们具有相当迥异和可能不为自然史学家们熟悉的某些特征。它基本有一只鹌鹑大，其一双眼睛黑亮，由一个天蓝色的漂亮晕圈环绕。它的整个身体多灰色并有黑斑。其腿上没有羽毛，却是长有一层长而粗糙的绒毛，酷似麝麂的皮毛。它的小爪也绝没有人们在其他飞禽身上看到的那种形状，反而酷似绿蜥蜴爪，覆盖着一层坚硬得可以经得住最锋利钢刀的鳞片。所以，这种奇怪的生灵同时近似于飞禽、四足动物和爬行动物。汉人称之为龙雀[①]。这些飞鸟一般都是大群地自北方而来，尤其是当大量降雪时更为如此。它们飞翔得特别快，其翅膀的运动发出了沉闷的、断断续续的和如同降冰雹一般的响声。当我们在北蒙古负责黑水川的基督教小会口的时候，我的一名基督徒是优秀猎手，他有一天给我们带来了两只完全活着的这种鸟。它们的性格极为凶残，一旦当有人用手接近并抚摸它们的时候，立即就会遭到它凶猛而剧烈地啄一口。只要它们具有野性，我们就不可能很长时间地喂养这些龙雀，它们不啄食我们喂给的任何粮食。眼看着它们即将饿死，我们便决定吃掉它们，其肉具有雉鸡味，很可口，但极粗硬。

鞑靼人很容易狩猎这些候鸟，尤其是猎取野雁和野鸭，其数量出奇得多。他们不费多大力气就会捕获之，甚至不花费任何火药。只需在湖边挖些陷阱或在夜间于水草植物中捕捉之。但正如我们已讲过的那样，野禽的肉不大符合蒙古人的口味。对于他们来说，没有任何肉食可以与一块煮得半熟的肥美羊肉相媲美。

蒙古人同样也不太喜欢捕鱼。我们在鞑靼地区经常遇到产鱼湖泊和池塘，它们在某种意义上成了汉人的专利财产。那些狡猾的投机者，以从鞑靼王公那里买到在他们辖地的池塘里捕鱼的特权而开始，慢慢地就把这种宽容变成了一种严格权力。离我们不远的小河河岸上，就有汉人渔夫们的几间小屋。这条小河或者更应该说是一大片水面，是由两条河汇合而形成的，它们均发源于同一座山岭的两侧，向相反方向流去。其一流向北方，注入了黄河；另一条向南流去，也注入了黄河中的第二条河，并扩大了其河水流量。但在大水泛滥期间，这两条河以及把它们的流程隔开的山岭都被淹没。黄河的泛滥汇积了两大河流，人们仅能看到一大片水塘，其宽度扩大到了半法里之余。在黄河大泛滥时期，黄河中丰富的鱼便大群地游到这一水塘中，那里的水一直蓄存到初冬时节。这片“小海”在秋季四面八方都有汉族打鱼人的舟船游弋，他们于河岸上建了几间简陋的小棚子，在捕鱼期间于那里栖身。

---

① 在西蒙古，这种鸟被汉人称为沙鸡，蒙古人称之为 noukt' ourou，在法国叫作“草原鸡”。

我们在这一宿营地度过的第一夜,使我们不断地被在远方不时响起的奇怪爆炸声所惊动,就如同数面大鼓那沉闷而间断的响声。天亮后,这种响声仍在继续,但间隔更长了,响度也不大了。我们觉得它是来自水面一侧,于是便向河岸走去。一名正在用三块石头支起小锅煮茶的渔夫为我们解开了其中之谜。他告诉我们说,所有的打鱼人都于夜间乘他们的小船在小塘的各个方向划行,敲击着木箱,以便惊起鱼群并把它们驱向这些人已撒网的地方。我们询问过的那名渔夫已为这一艰苦的工作而度过了整夜。他那红肿的双眼以及疲惫的面庞,都相当清楚地证明,他很久以来就没有充分地睡眠了。他对我们说:"这些天来,我们付出了巨大的辛苦。如果我们想赚点钱,那就没有再可耽搁的时间了。捕鱼季节很短,它最多持续三个月。我们再过几天就将被迫返回自己的耕地中去了。小河即将被冰封,再没有任何办法捕到鱼了。喇嘛老爷们,你们已看到我们没有时间可耽搁了。我为驱赶鱼群而度过了一夜。当我喝几口茶和吃几汤匙莜麦面后,就将再度登上自己的打鱼小舟并去收起我在靠西部撒下的网。然后,我将把捉到的鱼放进你们看到的那只漂浮的柳条鱼笼中。我将去察看鱼网,缝补那些不太结实的网眼,稍作休息之后,当'老爷儿'①下山之后,我将再次去撒网。然后我便再次游弋于水塘中,有时在这一侧,有时又在另一侧,一直不停地以我的两根鼓棒敲打木鼓。"这些详细情况使我们颇感兴趣,由于我们当时的事务不大紧急,于是便询问该渔夫,当他去收网时是否允许我们陪同。他回答说:"既然像你们这样的人物肯屈尊登上我的陋舟,并观看我那拙劣和有伤大雅的捕鱼,那我就冒昧地接受你们提出的要求。"

因此,我们坐在他那简单的灶边,等待他吃饭。渔夫的饭吃得很快,其准备工作也很迅速。当茶已充分煮好时,便舀了一碗,将莜麦面投入其中,用食指搅动而大致混合了一番,在略作搓揉并于手中滚了一会之后,再未作任何处理就将之吞吃下去了。在三四次重复了同一动作之后,晚饭就算吃完了。这种生活方式没有任何能够引起我们好奇的地方。自从我们采纳了游牧生活之后,长

---

① "老爷儿"指太阳。中国的异教徒们把太阳视为一尊神,他们将它完全与天视为一体了,面向太阳支起帐篷。在北京,有一个日坛,皇帝们每年都前往那里祭祀。

期的经验已使我们对此熟视无睹了。

因此，我们乘上了一只小船，便去享受捕鱼的愉快。在一段时间内，享受到如同镜子一般平静的水面上平安航行的乐趣之后，我们穿过了大群鸬鹚和野鸭，它们都集中在湖水面上嬉戏，半跑半飞，随着我们的前进而留下了一条自由通道。我们终于到达了渔夫撒网的地方。大家每隔一段距离就可以看到在水面上漂浮着几块木头，上面扎着已沉入水底的网。随着他们拉网，我们就不断看到钻到网眼中的鱼闪闪发光。这些鱼普遍都长得很好，但渔夫仅仅保留那些最大的，把那些半斤以下的鱼又都抛到水中。

我们观看了几张网之后，便停留了一段时间以观察他捕的鱼是否多。于船两端挖的两个槽已几乎盛满了鱼。打鱼人对我们说："喇嘛老爷们，你们吃鱼肉吗？如果你们要买的话，那么我可以卖给你们鱼。"对于这一提议，两名贫穷的法国传教士互相对视了一番，一言不发。大家从他们的目光中就能够看出，他们并不是完全不想品尝黄河鲤鱼的美味，但他们不敢张口。有一个最重要的原因使他们犹豫不决。"你的鱼卖多少钱？""不贵，80 文钱一斤。""80 文钱！但这比羊肉还贵。""此话太对了。但与黄河鲤鱼比较起来，羊肉又算得了什么？""这无关紧要，它对我们来说太贵了。我们还有很长的路要走，自己的钱袋并不饱满，应该节俭一些。"渔夫没有坚持。他操起桨把船划到了那些尚未从水中拉出网的地方。我们问他："你为什么抛掉那么多的鱼呢？是它们的质量差吗？""不，黄河的所有鱼都极好。它们太小了，这就是全部原因。""啊！是如此。明年它们将会长大。这太会算账了，你们耐心地等待以后多一点利润。"渔夫放声大笑。他对我们说："并非如此，我们不希望再次抓住这些鱼。这片水池中每年都会充满新的鱼，它们是由泛滥的黄河水冲来的。冲来的有大鱼，也有小鱼。我们只捕捞前一种，放掉后一种，因为后者的售价不好。这里的鱼很丰富，我们可以选择其中最好的……喇嘛老爷们，如果你们愿意要这些小鱼，我就不再放跑它们了。"这一建议被采纳了。那些要被重新投入水中的小鱼，都被放到了一个小桶中。

当捕鱼结束之后，我们已拥有一小批很好的鱼了。在下船之前，我们洗干净了一块手帕，把我们捕到的鱼盛于其中，便满载而归地向帐篷走去。当桑达钦巴远远地望见我们之后就喊叫："我的神父们,你们到哪里去了,茶已煮好又变凉,我重热一次,可是又凉了。”我们回答说:“把你的茶倒到别处吧。我们今天不仅仅吃莜麦面了,我们有了鲜鱼。在热灰下烧几个馒头吧。”我们长时间的离开,使桑达钦巴发起脾气来了。其眉头比平时皱得更紧,两只小黑眼中闪烁着怨恨的情绪。但当他看到手帕中的一些还在活蹦乱跳的鱼时,其眉头便舒展开,面部逐渐地变得欢乐了。他微笑着打开了白面口袋,该口袋的绳子只在很少的情况下才被解开。正当他兴致勃勃地忙于和面时,我们取来了鱼并前往距帐篷仅有几步远的小湖边。我们刚刚到达那里,桑达钦巴也匆匆忙忙地跑来了,他急冲冲地打开包鱼手帕的四个角,以一种焦急的样子对我们说:“你们要干什么?”“我们将对这些鱼开膛和去鳞”。“啊!这不好,我的神父们。请等一会儿,不要作孽。”“你想说什么?什么会作孽?”“瞧这些鱼,有些还在跳动。在对它们开膛之前应让它们慢慢死去。难道杀死活的生灵不算是一种罪孽吗?”“去做你的馒头吧!让我们安静一会儿。这样看来,你始终具有灵魂转世的思想吗?难道你也相信人转生为动物而动物又会转生为人吗?”我们的这位察罕胡尔人用嘴唇向我们表示了一种长长的微笑。他以手击前额说:“噢!噢!我的头脑顽固吗?我没有想到它,忘记了教理。”他返回去了,对于前来向我们提出了一种如此可笑的意见而感到难堪。鱼被用羊油炸熟,我们觉得其味道极美。

在鞑靼地区和华北,捕鱼只能持续到初冬,当时池塘与河流都已结冰。那时人们便在夜间把养鱼池中养得活蹦乱跳的鱼放在露天中。这些鱼立即就会被冻住,可以毫不受损失地保存。他们就这样出售鱼。在中华帝国北部的漫长隆冬中,富裕的汉人始终可以通过这种办法而获得鲜鱼。但应注意千万不能囤积过多,以至于在严寒季节中消费不完,因为鱼一开冻便会腐烂。

在我们休息的几天期间,大家一直在忙于设法渡过小河。一个汉族家庭从鄂尔多斯王公处获得了摆渡旅客过河的特权,我们必须与船主接洽。他答应把我们摆渡到彼岸,但我们尚未在渡河费问题上谈妥,他向我们索取一千多文钱。我们觉得这一价格太高了,只得等待。

在我们逗留的第三天,我们发现一名渔夫向我们的帐篷走来,他拄着一根拐杖艰难地行走。其苍白的面部和极其消瘦的外表说明他是一个遭受了很多痛苦的人。当他坐在了我们灶边的时候，我们便对他说："老哥，我们觉得你过着不太幸福的日子。"他回答说："啊！我极端不幸，但又该如何办呢？应该无可挽回地接受天命。15天之前，由于我去拜访一家蒙古包，被疯狗咬伤了腿，从而出现了不断扩大和恶化的伤口。人们都对我说你们来自西天，所以我才来找你们。鞑靼喇嘛们说：西天的人具有无限的神通，他们用一句话就可治愈最严重的病。""当他们告诉你说我们具有如此之大的能力时，他们欺骗你了。"我们利用这一机会而向此人解说了教法的伟大真谛。可是他是一名汉人，就如同其民族的所有人一样，都不大关心宗教思想。我们的话也仅仅是从他心中一滑而过，其伤口控制了其全部思想。我们想到了用苦果或圣—依纳爵豆制药。这些棕色或烟色的具有角质物的果实，极为坚硬和苦涩得令人难以忍受。它原产菲律宾诸岛。使用苦果的方式是将之放在冷水中研碎，果实将其苦味浸渍到水中。内服这种汤剂可以减缓血热和消除内脏的炎症。它也是能医治伤口和挫伤的创伤敷药。这种苦果在中国中原医学中起了很大作用，人们在所有的药铺中均可以找到它。兽医们也成功地用它来治疗牛和马的内科病。在华北，我们常常亲眼看到苦果的疗效。

我们在冷水中泡了一个被研碎的这种苦果，洗净了这个不幸者的伤口，并于上面覆盖了一小块干净的纱布，以取代那块充作绷带的肮脏而恶臭的破衣片。当我们为这个被伤痛折磨的人做了我们能做的一切之后，我们发现他处于一种极其难堪的境地。他脸部胀得通红，双眼低垂，开始讲了一些说不完的话。我们对他说："老哥，你心中有某种事吗？""上人啊！你们已看到，我很贫穷。你们为我包扎了伤口，为我准备了大杯治伤的药……我不知道为此应付给你们多少钱。"我们急忙说："如果这是你不安的原因，那么尽可以使你的心恢复平静。我们为你治腿，完成了我们的宗教使我们义不容辞的一种义务。我们为你配制的这些药都算送给你的。"我们的话把这名贫穷的渔夫从极大的窘境中摆脱出来。他立即跪下并三次以前额触地表示感谢。他在退出之前又询问，我们是否有意还在这里住宿几天。我们回答他说自己很想明天就出发，但尚未与船家谈妥摆渡费。渔夫说："我有一只小船。既然你们包扎了我的伤口，我试于明天把你们渡过这片水塘。如果此船完全属于我自己，那么我现在就可以与你们说定。但我有两个合股人，我必须与他们商议。此外，我们还需要详细了解路情，因为我们这些打鱼人不知道各处的水深度。水塘中有些危险的地方，应事先充分了解它们，以防遇到灾难。你们不要再去与船家商谈你们的渡河一事了。我今天晚上天黑之前回来，我们再共同协商这一切。”

这些话使我们产生了一种希望，即我们可能会继续赶路而又不会被迫付出一大笔开销了。正如他所许诺的那样，渔夫在天黑前后又返回到我们的帐篷。他说：“我的合股人不同意从事这项工作，因为这会使他们损失一天的捕鱼时间。我向他们许诺说付400文钱，这件事就算定下来了。我们明天去察看应走的路途情况。后天，在太阳升起之前，请你们卷好帐篷，给骆驼装好行李并到河岸去。如果你们遇到了船家，不要说你们付我们400文钱。因为惟有他们才有权摆渡，他们可能会告发那些走私载客的人。”

在约定的日子里，我们一大清早就前往渔夫的小棚子中去了。不多一会儿，所有行李都装上了船，两名传教士与他们曾为之包扎过腿伤的那名艄公也上了船。

当时谈定，一名青年人骑马，身后牵着那头小骡子，桑达钦巴负责三头骆驼。当一切准备就绪时，大家便启程。一边是乘船人，另一边是骑马或骆驼的人。因为我们所有人不能走同一条路，牲畜们被迫绕一个大弯，以避开水流深而险的地方。

这次航行开始时很愉快，我们平安地在这片小海中划行，全部人员、行李均由一舟载负，小舟由一个人自由掌舵和左右摇动两只桨，桨的两头于其中间交叉。但在蒙古沙漠中，这种令人陶醉的海上散步之乐趣未持续多久，诗情画意已过，我们陷入了严重而又长时间的苦难。正当我们在水塘面上徐缓地前进，并倾听有节奏地拍打水面的两支桨之和谐声音时，我们突然听到身后有嘈杂的叫声并夹杂着我们骆驼的长嘶。我们立即停了下来，返回头去看，发现了那支骆驼队正在水中挣扎，不肯前进。在一场全面的混乱中，我们发现那名察罕胡尔人奋力地举手似乎是请我们向他们划去。艄公不同意这种做法，他声称那样便会离开他有意划入的这条安全之路。我们一再坚持，他最终很不情愿地划向了那支似乎是失蹄的骆驼队。

桑达钦巴气得脸色发紫。我们刚一到达,他便开始咒骂那名艄公。他怒吼道:“难道你企图把我们都淹死吗?你给了我一名不熟悉路的向导。瞧!我们身边都是不知深浅的大坑。”那些牲畜们确实既不想前进,又不想后退。人们徒然地驱打它们,均无效,它们始终滞步不前。艄公对其合伙人大骂一通:“既然你不认路,就应事先说明。再无其他办法了,你应返回小棚子中去,告诉你的堂兄弟骑马前来,他是一个比你要好的向导。”

返回陆地去寻找一名好向导无疑是最可靠的办法,但谈何容易。牲畜们在这片茫茫的水潭中如此受惊,以至于再无法让它们前进了。那名青年向导已晕头转向,只会白费气力地驱打马匹,反复拉动马口中的嚼子。那匹马直立了起来,于其周围掀起了水浪,但也仅仅如此,它一步也不肯走。这位青年人既不是熟练的骑手,

清朝的官吏

也不是好向导,他最终失去了平衡并从马背上掉进了池塘中。他在一段时间内完全被淹没了,使我们深感担惊受怕,但他又重新浮出了水面,水深直到其肩部。桑达钦巴发现这一混乱后气得发狂。他终于忍耐不住了,麻利地脱去了他的全部衣服,没有下骆驼便将衣服投到了船上,然后下了坐骑。他对渔夫说:“把这个人拉上你的船吧。我不再需要他了。我将返回陆地并寻找一个认得路的人……”他讲完这些话之后便离开了我们,在有时可深达其脖子的水流中行走,身后拉着牲畜们。它们看见察罕胡尔人开了路,也比较有信心地随他前进。

当我们看到这名新受归化的教徒之忠诚和勇敢精神,内心充满了激情。他为了我们的利益,不怕在一个已经相当寒冷的季节跳入水中。我们焦急地目送他而去,一直到我们看见他即将上岸为止……艄公对我们说:“你们现在可以放心了,他会在我们的小屋中找到一个能领路并使他避开危险区域的人。”

我们继续赶路,但航行变得越来越不如意了。艄公没有找到我们开始时走的那条好路,因为我们离开了正路以去救援骆驼队。小船进入了水草之中,只能很艰难地前进。我们一无所获地左右旋转船头,有时又原路折回,那里的路到处都不通。水位很低,以至于小船只能费力地在污泥中划进。我们被迫帮他去操纵船。艄公跳入水中,在腰部拴了一个绳子,绳子的另一端绑在船只的前面。当他费力地拉船时,我们则每人操一根篙杆而奋力往前推。但我们的力量聚在一起也只能获得微乎其微的成效,艄公重新上船并失望地躺在那里。他说:“既然我们已无法前进,那我们就在这里等待承包运送客人的船舶经过这里了,我们随他们而去。”因此,我们只好等待着。

艄公很失望地垂头丧气,他极力地责备自己承揽了如此艰巨的苦役。至于我们,也抱怨自己为设法节约几文铜钱,未乘摆渡的船出发以顺利地赶路。我们很希望采纳下水以继续赶路的主意,但除了运送行李的困难之外,这件事也相当危险。其地面令人可怕的崎岖不平,水位有时深得使人害怕,突然间又会变得如此之低,以至于无法接受最轻的小舟。

在天近中午时,我们发现有三条渡船开来了,它们均属于垄断了该湖摆渡权的家庭。我们为了划出泥潭,汗流浃背,尾随他们前

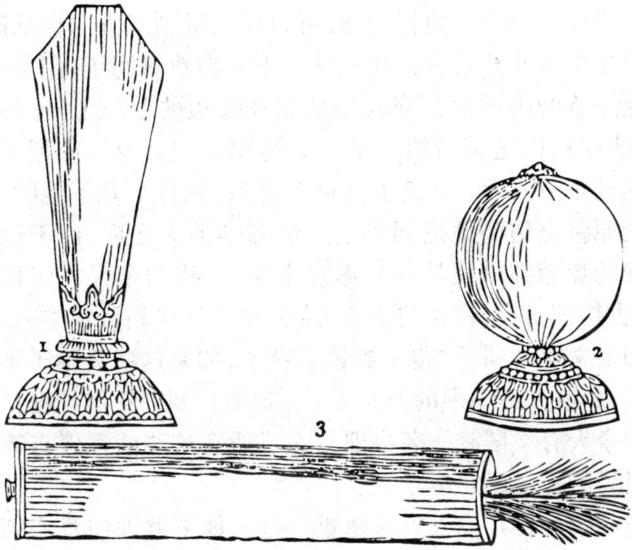

官吏的顶子

进,这些船也故意放慢速度以等待。我们很快就发现了我们最早与之商谈摆渡价的船主。他也认出了我们。他在打桨的时候向我们投来的斜视和愤怒的目光,明显地表明了他的恼恨。他向用船送我们的渔夫喊道:“王八蛋!这些西人为渡河给了你多少钱?他们必须给你一大吊钱,你才敢这样践踏我们的权力。我们以后再算账。”艄公低声地对我们说:“你们这些人不要回答。”他然后又装腔作势地喊道:“摆渡人,你的话缺乏理性和不沾边。你不是讲理而是无端地动怒。你在‘胡膠膠’。”①

“这些喇嘛没有给我一文钱,他们用一种西天的药给我治了腿伤。难道为了报答这种大恩大德,我不应该把他们送到小河的对岸吗?所以,我的行为是神圣的,在各方面都合乎礼法。”船主只满足于在牙缝里喃喃数语,假装认为刚才对他讲的话合情合理。

继这段小小的插曲之后,双方都保持了极大的沉默。这支小小的船队平安前进,沿一股其宽度最多能驶过一只小舟的水流航行。正在此时,我们发现一名骑手急急忙忙向我们赶来,使浪花四

① 这完全是一句民间术语,古伯察先生从未见过别人是如何写的。这是因为他试图猜测其字面意义而又把“胡搅”和“胡膠”相混淆了。

处飞溅。当他走得距我们相当近,可以使人听到双方的讲话时,他突然间停了下来并怒吼道:“快!快!不要浪费时间了,用全力划!鄂尔多斯王爷的协理台吉与其侍从正在那边的草原上,他等着你们的船,快划!”讲这番话的人是一名鞑靼官吏。他那皮帽子上的蓝顶子是其官衔的标志。他下达命令之后,抽打了几下他的马,便按来时的原路急匆匆地返回去了。他刚刚消失之后,由于他的出现使压抑的喃喃细语便从各处爆发出来。“我们今天将应官差。”“这名蒙古协理台吉(图萨鲁克齐)太慷慨了!应划行整整一天,最后我们却分文得不到。”“得不到钱就算了,如果这些臭鞑子不痛打我们一顿,那就算不幸中的万幸了。”“走吧!划吧!出汗吧!拼搏吧!我们今天有幸摆渡一名协理台吉。”所有这些话都伴有笑声和对蒙古当局的粗暴诅咒声。

我们的艄公比其他人更为稳重一些。他平静地向我们阐述了他的窘境。他对我们说:“今天对于我来说是一个很不幸的日子。我们将被迫为图萨鲁克齐摆渡,可能一直要到达察罕库伦。我独自一人,又患病,而且我们今晚还需要船前去撒网。”我们深为这一不幸和麻烦人的事件感到伤心。因为我们不得不承认,自己在无意间造成了这名可怜渔夫将要忍受的所有苦难之原因。我们知道为一名汉族或鞑靼族官吏当差不是一种轻松的事,必须迅速和诚心诚意地把一切都作得妥妥帖帖,不能害怕困难和辛苦,必须设法使官吏随时都能得到他所希望的一切。由于我们清楚地知道这种出乎意料的差役之所有麻烦,所以我们将设法使这个病人摆脱苦难。我们对他说:“老哥,请放心吧!等待这些船的官吏是一名鞑靼人,他是这些地区王爷的协理台吉。请放心吧!我们将试图处理这些事。慢慢地走,不时地停顿一下……只要我们在船上,衙役、低级官吏,甚至是图萨鲁克齐本人也不敢对你说任何话。”我们确实断断续续地前进。在我们略作休息的时候,前面的那三只船已经到达了蒙古官人等待的地方。很快就有两名蓝顶官员骑马迅速向我们奔来。他们向艄公喊道:“你到底在此干什么?”我于是便发言了,对两名骑马人说:“蒙古兄弟们,请你们的主人为已经到达的三只船设法安排吧。此人已病了,他划船很久。阻止他略作休息则显得太残酷了。”“就按你刚才说的话办吧,喇嘛老爷们!”两名骑马人回答我们说。他说完这些话就匆匆忙忙地返回图萨鲁克齐那里去了。

我们继续赶路，但尽可能缓慢地前进，以便使所有人都有时间在我们到达之前上船。我们很快就看到，三只载着那名官吏及其仆役们的船返回来了。他们的大群的马由一名艄公带领，取另一方向前进。随着这支队伍接近，摆渡我们的那名渔夫越来越害怕，他不敢举目向前望并抑制着呼吸。最后，这些船只交错而过。有一个人向我们喊道："喇嘛老爷们，你们平安吧？"我从向我们致意的那个人帽子上装饰的红顶，以及他那织锦服装的华丽程度上，辨认出了他就是王爷的协理台吉。"鄂尔多斯的协理台吉，我们航行得很慢，但却很愉快。我们也祝你一路平安。"经过鞑靼风俗所要求的一些礼仪寒暄之后，我们继续安静地随波逐流。当我们离开那名官吏很远之后，我们的艄公最终才得以满心地喜悦，我们确实使他摆脱了一场严重的困境。那些渡船至少应服役二三天。由于图萨鲁克齐不想在泥潭沼泽中赶路，所以必须途经黄河一直把他们摆渡到察罕库伦。

经过长时间的、艰难的和充满危险的航行之后，我们终于到达了这片大水滩的彼岸。桑达钦巴很久就到达了，并在河岸附近的泥地上等待我们。他尚未穿衣服。但其裸体已由一身污泥"紧身衣"覆盖了，使他产生了一种可怕的外表。由于水不太深，渡船无法一直驶到岸边，于是便停留在距河岸有三十多步远的地方。先于我们到达的艄公被迫肩扛背驮那些鞑靼官吏及仆役。对于我们来说，不忍他们也使用同样的做法。我们有些牲畜为自己效劳，所以希望使用它们来完成我们的登陆。桑达钦巴为我们把牲畜带到了靠近渡船的地方，秦神父于是便跳上马，古伯察跳上骡子，我们没有被迫骑在其他人的肩膀上就上路了。

太阳已快西垂。我们很想立即宿营，因为我们极其虚弱和疲劳。但现在尚不可能。有人告诉我们说，我们在彻底摆脱污泥和沼泽地之前，还有十里地要走。因此，我们把行李安排在骆驼背上，在艰难和痛苦中过完了这艰苦的一天。当我们得以支起帐篷时，天已经完全黑了。我们已无气力像平常那样做饭，冷水和几撮炒小米做我们的全部晚饭。在作了短暂的祈祷之后，我们只好躺在自己的羊皮上沉睡了。

第八章

鄂尔多斯地区概貌——耕地——鄂尔多斯的贫瘠和遍布沙土的草原——鞑靼——蒙古官府的形式——贵族——奴隶——遇到一座小喇嘛庙——一名转世活佛的选定和坐床——喇嘛庙的寺规——喇嘛们的学业——暴风雨——在人工开凿的山洞中避尘世——藏身于山洞中的鞑靼人——鞑靼—汉人的轶事奇闻——鞑靼人的婚礼——一夫多妻制——离婚——蒙古妇人的性格与服装——附录

当我们起身时,太阳已经很高了。走出帐篷之后,我们对自己的周围环视了一番,以了解因昨天晚上的夜幕而使我们无法察看的这片新地区。我们觉得该地区很凄凉和荒芜,但同时也为最终看不到泥潭和沼泽地而感到欣慰。我们把黄河及其泛滥的河水抛在自己后边了,已进入了遍布沙漠的鄂尔多斯草原。

鄂尔多斯地区①共分成七个旗②,它从西向东共包括 100 法里的地面,而从南到北则为 70 法里。黄河从东、西和北三个方向绕过它,万里长城则从其南部经过。这些地区在所有时代都经受过震撼中华帝国的政治变革之影响。汉族和鞑靼族征服者轮番夺取这一地区,并把它变成了流血战争的舞台③。在 10、11 和 12 世纪期间,它们都被置于了自称起源于西番人地区的拓跋族西夏王的

---

① 鄂尔多斯应写作 Ortous,或者更确切地说应为 Outous。这是一个蒙古文名词,汉人勉强译作河套、鄂都斯或鄂尔多斯,指三面以黄河河套为界和一面以万里长城为限的地区。它形成了位于平均为海拔 1600 米高的一个平原。

② 这七个旗的名称如下:郡王、鄂托克、准噶尔、杭锦、达拉特、乌审、札萨克。

③ 下面一段文字最好应这样写:

在 11 和 12 世纪时,它们都被置于唐古特血统的西夏王的统治之下。由这些西夏人占据的地区叫作夏州,一直扩大到今天由鄂尔多斯人占领的所有地区。此外,它还包括了甘肃、陕西和今阿拉善旗的部分地区。其首府为宁夏府,现属于甘肃省(田清波神父)。

统治之下。该王国的首府叫夏州,位于黄河与万里长城之间的阿拉善山山脚下。现在该城叫作宁夏府,属于甘肃省。1227年,夏王国,也就是鄂尔多斯,被鞑靼王朝的缔造人成吉思汗的胜利埋葬在一大片废墟中了。

在蒙古鞑靼人被明王朝驱逐之后,鄂尔多斯人落入了察哈尔汗的权力之下。察哈尔汗于1635年归附了满族征服者,鄂尔多斯也奉他为楷模,作为内附臣民而被纳入了大清帝国的疆土①。

康熙帝在1696年平定额鲁特部时,曾在鄂尔多斯人中停留了一段时间。他在写给留守北京的皇太子的一封信中,对该民族作了介绍。他说:直到现在,我从未想到要组成鄂尔多斯部。这是一个非常文明开化的民族,他们丝毫没有丧失真正蒙古人的那些古老风俗习惯。他们之中的所有王公都生活得极为和睦,从未有过你我之分。虽然他们从来不采取措施看守骆驼和马匹,但从未听说过在他们之中有盗贼。如果这些牲畜之一偶尔走失,那么发现它的人就会竭力照顾它,一直到为它找到失主为止。他们不要求任何私利就将牲畜还给失主……鄂尔多斯人在饲养牲畜的行业中特别聪明。他们的大部分马匹都很驯服和容易接近。鄂尔多斯人之北的察哈尔人,具有尽心和成功地饲养马匹的名声,但朕认为鄂尔多斯人在这方面要远远地超过他们。他们尽管有这些长处,却远不如其他蒙古人那样富裕。

我们的这段引文引自格鲁贤修道院长的著作,它在各方面都与我们得以在鄂尔多斯发现的情况相吻合。我们觉得自康熙皇帝时代以来,这些民族再未发生任何变化。

我们在旅行的第一天所经过地区的面貌,使我们觉得它受与居住在黄河岸边的汉族渔夫们为邻的影响很大。我们零零星星地能遇到几块耕地,但可能除了耕农自己之外,再没有比这种耕作更凄凉和更糟糕的表像了。这些赤贫的农人是一半汉人和一半鞑靼

① 在明王朝驱逐了蒙古人之后,鄂尔多斯仍处于居住在北蒙古的蒙古皇帝们的统治之下。在16世纪初叶,达延汗皇帝把济农的尊号传给了其子,并委派此人以他的名义去统治南蒙古。该济农居住在鄂尔多斯。

察哈尔部首领林丹巴图鲁(卒于1634年)在位末年前去蹂躏了鄂尔多斯地区。其子额哲—孔果尔(额尔克孔果尔额哲)在其父死后归附了清王朝,当时已变得与察哈尔部很友好的其他毗邻部族及鄂尔多斯,也奉他为楷模,作为内附部族而归附了清王朝。

人的混合性格者,他们既没有前者的狡黠,也没有后者的坦率和淳朴。他们居住在房舍中,或者更应该是简陋的棚子中,用互相搭在一起的树枝建成,再粗糙地抹上一层泥巴和牛粪。由于干渴而迫使我们进入了一间这样的住宅,要求施舍一钵水,所以才得以坚信其内部丝毫不会推翻在外部表现出来的苦难形象。人员和牲畜都混乱地生活在垃圾中。这些住宅远不如蒙古人的蒙古包好,那里至少空气并未因牛羊的存在而发出恶臭味。

这些贫穷的人耕种沙土地,除了种植一些荞麦和谷子之外,只能生产线麻,而且长得神奇的粗壮。当我们经过那里时,虽然庄稼已经收割,但我们还可以通过在田地中留下的茬子而判断麻秆之粗壮。当麻秆成熟时,鄂尔多斯的耕农并不像汉族地区农民那样拔麻。他们是基本上齐地皮地把麻秆割掉,从而留下了直径为一法寸的粗茬子。为了穿过这些辽阔的麻地,我们的骆驼要吃许多苦,它们那宽大的蹄下不断遇到大量麻茬,迫使它们以奇特的姿态扭动身体。如果我们不是害怕看到它们每前进一步都可能会受伤,那么这种姿态完全可以引起大家的哄笑。此外,最妨碍我们骆驼前进的原因,却对我们有极大的帮助。当我们支起帐篷时,这些残余的麻秸为我们提供了容易得到的大量柴薪。

我们很快就将重新进入草地,如果大家可以把像鄂尔多斯那样贫瘠、干旱和光秃地区称作草原的话。无论人们步行到哪里,永远都只能发现一片没有绿色植被的荒芜土地、遍是砾石的沟壑、泥灰质丘陵以及布满猛烈的狂风从各处吹来的流沙和细沙的平原。那里的全部牧草就是人们所看到的带刺的灌木,以及各种瘦弱的、沾满灰尘的和带臭味的蕨科植物。这片可怕的土地中惟有每隔很远一段距离才生长着稀疏的和易折碎的草,它们如此紧贴地面,以致于牲畜不用其嘴巴滚动沙土就无法啃吃它。对于使我们在黄河边上发愁的那些大量水塘,在鄂尔多斯地区很快就使人感到留恋了。那里该多缺水啊！干旱得怕人。那里没有可供行人解渴的任何小溪和泉水,人们只能会遇到充满腐臭而又泥泞混浊的水坑和蓄水塘。

我们在青城曾与之建立过联系的喇嘛们,预先警告过我们将会在鄂尔多斯遭受痛苦,尤其是由于那里缺水。我们根据他们的建议而买了两个木桶,这对我们确实很有用。当我们于途中遇到了水洼或由鞑靼人挖掘的水井时，丝毫不顾其水质之差，便灌满我们的水桶，始终节省着使用，就如同对待一种罕见和珍贵的饮料一般。尽管我们有了预防，但大家仍不止一次地整天得不到一滴水润唇。不过与我们看到牲畜几乎每天都因缺水而受到的痛苦比较，我们个人所受的折磨又算得了什么。牲畜是行走在一个只能啃干草棍和在某种程度上是被钾硝碱化了的植物之地区，所以它们明显地瘦削了。经过数日的行走之后，那匹马的外貌显得令人怜悯，它的头紧贴着地前进，每迈一步似乎都要疲惫而死。骆驼在它们长腿的支撑下颤抖，它们那已消瘦的骆峰酷似空口袋而俯在驼背上。

虽然鄂尔多斯草原如此缺水和缺乏优质牧场，但却未被野生动物所遗弃。人们经常会在那里发现灰色松鼠、四肢细长而敏捷的黄羊以及羽毛优美的野鸡。那里的兔子很多。它们如此不怕人，以致于在我们接近时也不肯逃跑，它们怀着好奇心而后腿直立，竖起了耳朵，漫不经心地看着我们经过。此外，这些动物始终无忧无虑地生活，因为除了很少的蒙古人酷爱狩猎之外，那里没有任何人骚扰它们。

鄂尔多斯鞑靼人饲养的畜群不太多，与在察哈尔或克什克腾旗的肥美牧场中吃草的那些畜群，则具有天壤之别。我们特别觉得那里的牛和马可悲，山羊、绵羊和骆驼的膘情相当好。这无疑是由于后一批牲畜非常喜欢啃吃充满了硝盐的植物，而牛和马则喜欢新鲜牧草、清洁而丰富的水。

鄂尔多斯蒙古人深深地感到了他们占据地区的苦难。我们在旅途中并没有发现他们自康熙帝以来富裕了多少。大部分人都居住在利用破毡片或破羊皮，再配上一个简陋的架子搭成的帐篷中。这一切都非常破旧而不洁，如同是被岁月和暴风雨所损坏，大家很难想象它们能被用来住人。如果有时我们住宿在这些破烂的住宅附近，那么我们就会立即接受一大批这样的贫穷者之来访。他们跪在我们的脚下，滚在地上，为了获得一些布施而以最尊贵的称号称呼我们。我们也不太富裕，但我们无法拒绝让他们分享自己由于上帝的恩惠而得到的一点财富。我们给了他们一点茶叶、一小撮莜麦面和炒小米，有时送他们一些羊油。唉！我们多么想向他们更多地奉献一些东西啊！但我们被迫给他们很少一点，因为我们自己的东西也少得可怜。传教士们自己也是穷人，要靠他们欧洲的教友每年都分配给他们的施舍而生活。

古伯察在旅行途中所见

如果大家对于统治鞑靼人的法律不太熟悉，那就很难理解这些人是怎样自愿地在鄂尔多斯这片贫瘠的土地上，度过他们的一生的，而蒙古地区却到处都有辽阔和荒无人烟的地区，在那里会遇到丰富的水草和牧场。虽然鞑靼人是游牧民，不停地到处流浪，但他们却不能自由地前往故乡之外的地区生活。他们都被迫生活于其旗内和依附他们的领主。因为必须承认，奴隶制尚非常盛行于蒙古诸旗中。为了能很好地了解这些民族于其荒凉地区内享受自由的程度，那最好是对他们的政府形式作某些详细解释。

蒙古分成了许多旗，其王爷都归附中国皇帝。清朝皇帝也是鞑靼人，但属于满族。这些首领们所享受的尊号就相当于我们西方的王、公、伯、子、男等。他们按照自己的意愿统治其辖地，而任何人都无权介入他们的事务，他们仅仅承认大清皇帝为其君主。当在他们之间爆发冲突时，他们便求助于北京，而不是如同欧洲中世纪那些非常好战和不安本分的君主们那样，彼此大动干戈。他们始终都怀着尊敬的心情服从北京宫廷的决议，无论这些决议如何。虽然蒙古君主们自信每年必须去朝拜“地主”天子，但他们坚持认为大汗无权推翻鞑靼各旗的执政家族。他可以由于一些重要原因而对王爷革职，但他必须让其子嗣位。这些人声称，政权属于某一家族，这种权力是不可废除的，企图剥夺他们的权力将是一种犯罪。

十多年之前，巴林部[1]王公在北京被弹劾策划了一次反对皇帝的阴谋。他被理藩部未听申诉地判作砍头剁脚刑。法律的意图是要求剁去他的双脚和砍去头。王公托人送给那些监督执行圣旨的人一笔巨款，于是便仅割下他的发辫、扒去其靴底。然后便呈报说敕旨已执行，事情仅到此为止。由其子嗣位。

据一种习惯法规定，虽然权力始终由同一家族保持，但不能说在这些方面具有某种非常明确的规定。再没有比在鞑靼君主与大汗或中国皇帝之间存在的关系更含糊和更不明确了，皇帝那至高无上的意志，也要大大高于一切法律和一切习惯。实际上，皇帝有权从事他要做的一切，任何人都不会对他的这种权力提出质疑。如果出了令人互相怀疑和争执不休的情况，那将由实力作出决断。

在鞑靼地区，与王公具有某种亲戚关系的所有家族，共同形成一个贵族阶级或一个贵族等级，全部土地均属于他。人们称之为台吉[2]的这些贵族，均以其帽子上的蓝顶为标志。各旗的领主就是在他们之中选择其协理，协理台吉的数目一般是三名，世人称他们为图萨鲁克齐，也就是帮助和协理履行职务的人。在图萨鲁克齐之下是图默勒，即负责管理具体事务的低级官吏。最后由某些精通蒙古语、满语和汉语的书记和翻译补充了这一官衔制度[3]。

在漠北的喀尔喀人地区，我们发现了一个完全被台吉们占领的地区。人们认为他们是出自由成吉思汗创立的蒙古王朝的后裔，于1280～1368年间占据皇位。在发生了使汉人恢复其民族独立的那场变革之后，他们便逃往喀尔喀人中，毫无困难地就获得了这些人的辽阔领土中的一部分，采纳了其先祖们在征服中原之前所过的那种游牧生活。这些台吉们自由自在地过日子，没有任何负担，也不向任何人纳贡，不承认任何君主。他们的财富仅由帐篷和牲畜组成。台吉们的地区恰恰就是人们曾确切地描述过其族长

① 巴林部是位于北京以北的一个旗，也是蒙古鞑靼的著名旗之一。

② 台吉出自蒙古文 Daidji，意为贵子；或据另一种辞源认为它出自汉文“太子”。台吉是出自蒙古王朝缔造者或各部诸汗们的贵族。他们在某种意义上形成了一个类似宗室（一般称为“黄带子”）的阶级。

③ 在图萨鲁克齐之下是管旗章京（扎西鲁克齐章京），其次是两名梅伦章京。这五名官吏可以说是形成了札萨克。负责管理具体事务的下级官吏依等级顺序分别为扎兰章京、苏木章京、昆都和领催。

制的蒙古地区。正如《圣经》针对亚伯拉罕、雅各及美索不达米亚其他教徒而向我们描述的那样①。

那些非王公家族的鞑靼人都是奴隶,他们生活于对其主子们的绝对依附之下。他们除了应纳税之外,还必须为其主子放牧畜群,但禁止他们也为自己饲养畜群。如果大家认为鞑靼地区的奴隶制是严酷和残忍的,如同在某些民族中那样,那就大错而特错了。贵族家庭几乎与奴隶家庭没有任何区别。如果研究一下在他们之间存在的关系,那就很难区别出主子与奴隶,他们彼此都居住在帐篷中,同样也以放牧畜群营生。大家在他们之中从不会发现豪华和富裕傲然地与贫穷相间。当奴隶进入主子的帐篷时,主子不会不向他献奶茶。他们很愿意一起抽烟,互相交换其烟袋锅。青年奴隶和青年王爷在帐篷附近一起玩耍,混乱地和不分贵贱地作摔跤游戏,最强者把最弱者摔倒在地。这就是一切。大家也发现不少奴隶家庭成为大批畜群的主人并过着富裕的日子。我们遇到了许多比其主人还富裕的奴隶,而这对于其主子的身份又丝毫无损。这种奴隶制与在罗马存在的奴隶制之间该有多大差异啊!如罗马公民在清点其家产时,都把奴隶与动产列在一起。在罗马这些傲慢和残暴的主子们的眼中,奴隶甚至不配称为人,大家都直称他们为家中的东西。蒙古鞑靼人中的奴隶在人道方面,远不如中世纪的奴隶制那样严厉和违背人理。蒙古王爷们从来不给他们的奴隶取过去用于指农奴的那些有辱人格的绰号。他们称其奴隶为兄弟,从不称他们为"卑人"、"下人"、"无偿纳税和服徭役的人"。

鞑靼贵族们拥有过对其奴隶的生杀大权,他们自我赋予了这种权力,一直到把奴隶们处死。但他们从不武断地行使这一特权②。当一名奴隶被处死时,有一个最高法庭将审查其主子的行

---

① 在12世纪时,于北蒙古有一个叫作泰亦赤兀部,成吉思汗费了很大的力气才征服了他们。现今的台吉明显与古代的泰亦赤兀部没有任何关系。

我们在蒙古的所有地区几乎都能发现作为成吉思汗后裔的台吉。他们形成了蒙古的贵族,不需要交纳任何税。领主正是从他们之中选择两位图萨鲁克齐的。

② 如果说蒙古贵族们对其奴隶操有生杀大权,那么我们还应指出自从佛教传入中国以来就不再如此了。在这一时代之前确实如此,在当为一名大人物举行葬礼时,有时也杀他的几名奴隶。此外,这种野蛮的习惯也从未全面实行过,很早以来就被废除了。

为。如果证明他滥用了其权力，那么无辜者的血债就必须偿还和报复。属于奴隶家属的喇嘛们在进入僧侣集团之后，于某种意义上说是变得自由了，人们既不能要求他们服徭役，也不能纳税。他们可以移居外地并随心所欲地跑遍世界，而任何人都无权限制他们。

虽然主子和奴隶的关系都普遍充满了温文尔雅和善意，但鞑靼领主却滥用了他们的所谓权力，以压迫其民众和要求他们交纳繁重的赋税和服徭役。我们了解其中的一人实施了确实令人愤慨的压迫制度。他从其畜群中挑选最老和病得最重的绵羊与马匹，然后交由其辖地中的富裕奴隶看守，这些奴隶们认为替他们的领主放牧牲畜并不坏，甚至是他们的一大荣誉。经过数年之后，王爷又要索回他那些全都病死或老死的牲畜。他于是便去其奴隶的畜群中选择岁口最小和最强壮的牲畜，甚至还往往不以此为满足，而是索求两倍或三倍之多。他说："这再合理不过了。因为在二三年间，我的牲畜可以倍增，他应还我大批羊羔、马驹、牛犊和骆驼驹。"

这种奴隶制虽然是温和的，但无论人们认为它多么好，却永远不能与人类的尊严相容。奴隶制在欧洲已被废除，我们希望它在某一日也于蒙古民族中废除。不过这种大革命也如同在各地一样，是在基督教的影响下实现的。绝不会是由政治理论家们解放这些游牧民族，这仍是耶稣—基督的神父们和神圣福音书的传播者们的事业，神圣的宪章(《福音书》)中记载了人类的真正权力。一旦当传教士们教会蒙古人说："我们神父在天……"时，奴隶制便会在鞑靼地区崩溃，大家就会在那里看到自由之树在十字架旁长大。

经过在鄂尔多斯沙漠中行走数日之后，我们于途中发现了一座小喇嘛庙，在一片风景秀丽的荒野中，建筑得很华丽。我们继续向前走，没有停留下来。当我们听到自己身后马蹄奔踏的声音时，离开那里已有一枪射程之地了。我们回过头来，发现一名喇嘛匆匆忙忙地向我们走来。他对我们说："老兄们，你们经过了我们的苏木(喇嘛庙)而未停留。难道你们如此紧迫而不能休息一天以向上师顶礼吗?""是，我们很紧迫。我们的旅行并非是只有数日，我们将到西方去。""我从你们的相貌中已辨认出你们不是蒙古族，知道你们是西人。但既然你们要走如此之长的路，那你们最好是跪拜我们的上师。”“西方真正的信仰反对这种做法。”“我们的上师不仅仅是一个普通人,你们可能没有想到我们在自己的小喇嘛庙中会有一名沙布隆,即一名活佛。两年之前,他肯屈尊从西藏的圣山上下来。他现年七岁。在他的前世之一生中,他曾是位于该河谷的一个漂亮苏木的大喇嘛。据经书记载,该苏木在成吉思汗征战时被毁。该上师刚刚转世不多几年,我们又匆匆忙忙建了一个小苏木。来吧,老哥!我们的上师将会把他的右手举到你的额头,将会保佑你们一路平安。”“懂得西方圣教教理的人,并不相信沙布隆们的所有这些转世。我们惟有崇拜天地的造物主,其名叫作耶和华。我们认为你们将之奉为贵寺寺主的那个孩子没有任何能力,人类对他既没抱希望,也不用害怕他。”那名喇嘛听了这些肯定是出乎他意料之外的论说之后,被惊呆了。其面庞逐渐怒气冲冲,最后表现出了愤怒和恼恨。他死死地盯了我们好几次,向我们转过背而迅速离开,牙缝里咕噜着一些我们不懂其意的话,但我们不会将此当作祝福。

鞑靼人绝对坚信这些相继的转生,他们从不允许对其活佛的真实性表现出任何一点怀疑。这些活佛数目很多,始终都被置于最大喇嘛寺之首。他们有时在一个小寺庙中卑微地开始其生涯,身边只有几名弟子。他们的名声逐渐在附近扩大了。那座小喇嘛庙很快就会成为朝圣进香和崇拜之地。附近的喇嘛们也利用了这种时髦,前往那里建造他们的僧房。这座喇嘛庙逐年得到了发展并最终变得在该城区很著名了。

活佛的挑选和坐床是以一种值得介绍的非常特殊方式完成的。当一名大喇嘛圆寂时,也就是当他死时,这件事不会成为喇嘛寺的一种吊丧的原因。他们不会完全陷于哭泣和哀悼之中,因为所有人都知道沙布隆即将很快转世。这种表面的死亡只不过是一次新生的开始,如同在相继各世的无限和不中断的生命链中的一环。这纯粹是一种生死轮回。当圣人处于脱胎转世的麻木中时,其弟子们则处于焦急不安中。因为他们最重要的事是发现他们的大师将在哪里变化和转生。如果长空出现彩虹,那么他们便会将此看作是他们原来的大喇嘛向他们发出的信号,以便帮助他们寻找他。于是所有人立即就会开始祈祷,正当失去其活佛的喇嘛寺强化其斋戒和法事时,一支由名僧组成的队伍,便去请教懂得普通人生奥秘的著名占卜师,人们便向他介绍说活佛的长虹于某月某日在长空中出现了:它在什么方位出现、发亮程度如何和使人看到了多长时间,然后它又在什么背景下消失。当占卜师获知所有这些情况之后,便诵读某些经文,打开他的占卜书并最终讲出了其神谕。当时前来向他问卜的鞑靼人跪着聆听他的话,显得毕恭毕敬。他对他们说:"你们的大喇嘛已转世于西藏,在距你们的喇嘛寺有多远的地方,你们可以在某某家庭中找到他。"当那些可怜的蒙古人听到这种神谕之后,便充满喜悦地返回,去向喇嘛庙宣布这一好消息。

圆寂者的弟子们往往不需要吃多少苦就能找到他们大喇嘛的摇篮,而且大喇嘛自己也想不辞劳苦地向他们传授其转世的秘密。一旦当他在西藏转世,刚一生下来自己就会表现出这种特征来。他在一个普通儿童尚不会讲任何话的年龄,就以权威的口吻说:"是我,我是大喇嘛,某某寺庙的活佛。请把我带到我原来的喇嘛庙中,我是该寺永生的寺主。"当神童这样讲了后,人们于是便匆匆忙忙告知他指出的苏木中的喇嘛们说,他们的活佛已转世到某一地点,命令以他的名义前往迎请。

无论鞑靼人是怎样发现其大喇嘛的住处的,无论是通过彩虹的出现还是活佛自己的揭示,他们始终都感到最强烈的喜悦。人们很快就在帐篷内行动起来,都在兴致勃勃地为一次长途旅行进行千般准备。因为他们几乎始终都是前往西藏迎请活佛,该活佛很少不对他们作一番恶作剧,前往一些遥远和几乎是无法进入的地区转世。所有人都乐意尽自己最大的可能,帮助组织这次神圣旅行。如果当地王爷不亲自率领一支骆驼队光临,那么他就派遣其亲生儿子或王室最著名的一位成员前往。王爷的大官吏或协理台吉们,也将这样的启程上路视为自己的一种义务和荣耀。当一切准备就绪时,大家便选择一良辰吉日,骆驼队就出发了。

这些可怜的蒙古人有时在可怕的沙漠中,经过令人难以置信的疲劳奔驰之后,最终却落入了青海的土匪手中,土匪把他们从头到脚抢劫个干干净净。如果他们在这些令人毛骨悚然的偏僻地区未被饿死或冻死,如果他们尚能返回其出发地,那么他们将再次开始作新的旅行准备。任何事都永远不会使他们丧失勇气。最后,当他们由于毅力和坚持而得以到达永久圣地时,他们便会跪在人们指给他们的那个孩子的面前。但在未对他进行事先审查时,这个小活佛是不能被宣布成为大喇嘛的。大家举行一次隆重的会议,活佛在所有人面前被极其仔细地考察。众人询问他声称为其大喇嘛的那个寺院的名称、它有多远距离、那里居住的喇嘛数目等。然后再向他询问已圆寂的大喇嘛的习惯以及导致其圆寂的主要情节。经过所有这些提问之后,人们便把各种经书、家具、茶具、杯子放在他面前。他应在所有这些物品中辨认出其前世曾用过的东西。

在一般情况下,这名年龄最多不过五六岁的儿童都会胜利地通过所有的考察。他会准确地回答向他提出的所有问题,并毫不困难地清点其动产。他说:“这是我习惯使用的经书……这是我习惯用茶的漆钵。”如此类推。

毫无疑问,蒙古人不止一次地受那些因使这一小男孩成为大喇嘛而有利可图之辈们的骗。但我们认为这一切都是经双方简单而互相信任地安排好的。根据我们从值得非常信赖的人中获悉的情况来看,大家所说的有关活佛的一切情况,都不能列入幻象和错觉中。一种纯粹的人类哲学无疑肯定会否认类似的事实,或者是毫无犹豫地将之记在喇嘛教骗术的账上。对于我们这些天主教传教士来说,我们认为过去曾在人间天堂的问题上欺骗过我们早期先祖的大骗子,始终都在世界上继续其骗术。那个有能力在长空中支持巫士西门的人,今天还可以通过一个小孩的嘴而向人类说教,以便维持崇拜者们的信仰。

一旦其活佛的身份得到证实之后,大家便凯旋般地迎请返回他应重新成为其大喇嘛的那个苏木。在他行进的沿途中,轰动了一切,各地都处于熙熙攘攘之中。鞑靼人大批地跪于途中并向他奉献供品。当他到达喇嘛庙时,便扶他登上莲台,于是王、公、官吏、喇嘛和从富裕直到最贫穷的所有鞑靼人,都赶来在这名他们花费巨资从西藏腹地迎请来的灵童面前顶礼,他的魔力激起了所有的人尊重、钦佩和热情。

没有一个鞑靼旗不在其某一座第一流的喇嘛寺中拥有一名活佛。除了这位住持之外,始终还要有从王公家族中选择的另一名大喇嘛。那名西藏喇嘛在喇嘛寺中如同一尊活的偶像,每天都会受到其虔诚信徒们的顶礼,他作为回报也向他们赐福。与祈愿和仪轨有关的一切都被置于他的直接监督之下。那名蒙古大喇嘛则负责喇嘛寺的行政管理、秩序和治安。他从事管理，而其教友仅基本满足于掌权。正如大家所看到的那样，著名的格言“国王掌权不执政”，并不是在政治上的一大发现。有人声称他们创造了一种新的制度，实际上只不过是不声不响地抄袭了鞑靼喇嘛庙的一种古老制度。

在这两位住持之下，还有数名低级僧官。他们参与管理具体事务：收入、采购和戒律。那些录事们掌握账目，编纂执政的大喇嘛为维持喇嘛寺的稳定和良好秩序而颁布的寺规和教谕。这些录事们一般都精通蒙语和藏语，有时也懂得汉语和满语。他们在被接受参与这项工作之前，都必须面对所有喇嘛和地方上的主要官吏，而接受严格的考试。

除了这一小批住持和僧官之外，喇嘛寺中的常住民还分成了“喇嘛上师”和“喇嘛弟子”或沙必。每名喇嘛都指挥着一名或数名各自居住于其僧房并自己管理日常具体事务的沙必。如果其师拥有几头牲畜，那么沙必们就必须照管之，为奶牛挤奶和制作酥油及奶酪。作为这种服务的回报，师傅要指导弟子们学习祈祷并向他们传授仪轨。每天清晨，沙必们都应先于其师而起床，他们干的第一件事就是打扫房间并点火和煮茶。继此之后，他便带上经书并恭敬地呈送师傅，然后三次于其师面前跪拜，前额触地，但却不讲一句话。他通过这种虔诚的表示要求师傅能乐意指出他这一天应学习的功课。师傅打开经书并根据其弟子的能力而念诵其中的几页。此人重新跪拜三次以示谢意，然后再返回住处。

沙必根据他的兴趣而念诵其经书。他为此没有固定的时间，完全可以把时间用于睡觉和与其他学生们嬉戏，其师对他丝毫不闻不问。当到了睡觉的时间，他必须沉着镇定地去背诵早上为他确定的功课。如果他背诵得很好，那么他就被认定是完成了作业，其师的沉默成了他有权获得的惟一赞扬。如果相反，他没有恰当地回讲师傅布置给他的经文，那就会以最严厉的惩罚促使他认识错误。在这样的背景下，师傅就会一反平日的矜持，猛然扑向其弟子并痛打他一场，同时又向他发出一阵可怕的咒骂。受到了过分虐待的弟子，有时会逃到远离这座喇嘛庙的地方寻求冒险。他们在一般情况下却都会耐心地忍受其师强加给他们的惩处，甚至是罚他们冬天到野外过夜并扒光其衣服。我们经常有机会与沙必们交谈。由于我们询问他们,是否有办法在不挨打的情况下学会经文,他们坦率地和以一种坚信的口吻回答说,这是不可能的。他们说:“大家清楚地知道,祈祷经文会招致多次挨打。那些不会祈祷、不会诊断和治疗疾病、不会占卜及预见未来的喇嘛,都是未被师傅打过的人。”

除了这些在家中或在师傅直接监视下所完成的学业之外,沙必们还可以在寺院内参加公开的讲演,其中诠释那些与教理和医学有关的经书。这些诠释往往都很含糊,不充分和无法培养有学问的喇嘛。很少有人能具体解释他们所研究的经书。为了替他们在这方面的忽略辩解,他们从来不会放过以教理的深奥为借口。对于大部分喇嘛来说,他们觉得最方便和最迅速的做法,就是以一种完全机械的方式背诵经文,没有必要为研究其中所包含的思想而下苦功。当我们讲到西藏喇嘛庙中的教育比鞑靼地区要完整时,我们将对喇嘛们的学习提供某些细节。

藏文经书是惟一被视为经典并在佛教改革的仪礼中接受的经文,蒙古喇嘛们终生学习一种外来语,而丝毫不为他们自己的语言担忧。我们遇到了他们之中许多精通藏文文献的喇嘛,他们甚至不懂得蒙古文字母。可是在某些喇嘛寺中,大家也学习一些鞑靼文字,有时也诵读蒙古经文,但始终是藏文经书的译文。一名会读藏文和蒙古文的喇嘛被认为是博学者。如果他具有某些汉文和满文文献知识,那他就被认为超出了常人之上。

随着我们向鄂尔多斯地区前进,该地区显得越来越凄凉和荒芜了。更加不幸的是,一场可怕的风暴隆重地宣告了秋季的结束,并将我们带向了冬季的严寒。

一天,我们正在艰难地于多沙和干旱的沙漠中行走,额头大汗淋淋,因为天气令人窒息地闷热。我们感到被沉闷的空气压垮了,骆驼伸着脖子和半张着嘴,徒劳地在空气中寻找一点凉爽。到了中午前后,乌云开始在地平线上集聚。我们害怕途中遇到风暴,于是便想在某处支起帐篷。但到哪里去呢?我们到处寻找,登上了丘陵的最高处,焦急地向周围瞭望,试图发现几处可以提供我们所需要的一点燃料的鞑靼人住宅。但均无结果,我们眼前到处都是一片沉闷的寂静。惟有不时地看到狐狸躲进了其洞穴中,成群的黄羊[1]奔向山口去避身。但乌云一直在上升，暴风开始拼命地吹来。从一阵阵暴风的不规则性来看，它似乎将给我们带来暴雨或吹走暴雨。正当我们处于希望和恐惧之中时，响起了巨雷，无数闪电划破了长空，这就示意我们只能完全接受天命的操纵了。凛冽的北风很快就猛烈地吹起来。我们向一个朝我们开放的山口走去。但我们尚没有赶到那里，风暴便突然呼啸而来。首先是大雨一倾而泻，接着是冰雹，最后是半融化的大雪。眨眼之间，我们便浑身被大雨淋透，四肢都感到寒冷。我们全部下了坐骑，双脚落地，希望步行能稍使我们暖和一下。但我们刚在被水淹没的沙子中走了几步，双腿就如同陷进泥浆中一样，觉得根本就不可能再向前走了。我们在自己的骆驼旁边寻找一个避身处，双臂紧抱或紧靠骆驼两肋，以试图得到一点温暖。

当暴风雨始终疯狂地袭击我们的时候，我们只好听天由命地等待上帝乐意时决定我们的命运。支起帐篷已经是不可能的事，必须具有神力才能支起已被淋湿和几乎被北风吹得结冰的帐篷。此外，我们很难找到一处位置，因为到处都流水。在这种可怕的处境中，我们凄惨地互相环视了一番而没有讲话，感到自身的热量在逐渐减少，血液已开始结冰。因此，我们将把自己的生命奉献给上帝，因为我们坚信自己将在夜间被冻死。

但我们中的一人集中全身精力攀登上了俯瞰附近山口的一个高坡，发现一条无数弯曲的小径通向了该大山谷的深处。他沿这一方向前进，在洼地中前进几步之后发现在山麓上有如同大门一般的大洞。看到这种情况时，他突然间来了勇气和力量，迅速登上了丘陵以向其同伴们宣布这一好消息。他向我们喊道："我们得救了，在本山口有些窑洞。赶快到那里去避身吧。"这句话立即使这支小小的旅行队变得活跃了。我们把自己的牲畜留在高地上，自己急忙去参观山沟。一条小道把我们一直引向这些洞口。我们向前伸了一下头，在山里发现的不是由自然力形成的普通山洞，而是

---

① 黄羊是一种长脖羚羊，羚羊具有獐子的身材，体形优美。其角为圆形和黑色的。其浅黄色皮毛的上部颜色较浅而下部发白，两侧都有一条长长的棕色带。蒙古人的黄羊酷似羚羊，但其体材基本是如同麂子那样。雌羚羊无角。这种黄羊成群地生活在亚洲内陆的干旱平原上。

由人工开凿的漂亮而宽敞的窑洞。我们的第一声喊叫是向上帝的恩惠表示感谢，于是便选择了自己面前最大和最干净的一孔窑洞。转眼之间，我们就从最大的苦难过渡到了幸福的顶点了。这就如同突如其来和喜出望外地从死到生一般。

当我们看到这些建筑得如此漂亮和坚固的地下住宅时，我们想到了某些汉族家庭曾来到过该地区，并试图开垦某些土地，后来无疑是对贫瘠的土地感到失望，他们可能放弃了其事业。我们零零散散地发现的一些耕作痕迹，恰恰证实了自己的猜想。当汉人在鞑靼人的某些地区定居时，如果他们遇到了一些坚硬而结实的土地时，便在那里挖掘窑洞。这些住宅比房子要经济，更不容易受季节性恶劣气候的影响。它们一般都安排得很好：在进门的两侧，有一些可以使充足的光线进入其内的窗户，洞壁、洞顶、灶、炕等内部都抹有经过仔细搅拌和闪闪发光的灰泥，大家会认为是看到了烧陶制品。这些洞子的优点是冬暖夏凉，但由于缺乏空气对流会使在这里居住变得具有危险。类似的住宅对我们来说并不是一种新鲜事物，因为它们在我们的西湾子传教区也很多。但我们在任何地方都未看见过在鄂尔多斯地区建筑得那样美观的窑洞。

因此，我们占据了其中的一间地下建筑，并有幸在一间窑洞中发现了许多捆干麻秸，从而在灶中升起了一堆很旺的火。在我们的旅行中，从未拥有过如此优质的柴薪。时间不长，我们的服装都彻底烤干了，大家非常高兴地下榻于上帝的客栈中，把夜间大部分时间用于品尝温暖的美感，而桑达钦巴却不厌其烦地在羊油中煎小点心。我们过节了，我们的白面也应受到节日的影响。

牲畜也并不比我们不幸福。我们为它们找到了在山上开凿的马厩，这比一种优质草料还要好。一座窑洞中堆满了谷秸和莜麦秸。如果没有这一场几乎把我们所有人都置于死地的暴风雨，我们的牲畜决不会遇到如此好的一顿美餐。在我们长时间地满足了对自己这神奇处境的诗意感受之后，便无法抵御休息的迫切需要了。我们躺在一个很热的炕上，它使我们忘记了在暴风雨中忍受的可怕寒冷。

次日，正当桑达钦巴利用剩余的麻秸烘干我们的行李时，我们前去详细参观了山上的大批窑洞。我们刚刚迈了几步，当发现从与我们的住处为邻的一间窑洞的门窗中冒出滚滚浓烟时，该是多

国子监

么惊奇啊！由于我们认为是独自生活在沙漠中，所以当看到了这股浓烟的时候就陷入了掺杂着恐惧的惊奇。我们的脚步便朝着这一窑洞的洞口走去。当走到门槛时，便从内部发现了一大堆麻秸火，其熊熊的火苗一直喷到洞顶，我们几乎可以说这是一个旺盛地燃烧着的大炉子。仔细观察起来，我们发现一个人影正在浓烟中活动，很快又听到了鞑靼语的问候。有一个颤动和响亮的声音向我们喊："你好！来火盆前坐一会儿吧。"我们小心谨慎地前进，这种"巨人的洞窟"、这种人声，所有这一切都有一点令人过分难以置信的因素。这一如同地狱通风窗般地方的居住者，看到我们呆立在那里一动也不动，便站起身并向门槛走来。他既不是鬼也不是妖，仅仅是一名昨晚因遭遇风雨，而在该窑洞中蔽身的鞑靼蒙古人，也于此窑洞中过了夜。我们在一段时间内谈到了大雨、暴风和冰雹，此后便请他去分享我们的早饭，把他领到了我们的住处。当桑达钦巴在我们客人的帮助下煮茶时，我们又重新出来以继续我们的搜寻。

我们以一种好奇再加上一定程度的恐惧情绪，走遍了这些荒凉而寂静的住处。它们几乎都是根据同一模式建造起来的，至今尚保存完整。墙上刻画的汉字和破瓷器片向我们证明，这些窑洞近期曾由汉人居住过。我们在一个角落里发现的几只女式旧鞋使我对此毫不怀疑了。我不禁产生了一种充满悲痛和凄凉的感情，想到了这一大批家庭在该大山中生活了许久之后，又前往他处寻找一片更容易容身的地方。随着我们进入这些窑洞，便轰起了成群尚未放弃这些人类住宅的家雀，它们相反却公然地占据了这些庞大的“巢”。到处都乱撒的大量谷子和莜麦粒，还可以使它们于此定居一段时间。我们自言自语地说：“当它们再找不到粮食粒并发现这些窑洞的故主不再返回时，它们无疑也会离开并去在某些住宅的房檐下寻找栖身处。”

家雀是一种世界上所有地区都有的飞鸟，我们在遇到人的地方都曾见到过这种鸟。其性格始终都很敏捷、欢跃和喜欢吵闹，尖锐和愤怒地啾啾鸣叫声始终不停。但值得注意的是在鞑靼、汉地和西藏，它们可能比在欧洲更为咄咄逼人，这是因为任何人都不捕捉它们，人们如同对待宗教一般地尊重其巢穴和幼雏。所以，我们看到它们大模大样地飞堂入室，与人类亲密地生活在一起，随心所欲地拾捡人们掉下的饭渣。汉人称之为“家雀儿”，也就是生活在家中的麻雀。

我们在参观了三十多个未向我们提供任何引人注目内容的窑洞之后，便回到了自己的住处。在午饭期间，我们的谈话当然落到了掘凿这些窑洞的汉人身上了。我们询问那名鞑靼人是否见过这些汉人。他说：“我怎么会未见过曾居住在这些窑洞中的契丹人呢？我熟悉他们所有人。他们遗弃这一地区最多不过两年……”他又补充说：“此外，他们无权留在这里，因为他们不肯与人为善，

石经室

让他们离去是对的。”“你说是他们不好,但他们在这一贫瘠的山沟里会有什么坏处呢?”“啊!契丹人善用心机和喜欢骗人!他们开始时表现得很好,但没有坚持多久。20年之前,有几家人前来要求我们接纳他们。由于他们很穷,所以大家便允许他们耕种土地,条件是他们每年收获之后,都要向当地台吉们交纳一些莜麦面。其他人家慢慢也迁来了,他们也破土开窑以栖身,这一山口很快就开满了窑洞。在开始时,这些契丹人性情善良和恬静,我们如同兄弟一般共同生活。请告诉我,喇嘛老爷们,难道如同兄弟一样生活不好吗?难道所有人之间不都是兄弟吗?”“是,确实如此。你讲的是一句至理名言,那么这些契丹人为什么离开这里呢?”“和平局面没有持续多久,他们很快就变得不守本分并作出欺骗行为了。他们不是满足于已出让给他们的东西,而是随心所欲地扩大其耕地,一声不响地夺占了许多地盘。当他们富裕之后,就再不想向我们交纳已经谈好的莜麦面了。当每年去向他们索求地租时,他们便对我们大肆谩骂和诅咒。但最可怕的事是这些作恶的契丹人还行窃,他们抢走了在蜿蜒的山沟中离群的所有山羊和绵羊。某一天,一名很骁勇和颇有本领的台吉,把附近所有的蒙古人都召集起来,接着又对他们说:‘契丹人夺占了我们的土地,偷盗我们的牲畜并咒骂我们。既然他们不以兄弟的身份行事和讲话,那就应赶走他们。’所有人都很高兴地聆听老台吉的讲演。大家讨论之后便决定让该地区的头人都去拜见王爷,恳求他下令判决汉人离去。我是这个代表团的成员……王爷对于我们允许外人垦殖自己土地的做法提出了指责,我们保持了极大的沉默,并向他叩拜。我们那位始终都伸张正义的王爷立即写了一道告示,然后于上面盖上红印。告示中指出,王爷再不允许契丹人居住于其地,他们必须在八月一日之前离开该地区。三名台吉前去向契丹人宣读命令。汉人对三名代表不作任何回答,而仅满足于彼此之间说:‘王爷希望我们离开,太好了’。

“稍后不久,我们获悉他们聚集起来了,决定违抗王爷的命令,并不顾一切地留在该地区。八月一日到了,他们尚心安理得地占据着住宅,未作任何出发的准备。第二天,所有鞑靼人都在天亮前上马,背着长枪并把畜群赶到了契丹人的耕田中。庄稼尚未收割。当太阳出来时,那里的庄稼便一无所剩了,全部被牲畜们啃吃掉或被其蹄子践踏了。契丹人发出喊声并咒骂蒙古人,不过一切都太晚了。当他们发现其事业已无望时,便于同一日集中起了他们的家具和农具,前往鄂尔多斯的东部定居,那里距黄河只有很少一段距离,紧傍小河。既然你们是从察罕库伦而来,那么你们途中于小河以西,就应该遇到过耕种了几片土地的契丹人。好了,那正是曾居住在该山口并挖掘了所有这些窑洞的人。"

那名鞑靼人讲完他的故事之后,便出去了一会儿,寻找遗留在他过夜的那个窑洞中的一个包袱。他回来时说:"喇嘛老爷们,我要走了。你们是否愿意在我家休息几天呢?我的帐篷距此不远,位于大家在北部望到的那座沙山之后。我们最多需要走30里。"我们回答说:"谢谢!没有一个地方不知道鄂尔多斯人的好客,但我们还要长途旅行,就不想于途中作更多的滞留了。""在一次长途旅行中,早到几天或晚到数日又有何妨?你们的牲畜不能始终都行走,它们也需要略作休息。你们的人由于昨天下雨而受苦很多。与我一起走吧,一切都会遂心如愿。再过四天,我们就要有欢宴,我的长子将要成家了。去参加我儿子的婚礼吧,你们的出席将会为他带来吉祥。"那名鞑靼人看到我们的决心不可动摇,于是便跳上马。他在攀登上一直通向山口的那个山坡之后,便消失在灌木丛和沙漠中了。

在其他任何一种情况下,我们都会高兴地接受他向我们的提议。但我们希望在鄂尔多斯人中居住的时间越短越好。我们迫不及待地想把这一凄惨地区抛在身后,我们的牲畜在这里越来越衰弱,我们自己也需要忍受许多苦难。此外,蒙古人的婚礼对于我们来说也并不是什么新鲜事。自从我们进入鞑靼地区以来,曾不止一次地亲自参加这种仪式。

蒙古人很年青时就结婚了,他们始终是在家长绝对权力的影响之下成婚的。这种非常严肃和非常重要的人生大事,始终是在两个最有关系的人丝毫不参加的情况下,着手准备、商谈和决定的。如果在童年或在较大的年龄许婚,那都是由父母出面订立婚约,甚至不与他们的孩子讲。两名未来的夫妇互不认识,也可能从未见过面。当他们结婚时,他们仅仅可以知道其性格是否相合。

姑娘从不携带嫁妆,相反是由男青年向未来的夫人家庭送聘礼。聘礼的价值也很少,系由新郎双亲的慷慨程度所决定。一切都是事先安排好的并在公证上登记,连其最详细的情节也商议妥了。事实上,这并不是一种结婚聘礼,而更像是由一方出售和另一方采购的一种物品的价格。这种事在语言中也往往都很清楚地表达出来了。大家会说:“我为我儿子买下了某某少女”或“我们把我们的女儿卖给某某家庭了”等。所以,婚约完全是如同一桩买卖一般缔结的。其中有中介人(媒人),人们互相讨价还价,各有抬价和压价,一直到达成协议为止。当决定要纳多少匹马、多少头牛、多少只绵羊、多少尺布帛、多少斤酥油和烧酒、白面的聘礼时,便把这一切交给妻子的家庭,只有在这个时候才在证婚人面前写好婚约,少女就变成了获得她的人之专属财产。但她却住在娘家,一直到举行婚礼为止。

当通过媒人而缔结了婚约时,新郎的父亲便在他最亲近的亲属们的陪同下,将这一消息通知新娘的家庭。他们一进门就跪在家庭小祭坛前,向佛像供奉一颗煮好的羊头、奶和一条白哈达。大家接着便去聚餐,由新郎的父母提供。在吃饭期间,新娘的父母双亲都获得一块钱,放在一个斟满了马奶酒的杯子中。新娘的父亲喝完酒而留下钱,这种仪礼在蒙语中叫作“塔希尔—塔比苏”,也就是订婚约。

当由喇嘛们确定的结婚吉日良辰到来时,未婚夫便于一清早就派接亲人去迎娶许配给他的少女,或者是他已经得到的女子。未婚夫的迎娶快要到达时,新娘的亲朋好友便围绕着大门互相挤成一圈,似乎是反对新娘的离去。于是便开始了一场模拟的斗争,最后始终是或理所当然的是以抢走新娘而告终。大家把她安置在一匹马上,在让她围绕娘家住宅转三圈之后,就迅速地把她带到事先为她准备好紧挨其公爹住所的帐篷中去。附近的所有鞑靼人、两家的亲朋故旧立即就开始行动,以前往参加婚宴并向未来的夫妇送礼。这些由牲畜和食品组成的礼物都由客人的慷慨程度所决定。它们实际上是送给新郎父亲的,往往是作为对他被迫设法为其子买妻之开销的丰厚补偿。随着牲畜的到来,人们便将之牵到事前为接受它们而准备好的牲口圈中。在富裕鞑靼人的婚礼中,这些宽敞的牲口圈盛满了大群的牛、马和羊。一般来说,客人们表现得都相当慷慨,因为他们坚信,自己以后在一次类似的情况中也会得到回报。

当新娘梳妆完毕时,有人便把她领到其公爹处,当聚集在诵经班的喇嘛们念诵由仪轨规定的祈祷经文时,她首先向佛像顶礼,接着跪拜灶神,再接着是跪拜新郎的父母和其他近亲,而新郎则向聚集在附近一顶帐篷中的其岳母家的人行同样的礼。继此之后,便是婚宴,有时一直持续七八天。大量的肥肉,许多烟和大罐的酒,为这些盛宴增加了荣耀和豪华,有时还要有音乐伴奏。宴会上要邀请鞑靼吟游诗人或说唱艺人使婚礼变得更加隆重。

鞑靼地区接受多妻制,多妻制既不与民法、又不与宗教信仰和当地的风俗习惯相悖。正妻始终是家庭主妇,也是家庭中最受尊重者。再娶的妻子叫作小老婆,偏房必须服从和尊重大房。

一夫多妻制已被《福音书》所废除,它本身就是与家庭的幸福与和谐背道而驰的。但这种婚制对于鞑靼人来说也可以被视为一件好事。从他们社会的现状来看,它成了生活放纵不羁和伤风败俗行为的一道屏障。喇嘛们必须过独身生活,那些削发为僧和在喇嘛庙中生活的人数目很大。如果女子们无法以小老婆的身份而跻身于一个家庭中,那就很容易想象到,由这样多因无人赡养而独自生活的青年女子而产生的混乱了。

鞑靼人中的离婚现象很频繁。离婚的实施不需要官府或宗教当局的任何参与。那些休掉其妻子的丈夫,甚至可以不屑为其行径找到一种辩护的借口。他可以不需要任何形式而把其妻子休回娘家,仅满足于对她们说,他不想再要她了。这种做法完全符合鞑靼人的习惯,任何人都不会对此感到惊讶。丈夫仅仅是白白地得到了众人作为婚礼而被迫送给他的绵羊和马匹。被休女子父母,对于休回他们的女儿不能提出任何异议。丈夫让她返回娘家,一直等到另有人向她求婚为止。在此情况下,其父母甚至有时对于他们可以再次获得利益而感到高兴,他们确实可以把同一"商品"卖两次。

在鞑靼地区,女子们过着一种相当独立的生活。要让她们如同在亚洲其他民族中那样受压迫和受奴役,则是很难的。她们可以自由地来往、赛马和逐帐篷地串门。鞑靼女子并不像汉族女子那样容貌纤弱而又郁郁寡欢,她们相反却于其精神面貌和举止方面,更显得强壮和有力,完全与她们那充满活动的生活与游牧人的风俗习惯相一致。其服装更突出了她们身材上表现出来的男性和高傲的外貌。大皮靴、在腰间用一条黑色或蓝色的腰带扎起来的黑色或紫色的长袍,外面再套一件小褂,其形状酷似我们的背心,其不同处仅仅在于它比较宽大并几乎一直垂到髋部。女子的头发分成了两根辫子,包在一块塔夫塔绸的发套中,并一直垂在胸前。她们的豪华品在于用金银片、珍珠、珊瑚和各种其他小饰物来装饰其腰带和头发。我们很难具体介绍这些装饰品的形状和质量,因为我们既没有机会,也没有兴趣,更没有耐心去注意这些琐碎的东西。

附　录

1. 蒙古人中的离婚

在鞑靼人中非常频繁的离婚，一般是在民政机构的参与下实现的。尽管丈夫在理论上有正确的理由，如妻子行为不端等，但离婚是很容易实现的。因为在一般情况下，夫妻双方都会非常高兴地分手。丈夫面对官吏写下一纸确认他休妻并将她退回娘家的休妻文书。其原因要写于文书中，世人一般都借口配偶之间不和。当被休掉的女子后来改嫁时，其家庭必须送前夫一方的官吏们一头牛或一匹马，称之为“赎身的牲畜”。有时也要将“赎身的牲畜”送给前夫。

2. 蒙古女子的独立性

人们可以相信蒙古女子的独立性和轻浮于良好的风俗并不有利。这种习惯连同离婚，对于该信佛民族所拥有的缺乏道德的名声起了很大作用。蒙古人风俗习惯的一种细节，会使人对这些游牧人的品行有一种初步理解。如果某个家庭中的一名大龄姑娘出于这样或那样的原因而找不到夫婿，那就允许她与一把扫帚结婚。在已确定的迎娶日子中，她就如同一年轻的姑娘一般地梳妆打扮，家人要为她而遵守一次真正婚姻的全部礼仪，所有的亲属都被请来参加一把扫帚的婚礼，扫帚用饰带装饰，被他们的女儿或女眷视为新郎。到此就要举行婚宴。青年女子从这一日起就不再如同少女一样，而是如同已婚人一般穿戴。如果她将来有了孩子，那么任何人都不会嘲笑她。这些孩子被认为是由合法的婚姻所生。

如果稍后不久，她心血来潮地想结婚，那就必须真正与第一个丈夫扫帚正式离婚，扫帚会受到感谢并请求离去。这一仪式完成之后,她又重新变成了到达婚龄的而待字闺中的女子,可以自由地缔结合法婚姻。

3. 鄂尔多斯传教区

当古伯察和秦神父穿越鄂尔多斯地区时,他们从归化城开始,既不会遇到基督教会口,又不会遇到基督徒。从那时起,沙漠也开化了。一名旅行家的见证将会提供在那里如同在其他各处一样发生的良好变化。

多伦伯爵在他横穿蒙古的游记中,用这样的言辞表达了他对比利时神父们功绩的钦佩:"我从那里(阿拉善)开始而达到了三道河的天主教会口。再没有比那些比利时传教士们的这一创造更为令人惊奇的了。他们在蒙古腹地以艰苦的工作而成功地栽树和修灌渠,从沙漠中夺出了一块可耕地,与从各地涌进的信徒们定居在那里。他们形成了一个基督徒的团体。那里有 30 多个村庄(1906 年),分成了以主教府为中心的 11 个堂区。在这些沙漠中,从未见过一名官吏,主教和本堂神父是这 5000 多小民的真正头人。正是他们在行使司法权,任命'市长'、分配土地和执行把该地区拯救出来的工程。这是一个新的'巴拉圭共和国'。"(《最后的蒙昧人》第 349 页)

第九章

旅行队的出发——在一个肥沃的山谷中宿营——严寒——遇到一大批朝圣进香人——喇嘛教的粗俗和邪恶的仪轨——前往拉济——卓隆喇嘛庙的计划——小旅行队的分散与聚合——桑达钦巴的失望——拉济—卓隆喇嘛庙概貌——在喇嘛庙周围的各种朝圣——嘛呢筒——两名喇嘛的争执——地面的特征——对塔布松诺尔或盐湖的描述——鞑靼地区骆驼的概况——附录

那名刚才与我们告别的鞑靼人向我们指出，在距窑洞不远的地方，我们将会于一个山谷里发现整个鄂尔多斯地区最肥美的牧场。我们决定出发了。当我们启程时，天已近中午。天空晴朗，太阳光芒四射，但气温仍受前一天暴风雨的影响，十分寒冷刺骨。在遍是沙土和被雨水冲下了深壑的地方，骑马奔驰了两个多小时之后，我们突然进入了一个山谷，其景色秀丽和肥沃的外貌，与我们直到那时为止在鄂尔多斯人中所看到的一切，都形成了鲜明的对照。山谷中流着一条水量丰沛的小溪，其水源消失在沙漠中。两边成阶梯状升起的山岭中，遍是牧场和灌木丛。

虽然天尚早，我们已不想再赶路了。这一站风景太美而无法使人过而不停。此外，北风已吹起，天气变得令人难以忍受得寒冷。因此，我们前往一个由附近的山岭避风的洼地中，支起了帐篷。我们从帐篷内可以毫无阻碍地望到那个小山谷，所以我们不用出门就可以照料自己的牲畜。

当太阳落山时，风力又加大了，使人感到了气候严寒。我们认为应采取某种安全措施。当桑达钦巴搬来大石头加固帐篷的边缘时，我们却跑遍了附近的丘陵，用斧头砍了一大批柴薪。我们用过茶，吃完每天都吃的粥糊糊之后便睡着了。但没有睡多久，天气变得很冷，很快就把我们冻醒了。那位察罕胡尔人说："没有办法像这样呆下去。如果我们不想被冻死在羊皮上，那就赶快起来生一大堆火吧……"桑达钦巴讲得合情合理。在这样的天气下想睡觉是件不妥的事。因此,我们立即起身,在平时穿的衣服之外又加上我们在青城买到的宽大羊皮袄。

我们的这堆用树根和嫩枝点燃的火刚刚燃着,立即就感到自己的双眼被帐篷中充满的具有刺激性和呛人的浓烟,熏得如同被烧灼一般的疼痛。我们匆匆忙忙地将帐篷门半敞开,但敞开的门却使寒风吹了进来,而浓烟却出不去。我们很快又被迫重新关住门。桑达钦巴则对这股浓烟毫不在意,而它却使我们快要窒息了,使我们双眼流出了滚烫的热泪。他看着我们蜷缩在火堆旁,头倚在膝盖上,双手一直掩着脸时便无情地嘲笑我们。他对我们说:"我的神父们,你们的眼睛明亮而闪烁着光芒,它们却忍受不了一点烟。我的双眼小而丑,却又有何妨,它们却能很好地发挥其作用……"我们的这名骆驼驭手的取笑话却无法把我们逗乐,因为我们正在可怕地受折磨。然而,当我们处于极端痛苦之中时,却仍感到自己是非常幸运的。我们不能忘恩负义地不想到上帝的恩宠,它使我们遇到了一些窑洞,我们已感到非常珍贵了。如果我们未能烘干自己的衣物,如果我们在遇到暴风雨的凄惨处境下再受寒流的袭击,那么我们肯定就不能再活很长时间了,我们可能因穿着那样的衣服而冻死,彻底成为僵硬的冰块。

我们并不认为,在如此严寒的天气下离开自己的宿营地是谨慎的,至少我们的牲畜可以在这里找到相当多的可供啃吃的饲草,柴薪也很丰富。在中午前后,天气稍微恢复得暖和了一些,我们便利用这段时间到山坡上砍一些柴。在路上我们发现自己的牲畜已离开了牧场并聚集于小溪畔。我们认为它们是渴坏了,小溪已结冰,它们无法喝水。我们于是便走到其身边,确实发现骆驼正在贪婪地舐着冰面,而马匹和骡子则以蹄子踏河岸。我们为砍柴而携带的斧子可以用来为它们破冰和挖一个小水坑,牲畜便可以在那里解除正折磨它们的干渴。

傍晚前后,寒流变得更加严重了。我们采纳了一种可使自己比前一夜睡得较好一点的方案。一直到清晨之前,我们把一夜共分为三更,每个人都轮流在帐篷中维持一大堆火,而其他人则睡觉。这样一来,我们就感到不太冷了,而且还得以安然地休息,不必害怕烧掉我们的帆布房子。

在经过两天的可怕寒流之后,大风慢慢地停了下来,我们想继

中国的独轮车

续赶路。大家费了很大力气才拆卸了帐篷。我们试图拔出的第一颗钉子在锤子的敲打下像玻璃一样地断了。我们宿营处那遍是沙土和潮湿的地面,已完全上冻了,从中打钉子就如同往岩石中砸一样。为了从中拔出钉子来,则必须多次向上浇开水。

在出发时,气候又较温暖,以至于我们被迫脱去皮衣,并包起来以备下一次使用。在鞑靼地区,气温的迅速变化极其常见。有时骤然间从最热的天气变成极其可怕的寒冷。为此,只要下一点雪和北风接着吹起就足够了。如果没有能忍受气温突然变化的体格,如果在旅行中不携带很保暖的皮衣,那样往往就会受严重事故的威胁。尤其是在北蒙古,在沙漠中遇到冻死行人的事例屡见不鲜。

九月十五日(公历1844年10月26日),我们遇到了许多旅行队,他们也如同我们一样由东向西地前进。路途中遍是男子、女子和儿童,各自骑着骆驼或牛。他们声称自己是前往拉济—卓隆喇嘛庙去的。当他们询问我们是否也去同一目的地时,都对我们的否定回答表示很惊讶。这些大批的朝圣进香人,以及当他们听说我们不去拉济—卓隆寺时所表现出的惊讶表情,都引起了我们的极大兴趣。我们在一个山口转弯处询问了一名老喇嘛,他背负沉重的行李,步履艰难地行进着。我们对他说:“老哥,你已年迈,黑发不比白发多了,一定很疲劳。把你的背包放在我们的一头骆驼身上吧,你将会更方便地旅行。”这一老翁听到我们的话后,便跪下来向我们表示感谢。我们立即让一头骆驼蹲下来,桑达钦巴把那名喇嘛的行李加在我们的行李之中。这名朝圣进香人一摆脱压在其双肩上的重负之后,走路便顺利多了,脸部显示出了满意的表情。我们对他说:“老哥!我们是西天的人,不大熟悉贵地的情况。我们对于在沙漠中遇到如此之多的朝圣进香人感到惊奇。”他以一种充满虔诚的口吻对我们说:“我们都是去拉济—卓隆寺的。”“无疑是一次隆重的庆祝活动把你们召到喇嘛寺中了?”“是,明天将是一个重要日子。博克图喇嘛将会演示其法力,他将自杀却不会死亡……”我们当下就明白了这种搅动了鄂尔多斯所有鞑靼人的隆重庆祝活动的形式。一名喇嘛要剖腹,取出内脏并将之置于面前,然后再使一切都恢复原状。无论这种表演多么残酷和多么令人厌恶,但它在鞑靼地区的喇嘛庙中却广为流传。正如蒙古人所说的那样,博克图应显示其法力,要通过长久的斋戒和祈祷来准备这种令人望而生畏的法力。他在此期间严禁与他人有任何联系,必须绝对保持静默。当确定的日子到来时,全部朝圣取经人都要集中在喇嘛寺的大院子中,在山门前筑起一座高坛。博克图最终出现了。他庄严地在人群的欢呼声中前行,然后坐在莲台上,从其腰带上解下一把大刀并放在膝盖上。许多喇嘛于其脚下围成一圈,于是便开始为这种恐怖礼仪进行可怕的祈祷。随着逐渐诵读经文,人们便发现那名博克图全身颤抖,逐渐进入了狂乱的抽搐之中。喇嘛们很快就不能保持自若了,其声音兴奋,其歌声混乱地加快,诵经声最终被呼叫声和哀嚎声所取代。博克图于是便突然脱下了他身披的袈裟,解开了他的腰带,操起了法剑,沿纵向把腹部剖开,当鲜血四溅时,众僧都面对这种可怕的场面跪了下来,便向这名陷入狂癫状态的人询问奥秘、未来的事件和某些人的命运。博克图对所有这些问题都作了可以被所有人视为神谕的回答。

当大批朝圣人的虔诚好奇心得到满足时,喇嘛们又稳重而严肃地重新开始诵读经文。博克图将其伤口的血收集在右手,再把它放在口边,于上面吹了口气,发出一阵大叫而又将之抛向空中。他迅速地用手抚住腹部的伤口,一切都恢复了原状。他身上没有留下这一邪恶手术的任何痕迹,只不过是他显得极其疲劳。博克图又将袈裟披在身上,低声诵念一种短经文,然后一切都结束了。每个人都各自分散,惟有那些最虔诚者除外,他们前去向那位高僧刚刚离开的带血祭坛顶礼膜拜。

在鞑靼地区和西藏的大喇嘛寺中,这些可怕的仪轨相当频繁地反复进行。我们从来不认为世人始终都应把这类事件算作骗局。因为根据我们在崇拜偶像民族中的所见所闻来看,我们坚信魔鬼于其中起了巨大作用。此外,我们在这方面的坚信,又由于我们在自己参观过的许多喇嘛寺中,遇到的最有学问和最为可靠的佛教徒们的观点得到了强化。

当然不是所有喇嘛们都毫无区别地具有从事这种活动的本领。例如,那些具有剖腹之可怕本领的人,从来不会出现在喇嘛教品级的上层。他们在一般情况下都是普通的、名声不好的和不大受其教友们尊重的喇嘛。那些严守戒律和具有正常理智的喇嘛们,普遍都对类似的表演表示鄙夷。在他们看来,所有这些活动都是有害的和邪恶的。他们说:“好喇嘛不会做类似的事,他们甚至主张应禁戒这类亵渎宗教的行为。”

虽然这些魔术活动,在那些比较好地遵守教规的喇嘛寺中,普遍受到了诋毁,但寺主们却不禁止之。相反,在一年间,总有几天被用于这些令人作呕表演的隆重活动。促使大喇嘛支持而实际上于思想深处却反对那些活动的惟一原因,无疑是这样做有利可图。这些恶魔般的表演实际上是吸引一大批愚蠢和无知崇拜者的可靠手段,同时也是争取民间资助的手段,而使该寺提高名声并使寺院因大量布施而富裕起来,鞑靼人在类似的情况下从不会忘记布施。

自我剖腹是喇嘛们所具有的最著名的邪法之一。其他邪法虽然也属于同一类,但却没有它那样隆重,而且更为时髦。他们是单独在家中而不是在喇嘛寺极其隆重的气氛中这样做的。例如,他们在火中烧红铁块,然后却会不伤毫毛地舐之。他们在身上拉口子,过一会儿就不留任何伤疤痕迹了。在所有这些活动之前,都应念诵某种祈祷经文。

我认识这样一名喇嘛。据所有人讲,他可以用经咒随意在容器里装满水。但我们从未能促使他当着我们的面完成这一试验。他说我们与他的信仰不同,他面对我们所做的试验不仅是无效的,而且还可能会遇到很大的危险。某一天,他为我们念诵他所说的邪法咒语,这些咒语不太长,但我们很容易从中辨认出是直接召请魔鬼帮助的。他说:“我认识你,你认识我。好吗!老朋友,做我祈求你的事吧!带些水并装满我送给你的这个容器。为一个容器盛满水,对于你的强大法力来说,又算得了什么?我知道你为此容器的水要价很高,但这又有何妨?完成我向你的祈求并装满我递给你的这个杯子吧。稍后不久,我们将共同算账。在约定的日子里,你将会取走你应得到的一切。”这些咒语有时会无效,于是祈祷变成了对刚才召请的神祇的诅咒和谩骂。

在拉济—卓隆的喇嘛寺中，吸引了如此之多的取经朝圣人的著名邪法，使我们产生了也前往那里去的想法，而且还要用我们的祈祷来消除喇嘛们那撒旦的祈祷。我们自言自语地说："谁知道呢？也可能上帝有意怜悯鄂尔多斯地区的蒙古人，也可能由于耶稣—基督使徒的存在，阻止和破除了其喇嘛们的法力，猛击这些民族一掌，并使他们放弃对佛陀的欺骗性信仰而皈依基督教信仰。"为了鼓励自己实行这项计划，我们更想提一下被圣伯录的祈祷抓住并被从天空摔到其崇拜者脚下的巫士西门。当然，我们这些可怜的传教士没有那种把自己比作使徒王子的不明智企图。但我们知道上帝有时根据向他祈求的人之功德和圣性，而给予的保护，往往也是由于祈祷本身所具有的那种无所不能的能力。

因此，我们决定去拉济—卓隆，我们混在人群中，在开始召请恶魔时，我们便毫无畏惧和具有权威地面对博克图，以耶稣—基督的名义严正地禁止他炫耀他那可恶的本领。我们不能对自己行为的后果抱幻想，我们仅仅知道它必然会激起佛陀崇拜者们的恐惧和仇恨，也可能会在我们作出归化鞑靼人的努力之后，紧接着就是自己的暴卒。我们自言自语地说："这又有何妨！勇敢地完成我们传教士的义务吧！毫无畏惧地使用我们自天而受的力量吧！让上帝决定不属于我们的一种前途吧！"

这就是我们的意愿和我们的希望，但上帝的观点并不始终都符合人类的意愿，即使是人类的意愿与上帝的打算似乎极多吻合也罢。就在这一日，我们遇到了一次事故，使我们远离了拉济—卓隆寺并使自己陷入了最痛苦的困惑之中。

这天晚上，与我们同行的那名老喇嘛请我们让骆驼蹲下，因为他想取走其小行李。我们对他说："老哥！难道我们不能一道走到拉济—卓隆寺吗？""不，我应沿着你们看到的这些山岭向北蜿蜒的那条小路前进。在这座沙山之后是一个互市点。在隆重的节日中，有些汉族商人往那里贩运他们的商品并于那里支起帐篷。因为我必需买些东西，所以无法继续随同你们前进。""在汉人的宿营地能买到白面吗？""小米、莜麦面、白面、牛肉、羊肉和砖茶等，人们可以在那里找到所需要的一切。"自从我们离开察罕库伦以来，就未能补充食品，我们认为这是增加一点生活必需品的最好机会。然而，为了不使我们的驮兽在石山上的长长弯道中过分疲劳，秦神父把白面口袋放在了他骑的那头母驼身上,离开了旅行队,根据老喇嘛指的路,迅速奔向汉人的居住区。我们必须在距喇嘛庙不远的一条山谷会齐。

继续在一条不断由坑洼地和沟壑隔断的艰险道路上旅行了近一小时之后,这位具有预见性的传教士来到一个具有很厚腐殖土的小平原上。汉族商人在那里大量支起了他们的小帐篷,其中有些用作住宅,余者充当店铺。这一宿营地具有一座充满各种活动和经商的小城市之面貌。拉济—卓隆寺的喇嘛和蒙古朝圣取经人匆匆忙忙地赶到那里。秦神父刻不容缓地采购生活必需品。他在装满了白面口袋,并将两串很漂亮的羊肝挂在母驼的驼峰上之后,便迅速地前往旅行队应等待他的会合处。他时间不长就到达了那里,但没有找到任何人,沙地上没有留下任何新近有人经过的足迹。他认为可能是骆驼驮子出现了某种故障,从而耽搁了我们行进,于是便决定继续沿大家商量好的道路前进。他徒劳无益地向前走,向各个方向奔跑,登上了他途中所遇到的所有高坡,没有发现任何踪迹,他发出的召唤旅行队的呼声始终无回音。他察看了多条道路交叉混合在一起的地方,那里的地上遍布的牛、骆驼、羊和马踏过的蹄印,这些蹄印走向各个方向,互相重叠。因此,他根本不可能作出任何猜测。

由于这条路的目的地是拉济—卓隆寺,他于是便转动缰绳,急急忙忙地向那里奔去。他到达以阶梯形建于一座相当高的山岭上的喇嘛寺后,又跑遍附近所有地区而未发现我们。他在那里至少不缺能够问路的人,因为这支小旅行队的组成,足以引起那些曾经遇到过他们的人的注意:两头满载的骆驼、一匹白马,尤其是一头骡子,所有行人都于骡子面前停下来,以观察它那极小的身材和那毛皮非常漂亮的颜色。秦神父徒劳地询问,任何人都未曾见过这支小旅行队。他站在山顶上,在那里可以极目远眺,但他什么也没有发现。太阳刚刚落山,旅行队尚未出现。秦神父开始害怕旅行队遇到某种严重事故,决心自己上路并前往寻找。他徒然地爬上了最险陡的山岭和下到最低洼的谷地。所有这些辛苦都无结果,他什么也未能发现。从途中所遇到的旅行家那里,也没有打听到任何音讯。

天变得很黑了,拉济—卓隆喇嘛寺很快就消失在黑暗中。秦神父独自一人奔命于沙漠中，既无路又无避身地，既不敢前进也不敢后退，因为他害怕掉进某一深渊中。因此，他必须到一个深沙坑中停留并决定于此过夜。这天晚上，他仅满足于以“旅行的感想”充作晚餐。这并不是由于他缺少生活必需品，但去哪里取火呢？去哪里汲水呢？此外，饥饿感则被其心中对旅行队的关心和挂念所驱散。于是，他便跪在沙漠中，作了晚课，头枕面粉袋便睡在骆驼身边，他将骆驼笼头拴在自己的胳臂上以防备它在夜中走失。我们无须补充说明，他既没有酣睡也没有持续地睡，寒冷而光秃的地面并不是一张好床，尤其是对一个忧郁不安的人来说更为如此。

天刚蒙蒙亮，秦神父又跳上其母骆，饥渴交迫地重新开始寻找旅伴。

这支旅行队并没有失踪，但它已严重迷路了。自从秦神父离开我们前往汉人居住点之后，我们开始时非常正确地走了一条正路，但很快就进入了茫茫草原，慢慢地在被风吹成波浪形的极细黄沙沙漠中迷路了，根本无法找到我们前面行人的足迹。路完全消失了，我们被浅黄色的山丘所包围，山上发现不了一棵植物。古伯察先生害怕在这一茫茫沙漠中迷路，便让骆驼驭手停止了前进。他对此人说：“桑达钦巴，不要冒险行走了。你看到那边山谷中赶着一群牛的那名鞑靼骑手了吗？去问一下到拉济一卓隆寺的路吧。”桑达钦巴抬起头来并以一只眼观察被几片薄云遮住的太阳。他说：“我的神父，我习惯于在沙漠中辨别方向，我认为我们始终走的是正路。只要始终向西走，就不会迷路。”“既然你知道沙漠，就往前走吧！”“是，正是如此，我们一直往前走吧。请看一下这座山上那一长条白色的道路吧……这就是开始重新出现的走出沙漠的一条路。”

我们相信桑达钦巴，继续向同一方向前进，确实很快就遇到了踏得相当清楚的一条路。但它很少有人走，我们无法询问任何人以证实或否认桑达钦巴的说法，他始终认为我们走在赴拉济一卓隆寺的正确道路上。太阳西落了，黄昏的光线逐渐消失了，或被夜幕取代了，而我们又望不到远方的喇嘛庙，特别感到惊奇的是未曾遇到秦神父。据那名老喇嘛向我们提供的情况看，我们早就应该遇到他了。桑达钦巴保持沉默，因为他最终明白我们迷路了。

在天完全黑下来之前，根本不可能宿营。我们在一个山口深处发现了一口井，于是便去井旁边支起帐篷。当我们的住宅被支起来并把行李安排好之后，天已完全黑了。秦神父尚未出现。古伯察先生对桑达钦巴说："骑头骆驼到附近跑一下吧。"察罕胡尔人一句话也不回答，他垂头丧气和不知所措了。他在地下固定好一根桩子之后，便把一头骆驼拴在上面，然后再骑上另一头，垂头丧气地前往寻找。桑达钦巴刚刚消失在沙漠中之后，留在帐篷中的那头骆驼发现仅剩下自己，便发出悲哀的长嘶。它很快就狂怒起来，在拴它的桩子周围转，使身体向后退，脖子向前伸，极力想拔起拴着鼻子的木桩。这一场面令人可怕。它终于成功地弄断了拴着它的绳子，蹦跳着逃向沙漠。马和骡子也跑了。它们既饿又渴，在帐篷周围既没有一根草又没有一滴水。我们于其旁宿营的那口井已完全枯竭，这是一个旧蓄水池，它无疑是在多年前挖成的。

在近两个月期间，这支小小的旅行队于鞑靼辽阔平原中一直未经休整地前进，而在此时却完全分散了，人员和牲畜全部都变得无影无踪。仅仅有古伯察先生独自一人住在他的帆布小屋中，被绝望和忧郁所折磨。他已有一整天既未喝又未吃，但在类似的情况下则既不饿又不渴，其思想负担过重而无心注意自己的身体，感到自己被千种幽灵所包围。如果未作晚课而安慰自己，那将会感到极大的不幸，因为这是惟一能稍微缓和一下心情忧郁的重压的可靠手段。

时间流逝得很快，任何人都未出现在帐篷中。在这个完全漆黑的夜间，人们可以来回走动，在紧靠帐篷的地方行走，但却无法互相发现。古伯察先生不时地登上山峰，登上几块石头顶上，大声呼叫他那些迷路的同伴们。但任何人都不回答，始终都是同样的寂静和同样的安宁。天近午夜时，终于在遥远的地方听到了一头似乎是有人赶着走的骆驼的悲哀叫声。桑达钦巴巡视回来了，他遇到了数名鞑靼骑马人，但都未能向他提供有关秦神父的消息。相反，他们还告诉他说，我们严重迷路了，我们沿着别人踏出的那条小路通向一个蒙古人宿营地，而不是拉济—卓隆寺。桑达钦巴说："黎明时，必须撤去帐篷并到正路上行进。我们可以在那里找到老神父。""桑达钦巴！你的看法如同水泡一般。帐篷和行李必须留在这里。现在不可能离开了。没有牲畜如何上路？"察罕胡尔人说："啊！我拴在这根桩子上的骆驼哪里去了呢？""它挣断笼头而逃去，马和骡子也都逃走。我都不知道它们哪里去了。”“在此情况下，这就不是一件小事了。当天亮时，我们再看如何安排这些事……在等待期间，我们慢慢地煮点茶吧。”“是，煮茶……我们的这口井完全是枯井，没有一滴水。”这句话使桑达钦巴仅有的一点力气也完全消失了，他倒在行李上并很快地酣睡起来。

当最早的晨曦开始出现时，古伯察先生攀上了附近的山岭，希望能发现一点什么东西。他在遥远的一个小山沟中发现了两头似乎是一白和一黑的牲畜。他迅速奔去，很快就认出了马匹和骡子，它们正在一个淡水池旁边啃吃一些稀疏和遍是灰尘的草。他把它们赶回帐篷。太阳就要升起，桑达钦巴尚在酣睡，仍保持他入睡时的同样姿态。古伯察向他喊叫：“桑达钦巴，你今晨不想喝茶了吗？”我们的骆驼驭手听到了喝茶，立即就站了起来，如同被一根强有力的弹簧绷起来一般。他以惊慌不安和因为睡意甚浓而变得迟钝朦胧的双眼，环视了一番身周围。“难道神父没有讲茶吗？茶在哪里？难道我是做梦即将喝茶吗？”“我不知道你是否作了类似的梦。但如果你想喝茶，在该山谷的那边有一个淡水池。我刚才从那里找回了马和骡子。在我点火时，快去那里汲水吧。”桑达钦巴迅速地采纳了我的建议，他把两个木桶挑在肩上，迅速地朝我向他指点的水源走去。

当茶煮好时，桑达钦巴极其高兴。他一心在想喝茶了，似乎完全忘记了这支旅行队已解体，必须召呼他和派他去寻找已走失的骆驼。

半天的时间似乎过去了，而这支旅行队的任何人都未出现，仅不时地发现一些鞑靼骑手或朝圣人从拉济—卓隆寺的节庆返回。古伯察先生询问他们，于途中是否在喇嘛寺附近发现一名穿黄袍、红坎肩和骑一头棕色母驼的喇嘛。他又补充说：“这名喇嘛身材很高，蓄有灰色的大胡子，鼻子长而尖，面部发红。”对于这些体貌特征，所有人都作了否定回答。他们说：“如果我们遇到这样一个人物，那么肯定会发现他。”

秦神父最终出现在一座山的山麓。当他看到我们那顶支在山口中的蓝色帐篷时，便骑其母驼以全速奔来。经过一段生动而热烈的谈话之后，每个人都在讲话而不回答其提问者，我们最终为这一不幸事件开心地笑了。因此，这支旅行队又重新组织起来，在太阳落山之前,人畜都到齐了。桑达钦巴在经过长期而又艰难的奔驰之后,发现我们的骆驼被拴在一座蒙古包旁。一名鞑靼人怕它逃跑便将它拴住,他推测某人可能在追寻它。

虽然天已很晚了,我们还是决定卷起帐篷,因为我们宿营的地方坏得不可言状。那里没有一棵草;水源很远,以至于为了取水则必须决定从事一次真正的旅行。我们说:“此外,如要我们于天黑之前出发去找到正路,那将是一种很有利的条件。”我们就这样决定出发了,于是大家便坐下来喝茶。因此,我们的谈话内容当然只能会是使我们饱受辛苦和疲劳折磨的可悲遭遇。在我们的旅行中,桑达钦巴那古怪和顽固的性格,不止一次地成为我们迷失正路并经常是冒险行进的原因。正如我们已经告诉他的那样,他骑着小骡子,走在队伍的最前面,后面拉着驮兽。他借口自己非常熟悉四面八方,曾长期在蒙古沙漠中旅行,不肯向遇到的人问路,我们常常是他那自以为是的行为的受害者。所以,我们认为应利用这次遇到的事故而在该问题上给他一次警告。我们对他说:“桑达钦巴,注意听吧!我们要向你讲一句重要的话,你虽然年轻时曾于蒙古地区大量旅行,但这并不是说你很熟悉所有道路。你应避免自我猜测而应多请教我们遇到的鞑靼人。例如,如果你昨天问一下路,如果你不是按照你的习惯根据太阳的运行而辨认方向,那么我们就不会忍受如此之大的灾难了。”桑达钦巴一句话也不回答。

我们立即起身以准备出发。当我们整理了胡乱地堆在帐篷内部的东西时,便发现察罕胡尔人并没有像平时那样忙着安排为骆驼备驮子。我们去看他在干什么,非常惊奇地发现他安静地坐在帐篷后面的一块大石头上。我们对他说:“啊!难道我们没有决定今晚要到其他地方宿营吗?”桑达钦巴闭口不答,他甚至不肯抬起他那双一直在凝视地面的眼睛。“桑达钦巴,你为什么不给骆驼备鞍呢?”他冷淡地回答说:“既然你们想离开,就按你们的意愿办吧。至于我,我不走了,我不能再陪同你们了。我是一个不好的人和无学问的人,你们需要我干什么?”我们非常惊奇地从一个似乎是忠于我们的青年新教徒口中听到了类似的话。我们不想勉励他随同我们,害怕激起其性格中天生的傲气,从而在以后无法对付他和难以相处。我们便开始自己的工作并试图使我们两人完成其全部事情。

我们已卷起了帐篷并为一头骆驼上了驮子，所有这一切都是默默地完成的。桑达钦巴始终坐在石头上，将脸掩在双手中，更可能是于其手指缝中偷瞧我们怎样摆弄这种他自己习惯于做的事。当他看到一切事都进行得很顺利时，他便一言不发地站起来，为另一头骆驼上驮子，又为他骑的骡子备鞍并骑上去，然后就像每天所作的那样启程。我们仅满足于在我们之间暗笑，但我们谨慎地不对他讲任何话，害怕进一步刺激他那种必须谨慎地和婉转地对待的性格。

我们停留在大路附近的一个宿营地，它不太漂亮，但比我们已受到严重苦难的那个荒凉山谷要好得多，这在沙漠中已是巨大的享受了。我们几个人至少是团聚在一起。如果我们没有经历过分离的痛苦，那我们就永远不会正确地评价这一点。我们以一次隆重的盛宴来庆祝这次团聚，面粉和羊肝都被派上了用场。这顿豪华的饭食使桑达钦巴紧皱的眉头舒展开了，他积极地进行各种工作，曾多次为我们盛晚饭。

次日，天刚亮我们就上路了。我们很快就在远处遥望到在一座沙山的浅黄色背景下，出现了某些很大的建筑，周围由无数的白色小房间环绕。这就是拉济—卓隆喇嘛寺。我们觉得该寺很漂亮和维护得很好。在建筑群中央矗立的三座大佛殿建得非常雅致和雄伟。在大雄宝殿的街道上，我们可以发现一座规模很大的方塔。在四个角落里，盘着四条刻在花岗岩上的巨龙。我们从喇嘛寺的一端沿主要街道走向另一端。那里到处都呈现出了宗教性的庄严肃穆。大家在那里只能不时地看到身穿红袈裟的喇嘛们来来往往。他们在低声祝我们旅行平安后，继续庄重地走路。

在喇嘛寺的西端，桑达钦巴骑的那头小骡子突然受惊扰，跑起来，在狂奔乱跑中，身后又带着两头驮行李的骆驼。我们骑的牲畜同样也受惊了。整个这场混乱是由于一名青年喇嘛横躺在大路中央而造成的。他们保持了在佛教中非常流行的一种做法，即每步一叩地绕喇嘛寺转一周。有时从事这种艰巨转经活动者的数目实在是多得出奇，他们都排成队依次前进，沿着包括在该寺围墙内的一条小路和属于喇嘛寺的住宅和建筑而行。其间不允许寸步离开所规定的路线，否则就会使转经无效，失去这类虔诚的所有成果。喇嘛庙的占地很大，一整天才勉强能按教规要求每步一叩地转一周。热衷于这种活动的朝圣进香人都被迫于天一亮就上路，往往是在夜幕降临时才返回。人们不能分多次地完成这种艰苦的朝圣转经，甚至也不允许停留一会儿并多少吃点东西。一旦开始这项活动，如果不一气呵成，那就不能算数，不能获得任何功德，因而也无法期待任何好处。

跪拜必须要彻底，使身体全部趴在地上并以前额触地。双臂应向前伸，双手合十。在起身之前，朝圣人应以他手执的两支羊角画一圈，并以双臂沿其身体的长度而画。当看到这些面部和衣服都沾满了灰尘，甚至有时是沾满了污泥的可怜人时，大家都不禁要产生一种极大同情心。最恶劣的天气也不能阻止他们从事这些勇敢的虔诚行动，他们在风雨中和最严寒的气候下继续其跪拜。

在喇嘛寺周围存在有多种朝圣的方式。有些人根本不跪，他们背负由某名大喇嘛强加给他们的特大经书捆而行走。人们有时会遇到一些老人、女子和儿童，他们勉强能在重荷下蠕动。当他们转经完毕时，便被认为诵读了自己背负的所有祈祷经文。还有其他一些人仅满足于一次散步，手指中捻着他们那长长的念珠上的珠子，或者是转动固定在右手的嘛呢筒，这些嘛呢筒以一种难以置信的速度不停地飞转。世人称这种法轮为 Tchukor[①]，也就是转动的经文。

我们在小溪沿岸遇到了大批嘛呢筒，它们被流水冲动。它们日夜为建造这些嘛呢筒的人之功德而祈祷。鞑靼人也在他们的灶上悬挂着嘛呢筒。这些嘛呢筒在从帐篷门口进入的数层冷空气的气流冲击下转动，成为整个家庭的平安和繁荣的象征。

佛教徒们还拥有简化他们的所有朝圣进香和所有虔诚活动的一种令人钦佩的做法。在大喇嘛寺中，人们每隔一段距离都会遇到围绕着一根轴转动的木桶状的大模型。这些模型的材料是很厚的纸板，以无数张彼此互相粘贴在一起的纸叶造成，纸叶上用藏文写着经选择的和在本地区最为时髦的祈祷经文。所有那些没有兴趣、热诚和气力背负特别沉的模型，并且每步在污泥或尘埃中一跪，在冬季严寒和夏季酷热中围绕喇嘛寺奔驰的人，都使用简单和迅速的手段——转嘛呢筒。他们只要一次推动嘛呢筒转动即可万

---

① 在藏文中作 Tchu-kor，在蒙古文中作 Manin-kchoertoe，均指法轮。

事大吉。它接着就可以自动地、顺利地和长时间地转动。虔诚的信徒们在机械力量能极其乐意地为他们转动嘛呢筒时,便可以去喝水、吃饭或睡觉。

某一天,我们经过了一组这些佛教嘛呢筒之前,我们发现了两名喇嘛正在激烈地争吵,甚至快要动手了。这一切都是由于他们对祈祷经文的虔诚和热忱引发的。其中一人在转动了法轮之后,便悄然地退回僧房去。他无疑是转回头去欣赏自己刚刚转动起来的特别漂亮的祈祷经文之场面,偶然发现其教友不慎停止了它那虔诚的转动,而为自己转动了嘛呢筒。他被这种虔诚的作弊行为激怒了,立即原路返回并制止了教友的祈祷。双方彼此长时间地反复停止和转动嘛呢筒,互相不讲一句话。他们的忍耐到头了,于是便开始对骂。他们又从谩骂到互相威胁。如果不是一名老喇嘛被争吵声吸引而来,为他们调停和并且为了双方的利益,而亲自转动祈祷机械,那么他们最终就会严重地动手对打起来。

除了在喇嘛寺内或周围表示其虔诚的朝圣人之外,我们在那里有时还会遇到一些从事过令人谈虎色变的远距离旅行的人,他们必须每步一跪地从事这种旅行。当看到这些谬误教理的不幸受害者们,徒然地忍受难以形容的苦难而产生悲痛的可怜相时,大家都为此而感到痛心。人们不禁衷心希望这些可怜的鞑靼人,把他们每天花销和浪费于一种虚无中的这种宗教动力,用于为真正上帝服务时刻的到达。我们曾希望能够利用拉济—卓隆寺的这次隆重庆祝活动的机会,而向鄂尔多斯民众宣讲真正的教义。但这无疑不是上帝的意愿,因为它使我们就在似乎最有利于实现自己计划的那一天严重地迷路了。因此,我们没有停留地穿过了拉济—卓隆喇嘛寺,匆匆忙忙地来到了这一巨大迷信的发源地,而在自己的周围仅仅发现了这种迷信的几股不太强烈的潮涌。

在距拉济—卓隆寺不远的地方,我们发现了一条被踏得很显眼的路,有大批行人往来。这并不是虔诚使他们大举行动,正如我们在喇嘛寺外所发现的那样。相反,他们的行动是受个人利益的驱使并走向达布松淖尔(盐湖)。这是整个西蒙古地区的一片著名的盐碱地,它不但向附近的鞑靼人,而且还向中华帝国的数省提供食盐。

在到达盐湖之前一日行程的地方,地面则逐渐地改变了形状和外貌。它失去了其浅黄的表色,慢慢地变成了如同在地面上降了一层薄雪的白色。地面在各处都有隆突的地方,形成了无数的小丘,酷似很规则的圆锥形,大家会认为这是由人工制成的。它们有时会分成彼此重叠的几层,如同在一个盘子中堆起来的大梨。大家会看到各种不同的体积。有的是近期刚刚形成的;余者似乎是陈旧了,已精疲力竭并于各处都坍成了废墟。在这种隆起地形开始形成的地方,我们发现从地中生出了一些周围长满长刺的蔓生植物,但既无花又无叶,互相交织在一起,甚至如同一顶顶编织帽子一般地布满了地面的隆起处。这些带刺的植物仅仅出现在我们已经讲到过的那些丘陵地,它们有时似乎长得很茁壮,伸出了相当长的枝条。但在古老的土丘上,这些荆棘已因被硝石碱化而干枯死了,干燥得十分易碎,可以说是烂成了碎片。

当看到地面上这大批布满厚厚一层白霜的隆起凸包时,那就很容易猜测到,在此地内部不太深的地方,曾发生过重大化学作用。在鄂尔多斯地区非常罕见的水源,于此则变得很常见,但一般都极咸。有时就在一个盐水坑旁边冒出一股甘甜、新鲜和可口的水,用杆头飘扬小幡的长杆为行人作标记。

人们所说的盐湖实际上并不是一个湖泊,而是一片辽阔和混有白色硝霜的岩盐蓄池。这些硝霜均为暗白色,在手指之间摸起来极易碎。大家可以很容易地将之与表面略显浅灰色、其断口闪闪发光和成晶体状的盐相区别。盐湖的周长近二十里。我们发现于其附近零散地支起了蒙古包,由前来开发这一美好盐场的蒙古人居住。我们也始终会在那里发现几名作为合股人的汉人,因为人们都说这些人必然会参与一切与贸易或工业有关的事。对这些含盐原料进行加工既不需要很多劳动,也不要求有很大的学问。大家仅满足于随意在盐池中采掘,把它们堆积起来,然后再在这些大堆上覆盖一薄层黏土。当盐如此这般地被适当自身净化之后,鞑靼人便将之运销往最近的汉地市场上,用来交换茶叶、烟草、烧酒或他们耗用的其他食品。在当地,盐是不值分文的东西,每走一步都会遇到特别纯洁的大盐堆。我们装了一口袋,供自己使用,或供给始终喜欢这种食物的骆驼食用。

我们由东向西横穿了整个盐湖,必须时刻高度小心谨慎地在这片始终潮湿和几乎是流动的土地上前进。鞑靼人嘱咐我们要极其小心翼翼地沿已踏出的路前进，一定要避开我们看到的冒出泉水的水位上升的地点。他们向我们断言那里有一些深坑，已有人多次探测，但从未探到其底部。所有这一切都会使人相信，该地区所讲的那个湖泊(淖尔)确实存在，但它是地下湖。所以湖的表面就如同一个坚实的盖子或拱顶，系由地下水不断蒸发的盐和硝质物组成。其中杂质不断被雨水冲刷和被风吹动，经过很短的时间就形成了一层相当坚实的地壳，足可以承受不停地经过盐湖的骆驼队。

这个大盐矿似乎将其影响扩大到整个鄂尔多斯地区。那里的水到处都是咸的，地面干旱，上面撒满了盐性物质。由于牧场和溪水的缺乏而特别不利于繁荣牧业，但其习性坚强和具有耐力的骆驼却适应于最贫瘠的山区，从而对鄂尔多斯的鞑靼人作出了补偿。这种牲畜是沙漠上的真正财宝，可以保持15天或甚至一个月不吃不喝①。

无论该地区多么荒凉，骆驼始终能找到吃饱肚子的东西，尤其是当地上遍布盐碱或硝钾时更为如此。最荒凉的地带就可以满足其生活了。其他牲畜不肯触及的草，如荆棘，甚至是干树枝都可以充当其牧草。

虽然喂养骆驼成本不高，但它们在上帝使之诞生和繁殖地区的作用，却令人难以置信。它的普通驮子可以重达700~800斤，而且每天可以行走10法里。那些被用来送信的骆驼可以日行80法里，但仅仅驮着一名骑手。在鞑靼的许多地区，它们也拉王公的车辆，有时也把它们套在轿子上，不过仅仅是在平地。其肉质蹄使它们不能拉着车或轿子爬山。

驯服小骆驼需要费许多心血和精力。它出生后的前八天无法站立，没有人的帮助就不能哺乳。其长长的脖子如此软弱，以致于

---

① 骆驼肯定很朴实，但它肯定不能忍受15天到一个月的完全绝食之折磨。一匹强壮的骆驼之驮子不会超过300市斤(200公斤，原文如此。——译者)，普通驮子是260斤。甚至一匹跑得很快的骆驼一天也不能走80法里。

至于骆驼可以达到的岁口，它们一般要超过25~30年，骆驼那柔软而多肉的蹄子也无法阻止它一下子就折断胫骨。

蒙古人不允许无益的损失骆驼毛，它们相反却被搜集起来并从事大交易。至于骆驼肉，则酷似牛肉。

它在寻找母骆驼乳房时，若没有人在那里扶住其头部，那么它就会有脱臼的危险。

生来就用于服役的骆驼，似乎是从它诞生的第一天起，就感到了它将于其终生承受的枷锁之沉重。人们从来不会看到幼骆像马驹、牛犊和其他小牲畜那样玩耍和消遣。它始终动作庄重而悲愁，行动迟钝，只有在其主人的驱赶下才会加快步伐。在一整夜间，甚至往往在整天间，它都会发出悲哀和抱怨的叫声，如同一个幼童的哇哇啼声一般。它始终似乎是在自言自语地说，一切会感到欢乐或消遣的事都不属于它，它的职业就是被迫劳动和缺少草料，甚至直至死亡。

骆驼驹生长的时间很长，即使是驮一名普通的骑手，也必须等到它长到三岁。它只有到八岁才会有很大的精力。人们到那时就开始强迫它驮运越来越重的负荷。如果它可以负载某一重量而起身，那就证明它在途中有力量驮载此物。当奔驰的时间不太长时，有时人们也会使它承负过重的驮子。人们然后便利用棍棒和撬棍帮助它站立起来，看着它驮着超过体力的负荷前进。骆驼的气力能持续很长时间。只要在一年的某些时期有放牧它的空闲，那么它就至少可以很好地效力50年。

大自然没有赐给骆驼任何抵御其他动物的防卫能力，除非是它那尖锐和冗长的叫声及其笨重而可怕的身体。远远望去，骆驼的身体就如同一大片建筑物的废墟。它很少会狂蹦乱跑。当它在特殊情况下无所顾忌地用蹄子踢人时，几乎始终都不会有严重后果。它那柔软而肉质的蹄子既不会伤人，甚至也不会造成剧痛。它甚至不能咬伤其敌人。它对待牲畜和人员的惟一防范措施，则是打一种喷嚏，通过喷嚏而从鼻口中向它企图吓跑的人或动物喷去一大堆污物。

但牡骆驼[①]在12月间发情时是很可怕的，它们的双眼当时就变得如同喷射火光一般的红，头上渗出了一种油亮和恶臭的汁，口中不停地吐白沫，绝对不吃不喝。在这种性情躁动的情况下，它们会以一种无法避免的速度，冲向自己所遇到的一切，无论是牲畜还是人类。一旦当它们触及到所追击的目标时，便以其体重压碎之。

---

① 鞑靼人称未阉割的骆驼为bore(poura)，tamen是骆驼的通称。

过了这段时期之后，骆驼又变得像平常那样温顺，又平静地恢复了其勤劳的正常状态。

母驼仅在6岁或7岁时才生驹，它要怀驹14个月。鞑靼人阉割了母驼中的绝大部分，它们通过这种手术而得以大大发挥其体力、身材和膘情。其声音变得极细而轻，甚至有些骆驼完全丧失了声音。其皮毛一般均比未阉割过的骆驼短，但没有那样粗糙。

骆驼的这种悲惨命运，极其沉闷的喘息、行动的笨拙和臃肿、裂成兔唇状的突出嘴唇、身上某些部分所长的胼胝，所有这一切都使它具有一种丑陋的相貌。但其性格的极其朴实和驯服，以及它可以为人类作出的服务，从而以使它们变得很有用，使人忘记了其明显的畸形。

尽管骆驼蹄子表面软弱，但却可以在最崎岖不平的道路、尖锐的石头、荆棘和树根上行走，从来不会受伤。但在长途旅行时，当强迫它急速行走，不让它休息数日，其蹄掌也最终会磨损，暴露出生肉，鲜血直流。在这种情况下，鞑靼人使用羊皮为它作蹄套。但如果路途要继续延长很久，一切都变得无益，它便卧下来，人们被迫丢弃了它。

骆驼最害怕走潮湿地和沼泽地。当它的蹄子踏在污泥中时，便会打滑，如同醉汉一样踉跄一段时间之后，便会沉重地倒下去。

骆驼为了休息一会便会蹲下来，四只蹄子对称地向躯体内缩回，使向前伸的脖子紧贴地面，如同一只巨大的蜗牛。

每年到了春季之末，骆驼便会脱毛。它完全脱掉了毛，直到最后一根，一直等到新毛再生。它在二十多天间完全赤裸，就如同从头顶直到尾巴尖都被人精心剃了一遍。它在此时对略微的一丝寒意和一阵小雨都很敏感。人们发现它蜷缩成一团和四肢颤抖，完全如同一个未穿衣服而被置身于严寒之中的人一般。驼毛慢慢地又长了出来，首先长出的是一种细而极美的卷毛，当驼毛最终变长和变厚时，骆驼就可以抵御最可怕的雾凇。它以逆北风而行或在山顶停留不动而自乐，它能经得起风暴的冲击并能呼吸冰冷的空气。自然学家们都说骆驼无法生活在寒带。我们认为他们不是指鞑靼地区的骆驼，那里的骆驼稍微热一点就会倒毙，它们肯定不能忍受阿拉伯地区的气候。

一头普通骆驼的毛可重达十斤。它有时可以达到丝绸的细

赶马车

度，始终要比棉花纤维还长。未阉割骆驼的脖子以下和四肢周围的毛都很粗糙，揉成了一团和呈黑色。余者一般均为红棕色，有时为浅灰色或白色。鞑靼人让它们无益地脱落而损失了。在放牧骆驼群的地方，人们会遇到如同破烂衣衫一样大块脱落的骆驼毛，大风吹动，堆积在山脚下的某些角落里。如果拾捡起来，只用少量就可以搓成绳子和纺成一种粗布，酷似羊毛粗呢，用来制成口袋或毯子①。

母驼产的奶很好，人们用来制造酥油和奶酪。骆驼肉啃不动，味道不好，不大受鞑靼人器重。但他们能很好地利用其驼峰，将之切成片，搀入茶叶中作为酥油使用。大家知道，赫利奥加巴勒曾于其骆驼肉宴中使用过这种东西，他特别喜欢骆驼蹄子。我们对这后一种菜肴不能说任何话，罗马皇帝因为发明了它而感到很荣耀。但我们可以确认第一种菜肴是令人沮丧的。

① 自古伯察先生之后，蒙古人学会了评价其骆驼毛的价值并用来赚大钱。

附　录

1. 剖腹的喇嘛

大家对这种礼仪应作何感想呢？它是否真实呢？是否确实存在着一些能够自我剖腹，再以一简单的方法而使之重新缝合的喇嘛呢？

古伯察先生声称他未曾亲眼见过这样的情况，仅仅介绍了他听人诉说的可靠情况。这就是有大量的人云集而去，以参观这种表演，他们坚信这是由于附其身的神祇干预的结果。他介绍了许多亲眼目睹者们的证据，但又不能对此坚信不疑。

如果喇嘛们剖腹，那么这一切之中也不会有任何不可能的事。那些有关博克图的态度，便使人联想到了18世纪狂热的冉森派信徒、大喊大叫的人以及印度的某些行乞行者们的态度。这是一种大家所熟悉的和被人作过解释的身体状态，在喇嘛寺中并不罕见。

处于这种状态的人可以忍受伤口之苦，他甚至往往不会感到疼痛。

在大部分宗教中，狂热可以导致同样的恐怖。在贝拿勒斯，经常会看到行乞者，行乞者有一两只胳膊关节迟钝，一直保持着同样的姿态；其他人则睡在带钉子的床上；还有一些人在数年间勉强于仅有一平方米的竹榻上度过。从前，当举行大规模的宗教仪轨时，那些宗教狂们都自行让车轮压碎自身。

我们难以接受而又不想作任何否认的事，是博克图以吹气而缝合和愈合伤口。

在我们所研究的这种情况下，大家可以提出两种假设。

或者是剖腹者是真心诚意地并真正剖腹。几分钟之后，他可能还有力量将其内脏复归原位并扬长而去，再等待着伤口愈合。

也可能是（我倾向于认为这是最可能发生的事）博克图欺骗了参加者，假装自我剖腹，实际上是剖开了一个装满鲜血的膀胱，或使用了另一种相似的手段。

我们让读者们再转到日本去,并请求他们随我去看表演。观众在那里比在其他任何地方都更要求对事实作出最彻底的解释。我亲自参加了这样一种表演,其结局是主角人物的剖腹自杀。

此人刚刚坐在台子的前面,抽出了一把刀并在一块石头上磨利,剁碎了几块木头以试刀锋。然后他又撩起衣袍,使腹部裸露出来。他又将刀的护手卡在一个障碍物上面以防止下滑,然后将刀竖起来对准自己,将刀尖紧贴在腹部。大家看到刀刃逐渐地刺进其腹部,鲜血喷涌而出,一滴滴地洒落于腿部,从手中流出来并倾注于其身体的周围,形成了一小片血泊。当他脸色变得苍白时,便表现出了可怕的痛苦,眼睛转动而仅露出白眼球。在使人产生了几分钟的最恐怖现实的幻觉之后,他便在死人的嘶哑声和打嗝声中倒下了。

如果将这名表演者移到其他地方的地板上,把他放在与参观者们有一定距离的地方,再要求他表演,那么任何人都不怀疑这其中有一种迷信(奥尔良王子的解释)。

在阿比西尼亚,大家确实看到了"一个因腹部剧痛而受苦的人。他用一把旧剃刀剖腹,将其全部肠子陈列在一个盘子中,把它们传递出去让人看,然后再将所有东西复位。用木刺缝合,背朝下躺八天,然后便会痊愈"(《遣使会年鉴》,867 页,1919 年)。

2. 奥尔良王子

在本著作中经常提到奥尔良王子,我于本处提供古伯察先生的这位崇拜者和辩护者传记中的某些细节,则是理所应当的事。

亨利—菲利普·奥尔良于 1867 年诞生于里士蒙(英国)附近的罕姆。他是夏尔特尔大公的公子,也是路易—菲利普国王的孙子。他很早就对旅行表现出了一种很强烈的兴趣,在 22 岁时与本瓦洛在中亚从事了一次长途探险旅行,他赢得了地理学会大金质奖章(1890 年)。1892 年,一次新的探险又把他引向了东非,甚至到达了纳拉尔地区以远。1895 年,他又返回了亚洲,在鲁(Roux)和布里弗(Briffaud)的陪同下,从河内到加尔各答,沿红河、萨尔温江流域前进，考察了伊洛瓦底江的源头（1895～1896 年）。他于1897 年成为获荣誉勋章的骑士。同一年，他与都灵的伯爵发生了一次引起轰动的决斗，因为他对意大利军官在阿比西尼亚的行为提出了批评。他受了轻伤。1898 年，他与列昂蒂耶夫伯爵又一次前往埃塞俄比亚旅行。最后，他于 1901 年再次出发前往安曼，其目的是准备新的一系列的亚洲考察。他于数年之后因肝炎而死于河内。奥尔良王子于他的第一次探险中带回了一部巨作，与本瓦洛合作发表：《从巴黎经陌生的西藏赴交州的旅行》（1891 年）。他还发表了几本小册子，如《古伯察神父及其批评者》（1893 年）、《从交州到印度》（1898 年）、《从交州经大理到阿萨姆》（载 1896 年的《地理学报》）、《从云南到英国统治下的印度》（载 1895 年的《地理学报》）等。

第十章

购买一只羊——蒙古屠夫——鞑靼式的盛宴——鞑靼兽医——对一头奶牛的奇妙疗法——鄂尔多斯井的深度——饮牲口的方式——在百井的宿营——与阿拉善王爷的会见——鞑靼王公每年派往北京的朝贡使——宗祠中的大典——皇帝向蒙古王公发行伪币——对我们的地图的审察——魔池——净化水——癞狗——山岭奇观——横渡黄河

盐湖附近盛产山羊和绵羊。这些牲畜很乐意地啃吃欧石南和带刺的灌木,这是这些荒凉草原上绝无仅有的植物。它们特别喜欢硝石风化物,到处都能遇到这种物质,可以随意地吃饱。我们觉得这一地区很凄惨,很不利于使之变得繁荣昌盛。鞑靼人要消耗大量羊肉,如同是其食物的主要来源。就地采购羊只,其价格非常微薄。我们经过计算,发现买一斤羊肉所讨出的价格比一斤白面还便宜。我们出于从经济的考虑而决定购买一只羊。当时的情况是不难找到一只羊,但由于这样将迫使我们至少停止行进一天。我们希望驻扎在一个并不是特别贫瘠的地区,也就是一个使我们的牲畜略微有些可以啃吃的牧草之地。

在穿过塔布松诺尔之后,我们便进入了一条狭长的山谷,山里居住着几个蒙古家庭。大地上覆盖着一层茂密的禾本科植被。这些植物由于其形状及其带香味的特征,而酷似百里香。我们的牲畜边走边偷偷地左右啃吃几口。我们觉得它们很喜欢这种新的牧草。因此,我们就想到了停留在这里。这里距一顶帐篷不远,一名喇嘛正坐在那里的高台上,忙于用骆驼毛搓绳。我们在经过其身旁时对他说:“老哥!山坡上的这群牲畜肯定是属于你的了……愿意卖给我们一只绵羊吗?”他回答说:“很高兴,我给你们一只最好的绵羊。至于价钱,我们最终都能谈妥……我们这些信佛的人绝不会像商人一样。”他向我们指点着一个距他那顶帐篷不远的地方,并让我们使自己的骆驼卧倒。喇嘛家庭的所有人在听到骆驼的嘶鸣声之后,都匆匆忙忙地奔向我们,以帮助我们支起帐篷。他们不允许我们自己动手干任何事。因为他们每个人都为自己有一点用处而感到高兴,有的去为牲畜卸驮子,有的支帐篷并在帐篷内整理我们的小行李。

在为我们的马和骡子卸鞍之后,非常殷勤地迎接我们的那名青年喇嘛,却发现这两头牲畜背部受了轻伤。他于是便对我们说:“老哥们,这是一种很坏的事。你们要从事一次长途旅行,应该迅速医好这些伤口,否则就不能完成你们的旅行。”他边讲这些话边迅速地操起挂在他腰间的刀,于其皮靴的翻口处迅速地磨几下。他接着拆卸了我们的马鞍子,查看那木架高低不平的表面,又开始对两面削刮,一直到他削去任何一点即使极细微的不平之处。继此之后,他又极其灵巧地调整了马鞍的所有部件。他在把马鞍还给我们时说道:“现在好了,你们可以平安地旅行。”这一活计做得很快和极其巧妙。喇嘛希望立即去找一只羊,但由于天色已很晚,我们阻止了他,说我们将在山谷中留宿一个晚上。

第二天,我们尚未起来,喇嘛半推开我们帐篷的门并大声地发笑,以至于把我们吵醒了。他说:“啊!我们已清楚地看到你们今天不想启程了。太阳已经升得很高,你们尚在酣睡。”我们迅速地起来并麻利地穿好衣服。喇嘛开始与我们商量买羊的事。他说:“你们到羊群去随心所欲地挑选吧。”“不,你自己去吧,牵来那只你想卖的羊。我们现在还有一件重要的事去做。我们这些西天喇嘛的教规要求起床后立即进行祈祷。”喇嘛呼叫说:“这是一件好事!啊!西方的神圣教规。”但他的崇拜心情不可能使他忘记交易。他跳到马背上直接奔向我们可以在一座山岭的山麓上望见那如同波浪一般的羊群。

当我们听到骑马人迅速奔驰返回时,我们尚没有结束自己的祈祷。他将绵羊拴在马鞍后面,作为鞍囊。他刚到我们帐篷门口便跳下马来,转眼之间就把这只因刚才的骑马旅行而惊魂未定的绵羊放在地上,让它四蹄着地站着。喇嘛对我们说:“这就是那只绵羊,它漂亮吗?你们感到满意吗?”“太好了,你要多少钱?”“一两白银,难道太多了吗?”当看到这只牲畜的肥胖程度,我们觉得这一价格很低廉。“既然你要一两,这就是你所需重量的一小锭纹银。你坐一会吧。我们去取自己的小戥子,你可以验证一下这块银子

生活在蒙古包中

是否重一两。"喇嘛听到这些话之后就后退一步,并将双手伸向我们而惊叫:"上有天,下有地。佛陀是万物之主,它要求所有人都以兄弟相待。你们都是来自西方的人,而我是东方人。难道有理由认为我们的交易不是坦率和不诚实的吗?你们没有为我的羊讨价还价,我也不用过秤即可取走你的钱。"我们说:"这是一种极好的行事方式,既然你不想称银子,那就请坐一会儿吧,我们共同喝一杯茶并共同商议一件小事。""我知道你想说的话,无论是你们还是我都无法使这头活牲畜转世。我们应找到一个会杀绵羊的黑头人,难道不是这样吗?"他没有等待我们的回答,便赶快补充说:"还有另外一件事,看到你们就很容易猜测到你们不会切羊肉和收拾下水。"我们笑着回答他说:"你猜得很对。""把你们的绵羊好好拴在你们帐篷的一旁吧。对于其他事项,请相信我吧。我很快就回来。"他骑上了马急驰而去,很快就消失在山谷深处了。

正像他宣布的那样,喇嘛没有耽搁多久就重新出现了。他直接向其帐篷奔去,把马拴在一根桩子上,下鞍之后又为它解去了缰绳和笼头,又猛抽它一鞭子以让它返回牧场中去。他回到家中呆了一段时间,很快又与其家庭的所有成员出来了,也就是说有老母和两名幼弟。他们步履缓慢地向我们的住处走来,携带着一批确实令人哑然失笑的装备。大家可以说他们是要搬动其所有家具。喇嘛头顶一口锅,如同一顶大帽子一般地戴在头上。其母背负一个装满干牛粪的大背篓。两名青年蒙古人紧跟在后面，携带一个三角支架、一把铁勺和其他几件小炊具。桑达钦巴看到这种场面后高兴地跳了起来，因为他发现于其面前出现了富有诗意的一整天。

一旦当在旷野中摆好全部灶具时，喇嘛便出于礼貌而请我们安静地去帐篷中休息。他从我们的神情上判断我们不能有失身分地，不能过分靠近地参与这种屠宰场面。这项请求完全不合我们的心意，我们便询问，让我们在一个有相当距离的地方坐在草地上，并许诺不触及任何东西地看着，是否有不便之处。克服了某些困难之后，他们便发现我们非常好奇地看着，并在礼仪方面使我们产生了好感。

喇嘛显得忧心忡忡，他的目光不安地转向了山谷的北方，就如同他在遥远的地方审视着某种东西一般。他以一种满意的样子说："啊！太好了，他终于到了。""谁来了？你在讲谁？""哈哈！我忘记对你们说了，我刚才到那边去请来一个很会宰羊的黑头人，他现在来了。"我们立即站了起来，确实看见某种东西在山谷的灌木地带蠕动，我们开始时无法清楚地辨认出这是什么，因为虽然他相当快地向前走，但目标一直丝毫没有增大。最后，我们一生中所看到的最奇特的人物终于出现在我们的视野中了。我们被迫作出了巨大努力，以抑制那忍俊不禁的动作。这名黑头人似乎年长50岁，但其身材不会超过3法尺高。在他那圆锥形的头顶有一小绺未梳理好的头发。其稀疏的灰色胡须非常不整齐地沿颏部垂下。最后是两个大瘤子，其一位于背部，其二位于胸部，从而使这名小屠夫酷似大家在《拉封登神话》的某些版本中，有时会看到的伊索的画像。

这名黑头人的爽朗而洪亮的声音，与其瘦弱和发育不良的身体之矮小，形成了鲜明对照。他没有浪费很多时间而向同伴表示祝贺。其两只黑色小眼的目光，便落到拴在帐篷的一颗钉子上的羊身上，于是就说："那么，你们是想收拾这只牲口吗？"他在触摸绵羊的尾巴以判断其膘情时，给了羊一个绊脚并极其灵巧地把它摔倒在地。他立即把羊的四只蹄子绑到了一起。当他裸露出其右臂并将皮袄的一只袖子抛到身后时，他又问我们是在帐篷内还是在户外操作。我们对他说："在户外。""在户外，好吧，就在外面。"他边讲这些话边从悬在腰间的一个皮囊中抽出了一把宽柄刀,其刀刃由于长期使用已变得薄而窄。在用其拇指试了一下刀锋之后,便将刀深深地插入了绵羊的两肋中。当他把鲜红的刀再抽出来时,牲畜已死去了,突然间死去了,没有任何挣扎,没有一滴血流出伤口之外。这使我们感到非常惊奇,于是便问那名黑头侏儒,他是怎么样才能如此巧妙和如此迅速地杀死了这只绵羊。"我们这些鞑靼人与契丹人的屠宰方式不同。契丹人从牲畜的脖子上砍一刀,而我们则直接把刀捅向心脏。按照我们的办法,牲畜不太受苦,所有的血都安静地保存在体内。"

一旦当绵羊的灵魂转世之后,任何人都不再小心谨慎了。我们的察罕胡尔人和鞑靼喇嘛立即卷起了袖子,前来帮助小屠夫。这只牲畜被以一种令人赞不绝口的速度剥去了皮。在此期间,鞑靼老夫人已经烧热了满满的两锅水。她拿去下水,大略地洗了一番,然后又利用一个木勺从绵羊胸膛内取出的血制作了羊血灌肠,其基本原料当然是莜麦面。那名黑头侏儒对我们说:"喇嘛老父!是否要剔去羊骨呢?"他根据我们的肯定回答,把羊肉挂在帐篷的一根大柱子上,迅速地在骨架周围挥舞其刀,他把所有的肉都刮成了一块,以至于在柱子上只有一副没有肉和刮得精光的骨架了。

正当黑头侏儒按照他的意愿而井井有条地收拾羊肉的时候,这批人中的其他人则以鞑靼方式准备了一次盛宴。青年喇嘛是宴会的指挥者。他吼叫着说:"看啊!所有人都围成圆圈而坐,将吃空那一大锅。"每个人都立即坐在草地上。那名蒙古老夫人将双手伸入紧靠她身旁沸腾的锅中,从中捞出了这只羊的所有肝、心、肺、脾、装满了血和莜麦面的肠子。在这种烹调法中,最令人注目的地方,则是所有羊肠保存得很完整,正如大家所看到的那样放在羊体内。老夫人为大家上菜,或更应该说是把这一佳肴在我们之中抛撒,抛在了我们的皮袄上。皮袄同时作我们的坐垫、桌子和盘子,甚至在需要的情况下还可以作餐巾。无须补充说明,我们仅仅以手指作叉子。每个人都以手抓一块肠子,拧着把它从大块上撕下来,就这样吞食掉,既没有作料也没有盐。

两名法国传教士不能按照他们的良好愿望,而津津有味地享受这种鞑靼式美味。首先,我们在试图触及这些热气腾腾的羊下水时,被烫得手指疼痛。客人们徒劳地叮嘱我们不要让它凉了,我们仍等待一段时间，害怕烫伤我们的嘴唇。我们最终品尝到了这种用羊血和莜麦面制成的灌肠。但吃了几口之后，我们却不幸感到厌腻了。我们也可能从未吃过如此淡而无味的食物。桑达钦巴已预料到这一点，他从公盘中取出了羊肝和羊肺，并用他设法在两块石头之间压碎的几颗盐撒在上面而送给了我们。我们以这种方式陪同那些以旺盛的食欲吞噬了这一大挂羊内脏的人。

当大家吃得一干二净时，老夫人上了第二道菜。她在我们中间放了一口大锅，锅中曾煮过灌肠。一旦当赴宴的所有成员互相邀请之后，每个人都从怀中掏出木碗并轮流满碗地盛一种热气腾腾和带咸味的汤，他们送给这种汤一个豪华的名称“肉汤”。为了不表现得怪僻和显得鄙视鞑靼人的烹饪术，我们也像所有人那样行事。我们也把自己的碗放入大锅中，但这并不是因为我们想饱饮这种绿色和其中还有咀嚼了一半的青草的汤。鞑靼人相反则觉得所有这一切都很可口，轻而易举地吃完了这顿美餐，吃得一干二净、一点汤一段灌肠也不剩。

盛宴结束了，那名黑头侏儒向我们道别并取走了四个羊蹄子作为报酬。我们在由蒙古人的古老习惯所确定的这一报酬之外，又增加了一撮茶叶。因为我们希望他能对此保持长期记忆，并向其同胞们讲述西天喇嘛的慷慨。

所有人都吃好了，我们的邻居带上他们的炊具返回家中。但那名青年喇嘛不让我们独自留在那里。在长时间交谈西方和东方之后，他摘下尚挂在帐篷门口的骨架子，以开玩笑的样子唱着，向我们介绍组成羊骨架的大大小小的所有骨头的名称。他发现我们在这个问题上的学问很有限，对此显得极其惊讶。我们费了很大的力气才使他明白，我国神学研究的目标，是比一只羊骨骼的名称与数目更加严肃和重要得多的问题。

所有蒙古人都精通动物骨骼中全部骨头的数目、名称和位置。所以，当他们要切割一头牛或一只山羊时，他们从不弄碎骨头。他们以其屠刀的刀尖直接一下子就捅到了关节处，以一种确实令人惊奇的灵活和迅速而将之拉开。这些人经常性地宰割，特别是他们每天都生活在畜群中的习惯，使鞑靼人非常精通牲畜的疾病和治病的艺术。他们使用的内服药始终是他们在草原中采集的草药，向病畜灌服这种药草的煎剂。为此，他们使用一只大牛角。当他们成功地把牛角尖插入牲畜的口中时，将药剂通过扩大成喇叭状的另一端灌进去。如果牲畜坚持不肯张口，那就通过鼻孔把汤药灌进去。鞑靼人有时也使用灌肠子的办法来医治牲畜的疾病，但他们的用具也很原始很简陋。一支牛角代替插管，泵桶是一个以挤压而产生功效的大膀胱囊。

内服药使用得很不广泛，鞑靼人最经常的做法，是在牲畜身体的不同部位，实行穿刺术和割除。他们有时也以一种实在令人可笑的方式实施这些手术。一天，我们于一家蒙古包附近支起了我们的帐篷，一名鞑靼人为该户主牵来一头奶牛，他声称此牛不肯吃草，日益消瘦。这家人的户主检查了牲畜，打开牛嘴并用其指甲刮牛的前牙。他对前来求他的人说："糊涂虫，为什么你等了如此长的时间才来呢？你的奶牛快要死了，它最多还能活一天。但还有一种办法，我将试一下。如果你的奶牛死了，那么你应说这是你自己的错误；如果它痊愈了，那将是霍尔穆斯塔(玉皇大帝)和我的医术之功劳。"他接着叫来他的几名奴婢，要求他们在他为牲畜进行手术时，紧紧地抓住它不放。他自己则返回帐篷，很快又带着一颗铁钉和一把大锤走出来。我们迫不及待地等待这种即将用一颗钉子和一把锤子完成的奇特的外科手术。当几名蒙古人牢牢地抓住了奶牛以防止它逃脱时，施行手术者将钉子放在奶牛的腹下，用力击一锤子，把钉子插入牛腹中直至钉头。继此之后，他又以其双手抓住奶牛尾并命令抓着它的人放开手。被如此奇特地施行了手术的牲畜开始奔跑时，后面拖着始终紧抓其尾巴的鞑靼兽医，他们就这样奔跑了一里路。鞑靼人最终放弃了受害者，心平气静地回到了我们之中，我们都被这种医活奶牛的新方法惊得目瞪口呆。他向我们宣布说这头牲畜再没有任何危险了，声称他从牲畜尾巴的强硬度而知道了刚才施行铁医术的良效。

鞑靼兽医有时在牲畜的腹部施行手术，正如大家刚才所看到的那样。但他们最经常使用的则是于牲畜的头部、耳朵、前额、上唇和眼睛周围施行手术。这最后一种手术主要是用于医治鞑靼人所说的"鸡粪病"，骡子很容易得这种病。当出现疫情时，这些牲畜便停止吃草料，变得极其衰弱，勉强才能支撑得起来。它们的眼角中出现了肉疣，酷似鸡果，由眼睑掩饰。如果注意及时除去这些肉疣，那么骡子就可以得救并逐渐会恢复它们最初的活力。否则，它们还会再受煎熬数日，最后必然会死亡。虽然穿刺术和放血在鞑靼人的兽医术中占据着很大的比重，但不应认为他们手中掌握有漂亮而丰富的一套器械，如同欧洲的手术医生们所拥有的那样。他们往往仅备有最普通的锤子或者是个小铁锥子，这一切始终都挂在他们的腰带上，他们每天都用来疏通其烟斗管、补鞋子和皮靴。

卖给我们绵羊的那名青年喇嘛，把一天的大部分时间，都用于向我们讲述有关他似乎相当精通的兽医学的某些妙趣横生的故事。他还向我们提供了有关我们将要走的这条路的一些最重要的情况，为我们确实将要走的各站，以及我们应停留而不会被渴死的地点。我们在鄂尔多斯地区尚有 15 天左右的行程，而在此期间再也遇不到小河、泉水和水池了，仅仅是相隔很远的地方有一些极深的水井，有时彼此之间有两日的行程。因此，我们于路上必须携带一些水。

第二天，我们在向热情的鞑靼家庭告别之后，便匆匆上路了。傍晚，到了支帐篷的时间，我在远处发现了一大群各种牲畜。我们认为人们向我们指出的水井就在这一带，于是便向那里走去。我们很快就辨认出了自己确实已到达水源地区，牲畜已从四面八方被赶到这里，等待着饮水。因此，我们便停留下来并安排宿营。当发现聚集在一起的畜群和这口用一块巨石封口的水井时，我们便非常高兴地想到了《创世记》中的一段文字，它介绍了雅各在美索不达米亚于叙利亚人拿鹤的孙子拉班住处的旅行：

"雅各起行到东方人之地，

"看见田间有一口井，有三群羊卧在井旁。因为人与羊群都饮那井里的水，水井口上的石头很大。

当有羊群在那里聚集时，牧人便把石头转离井口，饮羊后又把石头放在井口的原处①"。

"围绕水井的木槽，又使我们联想到了另一段讲利百加和亚伯拉罕仆人相会的文字：

"女子给他喝了水又说：我再为你的骆驼打水，一直到都喝足为止"。

---

① 《创世记》第 29 章，第 1 ~ 3 节。

中国的文人

“他就急忙把瓶里的水倒在槽里，又跑到井旁打水，并把水递给了所有骆驼”①。

如果心中不无意识地想到第一批族长们的时代，那就无法在蒙古的游牧民族中旅行。这些族长们的游牧生活与大家今天尚在蒙古部族中发现的风俗习惯，具有许多关系。但当人们想到这些

① 《创世记》第 24 章，第 19～20 节。

不幸的民族尚不了解亚伯拉罕、以撒和雅各时，这些比较也该变得多么凄凉和痛苦啊！

我们刚刚支起帐篷并准备好自己简单的晚饭时，便发现一些骑马的鞑靼人急匆匆地向我们赶来。他们前来汲水并让已等待许久的大畜群饮水。站在一旁的牲畜发现其牧人赶来时，便迅速地奔去，畜群很快就围到了井边等待着解渴。如此之多和性格差异悬殊的牲畜的聚集，产生了极大的混乱和嘈杂。在沙漠的寂静中，我们对此很不习惯。也可能正是由于其奇特性，这种混乱的活动却使我们感到充满了魅力。我们非常乐于欣赏这些未经驯服的马互相挤撞和尥蹶子，争夺首先到达饮马槽的权力；其次，在安静的饮水中又互相啃咬，互相争斗，最终放弃了水而前往平原上互相追逐。当一头特大的骆驼前来在水井周围产生恐怖，并霸道地赶走弱者时，这一场面特别动人。

当时在场的蒙古牧民共有四人。在他们之中的两名手执长棒到处奔跑，以试图使畜群显得有些秩序，另外两名则以一种引起我们极大惊讶的方式汲水。首先，他们使用的水桶一时间使我们感到特别引人注目，这是一块完整的羊皮，四条蹄子扎得很牢固，仅仅在脖子上留有一个开口。有一个圆箍支撑着漏斗形的开口。一条细长而结实的骆驼毛绳子绑在一块沿直径正切圆箍的木板，绳子一端拴在鞑靼人骑的一匹马的马鞍上。当使这一大皮囊盛满水之后，骑手们便催马向前走，一直把皮囊拉到井口；另一人接到水之后并慢慢地倒在水槽中。

水井的深度令人可怕，我们觉得他们用来提皮囊的绳子长200多法尺。他们不是用辘辘把绳子沉到水底，而仅仅是把绳子拴在一块大石头上，由于绳子的摩擦而最终于上面划了一道很深的石槽。显然要用很大的力气才能完成汲水，当畜群已充分饮够时，天快黑了。我们于是便去寻找我们的五头牲畜以与之共同欢宴。鞑靼人好意地帮助我们汲水。如果没有他们的帮助，我们就可能永远不会成功，那么我们将被迫在一口水量丰富的井旁忍受干渴。

我们觉得这些鞑靼人并不像我们在蒙古其他地区所遇到的那些人一样愉快，我们发现他们为被迫在一个如此贫瘠的地区度生而感到非常痛苦，那里的牧草很稀少，缺水更为严重。他们讲到了我们已经路过的和很容易（甚至是很舒适）地饲养牲畜的蒙古诸

中国人鞠躬的方式

旗。他们说:“啊!这些地区的居民多么幸福啊!如果我们能前往这些肥沃的草原上生活,那该多么幸福啊!”

这些鞑靼人在返回他们那位于一座高山之后的住处之前,又告诉我们说明天必须于天明前出发,警告我们说只能在百井才能找到水,我们距那里尚有150里地(15法里)。

当我们启程上路时,天尚未亮。该地区如同平时一样始终是沙漠和贫瘠,看起来很凄惨。到了中午,我们便停下来多少吃一点东西,并以我们在一头骆驼身上驮的水煮茶。天已开始黑了,我们尚未到达百井。我们那些可怜的牲畜已无法再忍受饥渴,但我们无论如何也必须到达宿营地,耽搁就会造成更大的灾难。我们最终遇到了那些水井,但却没有注意,那里是否像该地区的鞑靼文名称所说明的那样,确实有100口井。我们匆匆忙忙地支起了帐篷,幸运的是这里的井不像我们昨天所看到的井那样深。我们首先关心的是汲水饮马和骡子。当我们前去把它们牵到水槽中时,在帐篷附近已找不到它们,而它们在一般情况下都会在那里等着为它们卸驮子。这一事件给我们造成了极大的痛苦,使我们突然间忘记了一天的全部辛苦。我们确实丝毫不怕盗贼,因为在这一方面,可能再没有任何地区比鄂尔多斯更安全了。我们认为自己那极其干渴的牲畜会逃到其他地点找水去了。我们说:“它们会一直走到能遇到某种解渴的东西为止,很可能不停地一直走到鄂尔多斯的边界,甚至是黄河岸边。”

夜一片漆黑。不过我们认为应立即去找自己的马匹，桑达钦巴正准备晚饭。我们长时间地和向各个方向彷徨，一无所获。我们经常停下来听一下是否有马脖子上挂的小铃的响声，但始终是徒然地侧耳倾听，没有任何声音打破沙漠的寂静。我们一直不气馁地前进，始终怀着找到这些牲畜的希望，我们太需要它们了，损失掉它们就会使我们陷入极大的困境。我们有时似乎是隐隐约约地从遥远的地方听到了马铃的响声，于是便俯身于地下，将耳朵紧贴地面，以便更容易捕捉可能听到的任何响声。但一切都无效，我们的全部搜索一直未果。

由于我们害怕在漆黑的夜间，而且白天又未研究其地势，故而迷路，于是便产生了一种顺原路返回的思想。当我们扭回头发现在我们支起帐篷的远方升起一大股混合有火舌的浓烟时，简直被惊呆了。我们一刻也不怀疑，桑达钦巴也在寻找马匹，大火于他不在期间烧到了帐篷中。啊！这一时刻对于我们该是多悲惨和失望啊！在沙漠中，在距我们的基督徒有 2000 里远的地方，我们毫无希望地看着大火烧去这座可怜的帐篷，它是我们对付恶劣气候的惟一藏身之处。我们自言自语地说："唉！帐篷肯定已完了，其中所收藏的东西也都成了火灾的牺牲品。"

因此，我们痛苦地向自己的宿营地走去，而且已错过了于近处观察这场灾场的机会。我们缓慢地前进，因为自己也害怕接近这种可怕的场面，它将会阻止我们实现自己的计划并延长我们的各种灾难。随着我们的前进，越来越听清了很大的响声，最终听到了桑达钦巴似乎是呼救的声音。我们想到自己可能还会从火灾中抢救出某些东西，于是也边跑而边高声呼唤，以告诉察罕胡尔人说，我们将去帮助他。我们最终到达了宿营地，却看到桑达钦巴安静地坐在一大堆火旁，并悠闲自得地喝着大杯的茶时，感到了非常惊奇。帐篷平安无恙，我们的所有牲畜都卧在附近，根本没有发生火灾。我们的察罕胡尔人在找到马和骡子之后，认为我们肯定走得很远了，很难再返回帐篷中来，他为此而点了一大堆火以为我们引路并发出喊声催促我们返回。我们于此之前曾坚信自己的灾难，当再度看到我们的帐篷后，突然从最大的灾难转到了极大的喜悦。

夜已经很深了，我们匆匆忙忙并胃口极好地吃了桑达钦巴为我们准备的稀粥，然后便躺在羊皮上平静地酣睡到次日。

一觉醒来，我们只在自己的宿营地周围瞥了一眼，便觉得全身被吓得颤抖。因为我们发现自己四面八方都被无数眼深井包围。曾有人明确地告诉我们说，只能在一个叫作百井的地方才能找到水，但我们从未想到应该照字面理解“百井”一名。昨天晚上，由于我们于夜间支起帐篷，所以未能发现自己身边存在着如此之多的陷阱，未采取任何防范措施。为了去寻找我们那些走失的牲畜，我们不知不觉地在这些很深的陷阱周围来回徘徊了无数次。我们得以于一个漆黑的夜中在那里来回走动却未坠于井中，就应将此归功于上帝的特别保佑。在出发之前，我们于其中的一口井旁插了一根小木十字架，以表示对上帝恩惠的感激。

我们如同平时一样吃过早饭之后便启程了，午时前后，在自己的面前发现了一大群人，正从由两座陡峭的大山形成的一个峡谷中走出来。我们试图猜测这一人数众多和壮观的旅行队是什么人，并且在长时间内越猜越糊涂。大批驮着驮子的骆驼排成队鱼贯前进，此外还有一大批驭手。远远望去，这些人衣着都很阔气，排成两行前进，就如同护送驮兽一般。我们放慢了自己的前进速度，以试图进一步研究这支非常奇怪的旅行队。

当组成了这支庞大队伍的一支先遣队的四名驭手迅速向我们奔来时，我们之间的距离尚很远。这是四名大官吏。其官帽顶上装饰的蓝顶子则是其官爵的标志。他们说：“喇嘛老爷们！祝你们一路平安。你们将向大地的哪一个方向走去？”“我们来自西天，向

叩头

西行……你们这些蒙古兄弟们呢？以如此大队的人马和豪华的装束向何处而去？”“我们是阿拉善旗的人。我们的王爷前往北京旅行，并参拜普天下的皇帝。”四名骑手讲完这些话之后，便在马背上略微起身以向我们致意，然后又回到这支旅行队的队首，各就各位。

清朝人作揖

我们恰恰遇到了去与那个以盛大仪仗晋京途中的阿拉善王爷会合的其他朝贡的王公，他们于正月初一要去向皇帝拜年。继先遣队之后便是由套在一起的两头很漂亮的骡子抬着的一乘大轿，一头骡子在前，另一头在后，被套在镀金的轿辕上。轿子是方形的，不太华丽和雅观，轿顶上装饰有几条丝绸缨子，在四面可以看到几幅绘有神龙、飞鸟和花束的图画。那名鞑靼官吏坐着，但不是坐在一块垫子上，而是按东方方式盘腿而坐。我们觉得他年约五十多岁，丰满的身体使其相貌显得极其和蔼可亲。当我们经过他身旁时便向他呼唤：“阿拉善王爷，祝您沿途平安和幸福。”他回答说：“信教的人，祝你们永远平安。”他讲这句话时，又配合着一种充满着和蔼可亲的手势。一名骑着骏马的白胡子老喇嘛，用笼头牵着抬轿子的第一头骡子，他被视作整个旅行队的近卫。在一般情况下，大队鞑靼人的行进都由一名当地喇嘛中的最受尊重者领路。因为这些民族坚信，只要他们由神的代表或附在喇嘛身上的神亲自领头，他们于途中就不害怕任何危险了。

一大批骑手隆重地簇拥着王公的大轿。他们不停地半旋转其马,绕无数弯地来回走动,有时转到这边,有时又绕到那边,从来不在他们那迅速的行进中停下来。紧接着王爷的仪仗之后,便是一头极漂亮而高大的骆驼,浑身为白色。一名青年鞑靼人步行并用一根丝绸绳牵着它。这头骆驼没有负载。在其耳朵尖和两个如同小金塔般竖起的骆峰之上,大家可以看到几片黄色塔夫塔绸。毫无疑问,这头漂亮的牲畜是进奉大清皇帝的礼物。这支队伍的剩余部分由大批驮载行李、箱子、帐篷、饭锅等在一个从来不会找到客栈的地区旅行时必须携带的多种炊具的骆驼组成。

当由于遇到一口井而促使我们决定支起帐篷时,这支旅行队过去已经很久了。正当我们忙于煮茶时,三名鞑靼人(其中一名饰红顶,另外两名饰蓝顶)于我们住处的门前下了马。他们向我们打听有关阿拉善王爷队伍的消息。我们回答说,自己遇到这支队伍已经有很长的时间,他们走得很远了,无疑在天黑前要到达百井宿营地。他们说:“既然情况如此,我们就留宿在这里吧。这要比夜间到达百井好得多,那里会有使我们坠入深井的危险。”这一决定便以不可改变的方式确定下来。鞑靼人迅速地卸下了他们马匹的鞍子,让马匹到沙漠中找草吃,他们接着便返回来无拘无束地在我们的灶旁边坐了下来。这些人物都是阿拉善旗的台吉。其中之一——帽子顶部有红顶子者,是王爷的协理台吉。他们三人是这支赴北京大旅行队的组成部分,昨天夜间于他们的朋友鄂尔多斯王公处过夜,就这样被大部队甩到后面了。

阿拉善旗王爷的协理台吉的性格开朗,思想相当敏锐,他于蒙古人的善良和天真的性格之外,还具有快活与优雅的举止,这无疑是由于他多次赴北京旅行而获得的。他向我们询问了许多有关被鞑靼人称为“西天”地区的情况。他还告诉我们说,我们同胞中的一大批人每三年一次从西方诸藩部去北京见驾。

无须多说,鞑靼人在一般情况下并不深入研究地理。他们认为“西天”仅仅是指西藏及其附近的某些地区,他们是从曾赴拉萨朝圣的喇嘛口中,打听到这些情况的,并坚定地认为在西藏以远再没有任何地方了。他们说:“世界于那里结束,其以远地区仅仅是一片无边无际的大海。”

当我们满足了戴红顶者的所有问题之后,我们又向他询问了一些有关阿拉善地区以及他们北京之行的问题。他回答我们说："天下所有的君主都要在新年庆贺期间朝晋北京。其最近者，必须每年都去；其余那些占据大地边缘者，则必须每两年或每三年去一次。都沿他们所走的那条大道前进。""你们每年朝晋北京的目的是什么？""我们这些人是为了陪同我们的王爷而去的，惟有王爷自己才有幸面参老佛爷（皇帝）[1]。"他接着开始详细叙述元旦时的仪礼，以及天朝皇帝与藩部王公们的关系。

处于中华帝国绝对统治之下的藩部王公们晋谒北京，首先是为了表示臣属和归附，其次是为了向承认自己为其附庸的皇帝交纳某些贡物。这些被以"朝贡"之美名掩饰起来的贡物实际上是真正的赋税，任何鞑靼王公都不敢拒绝交纳。这些贡品都以引人注目的漂亮骆驼和马匹组成，皇帝以此来扩充他在察哈尔的大批畜

学生背书

① "老佛爷"系指皇帝，这是过去很通俗的一种称呼，既指一种宗教性的崇拜，又指对君主的一种真诚爱戴。为了指当朝皇帝，大家称之为"当今佛爷"。慈禧老皇后一般都被以"老佛爷"一名相称。

群。此外,每位鞑靼王公都必须携带某些当地所产的珍贵方物,如鹿肉、熊肉、獐子肉、香草、山鸡、蘑菇和鱼类等。由于他们在严寒季节晋京,所有这些食品都被冻住了。这样一来,它们就会没有任何危险地经受长途旅行的考验,并在到达目的地之后仍能长期地保存。

察哈尔诸旗之一特别负责每年向北京进贡一大批山鸡蛋。我们向阿拉善王公的协理询问这些山鸡蛋是否有特殊的味道,从而在朝廷受到如此好评。他回答说:"它们不是为了被人吃,老佛爷将此派作它用。""既然人们不吃它,那么它们又有什么用呢?"那名鞑靼人似乎不知所措,显得很尴尬,在回答我们的问题之前脸都红了。最后,他回答说这些山鸡蛋要用于制作一种发油涂剂,供充斥皇帝后宫之嫔妃们梳头发时用。大家都说这可以使头发具有一种很漂亮的光泽和亮度。欧洲人可能觉得中国宫廷非常器重的这种山鸡蛋,只能使头发变脏,令人讨厌。但每个人都知道,美与丑、净与脏等这一切都完全是相对的。在居住于大地上的各民族中,对这些问题的看法远不会一致。

这类每年朝拜中国皇帝的旅行,则是鞑靼平民阶层的一种非常昂贵和沉重的负担。他们被迫根据其主子的意愿而服徭役,必须提供相当数量的骆驼和马匹,以驮载王公贵族们的行李。由于这类旅行是在冬季最严寒的季节完成的,牲畜找不到很多可吃的草料,尤其是当离开草地后,便会进入汉人耕作区,所以这些牲畜有大批都死于途中。当这支旅行队返回时,则很难维持与去时同样的秩序和状态。大家在某种程度上仅仅会看到牲畜驮着返程时所需要的一些行李,其余牲畜都被笼头拉着,勉强能一步一步地前进。看到这些蒙古人步行并于身后拉着他们由于害怕压垮而不敢骑的牲畜,确实使人感到凄凉和惊讶。

一旦当藩部王公到达北京时,他们便进入城内并居住在特别为他们指定的街坊内,其总数一般为 200 名。每个人都有自己的宫或客栈,与其侍从同住。一名官吏——帝国的高级显贵负责管理这一居住区,并仔细地监管,以让这些来见驾的权贵之间始终能和平与和睦相处。贡物要交到一名特别官吏的手中,大家可以把他视作文官品阶中的总管。

这些王公们于北京居住期间,与皇帝没有任何交往,没有任何隆重的召对。其中有些人可以接近皇帝，但这似乎是只为了处理重要的和超越了一般臣僚权限范围的事务。

新年那一天，有一次特别隆重的仪式。这两百名藩部王公与他们的君主或主子，按照他们的说法便是与以一人之意志统治天下并治理四海万民的人进行接触。根据主宰中国皇帝重大行动的礼仪，他每年都必须于正月一日去参拜太庙并跪拜先祖灵位。在太庙的进门口，有一条宽大的街道，住在北京的藩部王公们应到那里去参拜圣驾。他们在宽敞的过厅左右两边排成三行，每个人都占据适合其品阶的位置。他们都庄重地站立在那里并保持沉默。大家都说，欣赏所有这些远来的王公穿着那绣金织银的丝绸衣服列队恭候在那里，确实是一种优美而隆重的场面。他们以其服装的种类而区别其不同的居住地区和官衔与品位。

皇帝以隆重的銮驾从皇城中出来，穿过了北京空旷而宁静的街道。因为当亚洲的这名最大专制君主出宫时，所有的宅门都应紧闭，城中的居民必须闭门而一声不响地躲在家中，否则就会冒被处死的危险。一旦当皇帝到达太庙时，当他把脚踏上通向藩部王公们所在柱廊的第一个台阶时，走在前面的传令官就呼叫：“所有人都跪下，天地之主到了”。200 名藩部王公立即异口同声地山呼“万岁”。他们在向皇帝拜年之后又都面向地而跪。天子于是就从他们的行列中间经过，进入了太庙中。现在轮到天子在先祖灵牌前三次跪拜了。在皇帝参拜皇室先祖之灵位时，那 200 名藩部王公则始终跪在地上。只有当皇帝重新经过他们的行列中之后，他们方可站立起来，然后，乘轿返回其行居所中去了。

这些远离其故乡并在横穿沙漠的长途危险中忍受了各种辛苦的头人们，长期等待的一切就到此为止了。他们为能在皇帝通过的地方跪拜而感到荣幸。当然，类似的一种场面会使我们感到怜悯并产生反感。我们不明白为什么一方表现得如此卑微，而另一方却又如此高傲。在亚洲诸民族中，这却是世界上最简单的事。皇帝认真使用其高于一切的权力，鞑靼王公们以崇拜他而感到幸运和荣耀。

阿拉善王公的协理台吉对我们说，很难见到圣驾。有一年，其主患病，他被迫替其主前往北京参加太庙中的礼仪。因此，当皇帝穿过柱廊时，他希望能亲眼见到老佛爷的龙颜，但他空等了一场。

他做为协理和其领主的普通代表,被排在第三行,以致于当皇帝经过那里时,他什么也未能见到。他说:“那些排在第一行的人可以利用许多谨慎而又巧妙的手段,以窥视天子的黄袍。但他们严禁抬头好奇地观看,这种冒犯可以被视为一大罪并要遭严惩。”

所有的鞑靼王公们均由皇帝发给俸银,分配给他们的款额不太多。但这种措施必然会产生良好的政治效果。鞑靼王公们接受其俸禄时,便自认为是发出俸银者的奴婢,至少为其侍从,皇帝从而也有权要求他们俯首帖耳和言听计从。在新年前后,藩部王公们于北京领取分配给他们的俸银。几名大官吏奉旨进行这些分发。帝国中那些专爱讲别人坏话的人声称,那些钦差官吏们利用这一有利可图的职务进行投机,从来不会放过机会,以损害可怜的鞑靼人利益的手段,来谋取巨额财富。

阿拉善王公的协理为了启发我们而又介绍说,某一年,所有的藩部王公都收到以镀银铜锭发给的俸禄。所有人都有觉察,但每个人都保持沉默。大家害怕大肆宣扬一件会变成严重灾难的事件,可能会株连帝国中最高层的官吏,甚至殃及鞑靼王公自身。事实上,由于这些王公们被认为是从皇帝本人的手中接受了他们的俸禄,如果他们对此发出抱怨,那就是以某种方式指控天子老佛爷是伪币的制造者。因此,他们跪着接受了铜锭,仅仅是在返回其地区时才公开讲这件事,但不是说有人欺骗了他们,而是说负责分发俸银的官吏受了北京银行家的欺骗。向我们介绍这一事件的鞑靼人始终强调指出,无论是皇帝、宫中的人,还是官吏们,在这一舞弊事件中都不应承担任何责任。我们谨慎地不向他们戳穿这种感人肺腑的轻信。对于我们这些不大相信北京中央政府之公正的人来说,我们坚信完全是皇帝对鞑靼王公们作弊。我们觉得比较肯定的是,这一事件的时代恰恰与英国人发动的战争相吻合。我们知道皇帝被逼得走投无路,为了防止一批奉命保卫中国领土完整的军队被饿死,他已不知道从哪里弄到所必须的银钱了。

三名阿拉善官吏的来访,不仅仅由于他们向我们提供的有关鞑靼王公与皇帝关系的具体情节而使我们感到高兴,而且他们的来访对我们还有一种真实的裨益。当他们获知我们将西行时,便问我们是否有意经过阿拉善地区。他们根据我们的肯定回答而要求我们改变这一计划。他们说我们的牲畜将会在那里死亡,因为在那里找不到任何牧场。我们已经知道阿拉善是一个比鄂尔多斯更加贫瘠的地区。那里确实是一些遍是黄沙的高山峻岭，有时在那里要延续旅行整整数日而又遇不到一棵植物，很少的几条极其狭窄的山谷只能为畜群提供一些矮小而又带刺的草。阿拉善旗由此而人口极为稀疏，甚至与蒙古的其他地区相比较也如此。

这些官吏告诉我们说，今年在整个鞑靼地区普遍干旱，从而使阿拉善旗几乎无法居住了。他们向我们断言，至少有 1/3 的畜群都因饥渴而死亡，剩余部分也处于一种灾难性境地……为了赴北京旅行，他们选择了全地区最好的牲畜。我们也亲眼看到这支旅行队的牲畜远没有我们在察哈尔地区所看到的那种膘情。干旱、缺乏水草、在畜群中十杀一，所有这一切都引起一场巨大的灾难。因而也在该地区出现大批土匪，从而蹂躏了该地区并抢掠行人。他们以不容置疑的口吻说，我们人数很少，要进入阿拉善山区，尤其是在该旗的主要官吏都缺席的情况下，进入那里则是不谨慎的。

我们根据所有这些情况而决定不再返程，因为我们已经前进得太远了，而是稍微改变一下我们的行路计划。当我们想到略作一番休息时，夜已经相当深了，我们刚刚小憩片刻就天亮了。鞑靼人敏捷地为他们的马匹备好了鞍子，在祝我们平安和幸福之后，便沿着先于他们的大队人马留下的足迹，全速飞奔而去。

至于我们，我们在启程上路之前，先打开了由安德里沃—古荣刊布的质量很高的中华帝国舆图，研究应向哪一个地点走才能避开这个令人沮丧的阿拉善地区，而又不会过分离开我们前进的目的地。根据对地图的审视，我们找到了除了重新渡过黄河和再返回长城以内之外的其他办法，这就是经过中国的甘肃省并一直到达青海湖的鞑靼人中。

此外，这一决定也使我们感到战栗不安。由于我们习惯于秘密生活于自己的中国基督徒中，所以我们觉得没有一名传教员的保护，而独自进入中华帝国内地似乎是绝不可能的。我们认为很清楚，这项冒险计划的不可避免的结果，便是我们自己被处死和在使华的所有传教区均遭迫害。这就是我们过去的恐惧，但害怕的时间已过去了。经过两个月行程的锻炼，我们最终已坚信，自己可以如同在鞑靼地区一样安全地于中华帝国中原地区旅行了。我们已在数座大型商业城市停留以被迫独立处理我们的事务，这也使我们适应了汉人的风俗习惯，并不像过去那样与他们格格不入了。语言已不再是我们的一大障碍，我们除了会讲鞑靼方言之外，现在已熟悉了汉人的民间术语。当长期居住在传教区时，这是很困难的事。因为基督徒们出于奉承，在传教士们面前仅学习使用他们从书本上学到的简短术语。除了这些纯粹是思想和文化方面的有利条件之外，我们的长途旅行已使自己在身体素质方面得到了极大改善。暴雨、狂风和太阳，在两个月期间无情地对我们欧洲人的肤色肆虐，最终使我们的面庞变成了棕色和棕褐色，以致于产生了一种相当的野蛮相貌。因此，害怕被汉人辨认出来的心情，再也不会使我们产生任何一点轻微的忧虑了。

我对桑达钦巴说，我们于数日之后将停止在草地中旅行，而是前往中华帝国中原地区旅行了。察罕胡尔人说："在汉人中旅行，这很好。这是一种好的征兆，我们将在那里喝好茶。大家在下雨时可以有避雨之处，晚上不会被凛冽的寒风吹醒了……但在汉地有千条路，我们将走哪一条呢？我们知道哪一条路好吗？"我们让他看了地图，向他指示了我们在到达青海湖之前应经过的所有地区。我们甚至为他把一座城市距另一座城市之间的距离都折算为华里。桑达钦巴怀着一种极大的热忱看着我们的小地图。他说："啊！我只是在此时才真诚地遗憾，过去于喇嘛寺中没有很好地学习。如果我能听师傅的话，用功学习，那么我今天可能就会理解写在这些纸上的对世界的描述了。难道我们据此就可以到处行走而不必问路了吗？"我们回答说："是的，可以到处行走，甚至直到你家。""什么？难道我的家乡也写在上面吗？"他边说边兴致勃勃地俯身于地图上，甚至其长长的面庞将地图全部覆盖住了。"你站到一边吧！我们将向你指出你的家乡……瞧！你看到这条绿线旁边的一小片空地了吗？这就是察罕胡尔人地区，也就是汉人所说的三川地区。你的村庄应在这里，我们将经过距你家最多有两日行程远的地方。"他敲打着额头接着说："难道可能吗？你们说我们将经过距我家有两日行程的地方吗？什么？不超过两日行程之远？在此情况下，当我们最靠近那里时，我将请求神父们允许我去看望一下故乡。""你在三川还会有什么事要做呢？""我去看一下那里发生的情况……我离开那里已有 18 年了，我将去看一下我的老母是否还健在，如果她尚未过世，那么我将让她加入圣教。至于我的两个兄弟，我不敢承担任何义务。谁还知道他们是否会充分理解，为什么不应再相信佛陀的转世论呢……”他稍微停了一下又补充说：“啊！这太好了。我再去煮一点茶，我们慢慢地谈论这一切。”

桑达钦巴不能自控了，他的思绪已完全飞回了故乡。我们应使他回到现实中来。“桑达钦巴，不需要再煮茶了。现在不是再交谈，而是应卷起帐篷，为骆驼上驮子和迅速启程了。瞧！太阳已经很高。如果我们不快走，那么我们就会永远也到不了你们的三川地区。”他呼叫着说：“这话满有理。”他迅速站了起来并积极地为出发作准备。

我们上路之后，就放弃了在自己的旅行中严格遵守的向西行的方向，而是稍微南下了一些。在行走了半天之后，便在一块岩石下休息一会儿以进午餐。如同平时一样，我们以馒头和水作午饭，而这又是什么样的馒头和什么样的水啊！馒头是蒸得半熟的面团，水是我们被迫满头大汗地从井中汲出并于途中携带的咸水。

午餐快结束时，我们正从自己的小瓶子中取出一点鼻烟充作点心，突然发现一名骑骆驼的鞑靼人向我们奔来。他坐在我们身旁，互相问安之后，我们让他闻我们的鼻烟壶，然后又向他送了一个在灰下烧熟的小馒头。他很快就啃完了小馒头并一次接一次地吸了三次鼻烟。我们向他问路，他告诉我们说应始终沿同一方向前进，将会在两天内到达黄河口岸，渡过黄河就进入中原。这些情况使我们感到非常高兴，因为它与地图中的标注完全相符。我们又问他距水源是否还很远，他回答我们

一个蒙古人的家庭

说:“是,水井很远。如果你们今天想停下来,那么将会于途中发现一个水池,不过水不太丰富,水质也很坏。过去,它曾是一口优质井,今天已被遗弃,因为一个魔鬼使水变质了。”

平辈人之间的作揖

根据这些情况,我们便结束了谈话。因为我们如果想在天黑前到达,那就没有可供浪费的时间了。那名蒙古人骑上了他的骆驼并跳跃着离去了,而我们这只小旅行队则继续单调地缓缓而行。

在太阳垂落之前,我们到达了已有人向我们指出的那个水池处。由于我们再不能希望于稍远的地方找到更好的水,所以便支起帐篷。此外,我们认为该水池并不像那名鞑靼人声称的那样如同恶魔一般。

在我们生火做饭的时候,那名察罕胡尔人前去汲水。他很快又返回来了,声称其水不能喝,它是一种真正的毒药。他带来了一碗,以便使我们能亲自证实他所说的实情。这种咸涩而污浊的水之恶臭味,确实使人难以忍受。我们还看到在这种恶臭液体的表面,尚漂浮着一些如同小油滴般的东西,看到它更加使我们倒胃口。我们没有勇气把嘴唇贴在那里品尝之,而只能看它和嗅它。

然而,我们必须或喝这种水或被渴死,二者必居其一。因此,我试从这一鞑靼人所说的魔池中汲取了最佳部分的水,然后搜集了一些在附近茂密生长的树棵的树根。它们有一半尚埋在沙子中,没用多长时间就拾捡到了一大批。我们首先将树根烧成炭,接着再粗糙地研碎，然后在我们的锅中盛满了这种恶臭而污浊的水，再放到火上。当水加热时，我们便从中加入一大批研碎的炭。

当我们正忙于这种化学加工时，桑达钦巴趴在锅边，不时地问我们将用这些令人厌恶的东西做什么晚餐。我们向他详细介绍了木炭的去色和消毒作用。他耐心地倾听我们的科学论述，但似乎并不相信。他的两只眼睛不断斜视饭锅，从其面部的怀疑表情便可以清楚地看到，他根本不相信锅中的浓水会变成清澈透明的水。

最后，在滗析我们的浊水之后，又用帆布袋过滤了一番。我们所得到的水确实并不清凉可口，但却是可以喝的，已过滤去了其脏物和全部臭味。我们已在自己的旅行中不止一次地喝过肯定不如它好的水。

桑达钦巴兴奋得发狂了。如果他不是基督徒，那么他肯定会把我们当成活佛。他说："喇嘛们声称他们的经书中包罗万象。不过我相信，如果他们仅有这一池水来煮茶，那么一定会被渴死或被毒死。他们永远不会找到使这种水变好的秘诀。"桑达钦巴向我们提出了一连串有关自然界事物的奇怪问题。他就刚才完成的净化水办法的问题请教我们，如果用木炭使劲擦其面额，是否可以使之变得如同我们一样白。他接着又紧紧地凝视他的很黑的手说，因为他刚刚研过木炭，于是便放声大笑。

当我们完成过滤水的工序之后，已经快到夜间了。我们煮了大量的茶，以喝茶而度过傍晚。我们仅满足于在饮料中泡几撮莜麦面，因为极端的干渴使我们的食欲消失了。我们将一整天行走而干渴的五脏六腑湿润了一番之后，才想到该休息一会儿了。

我们刚刚睡下，一种出乎预料的奇特响声，突然使我们陷入了恐惧之中。这是一种凄凉、沉闷和冗长的响声，似乎缓慢地向我们的帐篷移动。我们听到过狼嗥声、老虎和狗熊的吼叫声。但此时最为震动我们耳朵的响声却是所有这一切都无法比拟的。它如同是一头公牛的哞哞叫声，夹杂着如此奇特和如此不寻常的声调，以致于我们心中充满了恐惧。我们对这次遭遇特别感到惊奇，因为所有人都一致指出，在整个鄂尔多斯地区，不存在一头野兽。

我们的焦躁不安变得严重起来了，接着就开始为我们那些拴在帐篷周围的牲畜感到担心，同时也对我们自身的安全有一点着急。由于响声不但一直不停，而且似乎还不断向我们靠近。我们于是便立即起身,但不是为了走近一些去观察扰乱了我们休息的这头讨厌的野兽,而是试图吓跑它。我们三人同时开始以我们的全部肺活量而高声呼唤。经过一段沉默之后,又重新听到了嘶叫声,但距离要远得多了。我们认为已吓跑了野兽,从而减缓了自己的恐怖心情。

这些令人不寒而栗的叫声又接近了,我们在距自己帐篷有几步远的地方点燃了一大堆荆棘。这堆大火不仅没有驱走那头令人可疑的牲畜,而似乎相反却促使它向我们走来。一堆大火从被燃着的荆棘丛中升了起来。

借助火苗在很远地方的映光,我们最终辨认出了一头棕红色的四足庞然大物的外形。它似乎并不像其声音所显示的那样凶猛。我们匆匆向它走去,可是它却随着我们的前进而后退。目光极其犀利的桑达钦巴习惯于在沙漠中极目眺望,正如他向我们所说的那样,他断言这是一只狗或一头走失的牛犊。

我们的牲畜显得至少也与我们一样不安。马匹和骡子向前竖起了耳朵,以蹄子踢地;骆驼的脖子伸得很长,双眼惊慌失措,时刻目不转睛地盯着这种野蛮叫声出现的地方。

为了确切知道我们所面对的是一只什么野兽,我们在自己的一只木碗中泡了一把莜麦面,并将它放在帐篷门口,然后回到帐篷中。我们很快就发现这只牲畜步履缓慢地前进。停一会儿再向前走。它最终竟直向木碗走去并很快地舐净了我们为它准备的晚餐。我们这时才很清楚地辨认出这是一只狗。它的身体极大。它在仔细地用舌头舐净了木碗之后便无拘无束地卧在帐篷门口。我们也按它的样子安静地入睡了,对于自己遇到了一个保护者而不是敌人则感到非常高兴。

次日早晨一觉醒来,我们得以在大白天仔细地观察这只狗了。它在使我们感到高度恐惧之后,现在却完全信任地投身于我们了。它的毛皮为棕红色,身体极大,浑身的瘦弱状态说明它已经迷路很久了。其一条腿已脱臼,行走时拖着它,从而使其步伐显示出了某种程度的摇摆,使人觉得怪怪的。但当它发出一种深沉而野性十足的吠声时,显得特别狰狞。我们听到其声音时,不得不怀疑自己看到的这只生灵是否确实属于犬类。

我们启程上路了,新的阿尔萨兰忠实地跟随着我们。它往往在这支旅行队前面几步远的地方行走,就如同为我们指路一般,而且它似乎相当熟悉这条路。

经过两天的行走之后,我们到达了一座其顶峰耸入云霄的山脉之山脚下。我们勇敢地攀登此山,希望能在山那边遇到黄河。这一天的行程非常艰苦,尤其是对于不停地在坚硬和锋利的山石中行走的骆驼,则更艰难痛苦。所以,刚刚走了一段时间,骆驼的肉蹄就已经完全流血了。至于我们,倒并没有感到忍受的痛苦有多大。因为我们急于观察自己所经过的大山之光怪陆离的风景。

在山口和由这些高山形成的深渊底部,大家只能看到,大堆的云母和层层叠叠的薄板岩都被打碎和龟裂了,往往就如同被粉碎了一般。所有这些板岩和页岩似乎都是被大水冲到该深渊的底部,因为它们原本就不属于这些山的石头,均属花岗岩质。随着我们向山峰攀登,这些山呈现了越来越奇怪的形状。我们可以看到大块的石头彼此堆垛在一起,就如同被紧密地粘合在一起一般。这些岩石上几乎到处都镶嵌着贝壳和类似海带一般的植物残余。但最引人注目的则是,这些大块花岗岩都被破开了,在各个方向都被腐蚀和磨损。人们到处都只能看到一些山洞和在弯曲山路上蜿蜒的土坑。人们可以说山顶上曾受无数蠕虫的缓慢破坏。花岗岩上有时会留下了一些掘得很深的印痕,就如同它们曾被作为魔鬼的模子,其形状至今尚非常清楚地保留下来了。

得到所有这些印象之后,我们往往觉得自己是走在一个枯海的海床上。一切都会使人认为这些山脉确实是由大海缓慢地造成的。我们不能把自己看到的一切都归于雨水的作用,更不能归于黄河泛滥的侵蚀,因为大家无论认为黄河多么神奇,它也从未到达过如此的高度。那些声称洪水是由大地的下陷而不是由偏振作用产生的地质学家们,也可能会在这些山上找到能支持他们学说的强有力的证据。

当我们到达这些高山之巅时,便于自己脚下发现了黄河,它雄壮地由南向北逐波追浪。天近中午,我们希望当天晚上就能渡河,将前往彼岸石嘴子小城的一家客店中休息,我们已于黄河彼岸一座小山的山麓上望到了该城。

我们把整个黄昏都用于走下这座陡峭的山岭,左右寻找最平缓的地方,最终于夜幕降临之前到达了黄河口岸。我们渡河时获得了出乎预料的成功。首先,鞑靼人拥有渡船,也不像汉族艄公那样勒索我们的金钱。其次,牲畜也毫无困难地登上了船。我仅仅被迫把我们的瘸狗抛弃在彼岸。蒙古人无论如何也不想在他们的船上为狗保留一席之地,声称有规定要求狗泅水过河,而不能乘船,船只完全是为人和不会游泳的牲畜准备的。我们被迫向他们那不可改变的成见让步。

我们于黄河的彼岸进入了汉地。因此,我们在一段时间内告别了鞑靼地区,告别了沙漠和游牧生活。

第十一章

鸟瞰鞑靼诸民族——附录

鞑靼人是古代斯基泰人的后裔,至今仍保留了其祖先善骑射的本领。其发祥史中尚有一些不明确的地方。他们在其最早开拓者的功绩问题上,充斥着神奇和奇迹。鄂库汗似乎就是希罗多德所说的马迪埃斯。斯基泰游牧部族的这一著名首领,以武力一直推进到叙利亚,甚至一直接近埃及的国境。

中国编年史中曾大量讲到了被他们称为匈奴的某些游牧部族,这些人实际上仅仅是匈人。这些游牧的好战部族逐渐向外扩张,最终由东至西地占据了辽阔的鞑靼草原。从此之后,他们不断地骚扰其邻邦,曾多次入侵中华帝国的边陲。秦始皇帝①于公元前231 年正是利用这一借口而令人筑起了举世闻名的万里长城。

大约在公元前 134 年左右,匈奴人在其单于老上②的率领下,向居住在陕西省边境地区的鞑靼月氏人(革泰人)发动了进攻。经过长期和激烈的战斗之后,老上单于击溃了他们,杀死了其首领,用其头颅制成悬于自己腰间的酒器。月氏民族不想归附胜利者,而更喜欢到其他地方去寻找另一个祖国。该民族分成了两大支。其一支向西北挺进,前往夺取了位于伊犁河畔的平原,并由此而占据了莫苏尔山的冰川地带,正是鞑靼的这部分地区,今天被称为土尔扈特。月氏民族的另一支南下,在逃亡中又裹挟了其他几个小部族并一直到达由印度河流经的地方。他们在那里侵占了由亚历山大的继承人所创立的王国,长期以来与安息人斗争,最终定居在大夏。希腊人称这些鞑靼部族为印度—斯基泰人。

然而,在匈奴人中也发生了分裂。始终善于要政治手腕和足

---

① 秦始皇帝是中华帝国统一的真正缔造人。

② 老上(公元前 178 年)是匈奴人的第三代单于。请参阅考狄:《中国通史》第 1 卷,291 页。

智多谋的中原王朝,便利用这一机会而削弱他们的势力。到了公元 48 年左右,鞑靼汗国也分裂成南北两部。在汉代,北匈奴人被汉族军队彻底击败。他们被迫放弃自己的安身之地,举大军向西挺进,一直进军到里海沿岸。他们分散在由伏尔加河流经的地方和帕鲁斯—麦奥提德附近。

这一民族于 376 年开始发动对罗马帝国的残酷远征。他们从入侵阿兰人(奄蔡人)地区开始,阿兰人也同匈奴人一样是游牧民。这些人部分地向切尔克斯山区逃窜,其余者则更向西迁,最终定居在多瑙河流域。稍后,他们向前驱赶斯威夫人、哥特人、格庇德人和汪达尔人,最后共同于 5 世纪初入侵了日尔曼。这些强大的胡族部落如同彼此互相推动的波涛,就这样于他们侵犯性的奔驰中,形成了最终淹没了欧洲的可怕潮流。

南匈奴人留在了鞑靼地区,长时间地因北匈奴人的溃散而遭削弱。但他们慢慢地又复兴了,重新变得使中原王朝感到是一种威慑。他们仅仅是于 12 世纪末前后,在著名的成吉思汗[①]统治下,才获得了真正的政治和历史地位。

鞑靼人的势力长期以来被压抑在蒙古草原上,但最终冲垮了其堤坝。人们看到了无数的蒙古军队从中亚高原上冲杀下来,凶猛地冲向被惊呆了的诸民族。成吉思汗将他的破坏和杀戮一直推进到最偏僻的地区。汉地、鞑靼、印度、波斯、叙利亚、莫斯科、波兰、匈牙利和奥地利,所有这些民族都轮番地受到了鞑靼征服者的

① 成吉思汗又叫作铁木真。成吉思汗的部族名称为奇渥温。其游牧部族驻牧在阿穆尔河(黑龙江)的末端支流克鲁伦河与斡难河流域。1206 年,他在一次大会上获得了成吉思汗的尊号,由此而产生了“ 成吉思汗”(也就是“强者们的可汗”)一名,这是使他名扬天下的名字。虽然在欧洲,大家都以“鞑靼人”之名而称呼其游牧部落,但鞑靼人在其军队中实际上仅占少数。他将其统治从黄河两岸一直扩张到吉尔吉思(柯尔克孜)和畏吾儿人的大草原,拒绝向天朝皇帝纳贡,踏遍了中国北方的所有省份并夺取了北京(1214 年)。接着,他又征服了中亚的大部分地区,如河中地(1219 年)、布哈拉和撒马尔罕。其部将们通过希尔凡草原和打耳班而进入高加索以远地区。切尔克斯等民族被击溃,乞瓦、斯摩棱斯克和切尔尼科夫的斡罗思人于第聂伯河附近被击败(1223 年)。花剌子模帝国被彻底摧毁。他从其京师哈喇和林获悉,其将军木华黎已经平定了中国中原的部分地区,他于是便出师去征服西夏国或唐古特王国,最终于该王国的首府宁夏府而晏驾,被埋葬在六盘山高山上的一棵树下。他享年 66 岁,在 22 年期间曾几乎征服了全世界。他可以被算作人类最有争议的人物之一。

可怕打击。法国、意大利和最偏西的其他国家则仅仅因恐惧而担惊受怕。

公元 1260 年，曾开始征服全中国的成吉思汗的孙子忽必烈汗①，终于完全征服了这一辽阔帝国。这是中华帝国第一次落入了异族人的压迫之下。忽必烈于 1294 年在 80 岁时于北京晏驾，其帝国无疑是前所未有的最辽阔的帝国。汉族舆地学家们声称，在元代蒙古王朝的统治之下，该帝国在北部越出了阴山，在西部扩展到了戈壁或大漠以远，局限于湘水右岸的地区，南部达到了越南的海岸。我们感到这一描述绝不包括元帝国的附属地区。吐蕃、突厥斯坦、莫斯科公国、暹罗、交阯支那、交州和高丽，都承认鞑靼合罕的宗主权并忠实地向他纳贡。欧洲民族也多次被迫承认蒙古人的统治权。当时该帝国向教皇、法国国王、皇帝们送去了一些傲慢而咄咄逼人的国书，要求他们将其国的收入作为贡物而奉献鞑靼腹地。统治了莫斯科公国、波斯、大夏和索格狄亚纳的那些出自成吉思汗家族的王公们，都接受北京皇帝的册封，在不事先呈奏他时，不能从事任何重要活动。波斯国王于 13 世纪致美男子菲利普的外交文件都证明了这种归附。在法国档案馆中，一直保存至今的这些珍贵文献之中，大家尚可以清楚地看到盖有带汉文方块字的御玺，这证明了北京的合罕对波斯君主拥有至高无上的权力。

成吉思汗及其继承人的远征，以及稍后将蒙兀儿帝国的所在地迁往撒马尔罕的瘸子帖木儿的征服，对于加强欧洲和东方最遥远地区的国家之间关系的贡献，至少可以与十字军远征相媲美，甚至还可能有过之而无不及，它们促进了一些非常有利于艺术、科学和航海发展的新发现。

在这一问题上，我将于此征引摘录自雷慕沙于 1824 年出版的论丛中有关基督教国王，特别是法国国王与蒙古皇帝间政治关系的一段颇有意义的文字：

“……成吉思汗及其最早继承人的将军们在进军到西亚时，开始时未曾在那里寻求建立任何联盟关系。一些国王在他们进入该

① 忽必烈于 1280～1294 年统治了世界上曾存在过的最大帝国。他将其京师迁往北京并称之为汗八里。正是在他统治时代，方济各会士孟德高维诺于北京建了一座教堂，并被任命为大主教。

国之后，被迫向他们输纳贡物，其余的国王们则奉命归附。谷儿只人（格鲁吉亚人）和阿蛮人（亚美尼亚人）属于前者之列，叙利亚的法兰克人、匈牙利国王以及罗马皇帝本人则必须拒绝那些蛮横无理的要求，教皇并不因为世人承认他与其他基督教君主相比较所享受的绝对权威而感到安全，法国国王也不因他在整个东方所享受的崇高威望而能保护自己的安全。鞑靼人所造成的恐怖，不允许对他们的挑衅作出应有的回应。人们都在试图对他们作出让步，渴望与他们结盟并极力煽动他们去向木速蛮（穆斯林）发动进攻。如果东方基督徒使他们成为其附庸，并在其将军和王公们的府中获得了信任，那就很难获得成功，也不会热忱地为他们效劳。蒙古人与埃及算端苏丹国爆发了战争。这就是在1224～1262年间第一个阶段中与他们的关系。

“在第二个阶段，哈里发国被推翻，一个蒙兀儿汗国在波斯创建，它与埃及算端国相毗邻。这两个国家之间爆发了流血冲突，东方基督徒坚持激化这场冲突。蒙古帝国被分裂了。波斯帝国需要援助，其亚美尼亚的附庸则可以使他们获得这种援助，这些援助者就是法兰克人。他们的势力于是便日益削弱，不可避免地要被摧毁。只有新的十字军远征方可复兴之。蒙古人向西方求援。他们使自己的请求与谷儿只人、阿蛮人、逃到塞浦路斯的十字军残余以及教主们的请求结合了起来。第一批鞑靼人以威胁和凌辱而开始，而最后的蒙古人则落到了奉献和祈求的地步。他们共向意大利、西班牙、法国和英国派出了20个使节，圣战之火重新燃起并扩大到整个欧洲和亚洲，却并不取决于他们。对这些外交尝试的记述可以说是形成了海外远征的结束语，他们可能勉强引起那些撰写历史的学者之注意，甚至他们之中的大部分人可能对此并不清楚，不过他们可能值得我们注意。我们必须汇集资料、解决难题、阐明与鞑靼人谈判有关的政治形势。只要人们孤立地考虑这些事实而不是对它们作全面研究，那就不能正确评价这类特征。正如伏尔泰和德经所作的那样，大家可以怀疑一名鞑靼王公曾出于自愿效劳而警告过圣·路易。这一事实似乎没有任何根据，有关它的故事似乎是荒诞的。即使人们发现蒙古人在50年间未做任何事，再阅读同时代人的记述和对原有文物进行研究，那么同样的怀疑情绪也是无道理的，即认为这种行径是出自蒙古人的本性，符合他们的观点和利益，它最终可以通过理智和政治的共同规则来解释。

“与这些交涉有关的一系列事件，可以用于补充十字军的历史。但它可以使很快就产生的思想在大变革中所占的分量、它使在那些直到当时尚鲜为人知的民族之间产生的联系，则具有更为普遍的意义和更值得我们注意的事实。两种文明体系由于互不相关，也就没有互相联系和互相影响的作用，而在古大陆的两极得以确立、发展和改进。突然之间，战争事件和政治牵连使长期以来互相陌生的两大巨人建立了联系。使节们的隆重会晤并不是他们之间进行接触的惟一机会。其他一些更为不明朗却更为有效的接触，则通过一些不易觉察却是无数多的渠道建立起来了，特别是通过继使节或军队之后为经商而到达世界两极的一大批个人建立起了。蒙古人的入侵打乱了一切，超越了所有的距离和填补了所有的空间，使所有的民族之间互相接近了，战争事件把成千上万的人带到了远离其诞生地的地区。历史上保留了对国王、使节或某些传教士们旅行的记述。奥尔伯人尚帕、亚美尼亚国王海顿、格鲁吉亚的两位大卫国王以及其他许多人，都由于政治意图而被引向亚洲腹地。苏斯达德的大公和蒙古人的附庸叶洛斯拉夫，也如同斡罗思的其他王公一样，来到哈喇和林，据说他在那里被贵由汗的母

绘八卦的伏羲

亲皇太后亲手毒死。许多意大利、法国、佛拉芒的教士们也奉外交使命出使大汗。一些蒙古贵族也到达了罗马、巴塞罗那、瓦朗斯、里昂、巴黎、伦敦和北安普敦，那不勒斯王国的一名方济各会士成了北京的大主教。他的继承人是巴黎神学院的一名神学教授。但其他许多不太著名的人也继他们之后前往那里，他们或作为奴婢，或受物质利益的诱惑，或受到那些长期不为人所知的地区之好奇性的吸引。由于偶然因素而保留了他们之中几个人的名字。第一位由鞑靼人派向匈牙利国王的使者，是由于犯了某种罪而被从其国驱逐出去的一名英国人，他在整个亚洲流浪之后，最终为蒙古人效劳；一名佛拉芒的方济各会修士在鞑靼腹地遇到了梅斯的一名叫作帕盖特的女子，她是在匈牙利被劫持的；一名巴黎金银匠，其弟居住在巴黎的大桥附近；鲁昂附近的一名青年人参加了贝尔格莱德的战斗。此外，在那里还生活有斡罗思人、匈牙利人和佛拉芒人。其中一名叫作罗伯尔的抒情诗人，在遍游东亚之后，返回夏尔特尔的大教堂中死去了。一名鞑靼人成了美男子菲利普军队中的头盔供应商。柏朗嘉宾于贵由汗身边发现了一名斡罗思绅士，他称此人为帖木儿，充任翻译，布雷斯劳、波兰、奥地利的数名商人曾陪同柏朗嘉宾在鞑靼人地区旅行；其他人与他一并经斡罗思返回，这都是一些热那亚人、比萨人、威尼斯人，两名威尼斯人是被偶然带到布哈拉的。他们追随一名由旭烈兀派向忽必烈的蒙古使节，曾在汉地和鞑靼地区居住了多年，携带大汗致教皇的国书返回。他后来又转回大汗宫中，随后携有其中一名商人的儿子——著名的马可·波罗，又一次离开忽必烈宫廷而从那里返回威尼斯。在下一个世纪中，这类旅行也并不罕见。英国医生约翰·德·曼德维尔、鄂多立克、贝古莱提、纪尧姆·德·布尔德赛尔和其他许多人的旅行即属此类。大家完全可以相信，已被留下记载的那些人只不过是大批旅行家中的一小部分，当时有能力从事远游的人要比能写这类游记的人多得多。这类冒险家中的许多人被迫定居和死于他们前往参观的地区。其他人返回了祖国，但他们的名字仍同过去一样不为人所知，在他们所观察到的一切中，都充满了想象。在向其家庭叙述时，肯定曾对此大加夸张，不过在这些民族的问题上，在令人可笑的神话中，都充满了有益的记忆和能够产生效果的传说。这样一来，在日耳曼、意大利、法兰西等国的宗教界人士中，甚至是在社会的最低阶层中，都播下了稍后将会发芽的珍贵种子。所有这些鲜为人知的旅行家们把他们祖国的艺术传到了遥远的地区，然后又从那里带回了同样也是珍贵的知识，无意间就完成了比任何贸易交换都更有利的交流。印度斯坦的丝绸、瓷器和食物交易，不仅仅由此而扩展并变得比较行得通了，为工业和商业活动打开了新的道路，而且最重要的是过去鲜为人知的民族之异类习惯和特征，又大批地出现在欧洲人的思想中，欧洲人自从罗马帝国崩溃以来便被局限在一个非常狭窄的范围内。世人便在某种程度上只考虑世界各地中人口最多和最具有古老文明的部分了。大家想到了学习居住世界这一部分的民族的艺术、信仰和方言，甚至还出现了在巴黎大学中开设一个鞑靼语讲座的问题。某些很快就引起争论和深入研究的传奇性记述，迅速在最公正和最复杂民族的各地传播开了，世界似乎是向东方开放了，舆地学向前发展了一大步，新发现的热忱变成了欧洲人冒险思想所具有的新形式。当对我们这个半球有了充分了解时，另一半球的思想便停止如同失去了任何相似性的反常现象一般渗入到欧洲人的思想中了，克里斯托夫·哥伦布正是为了去寻找马可·波罗所说的日本国①而发现了新大陆。

“我在试图寻找蒙古人出现在东方的影响时，离主题过远了。摧毁哈里发国，消灭不里阿耳人、库蛮人和其他北方民族，特别善于反抗的高地亚洲诸民族的衰落，过去鞑靼人的附庸俄国人便利用这种反抗精神而自己也征服了北方的所有的游牧民族。汉地屈从了一种异族的统治，印度宗教最终在吐蕃和鞑靼地区立足。所有这些事件都值得进行详细研究。我甚至已决定研究东亚诸民族在与西方的交流中产生了什么效果。印度的数字传入中国、木速蛮天文学技术的知识、《旧约》和《诗篇》由汗八里（北京）的拉丁人大主教译作蒙古文、由模仿教廷和在传入鞑靼地区的宗教残余与佛教佛理之间实现的结合，而创建了喇嘛教僧官制度。这就是得以在东亚留下某些踪迹的所有发明。正如大家所看到的那样，法国的贸易于其中只占很少的比重。亚洲人始终受到了他们对欧洲人知识的轻视和这种轻视态度为他们带来的很少一点成果的惩

① Zipangri 或 Zipangu 代表着 Japon 一名，即汉文中的“日本国”。

罚。因此，我为了使自己仅限于讲述有关西方人的情况，来完成证明我在开始论述这些回忆录时之所说，即他们在13世纪与高地亚洲诸民族交往的结果间接地促进了欧洲文明的发展。我将以同样的自信而提出的一种观点来结束自己的论述，这种观点不是全新的，但我刚才研究过的事实，似乎很适合证明过去未有人提出过的这个问题。

"在首先是十字军的远征和后来蒙古人的突然入侵，于东西方民族之间建立这种关系之前，标志着中世纪末的那类大部分发明，实际上在数世纪之前就为亚洲人所熟悉了。磁极从最远古的时代就已在中国被发现并被付诸使用。爆炸性的火药很早以来就为印度人和中国人所熟悉。中国人在10世纪时就有'雷车'，它们似乎就是大炮。我们很难把'火石'视为它物，在蒙古人的历史中经常提到它。旭烈兀在出师波斯时，其军队中有一支汉族炮兵。从另一方面看，最早的木刻版经书出现于952年。纸币的发行和两换店的创立等做法，于1154年出现在女真人中。纸币的用法被居住在中国中原地区的蒙古人采纳了。波斯人以汉人给它起的同样名称而认识了纸币。约瑟夫·巴尔巴罗于1450年从他在亚速海遇到的一名正要出使天朝的鞑靼圣贤处获知，那里每年要印刷这种钱币。当巴尔巴罗获悉这一重大发现时，这种说法使他留下了明显印象。最后是骨牌，许多学者都不肯下功夫去探溯其起源，没有研究它是否标志着刻版印刷术的最早运用，它是中国在1120年设想出来的。

"此外，在这些重大发明各自的开始阶段中，都有一些似乎可以使人揭示其起源的特点。我就不再讲指南针了，我觉得黑格尔曾大获全胜地捍卫了它在中国的古老历史。它可能是由于先于蒙古人入侵的十字军的影响而传入欧洲的，正如雅克·德·维特利的一部名著和其他一些人所证明的那样。但最古老的牌则是塔罗纸牌，其形状、上面呈现的图形、大小及数字均与中国人所使用的骨牌明显相似。大炮是欧洲使用的第一种火器，但当时似乎也惟有中国人才有过这种炮。有关纸币的问题似乎曾由朗格莱斯作过真实可靠的阐述，继他之后又由黑格尔作过研究。欧洲最早使用过的供印刷的梓版是木制的，完全如同中国人的那种刻板。大家自然会想到是来自中国的某种刊本书启发欧洲人产生了这种想法。所以,我们对于卫匡国神父在常州府一个中国人家庭中发现了用哥特字刻的《圣经》残卷,也不会感到惊奇了。我们还掌握有明显也是通过同一途径传播的另一种习惯的例证,这就是中国人使用的计算器——算盘,它无疑是由拔都军队中的鞑靼人传到欧洲的,从而在俄罗斯和波兰如此广泛传播,以至于使那些不认字的民间女子,在结算她们的家庭开支和小额交易中,也仅仅使用这种计算器。那种认为欧洲印刷术的最早思想起源于中国的猜测也是很自然的,甚至在人们能够搜集使它变得非常可信的所有详细资料之前,便提出了这种假设。这就是保罗·约夫和门多萨的观点,他们认为在葡萄牙人到达印度之前,便通过斯基泰人和莫斯科人的媒介,而把一部汉文书携往欧洲。它由一位无名氏英国人作了发展。如果不考虑肯定是欧洲人固有的发明活字印刷术,那么大家就无法看清楚应对一种具有如此可能性的假设提出反对意见。

"如果把这种假设运用到我所讲的全部发明中时,那么它就会具有更大的可能性。所有的发明都出自东亚,都不为西方人所熟悉。自开辟交通以来已延续了一个半世纪,另外一个世纪也刚刚过去,所有这些发明都为欧洲人所熟悉了。它们的来源至今尚不明朗,它们所出现的地区和发明它们的人同样也是一个疑难问题,并非有照明的地方都是舞台。这些发明人绝不是大学者,而是平民和鲜为人知的工匠逐渐地揭示了这些出乎预料的光明。似乎没有任何东西能更好地证明交流的作用,没有任何东西更符合我上文所提到的那些不可见的渠道和看不见的支脉。东方民族的学识就是通过这些渠道而得以传入我们欧洲的。这些发明中的大部分仍处于亚洲人使之诞生的童年时代,这种背景只能使我们对其起源保持某种质疑。其中有些发明被立即运用了,余者在一段时间内仍处于使我们不知道其发展的含糊之中,而在它出现时则被作为新发明。这一切发明很快都得以改进,如同是被欧洲的天才所发展,共同影响并向人类的才智传授了大家会保持其记忆的一种巨大运动。这样一来,通过各民族的这种撞击,中世纪的阖暗便逐渐被驱散了。人类只能感到悲痛的某些灾难,可能会使他们被从数世纪的麻木中唤醒。20 个帝国的毁灭是上帝赐给欧洲今日文明之光芒的代价"。

蒙古人的元王朝统治了中华帝国一个世纪。它在闪烁了耀眼的光芒并使其影响传播到最遥远地区之后，在顺帝[1]时最终熄灭了。顺帝是一名懦弱的王子，他更为关心的是无益的消遣而不是其先祖留给他的巨大遗产。汉人重新获得了他们的独立，农民的儿子并长期在一座佛寺中服劳役的朱元璋[2]，成了著名的明王朝的开国元首。他于1368年登基后，以洪武之年号行使统治权。

鞑靼人在中国中原地区被大量屠杀，其他人被驱逐回了他们的故土。永乐帝[3]继续追袭他们，曾三度越过大漠到长城以北200法里处袭击鞑靼人，以便彻底歼灭他们。但他却未能大功告成，在第三次御驾亲征回师途中晏驾。永乐帝的继承人让鞑靼人在漠北休养生息，并从那里向各个方面发展。成吉思汗血统的主要王公们连同他们的居民各自占据一块单独的土地，形成了许多部族，从而也形成了同样多的封地。

这些失势的王公们始终受到他们过去统治权之记忆的折磨，曾多次重新出现在明帝国的边陲，一直不断地骚乱中原王朝的君主，但从未实现他们那入侵的意图。

到了17世纪初叶，满族鞑靼人夺取了全中国，蒙古人逐渐地归附了他们，并置身于他们的统治之下。其名出自15世纪名将兀鲁台的蒙古部族额鲁特[4]人，经常入侵喀尔喀人地区，于是便在这两个部族之间爆发了一场激烈战争。康熙帝借口对他们进行调解而参与了他们的争执。他以平定这两个小部族而结束了这场战争，并将其在鞑靼地区的统治一直扩大到俄罗斯边境。喀尔喀人的三位可汗前来归附大清皇帝，他在多伦诺尔附近召集了一次大会。每位可汗都进贡给他八匹白马和一头白骆驼的礼物，这种贡物由此而在蒙文中被称为“九白”。

今天，在不同程度上都归附了大清皇帝政权的鞑靼民族，已再不是他们在成吉思汗和帖木儿时代的样子了。从这一时代起，鞑靼地区便受到了许多变革的骚扰，在政治和地理方面经受了非常明显的变化，以致于从前旅行家和作家们所说的情况再也不适应它了。

---

① 顺帝是元朝的末帝(1333～1368年)。

② 朱元璋取年号洪武，定都南京，临朝于1368～1399年。

③ 永乐是前一位皇帝的弟弟，他迁都北京。所有人都知道该皇帝与其几位继承人在北京城北的豪华皇陵，被称为“明陵”或十三陵。

④ 这一事实是错误的。

在很长时间内，舆地学家们都把鞑靼分成了三大部分。1. 俄罗斯鞑靼地区，从东到西是由勘察加海一直到达黑海，从南到北是由通古斯和撒莫耶德部族居住地一直到达贝加尔湖和咸海；2. 中国鞑靼地区，东部以日本海为界，南部以中国万里长城为限，西以戈壁大漠为界，北至贝加尔湖；3. 独立的鞑靼地区，一直延伸到里海，包括西藏界外的所有地区。这样一种划分完全是异想天开的，没有任何根据。事实上，所有这些辽阔的地区过去都属于成吉思汗和帖木儿大帝国的辖地，鞑靼部族在他们的战争和游牧中随意驻扎。但所有这一切在今天都起了变化。为了形成一种有关近代鞑靼人的确切思想，则必须大幅度地改变中世纪作者们留传给我们的那些观念。由于缺乏新的和更好的资料，这些老观念一直到马尔特—布兰时代为止，都被所有舆地学家们一成不变地沿用。

为了更好地确定有关鞑靼地区的思想，我们认为最明确、最可靠因而也是最为合理的规则，则是采纳鞑靼人自己和汉人的观点，他们在这一问题上比欧洲人更有发言权。因为欧洲人与亚洲的这一部分没有任何关系，所以被迫依靠往往是不大合理的猜测。

根据一种普遍的和我们在旅途中很容易发现的惯例，我们把鞑靼民族分为东鞑子或满族人和西鞑子或蒙古人两大类。正如我已经指出的那样，满洲的四界非常明确：北以和西伯利亚分隔开的

向中国人传教

兴安岭山脉为界，南傍渤海湾和朝鲜，东以日本海为界，西以柳条边和萨哈林山的支脉为界。我很难清楚地确定蒙古的四界，但在与实际情况不会相差甚远的情况下，我可以把它包括在巴黎的经度75°～118°之间和北纬35°～50°之间。我们觉得大小布哈拉、大小西藏等所有这些名称，纯粹是臆想出来的。我在本游记的第二部分，当讲到西藏及其周边民族时将作某种详细论述。

那些包括在我刚才提到的蒙古大部中的民族，不能不加区别地都被称为蒙古人。大家可以把其中的许多部族都相当严格地归为蒙古族。例如，在西北方，蒙古人往往都与穆斯林教徒混居在一起；在南部，他们则与西番人或东部藏人杂居。可靠地区别这些民族的最佳方法，便是注意这些民族的语言、风俗习惯、宗教、服装，特别是他们自称的名字。

喀尔喀蒙古人人口众多，他们是历史上的最富裕和最著名者，占据了蒙古北部的整个地区。他们的辖地非常辽阔，南北共包括近两百法里，东西约为五百法里。我于此就不再重复我已讲过的有关喀尔喀地区的全部情况了，而是仅仅说明它分成了四汗部落①，这四汗部落本身又分成84个旗②，在蒙古文中叫做Bochkhon。不同等级的王公们都被置于各旗之首。尽管这些世俗王公们拥有权力，但我们还可以说喀尔喀人都附属于哲布尊丹巴，他是所有喀尔喀蒙古人的大喇嘛和活佛，这些人以自称为“库伦圣人的弟子”为荣。

南蒙古人没有独特的名字，他们仅以自己所属的旗名而称呼。因此，大家便说“苏尼特蒙古人”、“克什克腾蒙古人”等。南蒙古共包括25部，每部又如同喀尔喀人一样而分成数旗。其中的主要旗为：鄂尔多斯、土默特两旗、苏尼特两旗、察哈尔、喀拉沁、翁牛特、克什克腾、巴林、奈曼和额鲁特人地区③。

万里长城附近的南蒙古人由于与汉人的经常性联系，而略微改变了他们的风俗习惯。大家有时发现他们的衣装比较讲究，其

① 这四汗部族分别为土谢图汗、车臣汗、札萨克图汗及三音诺颜汗等。

② 更确切地说应为86个旗。

③ 南蒙古人或内蒙古人是根据他们的发祥部族而命名的，所以大家称之为苏尼特蒙古人和克什克腾蒙古人等。此外，南蒙古还包括察哈尔（八部）、土默特西旗（两部）、阿拉善旗（一部）和六盟。六盟的名称如下：哲里木盟、卓索图盟、昭乌达盟、锡林郭勒盟、乌兰察布盟、伊克昭盟（鄂尔多斯）。这6盟又分成了349部。

性格中具有追求汉族礼仪之优雅的抱负。他们摆脱了大家在北蒙古人中发现的那种不拘礼节和天真轻信的性格，同时又向他们的近邻借鉴了某种足智多谋和妄自尊大的因素。

再向西南走，大家便会遇到库库诺尔或青海蒙古人。该地区远没有在地图上普遍指出的那样大的面积，青海蒙古人仅仅占据使他们获名的那个湖的周围地区。其中仍杂居有许多西番人，他们由于某些土匪不停地骚扰而无法安居于其故乡①。

在青海湖以西是柴达木河，在那里居住有许多被称为柴达木蒙古人的部族，我们不应把他们与青海蒙古人相混淆。再向远行，甚至在西藏腹地，还可以遇到其他蒙古部族。我于此不再讲他们了，因为我们在自己的旅行期间还将有机会讲到他们。我们还将具体地讲到青海和柴达木蒙古人。

土尔扈特鞑靼人从前居住在距成吉思汗时代蒙古人的京城哈喇和林不远的地方，现在居住在蒙古人西北部。1672 年，该部由于受其近邻准噶尔人不停地入侵之苦，于是整个部族在卷起帐篷和聚集了他们的全部畜群之后，便放弃了作为其文明摇篮的地方。他们一直向亚洲的西部走去，前往顿河与伏尔加河之间的草原上定居。土尔扈特的王公们承认了莫斯科皇帝们的统治，宣布为他们的附庸。然而，这些游牧部族喜欢迁徙和极端热衷于游牧生活的独立性，无法长时间地迁就他们自己选择的新主子。他们很快就厌恶已开始在俄罗斯帝国确立的正常法律和立法。1770 年，土尔扈特部又重新从事了一次全面的迁移。他们在其首领渥巴锡汗的率领下突然间失踪了，越过了俄国边境并停留在伊犁河畔。这次出逃曾与北京政府协商过。中国皇帝被告知了他们的出发时间，将该部置于自己的保护之下并将其驻牧地确定在伊犁河畔。他们的后裔至今尚被置于伊犁将军的管辖之下并分成十旗。伊犁的采邑现今成了中国的博塔尼—贝②。中国的那些被帝国法律判处流放的罪犯都被发配到那里。他们在到达这些遥远的地区之

---

① 向西南走便会遇到青海蒙古人，蒙古人通称之为青海额鲁特人，他们共分为 29 部，被置于一名都统统领之下，都统居住在甘肃的西宁。他们之中杂居有许多西番人。

在青海的西部有柴达木河，那里居住有一些被称为柴达木蒙古人的部族。他们的部族名叫和硕特，属于上文提到的 29 部之一（田清波）。

② 博塔尼—贝位于南澳洲的新喀里多尼亚东南海岸，由科克于 1770 年发现，成了英国惩罚犯人的领地和专用地（1787 年。本处系指配囚流放地。——译者）。

前,必须穿过可怕的大漠和越过冰川大山。这些大山全部由积冰组成,一层层地堆积起来,以至于旅行家们也只能以在这些永久冰层中开凿阶梯方可前进。据说,冰川大山另一侧的地区很美,气候温和,土地适宜于各种作物。配囚们为那里带去了大批的汉地产物,但蒙古人继续在那里过游牧生活并放牧畜群。

我们已有机会长时间地与一些土尔扈特喇嘛们一道旅行,其中甚至还有一些一直与我们同行到拉萨。无论是在他们的语言中,还是在他们的风俗习惯及服饰中,我们都没有发现使他们有别于其他蒙古人的任何因素。他们向我们讲述了许多有关俄罗斯的情况,但他们讲述的方式却始终使我们清楚地看到,他们都不大想重新回到俄罗斯人的统治之下。土尔扈特人的骆驼极为漂亮,它们一般都比蒙古其他部分的骆驼更为高大和更为强壮。

我们非常希望把传教士们一直派往伊犁去。我们认为他们在那里现在就能发现,一个人数众多的和虔诚的基督教会已经形成。众所周知,很早以来,中国各省那些不愿意背教的基督徒,一直都被放逐到该地区。获得赴土尔扈特人地区发挥自己宗教热衷之良机的传教士们,无疑会在其旅行中经受令人毛骨悚然的苦难。但是,能向被中国的专制政府发配到遥远地区死亡的所有那些受圣教归化的人带来宗教的拯救,那对于他来说该是多大的安慰啊①!

土尔扈特的西南就是喀什噶尔地区②。该地区在今天绝对不能被视为是蒙古地区了,其居民完全没有蒙古人的那种语言、像

---

① 古伯察先生的这项愿望自1888年以来就实现了。教廷传信部委托斯格脱(圣母圣心会)的传教士们负责这一辽阔地区的宗教事业。他们在那里维持五名神父,以管理分散在一个比法国还辽阔的地区的近三百名基督徒,这些人全都是从中国北方流放来的。现在不存在过去因信教而被流放的任何踪迹了,他们均未留下为人所知的后裔便消逝了。请参阅:《中国和日本的传教史》,1921年,胡格对于伊犁传教区现状的研究。斯格脱的传教士们对在这一遥远地区的传教感到失望了,最后将这一传教区出让给圣言会的神父们了(1922年)。从此之后,使徒的使命便由甘肃西部代牧区负责。在伊犁的这一传教区建立之前,都是由陕西的传教士们以最近邻者的身分负责这些基督徒。下面就是谭微道神父于其《中国纪行》中所作的介绍(第1卷,123页)。

"一名负责西安府宗座代牧教区司库的中国司铎向我介绍说,他从前曾赴伊犁,以巡视由于宗教原因而被官吏们放逐到帝国的这一边陲的基督徒。一名王神父告诉我,为了到达那里必须走半年的时间,沿途的大部分地区都是干旱的沙漠,那里几乎从不降雨。在伊犁附近,有一些常年积雪的高山"(1872年)。

② 喀什噶尔现今被中国人称为疏附县。它是一座近七万名居民的城市,被用作中俄之间大规模贸易的货栈。

貌、服装、宗教和风俗习惯，他们都是穆斯林。汉人和鞑靼人都称他们为回回[①]，人们以这一各称指那些居住于中华帝国内部的穆斯林。我们所说的喀什噶尔人也是指天山（蒙古人称为圣山）以南的人。

近来，清朝廷被迫应付与喀什噶尔人的一场艰苦战争。我即将提供的详细情况，均出自数名曾参与了这场著名远征的军官之口。

北京朝廷在喀什噶尔驻有两名官吏，均享以"钦差"的尊号。他们负责戍边和监视附近民族的动向。这些清朝官吏往往不受朝中的密切监督，以一种极端恐怖和令人战栗的专断行使职权，最终使喀什噶尔人忍无可忍了。他们于是便群起而攻之，滥杀居住于其地区的所有中原人中的无辜者。这种信息传到了北京。不了解其钦差暴行的皇帝立即调集军队出发去平定回乱。这是一场长期的流血战争。清朝廷被迫多次派出援兵。回回的头领是一名叫做张格尔的武夫[②]。有人告诉我们说，其身材奇高，其全部武器仅是一根大棒。他常常击败政府军并造成了数名高级军官的阵亡。最后，皇帝派遣了名将杨将军，他结束了这场战争。这位平定喀什噶尔的人是一名山东籍的军官，他以其魁梧的身材，尤其是以其奇长的胡须而惹人注目。据大家向我们介绍的情况来看，他的战斗方式相当古怪。一旦双方交锋，他立即将其胡须打两个大结以便不因此而受碍，然后便紧随其部队的后面前进。他手持一口长刀，对其士卒们督战，无情地杀死那些懦弱的退却者。这种指挥军队的方式显得特别奇特，那些曾在中原人中生活过的人便会从中看到，杨将军的军事天才是以其士兵们的觉悟为基础的。

穆斯林被击败了，张格尔由于内部的出卖而被俘。他被解往北京，在那里受到了最残酷和最具有侮辱性的审判，一直到如同一

---

① 回回即穆斯林。"回回"指他们不停地转动以向麦加朝圣。他们在中国仅以此名而著称。

② 1826 年爆发了塔里木的回乱，由张格尔领导。他被杨芳将军击溃并被俘，又被押解到北京，于次年（1828 年）在那里处决。在古伯察经过蒙古地区时，这一事件刚发生不久。传说中从不放过机会渲染特殊事件，它当时尚在同代人中记忆犹新。我们的这位探险家可能于其游记中反映了这些传说。北京宫廷对这些叛乱给予了很大重视，大家可以看到在孔庙中为纪念其将军们的胜利而竖起的高大石碑。

只野兽一般地被关在铁笼子中示众。道光皇帝想亲眼目睹这位名声如此大震的武夫，于是便诏令将他带去。朝中百官立即警惕起来了，他们害怕这一俘虏向皇帝告发激起喀什噶尔叛乱的原因和由此而造成的残酷屠杀。那些显贵达官们清楚地知道这些控告可能会对他们造成致命的灾难，从而使他们在皇帝的心目中成为失职的罪犯，因为他们未能监督那些封疆大吏们。为了防止这种危险，他们给不幸的张格尔灌了一种使他不能说话的药剂，使他坠入了一种令人反感的白痴状态。当他被传到皇帝面前时，据说其口中吐白沫，面目狰狞，不能回答向他提出的任何问题……张格尔被判作碎尸万段并喂了狗。

杨大官人因为顺利地结束了喀什噶尔之战，而在皇帝面前倍加受宠。他获得了巴图鲁①的官爵。这是一个意味着"勇冠三军之勇"（英雄）的鞑靼文名词，它是一名武官能获得的最高荣誉尊号。

杨巴图鲁在最近一次英华战争中，被派遣去抗击英国人，但他的策略似乎未能获得成功。在我们于中国旅行期间，我们曾向多名官吏打听，为什么杨巴图鲁未能歼灭英国人。所有人都回答说，他对英国人怀有同情心。

组成蒙古地区的大量封地都在不同程度上归附了清朝皇帝，即根据他们与北京朝廷的关系表现的强弱程度而定。大家完全可以把他们视为封臣附庸，他们仅仅根据自己的恐惧或利、害而听从其君主。大清王朝最害怕的地方，正是这些鞑靼部族的邻近地区。它清楚地知道，这些部族在一名敢闯和勇猛首领的推动下，还会再次发动过去的那种可怕战争并夺取整个帝国。所以，大清王朝使用了它力所能及的一切手段，以维持与原蒙古王公们的友谊，并削弱这些令人可畏的游牧部族的势力。正如我在其他地方已指出的那样，大清王朝正是为此目的而促进喇嘛教的发展，向喇嘛寺大量散发布施并赐给喇嘛们许多特权。只要该王朝能维持它对僧侣集团的影响，它就可以确保民众和王公们都不会失去宁静心态。

和亲是清朝试图巩固它在蒙古地区统治权的第二种手段。皇帝的公主或皇族宗室女儿下嫁给鞑靼地区的王公家族，这有利于

---

① "巴图鲁"（Batourou）系满文，意为"勇敢者"。在前朝中，这是一个由于勇敢行为而赐予某些已获得了花翎的官吏们的尊号。

维持两个民族之间的和平与友好关系。但这些公主们始终都偏爱宫廷中的荣华和排场。长此以往,沙漠中的凄凉和单调的生活,必会使她们感到厌倦,很快就想前往北京赴那种豪华的盛宴和节日了。为了预防她们经常赴京师旅行而可能会引起的弊端,于是便确定了一些很严厉的规则,以遏制这些公主们那喜欢经常来往奔驰的习惯。首先,在她们婚后的前十年间,严禁她们返回北京,否则将处以扣除皇帝每年赐给她们丈夫的俸禄。这第一阶段的时间过去之后,便允许她们从事几次旅行,但她们在这方面永远不能任性活动。有一个衙门专门负责研究她们暂时离家的理由。如果认为这些理由可以成立,于是便给她们限定一定的日数,她们过了这几天之后就必须返回鞑靼地区。在她们于北京居住期间,都根据她们的级别而由皇帝开销供养。

蒙古王公官阶中的最高者为亲王[①]和郡王。他们的尊号相当于王。在他们之下便是贝勒、贝子、镇国公和辅国公以及札萨克。我们可以把他们比作我们欧洲古代的公爵、伯爵和男爵等。我们已经讲过,蒙古王公们都必须向皇帝交纳某些贡物,但其价值很小,大清王朝只是由于以此而产生的思想影响才坚持这样做。如果从物质上考虑这种事,那就更应该说满族人是蒙古人的附庸。因为满族人为了从蒙古人中所获得的一小群牲畜,他们每年都向蒙古人提供价值很大的俸银、丝织品、成衣以及各种豪华的装饰品,如顶子、貂皮、孔雀翎等。每名亲王每年享有2500两俸银(约合2万法郎)和4匹绢布。其他所有的王公都根据他们从皇帝处所获得的官衔而吃俸禄。札萨克们每年获得100两俸银和4匹绢[②]。

有些喇嘛寺被称为皇寺,那里的每名喇嘛在获得格隆[③]等僧阶时,必须向皇帝奉献一锭价值为50两的白银,其名后来就登录在

① 其中所有人中的最高者为可汗。

② 蒙古王公们一旦达到18岁,每年便会收到皇帝的俸银。诸汗每年有权获得2500两俸银和40匹绢。亲王每年获得2000两俸银和25匹绢。贝勒每年获得800两俸银和13匹绢。贝子每年获得500两俸银和10匹绢。镇国公每年获得300两俸银和9匹绢。辅国公每年获得200两俸银和7匹绢。札萨克台吉和塔布囊每年获得100两俸银和4匹绢。

③ 格隆即kelon或koloung之对音,出自藏文Gileng,指最低一级的喇嘛。

北京皇家僧籍中了,他便有权获得每年向皇帝的喇嘛们分发的年俸。大家明白,所有这些很容易迎合鞑靼人的自尊心和贪婪心的措施,都不会有助于维持他们对高度注意向他们表示亲近的中央政府的尊重和服从。

喀尔喀地区的蒙古人似乎并未被所有这些行动深深感化。他们仅仅把满族人看作是一个对立的种族,掌握有一种他们从未觊觎的战利品。我们常听喀尔喀蒙古人对大清皇帝讲一些非常无礼和非常具有挑衅性的话。他们声称自己仅依附于哲布尊丹巴,也就是听命于大圣人,而并不听从在北京称帝的那个黑头人。成吉思汗的这些令人望而生畏的子孙们,似乎在他们的心灵深处尚蓄谋着进行征服和入侵的计划。据说,他们仅仅等待其大喇嘛的号令,便径直向北京进军并重新征服一个他们认为是属于自己的帝国,其原因完全是由于他们从前是该帝国之主。

蒙古的王公们要求其臣民或奴隶们交纳一定的租税,一律用绵羊交付。下面就是应交这些租税的荒诞而不公正的规则。

拥有 5 头牛以上的主人应交一只绵羊,拥有 20 只绵羊的人应交一只,如果有 40 只绵羊则应交两只。但无论主人的畜群有多少,都不能向他索取任何更多的租税了。正如大家看到的那样,这种贡物实际上仅由贫穷者负担,富翁可以拥有大群的牲畜,而又从不会被迫交纳超过两只绵羊以上的赋税。

除了这些正常赋税之外,还有其他一些是由王公们习惯于在某些特殊情况下,向其附庸们征敛的。例如,为了病丧和嫁娶以及远游等。遇到了这样的情况,每个十户或十顶帐之聚落都被迫提供一匹马或一头骆驼。拥有三头奶牛的任何蒙古人都应交一桶奶;如果他拥有五头奶牛,那就必须交一坛奶子酒,即用发酵奶酿成的酒。拥有一群百只绵羊的人应交纳一块毡子或蒙古包的被子。至少饲养有三头骆驼的人应提供一捆驼毛长绳,以供捆行李用。此外,在一个由头人武断地裁决一切的地区,正如大家完全可以想象到的那样,这些规则从未被严格的遵守过。有时是臣民们被免除了这些赋税,有时则向他们索取比法律规定他们交纳多得多的东西①。

在蒙古人中,偷盗和凶杀要受严惩,但受害人或其亲属们则必须亲自把凶手追捕送上法庭。在遇到谋杀时,如果任何人都不告发,那就不会追究。在这些半开化民众们的思想中,对另一个人的财产或生命造成损害,则仅仅被认为是犯了一种侵犯私人罪,不应由社会而是应由受害人及其家庭追究赔偿。这些粗浅的法制观念,完全如同在汉地和西藏一样。大家知道,罗马在确立基督教之前,也未曾有其他法制观念,而基督教却使团体权力超过了私权的任何法律。

蒙古的地貌一般都很凄凉和荒僻,视野中从不会因风景的秀美和千变万化而令人感到轻松自慰。草原的单调仅由峡谷、地层大裂带、砾石和不毛的山岭等打破。在喀尔喀人地区的北部,大自然似乎显得有点生气勃勃了,高大的乔木林装饰了山头,许多河流灌溉着平原中富饶的牧草。但在漫长的冬季,大地始终被一厚层大雪所覆盖。在万里长城一侧,汉人的技艺也如同一条蛇一般地渗入到了草原中。各地都开始矗立起一些大城市,草地上长满了庄稼,蒙古牧民被农业的蚕食驱逐到了北方。

沙漠平原可能占据了蒙古的大部分地区。人们在那里从不会遇到一棵树,几株矮小而易折的杂草,似乎艰难地从这种贫瘠的土壤中钻了出来。一些蒺藜蔓和几簇弱小的灌木丛就是戈壁中仅有的植物和惟一牧草。那里的水极其稀缺。每隔很远的地方才能遇到几口深井,它们是为了方便被迫穿过这片凄惨地区的旅行队而挖掘的。

人们在蒙古从来也只会遇到一年中的两个季节,九个月为冬季,三个月为夏季。有时热得令人窒息,尤其是在沙漠原野上更为如此,但这种情况只能持续数日。夜间却几乎始终都很寒冷。在由汉人耕种的长城之外的蒙古地区,所有的农活都应在三个月期

① 蒙古王公们要求其臣民们交付多种捐税。这些捐税额根据情况而不同,至少对于某些种类来说是根据纳税人的财富程度确定的。惟有台吉和喇嘛被免除了全部税。此外,蒙古人也必须服徭役,如他们轮流向其王公提供柴薪和在王府中当差等。他们在特殊情况下,或当王公前往北京或向那里遣使以及当交纳贡品等情况下,王公都有权要求臣民们交纳某些特别税。索取的全部纳税额,每年在正月间利用开印仪礼的机会而确定(田清波的诠译)。

间结束。当大地已充分解冻时，人们便匆忙而又肤浅地耕一番土地，或仅仅是用犁划破地皮。他们然后便立即播下种籽，庄稼都长得异常快。农民们在等待它适时成熟期间，一直不断地忙于拔除田间长满的杂草。当他们刚刚割倒庄稼时，冬季的严寒就到来了，他们正是在冬季收打粮食。由于寒冷使大地冻成了很宽的裂缝，于是便在打谷场上洒些水，地面立即就结冰并为劳动者们获得了一块始终平坦和干净的场地。

在蒙古地区出现的严寒，可以归于三种原因：地势特别高、地上遍是大雪和几乎完全缺乏耕耘。在汉人已经垦殖的地带，气温都明显地上升了。我们也可以说，随着耕作的发展，气温始终是逐年上升的。某些粮食作物在开始时由于寒冷而不能茂盛地生长，现在则可以达到成熟了。

蒙古由于其辽阔的荒野而成了大批野生动物的栖身地。大家在那里几乎每步都会遇到兔子、山鸡、雄鹰、黄羊、灰松鼠、狐狸和豺狼。我们需要指出的是蒙古的狼群更喜欢攻击人类而不是畜类。大家会经常发现它们急速地穿过无数的羊群，而又未对它们造成任何伤害，竟直向牧羊人扑去。它们在万里长城附近经常进入鞑靼—汉族村庄，闯入庄园，在奔跑中对所遇到的家畜不屑一顾，而一直冲向住宅内去选择它们的受害者。它们几乎始终都是从脖子上咬住人并毫不留情地扼死他们。在鞑靼地区，几乎没有一个村庄每年不对这类灾难发生抱怨。有人声称这些地区的狼群特别向人类报复鞑靼人对它们发动的激烈战争。

麋鹿、野山羊、野马、野骆驼、牦牛、棕熊和黑熊、猞猁、雪豹和老虎经常出没于蒙古沙漠。鞑靼人从来不敢在未武装以弓弩、火枪和长矛的情况下贸然上路。

当大家想到鞑靼地区的这种寒气凛冽，这种始终是昏暗和冰天雪地的自然环境时，便可能会试图认为这些荒凉地区的居民具有一种极其严峻倔强和残忍的禀性，而且他们的相貌、气度和衣着服装等一切，都似乎在是支持这种假设。蒙古人的面庞平坦，颧骨突出，下颌短而后缩，额头凹陷，双眼小而斜视，眼色淡黄和如同被胆汁沾染过一般，头发粗壮而黑硬，胡须稀疏，皮肤呈很深的棕色和极其粗糙。蒙古人具有中等身材，但他们的大皮靴和肥大的老绵羊皮袄，似乎使他们的身材显得缩短了，使他们表现得矮小而肥胖。为再补充说明他们的这种形象,还应指出他们行动臃肿和迟钝,语言粗犷、刺耳和充满了令人不快的嘘声。蒙古人尽管具有这些粗野的外表,但其性格中却充满了温和与善良。他们会突然从疯狂般的过度欢乐变得具有一种不会使人感到任何扫兴的凄凉状态。当狂热和报复的强烈愿望刺激他们时,于其常态中则显得极为畏畏缩缩。他们有时会使其阳刚之气突然爆发,任何力量都无法阻止之。他们天真轻信得如同稚童一般,所以他们强烈地喜欢神奇的故事和传说。他们始终都认为,遇到一名云游喇嘛是他们的一种好运气。

对定居性生产和生活的厌恶、对抢劫和掠夺的酷爱、违背天性的放荡,以上就是世人普遍归咎于蒙古鞑靼人的恶习。我们非常倾向于认为,古代作家们勾勒的蒙古人的形象并未被夸大。因为大家始终会看到这些倔强的游牧部族在他们进行大规模征战时,于身后造成了杀戮、抢劫、纵火和各种灾难。但今天的蒙古人还如同他们的过去一样吗?我们认为,可以断言情况恰恰相反,至少在大部分地区如此。在我们看到他们的各地,始终都发现他们的慷慨、坦率、好客,确实如同生长发育不良的儿童一般,倾向于讲一些新奇的小故事,当然对人们所说的抢劫和土匪行为也就习以为常了。有关他们厌恶定居生产和生活的问题,他们始终持同样的观点。我们还应认为他们的风俗习惯很自由,但其行为中更多的是自由放任而不是腐化。我们很快就会在他们之中发现中原人非常热衷的那种无节制的和唐突的荒淫生活①。

蒙古人不懂得任何一种手艺。制造毡毯、粗糙地加工皮革、某些缝补和刺绣活计都不值得下苦功提及。相反,他们具有臻于完

---

① 古伯察先生根据他在涉及到蒙古人和西藏人的习惯时,谨慎地揭开了掩饰蒙古族内腐化生活的幕布之一角。该种族由于多种原因而正在消逝,特别是由于缺少子嗣。本处所描述的蒙古人的生活方式,完全可以使那些读到此文的人,能从字里行间理解到它可能会对思想伦理造成的严重弊病。

在这一问题上,请允许我们最后一次指出,古伯察先生在汉人与蒙古人或西藏人之间作比较时,一般都是竭力指责、非难和怪罪汉人,这确实是他非常难以改造的罕见观点之一。他屈服于在一名传教士中颇受崇拜的观点;由于他致力于使蒙古人和西藏人的福音化,所以他对他们具有父亲对孩子那样的钟爱,只会发现了他们身上的一些好品质。他理解了他们的全部感情,听到了他们严厉地抱怨中原人。这样一来,这些人的对手也成了他攻击的对象,这尚且不包括对曾把他从其福地驱逐出来的中原人的怨恨。

善的游牧民族的品德。他们的视觉、听觉和嗅觉神奇的发达和灵敏。蒙古人可以听到很远地区的马蹄声,能区别物体的形状,能嗅到畜群的气味和某一宿营地的烟雾。

现已有人作出了许多尝试,企图在鞑靼民族中传播基督教,甚至还可以说这些努力并非是始终都一无所获。约在8世纪末和9世纪初,景教主教提摩太派遣修士赴鞑靼匈奴人中传播福音,当时匈奴人已西迁至里海沿岸。稍后,这些修道士们又进入中亚并一直到达中国。在成吉思汗及其继承人时代,方济各和多明我会传教士们奉命出使鞑靼地区。当时受归化的人很多,据说甚至有些王公和皇帝都接受了洗礼。但我们不能完全相信那些鞑靼使节们的话,他们为了更容易地吸引欧洲基督徒国王与蒙古人结盟反对穆斯林,从不放过机会声称其主已受洗礼并传播基督教。有一点可以肯定,在14世纪初叶,克莱芒五世教皇在北京为约翰·孟德高维诺设立一个大主教区。孟德高维诺是方济各会传教士,曾在42年间从事向鞑靼人传播福音的工作。他把《新约》和大卫的《诗篇》译作蒙文,在临终时为那里留下了一个很繁荣的基督教会。我们在这个问题上,于《大汗国现状书》①中发现了一些颇有意义的资料。该书是巴黎国家图书馆所藏一卷手稿的节录,后由东方学家雅克发表于《新亚细亚学报》②。我认为大家对于我在此转引这一抄本的某些片断是会高兴的:

居住在该契丹国(中国)的小兄弟会修士

"在汗八里城③,有一名大主教,即小兄弟会的孟德高维诺修士。它是由克莱芒教皇派④往那里的。该大主教共建立了三个小兄弟会的传教点,其中有两个彼此之间相距很近。他还在泉州城⑤设立了另外两个传教点,那里距汗八里很远,要沿大海南下航行三个月。这两个传教点由两名教友负责,其一是巴黎的安德里奥修士,另一名是佛罗伦萨的伯录修士⑥。这两名修士在辽阔的地区使

---

① 该书的编纂时代为14世纪,是受若望二十二世教皇教谕而写的。

② 《新亚细亚学报》第6卷,68~71页。

③ Cambalech(汗八里)是一个指皇宫的蒙古词,它在蒙元王朝代是对北京的称呼。

④ 指克莱芒五世教皇。

⑤ Racon 在同时代的文献中又作 Zayton,(刺桐),很可能是指福建的泉州。

⑥ 此人于1362年在麦地那殉教。

人接受耶稣基督教的归化。大主教是一名生活正派和对上帝虔诚的人，受到了皇帝的恩宠。皇帝始终关心他们的生活，赐给他们所需要的一切东西，无论是基督徒还是异教徒，人们都很喜欢他们。他肯定会使整个这一地区接受基督宗教和天主教信仰，惟有景教派基督教才阻碍和伤害他。大主教费了很大力气才使这些景教徒重新服从我们罗马的圣母会。他声称没有这种服从，他们就不能得到拯救。那些景教分裂派信徒为了这一原因而非常怨恨他。大主教受上帝召唤升天而去①。有大批基督徒和异教徒参加了他的葬礼，那些异教徒们按习惯而穿孝服。这些基督徒和异教徒都非常悲痛地抓住了大主教的教袍，如同圣物一般捧持。他被按照基督徒的做法而豪华地安葬了。今天还有人瞻仰其墓葬。”

景教分裂派基督教徒的驻地

“在上文所说的汗八里城，有一些被称为景教徒的分裂派基督徒。他们坚持了希腊人的方式和方法，从来不顺从罗马的圣公会。他们是属于另一教派，对于忠诚地服从前述圣公会的所有基督教徒都怀着极大的敌意。当上文所讲的大主教提到在该地区建立小兄弟们的修院时，景教徒们便于夜间拆毁它，并尽他们的最大能力在那里进行破坏。因为他们不敢公开和表面上危及大主教、修士和其他基督教信徒，而且皇帝也非常喜欢这些人，并对他们表现出了宠爱。居住在契丹帝国的景教徒共有三万多人，都是非常富裕的人。但他们都害怕和畏惧基督教。他们具有非常漂亮和非常受人崇拜的教堂，其中带有尊崇上帝和圣徒的十字架与圣像。这些人从当今皇帝处获得过许多官职，此外还得了许多重要特权，以致于使人认为他们随时都能发现自己所希望的一切，这些人与居住在该国的小兄弟会士和其他优秀基督徒协调一致，可以使整个国家及其皇帝们接受圣教归化。”

大汗赐予这些基督徒的厚待

“大汗支持该帝国的基督徒，他们在该帝国内服从罗马教廷。大汗向他们提供一切生活必需品，因为他很同情他们并向他们表示了极大的宠爱。当他们为教堂、十字架或为耶稣—基督的荣誉装饰圣址，而向皇帝请求或申请某种东西时，他总是非常高兴地赐

① 约翰·孟德高维诺于1330年死于北京。

戈壁草原

给他们。但他们要为他、为他的健康，特别是为他的心愿向上帝祈祷。他希望所有人都能够非常乐意地为他祈祷。大汗非常希望修士们在异教徒的教派中布讲上帝的教法，他也希望异教徒们能看到修士们的祈祷。他希望异教徒们能自愿和经常地表现出虔诚并向修士们施舍。甚至当传教士们需要某种东西并向皇帝提出申请时，皇帝也能在物资上支持他们并派人去帮助他们。”

只要鞑靼人统治中国，基督教就会不断地在该帝国中取得发展。今天，我们应沉痛地说，在蒙古地区再也发现不了过去几个世纪中对这些游牧部族所完成业绩的任何踪迹了。但我们坚信，福音之光必然会重新照耀他们。欧洲人对传播教法的热忱必然会促使诺亚预言的实现。雅弗的儿子——传教士们将会增加他的勇气和虔诚。他们前去支援闪的子孙们并以能在蒙古包中度生而感到荣幸……

“愿上帝使雅弗扩张，使他住在闪的帐篷里”（《创世记》第 9 章，第 27 节）。

附　录

马可·波罗

马可·波罗是威尼斯的一位著名旅行家，他为中国皇帝——著名的忽必烈汗效劳，并在那里生活了16年。皇帝对他表现出了极大信任，把一些非常重要的使命委托给他，如1273年赴交州的外交使命，清查杭州宋期皇帝的遗产，然后是治理扬州市及其领土（1276年），于1282年负责惩治反对户部尚书的阴谋集团，在远征缅甸期间任领差等。正是由于他能够采取灵活的措施而赢得了一次决定性的胜利。当他看到其骑兵队的马匹面对骑大象的缅甸人而受惊逃亡的局面后，他便让其全部骑兵都下马，将马匹拴在附近一片森林的树上，敌人的大象无法进入该森林中。这一行动结束后，他又让他们冲向缅王的军队，把这支军队彻底打败了（1284年）。他后来又被派遣出使波斯、印度和交阯支那。

在度过了为蒙古君主服务的16年之后，马可·波罗偕其父尼哥罗和其叔马菲奥，在护送下嫁波斯汗阿鲁浑的蒙古公主赴波斯宫廷时，返回了其祖国。

在他返回威尼斯的数年之后，在威尼斯与热那亚这两个对立的共和国之间爆发了一场战争。马可·波罗自己出资武装了一只双桅战船，自任指挥以支持威尼斯海军。他在拉亚斯湾被俘（1296年）并作为战俘而解往热那亚。他利用囚禁期间的较长闲暇口授比萨人鲁思梯谦写下了他的游记。

雷慕沙（Abel Rémusat）这样评价了《马可·波罗游记》："在15世纪之前赴我们旧大陆东半部旅行过的所有旅行家中。马可·波罗是最为著名和最受普遍尊重者。由于确实可靠的地理学之发展，他的名望远没有降低，随着人们学会更好地考察他描述过的地区，大家还发现了崇拜其游记之准确性及坚信其真实性的新理由。他同时代的人，曾把有关位于世界另一极的一个幅度辽阔和力量强大的帝国的前所未闻的记述，指责为夸张。大家只是逐渐才得以坚信这名观察家既谨慎又可靠，他没有杜撰一个掺和于记述中的谎言。他也如同希罗多德一样，以同样的忠实而介绍了他看到的和别人向他介绍的事物”(《亚洲新论丛》第1卷,381页)。

第二卷

第一章

仁义店——甘肃省——农业——大型农田灌溉工程——客店中的生活方式——我们的骆驼队在一座城市中造成的巨大骚乱——中国的哨卡——工部视察官——宁夏——历史和风土的具体详情——五福店——与一名官吏的争辩——中卫——一望无际的沙山——伊犁之路——高塘子的悲惨景象——万里长城一瞥——检查护照——在汉地旅行的鞑靼人——令人生畏的暴风雨——甘肃居民的发祥与风俗——察罕胡尔人——与一名活佛的交往——和顺店——桑达钦巴的一家——平口山——店主公与其妻的殴斗——水磨——编织业——西宁府——歇脚处——到达丹噶尔——附录

自我们一行离开黑水川,已过去两个月的光阴了。在此期间,我们在沙漠中经受了持续的疲劳和各种困苦的考验。我们的健康状况确实尚未严重恶化,但觉得自己已精疲力竭,所以感到有必要在数日间改变一下自己那艰辛的生活方式。出于这种考虑,一个由汉人居住的地区不会不使我们感到笑逐颜开。与鞑靼人相比,他们能够向我们提供可以想象的任何舒适和令人快慰的东西。

我们一旦渡过黄河,便进入了一个叫做石嘴子的边陲小镇,它与黄河仅隔一片沙滩。我们下榻于仁义店。这是一片很大的客店,新近落成不久。除了很坚实的青砖地基之外,整座建筑都是木结构。店主公非常殷勤和好客地接待了我们,因为当希望使一家新落成的建筑受到欢迎时,从不会放过任何机会进行炫耀。另外,由于此人其貌不扬,其形象不大讨人喜欢,所以他希望以极端殷勤好客和体贴而挽回其容貌上表现出的冷淡。他那两只令人可怕的

客厅

斜视眼睛,始终是向它们所观察的人相反的方向转动。如果说其视觉器官有功能障碍,那么他的口舌作为补偿则非常灵活。店主公作为旧行伍出身,博见广闻,尤其是记住了许多东西。他熟悉所有地区,与可以想象到的一切人都有交往。然而,他那滔滔不绝的饶舌却并不会始终都受我们的欢迎。他向我们提供了各种详细的消息,有关我们在到达库库诺尔(青海湖)之前可以游览的大小风光点。他甚至相当熟悉鞑靼地区的这一部分,因为在他从军的那段生活期间,曾参加过对“西番“人的作战。在我们抵达的翌日,他一大清早就为我们带来了很宽大的一张纸,上面依次写有我们在甘肃省内需要穿越的城市和大小村落。他接着又开始为我们画地形,以如此之激动的感情,如此之多的手势和如此之大的声音,以至于使我们感到头昏目眩。

我们与店主公那半强制和半自愿的长时间谈话,并没有耗费掉我们的全部时间,我们于是便将剩余的时间用于在该城观光。石嘴子城建于一侧由阿拉善山和另一侧由黄河形成的一隅深洼地。其东部是由黑魆魆的丘陵环绕的黄河。在那里可以发现丰富的煤矿,当地居民积极地开发经营,使它成了这些人的主要财源。该城的市郊系由大型瓷器作坊组成,我们在那里可以看到特大的瓷缸,用于在家庭中贮备所必需的生活用水。此外,还有建造得令人赞叹不已的特大瓷窑,烧制大量形式各异和大小不等的瓷器。甘肃省要成批输入无数的这类瓷器。

在石嘴子,食物数量丰富、品种繁多,而且价格又令人震惊的低廉，可能再没有比那里能更舒适的生活了。昼夜间无论在什么时辰，都有大量流动饭铺把各种菜肴送货到家，有汤、红烧羊肉和牛肉、蔬菜、糕点、米饭和面条等。那里为具有各种口味和各种经济条件的人准备的晚餐，从富人那复杂的佳肴美食到乞丐们的便餐和清汤。这些饭铺老板来来往往，几乎是从不中断地交替经过。在一般情况下，他们均属于穆斯林教派，头上的蓝色小帽成了使他们有别于汉人的惟一标志。

我们经过在正义店两天来充分地歇息和恢复体力之后，于是又登程了。石嘴子城附近都尚未耕耘，在任何地方也仅能看到黄河泛滥时逐年冲积的泥沙和砾石。然而，随着向前走，不知不觉已升高的地面变得相当肥沃。在离城有一古法里（约合四公里。——译者）距离的地方，我们翻过了万里长城，或者更应该说我们是从几处残损严重的长城废墟上经过，它们应当是标志着中国著名的万里长城旧城墙的位置。该地区很快就变得风景如画，我们得以欣赏中华民族那种农业天才了。我们经过的甘肃省这一部分地区，特别以其为方便灌溉而从事的大规模和天才的水利工程而引人注目。他们以从黄河两岸引黄河水的办法，而将水输入由许多人工开凿的大灌渠中。这些主灌渠又向其他宽度不同的灌渠供水，然后再流向普通的小渠沟中，所有耕田都环绕这些灌渠。那些以其简便而令人钦佩的大小闸门，用于提高水位和导流至所有高低不平的地势中。一种井然的秩序主宰着对水量的分配，每位地主都依次灌溉其耕田，任何人都不允许在确定的日子到来之前打开其小灌渠。

大家在那里只会遇到很少的村庄，但可以看到四面八方都有已建成的庄园，其大小规模不同，由几片耕田分隔开来。视野中既看不到树丛，又看不到供消遣娱乐的花园。除了围绕着住宅的几棵大树之外，所有的田地都用于种植粮食作物。他们甚至不肯留下哪怕是一小片地，以在收获之后放庄稼捆。他们把收获的庄稼堆在屋顶上，那里的所有房屋最上部都是平顶。在全面灌溉的日子里，该地区完全会使人联想到著名的尼罗河的洪水泛滥，对这一切的描述已具有历史经典的特征了。居民们在其田野中来回走动，他们都登上小船或乘轻便的小车子。车子由巨大的车轮承负①，一般均由水牛拉车。

这种对于耕田丰产相当重要的灌溉，对于旅行家们来说却是令人讨厌的，路上往往遍是淌水和污泥，以致于很难进入路中。那样就必须取道呈驴背状并形成耕田之地界的小高埂。当在这样的小路上牵着骆驼前进时，那将是极端的不幸。我们每前进一步都害怕自己的行李被陷入泥泞中去，而且类似事故不止一次地使我们陷入了非常难堪的处境。如果说这类事故出现得不多，那应归功于我们的骆驼善于在泥泞中缓慢前进的本领。这种本领产生于它们在鄂尔多斯的泥潭沼泽地中行走的长期训练。

在我们行程中第一天的晚上，我们到达了一个叫作王河堡的小村庄。我们本来认为会在那里得到如同在石嘴子一样便利的生活条件，但我们却陷入了恐惧之中。那里的风俗习惯已大为不同，再也看不到那些殷勤好客的饭店老板，更看不到他们那满载烹制好的菜肴的流动饭馆了。惟有草料商人前来向我们兜销。因此，我们首先给牲畜添加草料，然后前往村庄里寻找为我们做晚餐的某种食物。返回旅店之后，我们被迫自己做饭。店主公仅向我们提供水、煤和锅。正当我们安安静静地忙于品尝我们自己烹调手艺的成品时，在客店的院子中爆发了一场大骚动。由几名汉族商客带来的一支骆驼队准备前往宁夏城。由于我们准备与他们走同一条路，所以我们之间很快就攀谈起来了。他们向我们宣称，前往宁夏的道路难以通行，虽然我们的骆驼很有本领，但却颇难摆脱这种困境。这些人还补充说，他们知道一条比较近和不太危险的小路，并且邀请我们与他们同行。由于大家都需要星夜登程，所以我们便叫来店主公，以结算账目。按照汉人的方法，当使用铜钱时，一方索价很高，另一方则给价过低。在经过互相让步之后，双方才会统一起来。由于他们认为我们是鞑靼人，所以很自然地向我们索要相当于实际应付的三倍之多的店钱。由此而出现了我们的争论要比在一般情况下多一倍。我们必须力争，在对人应付的钱商妥之后，又争论牲畜的开销。共计有房钱、马厩钱、饮牲口的水槽

---

① 我们在汉文编年史中发现，甚至在最早几个王朝期间，由鞑靼人居住的甘肃省的这一部分地区就叫作“高车”（1852 年注）。

钱、锅钱、煤钱、灯钱，最后是其余一切的钱，一直到店主公降到通情达理的人索要的价格为止。我们所长的那一幅倒霉的鞑靼人的面孔，为我们提供了获得在这类讨价还价中的某些技巧。因为我们在甘肃省的旅行中，没有一天不被迫与店主们争执。此外，这些争执从来不会引起任何麻烦。当争执结束时，大家仍握手言欢，成为好朋友。

当汉族骆驼队的商客们起床并大肆喧哗地做出发准备时，时间不过仅仅到了午夜。我们匆匆忙忙地起床，但却徒劳地忙于为我们的牲畜上鞍驮，我们的旅伴们先于我们而准备就绪。他们提前出发，并答应我们说他们要缓慢而行，直到我们赶上为止。一旦当我们完成为骆驼上驮子之后，便毫不耽搁地启程了。天色尚很黑，我们无法辨认出自己的向导，只好借助一盏小灯笼而寻找他们的足迹，但一切都不顺利。因此，我们只好盲目地在完全是陌生的灌满水的平原上行进。我们很快就发现自己陷入一片水泡地的中央，再也不敢前进一步，只得在一块田边停下来等待天亮。

一旦当晨曦开始出现，我们就用缰绳牵着牲口并绕了无数弯路，向我们远远遥望到的那座带城墙的大城市走去。这就是平罗县，它是一座三级城市。我们一行人的到达在该城内引起了一片令人恐惧的混乱。该地区以其骡子的数目之多和慓悍而著名。但在此时，在我们由北向南走的沿街各家的门前，几乎都拴着一头用笼头套着的骡子。随着我们向前走，所有那些看到我们的骆驼都被吓惊了的牲畜，便相继直立起来，猛烈地冲向附近的店铺，其中有一些挣脱了拴它们的缰绳，飞快地跑脱了。它们在逃脱时撞翻了小商贩们的货架。众人聚集而来，发出了阵阵呼唤声，咒骂这些“骚鞑子”，诅咒骆驼，这样做反而增加而不是减少了混乱。我们看到因自己的出现造成了如此令人沮丧的后果，深感内疚，但又该如何办呢？此外，我们又无能为力可使骡子不至于那样胆怯和畏缩，更无法阻止骆驼有一种令人惊恐的奔驰速度。我们中的一人决定在骆驼队的前面奔驰，以提前警告路人骆驼即将到达。这种防范措施减少了损失，直到我们到达城墙之外时才完全停止。

我们想在平罗县吃午饭，但由于没有足够地赢得其居民们的同情，所以我们不敢在那里停留。但我们却有勇气采购一些付出了昂贵价格的食物，因为当时不适宜进行讨价还价。在距城市有一定距离的地方，我们遇见了一个哨卡。我们只好停下来以休息片刻并用午餐。在中国，这样的哨卡的数目很多。按照当时的通例，在所有的大道上每隔半法里都有一个这样的哨卡。哨卡的建筑很奇特，完全符合汉地的风格。这些哨卡由一个木结构或土结构的小建筑组成，始终都用石灰浆粉刷得洁白。其中心是一幢非常简陋的棚子，仅在正面才有惟一的一个大门洞。这里不是为那些不幸的旅行家们而开的，他们在夜间遭到了恶劣气候的袭击，无法在一家旅店中蔽身。其两侧有两间带门窗的小房，其全部室内家具有时仅为一条漆成红色的木凳。哨卡的外部装饰有代表战神、骑士和神奇动物的粗俗绘画。小棚子的墙上绘有在中国使用的所有武器：火绳铳、弓弩、箭矢、长矛、盾牌和各种形状的刀剑。在距哨所不远处，于右部可以看到一座四角塔，左部是分布在同一条线上的五个小路标。它们是指从一个哨卡到另一个哨卡的五里地。往往是由竖在两根杆子上的一块很宽的布告牌，向行人指出了位于沿途的最近的城市。我们看到的布告牌上写有如下内容：

平罗县到宁夏，50 里。
向北直到平罗县，5 里。
向南直到宁夏，45 里。

在战争期间，四角塔用于在夜间按照某些规则，以成堆的火发布信号。汉人介绍说，有一位皇帝[①]在其皇后愚蠢的恳求下，降旨于夜间点起了报警的烽火，皇后想以兵卒的奔命而取乐，同时也想核实一下这些烽燧是否果真能调集军队驰援京城。随着信号传到各地，众诸侯立即调遣兵将前往北京（本处有误，周幽王的京师为镐京，位于今西安西。——译者）。但当他们到达时，获悉这些烽

① 指幽王，即周王朝的第十三代皇帝，此事发生在公元前 780 年。

周幽王（公元前 781 ~ 771 年）爱上了他找到的一名女子，封她为皇后。此皇后以褒姒之名而著称，但她很不喜欢笑，皇帝为了博得她的一笑而使用了各种办法。一天，他诏令在烽火台上点着燧火，将军们从各地率兵赶来为幽王救驾，受宠的皇后看到如此无益的调兵遣将，如此多的人为一次假警报而赶来，于是便笑了。其夫也心花怒放，但不得取乐的代价也行大。公元前 771 年，申侯兵攻皇帝，于是又点起了求援的烽火，但将军们害怕又空忙一阵，都按兵不动。遭遗弃的皇帝被杀，其妇也被俘。

火狼烟纯系一次玩笑戏耍，完全出自一个女子的一时任性，于是便满腔愤怒地返回去了。时隔不久，鞑靼人（据《史记·周本纪第四》记载为“寇”，可能指“犬戎”。——译者）侵犯帝国并迅速兵临京师城下。皇帝这一次令人认真地点烽火以求援，但各地诸侯都按兵不动，因为大家认为皇后又想出了一种烽火戏诸侯的手段。他们还补充说，鞑靼人进入北京（误，同上。——译者），皇帝惨遭弑杀。

从此之后，中国中原长期享受了大治盛世，从而大大减少了这些烽火台的数目。当它们有塌毁的危险时，很少有人修葺，而往往是门窗都被取走，再无人驻守其中。在某些有人频繁往来的大道上，他们仅仅比较经常地修复那些告示牌和五个路标。

我们停留的那个哨卡已经无人居住了。我们将自己的牲畜拴在大桩子上之后，便进入一间房中，去安安静静地恢复体力。那些路经此地的旅行家们凝视着我们，略显惊讶地看到他们的哨卡变成了行人休息吃饭的地方。特别是那些最风雅的人物看到这三名不太懂文明的“蒙古人”时，不由自主地哑然失笑。

我们停下来歇息的时间不太长。告示牌绝对可靠地告诉我们，我们在到达宁夏之前还要行走 45 里路。由于道路艰难和我们的骆驼行走速度缓慢，所以我们再没有可以耽搁的时间了。我们沿一条修建漂亮的灌渠前进，灌渠由黄河供水，其目的在于灌溉田园。当这支小旅行队以缓慢的步履在一片湿滑的泥泞地面行走时，我们看到一支人数众多的骑马人向我们走来。随着这一行人的前进，我们看到无数修整灌渠防堤的劳工跪拜并呼天抢地地喊道：“祝我们的父母官平安与幸福！”我们明白了这是一名高贵官吏。根据中国人的礼仪，我们也必须下马并如同所有人一样跪拜。但我们认为以自己那西天来的喇嘛身分，可以免去这种令人难以忍受和费力的礼拜仪式。因此，我们仍端庄地留在自己的坐骑上并心安理得地前进。骑马人看到了我们的骆驼，但谨慎地停留在表示尊重的距离内。至于那位官吏，他则比较勇敢，催马竟直向我们奔驰而来。他非常有礼貌地向我们致意，用蒙古语询问我们的身体及旅行情况。由于其马越来越因为我们骆驼的出现而受惊，所以他被迫打断和我们的谈话而赶上他那一队人马。他得意洋洋地走了，因为他找到了一个讲蒙古话的机会，并向他的侍从显示了他那高深的学问。该官吏使我们觉得他如同一名鞑靼—满族人，他正忙于奉命巡视灌渠。

我们沿同一灌渠的堤岸继续前进,一路上只遇到了几辆由水牛拉的大轮车,一般都是骑着身材高大的毛驴的行路人。最后,我们遥遥望到了宁夏府那高高的围墙和无数佛塔的角亭。远远望去,便会把它们当成是高大的雪松。宁夏城的砖城墙已很古老,但保存状态甚好。这堵旧城墙几乎完全被苔藓和地衣所覆盖,更使之具有一种宏大和雄伟的外观。它的每一侧都以沼泽地所环绕,其中生长有丰富的灯心草、芦苇和睡莲。城中的街道很肮脏、狭窄而又弯弯曲曲。房屋都被烟熏黑和倾塌了。我们发现宁夏是一座非常古老的城市。虽然该城距鞑靼地区的边境不远,但那里的贸易却不具任何规模。

在浏览了中心大街近一半距离的时候,由于我们要到达另一端之前还有一法里的路程,所以我们便决定停下来,走进了一家大客店。那里很快就有三个人尾随我们而来,非常无礼地要看我们的护照。我们当场就发现,必须防备这三名不诚实的骑马人抢夺我们的钱袋。"你们是什么人?竟敢要看我们的护照!""我们是会审衙门的差官,严禁外国人无护照地经过宁夏城。"我们没有回答他们,而是叫来店主公并请他将其名字和客店宝号写在一张纸上。我们的要求却使他惊讶不已。他对我们说:"这一字据有什么用处?你们想以此干什么?""我们过一会儿用得着它。我们想去会审衙门并向官吏控告三个小偷来到了贵店敲诈我们……"三名索要护照的人听到这一切之后便撒腿就跑,店主公破口大骂他们,已经

意大利传教士利玛窦

聚集起的一大批好奇围观者都开心地大笑。这次小小的意外事件为我们赢得了特别的关照。

第二天,天刚蒙蒙亮,我们便被客店大院中突然爆发的一阵可怕的嘈杂声吵醒,在许多似乎是激烈争吵声的混乱喧嚣中,我们清楚地听到了"臭鞑子"、"骆驼"和"会审衙门"等词。我们麻利地穿好衣服并前去察看这次突然爆发的骚乱事态,它似乎不会与我们毫不相干。我们的骆驼于夜间吃光了停放在院子中的两车柳条。当时尚可以看到被嚼碎并在院子中到处都散落的残余。其主人也如同我们一样是住店的外乡人,要求赔偿其商品,我们认为这也是天下最公正不过的要求了。但据我们认为,店主人是惟一应对这一损失进行赔偿的人。我们在入睡之前确实曾提醒他应将柳条移放到其他地方去,骆驼将会挣脱笼头而去啃吃这些柳条。车子的主人也附和我们而要求他将之分开。但店主人却对我们的不安付之一笑,声称骆驼不喜欢吃柳条。当我们充分地阐述了这一事件的性质之后,围观的群众(他们始终是中国人的评判员)决定所有的损失都应由店主公出资赔偿,而我们则慷慨地不再要求赔偿我们骆驼的笼头了。

在作出这一公正的判决之后,我们立即就作好出发的准备并启程上路了。我们觉得,该城的南部远不如我们昨天已浏览过的北部那样值得一看。许多住宅区都遭破坏并遗弃了。我们在那里发现了几只猪在废墟中游荡或翻滚瓦砾垃圾。为一偌大城市中的居民被陷入了极大的悲惨之中,大部分人都衣着肮脏而褴褛。他们容貌憔悴,萎靡颓丧和瘦骨嶙峋,这就说明他们经常得不到最起码的生活必需品。但宁夏过去曾是一座王城,无疑曾非常富庶和繁荣昌盛。在公元 10 世纪时,有一位今天在西番掌权的拓跋族出身的鞑靼国王率一些部族到达这里。尽管汉族反对他们,但他们还是成功地在距黄河畔不远的地方组成了一个小王国。它选择夏州(中兴府)为都,夏州后来又取名宁夏。这位新王国就根据该城而叫作夏国。该王国在两个多世纪期间非常兴旺。但在 1227 年,它则被元王朝的缔造者成吉思汗的胜利淹没在一大片废墟中。今天，宁夏成了甘肃省的第一流的城邑之一①。

出宁夏之后，我们就进入了一条美不胜收的大道，大路的两旁几乎到处都有柳树和枣树环绕。每过一段距离，便会遇到一些小饭馆，行人们可以在那里休息和稍微恢复一下体力。那里可以向行路人出售茶水、煮熟的鸡蛋、油炸蚕豆、糕点和极多的糖渍果饯或盐腌的水果。对于我们来说，这一天的行程成了一种真正的消遣。我们的骆驼从来都仅在鞑靼地区的沙漠中行走，今天似乎对这种文明的魅力也很敏感。它们威严地向两侧转动头颅，兴致勃勃地观察大道上出现的一切，无论是人还是物。然后，它们对于沿途观察到的汉地技艺和风俗习惯并不太专心，也没有注意大地上的最好物产。柳树有时会吸引它们的注意力，当柳枝处于它们的能及范围内时，从不会放过机会咀嚼那些幼嫩的枝条。它们有时也伸出其长长的脖子去嗅小饭馆门前摆的糖果甜食，这不会不引起商贾们的强烈抗议。汉人对于我们的骆驼并不比非汉地人缺乏好奇心。他们从各个方向蜂拥而至，以欣赏骆驼队的经过，在大道边排成一行行。但他们从不敢过分接近骆驼，因为所有地区的人都本能地害怕那些具有力气和智能的动物。

到了对于我们并不缺乏乐趣的这一天行程最后，我们到达了下河堡，这是一座没有城墙的大镇。我们在五福店下了坐骑。正当我们忙于为牲畜添加草料的时候，一名帽子上带着一个白顶子的骑兵出现在客店的院子中。他既没有下马，也没有通常的那种致意问候，便开始急切地呼喊店主人。他以一种简单而又充满傲气的口吻说："大官人即将到达，一切都必须干净和经过打扫！让这些鞑靼人到别处去投宿，官老爷不想在店中看到骆驼。"出自为

---

① 宁夏府是一个叫做西夏王国的国都，但与古代的夏王朝（公元前2205～公元前1766年）没有任何关系，即使是很疏远的关系也罢。该王国系由夏国公于982年经反叛而创建，存在于宋朝统治中国中原期间。

在公元10世纪左右，一名叫作李继迁的唐古特王公，定居于黄河与万里长城之间的偏僻一隅，宣布归附契丹，契丹封他为夏王。该王国在两个多世纪期间，非常繁荣昌盛，但被成吉思汗所灭。

宁夏城于19世纪中叶又受穆斯林们的破坏，但很快又复兴了，阿拉善的元帅就驻守在那里。自1892年以来，它又成了一个同名传教区的所在地，拥有宗座代牧住院。该城的全部贸易都掌握在穆斯林手中。

官老爷打前站者之口的这番蛮横无理的话，没有任何使我们感到惊奇的地方，它却强烈地刺激了我们。我们装作没有听到他的话，继续按部就班地做那些小事。店主公看到我们毫不顾忌刚才的警告，于是便走向我们，以一种礼貌而又夹杂尴尬的口气向我们说明了事态。我们口气强硬地对他说："去告诉这位戴白顶的人吧，你已经在你的店中接受了我们，我们将留在这里。官吏无权侵占旅客们已合法落脚的地方。"根本不必让店主公劳神去把这些话报告带白顶者了，我们讲这些话时，故意让传令兵本人能听到。他立即下马并直接走向我们。他对我们说："官老爷即将到达，他有许多侍从。该店很小。此外，马匹怎敢在骆驼存在的情况下留宿本院子中呢？""像你这样一名大官人的随从和饰以白顶子的人，首先应懂得客客气气地讲话，其次也应主持公道地讲话。我们有权留在这里，别人不能把我们从这里驱逐出去，我们的骆驼仍拴在自己房间的门上。""官老爷命我前来五福店准备下榻处。""那好吧！那就去准备他的下榻处吧，但不要触动我们的东西。如果你在这里无法安排，那么最理智的办法，就是你去其他地方寻找另一家旅店。""那么官老爷该如何办？""告诉你们的官老爷，这里有三名来自西天的喇嘛，他们都准备返回宁夏去和他打官司。如果需要的话，那么他们将会一直到达北京，他们熟悉道路……"头戴白顶子的人上马并跑得不见踪影了。店主公立即走到我们面前并请我们要坚持住下。他说："如果你们留在这里，那很好。我深信与你们打交道将会使我有一点好处。但如果官老爷占据了你们的位置，那将会搞乱我的客店，会让我整夜为他操劳，明天早上所有人都会分文不付地扬长而去。其次，如果我被迫把你们赶出去，那不就使我丧失了五福店的美名声了吗？以后谁还敢投宿一家接受旅客是为把他们驱逐出去的客店呢？"当店主公勉励我们鼓起勇气时，官老爷的传令兵又重新出现了。他下马后又向我们深深地鞠躬，我们也以尽可能文雅的方式以礼相还。他说："喇嘛老爷，我刚刚跑遍了下河堡，再没有其他合适的旅店了。谁能说你们必须把位置让给我们呢？难道这样讲符合理智吗？但喇嘛老爷们，请看！我们都是行路人，都是出门在外的人。难道没有办法心平气和地共同解决这一难题和兄弟般地和解吗？"我们说："是的，确实如此。这才是真正的道德准则。当大家在旅行时，那就应学会在行路人之间生活。当众人之间有点麻烦时,难道大家不是始终都会高高兴兴地结束吗?""讲得太好了!讲得太好了!"双方开始了最谦恭的致意。

在导致了最彻底和解的这次简短谈话后,我们又友好地讨论了把我们所有人都安排在五福店中的办法。大家同意我们保留自己已经住下的房间,把我们的骆驼拴在院子的一个角落中,以便使它们不会惊吓官老爷的马匹。传令兵可以随心所欲地占有其余的一切地盘。我们匆匆忙忙地从自己房间的门上解走骆驼,按照大家已商定好的办法把它们安置在合适的地方。由于太阳刚刚垂落,所以大家听到了前来的一队人马的喧闹声。大门的两扇门隆重敞开,一辆由三匹骡子拉的车进门并停放在旅店院子的中央。这辆车由一大批骑兵簇拥。车上坐着一个六十多岁的人,髭髯均为灰色,头戴一种红色头巾。这就是大官人。他一进来就以一种犀利而又飞快的目光巡视了旅店的院落。当他发现我们,尤其是当他发现院子深处的三头骆驼时,其消瘦面部的肌肉突然间紧缩起来了。当所有的骑兵都下马脚踏地之后,便请他下车。他以一种嘶哑和愠怒的声音喊叫:"这是什么?这些鞑靼人是谁?这些骆驼是什么?快把店主人给我带来。"听到突然呼叫,店主人便溜之大吉。白顶子兵勇于一段时间内在那里呆呆地发愣,突然间面色苍白,然后又变得通红,最后变成橄榄绿色。但他极力控制自己,走到轿车前跪在地上,然后又站起来,靠近其主人的耳朵低声讲了一阵子。他们的谈话完毕之后,官大老爷表示愿意下车,以一只手和略有一点保护主的风度向我们致意。他如同一名普通人一般走进了为他准备的小客房。

在一个以处死威胁而禁止我们进入的国家中①,我们刚刚取得的这场小小的胜利给予了我们令人不可思议的勇气。这些可怕的官吏们过去曾给我们造成了很大的恐惧,现在对我们来说已不大可怕了,一旦当我们敢于接近他们,便可以更详细地注视他们了。我们发现了一些充满傲气和蛮横无理的人,一些对弱者惨无人道的施暴者。但他们面对稍微有点勇气的人,便会表现出极端的懦弱。从此时起,我们在汉地就感到如同在其他地方一样安逸,得以

① 当时,法国使节尚未来到中国,尚不存在有利于欧洲人的条约。进入该国内地的所有传教士,都仅仅由于这一事实而会被处死。

不必再忧心忡忡地旅行，也不用再伪装而是能公开活动了。

在经过两日的旅行之后，我们到达了建于黄河畔的中卫①。该城带有城墙，具中等规模。该城的清洁程度、良好的管理及富庶的景象，恰恰与宁夏城的悲惨和破陋形成了鲜明对照。惟有从其无数管理得井井有条的店铺和不停地涌向街头的大量人口来判断，中卫就是一座商业气氛很浓厚的城市。但当地的汉人却并不喜欢航行，我们在黄河上看不到渡船。这种特点非常引人注目，它证实了那种认为甘肃这部分地区的居民确实是出身自藏族和鞑靼族的观点。因为大家都知道，汉人在任何地方都热烈地爱好在江河中航行。

离开中卫，我们翻过了万里长城。它完全是以活动的石块一层层地砌成的。我们在数日期间又返回了鞑靼地区，返回了阿拉善旗。蒙古喇嘛们曾不止一次地向我们描绘阿拉善山（贺兰山）的可怕景象。现在，我们得以亲眼看到它的实际情况了，比大家对这一可怕地区的全部描述还要严重。阿拉善山（贺兰山）是一片很长的山脉，完全由流沙组成。沙子如此之细，以至于触摸它就会感到它如同流体一般在手指间流动，我们无须再补充说了，在这一大片流沙中，在任何地方都从不会遇到任何一点草木植被。这片瀚海的单调外貌，惟有某些小昆虫的遗迹才会打破。它们在其任性和飘忽不定的嬉戏中，于流沙上划出了千条曲线。线条如此之细，以至于使我们可以追踪一只蚂蚁的蜿蜒和转弯抹角的路线，而又绝不会失去其行踪。为了翻越这些山岭，我们感到了难以表述的痛苦和艰难。我们的骆驼每前进一步都会陷至腹部，它们只有通过跳跃才能前进。马匹由于其蹄子的原因而困难更多，它们在沙漠中比骆驼的宽大蹄子

秦噶哗神父

① 中卫县现属甘肃，建于黄河畔。黄河只是从中卫起才变得可以航行了。

更难承受。我们这些人被迫步行，必须高度注意不从这些山坡的高处滚下去，山坡在我们脚下就如同要坍塌一般。这样的路一直到达黄河，我们可以遥望到黄河的水在自己脚下奔腾。值得幸运的是，天气平静得没有一丝风，并且晴空万里。如果刮起大风，我们肯定将被沙丘吞没并被活埋在如同雪崩般的沙漠里。阿拉善山似乎是由沙子形成的，北风不停地在面前卷动着沙漠和戈壁大碛。黄河阻止了沙漠的蔓延扩展，从而保护了甘肃省。使黄河获名的这种淡黄水流，正是由于大量黄沙被风卷入了该河中造成的。在阿拉善山的顶峰，河水始终都清澈透明。

然而，丘陵与高山连成了一片，沙漠却在缓慢地变小。到了这一天日薄西山时，我们来到了一个叫“长流水”的村庄。它确实是沙丘中央的一片风景优美的真正绿洲。一大批小水沟从街中无数的渠中流过，用带棱角的岩石筑成的小屋有时被涂成白色或红色，从而使这一弹丸之地具有了极其秀丽的风景。由于我们已经疲惫不堪，于是便以一种难言的喜悦心情，在长流水村歇脚，尽情地享受于此下榻的乐趣。但这种诗情画意仅仅持续到我们与店主人结账的时候。由于其地的食品，甚至是草料均来自中卫，而且也只能以极大的困难来运输，所以其价格昂贵得令人听了发抖，从而打乱了我们的全部财务安排。为了我们自己和牲畜的住宿，我们被迫付出1600文铜钱，近8法郎。如果不出现这种局面，那么我们本来会非常留恋地离开风景优美的长流水村。但永远会有某种原因，使人类对人间的事务产生冷淡的态度。

当离开长流水村时，我们沿过去被押往伊犁的流放汉人所走过的路。该地区没有我们前一天穿越的地区那样令人恐惧，但仍相当凄凉。砾石代替了黄沙，除了几簇坚硬和像锥子一样锋利的草丛外，我们看到的始终是一片贫瘠和荒凉的土地。我们来到了一个无法言状的令人失望和望而生畏的村庄——高塘子。该村庄由几间破烂不堪的房子组成，用黑色的泥土建造得非常粗糙，全都用于作客店。那里的生活用品比长流水村更为匮缺，因而其价格也更为昂贵。那里同样也要从中卫运来一切，因为该地区不生产任何东西，甚至是滴水未有。他们徒劳无益地挖凿了特别深的井，但所发现的始终是干燥的砾石地。高塘子的居民被迫前往距离60里（约合6法里）远的地方去取水。所以，他们向经由此地的旅行家们索求昂贵的价格。一桶水价值 50 文钱。如果我们希望得到使自己的骆驼能彻底解渴的饮水,那就应付 50 多文钱。我们仅仅满足于为自己和马匹得到一些粮草。至于骆驼,它们必须等待好日子和一个不是如此荒凉的地方,再去痛饮吧!

高塘子这块非常贫瘠和令人生畏的土地,甚至不具备使人享受安静的好处,而它的贫穷和偏僻本来却似乎会使人得到这种享受。此地不断遭受强盗们的蹂躏。因此,所有的房舍都带有某种遭火烧和劫掠的痕迹。当我们来到客栈时,他们询问我们是否应防备自己的牲畜被强盗抢劫去。这一问题使我们陷入了极大的诧异之中,于是便匆忙请人重新对一种我们觉得很奇怪的事态进行解释。他补充说,在高塘子有两种客店,在一种客店中可以殴打争吵,而在另一种客店中却不能斗殴,前者的住宿费是后者的四倍……这些话使我们略微猜测到了其中的含义,但事态尚未完全明朗。他们对我们说:“你们怎会不知道高塘子不断受土匪的攻击呢?”“我们知道这一切。”“如果你们下榻于一个不能斗殴的客栈,那么当土匪来到时,他们就会夺走你们的牲畜,因为任何人不会保证保护你们。如果相反,你们下榻于一个可以殴斗的旅店,那么你们就很可能会幸运地保得住自己的牲畜。除非是匪徒的势力过分强大,有时会出现相反的情况。”这一切都使我们感到稀奇古怪和无端地使人扫兴。但我们必须作出决断。我们经过深思熟虑和认真地研究之后,便决定前去一个可以殴斗的旅店。我们想到了高塘子的人完全可以与强盗串通起来敲诈行人。在此情况下,最好是多向他们交一笔钱,而不是把我们的牲畜遗弃给他们,因为损失牲畜之后,不久就该丧失我们自己的生命了。

在走进他们指给我们的客店时,我们确实发现那里的一切都处于临战状态,在各处都能看到长矛、弓箭和火绳铳。这些武器的存在不足以使我们感到完全放心。我们决定不躺下睡觉和亲自在夜间看守。

高塘子以及它那战争的外状和极端的贫穷,是使我们无法解释的一个地区。我们询问为什么当地人甘心居住在这样一个令人恐怖的、贫瘠的、缺乏水源和远离任何人类聚落的地方,尤其是一个不断遭受强盗土匪蹂躏的地区。他们的目的何在? 我们枉费心机地作了研究,徒然地提出了许多假设猜测,这一问题始终不得其解。在夜间一更的时候,我们与店主公谈论了许久,我们觉得其性格相当真诚坦率。他向我们叙述了有关强盗的一大批故事,所有的故事中都充斥着有关械斗、魔鬼和火灾的情节。我们对他说:“那么,你们到底为什么不放弃这块糟透了的地盘呢?”他回答说:“啊!我们不自由。我们这些高塘子的居民都是流放罪犯,曾被免除了一直发配伊犁之苦,而是留在这中途路上,以向押解流放罪人的官吏和士兵们提供水。我们被迫向途经此处的官府雇员免费提供一切。”当我们一旦获悉自己置身于发配犯之中时,才稍微安定下来了。我们倾向于认为他们不可能串通强盗,因为他们之中有一些受命监视他们的小官吏。在一段时间内,我们曾希望在高塘子找到一些基督徒,但店主公却向我们断言,这里没有任何基督徒。他告诉我们说,由于信仰天主教而被流放的人,都被解往伊犁去了。

据客栈掌柜对我们所说的一切情况来看,我们认为自己不会遇到任何麻烦,在这里略作一番休息。因此,我们便去歇息,一直酣睡到次日黎明。由于天主的保佑,匪徒未来“拜访”我们。

在这一天的大部分时间里,我们一直延着通往伊犁的道路前进。我们怀着虔诚的心情,有时是怀着宗教般的崇拜心情走这条配军之路,它由于那些信仰圣教的基督徒的穿行而变得神圣起来了。我们非常热衷于谈论那些不肯背弃其宗教信仰,而是宁肯放弃家庭和故乡以前往陌生地区度过一生的勇敢基督徒与那些毅力坚强的人。我们希望上帝能激励那些充满了虔诚心的传教士们,去安慰我们那些被流放的教友们。

通往伊犁的道路一直把我们引向了万里长城,我们并着脚就可以跳过长城。对于中华民族的这一建筑物,虽然举世已谈论了许多,但尚未能充分了解它。它值得我们于此再讲几句话。大家知道,那种修造万里长城以用工事来保卫自己不受敌人入侵的思想,并非是中国独具匠心,上古时代向我们提供了许多类似工程的例证。除了在叙利亚人、埃及人和麦地亚人(Medes)之外,在欧洲也根据塞普提摩—塞维尔(Septime-Sévère)的命令,而于大不列颠以北修筑了一道长城。然而,任何一个民族都未曾筑成由秦始皇帝于公元前244年建成的万里长城那样宏伟的工程。中国人称之为“万里长城”。为了这项工程而征募了无数民工,这项浩大的工程共持续了十年。万里长城从甘肃的最西端一直延伸到东海。那些对中国作过描述的人，都对此项巨大工程的规模有过不同的估计。有的人把它过分夸大了，其他人则极力奚落它。我认为，这种不同的看法出自每个人都想根据他亲眼看到的一小段微观样板而作出了宏观的判断。1793年，以使团的历史专家之身分陪同马戛尔尼(Marcartney)出使中国的巴罗先生，曾作过如下计算：他假设认为在英格兰和苏格兰之间在180万幢住宅，由于他认为每座砖石建筑均有2000平方法尺，所以他提出它们所用的建筑材料不如中国万里长城多，而且他还认为这些建材足够修筑一道可以绕地球两周的城墙。很明显，巴罗先生把他在北京以北(古北口)看到的长城作为其计算的基础。这段长城确实是一项壮观而又宏伟的工程，但不应该相信为防止鞑靼民族入侵而筑起的屏障，于其全长中都同样宽、同样高和同样坚固。我们有机会在15个以上的不同地点越过长城，多次用整天的时间沿其走向旅行，从未使之脱离自己的视野。我们所遇到的往往不是在北京附近存在的那种筑成堞垛的双层城墙，而仅仅是一种简单的泥石砌体，有时又只不过是一堵普通的土墙。我们甚至还发现这道著名的长城被简化成了其最常见的表现形式，完全是用几块碎石堆砌而成。对于巴罗先生讲到的该建筑的基础，以及用灰浆粘合起来的巨大石块筑成的长城，我们应承认自己在任何地方都未曾发现过其遗迹。此外，我们还应设想一下，秦始皇帝①在这项巨大工程中，当然会致力于以一种特殊的方式加固帝国京师的周围(作者又误把北京当作是秦帝国的首都了。——译者)，那里就是氐戎部族首先要进攻的要塞。我们还可以假设认为，那些奉命执行秦始皇计划的官吏们，则必须非常认真地主持从某种意义上说是在皇帝的眼皮下完成的工程，而在最为遥远偏僻的地点，则仅满足于筑一些类似长城的东西，而且在那里也不必过分害怕鞑靼族的入侵，例如在鄂尔多斯和阿拉善山的边陲地区。

① 秦始皇帝是万里长城的修造者，他实际上是统一的中华帝国的缔造者，统一了割据中国领土的诸民族。他还有幸使其王朝成为天朝帝国的名称，“中国”(Chin)实际上是“秦”的讹读。

我们在越过长城数步后遇到了三眼井[①]哨卡,由于它对待希望进入帝国中原的鞑靼人非常严厉的态度而特别著名。村中绝无仅有的一家客栈,由戍边兵勇的指挥官经营。我们一进店就发现院子中有几群骆驼,可能有一支很大的鞑靼人骆驼队先于我们不久而到达。但店中尚有地方可住,因为这是一家大客店。一旦当我们得到了自己的房间之后,便开始了检查护照的问题。戍边指挥官亲自前来要求检查我们的护照。我们回答说:"没有护照。"他听到这句话后立即喜形于色。他向我们宣布,除非是我们支付一笔很大的款项,否则就不能继续赶路了。"怎么会出现护照或钱的问题呢?你要知道,我们已横穿中国的两极而旅行,曾到过北京,穿过了整个鞑靼地区,而从未曾有过护照,又未花过一文钱。你是戍边的军官,难道你还不知道喇嘛拥有在全国旅行而又不需要护照的特权吗?""你讲了些什么话?你看这就是刚刚到达的一支骆驼队,其中有两名喇嘛,他们也像其他所有人一样向我出示了护照。""如果你说的是真情,那就应由此而得出结论,认为有些喇嘛领到了护照,而其他人则未领到。我们这些人就属于未领到护照者……"我们发现这场争执持续的时间太长了,于是便使用出了最后手段。我们对他说:"好吧!我们付给你要求的全部钱,但你要给我们一张由你签名的收据。其中要写明,你为了对我们放行,而要求我们或出示护照,或付一笔款项。我们将向从此之后遇到的第一名官吏出示,并询问他这是否符合帝国的法律。"开店的士兵不再坚持了。他说:"既然你们已到过北京,可能是皇帝赐给了你们特权……"他接着低声和微笑着对我们补充说:"不要告诉这里的鞑靼人说,我免费为你们放行。"

目睹在中原旅行的这些贫困的蒙古人,则会产生一种真正的怜悯心情:所有人都自认为有权敲诈勒索他们,而且所有人都会令人不可思议地获得成功。他们到处都会遇到关卡,到处都有人因为他们慷慨而求告他们,因为蒙古人到处筑桥和建庙。开始时,有人装模作样地为他们效劳,劝他们警惕坏人和居心叵测的人。大家都对他们表示亲近,称他们为兄弟和朋友。如果这种方法还不

---

① 在中国,为了避免事故,水井一般都用一块宽大的石头覆盖,于石板上按井的体积而钻一个或数个很狭窄的洞口,以便能借助于一个较长而不太宽的柳条斗汲水。

能成功地使他们解囊，那么这些人就要使用恫吓的手段，使他们感到难以忍受的害怕，向他们大讲官吏、法律、公堂、监狱和酷刑等。这些人恫吓他们说，要让人把他们逮捕入狱。总而言之，大家都把他们当成了真正的稚童看待。我们还应当承认，蒙古人非常容易上这种手腕的当，因为他们完全不懂中原的风俗和习惯。当他们下榻于一家旅店时，他们不是居住在提供给他们的房间中，并把他们的牲畜拴在马棚中，而是非常勇敢地把他们的帐篷支在院子的中央，在四周钉好一些桩子并把他们的骆驼拴在那里。人们往往不能容忍他们这种古怪的行为，他们只得同意住进房间，但他们始终把房间视如监狱一般，确实是以一种滑稽至极的方式安排自己的住处。他们于房间的中央支起三角架和饭锅，用干牛粪点火，小

中国的当铺

心翼翼地做一顿美餐。人们枉然地劝他们说店中有一大灶，他们在那里能更方便地做饭，没有任何话能打动他们。他们偏执地要在房间中用自己的小锅煮茶。当夜幕降临时，他们便在灶的周围铺开其羊毛毯并躺在上面睡觉。他们绝不肯在房间中的床上或炕上睡觉。与我们一起下榻于三眼井客店中的那支旅行队的商人都在露天中小歇。这些戈壁沙漠的可怜儿子非常天真，他们前来严

肃地问我们的店主人,是否因让他们居在其院中还会让他们多付一笔钱。

我们继续在甘肃省赶路,向西南方向行进。该地区由小溪和丘陵纵横交错,一般来说风景尚为优美,显得相当富庶。我们在那里看到的物产之奇妙的多样性,虽然是由于其温和的气候和天然肥沃的土地造成的,但主要应归功于耕农们的劳动和智慧。当地的主要粮食作物是小麦,他们以欧洲的方式烤制成一些美味可口的面包、饼子。那里基本上不播种稻子,当地消耗的很少一点大米来自邻省。该地区的山羊和绵羊均属优良品种,羊肉与面饼形成了当地居民的基本食物。大量的和取之不竭、用之不尽的煤炭资源,使所有人都有了唾手可得的燃料。最后,我们觉得在甘肃省可以很容易并很便宜地过上舒适的生活①。

在距三眼井哨卡有两日行程的地方,我们受到了一场风暴的袭击,从而使我们面临着极为严重的困难。当时正值上午 10 时左右,我们刚刚翻过一座小山以进入一片面积辽阔的平原,突然间大气中出现了极其安静的气氛。我们发现空气纹丝不动,但天气却极端寒冷。天空慢慢地被一层微白色的薄云覆盖,但却没有发现形成任何乌云。大风很快从西方吹了起来,骤然间则变得如此强烈,以致于使我们的牲畜几乎不能再前进了。整个自然界万象都似乎陷入了一种快要解体的状态。天空始终没有乌云,而仅仅是一种红棕色。咆哮的大风以漩涡状向前推进,在空中吹起了巨大的风柱,卷起了尘埃、沙砾和植物的残枝烂叶。这些风柱然后又猛烈地向左右和各个方向转动。大风如此狂暴,天空如此震荡,以致于我们在正当午时也无法分别出自己骑的牲畜。我们于是被迫下马,因为再没有办法前进一步。为了不被风沙迷眼而用头巾蒙住我们的面部之后,我们便伏在坐骑的旁边,再也不知道自己已到哪里,每时每刻都觉得天地被彻底搅乱了,万物的末日到来了。这种现象持续了一个多时辰。当风势稍微平缓一些的时候,我们才得以清楚地看到自己的周围,并发现所有人彼此之间分开得都很远,因为在这次令人毛骨悚然的风暴期间,我们徒劳无益地互相呼叫

① 参阅鄂托(Otto)主教的文章,载《中国和日本传教区》(1921 年,第 417 页以下)。甘肃北部的宗座代牧于该文中完全支持古伯察神父的看法。

和彼此之间召唤,大家根本不可能互相听到。一旦当我们能移动几步的时候,便向一个离自己不太远的庄园走去。但我们在此之前却未能发现它。由于风暴吹倒了院子的大门,所以我们很容易就进去了。农舍很快就向我们敞开,因为上帝使我们在这场灾难中,遇到了一户因其好客的习惯而非常著名的人家。

我们一到,主人就给我们热水以让我们洗漱。我们处于一种狼狈不堪的境地。从头到脚都沾满了灰尘,尘土甚至灌进了我们的衣服,浑身都沾满了沙土。如果这样一种恶劣的天气在阿拉善山(贺兰山)的途中袭击我们,那我们将会被活埋在沙漠中,永远再也不会有人知道我们的信息。

当我们看到大风的盛势已过,仅有小阵风吹的时候,我们便想启程了。但农舍中的那些善良的农人绝不同意让我们出走。他们声称可以在夜间为我们找到住宿的办法,我们的牲畜也不会缺乏水和草料。我们觉得他们的邀请是真挚而友好的,况且我们也非常需要休息,于是便很高兴地接受了他们的提议。只要与甘肃居民略有接触,那就很容易看到他们并不是纯洁的汉族血统。他们之中的鞑靼—藏族成份更为突出和明显。这一点更为显著地表现在农村居民们的性格、习惯和语言方面。人们在他们之中绝不会发现作为汉人特点的那种过分讲究的礼仪,而相反他们则是以其坦率和好客而引人注目。人们在他们的汉文方言中可以发现一大批属于鞑靼和藏语的词汇。尤其是他们的句子结构很特殊,人们几乎从来不会于其中发现汉文的表达方式,而始终是蒙古语中的常用倒装句。例如,他们不像汉人一样讲"开门"、"开窗"……而是说"门开"、"窗开"等。另外,汉人都不大喜欢的鲜奶、酥油和奶子酒等食品相反却成了甘肃居民们的美味佳肴。特别是他们的宗教特点使他们有别于汉人,汉人一般对宗教都持怀疑和冷漠态度。在甘肃,有数目很多和香火旺盛的喇嘛庙,在那里遵循经改革后的佛教崇拜。这并不是说汉人没有大量的佛塔与其家中供奉各种的偶像,而是仅限于其外部形式。在甘肃,并不是所有人都作经常性和每次都长时间的祈祷。然而,正如大家所知道的那样,这种祈祷正是从教人与非宗教人士之间的区别。

除了甘肃的居民与中国其他人具有很大不同的特点之外,他们彼此之间也形成了一些差距甚为悬殊的类别。察罕胡尔人也可能是该省中最突出的一个种族。他们占据了一般通称为“三川”的地区，即就是我们的驼夫桑达钦巴(Samdadchiemba)的故乡。察罕胡尔人具有汉人的全部足智多谋和智力超群的特征，但不如汉人那样开化，也没有汉人语言中的那种文雅形式。所以他们也使其近邻们感到恐惧和厌恶。当他们认为其权力受到损害时，始终以刀剑相斗来决断。在他们之中，最受崇拜的男子始终是杀人如麻者。他们操一种特殊的语言，系蒙语、汉语和东部藏语的混合语言。如果相信他们之所说，那么他们就属于鞑靼血统。在此情况下，我们可以说他们非常好地保留了其先祖的粗犷和桀骜不驯的特征。现今蒙古的居民却奇怪地改变了其风俗并变得温和多了。

虽然察罕胡尔人归附了大清皇帝，但他们却有一批属于其部族的世袭统治者治理，这些统治者都享有“土司”的尊号。在甘肃和四川省的边界地区，有许多部族都是这样和根据一些特殊的法律而自我治理。所有这些小部族都以其土司的名称命名，于此之中再加上其土司的族姓。桑达钦巴属于察罕胡尔人的吉土司。杨土司是其中最著名和最令人生畏的一个。他在长时间对西藏的首府拉萨施加了很大影响。但这种影响继我将于下文介绍的一次著名事件之后，于1845年被破坏了。

在我们很好地休息并消除疲劳之后，于次日清晨便准备行装。我们于途中到处都会遇到昨天风暴的痕迹：被折断的或连根拔起来的树棵、被掀去屋顶的房屋、惨遭毁坏和完全失去了腐殖层的耕田。在这一天的结束之前，我们到达了庄浪河，但一般又称此地为平番。该城没有提供任何引人注目的东西，其商业经营相当繁荣。全城以平庸而无特色的模式建成，没有任何特点，既不美也不丑。我们前往三干店投宿，在那里与我们打交道的店掌柜是我们从未遇到过的一名既最和蔼又最刻薄的人。他是一名纯血统的汉人，我们可以举出有关他的精明程度的一个例证：他直言不讳地问我们是否是英国人。为了不使其问题有任何疑义，他补充说他以“英吉利”人指在广州发动战争的“洋鬼子。”“我们不是英吉利人，我们这些人绝不是任何形式的鬼子，既不是海上的洋鬼子，也不是陆上的洋鬼子。”一个游手好闲的人，恰得其时地前来消除了这段不合时宜插曲的不良后果。他对店主公说：“你不会观人相。你怎敢声称这些人是洋鬼子呢？难道你不知道这些人完全是蓝眼睛和红头发吗?”店老板说:“太对了。我没有很好地思考。”我们补充说:“不,你肯定没有很好地思考。你难道认为洋鬼子可能会像我们一样,能在陆地上生活并能骑马旅行吗?”“啊!太对了,完全如此。据说英吉利人从不敢离开海。一旦当他们登陆,就会颤抖并如同抛在水面之外的鱼一样地死去。”大家讲了许多有关洋鬼子的风俗和习惯。根据当地所流传的一切特征,他认为已证明我们与洋鬼子完全不属于同一种族。

在入夜之前不久,客店中爆发了一场大骚乱,因为一名活佛及其人数众多的随行人员前来投宿。他刚从前往其故乡西藏的一次旅行后返回,正向他多年来任住持的那个大喇嘛庙进发。该喇嘛庙位于喀尔喀人地区,距俄国边境不远。当他进入客店后,早在院子中恭候他的一大批虔诚的佛教徒便前额触地地跪在那里。大喇嘛进入为他准备好的一套房间中,夜幕很快降临了,那一群人便退出去。当客店变得略微寂静一些时,这一奇怪的人物便充分表现出了好奇心。他便开始跑遍了整个客店,到处都进去看一看,与所有人对话,但在任何地方都既不肯坐下,又不愿停下。由于我们在那里等待,他立即就进入了我的房间。当他进来时,我们仍端正地坐在炕上,假装不肯起来迎接他,而仅满足于用手向他打了个简单的招呼。这种方式似乎使他大吃一惊,但又不显得惊惶失措。他在房子中间停了下来,长时间地逐一审视我们。我们保持着极大的沉默,同时也利用同样的有利条件,而同样随心所欲地观察他。此人似乎有五十多岁,身穿一件很长的黄色塔夫塔绸袍子,脚上蹬着红丝绒的藏式靴子,靴子以其靴底之高而显得与众不同。他中等身材,却长得非常富态。其面庞已被严重晒黑,显得令人不可思议的天真淳朴。但当仔细观察时,那就会看到其双眼略显野性难驯,一种使我们感到害怕的古怪表情。最后,他用蒙语与我讲话,他用这种语言表达得很流利。开始时,我们对话仅仅是旅行家们之间互相讲的那些有关琐碎问题的内容,如有关道路、身体、天气和牲畜状况好坏等问题。当我们看到他的这次拜访要拖得很长时,于是便请他上炕坐在我们的身旁。他犹豫了一会儿,无疑是想到他不宜以其活佛的身分与我们这些肉体凡胎的普通人平起平坐。然而,由于他非常渴望与我们交谈一会儿,于是便拿定主意坐下来。他不能在我们坐着的时候又不失其高贵身份地过久站立。

我们身旁小茶几上的一本日课经,立即引起了他的注意,他问我们是否允许他看一下。当我们答应之后,他便两手捧起此书,欣赏其装帧和烫金的切口,然后又打开书并很长时间地浏览翻阅之。他最后又把书合了起来,庄重地把它捧到额前并对我们说:"这是你们的祈祷经书……永远都应该崇拜和尊重祈祷经文……"他接着又补充说:"你们的宗教与我们的宗教都一样……"他在讲这些话的时候,让其双手的两个食指互相碰撞。我们回答说:"是,你说的完全对。你们的信仰与我们的教义处于对立状态。对于我们旅行和一切努力的目的,我们不向你隐瞒,这就是想以我们的日课经来取代现在行用于你们喇嘛庙中的祈愿经。"他微笑着说:"我知道,很早就知道了。"后来,他又取过日课经文并要求我们解释其中所包括的许多图版。他对我们向他讲解的任何内容都似乎不感到惊奇。只不过是在我们向他解释受难耶稣像时,他才摆动了一下头颅以表示怜悯,并将其合十的双手举到了额头。他在浏览所有的图版画之后,又双手捧起日课经并重新使它触头。他然后站起来并非常客气地向我们致意,离开了我们的房间。我们一直把他送到门口。

当房间里仅剩下我们一行时,我们一时间对这一次古怪的来访尚感到目瞪口呆。我们试图猜测当这名活佛和我们在一起时,会怀有什么样的感想。当我们向他介绍了我圣教的梗概之后,他会得出什么印象。我们有时会想到,其心灵的深处可能会产生某些非常奇特的看法;有时我们又认为,他可能没有任何感受。他纯粹是一个很平常的人,无意识地利用其地位,但却没有过多地想到这一点,而对自己所谓的地位又毫不重视。我们非常关注这一特殊的人物,希望在重新登程之前再会见他一次。由于我们翌日一大早就要启程,所以便在睡前去回访他。我们发现他在房间中,坐在用极美的虎皮覆盖的宽大而厚实的蒲团上。他面前的一个小漆茶几上放着一把银茶壶,一个放在镂刻了大量图案的金茶碟上的玉杯。由于他在一段时间内似乎感到百无聊赖,所以他对我们的来访感到非常高兴。由于我们害怕他竟敢让我们当着他的面站着,所以我们在进屋后便无拘无束地坐在他的身旁。他那些住在旁边一间客房的随行人员,对于我们这种不拘礼节的行为极其反感,于是便发出一种轻微的窃窃议论的指责声。活佛狡黠地微笑着看我们。他然后便摇动一个小银铃，一个青年喇嘛便应声而至，活佛命令此人向我们献奶茶。他对我们说："我经常能见到你们的同胞，我的喇嘛寺距你们的国家不远。俄罗斯人有时会越过边境，但他们走得没有你们这样远。"我们对他说："我们不是俄罗斯人，我们的国家距俄国很远。"这种答复似乎使他感到意外，他仔细地审视我们一番，然而又补充说："你们来自哪个国家？""我们来自西天。""啊！是这样。你们是夷人①，来自竺恒河（东恒河）。你们居住的城市叫作加尔各答。"正如大家所看到的那样，活佛并没有远离真理，如果他没有讲得恰如其分，那不是他的错误，他只能把我们列入他所熟悉的民族类别中。他最早认为我们是俄罗斯人，后来又认为是英吉利人，这就证明了他很有眼力。我们枉然地向他解释说自己既不是俄罗斯人，也不是加尔各答的夷人，但我们不能说服他。他对我们说："此外，知道你们是这个国家或那个国家的人，又有什么用？因为所有人都是兄弟。问题仅仅在于，只要你们在汉地，那就必须谨慎行事，不应向所有人诉说你们是谁。中原人生性多疑和喜欢作恶，他们可能会加害你们。"他接着又向我们讲了许多有关西藏，为到达那里而应穿越艰难路途的问题。他看到我们的样子，非常怀疑我们是否有足够的力气从事这样一次旅行。这名大喇嘛的言谈举止始终充满着和蔼可亲的口气，但我们在他那奇怪的目光下，却无能为力，我们觉得从他的眼中看到了某种邪恶和敌意的东西。如果没有这种特征（它也可能是由于我们的某些担心而造成的），那我们将会认为他是一个很可爱的人。

从庄浪或平番出发，我们前往河交邑，在地图上称之为大通县②。今天，这一古名几乎已不再行用了。这条路到处都由满载煤炭的队伍阻塞，他们用黄牛、毛驴和小车运煤。我们决定在河交邑停留数日，让我们那些已精疲力竭的牲畜稍微休息几天，马匹和骡子都由于鞍子的磨擦而于肋部生出了巨大的肿块。在继续行进之前，最重要的是给它施行手术和服药。因此，由于我们计划休整，

① 西藏人称印度斯坦的英国人叫作 Péling，此名意指外国人。它就相当于汉文词"夷人"，欧洲人译作 barbare（蛮人）。这无疑是为了在比较中找到能满足自己自尊心的地方。

② 在毕欧的辞典（1842 年）中，我们在该城的条目中可以读到："大通是西宁府（甘肃）东北一个新居住区的名称。该城市的纬度为北纬 36°50′，经度为东经 100°30′"。

所以在确定于何处下榻之前，仔细观察了城中的所有客店，以便能在最合适的店中休息。我们选中了和顺店。

自从我们进入甘肃省以来，桑达钦巴没有一天不向我们讲述三川和察罕胡尔人。虽然其性格不太富有感情，但他却非常希望再去看一下故乡，探望其家庭中尚剩余的人。我们只能支持这样一种合理的情感。一旦当我们在和顺店安排好之后，我们便给他八天的假期，去探望他从童年时就离开的故乡。他觉得八天已绰绰有余了，两天去，两天返回，于其家中度过四天，以向其家人叙述他遍游天下而看到的奇迹。我们允许他带去一头骆驼，让他能在其亲人中显得有些得意洋洋。我们放入其钱包的五两白银足可以使同胞们尊重他了。

在等待我们的察罕胡尔人返回的期间，我们完全忙于照料自己的牲畜和自我保养。我们每天都必须进城采购自己特别需要的生活必需品，自己做饭，然后早晚去距客店相当远的地方牵牲畜饮水。店主公是一个天性善良的人，一直殷勤地为我们服务，但实际上始终是过分啰嗦并且有点令人腻烦，只是由于他的一片好心，才会使人原谅他如此絮叨。

这名善良的店主公不时地来到我们的房间，对我们收拾房间等问题提出一大堆意见。他在把所有的东西都移动一番位置，把一切都按照他一时的兴致而重新作了安排之后，最终走近我们的小炉灶，发现了其中的小锅。他用手指醮着品尝了我们的蔬菜炖肉块，然后又擅自加入了盐巴或生姜，这使古伯察先生非常不快，因为他被正式指定做饭。还有另外几次，他声称我们完全不会生火，应以什么形式加添煤炭，应从哪一侧留风道等。后来，他又取来了一根大火箸，对我们的炉灶乱捅一气，这又使负责烧火的秦神父感到极为不满。当夜幕垂临，他自认为必须加长或缩短我们的灯芯，以使其亮度合适。有时，他确实表现出一副怀疑我们在没有他的情况下，会怎么生活的姿态。我们一个人已 32 岁，另一个则 37 岁了。然而，在他每时每刻都纠缠我们的所有那些劝告提示中，只有一种使我们觉得他合乎常理，这就是他建议我们烧炕。这里烧炕的方式很别致，而且也是惟有此地所独有的，我们在其他任何地方都未学到有关这个问题的经验。

炕或者是一种于上面睡觉的大炉灶，它在甘肃省并不完全如同在中国北方那样用土石砌成。其上面是活动的板子,以衔接得非常严密的方式一块接一块地排列起来。当想烧炕时,就要撤走这些木板,然后在炉灶内装满经粉碎的特别干燥的马粪。接着再向这些燃料上面抛几块烧红的炭,再把木板放回其原来的位置上。火慢慢地就引燃了马粪,而马粪一旦燃着,就不会再熄灭了。其热量与烟雾无法冒出外部,于是很快就加热了木板并产生了一种微热的温度。由于马粪燃烧得很缓慢,所以这种温度能持续一整夜。烧炕者的本领大小,在于放的马粪既不要太多,又不要太少,要铺散得非常恰当,在抛撒火炭时要使燃料在几个不同的地方同时燃烧,以便使所有的木板都同时被加热。我们因被迫看到别人像对待小孩子一样为我们烧炕而感到惭愧,有一天希望自己能做这件事。但我们试验的结果并不乐观,以至于我们之中的一人差一点被活活烧死,而另一人则整夜间都冷得颤抖。火在一侧烧着了一块木板,而另一侧的马粪则未被引燃。和顺店的店主公为了这一缘故而表示非常不满,这也完全是有道理的。为了使类似的混乱不再出现,他做锁子锁住了存放马粪的小棚子,每晚都要等待他本人来为我们安排睡觉的床。

由于我们为安排自己的生活要费许多精力,同时还要作日课,从而避免使我们在交河邑停留期间感到无聊。时光流逝得飞快。到了第八天,正如我们事先约定好的那样,桑达钦巴归来了,他不是独自一人归队,而是由另一名少年陪同前来。我们从其相貌就会很容易地认出这是其兄弟,他也确实是这样向我们介绍的。我们这第一次见面是很短暂的,这两名察罕胡尔人立即又离去,偷偷地前往店主公的住处了。我们最早认为他们是去向店老板行见面礼的,事实却绝非如此。他们很快就又出来了,具有一种比第一次更为一本正经的姿态。桑达钦巴第一个走了进来。他对其弟说:"巴布错,向我们的主人叩头,把我们那贫穷家庭的布施交给他吧。"那名察罕胡尔青年以东方人的方式向我们三鞠躬,然后向我们递上了两个大盘子,一个盛有非常漂亮的核桃,另一个盛有三个大面包,由于其形状而使我们想到了法式面包。为了向桑达钦巴表示我们对他的殷勤是多么感激,我们立即和不停地吃了一个面包,而且与核桃一块吃。我们美餐了一顿。因为自从我们离开法国之后,尚从未品尝过味道如此鲜美的面包。

我们没过多久就发现桑达钦巴的衣服已经破旧不堪了。我们疑惑不解地看到他穿着如此破旧的衣服回来,而他走时则衣冠入时。我们责问他这种变化的原因,他于是便告诉我们说,他发现自己的家庭已处于赤贫之中。父亲已去世很久,年迈母亲双目失明,再无见到儿子的福气了。他有两个兄弟,其一尚年幼,其二就是我们所看到的这位。这一少年是家庭中惟一支柱,他用全部时间来耕耘尚留下的一小块田地和放牧其他人的畜群。根据他描述的这幅景象,我们就不难理解桑达钦巴把他的衣服派作何用了。他把一切都留给了他那可怜的母亲,甚至连他的旅行被也不例外。我们认为应建议他留在家中,以便照顾他那不幸的家庭。他对我们说:"我怎能残忍地办出如此的事来呢?难道能允许我去吃尚留给他们的那块土地吗?他们只能勉强以此维持自己的生活,哪里会找到养活我的东西呢?我没有任何手艺,也不会耕地,我能对他们有什么帮助呢?"我们发现这种解决办法既不高明,又不宽厚。但我们熟悉桑达钦巴的性格,它不会使我们感到惊奇。我们没有强调让他留下来,因为我们比他更坚信他不会对家庭有多大好处,其家庭实际上也没有期待他的任何帮助。从我们一方来说,我们已作了自己为救济这些不幸者们而能作的一切。我们向桑达钦巴的兄弟作了一大笔施舍①。其后,我们就准备继续赶路了。

在这八天的休整期间,我们牲畜的状况已大有好转,足够使我们敢于走上将要沿之前进的那条艰难的道路。在我们离开河交邑的翌日,似已开始攀登平口高山峻岭。布满了令人可怕的坑坑洼洼的羊肠小道,成了我们骆驼的几乎不可逾越的障碍。在行路期间,我们被迫不断地发出大声呼唤,以警告可能在这条路中行走的赶骡子的人。这条路如此狭窄和如此危险,以致于使两头牲畜不能并排而行。我们通过这些呼唤声而请那些与这支旅行队反向而来的人,有充足的时间把他们的骡子牵到一边去。如果他们不希望看到其骡子发现我们骆驼的形状时,受惊并冲向深渊中的话,那就必须如此。我们于天亮前从山脚下出发,直到中午才攀登到山峰。我们在那里找到了一家小客栈,那里作为茶水而出售一种经

---

① 桑达钦巴将其家迁到了鄂尔多斯,该家庭在那里受了归化。其侄子们在喀喇巴勒哈逊的小基督教会口中成了小康人家。

马车

浸泡的炒蚕豆汤。我们在那里停留了一段时间以用饭,饭菜相当可口,因为它是以调味品、几个核桃和那名察罕胡尔人的一片优质面包组成,我们十分节省地慢慢吃。根据我们的计划,一杯冷水就成了我们这一餐饭的补充。但在该山上,大家只能找到一种具有令人难以忍受的恶臭饮料。因此,我们只得饮用炒蚕豆水,这是一种淡而无味的饮料,但却以相当昂贵的价格出售给我们。

这里的寒冷远不像我们根据季节和大山的高度而害怕的那样严酷。中午过后,天气甚至相当温和,天已变阴并开始下雪。由于我们被迫徒步下山,所以很快就热得难受。因为我们必须作出巨大努力,以在这一很滑的山坡上支撑住自己。我们的一头骆驼两次摔倒,但幸运地是它都被岩石挡住了,从而阻止它一直滚落到山脚下。

当我们把这座令人望而生畏的平口山岭抛在后面时,便去老鸭堡村下榻。我们在那里发现了一种与河交邑略有不同的取暖方法。那里的炕不是用马粪维持热度,而是用经粉碎后再作成团的煤来加热,这种煤饼形成了类似砖一样的块状物。那里同样地使用泥炭。我们始终认为中国人不懂编织术,但老鸭堡却打消了我们的这种成见,而且中国人自己也赞同这种看法。我们在所有的街道都发现了一大批编织工,但不是女工,而都是男工,因为惟有男子才从事这一行业。他们的产品都缺乏审美观,既没有风格也不雅致。他们仅仅编织粗羊毛线,最多的是用来织造样子丑陋的袜子,如同口袋一般;有时又织成手指不分(惟有拇指例外)的手套。他们所使用的织针都是竹木的。对于我们来说,看到一些长胡须的男子,在其家门口坐在太阳下,如同大姐大嫂们一般纺线、织衣和聊天,那不能不说是一道奇特的风景,大家可能说这是对我国风俗的一种滑稽模仿。

我们从老鸭堡到西宁府共走了五天,于第三天经过了碾伯县,这是一座三级城市。在城西门之外,我们停在一家客栈以用早餐。许多旅行家都聚集在一间大厨房中,占据了沿墙壁排列好的大量桌子。在饭厅的中央,建起了巨大的炉灶,店主与其妻子、孩子们和几名伙计们忙碌地准备房客们预订的菜肴。所有人都很忙碌,或准备菜肴,或在吃饭。正当此时,大家听到了一阵高声的呼唤。这是女掌柜的疼痛哀叫,因为其夫刚刚于她的头上猛击了一铲。所有的旅客听到这种惨叫声之后,都抬起头来,那个女子喊叫着逃到厨房的一个小角落里了。店主向众位行客解释,他为什么应该训斥其放肆的和不驯服的女人,因为她不能很好地做家务,企图毁掉客店的繁荣生意。在他的一大套言语尚未结束时,女子便不失时机地从她蜷缩的那个角落里进行反驳,她向这一群人宣布说,其夫为一懒鬼,在她精疲力竭地为店客们服务时,他却以抽烟和喝酒打发时光,一个月的收入都消耗在烟草和烧酒中了。在这场闹剧期间,观众们都鸦雀无声和纹丝不动,无法作出任何赞同或反对的表示。店主婆最终从那个小角落里出来了,在某种意义上是去向其夫挑战。她说:“我既然是一个坏女人,那就该杀死我……来啊!杀死我。”她傲慢地站在店主公的面前。他没有立即杀她,而是打了她一个可怕的耳光,使她发出阵阵哀叫声,重新跑回她那个小角落中去了。观众们突然发出了大笑声,他于是便开始寻找一种令人开心的事情,她也很快变得严肃起来了。在经过一方骇人听闻的咒骂和另一方的残酷威胁之后,店主公用一根腰带扎紧了腰,把辫子盘在其头的周围,这是要动手打架的标志。他对妻子说:“既然你愿意让我杀死你,好吧!我就来杀死你。”讲完这些话之后,他于炉子上取来一些长长的铁火箸,怒不可遏地冲向妻子。所有人都立即站了起来,发出了呼叫声,邻居们也都闻声跑来,大家都试图把正在撕打的两人分开,但直到女店主血流满面和披头散发时,才成功地拉开了他们。此时，一个上了一定年纪并似乎在家中具有某种权威的男子，声色俱厉地讲了几句话。他说："怎能这样！夫妻之间怎能这样！……面对你们的孩子！面对一大群店客！！"这些话重复三四次，以一种同时表现了其愤怒和权威的口吻喊叫，但却产生了神奇的效果。一段时间之后，客人们继续愉快地进晚餐，女主人在核桃油中炸点心，户主在默默地抽烟。

正当我们将要出发时，店主公在结算我们的账目时说，由于我们在进晚餐时把牲口拴到院子中，而记了50文钱的账。他们明显要按鞑靼人向我们索价。桑达钦巴已无法控制其愤怒，他咆哮起来："难道你认为我们这些察罕胡尔人不懂住店的规矩吗？人们在什么地方见过为把牲畜拴在木桩子上而付费呢？告诉我，店主公！你和老婆演出的那场喜剧要索价多少元钱？……"这种挖苦是辛辣尖刻的，在场众人的笑声支持了桑达钦巴。我们在仅仅结算三个人的花销之后，便迅速离去了。

一般来说，通往西宁府的道路都很平坦，维护得也相当好。它蜿蜒地穿过一片肥沃的原野，田地被精心地耕耘，由于大树、丘陵和大量小溪而被点缀得风景如画。烟草是该地区的主要作物。我们在赶路时遇到了许多因其结构简单而引人注目的水磨，这种水磨就如同中国的所有地区的此类设施一样。这些水磨的上磨扇固定不动，下磨扇则由于水流带动而成为惟一一个转动的轮子。为了操作这一切，有时为建造规模很大的碾磑，也只需要很少一点水。因为让水像瀑布一样地落在轮子上，而水位至少有20法尺高。

在到达西宁府的前一天，我们遇到了一条极为险阻的道路，迫使我们常常求告神圣上帝的保佑。我们在巨大的山岩中穿行，沿一条深深的河流前进，其汹涌的江水扑打着我们的脚面。我们面前始终是张开巨口的深渊，只要有一步失误就会滚下悬崖峭壁。我们特别为骆驼感到担忧，因为它们在崎岖不平的道路上行走时，显得非常笨拙和臃肿。最后，由于上帝的慈悲，我们平安无恙地到达了西宁府①。西宁是一座占地辽阔的城市，但民居不稠密，多处

---

① 西宁府的海拔高度为7000法尺，其居民近6万。它与西藏保持着大规模的通商关系。青海镇守使就驻防于那里。

已几乎坍塌成了废墟。其商贸大部分都被丹噶尔城截留了。丹噶尔是位于湟水畔的一座小城,位于甘肃与青海(库库诺尔)分隔开的边境上。

西宁府的习惯(甚至还可以说是规约)是不在客店中接受诸如鞑靼人、西藏人和其他藩部人。他们应前往被称为"歇家"的地方去下榻,那里又不接受其他行人。因此,我们在一座"歇家"下马并在那里受到了优厚的接待。歇家与其他留客小店不同,食宿和招待全部免费。由于经商是外乡人的普遍目的,所以这些歇家的掌柜对出售或购买的一切都要征收一种所得税。为了开设一家歇家,则必须拥有当地官府的特许并每年向它交纳一笔款项,其金额则根据经营的规模而多寡有异。表面上看来,外乡人都受到了良好款待,但他们实际上始终都依赖于歇家,歇家与城中的商贾互相勾结,能从双方身上都捞到好处。

我们离开西宁府时发现歇家在我们身上没有赚到多少油水。因为我们既未出售又未采购任何东西。但是,像这样依赖左邻右舍地生活,则是令人耻笑和不公正的。我们补偿了歇家掌柜,按照一般客店的价格向他交纳了在他店中居住期间的花销。

在渡过了许多激流湍滩、攀登了大量遍是岩石的山岭和两次越过万里长城,我们终于到达了丹噶尔。它虽是一座小城,但居民非常稠密,非常热闹和商业很发达。这是一座真正的巴别塔(Tour de Babel,《圣经》中诺亚子孙们没有建成的通天塔。——译者)。我们发现那里聚集了东部西藏人、西番人、红毛儿人、额鲁特人、倮罗人、汉人、青海鞑靼人和古代从突厥斯坦迁来的穆斯林们的后裔。该城的所有人都具有粗犷的性格。每个人在街上行走时都佩带一口大刀,言行举止装出一样不受任何约束和冷酷无情的样子,不表现出某种好斗的姿态就不可能外出。

附　录

万里长城

万里长城的建筑一般都被过分专一地归功于秦始皇帝。它实际上是经过逐段修建起来的一项综合工程。它早在秦朝之前就已经存在许多部分了,秦始皇却令人把各段重新修建并多处加固,无疑使它们具有了一种浑然一体的特征,而它们在中华帝国的统一之前则绝没有这种特点。

巴罗(John Barow)在赴热河途中,于重要的关隘——古北口研究了长城。然而,这道防御工事再没有其他部分比这里更重要和更靠近君主的宝座了,以至于使长城在其它任何部分都没有如此宏伟的规模。

下面就是由英使马戛尔尼(Marcartney)在此处测量的长城规模之数据:

"万里长城的主体是一堵高大的土墙,每侧都由一层砖石砌墙加固,上面是一个矩形的砖台。侧墙继续升高到平台之上,充作女儿墙"。

"下面就是长城每段各自不同的尺寸数据:

砖石结构体直到建筑带饰以下的高度 ……………… 20 法尺;

从建筑带饰以下直到女儿墙的高度 ……………… 5 法尺;

砖墙的总高度 ……………………………………… 25 法尺。

"砖墙建筑在一个石基上。地基比该墙深近 2 法尺以上,其高度根据它们所处地区地面的崎岖不平情况而相应地变化。但大家在地面上看不到两层以上的地方,这些石地基层仅有 2 法尺高。

"上部的每堵女儿墙的厚度 ……………………… 1.6 法尺

在带状装饰处 ……………………………………… 2.3 法尺

带状装饰的深度 …………………………………… 2.6 法尺

带状装饰的突出处 ………………………………… 2.6 法尺

各堵侧墙基部的厚度 ……………………………5.6 法尺。

“带状装饰的下部与长城的马道处于同一平面。

“长城的全部厚度(其中包括土墙)于其所有部分都是 11 法尺宽。

在带状装饰处 ………………………………………… 15.6 法尺

砖体的基部 …………………………………………… 21.6 法尺

石地基 ………………………………………………… 25.6 法尺。

“……但最为引起人们惊讶和钦佩的是,很难设想如何才得以将建材运上去,并在一些似乎是不可攀登的地方筑墙。根据一种确切的测量,长城于其上面蜿蜒的最高大山之一高达 5225 法尺。”(《马戛尔尼游记》)

第二章

有关通向西藏道路的故事——喀尔喀鞑靼人的旅行队——青海王公的儿子——大胡子桑达拉——学习藏语——桑达拉的狡黠和刻薄的性格——桑达钦巴遭土匪抢劫——红毛儿人的两千头牛遭偷盗——丹噶尔可怕的骚乱——红毛儿人的形象与性格——定居在汉地的回回或穆斯林——由穆夫提主持的宗教仪式——回回人所享有的自主权——欢庆元旦佳节——我们的帐篷被投入了当铺——出发前往喇嘛庙塔尔寺——夜间到达——借宿一住处——哈达的特殊用法——老哥——契丹喇嘛——口吃的人——塔尔寺的大量朝圣进香人——对著名酥油花节的描述——附录

在小城丹噶尔,歇家的数量很多,这是由于经商而从四面八方吸引到那里的大量外乡人。我们前往下榻的就是一个由穆斯林家庭开设的歇家。由于我们与歇家没有任何关系,所以只好坦率地将此告诉了歇家掌柜,并确定了我们留宿于其歇家的条件。大家最后谈妥,我们就如同在普通旅店中一样留宿于这里。所有这一切都太好了,但我们最终该如何办呢?这个问题不停地使我感到不安并略微有些烦恼。

在到达丹噶尔之前,我们一直成功地和疾速地沿自己确定的路线前进。我们甚至可以说,自己旅途的这一部分令人喜出望外地获得了成功。因此,当时的问题是继续实施我们的计划,并一直到达西藏的首府拉萨。然而,这项计划似乎布满了几乎是不可克服的困难。丹噶尔犹如写有令人沮丧的"你不能走得更远"提示的海格立斯擎天柱。然而,我们已经走完很长的路,绝不可能再会失去勇气。我们获悉,几乎每年都有旅行队从丹噶尔出发,最终一直到达西藏的腹地。我们不需要更多的了。其他人从事和完成过的事业,我们也决心从事和完成之,这也并不是我们力所不及的。因此,我们决定把这次旅行走到底,不能说天主教传教士们为了教法的利益,尚不及商旅们为了很少一点利润的那种勇气。由此出发

中国的花园

继续前进的可能性就这样解决了，我们仅仅是关心出发的合适时机问题了。

因此，我们需要做的最大的事，便是尽可能地搜集有关这条通往西藏的已知道路的所有资料。大家向我们介绍了一些骇人听闻的事情：必须在一个绝对无人居住的地区旅行四个月，因此在出发之前一定要准备所有的生活必需品。在冬季，寒冷的气候极端恶劣，行人经常被冻死或被雪崩埋葬。在仲夏，有大批人被淹死，因为需要渡过大江大河，河上既无桥又无船，惟一能帮助行人的，仅是那些往往都不会游泳的牲畜。除此之外，最严重的就是土匪，他们在一年的某些时期游荡于沙漠中，拦路抢劫来往行人，然后再使他们一无衣衫二无食物地被抛弃在这些可怕的地区中。最后，大家还向我们介绍了一些令人毛骨悚然的事。这些故事表面上看来是不可思议的，或者至少是过分夸张的，但所有人口中讲得都一样，始终是令人震惊的一致。此外，大家可以在丹噶尔观察并讯问鞑靼—满族人，他们如同是这些悲剧性冒险事件之漫长历史的证明文书，这些人是去年遭土匪袭击的一支骆驼队的残余人员，他们找到办法侥幸逃脱了，但其人数众多的旅伴们却被抛弃给倮倮人（他们中的土匪）了。所有这些情况都无法动摇我们的决心，而仅仅成了我们不过分匆忙地动身和等待一个良好机会的原因。

当一支鞑靼人—喀尔喀人的旅行队于我们下榻的歇家落脚时，我们在丹噶尔已停留六天了。这支骆驼队从与俄罗斯边界地区而来，前往拉萨迎请一个完全是幼童的孩子，他就是新近转世的哲布尊丹巴(Guibon-Tamba)。当这些鞑靼人获知我们等待一个有利的机会以向西藏进发时,他们感到无限欢欣。因为他们发现自己那支小小的队伍出乎意料地又扩大了三名朝圣进香人,当再发生与倮㑩人的对抗时,又多了三名斗士。我们的胡须和鬓发使他们高估了我们的勇猛精神,理所当然地被他们冠戴上了"巴图鲁"(勇士)的尊号。所有这一切都使我们受到了尊重和鼓舞。然而,我们在决定出发之前,想进行一番平静而成熟的考虑。占满了歇家大院子的那支旅行队仅包括八个人,其余的地方都是骆驼、马匹、帐篷、行李和炊具。根据他们之所说,这八个人都是勇将。他们至少武装到了牙齿,还当着我们的面而炫耀他们的火铳、长矛、弓箭,尤其是一门大炮、一门手臂粗的小加农炮。大炮没有炮架,但被牢固地捆在一头骆驼的两个驼峰之间,它可能会产生神奇的作用。所有这些武器可以使我们更加放心一些了。此外,我们也可以勉强依靠自己的长胡须在精神上的影响。但还必须下决心,鞑靼—喀尔喀人急切地催促我们,并向我们保证能获得完全的成功。在那些与此事无关的人中,一部分人告诉我们说这是一个难得的好机会,应该利用之;其他人则断言这是一种不慎的做法,这样一支小小的队伍必不可免地"会被倮㑩人吃掉"。既然我们不太急迫,最好是等待西藏的一个大使节团同行。

这一使节团刚刚到达北京,他们只能在八个月之后才会返回。这样漫长地拖延使我们觉得是毁灭性的。以我们的有限财源,怎能连同五匹牲畜在一家客店中居住如此长久的时间呢?经过仔细斟酌和计算,我们便说:"上帝保佑,我们就出发吧。"我们向鞑靼人宣布了自己的决定,他们为此而感到欣喜若狂。歇家的掌柜立即动手负责为我们采购足够吃四个月的面粉。鞑靼人对我们说:"为什么要买四个月的口粮呢?""大家告诉我们说这条路至少要走3~4个月,最好是采购四个月的生活必需品,以防遇到事故。""这确实如此,西藏的使节为了赶路也用了很多时间。但我们这些鞑靼人,我们将以另外的方式旅行。我们最多需要一个半月。我们跑得很快,每天都要奔驰近200里(约合20法里)……"这些话当然使我们改变了自己的决心。我们绝对不可能随这支旅行队前进。首先,对我们来说,我们不习惯像鞑靼人那样强行赶路,那样我们在数日间就会累死。其次,我们的那些牲畜都很瘦弱,四个月持续的劳累会使它们精疲力尽，它们不可能长期经得住我们旅伴们的那种奔驰。鞑靼人拥有五十多头骆驼，他们即使损失一半也不会受拖累。我们以自己的三头骆驼当然是无法登程的，所以他们建议我们再购买一打左右的骆驼。这一建议本身是个极好的主意，但和我们所携带的钱比较起来则是荒谬的。12 头好骆驼要使我们花销 300 两白银，但我们仅有 200 两。

八名鞑靼—喀尔喀人均属王公家庭。他们在出发的前夕受到了青海土司儿子的拜访，此人当时正在丹噶尔。由于我们住的是该歇家所有房间中最干净的一间房，于是这次会见就安排在我们的房间举行。年轻的青海土司王公则以其高贵的风度而使我们感到惊奇。我们很容易看出他在丹噶尔度过的时间要比在蒙古包中多。他身穿一件漂亮的天蓝色呢子外套，内套一件带有黑丝绒宽边的紫色呢子坎肩。其左耳则根据西藏的方式而装饰有一个垂着某种珍宝的金耳环。其面庞几乎为白色，显得非常温和，他那华丽而干净的衣服与鞑靼人没有任何相似之处。对于我们来说，一名青海土司王公的拜访几乎是一重大事件，所以便不惜花费银两。桑达钦巴奉命去准备饮料，即一大罐煮好的奶茶。土司殿下也屈尊接受了一杯，余者都分给了其幕僚，他们都在院子中央的雪地里恭候。这次谈话是围绕着赴西藏旅行一事展开的。土司许诺，在鞑靼—喀尔喀人于其辖地中旅行时，他要向他们提供一支护送队。他说："再往更远处走，我就不能负任何责任了，一切都取决于你们命运的好坏。"他接着补充说，我们最好是等待西藏使节的返回，与他们一道旅行才更为安全和不太劳累。前来拜访的土司在离开时，从一个绣得很精致的钱袋中掏出一个玛瑙瓶，并送给我们一撮鼻烟。

次日，鞑靼—喀尔喀人便启程了。当我们看到他们离开时，我们因不能随同他们一道出发而感到难过。但这类感情仅仅是暂时的，我们迅速地遏制了这些无益的遗憾，同时也想到了尽可能好地利用我们在出发之前应等待的时间。我们决定寻找一位先生，并彻底专心于学习藏语和佛教书籍。

在距丹噶尔 11 法里的地方，于西番或东部西藏人中，有一座喇嘛庙，其名气不仅仅传到了整个鞑靼地区，而且也一直传到了西藏最偏僻的地区。朝圣进香人从四面八方涌向那里参观这座圣殿,它以佛教的著名改革家宗喀巴活佛的诞生而变得很著名了。该喇嘛寺被称为塔尔寺(Kounboum),共容纳了近四千名喇嘛,包括西番人、鞑靼人、西藏人和察罕胡尔人。我们商定前往那里游览一次,以试图劝告一名喇嘛前来教我们几个月的藏文。秦神父在桑达钦巴陪同下出发前往那里去了,古伯察先生留在丹噶尔照料牲畜和看管行李。

秦神父离开五天之后回到了歇家,事情办得很顺利。他在喇嘛庙塔尔寺中获得到了一种真正的新发现,由一名曾在拉萨一座大喇嘛中寺度过10年的年仅32岁的喇嘛陪同返回来了。该喇嘛讲一口纯正藏语,能熟练地书写,具有高深的佛经知识。此外,他还非常熟悉其他多种方言,如蒙古语、西番语、汉语和察罕胡尔语。总而言之,他是一个非常杰出的语言学家。这名青年喇嘛也出身察罕胡尔人,是桑达钦巴的嫡亲兄弟,其名叫桑达拉,人们在喇嘛庙中称他为“大胡子桑达拉”,因为其胡须特别长。当我们看到桑达钦巴的嫡亲兄弟热诚地向我们表现得尽心尽力时,我们庆幸自己没有随鞑靼—喀尔喀人旅行队去冒险。我们现在能够掌握所需要的有关西藏的一切知识,并能学习这些著名地区的语言和宗教了。

我们于是便以一种令人难以相信的热情开始学习藏语。首先,我们开始用蒙古语编写两种对话文本,把一些最常用的短语放了进去。桑达拉为我们小心翼翼地译成藏文。他每天早上都当着我们的面写一页藏文字,对所有术语都向我们做了基本是语法性的解释,这就是我们一天的课程。我们要抄写多次,以使我们的手习惯于书写藏文字。接着,我们按照喇嘛庙中的方式朗诵多次,一直到这些功课牢固地印在我们的脑海中为止。晚上,我们的先生让我们背诵他早上为我们写的对话片断,并纠正我们发音中有毛病的地方。桑达拉天才地和亲切友好地完成了其任务。有时在白天,他作为消遣娱乐而向我们讲述了有关西藏的事,他曾参观过的喇嘛庙中的某些颇有趣味的细小情节。我们在洗耳恭听该青年喇嘛的故事时不会不感到惊叹,在任何地方都从未听到过任何人口若悬河和如此泼辣地讲述故事。即使最简单和最普通的事到了他嘴里,也都会变得妙趣横生和充满魅力,特别是当他想让别人采纳他观察问题的方式时,更显得突出。他的雄辩才能是天生的和引人入胜的。

在克服了学习藏语的最初困难并熟悉了最常用词汇之后，我们便试图使自己的学习朝着完全是宗教的方向发展。我们促使桑达拉按照信仰宗教的需要，为我们翻译天主教最重要的日课经，诸如《主祈经》、《圣母经》、《使徒信条》和《十诫》等。我们由此而有机会向他阐述了基督教的真谛。他对这种对他来说是全新的教理最初感到极为惊讶，因为它们与佛教那含糊而又不连贯的教义相差甚殊。他很快就非常注重研究基督教，以至于他完全抛弃了随身携来的那些佛教书籍。他开始以一种使我们感到无限欢悦的热情，学习我们的日课经，每天不时地中断其工作以划十字标志，以一种非常庄重和虔诚的方式，实行这种宗教行为，从而使我们毫不怀疑他从心灵的深处已成为基督徒了。这些良好倾向使我们产生了极大的希望，我们非常高兴地把桑达拉视为未来的使徒，他有朝一日会成功地为归化基督教信徒而工作。

当我们师生全神贯注于这些特别重要的学业时，对文化事业没有产生任何爱好的桑达钦巴，却在丹噶尔的街道上奔走或饮茶而虚度时光。这种生活方式使我们感到非常不快，因此我们试图把他从这种无所事事的游手好闲中拉回来，让他把这段时间用来熟悉骆驼驭手的专业。我们便决定由他带领三头骆驼，前往青海湖畔放牧，那里以其丰富而优质的牧场而名震遐迩。该地区的一名鞑靼人向我们许诺，在他的帐篷里接受此人。这一措施具有双重意义，既可以使桑达钦巴能有一种符合其天性的事情干，又可以使骆驼有更好和更廉价的饲料。

我们似乎在桑达拉身上发现的所有奇才，很快就像一场美梦一般云消雾散了。这个表面上非常忠厚的青年人，事实上仅仅是一个设法敲诈我们铜钱的狡猾喇嘛。当他认为已变得必要时，便抛下了假面具，暴露出其性格中可恶的东西。他很自负高傲，尤其是极端蛮横无理。他在为我们上藏语课中，以一些使人反感和粗暴的方式，取代了开始时的忠实和殷勤的举止，就如同一名教师不允许在他面前存在孩子一般。如果我们要求他对自己偶然向我们提到的内容作一番澄清解释，那么我们肯定就会听到下述悠然自得的说法："什么，你们这些大学者，也需要把同一种解释向你们重复三次吗？但如果我把同一件事向一头骡子重复三次，那么我认为它也能记得起来。”当然,阻止他发表这些失礼的粗鲁语言的最简单办法,就是把他从我们之中驱逐出去,并将他辞退回其喇嘛寺。我们不止一次地产生过这样的思想和愿望,但我们宁肯每天都吞下这些耻辱而把他留在身旁。他的才能是无可争议的,在这一方面会对我们有很大的益处。他那极端的粗野生硬的做法,甚至会促使我们在藏文学习中取得进步。因为我们坚信他不放过我们任何一个小小语法或发音错误,相反却要求我们反复重读以使我们牢牢记住。这种办法虽然有时令人难以忍受,并会伤害我们的自尊心,但与中国基督徒对待欧洲传教士们的那种方法相比,却好得多。后者一半出于客套,一半出于虔诚,对于其神父向他们解释的一切都感到醉心和倾倒。他们不是坦率地纠正神父布教方式中有时充斥着的错误,而有时则是全神贯注地模拟其有害的语言,以便更好地理解。所以,当被迫与那些始终不想使你得到一种正确发音的世俗人建立关系时,那将会感到失望和沮丧,那时将会遗憾没有像大胡子桑达拉这样的老师。由于所有这些原因,我们决定原样不动地保留我们的老师,要忍受他的所有斥骂并尽量地利用他的学问。由于我们已发现,他所需要的是铜钱。我们决定使他的授课得到良好报偿。此外,我们应对他的小量诈骗闭眼不见,对于他与向我们出售日常生活品的商人们相勾结,佯装看不见。

当桑达钦巴再度出乎意料地出现时,他离开这里刚刚有数天的时间。他被土匪抢劫了。土匪抢去了他的全部生活必需品,如面粉、酥油和茶叶。他已有一天半水米未进。其声音粗沉、形容憔悴和消瘦。我们在院子中只看到一头骆驼,所以认为另外两头已成了土匪的战利品。但桑达钦巴肯定地告诉我们,他将它们委托给了友好地留宿他的那个鞑靼家庭了。桑达拉听到这种叙述之后便皱紧了眉头。他说:“桑达钦巴,你是我的幼弟,我有权向你提出几个问题。”他接着以寻找一名罪犯的国王检察官的全部计谋和策略,对桑达钦巴作了审问。他询问了所有细节并坚持找出受审者暴露出的破绽,从而突出这一事件的不可能性。他询问了土匪是如何抢走酥油而留下装酥油的口袋。他们怎么会未触动那个小鼻烟壶而又抢走了作为烟袋使用的织锦钱袋呢?当他完成了这些严厉的审问之后,便心怀恶意地补充说:“我刚刚向我的幼弟提了几个问题,但这完全是出于好奇心,我对此毫不在意。被迫解囊为他购买生活必需品的人不会是我。”

桑达钦巴饿了。我们给了他几文铜钱,他前去附近一家饭馆吃晚饭去了。一旦当他出了门,桑达拉便说话了。他说:“你们永远不能说服我相信小弟遭抢劫了。该地区土匪的行径完全不同。桑达钦巴在到达鞑靼人中时,想充当慷慨的人,故意将其生活必需品都分发给左右以广泛结交朋友。他为什么不敢作一个挥霍之徒呢?难道他送人的东西会对他有什么损失吗?”我们相当熟悉桑达钦巴的正直性格,足可以使我们对这些含沙射影的话嗤之以鼻,不屑一顾。桑达拉对于我们给予其弟的信任满怀嫉妒。此外,他想使我们相信,他诚心实意地为我们的利益着想,并由此而排除我们对他那些小偷小摸的怀疑。桑达钦巴则丝毫没有觉察到其老兄的背信弃义和险恶用心。我们又向他提供了新的生活必需品,他又向青海的牧场出发了。

第二天,丹噶尔城发生了一场可怕的骚乱事件。土匪在附近地区出没并抢去了属于红毛儿人或长毛人的2000头牛。这些东部西藏人每年以大型旅行队的形式,从巴颜喀拉山脚下出发,来到丹噶尔出售他们的皮货、酥油和他们当地生长的一种山茶。当他们忙于经商时,便把其大群牲畜留在离城不太远和属于中原人权力机构管辖下的辽阔平原。据说,从未有过土匪敢如此靠近天朝边陲的先例。红毛儿人近来的放肆行为以及他们那凶暴的性格,已在该城中引起了令人谈虎色变的混乱。当他们获悉其牲畜遭抢劫时,便哄哄嚷嚷地手执大刀冲向了政府官衙中,大声喊叫要求给予公正的裁决,并为他们报仇。官老爷吓得战栗不安,立即派遣200名兵丁去追捕缉拿盗犯。但红毛儿人深知步兵永远不会赶上骑宝马良驹和个个都是优秀骑手的强盗,于是自己也跨上马,乱不成伍地沿着他们的牛蹄痕迹而追去。他们于次日返回,一无所获,但却满腔怒火。这些胸无半点远见卓识并处于半开化状态的人,在未携带任何一点生活必需品的情况下便出发了,没有想到他们在草原中找不到任何可吃的东西。在经过一天的强行赶路之后,饥饿迫使他们返了回来。清朝士兵没有那样单纯和简单行事,他们为了这次征战,携带着大批驮载了炮……厨具、辎重给养和口粮的毛驴与黄牛而出发。由于他们不大可能去为了不属于他们的2000头牛而战斗,所以在经过一阵缓慢得如同散步一般的行军之后,便紧傍一条河而扎下大营,在那里度过了几天,每天吃喝玩乐,不再因为土匪而去辛苦,就如同土匪在世界上从来也不存在一样。当他们消耗完全部给养之后,便不声不响地返回丹噶尔,向官老爷禀报说他们跑遍了整个沙漠也未能赶上土匪。他们有一次正要缉拿土匪,土匪却使用妖术而突然间逃得无影无踪。在丹噶尔,大家都坚信土匪在不同程度上都是善用妖术者,只要他们对空中吹一口气,便可以使人看不到自己,而于他们身后留下了一堆堆羊粪。很可能是汉族士兵散布了这些神话。其中可以肯定的是在这些汉族士兵的一切征战中,这种神话可以巧妙地为他们服务。官老爷们当然也不会被这种作法所欺骗,但只要强盗们的受害人对此感到满意,这就是他们所能做到的一切了。

红毛儿人在数日期间暴跳如雷。他们穿街过巷,挥舞着他们的大刀,对土匪们千般诅咒。任何人都不敢出现在他们经过的道路上,但到处都理解他们的愤怒。此外,即使这些人最为平静和情绪最好时,看到他们也会使人产生极大的恐惧。他们在任何季节都身着肥大的羊皮袄,用一条粗大的骆驼绳在腰间胡乱地扎了起来。皮袄任其自然地掩在地上。但当把皮袄扎起来时,却仅仅垂到膝盖以上,从而使他们的上半身具有一种浮肿和奇形怪状的身段。他们脚蹬特大的皮靴,使靴腰到腿肚以上。由于他们不穿裤子,所以双腿始终都半裸着。他们那沾满油污的黑头发以长长的发绺而披到双肩,向前一直垂到额头,往往会掩盖其部分面庞。他们的左臂始终打赤膊,完全裸露在他们抛于后面的袖子之外。其腰带中于胸部之下挎一口长而宽的大刀,右手始终握在刀柄上。这些沙漠居民的动作粗鲁唐突而不连贯,语言简练而有力。在他们的声音中有某种金属般和震耳欲聋的音色。他们之中有的人极其富裕,用宝石装饰其刀鞘而炫耀豪华,有时也在其袍子上加上一条虎皮边饰。他们牵到丹噶尔的马匹,都是体形优美的慓悍骏马,个个都强健、体格匀称和步伐高傲。这些马要大大地优越于鞑靼地区的马,完全证明了汉人的这种说法:“西马东牛”。

由于红毛儿人勇气十足和充满着一种几近于残酷无情的无拘无束之心情,才造成了丹噶尔城的特殊风度。每个人都在寻求模仿他们的行为,以便获得勇士的称号和变得威严起来。由此而出现了丹噶尔非常适宜成为土匪的巨大巢穴之现象。那里所有的人都蓬头垢面和衣冠不整。大家都在互相对骂、互相冲撞、互相斗殴,而且常常流血。在这隆冬寒天的高寒地区,大家仍看到他们都袒臂和双腿半裸地行走。衣冠楚楚在这里成了懦弱的标志。正如他们所说的那样,一个“好汉子”应对一切都无所畏惧,既不怕人,也不怕天。在丹噶尔,汉人也在很大程度上都放弃了他们那文明开化的行为和言辞彬彬有礼的表现。他们无意间受到了红毛儿人的影响,相互之间的交谈基本就如同丛林中老虎的行为一般。在我们抵达丹噶尔的那一天,于入城前的几分钟,遇到了一名刚刚在河畔使马匹饮够水的红毛儿人。桑达钦巴始终都会被举止奇特的人所吸引,于是便非常有礼貌地接近他,以鞑靼人的方式向他致意说:“大哥,你可平安?”红毛儿人突然转过身来,用一种洪亮的声音吼叫说:“王八蛋,我平安或不平安与你何干? 你有什么权力把一个素不相识的人称为大哥?”桑达钦巴被惊得目瞪口呆,但这并不妨碍他认为红毛儿人的这种傲气是令人钦佩的。

丹噶尔由于当地污秽不洁和过多的人口,而形成了一座其生活极不健康的城市。到处都能闻到一种脂肪和酥油的气味,会使人窒息呼吸。尤其是在某些赤贫和流浪汉们集中的居住区,发出了一股令人无法忍受的恶臭味。那些无家容身的人便蜷缩在大街的角落或公共场合的隐蔽处,横七竖八和半裸地睡在已几乎变成粪肥的草堆上。我们还发现在那里躺着的孱弱的儿童、四肢不灵便的老翁和被各种疾病缠身的人。我们有几次在他们之中发现了几具尸体,任何人都不肯负责埋葬他们。只是到了最后,当尸体已开始腐烂时,大家才把他们拉到官道中央,此时官府便设法收殓他们。这种极端的悲惨景象,促使在民众中麇集了一大群小偷和骗子,他们的胆量和灵巧手段远远地超过了西方的罗伯特—玛盖尔[①],其数目如此之多,以致于官府也厌战,最终也决定不再介入了。因此,每个人都应各自看管自己的铜钱和行李。这些专干犯罪勾当的人,专门敲诈歇家和客店。他们兜售各种商品,如靴子、皮衣和砖茶,前来向外地人倾销。他们一般都是两个人共同活动。

① 共有两个罗伯特—玛盖尔。1. 这是希毕勒皇后武功歌队中的奸诈者的名字。他杀死了奥贝里,但却在决斗中被受害者的一只狗击败,此狗后来就叫作蒙塔尔吉斯狗。2. 阿德莱人中店主公之名,后来成了灵巧和大胆的店主人之通称。

当其中之一忙于推销时，另一人则在左右搜索，顺手牵羊地抄走他手下能碰到的一切。这些人以令人难以想象的敏捷清点铜钱，同时可以使你损失相当多的铜钱，而又使你无法觉察。某一天，有两名毛贼前来向我们兜售一双皮靴。他们说这是极好的靴子，能挡住雨水，特别是价格便宜得使人难以置信，这是必须利用的独一无二的好机会。刚才有人向他们出价1200文钱。……由于我们不缺靴子，便回答说，无论什么价格，我们都不要。推销者见我们是外国人，非常慷慨，便以1000文出让给我们，后来又降到900文，接着是800文，最后又降到700文。当然，我们说自己确实不缺靴子，但应利用这一优惠价格，可以留下来供旅行用。因此，我们拍板成交了。我们取来一吊钱并给商人们数出700文。此人当我们面前又重新数了一下，发现数目正好并把这些铜钱留在我们面前。他接着去招呼一位在院子中闲逛的同伴。他说："瞧！我以700文钱出售了这样好靴子。"另一名说："不行……怎能只出售700文钱呢？我不同意这样做。"我们回答他说："好吧！拿上你们的靴子走吧！"当他们出去之后，我们又把自己的铜钱穿起来，但却缺少了150文钱。这还不算完。当其中一人在鼻子底下偷我们的钱时，另一个人却偷偷地把两个特大的铁钉放入衣袋中带走了，它们原来是我们钉在院子中准备拴马匹用的。从此之后，我们便决定（虽然稍微晚了一些），再不允许任何商人进入我们的房间了。

正如我已经指出的那样，歇家是由穆斯林们经营的。某一天，他们那新从甘肃省府兰州①赶来的穆夫提，前往歇家主持一次宗教仪式，大家不想"向我们"解释这次宗教仪式的目的。大胡子桑达拉声称回回们的大喇嘛前来向他们布讲在交易中作弊的方法。在两日期间，该城中的主要穆斯林都集聚在我们的房间附近的一个大厅中。他们在长时间内保持沉默，双膝跪下，头倾向了膝盖。当穆夫提出现时，所有人都发出了呻吟和啜泣声。在他们哭够之后，穆夫提便以一种异常流畅的语言读了几种阿拉伯文祈祷经。后来，他们又哭了一阵子才退出去了。这种令人伤感的仪式每天重复三次。在第三天早晨，所有的穆斯林们都在院子中围聚在穆夫

① 兰州是一个具有50万人口的城市，为甘肃省的省府，过去曾是陕甘总督的驻地。它是一个非常重要的贸易中心。

提的周围，穆夫提坐在一个用一块很漂亮的红色毯子覆盖的板凳上。歇家掌柜牵来一只用鲜花和彩带装饰得极漂亮的绵羊。他们让羊侧卧在那里。当歇家掌柜抓住了它的头时，另外两名穆斯林则抓住其蹄子，有人向穆夫提递上了一口盛在银盘子中的刀。穆夫提庄重地操起了刀，走近将要被宰杀的牲畜，他把屠刀从羊脖子上一直捅到刀柄处。喊叫声和啜泣声立即四起。他很巧妙地杀死了绵羊，然后把它切成碎块，再到厨房中去煮。由穆夫提主持的一次盛会结束了所有这些仪式。

中国的穆斯林或回回教徒人数非常多。有人声称，他们是在于618年开国并于907年崩溃的唐王朝期间进入中国的。他们在中国受到了皇帝的欢迎，当时中国皇帝建都西安府，即今陕西的省府。中国友好盛情地接待了他们。皇帝被他们的堂堂仪表所打动，对他们广施浩荡皇恩，希望能看到他们定居在帝国的疆土内。据说，他们最初仅有200余人，但后来发展得如此之快，以至于现今形成了一个人数众多并使汉人感到不安的民族。甘肃、云南、四川、山西、陕西、山东、北直隶和辽东都是他们分布最广的省份。在某些地区，他们甚至较汉人而占多数。他们在中华帝国中如此杂居和融和，以至于现在要不是他们习惯于戴一顶小蓝帽①以有别于汉人，则很难辨认出他们来了。他们的相貌丝毫没有保留其最早的类型。其鼻子变得扁平，眼睛变得狭小和深陷，颧颊在面部显得很突出。他们对阿拉伯文一字也不通，惟有其掌教才必须学习读阿拉伯文。汉语已变成了他们自己的语言。然而，他们却保留了其性格中的某种倔强性，而在汉人中则很少会遇到这种性格。虽然中国穆斯林与该帝国众多的人口相比较只占少数，但却足以使人害怕并尊重他们。这些人彼此之间非常团结②，整个教团的人始终都支持与其某些成员有关的事务。这种互相协同的群体观念，就是他们在所有省份都享有宗教自由的原因。任何人都不敢当着他们的面对他们的宗教信仰或宗教做法进行指责挑剔。他们严禁吸烟、饮酒和吃猪肉，对于和异教徒同桌进餐不会感到愉快。当国

① 这一习惯现已完全消失，至少在中国北方是如此，那里的穆斯林与他们生活于其中的汉人一样穿戴。

② 回回们在许多方面如同是中国的犹太人。

法有碍于他们的信仰自由时，他们有时甚至敢于冒犯国法。1840年，当我们在鞑靼传教区时，哈达（Hada，可能系指乌兰哈达，即今之赤峰市。——译者）城的回回们修建了一座清真寺，或者是如同在中国所说的那样为礼拜寺。当寺院建成之后，当地官吏们却想令人拆毁之，因为这一建筑违犯法律而比官府衙门还要高大。附近地区的所有穆斯林们听到这一消息之后，便群情激动。他们集合起来，发誓所有人将共同支持对官老爷们的一桩诉讼，甚至前往北京控告他们，只有当他们被罢官才肯放下武器。在中国，由于在这样的案件中，始终是金钱能施加最大影响，所以这些穆斯林们到处在教友中进行募捐，最终战胜了那些想干涉他们建清真寺的官吏们。他们终于迫使这些官吏们被罢官和遭放逐。

我们常常思忖，为什么中国的基督徒们生活在被压迫之中和受官府的支配，而穆斯林们则昂首阔步并迫使汉人尊重他们的信仰。这肯定不是由于穆罕默德的宗教比基督教更符合中国的风俗习惯。完全相反，基督徒可以在不违背他们的宗教义务的情况下，与异教徒亲切相处，与他们共同进餐、互相送礼、同时庆祝新年节日，以及回回们出于其宗教的专断和排他性精神而禁止的一切事。如果说基督徒在中国到处都受压迫，那应归咎于他们自己生活的环境处于严重的孤立状态。当他们其中之一被传到公堂时，其他所有人都会躲起来，而不是前去帮助他们，以人数众多而制止官吏们的放肆行为。尤其是在今天，存在有支持基督教的新圣旨，如果基督徒们同时在帝国的所有地方同时起来并勇敢地享受自己的权力，对其信仰进行大肆宣传，毫无畏惧和公开地从事他们的宗教活动，那么任何人都不敢损害他们的自由。在中国就如同在其他各地一样，只有在有自由愿望的情况下才会获得自由，而这种愿望又仅仅出自协同精神①。

我们已接近中国新年了。大家到处都在作准备，每家每户都重新换上了装饰门框的红纸春联，店铺中挤满了顾客，城市中的各居住区都想提前过节和欢庆活动的孩子们，已开始在黄昏时燃放

① 穆斯林和基督徒行为中的差异之原因，是由于基督徒们在古伯察时代只占很少数，而且还是分散在中华帝国的辽阔领土上；穆斯林们人数既多又爱反叛，他们在长年间能够与中国官府的军队对抗。

爆竹。桑达拉提前告诉我们说，他不能在丹噶尔度过新年，他被迫要前往喇嘛庙，在那里要对法师和上人们尽义务。他还补充说，当他履行了全部义务之后，将于正月初三赶紧返回来，以便继续为我们服务。他非常坦率地向我们讲到这一切，如同是为了使我们忘记他每天对我们的严格要求。我们没有过分强调他回来的事。虽然我们对他想返回来感到高兴，但我们不希望催促他，这是因为害怕进一步激化他已表现出的那种骄傲自大的情绪。我们说，既然礼仪要求他在新年时返回喇嘛庙，那就应该前往。我们然后送给他三吊钱并对他说，根据习惯，这是为了让他与其朋友们喝一杯浓茶。他在几分钟的时间内装作不想接受。我们当时只好强行打破他的这种故作姿态，他最终满意地把这些钱装进口袋。我们把桑达钦巴的一头小骡子借给他，他便出发了。

对于所有中国人来说，一年中的最后几天是容易发生暴躁和动怒的日子。每个人都在这个时候结算其账目，都去纠缠债务人以试图得到某种东西。所有中国人都同时是债务人和债权人。由此而产生了所有人都在互相寻找，所有人都在互相追逐。此人刚在他邻居家大吵大闹以逼人还债，他回家之后则发现其家则由于一名债权人的到来而被折腾得乌烟瘴气。各处都有人在咒骂或互相对骂，互相殴斗。这种混乱局面在最后一天达到了顶峰。大家都急于出售以便变卖几个硬通币，当铺的街头都挤满了人。大家把衣服、床上的被子、炊具和各种家具都投入了当铺。那些已把家中变卖一空的人也在其他地方寻找财源。他们于是便跑到亲戚朋友家，以便借用某种东西，并声称立即归还，但它们很快也流向了当铺。这种混乱局面一直持续到子夜。此时一切都恢复了平静，再不允许任何人讨债，甚至也不准对债务稍有提及。大家只能言归于好并和蔼可亲，所有人都与人为善。那些在此之前快要互相扼杀的人，现在则争相表现得彬彬有礼和友好亲善。

中国的年节就如同在欧洲一样。所有人都穿上最华丽的衣服，大家都作纯礼节性的拜访，互相送礼、玩乐、参加筵席、看戏、街头卖艺和表演魔术。全部时间都在欢乐中流逝。爆竹和烟花始终都扮演重要角色。然而，数日之后，店铺重新开门，一切事务都不知不觉地恢复了正常秩序。当宣布一家店铺倒闭时，中国人称之为“关门”。

回回们不与汉人同时庆贺新年。在他们的特殊历法中，仍沿用穆罕默德的伊斯兰历。这种背景使我们从混乱和喧嚣的日子转向了极大的安宁。为讨债发生的某些争执都以确定的时期为标志。在此之后，一切又都恢复了太平宁静。歇家甚至未受爆竹声的干扰。我们便利用这种平静和桑达拉不在的处境，而复习我们的全部藏文课。我们所掌握的两篇对话文被自己反复作了分析和分段研究，在某种意义上可以说是把文中的各部分，都放在熔炉中熔化后又放在蒸馏器中蒸馏了一番。料理生活确实占用了我们不少时间，但我们在夜间可以把功课补上，其实这对歇家掌柜不会增加过多的开支。当他看到我们为照明而使他开支稍多一些时，便夺走了我们的油瓶，以他那种真正突厥人的样子而考虑为我们每天的灯油定量。因为我们不想在子夜之前被迫陷入黑暗之中，于是便买了一包蜡烛；我然后又用一根长钉子和一块芜菁作了一个烛台，如果说它不太精致和漂亮的话，那么它至少可以很好地发挥其作用。当那名突厥人的油耗尽时，我们便点着自己的蜡烛，从而可以使我们尽情地学习藏文。我们有时也中断自己的工作，以谈论法国而解除疲劳。当我们在脑海中长时间地于我们可爱的祖国游荡之后，我们只能相当困难地回到自己目前处境的现实中来。我们于静静的深夜，在一个几乎处于世界尽头的陌生国家中，钻研几个藏文字，我们觉得这实在太离谱了，甚至可以说好像根本不现实一样。

正月初三（1845 年 2 月 9 日），大胡子桑达拉又回来了。当他不在期间，我们享受到了一种非常惬意和持久的安宁，看到他又使我们产生了一种讨厌的印象。我们就像那些接近班主任教师就不禁要感到害怕的学生一样。然而，桑达拉则表现得令人难以形容的讨人喜欢与和蔼可亲。在向我们拜年并以世界上最高雅的方式，讲了一大堆最亲切、最富感情的话语之后，他便开始絮絮不休地评论我们借给他的那头小骡子。首先，它去喇嘛庙途中把他抛在地下 12 次（一打之数），从而使他在回程中决计步行。但这头小牲畜如此奇特，沿途以其古怪的性格使他极为开心，他没有感到疲劳。在滔滔不绝地讲了这些饶舌的琐事之后，我们便开始进入正题。桑达拉告诉我们，既然我们已决定等待西藏朝贡使的到来，那么他就邀请我们去住在塔尔寺这座喇嘛庙中。接着，他又以其惯有的雄辩口才，向我们详述了喇嘛庙可以对进行学习和祈祷的人更具有的便利条件。类似的一种建议使我们喜出望外，但我们注意不表现得过分兴奋。我们仅满足于冷淡地对桑达拉说：“可以试一下……我们看一下。”

第二天便用于准备出发。由于骆驼没在我们身边，我们租了一辆小车运载自己的行李。在向歇家掌柜宣布我们将离开时，就向他索回我们的旅行帐篷，他在十几天之前向我们借去以与朋友们到草地去消遣玩耍。他回答说很快就将给我们送来，现存于他的一个朋友家中。我们一直徒然地等待，直到夜幕降临，帐篷尚未运来。最后，他又告诉我们说，那个人不在家，他在两日内才回来。他们将把帐篷送到喇嘛寺中。桑达拉在这一事件上故作沉默。但当他夜间前来，发现一切尚未准备好时，便无法控制他的急躁不安了。他对我们说：“大家清楚地看到你们是来自另一个世界的人，难道不明白你们的帐篷已被送进当铺了吗？”“送到了当铺！这不可能！”“我认为这件事非常可能，该回回在腊月末可能需要钱还债，他非常乐意把你们留在他这里。他借去了你们的帐篷，但绝不是出去游览消遣，请相信他直接把帐篷送到当铺中了。他现在没有钱把它赎出来……请把他叫到这里来，我将亲自讯问他，你们看看真实情况吧！”我们便让人把歇家掌柜的请来了。他刚一走进我们的房间，大胡子桑达拉就以非常严肃的语气说话了。他对歇家掌柜说：“你听着，今天晚上我要向你讲几句话。你是一名突厥人，我是一名喇嘛……但法理对所有人都一样。你拿走了我们的帐篷并把它送到了当铺。如果你那时手头拮据，那可以这样做，我们就不过多责备你了。但我们明天就要离开，而我们的帐篷还未送到这里。谁有理呢？是要求还回自己财产的我们，还是不肯归还我们东西的你呢？不要再说帐篷在你的一个朋友家中了，我告诉你说它在当铺。如果在我们喝完这一罐茶之前，帐篷还未送到这里，我将亲自到衙门去索取。大家将看一下一名察罕胡尔喇嘛是否会容忍一名突厥人的欺压。”桑达拉为了结束这一席话，用手猛击我们喝茶的小茶几，他用力如此之大，以至于我们的三个茶碗都蹦到了空中。突厥人未作任何反驳，这就向我们证明那帐篷确实在当铺中。歇家掌柜向我们保证，我们很快就会得到它，并请我们不要把这件事传扬出去，以防有损其店的名誉。他刚一出门，院子里立即爆发了一阵骚乱。他们从各处搜罗了一些可以送到当铺去的东西，如马鞍、卧具、古锡灯台和炊具。晚上在入睡之前，我们自己的帐篷便被完好地捆在将把我们运到喇嘛寺的车子上了。

次日凌晨，我们便上路出发了。我们经过的地区，有时是过着游牧生活和被放牧其牲畜的西番人所占据，或由汉人居住。正如在东鞑靼地区一样，那里的汉人也在缓慢地蚕食和侵占沙漠，建起了房屋并从事对草地中小块土地的耕耘。这次短暂的旅行没有向我们提供任何有意义的东西，仅仅是在渡过一条小冰河时，我们的车子翻倒并完全散架了。在法国，为了持续不停地赶路，则需要有一名修车工和一个铁匠随行，以修理损坏的零件。但非常幸运的是我们的车夫是一名汉人，也就是一个永远不会感到束手无策的人。他使用石块、木块和几段绳子，始终都能勉强凑合地解决问题。我们仅仅遗憾的是在那里损失了尚不算太多的一点的时间。

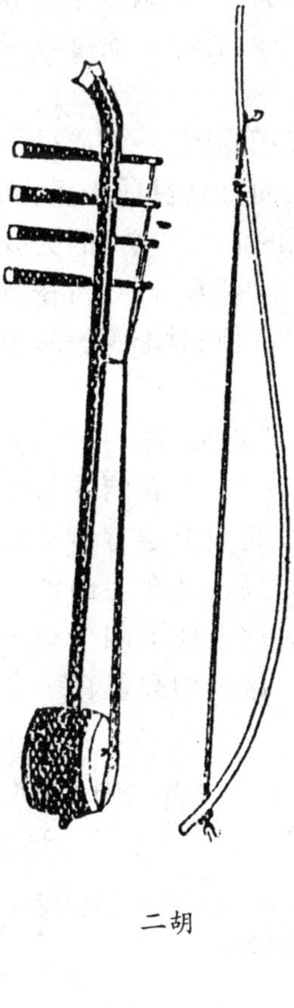

二胡

在距喇嘛寺有一里远的地方，我们遇到了几名喇嘛。他们都是桑达拉的朋友，前来迎接我们。他们身穿着僧服，披着红色袈裟，头戴如同我们的主教冠状的黄色法帽。他们那温雅风姿和庄重而又低声的语言等等，这一切都使我们产生了特殊印象，使我们感到了宗教和修道生活的芬芳。当我们到达喇嘛寺的第一座僧房时，已经是晚上9点多了。为了不扰乱各处都陷入的沉静状态，喇嘛们让车夫停了一段时间，在马匹脖子上挂的铃铛内部塞满了麦秸。我们接着就缓步和一言不发，在这座大喇嘛城的安静而又荒凉的街道上前进。月亮已经落下，但天空非常晴朗，星辰闪闪发光，以至使我们能很容易地辨认出分布在山坡上的喇嘛们的大片僧房，规模宏伟和式样奇特的佛寺如同巨大的幽灵一般矗立在空中。最使我们感到惊奇的是在喇嘛寺中的各居住区中，到处都呈现出庄严和隆重的寂静，这种寂静状态，有时仅仅被没有酣睡的狗那不连贯的狂吠声、不断报更的海螺号那单调而沉闷的声音打破。这种海螺号声会使人认为是听到了白尾海雕的凄凉叫声①。最后，我们来到了桑达拉居住的小僧房中。由于天太晚而无法去寻找一个适合我们下榻的住处，我们的老师就把他的小僧房让给我们，他自己到附近一个僧房中去寻找住宿处。陪同我们前来的喇嘛，在为我们准备了奶茶和献上了一大盘羊肉、新鲜酥油以及味道可口的几个小面饼之后，才离去了。我们胃口很好吃了一顿晚餐。因为我们累了，而且还是由于我们从内心深处感到了一种自己无法表达的愉快心情。

在夜间，我们徒然地试图入睡，但睡意迟迟不出现。我们很关心自己那变得越来越奇怪的地位。这简直是令人难以置信！欧洲不大熟悉的这个安多地区、在佛教徒中如此著名和如此久负盛名的大喇嘛寺塔尔寺、这些寺院的风俗和我们现在正睡觉的这间僧房，所有这一切都在头脑中折磨着我们，就如同在一场噩梦中看到的含糊不清和飘忽不定的物体，我们以制定今后的计划而度过了这一夜。

一旦当天蒙蒙亮，我们便站起来了。在我们周围，一切尚处于沉静之中。我们开始作早课。我们满腔激情，而直到目前为止，尚从来没有过这种感情。这是一种幸福和自豪的混合心情，因为我们能在这座用于进行欺骗人和不信上帝的著名喇嘛庙中，祈祷真正的上帝。我们觉得自己刚刚把整个佛教都吸引到对耶稣—基督的信仰上了。

桑达拉毫不迟缓地赶来。他为我们献上了奶茶、葡萄干和酥油炸的糕点。正当我们忙于吃早饭时，他打开一个小衣橱并从中取出一个油漆得很干净整洁的木盘，盘中于红底面上绘有镀金饰物和花卉。他在用其袈裟的下角仔细地擦净之后，又在上面铺了很宽大的一页玫瑰红的纸，接着在纸上又很对称地放了四个相当漂亮的梨子，这是他让我们在丹噶尔采购的。这一切都包在一个

---

① 自然学家们很久以来都把白尾海雕幼雏当作它的一个特殊种类。居维埃证明，虽然这种飞鸟有时也猎取其他鸟类，甚至是哺乳动物，但主要是以食鱼为生。虽然这种飞鸟栖息于深山和大森林中，但更为喜欢大湖和大海的滩涂。

在生活于法国北部海岸的渔鹰中，我们仅仅提到印度小鹰，这是奉献给毗湿奴神的。婆罗门僧们使它习惯于在规定的时间前往神庙中啄铜盒吃食。

长方形的丝帕中，大家称之为哈达。他对我们说："我们应以此而去借一间房子。"

哈达或"祝福的丝巾"在西藏风俗中扮演着特别重要的角色，以至我们认为最好是于此对它讲几句话。哈达是一块丝绸，其纤细程度很接近缪绮。其颜色为白色略呈天蓝。其长度约为其宽度的三倍，两端一般都以流苏穗子为边。西藏存在有各种大小和各种价格的哈达，因为这是穷人们（绝不仅仅是富人）也离不开的东西。任何人在旅行中无不随身携带一批哈达。当进行礼仪性拜访、请求某人帮忙或感谢某人时，首先要展开一块哈达。必须以双手捧住哈达，然后奉献给他想给予荣誉的人。如果有一段时间未见面的两个朋友偶然间相会了，那么他们首先所想到的就是互相赠送一块哈达。他们作得如此急迫和如此敏捷，就如同在欧洲握手一般。在大家互相写信时，习惯上也要于信中装上一块小哈达。大家无法相信西藏人、西番人、红毛儿人和居住在青海西部一带的所有民族，都竟然是那样重视哈达礼仪。他们认为，这是所有珍贵感情的最纯洁和最真挚的表达形式。若无哈达，那么最漂亮的言辞和最豪华的礼物都会分文不值。相反，有了哈达，最普通的东西也会成为最有价值者。如果有人手执哈达向你请求原谅，那就很难拒绝，否则就会显得藐视所有礼节了。西藏人的这种习惯也存在于鞑靼人中，尤其是在他们的喇嘛寺中广为流传。哈达成了丹噶尔汉人的一种重要贸易商品。西藏晋京的入朝使从不会不携带数量庞大的一批哈达前往。

当我们结束了自己的简单早餐之后，便出去借用一住处。大胡子桑达拉在我们前面走，双手庄重地捧着盛放四个梨的漂亮盘子。我们觉得这种举止很古怪，从而使我们觉得有些羞耻。我们觉得所有人都眼睁睁地盯着我们。但事实并非如此，我们在途中遇到的喇嘛都在静悄悄地赶路，头也不回，丝毫不注意我们。那些小沙必（小僧）轻薄和调皮得如同各地的小学生一样，惟有他们才显得是最关心我们的人。最后，我们进入了一所住宅。其主人在院子中忙着把马粪摊在太阳下面晒干。他发现我们之后，便迅速地披上袈裟并进入僧房中。我们也尾随他进去了。桑达拉向他奉献了哈达和那盘梨，随着这一切又用东部藏语发表了一通叙说，我们对此一字不懂。在此期间，我们显得很谦虚和聚精会神，就如同一些无能力亲自请求别人照顾的可怜穷人一样。喇嘛让我们坐在一块地毯上，向我们献上了一杯奶茶。他用蒙古语对我们说，他非常高兴地看到，从如此遥远地区而来的外国人——西天喇嘛肯屈尊光顾他那清贫的僧房……如果他懂法文的话，那么这就是作出如下回答的一个机会："先生，没有什么……"但由于必须讲蒙古文，我们便告诉他说，我们确实自非常遥远的地方前来，但当有幸遇到像他这样好客的人时，那在某种意义上就如同重新见到了自己的祖国……当我们用过一杯奶茶并谈论了法国、罗马、教皇和红衣主教之后，便站起来去察看指定给我们的住处。对于像我们这样过惯流浪生活的人来说，这间房子已算相当好了。他们给了我们一间宽敞的房间，带有一个大炕。此外还单独有一间厨房，配备有炉灶、饭锅和几件炊具。最后是拴马匹和骡子的马厩。我们确实感到要高兴得哭起来了。我们非常遗憾的是自己手头没有另一条哈达，以便立即感谢这名善良的喇嘛。

宗教对人心的影响是很大的，即使当这种宗教是荒谬和对其真实目的一无所知也罢。在这些对外乡人如此慷慨、如此好客和如此友好的喇嘛与中原人之间，该有多大差距啊！中原人是经商的民族，心肠坚硬而贪婪，他们甚至连一杯冷水也要卖给客人。当看到大家在塔尔寺内热烈欢迎我们的情况时，我们的回忆便不由自主地转向了我们那些笃信宗教的先祖，他们殷勤接待客人并建起的修道院，修道院过去也如同客店一般，行路人和穷人始终都可以在那里得到心身的宽松和灵魂的安慰。

同一天，我们完成了迁居。桑达拉和住在附近的喇嘛们都殷勤地前来帮助我们。我们发现他们确实非常乐意用双肩扛我们行李中的某些东西。他们打扫了客房，点着了炕下的火并将马厩安排得可以接受我们的牲畜。当这一切都完成之后，房子的主人根据招待客人的规矩，必须亲自为我们准备一餐饭。因为他们认为我们在迁居时，没有用来做饭的时间。

我们认为如果于此为自己的新住房勾勒一幅速写草图并介绍一下居住者，那样作将不会惹人生气。刚一进门，我们就看到了一个长方形的院子，由安排得很巧妙的马厩环绕。在门的左侧，一条狭长过道通向第二道方形院子，其四边都由喇嘛僧房组成。通道的对面是房子主人的住处，房主叫作 Akayé，意为"老哥"。"老哥"

是一名年长六十多岁的人，身材魁梧，但很清瘦和干瘪，完全是瘦骨嶙峋的身体。他那长面庞仅仅成了由几块骨头堆积起来又覆盖了一层干枯而多皱皮的形状。当他未穿袈裟时，露出了被太阳晒黑的双臂，大家可以把它们当成是两根老葡萄藤。虽然他还完全能站立，但其行动却踉跄蹒跚。大家可能会说，完全是一架机器在驱使他运动，每走一步实际上都是活塞的作用。“老哥”在38年间受雇管理喇嘛庙的世俗事务。他在那里积累了相当多的财产，但一切都花销在功德事业和从不归还的借贷中了。现在，他沦落得相当贫穷，仅有这幢房子了，这是他在走运的时代建成的，一直没有找到出售的机会。出租房子是不可能的，因为这是违犯喇嘛寺惯例的，而这种习惯法是不允许在出售与无偿出借一处房屋之间存在折衷措施。“老哥”最不幸的是不能享受特殊布施，因为有时要向达到某种级别的喇嘛们分发特殊布施。由于他整个一生中仅仅负责世俗事务，未能完成其学业，所以他完全是文盲，既不会读书也不会写字。这却并不妨碍他从早到晚地祈祷，始终手执数珠，大家可以听到他低声地持续咕哝几句愿文。此人心地善良，但大家似乎并不太尊重他，因为他贫穷而破落。

在“老哥”住处的右侧，于院子的另一端住着一个出身于汉族的喇嘛，大家称他为“契丹喇嘛”（汉人喇嘛）。虽然他已七十岁开外，但气色要比可怜的“老哥”好得多。其身体已开始佝偻。他具中等身材，体态丰满，充满生气的脸庞装饰着几缕漂亮的白胡须，胡须尖端已开始变黄。契丹喇嘛以其喇嘛教学识而著称，他可以流利地读写汉文、蒙文和藏文。他曾在西藏和鞑靼地区的几个旗中居住，积累了大量财富。据说其僧房中有装满银锭的几个大箱子。但此人却极端吝啬，生活得很艰难，衣着褴褛。他的脑袋不停地向两侧转动，如同是一个始终害怕有人偷盗他一般的人。他在鞑靼地区被视为一名大喇嘛，但在云集了喇嘛名流的塔尔寺，却被淹没在庞大的高僧队伍中了。这名契丹喇嘛身边有一名11岁的小沙必。该幼童活泼、机灵而又调皮，但实际上性格特别善良，每天晚上都能听到他与其师争吵，因为其师指责他耗费了过多的酥油、泡的茶过浓和在灯盏中放的灯芯太粗等等。

面对契丹喇嘛的地方，正是法国两名天主教传教士的住宅。紧傍他们的房子又是一间小僧房，那里简朴地居住着医学院的一名二年级的学生。这名 24 岁的年轻喇嘛是一个四肢特别强健的壮小伙子，其臃肿而肥胖的面庞显示出他在狭窄的陋室食用了大量酥油。当我们看到他于其小屋门前露面时，始终都不禁会联想到拉封登所说的那种老鼠，它由于笃信宗教而隐居在荷兰的奶酪中。这个青年人具有痉挛性的口吃，以至当他想讲话时往往无法呼吸。这种残疾使他变得很腼腆和持重，也可能由此而促使他发展了其本身中的一种善良和热心助人的性格。他极端害怕青年沙必的出现，这名沙必以模仿他的说话方式而玩恶作剧。

院子中面对“老哥”住处的部分是由一行彼此分开的小厨房组成。房产主、契丹喇嘛、口吃者、传教士们各自有一单间厨房。根据喇嘛寺中的说法，我们这所房子中共有四个不同的“家庭”。虽然数家人聚集于同一座住宅中，但那里始终都呈现出一片秩序井然和安静的气氛。大家彼此之间很少拜访，每个人在房间中忙碌，从不介入其他人的事务。在我们栖身的这所住宅中，一般是当天气特别晴朗时才能互相见面。由于我们正处于冬季最严寒的时期，一旦当太阳的光线射进院子中时，四家人便从各自的僧房中走出来，并前去坐在一块大地毯上。契丹喇嘛的双眼尚炯炯有神，正忙于用破衣片缝补褴褛的衣服。“老哥”喃喃地念诵祈祷咒文，同时又抓挠其双臂那粗糙而又发出声响的皮肤。医科学生以唱经的方式（他唱起来就不口吃了）复习他的治疗医学的课程。至于我们，我们很难不受这种奇特环境的影响而不分心，我们无益地把自己那写有藏文对话的练习本放在膝盖上，而眼睛却更想看一下正在那里曝日的三个家庭。

塔尔寺共包括近四千名喇嘛。这种场所提供了使人看起来确实会心旷神怡的景象。大家可以想象出一道被宽而深的沟壑隔开的山岭，从中生长出大树，大乌鸦、喜鹊和黄喙小乌鸦不断地在树上繁衍。在沟壑的两侧和山麓上，分阶梯地出现了一些白色的喇嘛住宅，其大小各自有别，但都以围墙环绕，上面有小亭台。在这些简朴的住宅中，其洁净和雪白的颜色显示出其全部豪华。大家到处都可以看到大量金脊的佛寺。寺院上师们的房子则以其在六角亭上飘荡的经幡而与众有别，大家到处都仅能看到红色或黑色的特大藏文字的神秘对联，有的写于所有的门上、墙壁上、石头上，有写于被固定的绢条上，作为经幡而挂在房屋平台上的无数小杆子之顶端。几乎每前进一步,都会遇到圆锥糖块状的佛龛,佛龛内烧香、有香味的木块和柏树叶。最引人注目的事,却是在喇嘛寺的无数街道中,发现一大群身穿红色袈裟和头戴黄色法帽的喇嘛在转经。他们的举止一般都很庄重,并不要求他们保持沉默。但他们讲话很少,始终低声细语。只有神学院上课或放学以及当全体人员在作固定祈祷的时辰,才会遇到很多的人。在一天剩余的时间里,喇嘛们相当忠于职守地呆在其僧房中,只能看到几个喇嘛沿蜿蜒崎岖的小道而下到沟底,然后再吃力地背着一个水桶,以此桶汲取生活用水。大家也看到几个外来人,他们前来举行宗教仪轨或拜访他们所认识的喇嘛。

塔尔寺享有如此之大的名声,以至于佛陀的崇拜者都从鞑靼地区和西藏各地前来朝圣进香,没有一天不出现有某些朝圣人到达或离去的情况。在某些隆重的节日中,大批的外地人如同潮水一般涌来,每年可以计算到这样的四个主要节日,其中最著名的是正月十五的节日。他们称之为“花祭节”(酥油灯花大会)。任何地方都不曾以塔尔寺这样盛大的排场和隆重仪式来庆祝这一节日,在鞑靼地区、西藏,甚至是拉萨本地所举行的庆祝仪式,都无法与这里相媲美。我们于正月初六住进了塔尔寺,那时就已从通向该喇嘛寺的各条大道上,看到前来朝圣人的骆驼队。到处都在讲这个节日,据说用酥油制作的“鲜花”极其绚丽。“美术委员会”仔细地研究了这些花,宣布它们比往年的所有花都更好。当我们听到传说这些绝妙的灯花时,正如大家可以想到的那样,我们便匆匆忙忙地打听有关一个我们不熟悉的节日的情况。下面就是人们向我们提供的具体情节,我们听到后不会不感到惊讶。

正月十五日的“酥油灯花”,是由世俗和宗教的艺术品组成的。亚洲所有的民族都在这次酥油花节中,以他们特殊的相貌和使他们有别于他人的服装,而出现在那里。其中的人物、服装、风景、装饰品等等一切都是以新鲜酥油制成的。他们共用三个月的时间来完成这场特殊表演的准备工作。从喇嘛寺最著名的艺术家中选拔出来的20名喇嘛,每天都忙于生产酥油,双手始终都要在水中浸泡,因为害怕手指的温度高而使他们的作品变形。由于这些工作大部分是在冬季最严酷的寒冷之中完成的,所以这些艺术家们都要忍受极大的痛苦。他们首先以在水中仔细搅拦和打酥油而开始工作,以便使它能很好地凝固。当已充分地准备好原料之后,每个人都制作交由他负责的各部分。所有这些工人都在一名主管人的领导下工作,由主管人提出本年度的花卉图案,并主持其制造工作。当他们的作品完成后,便将之移交给另一批负责于上面染色的艺术家们,他们始终都在同一名主管人的领导下工作。我们觉得一个完全是酥油制品的陈列室,则是一桩很奇怪的事,从而使我们急切盼望正月十五的到来。

在节日的前夕,外来人的影响是无法表达的。塔尔寺已不再是一座宁静和沉默的寺院了,那里的一切都显示出了宗教生活的庄重和严肃。塔尔寺变成了一座世俗的城市,遍是纷乱和嘈杂。在每个住宅区,人们都仅仅能听到驮载朝圣人的骆驼那刺耳的叫声,以及长毛牦牛那沉闷的哞叫声。在俯瞰喇嘛寺的山坡地带,大家可以看到支起了许多帐篷,所有那些未能在喇嘛们的僧房中找到居住地方的人,都在那里露营。在正月十五日这一整天,前往喇嘛寺周围朝圣者的数目很大。对于我们来说,看到这一大群人每步一跪并低声念诵其祈祷经时,确实是一种新奇而又痛苦的场面。在这些虔诚的佛教徒中,有大批鞑靼—蒙古人,全部自十分遥远的地方前来。他们表现得举止笨拙而闷闷不乐,特别是那种闭关沉思的虔诚和坚持完成这类宗教规则的态度,则更为引人注目。红毛儿人也来到了那里,我们发现他们的行为并不比在丹噶尔更优雅多少。他们那略微有点野性的笃诚与蒙古人的神秘行为形成了鲜明的对照。他们妄自尊大和昂首阔步地行走,右臂袒露在服装的外部,始终佩带他们的大刀和斜挂一支枪。安多地区的西番人是所有这些朝圣者中人数最多的民族。他们的相貌既不像红毛儿人那样粗犷,也不像鞑靼人那样天真正直。这些人敏捷而不拘形式地完成了自己的朝圣任务。他们似乎是想说:我们这些人都是本地人,我们对这一切都了如指掌。

安多女子的头饰使我们产生了一种愉快的惊奇。她们头戴一种黑色或灰色的小毡帽,其形状完全如同过去曾风靡法国的那种尖顶小帽一样。就我们能回忆起的情况来看,大家称之为"百分之三帽",其惟一的区别是通过下颌而维持其形状的帽带不是黑色的,而是红色或黄色的。安多女子让其头发披在双肩,分成了许多小辫,装饰有江珧片和珊瑚、红色珍珠。她们服装的剩余部分与鞑鞑女子无别。但她们那羊皮大袄的笨重姿态，则被使她们产生了一种轻快感的“百分之三小帽”所抵消。我们非常惊奇地在这一批朝圣者中发现了几名汉人，他们也如同其他人一样，手执数珠并行通行的顶礼。大胡子桑达拉告诉我们说，这都是贩卖哈达的商人。他们不信仰佛陀，但却装得很虔诚，以吸引顾客和更容易地出售商品。我们无法说桑达拉的这些话是恶语中伤还是诽谤。但我们所知道的一切，正是这些话足以清楚地说明汉人的才能。

正月十五日（1855 年 1 月 10 日），朝圣者们又一次围绕喇嘛寺转经，不过人数比前几天要少得多。好奇心促使他们更愿意到完成酥油花节准备工作的地方。当夜幕降临时，桑达拉前来邀请我们去参观我们久已闻名的这些酥油珍品。我们在结巴子、契丹喇嘛及其沙必的陪同下出发了，仅留下“老哥”守家。酥油花被陈列在喇嘛寺各佛殿前面的露天场所。它们被放出了迷人光芒的灯饰照耀得通亮。无数大小各异的黄铜和红铜容器，都具有圣餐杯的形状，它们被分布在代表抽象图案的轻便架子上。所有这些大小不同的容器都盛满了造型的酥油，从中伸出了一条被棉花裹着的坚实灯芯。这些灯饰被安排得颇有趣味。多么遗憾！我们不能在庆典的日子中，把这一切都搬到巴黎去。

我们看到这些酥油花就感到诧异。我们从未想到，在这些沙漠地区和这些半蒙昧的民族中，会遇到具有如此高明手艺的艺术家。我们在几个喇嘛寺中遇到的画家和雕刻家，远不会使自己怀疑在这些酥油作品中能欣赏到的全部美。这些花都呈现出规模很大的浅浮雕状，代表着取自佛教史的各种内容。所有的人物都具有一种使我们目瞪口呆的表情。人物造型都生动而充满活力。它们的姿态都很自然，衣服穿得很雅致和没有任何拘束。我们第一眼就能区别出其衣服所代表的织物特征和质量，那些皮衣尤其使人赞不绝口，羊皮、虎皮、狐皮、狼皮和其他各种动物皮都表现得惟妙惟肖，栩栩如生，以至使人试图用手去触摸之，以证实它是不是真的。在所有的浮雕造型中，我们很容易辨认出佛陀来。其面庞充满了尊贵和威严的姿态，属于高加索人类型。这完全符合佛教的传说，它声称佛陀原籍为西天，面庞白色并略带红润，眼睛长而大，鼻子高突，头发很长而呈波浪形，并有光滑的触感。其他的人物均属蒙古人型，略带藏族和西番人的特征。即使仅仅观察其面庞的轮廓，避开其服装不谈，那么我们也很容易把他们彼此区别开来。我们发现了几个造型非常好的印度人和黑人的头像。后一些人的头像引起了观众们的极大兴趣。这些巨大的浅浮雕造型四周由分别代表走兽、飞鸟和花卉的装饰图案环绕。所有这一切都是用酥油造成的，以其造型和着色的精巧而备受欣赏。

在从一座佛殿通向另一座佛殿的路上，大家每走一段距离，都会遇到一些小型浅浮雕造像，其中以细小画的画法塑造了战争、狩猎、舞蹈、游牧生活的场面，西藏和鞑靼地区最著名喇嘛寺的景观。最后，在大雄宝殿的前面是一剧场，其中的人物和装饰都是用酥油制成的。那些人物造型只有一法尺（pied，法国古代长度单位，约合325mm。——译者）。它们代表着一批前往诵经的唱诗班中的喇嘛。首先，大家在戏台上什么也看不到，当听到海螺号声时，大家就会看到从两侧门道中出来两行小喇嘛，然后便是身穿礼服的上师。当他们在舞台上寸步不动地停留了一段时间之后，便回到了幕后，表演暂告结束。这些节目激起了所有人的狂热崇拜。我们这些曾见过其他技巧表演的人认为，这些在舞台上不动腿并迅速退去的小人物，是相当平庸的。如此表演只看一次就足矣！我们前去欣赏那些浅浮雕式的造像了。

正当我们在观察几组至少也像卡洛（Callot）所制作的鬼蜮一样可笑的魔鬼时①，我们突然间听到了一阵大批喇嘛和海螺号的巨大响声。大家告诉我们说，大喇嘛将从其大雄宝殿中出来观花。这使我们再高兴不过了。塔尔寺的大喇嘛是我们很有兴趣要见到的人。他很快就到了我们停留的地方。一些侍从喇嘛在他前面开道，用粗大的黑鞭子分开了人群。大喇嘛步行，由喇嘛寺的主要高僧们簇拥。我们觉得这名活佛的年龄最多有四十多岁，中等身材，相貌平常而呆滞，皮肤被严重晒黑。他边走边对位于其行进途中陈列的浅浮雕作品，投去了一束阴郁不快的目光。他看了一下佛陀的漂亮面庞，无疑是自言自语地说，自己由于转世之苦，而仅仅是从其原来的形象上退化了。如果说大喇嘛的外表使我们略感吃惊，那么其服装则完全不至于如此，那完全是主教服。他头戴黄色

---

① 雅克·卡洛生于南希，为1592～1635年人，曾为风俗画的大画家。他用强水雕刻的《集市》、《受刑》、《战争的苦难》等作品使他享有盛名。

炊具

法冠，手执一根如同权杖那样的长禅杖，双肩披一件紫色塔夫塔绸大衣，腰部由搭扣扎着，从各方面来看都像一件无袖长袍。我们于下文中还要指出，在天主教崇拜仪式和喇嘛教仪轨间存在的许多关系。

观众们似乎不大关心他们活佛的经过，他们更乐意欣赏酥油佛，因为它们实际上更要漂亮得多。惟有鞑靼人才作了某种虔诚的示意，他们合掌，为了表示尊重而低下了头，似乎因过分急逼的人群使他们无法全身俯地进行顶礼，实实感到痛苦。

当大喇嘛完成巡视时，便回到大雄宝殿，这就如同向所有人发出了信号，他们可以毫无保留地沉醉于尽情的欢乐。大家唱得上气不接下气，或者是跳起了类似法兰多拉那样的舞蹈。接着，大家互相拥挤或互相碰撞，发出了呼唤和使沙漠感到害怕的呻吟，甚至可以说是所有这些不同的民族都陷入了高度兴奋的狂热之中。由于在这一可怕的混乱之中，很容易推翻用酥油制作的灯具和图案，所以那些携带点亮的大火把的喇嘛们，便负责这片如同因遭风浪袭击的大海而翻腾的混乱人群。我们无法长时间地忍耐如此一种嘈杂人群的拥挤。那位契丹喇嘛发现了我们受挤的难堪局面，于是便请我们取道返回住所。我们非常高兴地接受了他的建议，尤其是因为夜已很深了，我们感到需要略作休息。

翌日，当太阳升起时，已不存在隆重的花祭节的任何痕迹了。

所有的人群都消失了,那些酥油浅浮雕已被毁掉,如此之多的酥油都被抛在山沟里喂乌鸦去了。这些花费了很大精力的庞大工程,也浪费了许多时间,我们甚至说是耗费了许多才能,但仅仅作了一夜的表演。他们每年都根据新的图案而制作新花。

朝圣进香人也随着酥油花而消失了。从一清早起,大家就可以看见他们步履艰难地攀登山坡上崎岖不平的羊肠小道,凄凉惨淡地返回了他们那荒凉的地区。他们所有人都低着头默默地走着。因为人心在此时只有很少一点欢乐,一个热闹节日的第二天,往往就是一个充满痛苦和悲伤的日子。

附　录

一座清真寺

中国向任何一种宗教信仰开放确实是一种特殊的景象。穆罕默德本人在那里也有他的《古兰经》及其狂热的崇拜者。据说，他们共有3000万人。这是一个很可观的数字，一支浩浩荡荡的大军。观察家们很快就在他们中发现了教团、教律和最强烈的教派思想。

您希望参观一座清真寺吗？其大门永远敞开。大家可以进入寺内，条件是必须脱鞋。人人都会在那里祈祷的信徒中受感化。这是一座很奇特的建筑，其各个组成部分都具有土著特征，它的平面图也特别与众不同，别有一番景象。如果略微有点变化，那将是一座教堂。但这一“略微”就如同一个世界大。一座教堂表现得生机勃勃，而这一地方则具有清真寺的那种缺乏装饰的寂静。它比一座加尔文派的圣殿还更加阴沉。那种圣堂尽管缺乏圣像，但仍然保持了一种神香的香味，我们的那种超群绝世的建筑风格。如果赋予它天主教的那种富丽堂皇的装饰、圣歌和神圣的奥义，那么其墙壁也会变活，就如同从流放地回来又见到了一处住宅一般的感受。

在一座清真寺内，出现了同样严格的朴实无华和同样的不加装饰。大家在那里找不到任何值得欣赏的内容，甚至是没有任何值得观看的地方。几部阿拉伯文经书和伊玛目的座位就是清真寺中的全部装饰和全部动产。

中国的穆斯林是这片土地上的外来人，就如同犹太人在世界各地一样。他们都坚持与孤立的厌倦和迫害的狂浪作斗争。忠于穆罕默德、《古兰经》、清真寺、斋月、仪礼和安拉。他们受到了所有人的鄙视，自己也鄙视其他所有人。他们没有任何穆斯林的那种高傲，尤其是他们的清真寺院内更加如此。你们不要与他们讨论。

他们有时文质彬彬,而更多的时候则是冷笑或傻笑。与他们进行评理争辩,那就如同敲击顽石一般。如果你向他们询问中国伊斯兰教的起源,那将会使他们感到高兴。如果他们多少有些文化,那么他们将告诉你说,先知的弟子们在8世纪时,被唐朝皇帝从突厥斯坦召来。唐朝皇帝被他们的堂堂仪表、正直和忠诚所打动,对他们格外宠爱并将他们留在"华国"内。当时他们仅仅200人,今天已形成一支浩浩荡荡的队伍了。他们分散在各地,到处都担惊受怕,不过有时也能制服他人。此外,除了他们的心和信仰之外,他们身上的一切都汉化了。大家有时与他们迎头相遇也不会辨认出他们来。大家都避免冒犯他们,所有人都知道他们忌食猪肉和不烧香。这是众所周知,也是被认可的事实(阿尔丰索·于布赖克特:《天津的遣使会士》)。

第三章

宗喀巴的神奇降生——他为布教作准备——他出发西行——他与西藏大喇嘛的会见——他改革了喇嘛教的仪轨——佛教改革与天主教的许多相似之处——这些相似处的原因——万像树——喇嘛教的教育——修法学院——塔尔寺喇嘛庙的管理——朝圣进香人的布施——喇嘛们的产业——大胡子桑达拉的奇遇——喇嘛们对基督教的好感倾向——为了使旅行者们减轻疲劳的神奇作法——夜间祈祷——出发前往东科尔喇嘛庙——附录

位于青海湖以南的安多地区由东部藏人居住，他们如同蒙古鞑靼人一样过着游牧生活。该地区地貌荒凉，尚未开发。我们的眼睛在各方面都只能看到一些赭红色或淡黄色的山坡，几乎寸草不生，到处都留下了纵横交错的深沟大壑。然而，在这些贫瘠和荒凉的大地中，我们有时还可以看到一些具有丰富牧场的河谷，游牧部族把他们的畜群赶到那里放牧。

据喇嘛教年代史记载，在公元 14 世纪中叶左右，安多地区的一名叫作垅堡—墨卡的人，在紧傍一个开阔山沟的山脚下支起了他的黑色帐篷。这一山沟的深处，在砾石河床中弯弯曲曲地流着一条水量丰富的小河。垅堡—墨卡与其妻钦扎错共同过着游牧生活。他们没有大群的牲畜，只有二十多只山羊和几头牦牛，这就是他们的全部财富。他们在数年间独自生活在这片偏僻的未开发之地，没有子嗣。垅堡—墨卡把他们的牲畜赶到了附近牧场，而钦扎错则孤独地住在帐篷中，忙于作奶制品，根据安多妇女的习惯，用牦牛的长毛织纺一种粗糙的毛布。

某一天，钦扎错下到河谷底部去汲水，感到了一阵眩晕，于是便失去知觉，昏倒在一块上面刻着几个崇拜释迦牟尼佛[1]的文字的

① 释迦牟尼是佛陀名字中许多写法之一。英国人写作 Sakiamuni，中国人称之为释迦牟尼，其教名为乔答摩。中国现在仅以一个名来称呼人们熟悉和崇拜的佛教缔造人，这就是“佛”。

宽大石头上。当钦扎错站起来时,她觉得肋侧一阵巨疼,从而明白这次摔跤使她受孕了。在火鸡年(1357 年),发生这次神奇事件的九个月之后,她生下了一个男孩。垅堡—墨卡称之为宗喀巴,这是根据他几年以来一直于其山脚下支帐篷的山名而命名的。这一灵童自诞生以来就长着一绺白胡子,面目显得极其庄重威严。他的举止完全没有幼稚的表现。一旦当他看到了天日,便能清楚准确地用安多话来表达自己的意思。他讲话不多,但其话语始终包括有关人性和人类命运的深刻意义。

宗喀巴三岁时便决定放弃世俗生活,从而选择了宗教生活。钦扎错充分尊重其子的神圣计划,亲自为他削发,把他那漂亮的长头发抛在帐篷门口。从其头发中自动长出了一棵树,发出诱人的清香味,在每片叶子上的叶盘间都刻有一个西藏神圣语言的文字。从此之后,宗喀巴便生活在一种严肃的静修之中,他甚至当着其父母的面也会逃走。他隐修于最荒凉的山峰和最幽深的沟壑之中,以祈祷发愿和静思永久事物而度过其日日夜夜。他的斋戒期既长又频繁。即使是最小的昆虫,他也尊重其生命,严格忌食任何种类的肉。

正当宗喀巴如此这般地忙于通过坚持祈祷和严峻的生活来净化其心灵时,来自西部最偏僻地区的一名喇嘛,偶然间经过了安多地区,并在垅堡—墨卡的帐篷中受到了殷勤接待。宗喀巴对于这位外来人的学业和神圣性格赞叹不已,于是便跪在他的脚下,请求他做自己的师傅。喇嘛教的传说介绍说,这名西部地区的喇嘛,不仅仅以其深不可测的教理,而且还以其奇特的容貌而引人注目。人们尤为注意他那高大的鼻子和如同神火一般闪烁的眼睛。那名异乡人同样也被宗喀巴的奇才打动,毫不犹豫地收受他为弟子。因此,这名喇嘛也定居在安多地区,但仅在那里生活了数年。他向弟子传授了西方最负盛名的圣人们所接受的全部教礼之后,便在一座大山山峰的一块石板上酣睡了,其双目再未重新睁开过。

宗喀巴从此失去了外来圣人的教诲,但却变得更加热烈渴望学习宗教知识。他毫不迟疑地决定抛弃其部族并远走高飞,一直到达西方的腹地,向真宗的发祥地寻求最纯洁的教义。他手拄拐杖出发了,独自一人,没有向导,但心中却充满着一种超人的勇气。他首先直接南下,在经过长期艰难的跋涉之后,一直到达了云南省边境，那里完全是中华帝国的边陲和尽头。他在那里没有沿同一方向前进，而是又沿雅鲁藏布江这条大江的江畔转向西北。他最终到达了卫地[①]的圣城。正当他准备继续赶路时，一尊全身金光闪闪的天神(lha)阻止了他，禁止他再往更远的地方行进。天神对他说："阿！宗喀巴！所有这些辽阔的地区都属于一个已赐给你的大国。你应在此颁布仪轨和发愿。你那永久不灭生命的最后变化将于此地完成。"宗喀巴听从了这一天神的话，于是便进入了"神域"(拉萨)，在该城中最偏僻的居住区选择了一处寒舍。

安多部族的出家人都毫不迟疑地招募一批弟子们。宗喀巴的新教理以及他传入的喇嘛教顶礼中的仪轨，便不可避免地造成某些动乱。宗喀巴最终勇敢地自称为改革家并向旧的信仰宣战。他的支持者与日俱增并被称为"黄帽喇嘛"，与维护旧体系的"红帽喇嘛"相对立。卫地土司和喇嘛僧官等级中的活佛与祖师萨迦，对在宗教仪礼中引起混乱的这个新派别感到非常激动。萨迦当面召见宗喀巴，以证实其学识是否确实如同其支持者们所宣扬的那样神奇和深刻。这位改革家不屑应邀前往，由于萨迦是一种注定要代表旧体系的宗教派别之代表，所以并不是应由宗喀作出驯服的表示。

黄帽派变成了主流派，对宗喀巴的崇拜日益多起来了。活佛萨迦发现其权威已衰落，于是便决定去找"安多地区的那个小喇嘛"，因为他出于鄙视而如此称呼那位仪轨改革家。他希望在这次会见中与其对手进行讨论并使古旧派教理获胜。他以隆重的排场并携其教派至高无上的宗教权威的全部象征物，前往那里去了。萨迦在进入宗喀巴那简朴的小僧房时，他那高大的红帽子撞击到了门口的上方，并因而坠地。这一意外事故被所有人都视为是黄帽派胜利的标志。改革家坐在一个蒲团上，双腿跏趺坐起来，似乎没有注意萨迦的进来。他没有起来欢迎萨迦，继续在其手指间数其念珠。萨迦既没有因其帽子落地，也没有因为对他的这种冷淡接待而动怒，直截了当地进入讨论。他口若悬河地赞扬旧仪轨，列举他拥有占据优势的全部权力。宗喀巴连眼皮也没有抬，用这样

① "卫"在藏文中系指中心或中部。这是对实际上占据着西藏中心的地区之称呼，其首府就是拉萨。

一句话打断了他:“放开!你这个残暴的家伙,放开你手中捻着的那个虱子吧!我于此听到了它的呻吟,我的心痛苦地感到难过。”萨迦在滔滔不绝地阐述其功德的时候,确实于其衣服下面捉到了一只虱子,他无视禁止任何杀生的生死轮回教理,而试图在手指间掐死它。萨迦不知道如何回答宗喀巴那严厉的话,于是便跪在其脚下并承认了他那至高无上的权威。

从此时起,由宗喀巴倡导的改革再也没有障碍了,在整个西藏均被采纳,后来又缓慢地渗透入了鞑靼地区诸旗。1409年,宗喀巴在52岁时创建了著名的喇嘛寺——甘丹寺,距拉萨有三法里之远。它至今还存在,其中共有八千多名喇嘛。1419年,已成佛的宗喀巴的灵魂离开了人间而返回天国去了。他被接受在极乐净土世界,其凡胎肉体留在了甘丹寺。有人声称,直到今日,其身体还保留了其全部新鲜度。它由一种持久的奇迹而自我停留在地面上,既未以任何东西为所缘,也未被任何东西作为依止。还有人补充说,他有时还向那些在完美道德方面取得了巨大进步的喇嘛们讲话,但其他人却根本听不到这些话。

除了宗喀巴在仪轨中引进的改革之外,他还由于重新写了由释迦牟尼留下的教义大全书而著名。这些著作中最著名者叫作《普提道次第广论》。

只要我们对宗喀巴在喇嘛教信仰中引入的改革和创新稍加研究,那我们便不禁会对它们与天主教的相似感到震惊。① 大喇嘛在旅行中或当他在寺外举行某种仪轨时,所携带的禅杖、教冠、长袍、袈裟或法文,具有二重唱祭礼、单调地诵经、祓魔、由五根绳索支撑并能随意打开的香炉,喇嘛伸出右手在信徒的头上摩顶(祝福)、念珠、出家人的独身生活、宗教性的隐居和闭关修持、崇上师、斋戒、

---

① 最为引人的相似性是僧侣们剃度礼,教堂中的剃发礼相对是晚期的。为了有别于已剃了头的异教巫师,圣教的第一批神父们留着一头剪断的头发,完全如同世俗人一样。据说,这是苦修士们出于卑贱之心而作出了削发剃度的表率。在公元6世纪时,本鄂奉他们为楷模而命其教徒们仿效他。继此之后,俗间神职人员也采取了这种作法,于633年由托莱多的主教会议宣布必须这样作,作“修士圆顶”,以纪念我主的刺冠。大家区别出了多种剃礼;罗马式剃礼,即部分剃和圆环剃;希腊式剃礼,扩大到了整个头部。正是这后一种剃礼才完全可以与佛教的剃度相比较。

迎神仪式、连祷、净水(圣水)[1]等,所有这一切都是佛教徒与我们的相似性。现在,我们是否还可以说,这些共同之处本来就出自于基督教呢?我们认为是这样的,虽然我们无论是在传说中,还是在当地的文献中,都没有找到这种借鉴的任何可靠证据。但我们可以提出具有极大可能特征的猜测来。

众所周知,在公元14世纪蒙古皇帝统治时代,在欧洲人与高地亚洲诸民族之间,存在有经常性的关系。我们在本著的前一部分已讲过鞑靼征服者们派往罗马、法国和英国的那些著名使节了。毫无疑问,这些胡人肯定会对天主教信仰仪式中的豪华排场及其荣耀,都产生了强烈印象,他们把这些不可磨灭的印象带到了自己的沙漠草原中了。此外,我们还知道,不同修会的教士也于同一时代从事了远行,以把基督教传入鞑靼地区。他们可能同时也进入了吐蕃、西番人和青海一带的蒙古人中。北京的大主教约翰·孟德高维诺就已经组织了一个唱诗班,许多蒙古修道士每天都在那里练习念诵圣诗和演习天主教礼仪。现在,如果我们注意到宗喀巴恰恰生活在基督教传入西域的时代,那么我们对于在佛教改革派中发现了与基督教极其明显的相似性,就不会感到奇怪了[2]。

我们是否不可以讲某种更多翔实可靠的事呢?我们从其诞生的当地和通过许多喇嘛之口,而搜集到的有关宗喀巴的这一传说,难道不能支持我们的观点吗?在从中删去由于喇嘛们的想象而加入这一故事中的所有神奇色彩之后,我们还可以承认宗喀巴是一个以其天才,也可能还由于其道德而超乎寻常的人。他受教于一名自西方而来的异乡人,继其师圆寂之后,弟子独自西行,在吐蕃

---

① 李仙德(Legendre)博士介绍说,在西藏边境的藏族家庭中,到处都有圣水,"在橱柜上排列起了大批铜碗,其中都盛满了圣水。这种水仅仅一年换一次,即在佛教的大祖师活佛们派出的旅行喇嘛经由这里时"(《云南旅行纪》,195页)。

② 斯拉姆神父写道:"我们首先应指出,今天已由佛教文献令人不可否认地和充分地证实,从公元最初几个世纪开始,就由迦勒底的僧侣们把寺规传入了西藏。这样自然就可以解释东方喇嘛教和西方天主教仪轨之间的表面上的大量相似性了。"(《圣母圣心会传教区》,1920年2月)

达伯理(《中国的天主教》)写道:"我们经常发现,近代喇嘛教的创始人宗喀巴,原来是诞生于唐古特一座城市中的摩尼教巫师。"

我们上文已提到的雷慕沙的资料值得重新提一下:"喇嘛教僧官制,是由于在鞑靼地区的景教残余与佛教教理的结合而创立的。"

停留了下来并在那里传播其师传授给他的教义。这个"高大鼻子"的外乡人,是否是一名欧洲人呢?是否是在当时曾大量进西域的天主教传教士中的一员呢?喇嘛教传说中保留了对这种欧人相貌的记忆,这不会使人难以解释,此人的特征与亚洲人大相径庭。在我们于塔尔寺居住期间,曾不止一次地听到喇嘛们对我们相貌之古怪特征的议论,他们毫不犹豫地说我们与宗喀巴的师傅属于同一类型。大家还可以假设认为,由于早逝而使这名天主教传教士没有彻底完成对其弟子的宗教教育,其弟子后来希望自己成为使徒,这或是由于他没有学到充足的基督教教理知识,或是由于他背叛了自己的信仰而仅仅坚持传入一种新的礼仪。宗喀巴于其改革中遇到的一点轻微反抗似乎说明,当时基督教思想在这些地区的发展,已经大大地动摇了对佛陀的崇拜。我于下文不远处还将研究,佛教徒与天主教徒之间的大量相似性,在鞑靼地区和西藏传播我教教义的障碍,还是有利条件呢!

宗喀巴的改革在介于喜马拉雅山麓、俄罗斯边境和中国长城内外的所有地区都获得了胜利。它甚至渗透进了天朝中原的某些省份,如甘肃、山西、北直隶和整个满洲。和尚们都保留了他们的古旧派仪轨,惟有他们在某些地方采纳的某些微不足道的革新除外。现在,我们共区别出了两种喇嘛:黄喇嘛和灰喇嘛[①],这就是说那些追随改革者和坚持原始仪轨者。这两派过去无疑曾互相敌对,或彼此之间发动攻击,但今天却非常和睦地生活。和尚与喇嘛们相互之间似为同一家人。

过去不为人所知和没有多大意义的安多地区诸部族,自从佛

官方的晚宴

① 现在称为"黄教"和"红教"。

教改革以来，便获得了出奇大的名声。宗喀巴于其山脚下诞生的那座大山变成了一个著名的朝圣地。喇嘛们从四面八方涌向那里建造僧房，从而逐渐变成了今天的这座繁华的喇嘛寺，其盛名一直传到了鞑靼地区最为偏僻的边陲。大家用两个藏文词称之为“塔尔寺”(Koun boum)，其意为“一万佛像”(此处似乎有误，塔尔寺本意应为“十万佛像”。——译者)。此名暗示传说中由宗喀巴头发而出生的那棵树，该树的每片树叶子上都写有一个藏文字。

大家当然会等待我于此针对这棵树而讲几句话。这棵树是否还存在？我是否见过它？它提供了什么特殊内容？对其神奇的树叶应作何感想？这就是大家都有权向我提出的全部问题。因此，我将试图就自己的可能而对此一一作出回答。

是的，这棵树尚存在，我在旅行中听到谈论它的情况太多了，以至于我有点急不可待地想去参观。在建筑喇嘛寺的山脚下，在距寺院的大雄宝殿不远的地方，有一片由砖墙围起来的方形院落。我们进入了这个庞大的院子，得以随心所欲地研究从外部就已看到某些枝条的那棵神奇的树。我的目光首先以一种贪婪的好奇心转向了其树叶，当我在看到每片叶子上确实有组成得很正确的藏文字时便感到特别惊奇。这些文字都呈绿色。文字的颜色有时比树叶本身还深，有时则略浅一些。我首先想到的是怀疑喇嘛们在作弊。但经过非常仔细地用心作了全面研究之后，我觉得根本不可能从中发现任何一点作弊诈骗的做法。我觉得那些字是树叶的组成部分，就如同其叶脉一般。它们出现的位置并不始终如一，有时发现它们位于叶子顶端或中部，有时又出现在其根部或两侧。其中最嫩幼的叶子代表着雏形字，只形成了一半。那些可以自动脱落的树干和树枝的皮(就如同法国梧桐树的皮一样)上，同样也写有文字。如果剥下一块老树皮，那就会在新树皮上发现一些尚未形成的文字，它们已开始生长，非常奇怪的是下面的字往往与其上面不同。我到处都在寻觅作弊的某种痕迹，但却始终都是枉费心机，我的额头都流出了汗水。其他那些比我们更为精明能干的人，将来可能会对这棵神奇的树提供一些令人满意的解释，而我则必须放弃这种做法。大家可能会耻笑我的无知，但这对我们却无关紧要，只要大家不怀疑我叙述的真实可靠性就行了。

我觉得“一万佛像树”很古老了，它那三个人才能勉强合抱的树干的高度不超过八法尺。其树枝不是向上升，而是像羽冠一样展开，非常茂密，其中有一些已干枯和因枯老而掉下去了。其树叶始终为绿色。其木为浅红色，有一种优雅的香味，与桂皮的香味有些相近。诸喇嘛告诉我们说，在夏季的藏历八月间，它会开满一树极其鲜艳的红花。有人还向我们断言，其他任何地方都不存在这种树。大家曾试图以其树种和枝条，在鞑靼地区和西藏的几个寺院中繁殖它，所有这些尝试都未获得任何结果。①。

康熙皇帝曾到塔尔寺降香，他自己花钱令人在“一万佛像”树上建一个银质圆屋顶。此外，他还向大喇嘛布施了一匹很剽悍的黑骏马，据说它可以日行千里。皇帝还布施了一副装饰着宝石的马鞍。马匹已死，但今天尚可在其中的一个佛殿中看到马鞍，它成了一种特别受崇拜的对象。康熙在离开该喇嘛寺之前，为维持 350 名喇嘛的日常生活而设立了一种年度俸禄。

塔尔寺的名望首先应归功于宗喀巴的声望。这种名声由于寺内的良好戒律及其教育的发达，而一直维持到今天。大家认为那里的喇嘛终生都是学生，因为宗教学被视为一种取之不尽的科学。学生们根据他们要专门学习的学业之性质，而被分成四个学部或学院：1. 密宗经院，包括静修生活的规则和佛教上师传中所包括的例证。2. 仪轨学院，包括学习宗教仪礼以及诠释用于喇嘛教仪轨的一切。3. 医明经院，其研究目标是人体的 440 种疾病、药用植物和药剂学。4. 最后是修法学院，这一部分最受尊重，得到的报偿最丰厚，因而也是集中了最多学生的一个学院。

作为修法教学之基础的大批佛经著作共分为 13 类，它们同时也代表着同样多的不同等级。每名修业僧在学院和唱诗班中所占的位置，都是根据他已经学习过的神学书籍的等级而定的。在这些人数众多的喇嘛中，我们可以看见一些老人在最后一行中，作出一副懒洋洋或无能为力的样子，而青年人则几乎达到了最高的等级。

---

① 拉玛依赖斯（《中华帝国》，308 页）对这一奇迹作了如下解释：“宗喀巴在三岁时放弃了世俗生活，于当时他被剃下的头发中，诞生了一棵著名的树，树叶上载有自动形成的藏文文字。古伯察神父辨认了出来，并将这一奇迹归咎于魔鬼。这一事实可能是由某种害虫的作为造成的。”

为了获得修法学院的各种学位，仅仅要求修业僧冷静沉着地背诵指定的经书。当他们自信准备充分时，便通知负责发愿的大喇嘛，向他献上一条上等哈达、一盘葡萄干，还根据他想获得的学位之高低而送上一锭有几两重的银子。他们同时还要向主考喇嘛送礼。虽然大家承认评判者是不能受贿赂的，但在塔尔寺也如同在其他地方一样，大家都坚信向学院送礼对于能体面地走出考场不是无益的。无论哪里的人都一样！

在喇嘛庙的大雄宝殿前，有一个方形的大院子，上面铺有很宽的石板，四周由螺旋状的柱子环绕，柱子上布满了彩雕。祈祷学院的喇嘛们在上课时都聚集在这个院子中，上课的时间是由海螺号声通知的。他们根据其级别而蹲在平光的大石板上，在冬天要忍受寒冷、凛冽的寒风和飞雪，夏天则要经受大雨和灼热的阳光。惟有法师才置身于遮身蔽雨的地方，坐在一个上面覆盖有亭子的座位上。当看到所有这些喇嘛身披红袈裟、头戴黄色大法冠地互相挤在一起，从而使人无法看到他们所坐的石块，那确实是一种特殊的景象。当几名修业僧背诵了按规则指定的经文后，法师便依次对经文作诠释，他们的注疏与经文一样含糊而令人不解。不过任何人都不会作难，所有人都只满足于一知半解。此外，大家都坚信一种教理的高深，与其既含糊不清又无法深入理解的特征，具有直接的关系。

授业一般结束于学生提交的一篇事先指定的论文。每个人都有权向他提问自己头脑中想到的各种内容。这些论文中没有任何有关鬼怪的可怕内容，它们会使人清楚地联想到中世纪学校中那些颇有意义的讨论，其中对一切问题都不着边际地进行激烈辩论。在塔尔寺，通行的规则是胜利者要骑在失败者的肩上，或者是胜利者以凯旋的姿态被抬起来绕学院院墙转一圈。某一天，大胡子桑达拉上课回来，满面春风，比平时更喜气洋洋。我们很快就获知他成了通过论文的英雄，他在一个为什么鸡和其他家禽类失去了所有动物所共有的生殖机能的重要问题上，战胜了其对手。我们提到这一特殊事件是因为它可以使人对喇嘛教教义的高度和庄严性，有一个基本理解。

在一年的某些时间，喇嘛寺的寺主活佛亲自和隆重地前来对经书作正式诠释。虽然他的诠释并不比法师们的讲解渊博和清楚多少,但却具有权威性。藏语是学校中接受的惟一语言。

喇嘛寺的戒律是审慎周密和严格的。在各学院中,于授课和唱诗以及诵经时,我们始终都会看到寺监喇嘛站在那里,拄着一根铁棒,在出家人中维持良好秩序和寂静。对寺规稍有违犯便会当场受到遏制,首先是口头制止,如果有必要的话则用铁棒压制。不仅仅是年轻的沙必,连那些老喇嘛也不能逃脱这些可怕的惩罚。

那些小喇嘛负责维护寺内的治安,他们的衣着方式与其他喇嘛相同,惟一的区别是他们的服装为灰色并戴有黑色法冠。他们日夜在喇嘛城的街道中巡逻,手执一根粗大的鞭子,在任何需要的地方维护秩序。有判事喇嘛们主持的三个裁判所审理超越了小喇嘛们权力的案件。那些即使犯有小偷小摸罪的人,也要在用红烙铁于额头和双颊打上耻辱标志之后,再被驱逐出喇嘛寺。

佛教寺院虽在某些方面与基督教修道院相似,但实际上却有本质上的差异。喇嘛们确实都要服从同样的教规和同样的戒律,不过我们不能说他们过着教团式的生活。我们可以在他们之中发现能够在世俗人中遇到的所有贫富差异。在塔尔寺,我们多次发现一些喇嘛身披破衣片,去他们那富裕的教友门前化缘几撮糌粑。官府每三个月无分别地向所有附属于同一喇嘛寺的喇嘛分配根本不够用的面粉。朝圣者们自愿的布施尚可帮助他们生活,不过这类布施除了不大可靠之外,又是按照不同等级而分配的,始终有些人只能得到很少一点东西。

大家把布施分为茶和钱两种。第一种布施是以下述方式分配的:进香人希望请全体僧侣用斋,于是就去寻找喇嘛寺的住持,在他们奉献哈达时便向他们宣布说,自己有意向喇嘛们全体或个别人布施茶。向全体喇嘛献茶,是无分别地分配给所有人;向个别人献茶相反,则仅根据进香人的选择而向四大学院之一布施。在已定好的为所有人献茶的日子,于早上的集体诵经之后,住持喇嘛作出一种手势,以告示全体留在原位置上不动。立即有按照抽签选择的四十多名青年沙必前往大厨房,不多时便带着茶罐重新出现。他们从每行喇嘛身边经过,随着他们的前进,喇嘛们便从怀中掏出木碗,有人为他们斟满茶。每个人都默默地喝茶,并注意轻轻地将其袈裟的一角拉向木碗,以便能以如此谨慎小心的做法,来掩饰这种世俗的和与该圣地不大和谐的行为可能会引起的失礼举止。一般来说，要准备数量相当多的茶，以至每个人可以轮得两次，即两次斟满每名出家人的木钵。这种茶根据进香人的慷慨程度不同，而浓淡度和颜色也各自有别。有的人还在布施茶之外再为每个人增加一片新鲜的酥油。那些想办得更加漂亮的人，于所有 一切之外再加些用白面制作的糕点。当这顿饭吃完之后，住持喇嘛便庄重地宣布虔诚进香人的名字，他因宴请了这个神圣的喇嘛家庭而会得到巨大功德。一般都要出席这一仪式的进香人面向地跪在那里，喇嘛们为他单调地诵读几段愿文，接着又列队围绕施主转一圈，施主只能在所有人都离开后才能站起来。

这类布施事实上使每个喇嘛得到的东西都很少。但如果想到每次都会有四千多名喝茶的人，那就很容易理解其开销也会很大。在塔尔寺，简单地为所有喇嘛布施一次茶（不另加酥油和点心），也会高达 50 两白银的款项，基本相当于 500 法郎。

银两布施的数额要大得多，因为这种布施始终要另加向全体喇嘛施茶。银两不向诵诗班分发，在作了集体祈祷之后，住持喇嘛便宣布，某一地区的进香人向喇嘛的神圣家族布施了多少银两，以及每个人应分得的具体数目。在白天，喇嘛们前往布施处，那里严格地计算他们每个人的应得数目。

上布施既没有固定的时辰，也没有固定的日子，任何时候的布施都受欢迎。但在一年间的四大节日，上布施的次数最多，数量也最丰厚，这是因为有大批进香人拥来。在花祭节之后，正在塔尔寺降香的苏尼特王公，于返回鞑靼地区之前，布施了 600 两白银，并在 8 日内向全体喇嘛普遍施茶，而且还另加酥油和糕点，其开销可达 15000 法郎。当由一名贵人上布施时，习惯上都是活佛亲自出席仪式。大家要特别在一个装饰有鲜花和彩带的篮子中，献上一锭重 50 两的白银、一匹黄色或红色的丝绸、一双靴子和一顶法帽，这一切都要用一条豪华的哈达包好。朝圣人跪在上面坐着活佛的莲台的台阶上，把花篮献于其脚下。一名沙必接受这些布施，并作为回礼而以活佛的名义向施主献上一条哈达，这样做的目的是维持一尊神应有的矜持和典范举止。

除了国家的配给及布施之外，塔尔寺的喇嘛还有增加其财产的多种手段，甚至有人喂养奶牛并向其教友们出售作为茶和糌粑调味品的牛奶或酥油。其中有些人组成了“合资股份公司”，负责准备进香人向全体僧众们布施的茶。其他人都成为裁缝匠、浆染工、靴子匠、制念珠商和出资制造属于喇嘛服装中的一切东西的人。最后,我们在塔尔寺还发现了一些店铺掌柜的,他们以巨大的利润出售从丹噶尔或西安府贩运来的商品。

桑达钦巴

在实业家喇嘛阶层中,却有相当数量的人,在显得比较适合宗教生活精神的职业中寻求利润,他们忙于刊印或抄写喇嘛教经文。大家知道,藏文字是自左向右横写的,虽然喇嘛们的语言可以用字母拼写,基本如同我们欧洲的语言一样,但他们刊印时从不使用活字。那种借助于木板的雕版印刷术是那里所使用的惟一印刷手段。藏文书籍很像是大家玩的大纸牌,全书都是活页,两面印刷。由于这些书页既未用线缝又未装订,所以为了保存,则将它们夹在两块小木板之间,然后用黄色的带子扎起来。在塔尔寺印刷的藏文书的版本都很粗糙,字很模糊,既不精巧,又不清晰。它们在各方面都大大低于出自北京皇家印刷厂的那些经文。那些稿本书相反则都非常漂亮,它们又由一些新奇的图案装饰,文字都极为秀丽和整洁。喇嘛们不像汉人那样用毛笔写字,而是使用他们削得如同羽毛笔一般的竹棒书写。他们的砚台是个小铜盒,其形状酷似带绞链的烟盒,其中塞满了饱浸墨汁的棉花。喇嘛们把他们的纸粘贴在一起,以防止它渗墨水。他们不像中原人那样使用明矾溶液,而是用一种加了 1/10 牛奶的白色水喷洒纸张,这种方法很简单,很容易掌握,也容易产生令人非常满意的效果。

大胡子桑达拉不属于我们刚才列举的任何产业阶级,他独自组成了一个单独的类别。他自己的职业是盘剥那些由于虔诚或其他原因,而来到该喇嘛寺的异地人。他取得最大成功之处是在与鞑靼—蒙古人打交道时,以导游的身份,用其灵巧的性格和语言的诱惑性而与他们交往,始终会成功地成为他们的代理人。桑达拉在塔尔寺不享有好名声。那些好喇嘛都不大尊重他,甚至有些人好心地警告我们,不要过分信任他的漂亮言辞,要用心地看管我们的钱袋。我们获知,他由于诈骗而被迫离开拉萨,在四川和甘肃省流浪了三年,以演喜剧和讲述惊险故事为业。我们对于获悉这样一种消息丝毫不感到惊奇。当桑达拉毫不掩饰地放任其本性时,我们便发现他立即就具有了一名史学家的全部风度气派。

一天晚上,我们觉得他的心情比平时更为和蔼可亲,我们便试图让他讲述过去的旧艺。我对他说:"桑达拉,那些无所事事和饶舌多嘴的喇嘛声称,在你从西藏返归之前,曾在中原停留了三个月。""此话不假。""有些人甚至说你会精湛地演戏……"桑达拉微笑了,他接着站起来有节奏地弹着手指,作了一种舞台亮相动作,又夸夸其谈地向我们朗诵了用汉文诗写成的一大段台词。"一名喇嘛戏子!这真是不可思议!""不,不,并非如此。我过去首先是喇嘛,接着才成为喜剧演员,最后又成了喇嘛。"他接着又坐到他通常坐的位置上并补充说:"算了,因为那些闲来无事的人讲我的奇遇,我现在就亲自对你们讲一番吧!"

"……我在拉萨色拉寺居住 10 年之后,产生了思乡之情。我时刻都在想重新见到三川。思乡之情变得如此强烈,使我必须离开那里。我的旅伴是故里的四名安多喇嘛。我们没有取道向东,而是向南行,因为南侧的沙漠中还略微有些人家居住。我们手拄着一根带铁包头的手杖,背负我们的小背包前进。如果我们在路上遇到了一些黑色帐篷,那就要求那里留宿我们,否则就被迫躲在山沟深处或某些巨大的岩石下过夜。你们知道,西藏是一个遍布大山的地区,因而我们一直不断地上山和下山。虽然天气正值仲夏,常常还会遇到下雪。夜间极其寒冷,我们白天却在山谷中感到一种无法忍受的炎热。

"……我们高高兴兴地赶路。我们五人的身体都很强壮,情绪也始终都很好,尤其是当黑色帐篷中的牧民向我们布施一只山羊羔或几大块酥油时更为如此。我们一行曾经经过一个能遇到极其奇怪的动物的地区。它们没有一只普通的猫大,全身长满了一种如同钢针般的刺。一旦当这些动物发现我们后,便蜷缩成一个小团,以至于使人无法区别其脚和头。它们仅仅是一个大球,浑身各侧都长满了长而坚硬的刺。开始时,这些小动物使我们感到害怕。我们确实不知道它们是什么,因为经书中没有谈到过它们。但我们想仔细地研究它们。由于这些小球无法用手触及，所以我们于是便在它们的上面横放了一根棍子，然后再用力于两端往下压，圆球终于张开了。从中钻出了一个小面孔，就如同一个凝视着我们的人面一样。我们发出一阵高声叫喊，拔腿便逃走了。但我们逐渐习惯了这些动物，它们甚至很快被我们用于作乐了。我们很喜欢用自己的包铁棍把它们从山顶上滚下去。

"……我们还遇见了一种令人非常吃惊的虫子。有一天，天气非常炎热，我们沿一条在山谷中蜿蜒流动的小溪的流向而行走，沿岸长着很高的草。正午左右，在泡制并喝了我们的茶之后，大家便在水边入睡了。你们知道，根据宗喀巴的教规，戴黄冠的喇嘛不穿短裤。然而，当我们一觉醒来时，却发现大量虫子叮在我们的双腿上。这些灰色虫子粗如手指。我们试图把它们从自己的皮肉中拔出，但根本不可能这样做。由于我们没有感到任何疼痛，所以只好在等待。这些小动物很快就鼓起来并全都变成圆形，接着便自动掉了下来……啊！够了！这个西藏确实是一个特殊的地区。大家在那里还可以发现在其他任何地方都不会发现的动物。那些未曾从事过如此旅行的喇嘛，不会相信大家向他们介绍的情况。"我们回答说："他们错了。你刚才所说的一切在各方面都符合实际情况。这些奇特的动物并不是惟独存在于西藏。它们在我国也很普遍。这些蜷缩成一团锋芒者，在我们的语言中叫作刺猬，那些粗大的灰色虫子叫作蚂蟥。""什么！你们曾见过这些动物？""经常见。""啊！太好了。有些喇嘛不相信这一切，你们可以向他们讲述。"

"……我们的道路一直向恶山方面前进。该山很高，地表由一大片松树和冬青树植被覆盖。我们一整天都在下部一个黑色帐篷中度过。当夜间到来时，我们之中的两个人说：'天空很晴朗，月色很美，我们最好是乘夜间的凉爽而翻过恶山。明天天气很热，将很难攀登了。'其他人说：'不。夜间是属于野兽的，人类只能于白天旅行……'这样一来，我们没有取得一致意见。前者坚持其观点，他们拿着包铁头的棍子，把行李扛在肩上就上路了。你们已经看到，这是一种很坏的事。当朝圣者们互相说：'我们一块走吧'时，他们就不应再分开了……

"……一旦当天空蒙蒙发亮放白时，我们才上路。我们原来五人,现在仅剩三个了。当我们即将到达顶峰时,我惊叫起来了:‘宗喀巴,现在我找到了一根包铁头的棍子。’我们的一个同伴在向我刚才捡到的那件器具瞥了一眼,便说:‘瞧!这根拐杖是罗卜藏的……”我们仔细地对它作了研究并认出了它。我们说:‘这就是在夜行时所得到的东西,丢落了一件东西而又发现不了,从而也无法把它找到了。’我们继续赶自己的路。继一个非常陡峭的斜坡之后,我们来到了山上的一个平台。我们三个人同时发出了一阵令人恐怖的喊声,我们看到了另一根包铁头的手杖、完全被撕破的喇嘛服装、几块人肉碎片和被折断并吞噬了一半的遗骸。几处被拔起的草以及被划破的地皮说明,这里曾发生过一次激烈的搏斗。我们一刻也不怀疑虎或狼等野兽吞噬了我们的两位旅伴。我一时间惊得就如同是在这种可怕的场面中被毁灭了一样,接着又像小孩一样开始号啕大哭。我们战战兢兢地下了恶山的山坡。从此时起,行路的时间成了我们的痛苦和保持沉默的日子。仅仅是当我们遇到几顶黑帐篷时,才向牧民们叙述了我们两个旅伴所遇到的可怕不幸,这种叙述使我们减轻了一点自己的痛苦。

”……在我们离开拉萨的三个月之后,便到达了汉地的边境。我们几个人也在那里分手了。两名安多喇嘛北上以返回故乡。我则翻过了万里长城并进入了四川省。数日之后,我在一家客店中遇到了一个喜剧剧团。大家在整个夜间都纵情地歌唱、喝米酒、海阔天空地聊了一些无用的话。剧团团长对我说:‘在四川地区没有喇嘛,你要这件红袈裟和这顶黄帽子又有什么用?’我回答说:‘你讲得很对,在一个喇嘛地区作喇嘛很好,但在一个喜剧演员的地区就应该成为演员。你们是否愿意接受我进入剧团?’所有人都欢呼:‘太好了!太好了!现在你成了我们中的一员……’他们每讲一句话便向我深深鞠一躬,我对此则根据西藏人的致意方式,以吐舌头和搔耳朵作以回报。首先,这件事只不过是一种小小的儿戏。但后来想到我再没有任何盘费赶路了,于是便认真对待它了。我们与团长作了一番协商,我便决定成为演员。

“……翌日,我收起了自己的僧装,穿上了世俗人的衣衫。由于我长期以来因学习祈祷经文而训练自己的记忆力,所以我不费多大力气就可以学会戏剧中的角色,我只需要几天就成了一个熟练的演员。我们在一年多的时间内于四川城乡上演节目。后来,剧团异想天开地想周游云南省。我不再想随团前往,因为这样会使我更加远离自己的故乡三川。因而,我们举行了告别宴,我又缓慢地向故乡走去。我在路上走了近两年。我在经过的任何地方都要滞留几天,举行小型表演,从而又从演员变成了街头艺人。

"我的收入是令人满意的,因为最好始终是为自己工作。我终于回到自己的故乡村庄,骑着我在兰州买的相当漂亮的一头毛驴。此外,我钱袋中还有12两银子。我为自己的同胞们表演了几场节目,他们都被我的精湛技艺表示赞叹。但我很快就必须放弃自己街头艺人的职业。

"……一天夜间,全家都聚在一起听我讲西藏的故事。我的老母保持沉默,其面部显得因痛苦而变形。我很快就发现她双眼流出了大颗的泪滴。我对她说:'妈!您为什么要哭?我的故事中没有任何能刺激眼泪的语言。'她回答说:'你的话既不会使我产生愉快的印象,也不会痛苦。你的话只刺激了我的耳朵而没有进入心中。使我感到痛苦和使我激动的是想到,当你14年前出发去拜谒圣地时,你穿有喇嘛们的神圣服装。今天你却成了一个黑头人和街头卖艺者……'这些话使我的心情烦乱不安。我沉默了一会儿便站起来并坚定地说:'圣教教义中写道,最好是尊重父母而不是侍奉天地神祇[①]。所以,母亲,请告诉我应该如何做,您的儿子会怀着尊重的心情听您的话。'母亲对我说:'脱下这些世俗的服装,剪掉你的发辫,回到圣人的家庭中去吧……'我无言回答。因此,我三次匍匐在地跪拜以表示尊奉母命。当母亲讲话时,应该听从她。孝道是任何一种正确教理的基础。我在为你们翻译耶和华的十诫时,我发现第四诫叫作尊敬父母。

"第二天,我就穿上喇嘛服装,离家出走了。数日之后,我踏上了赴塔尔寺的道路并在那里专心致志地自我净化。"

大胡子桑达拉的这最后几句话,无疑可以受到一阵大笑的欢迎。但我们必须克制自己,必须紧咬嘴唇。因为我们已经体会到,虽然他对圣化有着极大热忱,但却未在毅力和仁慈方面取得巨大成功。

当我们听到桑达拉的奇遇故事梗概时,我们非常高兴地理解

① 有一句汉语谚语也指同一意义,但略有小异:"在家孝父母,何必远烧香。"

到，他为什么在任何情况下都对汉地的人和物表现出那样大的偏爱。由宗喀巴留下的教规严禁喇嘛吃大蒜、喝烧酒和吸烟。禁食大蒜是因为不宜带口臭味拜见佛像，而且可能会使神香的香味变臭；禁饮烧酒是因为这种会致人死亡的饮料，可能扰乱人的理智并激起心中的情欲；吸烟是由于烟草会产生懒惰行为，从而耗尽应用于学习愿文和教理的宝贵时光。尽管存在着这些理由充足的禁令，但在那些以桑达拉那样变成圣徒的方式为原则的喇嘛中，却不乏吸烟、酗酒和以生蒜作为青稞面粉调料的人。但所有这一切都是在秘密情况下并背着寺监们而作的。在塔尔寺中，桑达拉是汉族流动商贩们的保护人和引见者，这些商贩们走私违禁食品。他只要取得一点微薄利润，就自愿负责为他们的行动提供方便。

在酥油花节过后的数日，我们又开始鼓足勇气学习藏文。桑达拉每天早上前来和我们一起工作。我们则忙于写一部圣教史大纲，从创世一直写到圣徒们的布教使命。我们使这部著作具有对话的形式。两名对话者分别是耶和华的“喇嘛”和佛陀的喇嘛。桑达拉充任他那真正雇佣工的角色。他最早在丹噶尔的表现、他画的十字架、他对基督教理的爱好倾向，所有这一切纯粹是在演戏。宗教思想对这颗贪婪和麻木的心没有任何影响。他在中原人群中长时间居住期间，养成了一种喜欢批评的怀疑心理，而且还常常喜欢大肆宣扬之。在他的眼中看来，任何宗教都是由思想家们创造出来的，作为欺骗那些无知者的手段。道德仅仅是一句空话，有德之士就是那些比其他人更善于对付局面的乖巧者。

尽管桑达拉持这些怀疑的和亵渎宗教的观点，但这并不妨碍他对基督教理充满敬意。他特别对我们让他翻译的历史事实的连贯性感到惊奇，从中发现了一种真实的特征，而这一切在佛教经典所汇集的神话故事中，则均付阙如。此人有时也如同是出于惊奇一般地对我们这样说，因为他在一般情况下都当着我们的面，而坚持他那种具有强烈信仰的可悲角色。当他与喇嘛们在一起的时候，觉得最为心情舒畅。桑达拉到处散布说，我们在教理的问题上可以将此追溯到所有的活佛。

经过一段时间之后，我们便开始在喇嘛寺中引起了一定程度的轰动，大家纷纷议论耶和华（上帝）的两名“喇嘛”，以及他们传播的新教理。大家还议论说从不见我们向佛陀跪拜顶礼，我们每日要念三次非藏文的愿文,操一种任何人都不懂的特殊语言,但我们与其他人交往时却使用鞑靼语、汉语和很少的一点藏语。再没有比这件事更容易刺激喇嘛僧众的好奇心了。我们每天都有大批来访者,谈话从来也只能围绕宗教问题展开。在所有这些喇嘛中,我们没有发现任何一个具有像大胡子桑达拉那样坚定的怀疑论者,我们觉得他们都是虔诚的出家人和充满真诚的信仰,甚至其中有些人还非常重视对真谛的了解与研究,他们经常前来请求我们向他们解释圣教。

我们采纳了一种完全是历史性的教学方法,因为我们注意从中排除一切可能会使人感到一种争执和辩论的思想。我们向他们简单而明确地阐述了我们的宗教,然后让他们亲自得出反对佛教的结论。一些专用名词和非常具体的时间要比最符合逻辑的思辨会产生更多的印象。当他们非常清楚地知道了耶稣、耶路撒冷、庞塞—比拉特等名字,创世之后4000年的时间和12位使徒的名字之后,他们便不再怀疑复活和《福音书》预言的奥义了。他们在《旧约》和《新约》历史之间发现的连贯性,就向他们充分证明了这一点。此外,我们从未发现奥义和奇迹会给他们创造任何一点困难。

根据我们在自己的长期旅行中,尤其是在喇嘛庙塔尔寺停留期间的见闻来看,我们坚信通过布教的渠道,而不是以辩论的办法,才可以更为有效地为归化不信基督者而工作。辩论可以使一名对手缄默不言,往往会挫伤他的自尊心和使他出丑,有时甚至会激怒他,但永远不会使他心悦诚服。当耶稣—基督派遣其使徒时,他对他们说:"要教育所有民族",这并不是说:"去作反对所有民族的说教"。在我们当代的两个哲学派别中,其一承认笛卡儿为其祖师,另一派别则奉拉蒙纳为先师。他们曾大量地争论,以求知道信奉异教是一种罪行或错误。我们觉得可以说事实既非前者,亦非后者,这仅仅是无知的影响。一名异教徒的思想处于黑暗蒙昧的包围之中,只要把理智之光带到那里就可以见到天日。我们既不需要笛卡儿派的论点,也不需要拉蒙纳派的公诉论。我们所需要的是一种教育。

喇嘛们前来拜访我们的热情,尤其是他们对基督教的良好倾向,最终使桑达拉产生了嫉妒、不愉快或不安的情绪。他的性格变得很难交往了,仅限于冷淡地和简单地给我们上藏文课,然后在一天的全部剩余时间内,都陷入一种充满傲慢和蛮横无理的沉默之中。如果我们有时毕恭毕敬地向他请教某种物品的藏文名称,或者是解释对话中的某个句子时,他甚至不屑回答我们的问题。在他持这种极其粗暴的态度时,我们一般都求教我们的邻居,他是医学院的一名专科学生,他始终热情而友好地关照我们。虽然他在藏文方面的学问并不渊博,但他可以给予我们很大的帮助。他的本性是天真淳朴和坦率诚实,从而使我们可以向他提出有关喇嘛们某些修业的一大堆问题。作为对这些帮忙的回报,我们也全心全意地帮助他学习基督教的愿望。他与桑达拉完全不同,对我们向他介绍的那些真诠充满了敬意,他那腼腆和优柔寡断的性格却阻止他果断地背弃佛教。他企图同时成为优秀基督徒和虔诚的佛教徒,所以在祈祷中轮番祈求宗喀巴和耶和华。他甚至天真幼稚到了有几次邀请我们参加他们的宗教修习仪式。

一天,他向我们建议第二天去参加为全世界的行人举行的宗教崇拜仪式。我们对他说:"我们不懂这种宗教仪式。你是否能对我们作出某种解释呢?""其基本情况如下:我们知道经常有些行人处于艰难的途中,这些旅行者中有些是去朝圣进香的喇嘛。但他们往往会不能继续赶路,因为他们已精疲力竭。在此情况下,我们将帮助他们,给他们送去一些马匹。"我们高呼:"啊!这种做法太好了,它非常符合基督教的慈悲准则。不过考虑到我们是贫穷的旅行者,现在对参加这项美好的功德事业无能为力。你知道我们仅有一匹马和一头小骡子。为了使我们在赴西藏旅行时使用,我们必须让它们休息。"这名口吃的人喊叫:"宗喀巴!"他接着拍着两只手,表示高兴和纵情地发出一阵无法遏制的大笑。"你到底有什么好笑的呢?我们对你所说的情况完全是真实的,我们只有一匹马和一头小骡子……"当他那突然充分流露的狂笑稍微过去一些时,便对我们说:"并非如此。你们没有理解我们的祈祷仪轨的做法。我们送给行人的是纸马……"他在讲这些话的时候便奔向其僧房……现在轮到我们发笑了,因为我们知道了佛教徒们的慈悲仅仅是为旅行者们提供纸马。但我们仍保持了自己的庄重姿态,因为我们的准则是永远不嘲笑喇嘛们的修持方法。过了一段时间,结巴子又回来了,手捧几片纸头,每张纸上都印有一匹备鞍、带笼头和驰骋着的骏马。结巴子对我们说:"这就是我们送给旅行者们的马。明天,我们将登上距本喇嘛庙有30里远的一座高山,在那里为作祈祷和送马而度过整整一天。”“你们用什么方法把它们送给旅行者们呢?”“一种很简单的办法。在念诵某种愿文咒语之后,我们便取一包纸马并抛向空中。大风卷走了它们。由于佛陀的威力,它们变成了真正的马并出现在旅行家们的面前……”我们坦率地向这位可敬的邻居讲述了自己对这种行为的看法,向他阐述了阻止我们参与这件事的原因。他似乎领略了我们对他所讲的一切,但这并不能阻止他以一夜的大部分时间用于印刷非常大的一批纸马。

第二天,在天明之前,他便与几名也如同他一样对可怜的旅行者们充满慈悲的教友上路了。他离开时携带了一顶帐篷、一口小锅和不多的一点食品。在整个上午,一直刮着可怕的大风,仅仅刮到中午才停下来。那时天气变得昏暗和沉闷,特大的雪花开始飘落下来。我们焦急地等待结巴子回来,这个可怜的人在傍晚时才回到我们这里,冻得发抖和累得快散架了。我们请他到我们的僧房中略作休息,向他献上了酥油茶和几片用酥油炸过的面包。他对我们说:’这一天太可怕了。”“是的,强劲的大风正从这一边吹起。”“但我们认为它与我们在山顶上遇到的风相比则显得微不足道。我们的帐篷、小锅和一切都被一阵旋风卷走了。我们被迫趴在地上以便使自己不被风刮走。”“你失去了自己的帐篷和小锅,这太不幸了。”“确实如此。这是一场灾难。但应该承认,这种天气对于为旅行家送马则太有利了。当我们看到即将降雪时,我们便放飞了大量的纸马,大风把它们吹向了世界的四面八方。如果我们再多等待一会儿,那么大雪就会把它们浸湿,它们将会被粘在山坡上。”归根结底,这个善良的青年人对他的这一天并不太懊恼。

旧历每月的二十五日是向可怜的行路人送马的日子。这种做法并不是普遍的。它是由每个人根据自己的虔诚和献身精神而决定。每月的二十八日被指定为从事另一种宗教活动的日子。在二十七日这一天,结巴子提前告诉了我们。他对我们说:“明天晚上,我们可能要妨碍你们睡觉,大家要忙于夜间祈祷。”我们对他的这种预告没有给予多大重视。我们认为是喇嘛们在夜间于他们的僧房中念诵愿文,正如他们经常所做的那样。因此,我们仍按自己平时的时间睡觉,并且很快就按照我们的良好习惯而酣睡了。

完全如同结巴子预言的那样,我们没有安静地酣睡多久。首先,我们觉得似乎在梦中听到长空中一种如同是人数众多的合奏曲。这种混乱而无一定之规的声音,慢慢地变得强大而清楚了。我们醒来之后,确实听到了喇嘛们祈祷的歌声;我们眨眼间就穿戴完毕,并走到住宅的院子中。院子中由一种似乎是来自上空的灯光的微弱映影所照亮。我们看见了跪在一个角落里正在数着念珠的“老哥”,于是便对他说:“老哥,这种奇怪的响声是什么?”“这是夜间祈祷。如果你们希望看到这一切,请登上房子的屋顶平台吧。”一架梯子正好靠在墙上,我们飞快地攀登阶梯并立即就看到一个奇特的场面。所有住宅的平屋顶上都由挂在长杆上的红色灯笼照得通亮。全部喇嘛都穿上他们的礼服并头戴黄色法冠,坐在其住宅的平房台上,用缓慢而单调的声音唱经。在我们房间的平顶上,我们发现那名口吃的人、契丹喇嘛及其沙必完全沉浸于其仪轨中。我们注意不干扰他们,而仅仅满足于观察和聆听。这些无数的灯笼及其淡红色和光怪陆离的微光、被摇曳的反射灯光若明若暗地照耀着的喇嘛寺的建筑,这4000人发出的直冲云霄的洪亮的交响乐,再加上不断听到的唢呐和海螺号声,所有这一切都显得很隆重,并使人们心里感到了可怕的茫然不知所措。

我们欣赏了一阵这种奇特场面之后便下到院子中,又发现老哥始终留在原来的位置上。他对我说:“好啊!你们看到夜间祈祷仪轨了吧?”“是,但我们不知道其目的。请你作些简单解释,会不会打扰你呢?”“绝不会打扰我。这些祈祷仪轨是为了驱魔而确定的。从前,该地区遭到了魔鬼的折磨。它们给牲畜造成了疾病并使其奶腐败变质。它们经常骚扰喇嘛们僧房,甚至胆敢在全体祈祷时进入诵经的人群中,它们的存在只有在诵经时出现了错误和混乱时才会表现出来。它们夜间于沟底成群结队地集会,用人类无法模拟的非常奇特的呼叫声和呻吟声来以恫吓所有人。一名满腹经纶和充满神性的喇嘛,发明了夜间祈祷经文,大家从此之后便念诵这些经文,魔鬼几乎完全从这些地区消失了。它们还偶尔还会前来,但从不像过去那样作恶了。”我们对他说:“老哥,你是否偶尔有机会见到过这些魔鬼呢?”“不,从未见过。我坚信你们这些人也从来未曾见过这类魔鬼。”“那你为什么要这样说呢?”“这是因为魔鬼仅仅显现于邪恶喇嘛面前,善良人不能见到它们……”此时,

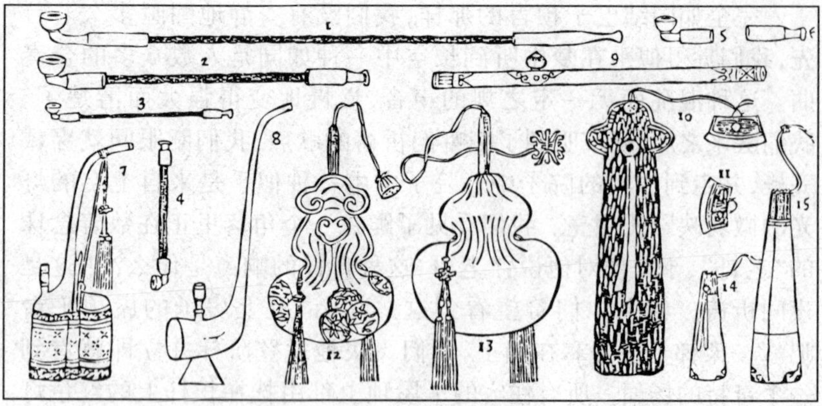

中国的各种烟袋

在平房顶上祈祷的喇嘛们的诵经声停止了，唢呐、钟铃、法鼓和海螺声分别三次骤然间响起。接着，喇嘛们也同时发出了如同是野兽怒吼一般令人毛骨悚然的喊叫声……仪轨结束了。灯笼熄灭了，一切都恢复了平静。我们向老哥祝晚安后，便去继续睡觉。

我们在塔尔寺已居住三个多月，得到了佛教出家人的美意款待和寺院当局的关照。但很久以来，我们就明显违背了喇嘛寺中的一条重要规则。惟有经过塔尔寺或仅仅在那里作短暂停留的外来人，才享有随意穿戴的权力。相反，那些附属于喇嘛寺的人和应在那里居住较长时间的人，都必须穿喇嘛们的僧服，也就是红色袈裟，即无袖的和使双臂裸露在外面的袍子、红衣袈裟和黄色法冠。他们在这条有关衣着的规则上非常严厉。因此，负责维护寺内戒律的大喇嘛，于某一天向我们派来了一名执达员，正式请我们严格遵守寺规。我们派人回答寺监说，我们不信仰佛教，所以不能采用喇嘛们的法衣，否则就有辱于我们的神圣信仰。然而，由于我们不想在喇嘛寺内制造任何混乱，如果塔尔寺不在衣着上给予我们特殊的权利，那我们要离开这里。

又过了几天，对这件棘手的事情上还没有作出答复。在此期间，桑达钦巴带着三头骆驼来了，他于此之前一直在青海的一个谷地放牧骆驼。为了准备搬家，他的到来再合适不过了。寺院当局再次向我们派来了谈判代表。他告诉我们说，喇嘛寺的规则是不可通融的，他对于我们崇高的圣教不允许我们遵守寺规甚感遗憾。

他还补充说，大家会非常高兴地看到我们留在喇嘛寺的附近地区，因而他们邀请我们前往东科尔寺，我们在那里可以保持自己认为合适的衣着。

我们很久就听说东科尔小喇嘛寺，那里如同是塔尔寺医学院的乡下别墅。它距塔尔寺最多有半个时辰的距离，大喇嘛和医学院的修业僧们每年夏末都到那里，一般都要在那里度过 15 日，在附近山上采集草药。在一年的剩余时间里，那里的大部分住房都无人居住。人们在那里仅能遇到几名修闭关的喇嘛，他们在山上最陡峭的岩石上挖掘了僧房。

谈判代表的建议正中我们的下怀。因为最好的季节即将开始。冬天住城，春天住乡，我们觉得这是令人仰慕的。我们于塔尔寺已居住三个月，只好暂时适应喇嘛们的礼仪。因此，我们买了一块哈达和一小盘葡萄干去拜访东科尔寺的住持喇嘛。他友好地接待我们，许诺立即吩咐为我们准备一个合适的住处。我们在为老哥、契丹喇嘛和结巴子举行了一次豪华的告别宴之后，便把我们的行李捆在骆驼背上，愉快地向那个小寺走去。

附　录

1. 宗喀巴的改革

最早的藏传佛教是以“红教”之名而为人所知的。这是根据喇嘛们身穿服装的颜色而获名的。这一教派的教理和修持方法，自从它传入吐蕃的遥远的时代起，就已完全处于衰败之中了。这首先是由于采纳了湿婆的印度教仪轨，其次又是由于最后放弃了独身生活的原则。从此之后便允许喇嘛们结婚，其公开的目的是为了确保权力能世代相传。欲天佛陀(在汉文中叫作欢喜佛)的画像和雕塑即出自这一教派。

在15世纪时，产生了一股反对萨迦派教祖们腐朽修持方法的强烈反响。1417年诞生于西宁的宗喀巴极力宣扬恢复释迦牟尼最早的佛教教理和修持方法。作为其改革的明显标志，他选择了黄色为其信徒们衣冠的颜色。其名“黄教”即由此而来。他的布教取得了出乎预料的成功，以至在他1478年圆寂之前，被绝大部分喇嘛拥立为宗教领袖。

这些改革受到了当时统治中国的明王朝的欢迎，它从此找到了一种介入西藏事务的借口。

这位改革家留下了两大弟子，他命令他们作为呼毕勒罕为世代转生。这两位弟子分别叫作达赖喇嘛和班禅喇嘛。

黄教喇嘛在绝大部分地区都取代了红教喇嘛。他们在拉萨立足，夺取了对整个西藏的教权和俗权。

*　　　*　　　*

实际上这次改革是非常相对和表面化的。我们来听一下一位旅行家的见证吧。“喇嘛们对畜群、耕田和所有产品都提取足足的什一税，以不可想象的方式敲诈骗取这些可怜的西番人。更有甚者，他们还厚颜无耻地侵占他们经过地区的那些没有防御能力的牧民们的土地、妻子和儿女。

"夜间,当我视察村庄的四周时,发现了一名大腹便便的喇嘛,不知羞耻和在众目睽睽之下,调戏一名身材高大的妇女,她不敢摆脱过分激动的佛陀布道者的攻击。"(见李仙得(Legendre):《云南游记》,185 页)

"我们经过一座用桤木建造的大喇嘛寺附近。我在那里首次发现了一些巨大的圆桶,这是用手转动的滚筒,上边绷有灰暗色的大皮条,上面的许多文字尚依稀可见……一名典型的蒙古女子停止转动用于祈祷的嘛呢筒,以加入行进的队列。我在所有的喇嘛寺中都发现过这样的'童贞女'。我在寺院附近询问她们的特殊作用,但所获得的答复永远是狡黠的一笑。"(同上引书,198 页)

"我将从风俗习惯的观点指出,一夫多妻制和一夫一妻制,在我所遇到的所有部落中都存在。长子在原则上是这些所有妯娌们的丈夫,而很少事实上是他们的丈夫。因此,他仅仅是表面上的一夫多妻。仅仅在某些海拔较高的偏僻地方才真正存在着一妻多夫制,那里由于气候的恶劣,女子很少。此外,这种共同利益集团的生存,也是无可争议的。"(同上引书,398 页)

* * *

另外一名旅行家马丁尼翁(Martignon)博士介绍喇嘛们的情况时说:"喇嘛教仪轨的司祭喇嘛们身穿黄色袈裟,头部已经剃度,面部呈方形,他们的无知与其肮脏和不道德是并存的……喇嘛们自己剃头、身穿宽袖和多种颜色的袈裟,发愿过一种独身生活,遵守斋戒和戒律,强行对自己实行体罚,拒绝了本世的欢乐。所有这一切仅仅是理论上的……而在实际上呢?"(《在龙国的十年》,204 页)

2. 塔尔寺的树

这棵著名的树引起了古伯察书的读者们的很大兴趣,并使他们为此而大量花费笔墨。有的人利用这一页文字而使这位著名传教士的威信扫地,并攻击其游记的真实性和可靠性。其他人比他更为可靠，是亲眼目睹者，在竭力不想从中得出结论的情况下，仅满足于确认。他们希望从中找到一种护教的论据，这就有些为时过早了。

* * *

“我们将研究一下古伯察于这部游记中在何种程度上放纵想象了，看一下这部著作是否堪称大家往往都称呼它的那样，为一部小说……

“古伯察神父亲眼看到了这棵树，亲手触摸了它，从中取下了一块树皮，随心所欲地研究了其叶子，得以辨认出上面所写的文字的存在。此外，他不是独自一人，而与秦神父同行。最后，该树在塔尔寺中的方位使它能够满足其好奇心。这两位司铎在他们的游记中用心地观察，详细地核实和具体阐述了这棵树及其文字的细节。他们在最有利的条件下进行描述的细腻，似乎应为神奇树存在的另一个证据。

“现在，这种资料已被其他那些试图向当地居民或那些曾亲自前往塔尔寺的人，做过调查的旅行家们正式否认了吗？

“普热瓦尔斯基于其著作的一条注释中补充说，不应该为了支持古伯察神父，而肯定西藏字母写于树叶上，他亲眼看到了这些奇迹。

“这位俄国旅行家可能完全有充足的理由不像该传教士那样轻信，他发现古伯察的游记不太恰当。他仅仅听说过塔尔寺的树，而古伯察在那里共居住三个月。因此这位俄国人的判断没有多大分量。

“1883 年，前往甘肃布道的 3 名比利时传教士格鲁伊、赫克和赖克等神父于 9 月间从兰州出发前往参观塔尔寺，特别是看一下有关那棵神奇树的传说中的真实成份……格鲁伊神父及其同伴们都看到那棵树。他们甚至共看到了五棵树，其中四棵是共同生长在第一道院落中心……无论是叶子还是树皮都于其叶脉和颜色中不具有任何特殊痕迹。神父们非常沮丧地离开了，对没有看到奇迹很失望。他们的仆人得以与那些好奇者们交谈，提醒神父们说他们走错了路。他们找到了应该去的地址，大树过去曾在那里生长。但为看奇迹则必须到稍靠下部的一座庙中去……

“传教士们尾随其向导，一直进入了宗教建筑的内部。他们面对着一棵大树，与他们已经见到过的四棵树属于同一种类，但它比前者的树龄更小一些，生长得也更为茂盛一些。

“……这棵树的几根幼枝上载有文字。文字呈咖啡一菊苣的颜色，大部分都是沿枝条方向而直书，也有一些为横书。刻画的假设应该被排除，树皮到处都平滑，仅仅于树的中部以上才能看到文字……

“总而言之，在塔尔寺中存在一棵与周围其他树具有实质性差异的神树，这是这些比利时教士与古伯察神父之看法相吻合的惟一点。赫克神父补充说，是否可以由此而得出结论，认为古伯察神父向我们提供了对一棵虚构树的描述呢？在他本来能描述我们看到的那棵树时，但却描述了一棵虚构的树，这对他又有什么用益呢？

“很明显，他们看到的并不是同一棵树。古伯察神父不是介绍他看到的东西，而是叙述另一种内容又有什么意义呢？如他本来看到了四棵树，而仅仅记叙了一棵。此外，在1844年，不太害怕让人视察他们的奇迹的喇嘛们，只勉强地让这一批传教士们看了一下，他们不再相信这些人了，抱有怀疑态度。奇迹也不相同了……我没有抱着设法对这一事实作解释的奢望，仅仅希望在援引对这个问题上最有资格的旅行家们的见证时说明，古伯察神父有权要求大家不要怀疑其游记的真实性。”（奥尔良王子：同上引书）

* * *

这一问题提出来了，大家也听到了见证人的证词。到底该对这棵神奇树作何解释呢？无论提出的解释如何，古伯察先生记述的真实性和可靠性都得不到保证。他宣布自己无能为力。无论这是一种奇迹还是一种迷信，叙述者故意不肯触及它，他只满足于叙述所见到的一切，而且对他所看到的一切都深信不疑。

但我们要坚持知道这一事实的真相，并完整地把它介绍给我们的读者。我们认为，根据现已搜集到的资料，从此之后便可以肯定，在他们所看到的这一切中，仅仅是塔尔寺喇嘛们的一种欺骗，没有任何超自然因素的干预。

* * *

近来,一名在西宁地区布讲《福音书》的比利时传教士给我寄来了下面的具体解释:“著名的塔尔寺在四年前(即 1913 年)被烧毁,又重建得比它原来更加富丽堂皇了。共耗银四万两。在大殿(金瓦寺)之上,有一棵已干枯的树和宗喀巴的塑像。

“我们于今年的六月六日(公元 1917 年 7 月 24 日),就如同前几年一样,看到了树皮上的文字。我认为,这纯粹是作弊行为。我现在已会亲自流利地书写藏文字,也能够很容易地区别出字母的笔画和作弊者的手迹。我共辨认出了四个人的手笔,但无法解释这种事是怎么做成的。我毕竟辨认出了那些字母,坚信人们面对的是一种作弊行为。非常令人遗憾的是这些文字都很难被拍成照片,树皮为淡红色,上面的文字也为淡红色。黄金和赭石是无法拍上照片的。”

* * *

施拉姆(Schram)神父得出的解释,已由这同一地区的最富有的活佛,在 1918 年 1 月 12 日于北京对我的一次拜访中,向我作了部分介绍。我想利用这一机会,将对话引向有关塔尔寺的这棵树的秘密问题上去,向他询问了事实真相。他经过一分钟的思考而回答我说:“大家在朋友之间应讲真话。好吧!出现在树上的这些藏文字纯系喇嘛们所为。他们借助于一根锥子而于大树的表皮上刻字,一直达到内皮而又在表面上不遗留任何伤痕。这样一来,当大家剥落外壳时,便在木质上出现了由这种方法制造的雏形字。”

我刚才介绍了其证词的证人是古郎仓(Ngoroung),他是所有青海红教喇嘛们的教祖。

第四章

东科尔寺的面貌——闭关的喇嘛——放牧的喇嘛——由佛陀布讲的《四十二章经》——汉文编年史中有关在汉地传播佛教的摘录——黑色帐篷——西番人的风俗——长毛牛或牦牛——麦秸填塞的卡尔巴牛奇遇——有关民族起源的喇嘛教编年史——食谱——在植物界的珍奇发现——搓骆驼毛绳——东科尔寺的众多来访者——对干牛粪的分类——土匪们的历史——和平金字塔的建立——东科尔寺的医学院——藏族医生——出发赴青海——附录

半个小时就足够使我们从塔尔寺迁移到东科尔寺了。我们在一段时间内沿一座高山的荒凉山麓前进,再下到一个大河谷中,河谷中有一条小溪流动,小溪的两岸尚被冰封。我们觉得该地区是相当肥沃的好牧场,但由于气候严寒,植物都生长得极其缓慢,春天复苏得特别晚。虽然已经到5月间,那些刚刚破土而出的萌芽,才勉强在河谷有了一片淡黄色。

一个面庞红润和相当丰满的喇嘛前来迎接我们,并引向住持已令人为我们准备好的下榻处。我们被安置在一个大房间中。该房间在昨夜还被作为几头牛犊的安置处,因为它们太小和太弱而无法在山上追随其母亲。大家费了很大的力气才打扫好房间,但并不完全成功,在各处还可以分别出过去的房客留下的许多痕迹。此外,这还是他们向我们提供的喇嘛寺中的最好房间。

正如我们已经指出的那样,东科尔寺是塔尔寺医学院的乡间别墅。其外观非常秀丽别致,尤其是在夏季更为美观。喇嘛们的僧房建于一座如同凿劈出来的陡峭大山的山脚下,处于百年大树的树阴笼罩之下,大树茂密的枝杈成了鸢和乌鸦的藏身处。在僧房下面数步远的地方,流淌一条水量丰富的小溪,溪中有数条堤坝拦断,堤坝是由喇嘛们为了让水转动法轮或嘛呢筒而筑成的。我们在河谷深处和附近山冈上发现了西番人[1]的几顶黑色帐篷,以及数群山羊和牦牛。喇嘛寺背靠的那座遍是巨岩和陡峭的大山,成了五名闭关隐居的出家人的落脚处,他们如同山鹰一样选择了最高和最难到达的地方建造其巢穴。有的人在裸露的山岩中挖凿他们的隐身之处,其他人则栖身于在山上用木头建筑的如同大燕窝一般的僧房中。插在山岩上的几块木板成了他们上上下下的阶梯。有一名此类佛教徒隐修士则完全放弃了其世俗生活,自愿放弃与其同类的任何交往,一个用长绳子挂着的袋子,成了为他送去喇嘛和当地牧人们布施的手段。

我们与这些闭关修三昧的喇嘛们保持着相当频繁的接触,但我们从来无法确切知道,他们在山崖的壁龛深处闭关禅定的具体情况。他们自己也很难对此作出清楚的解释。这些人对我们声称,他们选择了这样的生活方式,是因为他们于其书中读到,具有非常神圣的道德品质的喇嘛们都曾这样生活过。总而言之,他们都是相当好的人,其天性淳朴、温和安详,没有任何凶暴相。他们以祈祷度日,当感到疲倦时便在睡梦中得到适当的修习。

除了这五名始终住在山崖高处隐蔽闭关的僧侣之外,在山崖的下部还有几名喇嘛,负责看守喇嘛寺中无人居住的房间。这些人在其生活舒适和信仰狂热方面,并没有过着如同前者那样的生活。他们实际上相反,完全沉湎于世俗物的实利和现实方面,成了放牛郎。在他们安置我们居住的那个大房子中,就有两名体态肥胖的喇嘛,他们富有诗意地过着日子,以饲养二十多头牛为生:照顾小牛犊、为奶牛挤奶、打酥油和压制奶酪。这就是他们每天的日常工作。他们似乎不大关心静修或祈祷,人们可以听到他们有时向宗喀巴发出几声呼叫。不过这种喊叫声始终是为了看管其牲畜,因为他们的黄牛有时会互相抵斗而伤残,奶牛不让人耐心地挤奶,奶牛犊逃脱而在山谷中嬉戏。我们到达他们之中,使他们那单调的牧人生活略微显得活跃了一些。他们有时来到我们的房间作拜访,翻阅我们在旅行中携带的一小批图书,而且还具有普通人和文盲对具有深奥学问的著作所表现出来的那种既腼腆又尊重的好奇心。如果他们发现我们正在写字,那么他们就会在长时间内既

① 西番人是居住在四川西北和西部以及甘肃西部边境的一个混合民族。

忘记了他们的畜群，又忘记了其奶制食品，在整整的几个时辰间站立在我们面前，一动也不动，双眼凝视着我们的乌鸦羽毛笔在纸上急驰并在移动中留下了一些文字，而这些文字的秀丽和奇特形状使他们惊得目瞪口呆。

东科尔小喇嘛寺出乎预料地使我们感到快活。我们一次也未曾对在塔尔寺度过的日子感到留恋，就如同囚犯在获得自由以后，再不会留恋其囚室一般。这是由于我们也感到自由和获得了解放。我们不再处于大胡子桑达拉这个冷酷和缺乏怜悯心的教师爷的控制之下了，因为他在向我们讲授藏文课的同时，又自以为有权使我们习惯于忍耐和卑躬屈节地生活。由于我们求学心切，从而忍受了他的所有虐待。对于我们来说，离开塔尔寺，是摆脱这种令人可恶的枷锁的幸运而又有利的机会，而这一枷锁在整整五个月期间，被顽固地强加给我们的生活。此外，我们在藏文学习中所取得的一些成绩，使我们从此之后摆脱了身边的先生，我们可以独自外出行走，并在不需要正式的帮助下前进了。

我们的工作时间用于反复阅读和分析我们的对话教材，并翻译一部藏文小书，其标题叫作《四十二章经》①。我们掌握有一个很好的四体合璧本，即分别用藏文、蒙文、满文和汉文写成。我们有了它的帮助，便可以免去再利用喇嘛们的学识了。当我们觉得藏文有点难于理解时，为了排除这一障碍，只需要参阅我们已经很熟悉的另外三种版本就可以了。

此书被归于释迦牟尼，是一本鼓励人类，特别是鼓励出家人实施道德的格言和警句集。为了使大家了解佛教徒们的伦理，我们将引证这部在喇嘛教中很有权威的经文的某些片断②。

在我们于东科尔寺度过的最初几天中，我们完全用于翻译佛

---

① 由遣使会士秦神父和古伯察翻译的《四十二章经》，载《亚细亚学报》第6套，第11卷，536～557页，1848。

《四十二章经》的节译本已由德经发表于《北狄通史》第2卷，第1册，227～233页。此后又被谢夫纳译作德文(《圣彼得堡皇家科学院院报》，1852年)，被毕尔译作英文和被费尔译作法文(巴黎1878年)。《四十二章经》本身已被译作汉文、藏文和蒙文(手抄本)，它于1868年在巴黎出版。

② 作者于本处将《四十二章经》的前十章译作法文，但无注释。由于篇幅很长，本处就不再转录了。详见《大正新修大藏经》第17卷，第784号。——译者

陀的这本经书。但我们很快又被迫用自己的一部分时间来安排我们的游牧生活。我们发现自己的牲畜每天晚上回来时都饿着肚子,它们不但没有长膘,而且日益变瘦。这是因为桑达钦巴不肯费力把它们赶到有草吃的地方。他把这些牲畜向前赶了一段时间之后,便把它们放牧在某一荒凉的山头,他自己就去太阳下放心大胆地睡觉去,或者是前往黑帐篷中聊天和喝茶去。我们徒然地训斥他,他仍不紧不慢地我行我素,他那种无所在乎的性格没有丝毫变化。我们惟一的补救办法就是亲自去放牧自己的牲畜。

所以,我们根本就不可能坚持仅仅做文人,而我们周围的一切都似乎促使自己向游牧民族的习惯做些让步。西番人或东部藏人都如同鞑靼—蒙古人一样为游牧民。他们完全以放牲畜群而度过自己的一生,但他们不像蒙古诸部族那样居住在由毛毡覆盖的蒙古包中。他们用黑毛线制成的大帐篷,在一般情况下都为六边形,于其内部看不到用作帐篷支撑物的柱子和木架子。其下部的六角都用钉子固定在地面上,其上部由缆绳支撑,缆绳首先在一定距离处横卧在长杆上,然后落下来固定拴在地面的环套上。由于木杆和绳子的这种奇特安排,所以藏族游牧民的黑色帐篷酷似一只以其细高而瘦弱的腿支撑不住,并使其肥大的腹部正好贴在地面上的巨大蜘蛛。这些黑帐篷远不如蒙古人的蒙古包好,比起普通的旅行帐篷来,也既不暖和又不结实多少。该地区天气严寒,狂风很容易把它们吹倒。

但我们可以说,从某些方面来看,西番人显得比蒙古人先进一些,他们似乎具有某种向定居民族的风俗靠拢的微弱愿望。当他们选择了一块宿营地时,便习惯在周围修起一道高 4~5 法尺的围墙。他们于其帐篷内筑起一些虽不雅致却很坚固的炉灶。尽管采取了这些谨慎的措施,他们却不会更多地依恋自己所占据的地区,一时心血来潮便会迁移营地,并在离开时毁掉他们的所有泥石工程,而随身携带几块主要的石头,这些石头似乎成了他们动产的组成部分。

东部藏族人的畜群系由绵羊、山羊和牦牛组成。他们不像鞑靼人那样饲养大群马匹,他们的马匹则更为慓悍和体态更俊一些。我们在他们地区遇到的骆驼,大部分均属于鞑靼—蒙古人所有。

长毛牛的汉文名称叫作"牦牛",藏族人叫做 yak,鞑靼人叫作

sarligue，欧洲自然史学家们称之为“哞牛”[①]。这种动物的叫声确实是像猪一样地打呼噜，但其声音更强大和更冗长。牦牛身材矮壮，但没有普通牛那样肥胖，其毛长纤细并且闪闪发光，它腹下的毛一直垂到地面。其牛蹄瘦小细弱，像山羊蹄子一样呈钩状。所以，它很喜欢爬山并能悬在峭壁之上。当它嬉戏玩耍时，便翘起并摇动其尾巴，尾巴的最尖端是一绺呈羽冠状的很茂密的毛。牦牛肉味道鲜美，奶牦牛产的奶芬芳可口，以此奶制成的酥油被人赞不绝口。玛尔持—布伦（Malte-Brun）声称牦牛的奶具有油脂的香味。当然，大家无法讨论其味道，不过我们觉得人们在推测时，都会支持我们的观点。因为我们认为上文提到的那位舆地学家，绝没有我们到黑色帐篷中饮奶和品味的机会多。

在西番人的畜群中，我们还可以发现一些黄牛，它们与大家在法国看到的普通牛属于同一亚种，不过它们一般都长得单薄软弱和外貌丑陋。由母牦牛和黄公牛杂交生下的牛犊叫作“卡尔巴”牛（karba），它们很少能成活。奶牦牛活蹦乱跳，很难被挤奶，以至于为了使之安静，则被迫把一头牛犊送到其面前让它舐。不用这种办法，那就根本不可能挤到一滴牦牛奶。

某一天，与我们住在一起的一名牛倌喇嘛要外出。他以痛苦和拉长的面孔向我们宣称，他的一头奶牛于夜间生犊，但非常不幸的是它生了一头卡尔巴牛。牛犊确实在白天死去了。喇嘛急忙去剥掉这头可怜牲畜的皮并用草塞满皮囊。这件事首先使我们感到非常惊奇，因为这名喇嘛根本不像是要布置一个豪华的自然史陈列室的人。当这项工作完成后，我们发现这个用草装的牲畜模型既无蹄又无头，于是便认为他仅仅是想制作一个枕头。但我们大错特错了。第二天清晨，当我们的牛倌去挤奶时，我们才恍然大悟。我们看到他手提一个小奶桶匆匆而去，把那件牲畜模特儿挟在臂下，我们好奇地尾随前往欣赏。他首先关心的是把那头填满草的卡尔巴牛犊放在奶牛的蹄下，然后便开始挤它的奶。母牛首先睁大眼睛看它的小犊子，慢慢地向它低下了头，用鼻子嗅它，在

---

① “哞牛”就是牦牛。多伦少校写道：“在我们前往生活的海拔高度区，惟有牦牛或古代自然史学家和古伯察神父所说的哞牛，才可以用来作驮兽。”（《最后的胡人》，241页）

它上面打了三四次喷嚏，最后便开始以一种令人钦佩的母爱去舐它。这一场面使我们心里感到很难受。我们觉得第一个创造了这种在自然界中最激动人心、极为可恶的滑稽模仿者，只能是一个魔怪。但一种相当突然的情况略微减缓了这种欺骗手段使我们产生的愤怒心情。母牛在极力舐和触摸其小犊之后，某一日撕破了其肚子。麦草露出来了，奶牛未动感情地啃吃了这未预料到的腹中之草。

游牧的西番人以其比较富有表情的相貌，及其性格中的极大活力，而特别有别于蒙古人。他们的面庞不太扁平，大家还可以从他们的举止中发现一种自如和敏捷，这与鞑靼人的笨拙迟钝形成了鲜明对照。他们那顽皮淘气的嬉笑、喧闹的歌声和笑声不停赋予了他们的驻牧地区一种生气，驱散了凄凉的气氛。西番人由于具有这种欢乐和高兴的习性，所以他们具有好战的情趣和不可制服的勇气。他们对天朝权力具有深刻的藐视。虽然他们也属中国天朝的藩属部族，但却顽固地拒绝服从天朝皇帝并不向他纳贡。他们之中甚至有些小部族习惯于一直深入到汉地边境进行劫掠，而中原的官吏们又不敢与他们较量。西番人都是优秀的骑手，不过没有鞑靼人的那种力气。他们放牲畜群也既不能阻止他们有时从事一些手工业，也不能妨碍他们利用其牛毛和羊毛作生意。他们懂得纺织粗毛布，然后再用来制造帐篷和服装。当他们集聚在煮奶茶的大锅前时，便像鞑靼人一样放纵了他们喜欢吹牛的性格，大肆讲述喇嘛和土匪的惊险故事。他们的脑海中充满了奇迹和当地的传说，只要正确地引导他们，大家就可以肯定会听到说不完的故事和传说。

某一天，当我们的骆驼在河谷底部悠闲自在地啃吃带刺的小灌木时，我们便去一顶冒出了浓烟的小帐篷中，以寻找一个能蔽北风的地方。我们在那里发现了一位老翁，他以双膝跪地并双手扶地，正在吹旺他刚刚放到炉灶上的一堆干牛粪火。我们坐在一块牦牛皮上。老翁盘腿而坐并向我们伸出手。我们把自己的木钵递给他，他装满奶茶并对我们说："安心地喝吧……"他接着又带有某种惶惶不安的情绪一一审视了我们一番。我们对他说："老哥，这是我们第一次来你的帐篷里坐。"他回答我们说："我老了，我的双腿已经经受不住了。否则，我怎会不去东科尔寺为你们献我的哈达呢！据我听黑帐篷里牧人所介绍的情况来看，你们来自西天的边际。”“是，我国距这里很遥远。”“你们是桑巴国还是波巴国呢？”“我们既不是来自前一个国家，也不是来自后一个地区。我们来自法兰西王国。”“啊！是，你们是法兰巴人？我从未听人讲过。这个西方如此大啊！那里的王国很多！但这实际上没有任何关系，我们永远是一家人。难道不是吗？”“是，肯定如此。所有的人都是兄弟，无论他们的王国如何。”“确实如此。你们所说的一切都有充足的道理，所有的人都是兄弟。然而，天下存在有三大家族。这就是我所说的一切。”“老哥，你知道天下的这三大家族自何而来吗？”“这就是我从那些熟悉古代史的喇嘛们那里所听到的情况……在开始时，大地上仅有一个人，既没有房屋也没有帐篷。因为在此时，冬季不冷，夏天不热。风吹得不太骤烈，既不下雨，也不降雪。茶树自然地在山上生长，畜群再也不害怕凶恶的野兽。此人共有三个孩子并与他们一起生活了很久，以奶制品和水果为食。此人活到特别高龄时才死去。三个孩子辩论他们将怎样处理父亲的尸体。他们无法达到统一看法，因为他们各自持一种不同的观点。其一想把其父的尸体装殓于一个棺木中再埋于地下，其二想把它烧掉，其三声称应把它埋葬在一座山峰上。因此，他们决定把其父的身体分成三份，各取一部分就分手。长者分到了头颅和两臂，他就成了汉人大家族的先祖。所以其后裔都在艺术和工艺中变得很著名，以其智慧、计谋和能够制订的韬略而著称。幼子成了藏族大家族的先祖，他分得了其父的胸膛。所以藏族人都充满情感和勇气，他们不怕冒死亡的危险，在他们之中始终都有些不可驯服的部族。鞑靼诸民族都出自在第三个儿子，他作为遗产而分得了父亲身体的下半部。既然你们在东方草原中旅行了很多，那么你们应该知道蒙古人都很单纯和胆怯，因为他们无头无心。他们的全部能力仅在于能稳站在马镫子上和马鞍上一动也不动。这就是喇嘛们对天下三大家族起源以及他们性格之迥异所作的解释。这就是为什么鞑靼人都是优秀的骑手，藏族人是优秀的兵勇，汉人是优秀的商贾。”为了感激老人向我们介绍的颇有意义的古代史，我们也向他叙述了世界上的第一个人、洪水、诺亚及其三个儿子。他开始时非常高兴地在我们的故事中又重新发现了其三大家族的问题。但当他听到我们说汉人、鞑靼人和藏族人全都是闪的后裔，除此之外还有无数的民族形成了含和雅弗的两个家族时,其惊讶程度更大了。他凝视着我们,嘴半张开并不断地摇头,他的这种面部表情似乎是在说:“我从未想到世界如此之大!”

在我们这次谈古论今期间,时间很快地流逝了。我们向老人告辞之后,便向骆驼走去,然后返回东科尔寺的住处,我们把骆驼拴在门前的固定在地下的桩子上,然后进入小厨房准备晚餐。

从烹饪方面讲,我们在东科尔寺比在塔尔寺好多了。首先是鲜奶、酸奶和奶酪,所有这一切都供应充足。此外,我们在附近的一个猎人家中找到了最珍贵的物品。在我们到达之后的数日,他来到我们的房间,从他挎在背上的口袋中取出一只极好的山兔,问我们这些西天的“先生”[①]是否吃野生动物的肉。我们回答说:“当然要吃。一只母兔是很好的肉食。难道你们这些人不吃兔肉吗?”“我们这些黑头人有时还吃一点,喇嘛们从来不吃。祈祷经书明确禁止他们吃黑色的肉。”“耶和华的神圣教法从不强加给我们这样的禁令。”“在此情况下,请留下这只猎物吧。如果你们觉得合适的话,我每天都给你们带来所需要的一切,东科尔山谷附近的山坡上遍是飞禽走兽……”

当附近地区的一个喇嘛突然进入我们的房间时,这件事刚刚谈到这里了。该喇嘛看到这只尚很热和淌着血的兔子躺在我们脚下,他便咆哮起来:“宗喀巴!宗喀巴!”他因害怕而退出,并用两只手捂住了眼睛。他在诅咒那名猎人一番之后,便问我们是否敢吃这种黑肉。我们回答说:“为什么不吃呢?因为它既不能伤害我们身体,也无害于我们灵魂。”至此,我们提出了几条伦理原则,觉得很容易向谈话人证明,野味肉本身不会成为获得神圣道德的任何障碍。猎人听到了我们的谈话后,感到了一阵狂喜,喇嘛相反却被吓得麻木不仁。他仅满足于对我们说:既然你们是外国人和耶和华宗教的信徒,那么吃兔子肉不会有任何坏处;但对于他们来说,则必须禁食之,因为他们如果违背这一戒律并让大喇嘛知道,那将被无情地逐出喇嘛寺。

我们的论点胜利性地获得了赞同,于是便立即转向谈论猎人的建议,他想每天为我们捕杀我们需要的全部兔子。首先,我们问

---

① Goucho(先生),这是西藏人中对喇嘛的一种尊称。

他是否在认真严肃地讲话。我们根据他的肯定性回答而对他说，每天早上可以带来一只野兔，我们付款。“这里的兔子不卖。既然你们不愿意无偿地接受，那么你们可以为每只兔子给我一火枪的药……”我们想表现得更为慷慨一些。我们最后商妥，他每次给我们带来一只野味，我们就付他40文钱，基本相当于4个苏的价格。

我们出于两种原因而决定吃兔子。首先出于形势的考虑，为了防止喇嘛们认为我们受到了佛陀信徒成见的影响；其次是出于节约的原则，因为我们觉得一只山兔比我们那淡而无味的青稞面还便宜。

某一天，那名不知疲倦的猎人为我们带来的不是山兔，而是一只巨大的麏子。这也属于黑色的禁食肉。由于我们害怕对佛教迷信有任何违背，所以便以30个苏(300文钱)的价格而获得了它。炉子烟囱整整地冒了八天烟。此此期间，桑达钦巴的心情特别愉快。

由于害怕养成了纯粹食肉的习惯，我们便试图在自己的日常食品中加入某种植物性食物。在一片大沙漠的中央，这是一桩相当难办的事。然而，由于我们的手艺的经验，最终发现了几种野菜，以某种方式烹调以后，它们不是完全不屑品尝的。请大家允许我在这一问题上作某些详细介绍。这一内容本身可能没有多大价值。但如果从受益的观点来考虑，对未来的旅行家们穿过西藏大沙漠时将会带来一些益处。

当最早的萌芽征兆开始出现时，大家只要在地面上挖很浅的深度，便可以发现大量的像狗牙根一类蔓生的、很长的和很纤细的植物根。这些植物根上遍布大量隆起的根茎状小块，其内含有非常丰富和特别甜的淀粉。为了烹制成一种可口的食物，只要把它们仔细地洗净，然后再放入酥油中炸就可以了。并不亚于这第一种菜肴的第二种菜，是由一种在法国非常普遍的植物向我们提供的，可能至今尚未有人充分地评价过其价值，我们想说的是一种蕨类植物的幼芽。在它尚未长满绒毛之前，在第一批叶子自动弯起来和展开时，便采摘其很嫩的叶子，只要把它们放在净水中煮一下就可以享受一盘美味可口的芦笋般的青菜了。如果说我们的话具有某种影响，那我们将强烈地向农业大臣先生推荐这种珍贵的植物，它们白白地长满了我们的山脉和森林。我们还将向他推荐荨麻。据我们认为,荨麻完全可以有利可图地取代菠菜。我们不止一次有机会进行效果很好的试验。荨麻苗应在它出土不久和叶片尚很嫩时采摘。人们应把整棵荨麻苗拔出来,要带一部分根。为了防止从其刺中流出的辛辣和具有刺激性的汁液,最好是用一块破布把手包起来,而且这种布的布纹要很密。一旦当用开水烫洗了荨麻苗时,刺就不会再伤害人了。这种表面上看来是典型的野生植物具有特别可口的味道。

我们在一个多月期间得以享受这种令人馋涎欲滴的菜肴。后来,我们的那种小块根变得空心和嚼不动了,鲜嫩的蕨类植物变得像木头一样硬了,而长有长白胡子的荨麻变成了一种有着危险和可怕的外表的植物。其后不久,当季节向前移时,山上那香喷喷的草莓与河谷中白色蘑菇令人满意地取代了最早的蔬菜。我们被迫长期等待这些豪华的食品。因为在我们居住的地区,严寒期一般都很长,植物生长得极其缓慢。在整个 6 月间尚降雪,大风还如此刺骨,人们还不敢轻易地脱掉皮衣。到 7 月初才开始感到阳光的炎热并会降暴雨。一旦当天气略微晴朗一些时,便会从地上冒出热蒸气来,而且这种热蒸气的量特别大。我们首先会看到热蒸气飘向了山头和河谷两岸,然后便凝结起来,在地面之上稍微飘荡一些,最后变得非常厚,以致于使晴朗的天气也变得阴暗起来。当这种蒸气飘到长空,而且数量很大,足以形成乌云时,南风便会骤起,暴雨骤然间降下。其后,天气又晴朗了,地面的蒸气继续上升。大

报火警

气中的这种反复变化就这样持续半月有余。在此期间，大地真如处于沸腾中一般，动物都卧在那里不动，人类觉得四肢有一种无法形容的不适。西番人称这种天气为“地气季节”。

一旦当这种危机过后，山谷中的草就如同看得见一般地长大，附近的山脉和丘陵都如同中魔一般地披上了鲜花和绿装。对于我

救火水泵

们骆驼来说，这是它们皮毛再生的时节。它们完全脱掉了身上的冬毛，这些冬毛如同破衣片一样大片大片地脱落。它们在数日间浑身完全赤裸，如同从头直到尾巴梢都被彻底剃了一遍一样。这时看起来，它们都很丑陋，在阴影处四肢瑟瑟发抖。我们在夜间被迫给它们盖上大块羊毛毯，以保护它们不被冻坏。四天之后，骆驼毛又开始生长。首先长出的是一种橙黄色的纤细绒毛，像羊羔毛一样呈卷状。我们骆驼那肮脏丑陋的脱毛裸体又迅速披上新鲜皮毛，极为好看。经过半个月左右，它们的毛皮就完全长好了。对于它们来说，这是兴致勃勃地在草地奔跑和为未来的旅行而储积大量脂肪的时期。为了刺激它们的胃口，我们买了海盐。每天早上，在把它们放到河谷地之前，我们注意给它们喂相当多的一份海盐，晚上回来时也同样喂盐，以便帮助它们在夜间反刍白天搜罗和吞到胃中的大量草料。

由于骆驼的脱皮换毛使我们拥有了大量驼毛而变富。我们把其中的一半用来交换青稞粉，再设法利用剩余者。一名灵巧的制绳喇嘛给我们出了一个极好的主意。他向我们指出，在西藏的长期旅行中，我们可能需要准备大量的绳子捆扎行李，而骆驼毛绳子则由于其柔软性，而最适用于寒冷地区。这项充满远见卓识的建议立即被我们认真考虑了。该喇嘛无偿地给我们上了某种授艺课，我们便立即投入工作。我们在很短的时间内就学会很好地搓驼毛，使其形状勉强地颇似绳索。我们每天去看望自己那放牧场中的牲畜时，腋下便挟着一大捆驼毛，边走边绕我们那简单的线轴，然后再在我们的车间中把它们合股成绳子。

桑达钦巴仅满足于看着我们工作，并且有时会暗笑。他一半是出于懒惰，一半是出于其虚荣心，他拒绝插手这项工作，甚至于某一天对我们说："我的神父们，像你们这样身分的人怎能屈尊搓绳子呢？难道买些绳子或让那些职业手艺人去做不更为合适吧？"我们觉得这种提问是严厉训斥驼夫的一个好机会，在使他感到我们不想使自己具有大老爷的身分和应考虑节俭之后，又向他提到了圣保罗的例证，圣保罗也不认为亲手工作和绝不委托信徒们去做某种事会有损其尊严①。当桑达钦巴一旦获知圣保罗同时是皮革匠和圣徒时，他立即就放弃了那种懒惰的习性和自尊心，开始热情地加工驼毛。当我们看到他工作时，我们该是多么惊讶不已啊！这个快活的结实小伙子曾是一个很有名气的绦带制造匠，但他从未对我们讲过。他选择了最精细的驼毛为我们的马匹织缰绳和笼头，他在这方面确实有许多本领。他当然有权力成为我们这项工作的带头人，他全面负责制造绳子。

美好的季节使塔尔寺大喇嘛庙吸引了大批游人，他们前来呼吸乡间的新鲜空气，并在他们每日的学习之余稍事休息。从此之后，我们的房间就变得如同是朝圣之地了，因为任何前来东科尔寺散步的人都不想放弃拜访自西天而来的喇嘛。我们特别熟悉那些开始学习基督教真谛的人，都是由于好奇心之外的另一种原因而被引向了我们。他们首先希望与我们讨论耶和华的圣教，并请我们对他们遇到的某些难题作出澄清。当我们听到这些佛教出家人怀着崇拜的心情提到耶稣和玛利亚的圣名，并虔诚地诵读我们向他们传授的祈祷经文时，我们的心该是多么充满无法表达的喜悦啊！万能的上帝啊！我们毫不怀疑，它非常重视这些人于拯救长途中迈出的头几步，它不会错过机会地派遣司铎以最终把这些可怜的迷途羔羊赶到羊圈中去②。

在所有那些来东科尔寺消遣一段时间的喇嘛中，我们特别是发现了大批鞑靼—蒙古人。他们随身携带小帐篷前来，沿小溪或风景最为优美的山岭上支好帐篷。他们在那里度过几天完全沉浸在对世俗生活之独立性的爱慕的欢乐中的日子。他们在一段时间内会忘记喇嘛生活的约束和限制，而完全沉湎于在沙漠中心的帐篷内生活的幸福。大家可以看到他们像孩子们一样在牧场中奔驰

---

① 如果圣保罗经常从事体力劳动，那是《圣经》在许多段落中断言的情况。所以，使徒本人也向萨洛尼卡人提出："他日夜工作并不委托他们之中的任何人。"在《使徒行传》中（第18章，第1节），他声称自行从事一种职业："保罗离开雅典来到哥林多，遇见一个犹太人，名叫亚居拉。他生在本都，因为革老丢命令犹太人都离开罗马，新近带着妻百基拉从意大利来。保罗就投奔了他们。他们本以制造帐篷为业，保罗因与他们同业，就与他们共住做工。"

② 古伯察先生的愿望正在实现。至今仍一直负责甘肃省的斯格脱会（圣母圣心会）的神父们成功地使西宁和塔尔寺的宗教福音化了，那里刚刚向传教士们让步。

和嬉戏,练习搏斗以及能使他们怀念故乡的各种游戏。他们引起的震动如此之大,以致于他们那固定的帐篷最终也变得难以承受了。他们每天要把帐篷换三四次位置,甚至往往会遗弃其帐篷。他们双肩扛着全套的炊具及盛满水的水桶,然后就边唱边走了,在山顶上煮茶,快到夜晚时才从山上下来。

我们还可以发现,比蒙古人不少的某一批喇嘛,也跑向了东科尔寺。天刚蒙蒙亮,浩浩荡荡的人马就到达了。在一般情况下,他们的袍子都挽至膝盖,背着一个很大的柳条筐。他们穿越了附近的山谷与丘陵,想要搜集的既不是草莓也不是蘑菇,而是西番人的畜群在各地撒下的粪。我们根据这些喇嘛的这种职业而称他们为“捡粪喇嘛”,或更为体面地称之为“拾干粪的喇嘛”,这是出自鞑靼文 argol 一词,意指牲畜留下的粪,干燥之后可以作柴薪使用。从事这种交易的喇嘛们一般都是懒惰和不守戒律的人,他们更喜欢在山坡中奔跑游荡而不是学习和静修。这些人分成了几个集团,他们在一个负责制订计划和结算账目的领头人领导之下。天傍晚时,各个人都将他们捡来的成果倒在大堆上去,大堆粪位于一座山岭的脚下或峡谷的深处。众人在那里仔细地加工这种原料。他们将之揉和并用模子制成饼状物,再把它们放于太阳下晒干,直到完全干燥为止。其后,他们再系统地把所有这些牲畜粪一层层地垒起来,从而形成大堆,再用一层厚畜粪覆盖起来,以避免大雨的侵蚀作用。在冬季,这种燃料就被运往塔尔寺,并在那里进行交易。

欧洲的文明民族所享受燃料的豪华与多样性,很可能使他们不值得对各种质量的牲畜粪进行深入研究了。但在游牧民族中,却并非如此,长期的经验使他们能够以毫不逊色的评价能力对这些干畜粪进行分类。他们共分了四大类,后代人无疑不会对此作出任何修改。

他们在第一行中排列出山羊和绵羊粪。其中要以很大比例掺和一种粘糊糊的物质,使这种燃料确实异乎寻常地提高了温度。藏族人和鞑靼族人用它们来加工金属,投入这种畜粪炉中的一个铁锭,在很短的时间内就会被烧到白炽化。山羊和绵羊粪在烧过之后留下的灰渣呈一种玻璃状、透明的、淡绿色和如同玻璃一样易脆的物质。它形成了一大块遍是洞眼和极轻的物质,可能会有人认为它是一种轻石。我们在这种废渣中发现不了任何灰烬的特征，除非是燃料被以奇特的方式掺和了杂质。骆驼粪形成了第二个等级，它很容易被燃烧，冒出了一缕缕漂亮的清烟，但它产生的热量远不如前者强烈和持久。这种差异的原因是它们在组合时所含的粘状物的数量要少。第三类中含有属牛类的粪，当它们特别干燥时，便会很容易地燃烧，不会冒出任何烟雾。这类燃料几乎是人们在鞑靼地区和西藏所遇到的惟一一种粪。最后，大家把马匹与马同属一类的其他牲畜的粪堆在最后一层。这些畜粪也如同其他那些未经反刍之工序的粪一样，仅是被不同程度嚼碎的一堆草秸。它们在燃烧时会冒出一股浓烟并立即就会烧尽。但它们却非常有利于点火，在某种意义上起了火绒的作用，可以非常有效地点燃其他燃料。

我们理解，这一段简短而又不完整的有关畜粪的离题话，不大可能会吸引很多的读者。然而，我们并不认为应该删节它，因为我们绝不能忽略可能会对那些继我们之后，前去试过游牧生活的人具有某种用处的任何文献。

东科尔河谷的居民虽然表面上享受着极大的和平，实际上却不停地被对土匪的恐惧所控制。据大家对我们所说的情况，土匪不时地入侵山区并抢劫牲畜。有人向我们介绍说，在 1842 年，土匪曾成群结队地来到这里，把该地区抢劫一空。在人们最没有防备的时候，他们便从所有的通道和山口出现并分散在山谷各地，发出了阵阵令人心惊胆战的喊声，并在枪中装满火药，点燃了火绳捻。被这种突如其来的袭击吓得魂不附体的牧民们，甚至没有想到作任何抵抗，于是便随手携带一点行李而仓促混乱地逃去。土匪利用这种惊慌失措的恐惧心情，便放火烧了帐篷，把分散在附近地区的所有畜群，都赶到用绳索围起来的一片开阔地中。他们然后又冲向医学院所在的那个小喇嘛寺中。喇嘛们也逃走了，惟有那些栖身于悬在峭壁上的闭关的和尚除外。土匪抢劫和破坏了他们所遇到的一切。他们放火烧毁佛陀偶像，掘开为了转动法轮而修建成的堤坝。人们在三年之后还可以看到他们那无情劫掠的痕迹。矗立于山脚下的佛寺尚未被重建。由火灾造成的黑色废墟以及半截被烧焦的偶像残体，仍被抛在草地的各处。不过那些静修闭关的喇嘛们都逃脱了劫难。土匪无疑认为，到他们那建造得很高和几乎是无法接近地方的住处去拷打他们，则太远或太难了。

他们对黑色帐篷,甚至是佛堂施行的暴力可以充分地证明,如果他们让这些可怜的弃绝尘世的隐修僧安然无恙,那绝不是出于尊敬或慈悲。

一旦当土匪到达的消息传到塔尔寺,整个喇嘛寺都处于沸腾之中。喇嘛跑去操武器,发出阵阵喊叫声。他们操起了手下能遇到的任何东西,凭着一时的狂情,乱哄哄和飞速地奔向东科尔寺。但他们到达得太晚,土匪已经赶着西番人的畜群消失得无影无踪,惟有在山谷中留下了一片还冒烟的废墟。

从这一事件开始,那些前来东科尔牧场中扎下帐篷的牧民们,始终保持着戒备,害怕土匪再来侵犯。他们逐渐地组成了巡逻队,以长矛和火枪相武装,前往很远的地方打探。这些预防措施当然不会吓倒盗贼们,但他们具有可以把居民维持在某种安全之中的效果。

到了8月末,正当我们忙于制造绳索的时候,一些不吉利的消息便开始流传。它们慢慢地具有了一种可靠消息的一切特征,人们不再怀疑,自己已受到土匪很快就要发动的一次可怕入侵的危险,每天都传说某种令人不寒而栗的事情。他们传说某处的牧民遭突然袭击,帐篷被焚烧,畜群遭抢劫。此外,还传说爆发了令人恐怖的战斗,大批人被杀等等。这些谣传变得如此严厉,以至塔尔寺当局也认为应当采取措施。该喇嘛寺向东科尔寺派去了一名大喇嘛和祈祷学院的20名修业僧,负责保护该地区免遭任何不祥事件。在他们到达后,便召集了西番人各家族的头人,向他们宣布说这些喇嘛们已到达,因而再没有任何可怕的事了。次日,他们登上了这一带最高的山峰,支起了几顶旅行帐篷,于是便在音乐的伴奏下开始念经。他们在那里停留了整整两天,用于祈祷、驱魔和建造用石灰水刷白的小土尖塔,在塔上的旗杆顶端飘扬着一面幡,上面印着藏文愿文。这种微不足道的小建筑被称为"平安塔"。大小喇嘛们在举行了仪式之后,便卷起帐篷下山,然后又返回塔尔寺。他们坚信自己刚刚为对付土匪们而建起了一道不可逾越的障碍。

平安塔似乎并不能使牧民们完全放心。因为他们于某一天早晨携带其行李和畜群同时迁场了,前往其他地方寻找一个不太危险的栖身处。大家劝我们步他们的后尘而去,但我们更希望滞留下来,因为在沙漠中绝不会有一个比其他地方更安全的地带。此外，对于我们来说，牧民的逃走却成了自己的安宁不再受到骚扰的一种保证。我们认为，当土匪们获悉在东科尔山谷中不再有畜群时，便不会再有任何兴趣来“光顾”我们了。因此，我们在自己的心田中也建起了一座平安塔，即对上帝保佑的一种坚信不移，我们在自己的住处感到了安静和平安无恙。

我们在数日间享受到了最深沉的清静。自从畜群离去之后，那些拾粪的人再无事可干，也停止前来了。我们惟有与几名负责看守寺院的喇嘛在一起。我们的牲畜对这种变化感觉良好，因为牧场从此之后就仅属于它们的了。它们可以在山谷的纵横方向吃草，而不必害怕会遇到竞争对手。

沙漠没过多长时间又变得活跃和热闹起来了。到了9月初前后，医学院的学生又返回东科尔寺以便从事采集草药的工作。寺中所拥有的房间可以尽可能多地留宿他们，余者则栖身于由寺内大树遮蔽下的帐篷中。每天早上，他们共同作完祈祷之后，便喝酥油茶和吃青稞炒面（糌粑），所有学医的修业僧都挽起他们的僧袍，并在授业师的带领下分散在山坡上。他们全都拿着一根铁皮包头的棍子和一把小镐，腰间挂着一个装着面粉的皮囊，有的人还背负大锅，因为医学院的学生要在山上度过一整天。在夕阳西下之前，这些医生喇嘛们携带大捆的各种树枝、草根和草株返回。当看到他们艰难地下山，手拄他们那包铁头的手杖时，大家更可能会把他们视作偷猎者而不是医学博士。我们经常被迫陪送那些带着草药特意来找我们的人，因为我们骆驼受药草气味吸引，不慎啃吃了这些珍贵的用于减轻受苦人之病痛的药草。他们一天间剩余的时间，完全被用来清理和在席子上晾晒所有这些植物界的产物。医生们的采收要持续整整八天，然后再用另外五天来对各种药材进行挑选和分类。第十四天，便向学业僧们分配其中的很少一部分，大部分约留作医学院的财产。最后，第十五天是进行庆贺的一天，有一顿盛大的斋饭，由奶茶、糌粑、酥油炸的小点心和几块煮羊肉组成。这样就结束了这次采集药草的出行，著名医学院的学生们愉快地走上了返回大喇嘛寺的路。

在东科尔采集的药材都存放在塔尔寺的总药房中。当它们在温火的烤焙下完全干燥时，便将之研成面，再以小剂量而单独包在上面用藏文写好标签的红纸包中。那些前往塔尔寺的朝圣进香人以非常昂贵的价格购买这些药剂。鞑靼—蒙古人从不会携带一大批这种药而离去。因为他们对来自塔尔寺的一切都无限信任。但在他们的山上和草原中,完全可以找到同样的植物根苗,它们与在宗喀巴的故乡诞生、生长和成熟的药草又有什么区别呢?

藏医也与其他地区的医生一样重视临床经验,他们甚至可能更突出一些。他们指出了人身上的440种疾病,不多也不少。医学院的喇嘛们都必须学会和牢记在心的医书,共论述了这440种疾病,包括这些疾病的特征、诊断的手段和除病的方法。这些医典实际上是一大批具有不同程度含糊的格言集和一批特殊的药方。喇嘛们并不像汉族医生们那样非常害怕见血。他们有时要实施放血并经常使用火罐。为了实施这种拔火罐的医术,他们先在病人的皮肤上稍略擦伤一些,然后在病人身上拔顶端被钻透的牛角火罐。他们先用嘴吸出其中的空气,当获得了足够的真空之后,便用自己的舌头把口中咀嚼过的小纸团贴在牛角顶端以封住洞口,当需要取下火罐时,只要把这个纸团塞子取出即可。

喇嘛医生们非常重视观察病人的尿。他们需要病人在日夜间不同时辰收集尿的标本。他们非常仔细地检查尿,非常重视其颜色经历的所有变化。医生们用一根木刮板多次搅拌尿液,然后把尿瓶放到耳朵旁以听其响声。因为他们声称,根据病人的病情,其尿有时是"哑巴",有时又会"讲话"。一名被认为医术高明和极其精通业务的喇嘛医生,能在不看到病员的情况下,就可以治疗病人并使他痊愈。查尿就完全可以指导他开药方。

正如我于其他地方讲到鞑靼—蒙古人时,就已经指出的那样,喇嘛们行医时引进了许多迷信的做法。不过尽管存在着所有这些江湖骗术,我们也不能怀疑他们掌握有大量珍贵的处方,而且都是建立在长期临床经验基础上的。如果借口鞑靼族和汉族医生们不懂人身的结构与功能,当代医学不值得向他们学习任何东西,那可能是过分武断了。他们可能掌握有非常重要的秘方,无疑惟有科学才能作出解释,而他们又从来不打算这样做。即使不是专家,人们也往往会获得非常符合科学的成果。在汉地、鞑靼地区和西藏,所有人都会制造火药。但我们还可以提出,在这些民族中没有任何人能科学地解释这种化学作用。掌握一种验方,那就很容易取得令人满意的成果。

到了9月末(1845年),有人向我们宣布了西藏朝贡使已到达丹噶尔的好消息。我们要在那里停留数日以准备旅行中的生活必需品和组织旅行队。最后，在经过长期和令人难熬的等待之后，我们终于踏上了赴西藏首府的道路。我们不失时机地做好了全部必需的准备，为到塔尔寺还必须走一小段路，以便能获得四个月的生活必需品。因为在途中不会有能买到任何东西的希望。经过仔细核算之后，我们共需要五块砖茶、二袋白面和八袋糌粑。人们把青稞炒面称为糌粑，这种淡而无味的食物却是藏族人的主食。他们取半木钵沸腾的茶水，从中加入几撮用手指和好的糌粑，然后不再做其他任何加工，就直接吃这种面食，它实际上既不生也不熟，既不凉也不热。如果想穿过沙漠大碛并到达拉萨，那就应仅满足于吞糌粑。我们是法国人枉然过去习惯于用刀叉吃饭，现在都无用了，不能再顾及这一切了。

一些经验丰富和充满仁慈心的人向我们建议，如果我们不想在途中死于从某些高山上冒出的瘴气，那就应该多准备一些大蒜并且每天嚼几瓣。我们无需讨论这项有益于健康的建议的价值及其及时性，我们便天真而淳朴地遵照建议行事。

中国衙门在用刑

我们在东科尔谷地度过的日子非常有益于自己的牲畜，它们已达到了一种我们尚从未见过的膘情。尤其是骆驼膘满体壮，其驼峰由于其中贮藏的脂肪而都变得很坚硬,高傲地矗立在骆驼背上,似乎要向大漠中的疲劳和困苦挑战。但三头骆驼不足以驮我们的全部食物和行李。我们于是便在自己的骆驼队中又增补了一头骆驼和一匹马,这样又使我们的钱袋中减轻了 25 两白银的重量。此外,我们还雇佣了在塔尔寺认识的一名拉脊山的喇嘛。他以替补驼夫的身分被接纳进了我们的队伍。这种叫法提高了桑达钦巴的社会地位,同时也大大减少了其职责的疲劳程度。根据这些新安排,我们这支小旅行队就以下述方式组成了:准驼夫恰拉强贝勒步行,拉着四匹互相拴在一起的骆驼,正式驼夫桑达钦巴,骑着他的小黑骡子,走在队伍的一侧。两名传教士断后,各自骑一匹白马。我们与塔尔寺和东科尔寺的熟人及朋友们交换了大量哈达之后,便启程了。我们一直向青海湖走去,在那里等待西藏使节的路过。

我们从东科尔到青海湖共有四天的行程,于途中遇到了一个叫做坦山的小喇嘛寺,其中最多包括有 200 名喇嘛,它位于一个极为令人陶醉的地方。那些顶峰长满灌木丛和高大雪杉的多石山岭,为它形成了一道四周环绕的围墙,其中央建有喇嘛们的住宅。一条被古柳和高大的当归棵环绕的小溪,在平静地绕喇嘛寺一周之后,便咆哮着从山岩中一泻而出,以继续它在沙漠中的流程。据说,坦山佛教修行院很富裕,有人声称青海的蒙古王公们每年都赠给它大量布施。

在离开坦山喇嘛寺之后,我们进入了一个很大的平原,那里有大量蒙古人的帐篷和各种畜群,它们分散在牧场的绿色之中。我们遇见了两名骑马的喇嘛,他们在富裕的牧民中化缘酥油。他们来到每顶帐篷的门口,三次吹响海螺号,立即就会有人带着一小块酥油出来,他一言不发地把酥油放入悬挂在马鞍上的口袋中。化缘者就这样跑遍了所有帐篷,从来不会双脚落地,而仅满足于通过三声海螺号以通告施主。

随着我们的前进,该地区的土地显得越来越肥沃,山也越来越少了。我们最终到达了青海湖那辽阔和美丽的牧场中央。那里的植物长得非常茂盛,野草一直长到我们骆驼的腹部。我们很快就在自己面前很远的地平线上看到有一条银带般的东西,其上部飘荡着最终化于蓝天的白色薄雾。我们的准驼夫告大家说,那就是青海。这几句话使我们感到高兴得要跳起来了,于是便加快步伐前进。太阳尚未落下,我们便在距湖畔有百步左右的地方支起了帐篷。

附　录

1. 佛教传入中国中原的时间

公元前2年,一名叫做景卢的学者,从大月氏的一位叫作伊存口的使者处获得了浮屠经。这是中国人首次认识那种起源于印度的宗教。“按照那名魏代史学家的说法,中国当时已知道了这种教义,但不信仰之”(见沙畹于《通报》1905年发表的文章,雷慕沙的《佛国记》,41页)。

至于佛教在汉明帝时传入中国的传说,我觉得被马伯乐(《汉明帝感梦遣使求法记》,载《法兰西远东学院学报》1910年,1~3月)胜利地驳倒了。汉明帝感梦遣使求法的传说首次出现在《四十二章经》的序中,其序晚于著作本身。它可以上溯到公元2世纪的最后几年,因而也是在汉明帝在位之后很久的事了。同样也出于公元2世纪末以对话形式写成的护教著作《牟子理惑论》中,在《四十二章经》序的记述中增补了一些不见诸该文的传说,涉及到了从印度携来的佛像和皇帝建筑洛阳第一座佛寺——白马寺的问题。马伯乐说:“最后,到了公元4世纪和5世纪,这一传说进一步具体化了,人们发现明帝的使者带回了两名印度僧侣,人们都知道他们的名字,都知道他们在一匹白马的背上驮运经书。大家最后获悉,根据明帝的敕令而绘制的佛像,却是模拟了乌苌国国王过去绘制的佛像,是由那两名印度僧侣携来的。《明像记》则首先向我们提供了5世纪这一传说的全部细节。”

但马伯乐得出结论认为:“总而言之,佛教传入中国的传统历史,完全是以2世纪末的某些虔诚的传说为基础的。接受了这种说法的《后汉书》、《魏书》和《隋书》等断代史的权威,也不会使人忘记其史料的薄弱性。我们指出下面一点是非常重要的:恰恰在牟子著书的时代,《魏略》以一种完全不同的方式介绍了佛教的传入,丝毫没有提到汉明帝。令人遗憾的是《魏略》的史料来源不为人所知,也可能是它的记述也不具备更真实性。它至少更清楚地解释了已知的真实”。

汉明帝派遣的使者可能于公元68年1月22日返回。然而,我们知道,从公元65年起,在江苏就已经有些佛教徒了……总而言之,我们可以坚持把上述时间作为佛教传入中国的时间,即在汉哀帝时代的公元前2年(考狄:《中国通史》第1卷,第11章)。

2. 蕨菜树丛

蕨科植物极其繁多。在它所含的多种名称中,无论在形态还是外表方面,都有很大的差异。然而,组成它的所有植物棵子中的主要特征则是它们那各不相同的环孢子囊,是从叶片的背侧或边缘上发展起来的。

蕨菜叶子一般都包括一层很厚的粘胶,具有收敛药效,有时也散发一种芬芳程度不同的香味。所以,蕨菜的某些品种都被视为祛痰镇咳药和镇疼药。大家都声称,当铁钱蕨的煎剂很浓时,可以起催吐的作用。药用荷叶蕨被法国农民称为“鹿舌”和“雌鼠草”,被认为是创伤药和通泻药等。某些品种的根有时在部分地区被作为菜食,如绿髓蕨等。塔斯马尼亚的土著人吃种子蕨的草,他们称之为“塔拉根”,仅仅在热灰里烤一下即可食用。这种食物中含有相当丰富的营养物,猪非常喜欢吃它。

3. 荨麻

人们从最靠北部的地区一直到赤道上最炎热的气候下,都可以见到荨麻。它的某些品种似乎是沿着人类的足迹蔓延的,在瓦砾地和住宅附近地区都出现了。荨麻科植物的主要特征在于其透明汁的强烈腐蚀性,正如大家在我们本地区的雄雌异株荨麻(俗称大荨麻,具有灼伤性的荨麻,令人讨厌的荨麻)和罗马荨麻中所发现的那样。据莫德歇尔认为,荨麻汁的腐蚀作用是由于碳酸氢氨的存在,雄雌异株的荨麻被认为是收敛剂和利尿剂。某些品种还可以作为芳香植物用。所以,印度土著人也吃带茎块的荨麻肉质根茎。雄雌异株荨麻的绿色部分同样可以用作人类和畜类的食物。将其幼苗按菠菜的方式烹调,便会成为一种相当美味的菜肴。将其叶子剁得很碎之后,就成了一种饲养家禽饲料的基本物质。据说,吃荨麻的奶牛可以产相当丰富的奶,奶中含有更为丰富的乳油,可以制造更加光亮和更为可口的奶酪。

第五章

青海湖的外貌——倮㑩部族——有关青海湖起源的传闻——对大旅行队的描述及其行进——渡过布哈音果勒河——阿勒坛喇嘛的冒险——我们的准驼夫的性格——柴达木的蒙古人——布尔罕—布达山的瘴气——攀登楚喀山和巴颜喀拉山——野牛——野马——被寒流冻死的人和牲畜——遇到了土匪——唐古拉高原——温泉——沙漠中的火灾——那曲村——出售骆驼和租用牦牛——喀尔沁旗的青年沙布隆——彭布的耕作平原——赎罪山——到达拉萨——附录

青海湖在蒙古语中作 Koukou-Noor,在藏文中作 Tsot-Ngon-Po。过去曾被汉人称为“西海”,今天又称为青海。这片蓄水区的周长有一百多法里,实际上更应称为“海”,而不是“湖”。我们尚且不谈其辽阔的面积,非常引人注目的是其湖水完全如同海水一样苦而咸,同样也要经受定期的退潮和涨潮。它散发出的海水气味在沙漠中很远的地方就嗅到了。

在青海的西半部,存在着一个无法耕耘的遍是山岩的小岛,由二十多个静修闭关喇嘛居住。他们在那里建了一座小佛寺和几间住房,在安静和静修中度日,远离了人世间的娱乐和动乱。人们不能去拜访他们,因为在整个水面上都没有一只船,至少是我们从来未见过船。蒙古人向我们断言,在他们的部族人中,没有任何人关心航海。然而,在冬季的严寒季节,冰冻得相当结实,以至可以使附近的牧民能前往喇嘛寺朝圣。他们为静修闭关喇嘛带去了自己那微不足道的一点酥油、茶叶和糌粑布施。他们作为回报而得到了喇嘛们对优质牧场和畜群繁荣的祈福。

青海诸部族共分成 29 个旗,分别由 3 位郡王、2 个贝勒、2 名贝子、4 名王公、18 名“台吉”(和一个将军诺们罕)统治。所有这些王公都是清朝皇帝的藩部。他们每两年晋北京旅行一次,把皮货以及他们在其河沙中搜集的金砂带往北京进贡。青海湖附近的辽阔平原非常肥沃,地貌非常壮美。虽然那里完全没有树,但那里的草长得出奇的高。使这片土地变得肥沃的大量小溪,可以让沙漠中的大批畜群尽情地痛饮。所以,蒙古人非常喜欢在这些风景秀丽的牧场中支起帐篷。成帮的土匪徒然地不断骚扰他们。他们永不放弃该地区,而仅满足于经常变换驻牧地,以便能挫败其敌人的追袭。当他们不能摆脱敌人时,便会勇敢地接受战斗。在他们长期

竹门帘

居住的地区,这种保卫其财产和生命不受西方人攻击的必要性,最终使他们变得勇敢和不屈不挠。人们在日夜间的任何时辰,都会看到他们始终都在准备战斗,时刻注意看守他们的畜群,始终人不离鞍、手不离长矛,斜挂一支火枪,腰佩一口大刀。这些长胡子的强壮勇士,与维吉尔(Virgile)所说的那些始终都在忙于吹奏笛子,或以彩带和春天的鲜花装饰他们那漂亮草帽的无精打采的牧人,该有多大的区别啊!

那些始终使青海蒙古部族处于警戒状态的土匪,都是西番游牧部落的人,或者说是居住在黄河发源地附近巴颜喀拉山一侧的东部藏族人。他们在该地区则以一个通称"倮㑩人"而著名。据说,他们的匪巢隐蔽在没有向导很难进入的山口。因为所有的通道都由无法渡过的湍流和可怕的悬崖绝壁保护。倮㑩人仅仅为了穿越大漠以及从事抢劫与破坏才会出动。他们的宗教是佛教,有一种特殊的偶像被称为"劫财神"。毫无异议,这就是促使他们产

生了极大虔诚的神,他们以一种非常特殊的方式崇拜它。他们的喇嘛都忙于为了出征获得好成果而祈祷和举行祭祀。大家都声称这些土匪具有令人愤怒的吃俘虏心脏的习惯,这是为了维护和加强他们的勇气。① 此外,青海蒙古人把一切残酷的行为都归咎于他们。

倮啰人分成了各自名称不同的几个部族。我们只是在这一部族名表中才听说卡尔梅克人。人们所说的"卡尔梅克人",在某种意义上完全是想象出来的,卡尔梅克人在亚洲所起的作用远不像我们的舆地书中那样大。我们被迫做了大量工作才成功地找到了他们的名字。甚至在卡尔梅克人自己居住地,任何人都没有听说过卡尔梅克人。我们非常高兴地遇到了一个曾在东部西藏长期旅行的喇嘛,他最终告诉我们说,在倮啰诸部中,有一个小部族叫作倮啰卡尔梅克。这些卡尔梅克人过去很可能起过巨大作用,占领了辽阔的辖地,但这是 13 世纪的旅行家们根据某些含糊和不明确的记载,而把他们视作一个人数众多的民族。

青海也没有我们舆地书中所说的那种规模,它在地图上所标注的范围,要比它实际占有的面积大得多。虽然该地区共包括 29 个旗,但其辖地相当狭小。它的北部以祁连山为界,南部到黄河,东临甘肃省,西隔柴达木河。从柴达木河开始又是另一个鞑靼人地区,由被称为"柴达木蒙古人"②的一些小部族居住。

青海的民间传说认为,青海并不是始终都存在于大家今天所看到它的地方。这一大片水域最早可能在西藏,占据过今天矗立起拉萨城的地方。某一天,这些水放弃了其庞大的蓄水库,通过地下流动而一直来到它们今天作为湖床的地方。这就是众人向我们介绍的这一神奇事件。

---

① 汉人认为,一个勇敢人的胆汁经保存起来并让胆小的人小剂量地服用之后,可以使后者变成有心计的人。所以,当一个阴谋集团的头子在表现出无可非议的勇敢后被处死,刽子手便以从他身体中抽出胆汁而变富,他按滴以很高的价格出售之。(波纳科西:《中国和中国人》)

吃俘虏或面对死亡而充好汉的被处死者的心脏之习惯,在中国异教徒中至今仍很普遍。他们坚信吃人心或胆汁具有增强勇气的作用。其合乎情理的理由系出自汉文中的"勇气"和"胆"都以一个相同的词"胆子"称呼。

② 柴达木蒙古人实际上属于青海 29 旗的组成部分。

在古代，卫地小王国的吐蕃人希望在他们占据的大谷地中央建一座寺庙，于是便耗费巨资备下了珍贵的建材，这座建筑很快就拔地而起。但就在即将竣工的时刻，它却突然坍塌了，而大家又无法找到这次灾难的原因。次年，人们再度重新筹备，以同样的虔诚心情来建筑寺庙，但它第二次又坍塌了。大家又作第三次尝试，紧接着又发生了同样的灾难。所有人都陷入最深的失望之中，人们便开始议论放弃这项工程。国王让人去请该地区的一位著名的占卜师打卦，此人回答说，他无法指出建筑寺庙不利的原因，但他知道东方的一名大圣贤拥有某种奥义，如果能从他口中获得奥秘，那么障碍立即就会被消除。他既不能提供有关这名大圣贤的比较具体的情况，也不知道此人居住在哪里。经过长期商量之后，于是便派遣一名充满机智和勇气的喇嘛去寻找。他跋涉了卫地①之东的所有山山水水，拜访了所有的鞑靼部族，在听到传说某些以其学识和神圣道德而成为名士者的所有地区都作停留。他的寻访一直是徒劳无益的，他枉费口舌地大讲卫地河谷以及曾试图在那里建立的寺庙，但任何人都不懂。因而，他垂头丧气地返回。当他途经把西藏与中国中原分隔开的大平原时，马鞍的马肚带折断了，自己不幸落马。他遥望到距那里不远的一个小塘畔有一顶寒酸破旧的帐篷，于是便向那里走去修理马鞍。此人把马拴在帐篷门口的桩子上之后，便进入帐篷，发现了一名正在专心祈祷的尊贵老翁。旅行者开口问道："老哥，你的住所始终是这么安静啊！"老翁一动也不动地回答说："兄弟，坐在我的炉灶边吧。"西藏喇嘛自认为发现了老翁是盲人，便对他说："我非常痛苦地看到你已无法使用双眼了。""是的，我有很长时间失去观察太阳和我们美好草原的眼福了，但祈祷能最大限度地减轻我的痛苦……兄弟，我觉得你的话有一种特殊的口音，你不是我们部族的人吧？""我是东方的一名贫僧，曾发愿朝拜在蒙古人地区建起的寺庙；并向我途中遇到的所有圣人跪拜。在我经过这里时出了一个事故，折断了我马鞍下的马肚带，被迫来贵帐篷进行修理。"老翁回答说："我是盲人，无法为你

① 西藏在行政上分成了四个地区或四部：1. 前藏，又叫做康或察木多；2. 中藏，又被汉人称作卫，这是对藏文 dbus 的讹读；3. 后藏，又叫做藏；4. 西藏或阿里。汉人习惯上使用"西藏"这一名称指整个 Tibet 地区。

效劳。看一下帐篷的角落里,那里有最适宜修理你马鞍的皮条,请你拿走吧。”当外来人找到了一条好皮条以修理马肚带时,老人对他说:“啊!来自东土的喇嘛,你非常幸福地能够用几天来朝拜我们的神圣建筑。最出色的寺庙都在蒙古人的地区,波巴人(西藏人)永远不会有像这样的佛寺,他们于其美丽的河谷地试图这样作是枉费心机,他们打下的地基始终都为他们料想不到地存在着的波浪击翻。”老翁沉默了一会儿又说:“我之所以讲刚才这番话,那是由于你是一名蒙古喇嘛。你应把这些话牢记心田,不要向任何人传播。如果你在朝圣中遇到了一名卫地的喇嘛,那一定要注意有分寸地讲话,因为泄露我的秘密将会导致我们地区的毁灭。如果卫地的喇嘛获知,在他们的谷地存在着一个地下海,那么水立即就会奔泻而出并淹没我们的牧场。”

老人刚刚讲完这一席话后,那名外来人便站起来并对他说:“不幸的老人家,快逃!迅速逃走吧!水很快就会到来。因为我是卫地的一名喇嘛。”他说完就立即骑马消失在沙漠中了。

这几句话使那名可怜的老翁觉得如同遭到雷击一般。在经过一段沮丧的惊愕之后,他便陷于抢天呼地的嘶叫和呻吟之中。正当他处于这种忧伤之中时,其子从牧场中赶着一小群牦牛回来了。老翁对他说:“儿啊!快为你的马备鞍,拿着大刀向西奔驰。你将会遇到一个外地喇嘛,立即杀死他。因为他偷走了我的皮带。”青年人感到一阵恐怖:“什么!你要我成为杀人凶手!我的父亲,正当我们全部族都怀着非常崇拜的心情讲述你的神圣道德时,你竟敢命令我杀死一名可怜的行路人,仅仅因为他在你的帐篷中取走了一条肯定是他非常需要的皮带。”老翁边重复边疼痛地扭动着胳膊:“快去!啊!我的儿子。我恳求你快走!如果你不想让我们都被水淹没的话,那就快去杀死此人。”青年人认为其父是一阵发狂,害怕进一步激怒而不敢驳斥。他骑上马并沿着卫地喇嘛的足迹追去。他在天黑之前追上了此人并对他说:“圣人啊!如果我来打断你的赶路,那就请原谅我吧。你今天在我们的帐篷里休息过,离开时拿走了一条皮带,我的父亲又在咆哮着要索回。老人如此狂暴,以致于他要我杀死你。但我不能执行一个处于狂暴中的老人下达的这种如同稚童话语般的命令。还给我那条皮带,我将它带回去安慰家父。”卫地的喇嘛下马并从鞍子上解下了马肚带,交给青年人后说:“你父送给了我这条皮带,既然他反悔了，那就还给他吧。老人始终都很任性，但任何时候都要尊重他，并想方设法不给他造成苦难。”喇嘛解下了自己腰带做成一条马肚带而继续赶路，青年人则急匆匆地返家。

他于夜间回到了家中，发现其帐篷外围了一大群居民，他们对本地区大圣人的痛苦呻吟丝毫不理解，正在焦急地等待他的返回。青年人下马之后便呼叫：“父亲！父亲！请安静点，我带回了你的皮带。”老翁说：“那个异乡人呢？你杀死他了吗？”“我让他平安地返回故乡去了。难道我杀死一名从未伤害过你的喇嘛不是一大罪过吗？这就是你那条被他偷走的皮带。”他将那条皮带塞进父亲的手中。老翁四肢颤抖，因为已明白其子误解了他的意思。在蒙古文中，同一个词实际上既意为“皮带”，又指“秘密”。老人本来想告诉其子要杀死那名窃得了他的秘密的异乡人。现在发现其子为他带回一条皮带，他便咆哮了起来：“西方胜利了！这是天意。”他紧接着告诉牧人们说，如果他们不想被水淹死的话，那就应赶快携畜群逃走。他自己则跪在帐篷的中央，甘心情愿地等待死亡。

天刚刚发亮，大家便听到地下发出了沉闷而又雄壮的响声，如同巨流在流经山岩中卷起波浪的咆哮声一般。这种响声以令人可怕的速度向前滚动，大家看到老翁支起帐篷的那个小池塘畔在冒泡。很快，大地便出现了巨大的震动，地下水猛烈地上升，并如同大海一样在这些辽阔的平原中漫溢。它淹死了没有来得及逃走的畜群和家庭。老翁首先被吞进了湍流之中。

带走这场巨大灾难之秘密的喇嘛来到了卫地，发现其同胞们陷入了一种极大的惊愕之中。他们在山谷中听到了令人生畏的响动，任何人都无法指出其原因。他叙述了双目失明的老人的故事。在他讲述完毕后，所有人都明白了大家听到的响声是由地下海向东转移时产生的。人们于是便热情地重新开始完成已遭遗弃的建筑，建起了一座今天仍在矗立着的大庙。许多家庭迁往寺庙附近居住，逐渐形成了一座大城，取名拉萨(神灵之地)。

我们是在青海湖附近首次听到了这种有关该湖起源的神奇传闻。后来，有人在拉萨也向我们介绍了基本相同的细节。我们无法找到这样一种奇特的神话可能是指哪一种历史事件。

我们在青海湖地区居住了近一个月。不断传来有关土匪的消息，迫使我们迁移了五六次，而且每次都是追随鞑靼族人行动，他们一有风吹草动便会改变驻牧地,但却从不离开青海湖畔肥美牧场到很远的地方。

到了10月末前后,西藏使节到达了。我们尾随这支庞大的队伍前进。这支队伍沿途又增加了许多蒙古骆驼队,他们如同我们一样也利用这一良机赴拉萨旅行。从前,西藏地方政府每年都向北京派遣一个入朝使团。1840年的朝贡使在途中受到了大批倮啰人的袭击,他们打了整整一天。西藏人非常幸运地打跑了土匪,在夜间继续赶路。次日,大家发现骆驼队中已不见汉地堪布①或者是以达赖喇嘛使节的名义派往北京朝廷的大喇嘛了。大家一连数日日夜搜查寻找,仍未能找到他的踪迹,所以认为他很可能在混战中被倮啰人捉住并作为囚犯而押走了。使节团仍不停地赶路,在没有官方正式代表的情况下到达北京。皇帝当然会对这一事件感到很懊丧。

1841年,再一次发生了与土匪的混战,又出现了新的灾难。这一次,汉地堪布未遭倮啰人绑架,但在腹部挨了致命的一刀,数日之后就因此而圆寂。据说,当皇帝获悉这一新的噩耗之后,就感到无法安静下来。他向达赖喇嘛发出紧急诏令说,由于路途艰难和危险,今后每三年派遣一次入朝使就可以了。根据这种新的安排,自1841年以后,仅有我们刚才遇到的这个使节,他们于1844年从拉萨出发。这一使节在途中有幸未曾遇到土匪,因而其汉地堪布既未遭绑架又未被杀。

在离开青海湖的第二天,我们走在这支旅行队的前头,然后又于途中停下来,以欣赏这支庞大的队伍从我们面前经过并与我们的旅伴相识。组成这支旅行队的人员和牲畜可以约估为如下数目:15000头牦牛、1200匹马、同样数目的骆驼和2000名人员。这些人中有藏族人,也有鞑靼人,一部分人步行,其他人则骑牦牛,大多数人则骑马或骑骆驼。所有骑马的人都武装以长矛、大刀、弓箭和火枪。那些被称为"拉克托"(lakto)的步行者则负责牵着骆驼的缰绳,或率领行走时任性或混乱的牛群。北京堪布坐在一顶由两匹骡子驾着的大轿中。除了这一批其旅行到拉萨才能结束的人员

---

① 原文作Tchanck-Kamop,Tchanak是指西藏人对汉地的称呼,Kamop(堪布)系教主,这里是指北京的教主。

之外，还有一支由300名中原士兵组成的旅行队，他们均由甘肃省提供；此外，还有200名勇敢的鞑靼人由库库诺尔王公派遣，以护送达赖喇嘛的神圣使节到达西藏边境。

甘肃省的士兵在汉地才执行其使命。他们由于害怕有不祥的遭遇，所以谨慎地守卫在这支旅行队的队尾。他们在那里歌唱、吸烟和随心所欲地闲逛，从来不为土匪而感到不安。他们每天都遵守在旅行队络绎不绝地出发之后才启程的特殊习惯。他们仔细地走遍所有营地，绝不会放过拾捡那些可能被遗忘的东西之便宜。他们接着走在最后，这样还具有拾捡其他人丢落的东西之不可估量的好处。鞑靼士卒则恪守一种完全不同的品行，大家会看到他们不停地奔驰在旅行队的前方和两侧，爬上山岭和进入深谷，以查看土匪是否在那里设下了埋伏。

旅行队的行走和运动是井井有条和具有严格的秩序的，尤其是在开始时更为如此。在一般情况下，大家都要先于太阳升起二三个时辰登程，以便能在中午左右扎营，从而使牲畜在一天剩余的时间内能吃草。他们用一声炮响喊醒众人，所有人一听到炮声立即就会起来，所有的帐篷里都升火，在一些人为驮兽备鞍时，其他人则在锅里烧开火并准备酥油茶。人们匆匆忙忙地喝几碗茶，吞几口糌粑，把帐篷拆下。第二声炮响则是出发的信号。某些有经验的和负责为旅行队领路的骑马人开路，他们的后面是长长的旅行队；再接着是以200~300头为一群而前进的牦牛，在几名步行人的带领下前进。骑马的人没有固定的位置，他们在各个方向来回奔驰，完全受他们兴致的支配。骆驼的哀怨声、牦牛的呼噜声、马匹的嘶鸣声、旅行家们的嘈杂声、步行者们为吆喝牲畜而发出的刺耳口哨声，特别是挂在牦牛和骆驼脖子上无数的铃声，所有这一切都形成了一曲声势浩大的和无法形容的交响乐。它永远不会使人感到疲劳，相反却似乎赋予了所有人勇气和毅力。①

骆驼队就这样成群结队地穿越大漠，每天都在平原、山谷、山麓或临时在一个什么地方停留，居住在数目相当多、颜色与形状极其纷繁的城市或乡村的帐篷中。它们第二天早晨就会完全消失，

① 奥尔良公爵曾禁不住赞扬这一故事，描述得美：“读者们认为，其耳朵中也听到了由这一批人员和牲畜发出的低沉而连续的声音。”

而过一段时间又根据始终都是新的规则出现。对于这些辽阔而又安静的沙漠来说,突然间发现如此之多和如此喧闹的庞大队伍路过,该会感到多么惊奇啊!当我们看到旅行家们的所有这些帐篷、庞大的畜群和那些轮番为牧人和武士的护卫时,不禁常常会想到以色列人的出行,即当他们穿越马迪安的偏僻地区而去寻找福地时的景象。

在离开青海湖畔后,我们转向西行,也可能略微南下了一些。我们行路的前几天完全具有一番诗情画意,天气完全随我们的心愿而特别好,道路既景美又好走,河水清澈见底,牧场草肥而丰。至于土匪,我们甚至没有想到他们。在夜间,大家会略微感到一点寒意,但盖上一点皮衣就会避免这种不利条件。我们终于怀疑赴西藏的奇特旅行是否就是那样可怕,觉得再不能以更为便利和更为令人满意的方式旅行了。啊!这种狂喜与魅力没有持续多久。

在我们出发的六天之后,则必须渡过布哈音果勒(布哈音河)了,该河发源于南山脚下并注入了青海湖。其河水不太深,共分成12个彼此之间都很近的支流,其宽度有一法里。我们不幸地于天明之前不久到达了布哈音果勒的第一条支流,水已结冰,但冰层不太厚,不足以使它作为我们渡河的桥梁。马匹最先到达,结果被吓惊而不敢前进了。它们在河岸停了下来以等待牦牛有足够的时间赶上来。整个旅行队很快都于这同一地点聚齐,我们很难表达在夜幕笼罩下的嘈杂人群和畜群中出现的混乱无序之状态。最后,几名骑马的人催马前进,在多处打破了坚冰。当整个队伍乱糟糟地进入河中之后,牲畜们便互相挤撞并使冰层各处都冒出了水,冰层破裂了。人员开始大声呼唤,这确实是一场可怕的骚乱。在渡过了第一条支流之后,则必须第二次开始同样的操作过程,然后是第三次和第四次等,依此类推。当天开始发亮时,这个神圣的使节团尚在哗啦哗啦地趟水。最后,在思想上和身体上经受了极度疲劳和战栗之后,我们终于把布哈音果勒河的12条支流抛在后面,登上了陆地。我们的全部诗意都已消失,大家都感到这种旅行方式完全是可憎的。

然而,所有人都显得兴高采烈。大家都说渡过布哈音果勒的全部过程完成得令人赞叹不已。只有一个人折断了腿,有两头牦牛被淹死。对于在这次长时间的混乱中丢失的或被人偷去的东西，大家都不在意。

当这支旅行队恢复正常旅行的时候，它则呈现了一种确实令人可笑的姿态。人员和牲畜身上都不同程度地带有冰凌。马匹狼狈不堪地前进，似乎因其尾巴而感到很别扭。因为其尾巴已完全冻成一条冰棍并向下垂，如同铅条那样僵直且活动不便，完全不像是马尾。骆驼们的腿上长着长长的绒毛，又沾满了很好看的冰块，互相撞击而发出了一阵悦耳的声音。然而，这些美好的装饰明显不太受它们的赞赏，因为它们不时地想方设法摆脱之，以双蹄粗暴地击地。牦牛成了真正的丑八怪，我们很难想象出比它更丑陋的东西了，它们双腿叉开走路，费力地拖着在腹下一直垂到地面的一排乳头。这些可怜牲畜的样子如此丑陋笨拙，如此被冰渣覆盖，以致于像是被放在糖渍中滚过一般。①

在最初几天的行进中，我们在这支浩浩荡荡的队伍中，觉得有不同程度的孤独感。我们既无朋友又无熟人。但我们很快就认识了一些同伴，因为旅行最容易把人们彼此之间联系起来。我们在路上结识了一些旅伴并且每天都把帐篷支在紧傍他们的地方。他们既不是商客，也不是朝圣进香人，既不附属于使团，也不像我们一样是普通的旅行人。他们是形成了一个单独类别的四名喇嘛。他们之中的两位是拉萨人，一名是后藏人，第四名是土尔扈特人(Torgot)。② 这些人边走路边向我们讲述他们的语言及其生动的历史，他们都向我们做了简述。

三名西藏喇嘛自愿成为一名叫作阿勒坛的大喇嘛的弟子，正是此人建议在拉萨附近建一座大佛寺，其宏伟和豪华程度要超过已存在的所有佛寺。他于某一天向三名弟子宣布，所有计划都已确定，应开始大规模地收取布施，以为该神圣建筑筹集巨资。因此，他们所有四人满怀着热忱并虔诚地出发了，首先向北行。他们穿过了整个西域，一直行进到紧傍中国边境的土尔扈特人地区。他们沿途在遇到的所有喇嘛寺和西藏与鞑靼王公的王府停留。这

---

① 这段描述使奥尔良公爵发出了如下惊叹：“不仅仅是古伯察，甚至读者们也永远不会忘记该传教士在离开青海湖时所属的骆驼队的面貌。当古伯察渡过布哈音果勒河时，大家在看到一半被冰封的驮兽的可怜相时，也一定会不自禁地与他一起发笑”。

② 又作 T’ourgout。

些人到处都能获得巨额布施。因为除了这项事业本身就能激起强烈的兴趣之外,阿勒坛喇嘛携带有达赖喇嘛和班禅活佛①、西藏所有名寺的教主们的推荐信。在土尔扈特人地区,一名富裕的蒙古喇嘛被这些不屈不挠的化缘僧之虔诚感动了,向他们布施了其全部畜群并请求阿勒坛能真心诚意地允许他加入他们的行列,以继

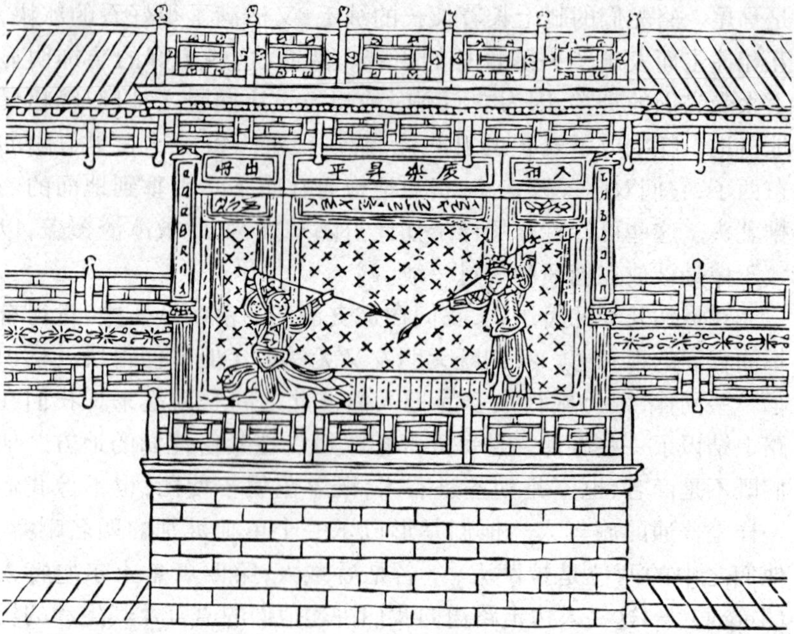

中国的戏台

续在鞑靼地区进行化缘。阿勒坛喇嘛也被此人如此纯洁的虔诚心和如此高尚的无私精神所感动,很乐意地接受了他的布施,并接受他加入到自己弟子们的行列。因此,这批化缘僧共有五名。

他们一行从土尔扈特人地区开始向东行,始终是一个部族接一个部族地前进,沿途中扩大了他们的马匹、黄牛、绵羊和骆驼群。他们一直到达喀尔喀人中,在那里大库伦的喇嘛寺中居住了很久,因为鞑靼朝圣人的布施源源不绝。这一行人从那里又南下一直到达北京,把他们从各地搜罗来的无数牲畜在北京兑换成了黄金和白银。他们在帝国的京师停留了很长一段时间之后,又开始在鞑

① 或者叫作班禅额尔德尼。

鞑地区的沙漠中奔驰，始终在化缘，不停地接受布施，一直到达塔尔寺。那些化缘僧的热情和虔诚，在这座著名而神圣并能正确评价高僧们功德的喇嘛寺中，获得了赫赫的名望。他们从此变成了公众崇拜的对象，那些希望让其弟子们深造的大师，绝不会忘记推崇这些人的表率行为。

阿勒坛喇嘛在经过三年具有无量功德的奔波之后，便一心向往返回拉萨的时机，并将他成功地搜集到的丰富布施用于建造其寺。所以，当他获悉西藏使节到来时该是多么喜出望外啊！他决定当使团从北京返回时随之而去，利用这一良机而使其钱币能顺利地通过倮㑩人的危险地区。他们在等待时精心地为这次重要旅行作了准备。

天啊！人类的计划往往会遇到障碍，甚至是在他们觉得能得意洋洋地取得成功的时候出现障碍。某天，当他们到达西宁府时，一名皇帝的钦差带来了紧急公文，其中命令该城的主要官吏与塔尔寺的堪布协商以逮捕阿勒坛喇嘛，指控他三年来以伪造达赖喇嘛的推荐信进行各种欺骗活动。皇帝陛下就这样作了决定。大家会理解这名不幸的阿勒坛喇嘛，尤其是其四名弟子该是多么惊讶啊！他们在整个事件中都确实具有一种令人钦佩的单纯和天真。大家原来非常依赖得到其保护的该使团接受西藏地方政府的委托而设法解救大喇嘛，因为他的神奇成功已通过朝圣人那不谨慎之口而在拉萨广为流传了。

阿勒坛喇嘛没有进行抵抗而束手就擒，立即在严密保护下被递解拉萨，并让他经四川省沿皇帝钦差的道路前进。他被押到西藏首府之后，这一案件经由当地的法官审理。在等待期间，他的大量布施收入被没收移交达赖喇嘛，因为最合理的办法就是使达赖喇嘛享有由于强大名声的影响才募捐到的金银。对于大布施者的四名弟子的案件，当时决定他们要等待西藏使节团，而该团返回并携带阿勒坛获得的 58 头好骆驼，在它们到达拉萨时将归西藏地方政府所有。

这四名不幸的弟子就是我们有幸遇到的旅伴。对他们那失宠的大师的思念一直不停地折磨着他们，而这些思念在他们身上激起的感情却并不始终如一。他们有时称其师为圣人，有时又把他当作盗贼。他们这一天会怀着虔诚的心情提到他的名字并双手合十在额前,那一天又诅咒他并向空中吐痰以表示鄙视。尤其是那名土尔扈特喇嘛,他仅把这次不吉利的事件看成了是奇遇。他有时自我责备将其全部畜群布施给一个已经完全开始暴露其骗子本来面目的人。但他们又很容易对他的欺骗行为感到自慰,因为归根结底,这一事件为他们提供了走遍天下并能朝拜名山名寺的机会。这四名喇嘛实际上是非常善良的人和良好的旅伴。他们每天都能向我们介绍其长期冒险中的某些新的特殊情节,他们的故事不止一次地帮助我们在一段时间忘记了路途的疲劳和艰难。

我们在途中需要忍受痛苦的一种主要原因,无疑是由于我们的准驼夫恰拉强贝勒造成的。在开始时,这名年轻的喇嘛使我们觉得他如同一名小圣人,但我们后来却发现自己随身带来了一个人面小魔鬼。后来的某些遇险事件使我们看清楚了他,发现自己由于他的存在而应忍受的所有苦难。

在渡过布哈音果勒河的第二天,于夜间赶了一段路之后,我们在自己的骆驼背上发现了两个精心包扎的大包裹,而在此之前尚未见过它。我们原以为是某一旅行者一时间无法将它们放在自己的驮畜上,便请求恰拉强贝勒负责照管一天。想到这里之后,我们又心平气和地赶路,不再顾及这一特殊情况了。当我们到达宿营地后,大家刚刚卸下行李,我们就惊奇地发现自己这名拉脊山喇嘛取下了他的两个包裹,神秘地用毛线毯包好,然后去藏在帐篷最靠后面的地方。这种行为当然要求他作出解释。我们追问恰拉强贝勒,我们在帐篷中看到的这两件新行李到底是什么。他靠近我们并由于害怕被人听见而低声对我们说,佛陀在夜间恩赐了他一件礼物,使他在大道上捡到了一种好宝贝。他接着又狡黠地微笑着对我们说,这件好东西在拉萨可以出售十两白银……这几句话使我们皱起了眉头并要求查看一下这件好东西。恰拉强贝勒开始时小心翼翼地关好了帐篷的门,然后又心情激动地打开了他那件所谓捡来的东西。这是两个铸铜大坛子,其中盛放着在甘肃省酿制的一种烧酒,其售价相当贵。在这两个坛子上,写着其主人那颇有声望的名字的藏文字。我们好意不敢想象恰拉强贝勒是于夜间偷来了这两只坛子,而更愿意猜测他是于沿途捡到的。但我们的准驼夫完全是一个有时会丧失警惕的诡辩家。他声称这两只坛子属于他,是佛爷送给他的,现在只为防备其主人发现,而用心良苦地掩饰藏匿它们了。如果试图与这种素质的人谈论伦理和正义,那纯粹是白费口舌和浪费时间。我们坚定地向他宣布说,这些酒坛既不属于我们,也不属于他,我们既不想把它放入我们的帐篷中,也不允许在旅行中放在我们的牲畜背上,我们完全不想带着小偷的名声到达拉萨……为了使他认真对待我们刚才对他讲的话,我们又补充说,如果他不从我们的帐篷中拿走这些东西,那我们将立即去通报其主人。他被我们这一席话略有打动。为了最终促使他物归原主,我们建议他亲自把捡到的东西交给使节,请求使节转交原主。北京的堪布一定会被这种正直行为所打动,也可能会犒赏他,至少堪布会记得他而可能会在拉萨帮他某些忙。在经过长时间的激烈争论之后,这一主意被采纳了。恰拉强贝勒亲自去见北京堪布,堪布对他说:"你是一个好喇嘛。那些心地正直的喇嘛在思想方面也令人非常喜欢。"恰拉强贝勒愤怒地返回来了。他声称我们让他作了一件蠢事,北京堪布只不过向他讲了一些空话。从此时起,他就对我们怀着一种难以平息的仇恨。他仅仅心血来潮般地完成我们交给他的任务,以浪费我们的口粮为乐,每天使我们饱受侮辱和咒骂,经常把他的狂怒转向我们的牲畜,在头部狠命地抽打它们,冒着击毙它们的危险。在沙漠之中,辞退这个不受欢迎的人已属不可能。我们被迫增强自己的毅力和屈从力,小心谨慎地不更多地激怒这个性格难以交往和不太听话的人。

自从渡过布哈音果勒河之后又走了五天,我们到达了都兰河,这是一条狭窄而又不太深的河,我们毫无困难地渡过去了。我们的旅行队后来在距一座喇嘛寺不远的地方停了下来。这座喇嘛寺显得过去似乎香火旺盛,但现在已完全遭冷落,殿堂与喇嘛们的僧房到处都坍塌。蝙蝠和硕大的老鼠把这里变成了它们的巢穴。有人告诉我们说,这一佛教僧院曾被土匪包围了三天,最后他们终于占领了佛寺,在屠杀了其中一大批居民之后,又对寺院恣意进行抢劫和破坏。从那时起,任何喇嘛都不再敢前来这里了。但该地区并不像我们开始所想象的那样完全没有人烟。我们在附近的岩石山坡上散步时,发现了一些山羊群和隐蔽在河沟石堆中的三顶破旧帐篷。这些可怜的牧人出来要求我们向他们布施几片茶叶和一小点糌粑。他们双目惊恐不安,面部苍白而消瘦。据说,他们不知道逃避到哪里才能和平地生活。对土匪的恐怖始终支配着他们,以至使他们甚至失去了逃走的勇气①。

次日，骆驼队继续赶路，但中原护卫队仍驻扎在河岸，其任务已完成。他们经过数日的休整就应回师，返回家乡。西藏商人们声称，中原士兵一旦离开之后，一干人至少可以安静地睡觉，不再害怕夜贼了。

11 月 15 日，我们离开了风景如画的青海湖大平原，到达了柴达木的蒙古人中。在渡过了同名河流②之后，该地区突然改变了面貌。自然界显得很凄惨荒凉，土地干旱多石，似乎是很费力地负载着几株已干枯的和被盐碱浸透了的荆棘。这些凄凉地区那令人忧郁而又伤感的色调，似乎影响了当地居民的性格，他们都具有一种忧郁感。他们少言寡语，其语言很不悦耳、喉音特别沉重，以至外来的蒙古人也往往很难听懂。在这块干旱和几乎完全没有好牧场的地面上，岩盐和硼砂很丰富。大家挖二三法尺深的一些坑，盐分就会在那里自动聚积、结晶和净化，而不须任何人工处理。那里的硼砂会自动凝聚在小水池中，甚至完全填满水坑。藏族人把这些运回他们的地区，以便将之出售给金银首饰匠人，匠人们用来促进金属的熔化。我们在柴达木人地区停留了两天，大象用糌粑和牧民们用来交换我们砖茶的山羊肉饱餐了几次。牦牛和骆驼则因地面上到处均可以找到的硝盐而饱食几天。整个旅行队都设法尽可能地养精蓄锐，以翻越布尔罕布达山，那里是以其瘴气（毒气）而著名的山，据说该山始终不断地被瘴气所笼罩。

我们于清晨 3 时起程，在这一山区拐弯抹角地兜圈子走了许

① 有关青海湖南山的情况，普热瓦尔斯基曾写道：“在渡过布哈音果勒河之后，立即就会到达青海南山高耸入云的山脉，古伯察甚至没有提及它”。

“大家可以猜测，古伯察从比普热瓦尔斯基更靠西部的地方进入了这些山岭，因为这名传教士仅仅在离开青海湖之后六天才渡过布哈音果勒河。古伯察在渡过这条河流的数日之后，又进入了被普热瓦尔斯基称为青海南山的山区……古伯察没有进行地理测量，但讲到了他的所见所闻。此外，如果普热瓦尔斯基公正地研究了其文，那么他就会发现（213 页）在都兰河（普热瓦尔斯基把它置于这一山脉中）的问题上提到了‘岩石山坡’。古伯察没有强调，但这已足够了”（上引奥尔良书）。

② 指柴达木河。上引同一封信中指出：“他（古伯察）没有讲到布罕河或柴达木河。该河比布哈音果勒河宽 22 倍，当它未被冰封（正如他过河时情况）时很难渡过”。

“正如我们所希望他的那样普热瓦尔斯基于此对本游记作了注释。但他记错了，古伯察实际上讲到了该河”（213 页）。这一考证完全受到了事实的批驳。

多时间之后，于9时到达了布尔罕布达山。骆驼队停了一会儿，似乎是为了估计自己的力气。人们用肉眼就可以约估这一高山的陡峭和崎岖的羊肠小道，非常焦急地指点着一种稀薄的气体，人称之为瘴气，所有人似乎都显得垂头丧气和气馁。他们在采取了由传统留给他们的保健措施（即咀嚼二三瓣大蒜）之后，最终便开始攀登大山。马匹很快就拒绝驮载骑手，每个人都徒步而缓慢地前进，所有人的面目都不知不觉地变得灰白而没有血色，感到心衰力竭，双腿不支。大家趴在地上，再爬起来前进几步，然后重新趴下，就以这种蹩脚透顶的方式攀登布尔罕布达山。上帝啊！这是多大的灾难啊！人人都感到自己已经精疲力竭，头昏目眩，四肢似乎快要散架，感到了一种完全如同晕海一般的不适。尽管如此，还应保持相当的精力，这不仅是为了自我步履艰难地前进，而且还是为了加倍鞭打每迈一步都要卧倒和拒绝前进的牲畜。这支队伍的一部分出于谨慎的考虑而在半路的山坳中停留，据说那里的瘴气不太浓厚；余者也出于谨慎而耗尽全部力量走到底，以保证不在这种充满了碳酸的空气中使人窒息而死。我们属于那些要一鼓作气地翻过布尔罕布达山者。当我们到达山顶时，我们的肺最终可以正常地工作了。下山仅仅是一场游戏，大家得以在远离已被我们抛在另一侧的杀人毒气的地方支起自己的帐篷。

布尔罕布达山就具有相当明显的这种特点。这就是从地下冒出的毒气瓦斯仅位于朝东和朝北的部分，另一侧的空气则清洁而容易呼吸。我们觉得这些瘴气仅仅是含碳酸的瓦斯。属于使团成员的人告诉我们说，当大风骤起时，只能勉强嗅到瘴气；但当天空平静而晴朗时，它就非常危险。正如人们所知道的那样，碳酸瓦斯要比空气更重一些，它凝结在地表面上，在那里一直停留到巨大气流使之运动，即当气流把它驱散在大气中并消除其影响为止。当我们翻越布尔罕布达山时，天空相当平静。我们发现，当大家趴在地上时，呼吸就非常困难；如果相反我们骑上马时，那么瓦斯的影响仅勉强能感觉到。碳酸气的存在是于此很难点火的原因，干畜粪燃烧起来没有火焰，仅会冒出许多浓烟。现在，要讲清楚这种瓦斯是以什么方式形成的和它自何处而来，我尚无能为力。我仅仅补充说明，那些喜欢在事物的名称本身中寻找答案的人认为，布尔罕布达意为“佛陀的厨房”。众所周知，“布尔罕（Bourhan）”系“佛陀”(Bouddha)的代名词。

在我们于大山另一侧度过的那一夜中,降了一场大得怕人的雪。那些头一天未敢继续赶路的人,于一清早就来与我们会合。他们向我们说自己很容易地完成了登山,因为大雪使瘴气消失了。

翻越布尔罕布达山仅仅是一种尝试。数日之后,楚喀山则又在考验我们的力量和勇气。这次跋涉时间既长而又艰难,平时催促我们起身的炮声在子夜过后一点钟就响起来了。大家用融化的雪煮茶,又饱餐了一顿用切碎的蒜瓣做调味品的糌粑,然后就上路了。当这支庞大的旅行队开始蠕动时,天气非常晴朗,闪耀着光芒的月亮照亮了完全覆盖着大地的一层雪。楚喀山在我们攀援的一侧不太陡峭,我们在曦光开始发白时登上了山巅[①]。天空很快就布满了乌云,大风始终都以越来越猛烈的程度吹起。该山的背侧则被大雪阻挡,以致于积雪一直埋到牲畜的腹部。它们完全以抖动和惊跳而前进,往往会跳入深渊中,大家再也不能把它们从中拉出来,就这样死去了数头。我们迎着一场非常猛烈和寒冷的风暴前进,以致于呼吸有时也会受阻。虽然我们身穿很好的皮衣,但每时每刻还由于害怕死于严寒而战栗不安。为了避免大风不断吹向我们脸上裹着的雪花,大家便按照某些旅行家的样子而倒骑在马上,然后让马任其本能地走。当我们来到山脚下的时候,眼睛已不再受风了。我们看到的是不止一个被冻坏的头颅。秦神父抱怨说其鼻子和耳朵已于一时间失去了知觉。所有人的皮肤都在不同程度上被寒冷冻裂和受伤。

骆驼队在楚喀山脚下停留,各自去一大批互相毗邻的狭谷迷宫中寻找一个藏身处。我们都因饥饿而疲乏不堪,四肢都麻木了,为了恢复体力而必须在一家客店升上一盆好火,准备一桌好饭菜和一张暖床。但楚喀远没有阿尔卑斯山的一整套舒适的设备。佛教出家人尚未想到在那里定居以支援陷入绝境的旅行人。因此,我们必须在雪地中支起帐篷,然后再去寻找干畜粪。这确实是一场值得同情的场面,即当看到这一群人在各处奔驰,怀着强烈的欲

① 指攀登楚喀山。“他(古伯察)认为攀登楚喀山很难忍受,而其山脉却有一些平缓的地带,能够接受一条铁路的铁轨”。(普热瓦尔斯基)

“使传教士们行走艰难的原因,是包围了他们的大雪之折磨。”(上引奥尔良书)

通往拉萨的路

望在雪地中乱翻，希望能从中找到被埋起来的干畜粪。在经过长时间和艰难的寻找之后，我们找到了勉强能够融化三块冰的燃料，冰块是我们从附近一个池塘中打捞出来的。我们的火没有旺到能烧开锅的程度，而仅满足于在温水中泡我们的糌粑，并匆匆忙忙地吞下去，害怕看到它在我们的手指间结冰。这就是我们在经过可怕的一天之后的全部晚餐。我们接着就躺进自己的羊皮和被子中，在帐篷的角落里缩作一团以等待炮声把我们从旅行的梦幻中唤醒以继续赶路。

我们在这个风景别致的和令人陶醉的营地，告别了自从青海湖出发以来就护送我们的鞑靼族士兵。他们不能再往更远的地方慷慨地保护我们了，因为我们将于这一天离开鞑靼人地区而进入前藏的辖地。一旦中原和鞑靼族士兵离开之后，使节团就只能依靠其本身的勇敢精神和本领了。正如我们已经讲过的那样，这支2000人的庞大队伍都全副武装。除了某些特殊情况之外，所有人都许诺在需要时要像英勇善战的士兵一样行事。不过，我们应该承认，这支旅行队从前那种英勇无畏和善战的气势，自从翻过布尔罕布达山之后，便大大地改变了。大家不再歌唱，不再欢笑，不再欢蹦乱跳，而只是一片忧郁和沉默寡言的气氛。所有那些在出发时高傲地翘起了小胡子的人，现在都灰溜溜地缩在其羊羔皮袄中，小心翼翼地蒙好头,一直蒙到眼部。所有这些"勇士"都把他们的长矛、火枪、大刀和箭囊扎成包裹而让驮兽驮着。此外,大家不再害怕有被土匪杀死的危险,而仅仅害怕被冻死。

我们那漫长的艰苦日子真正是从楚喀山开始的。那里的大雪、狂风和严寒一时间都疯狂地向我们袭来,而且日益加剧。西藏的沙漠无疑是世人可以想象到的最令人恐怖的地区。其地面步步升高,随着我们前进而植物越来越少,寒冷剧烈到令人难以忍受的程度。从此之后,死神便开始游荡于这支可怜的旅行队的上空。水源和草料的匮缺迅速地耗尽了牲畜的体力,我们每天都被迫遗弃不能再步履艰难地前进的驮兽。紧接着,这种遭遇也轮到人员身上了。沿途的景象使我们预感到一种不祥的前途。我们数日间就如同在一片辽阔坟地墓葬之中行走一般。每前进一步都会遇到人骨残骸及牲畜的骨架,这似乎就警告我们说,在这片死亡之地和这种荒凉的自然环境中,在我们之前经过这里的骆驼队并不比我们的命运好多少。

祸不单行,秦神父病倒了。正当骇人听闻的困难要求我们付出加倍的精力和勇气的时候,他却失去了健康的身体。他在翻越楚喀山时所忍受的极端寒冷完全耗尽了力气。为了使他稍微恢复一下体力,则必须要休息,滋补饮料、有营养的和强身壮体的食物。但我们只能给他吃青稞粉和用雪水泡的茶。此外,尽管他身体极端虚弱,仍需要每天都骑马并与如同刀剑一般严酷的气候搏斗……我们还有两个月的路要走,而且正值隆冬寒天。前途该是多么暗淡啊!

到了12月初,我们来到了巴颜喀拉山山脚下,这是始终由东南向西北延伸、地处黄河与金沙江之间的一座著名的山脉。这两条大河在平行流经巴颜喀拉山的两侧之后,接着便分道扬镳,向相反方向流去,其一向北流去,其二向南倾泻而下。它们在鞑靼和西藏地区反复无常地千般迂回之后,都流进了中国中原。在自西向东流经中华帝国时,随着它们接近同一入海口而又互相靠拢了,最后都在彼此之间相距不远的地方都注入了黄海。我们翻越巴颜喀拉山的地段距黄河的源头不远,它位于我们的左侧,至少需要两天的行程才能得以去参观它。现在却完全不是进行游览消遣的季节。我们从未想到作为旅游者而远足黄河源头览胜。现在,翻越巴颜喀拉山就已经足够我们仔细考虑了。

该山自山脚到顶峰完全被一厚层冰雪覆盖。在开始登山之前,使团的主要成员们举行了一次会议。大家讨论的不是要不要翻过此山,因为要想到拉萨就必须经由那里。他们所讨论的问题同样也不是要知道是否要于此等待冰雪融化时,而是协商当时就登山或等到第二天有利时机再登山。由于雪崩的恐怖笼罩着每个人,所以大家都希望有一种能抵御寒风的保障。西藏使节团的这次会议也如同世界上的一切会议一样,很快就形成了两派意见。一部分人声称当天就应出发,其他人则坚持认为最好是等到次日。为了摆脱这种困境,大家便去求教具有某种会占卜之名声的喇嘛。但这一手段也未使众人的思想统一起来。在那些卜师中,有的人声称当天天气平静,次日将会有可怕的大风;其他人则断言情况完全相反。从此之后,这支旅行队就分裂成了两大阵营,即坚持走的一派和坚决反对走的一派。换言之,当时也存在着激进派和保守派两大阵营。大家明白,我们由于自己是法国公民的身份,所以本能地站在激进派一边,也就是说属于那些坚持走的人群之列,以便尽快地摆脱这座可恶的大山。此外,我们觉得在逻辑上也应倾向于自己。现在天气很平静,而大家对于明天的情况却一无所知。因此,我们便开始攀登这些雪山,有时骑马,但更多的则是徒步而行。在这后一种情况下,我们让牲畜走在自己前面,我们紧紧抓住它们的尾巴。这种办法无疑是为登山而可以设想出的最不累人的一种。秦神父可怕地忍受着病痛。最后,上帝以其无限的慈悲赐予了我们足够的气力和勇敢精神,而一直坚持到底。天气始终很平静,我们未被任何雪崩压垮。

次日,东方刚刚发亮,保守派们也开始登程并成功地翻过了大山。由于我们好心地等待,他们才赶上我们并共同进入一个气温并不太冷的山谷。优质的牧场可以确保骆驼队在那里休息一日。我们在一片深湖的冰面上掘开的一个洞,可以确保我们有丰富的水。我们同样也不缺乏燃料,因为使团与朝圣人习惯于在翻越巴颜喀拉山之后于该谷地停留,人们始终可以确保能在那里找到大量干畜粪。大火一刻也未曾中断。我们烧掉了一切,毫无节制地和丝毫不害怕给我们的后人造成困难。因为我们的 15000 头牦牛可以填补这种亏损。

我们离开巴颜喀拉山谷,以便去把自己的帐篷支在木鲁乌苏河[①]畔,在这条风景极美的大江源头附近,它被称为木鲁乌苏河(弯弯曲曲的水)。到了下游,它又叫做金沙江(含有金沙的江),到了四川省便是著名的扬子江或“清水河”(与“黄河”相比而言)。就在我们从冰层上渡过木鲁乌苏河的时候,一种相当奇特的场面出现在我们面前。当我们在扎营的时候,就已经遥遥望见了一些不成形和浅黑色的东西,横跨这条大江而排成了一行行。我们徒然地接近了这些古怪的虚幻小岛,其形状没有以具体和清楚的形状显示出来。仅仅是当我们非常接近时,大家才得以辨认出被冻入河中的五十多头野牛。它们无疑是想在江水结冰时泅水而渡江,被冰块封锁,再没有力气摆脱开并继续赶路了。它们那长着大角的漂亮头颅尚暴露在水面之外,但身体的其余部分则被冻在冰层中了。江水如此清澈,以至人们可以很容易地辨认出这些死去牲畜的体姿。大家可能会说它们尚在游泳。雄鹰和乌鸦已经啄去了它们的眼睛。

人们在前藏的沙漠中经常会遇到野牛。它们始终以数目众多的群体活动,喜欢在山顶上嬉戏。在盛夏,它们下到河谷中在小溪和水塘中饮水。但在漫长的冬季中,它们都停留在高山上,仅满足于吃积雪和某些极其坚硬的草。这些动物无比肥大,它们的毛长而黑,特别以其双角细长和形状绝妙而引人注目。狩猎这些野牛是不慎重的,因为人们都声称它们极其凶猛。当大家遇到了几头离群的野牛时,便可以冒险地用枪射击它们。不过猎人的人数需要很多,以便确保他们能打中猎物。如果他们杀不死野牛,那就很有危险使它们冲向猎人并使他尸碎万段。某一天,我们发现一只野牛正在一个用岩石环绕的小围猎区内舐墙硝玩。八名武装以火枪的人离开了旅行队去埋伏起来,而野牛又没有发现他们。八支枪同时开火,野牛抬起了头,以暴躁的眼睛观察枪声自何处而来,然后就奔驰着逃走了,在平原上蹦跳并发出令人闻风丧胆的哞哞叫声。有人声称它已受伤,但看到旅行队之后便惊跑了,不敢向猎人扑去。

野骡子在前藏也同样很多。当我们渡过木鲁乌苏河之后,几

① 西藏人称之为 Poleii-Tchou,即“神水”。

乎每天都能遇到它们。博物学者们称这种动物为“驴马”,或者是“半分驴马”,其身材有一匹普通的骡子大,但体形要漂亮得多,姿态比较优美,动作也比较轻快。其背上的皮毛为红棕色,这种颜色慢慢地变淡,一直到腹下几乎变成了白色。野马的头很大,也很不美观,与其身体的优美程度相当不协调,昂首阔步地走,长着一对很直的长耳。当它们奔驰时,便随风转动头颅,翘起它们那完全如同骡子一般的尾巴。它们的嘶叫声响亮、清脆和爽朗。其动作如此之敏捷,从而使鞑靼和藏族骑手们也无法追上它们。当人们希望捕捉它们时,便在通向它们去饮水的小溪一带设下埋伏,用箭或枪杀死之。它们的肉味道可口,其皮用于制造靴子。那些“半分驴马”都多产,在繁殖时能永久延续其物种,始终未发生过变化。人们从未使它们被驯养过。人们告诉我们说,有人捕捉到了很小的幼驹,曾试图与其他马驹一起饲养,但始终既不能骑它们,也不能使它们负荷。一旦放开让它们自由时,它们就会逃脱并恢复其野生状态,不过我们未发现其性格极其残暴,但却看到它们有几次与我们队伍中的马匹嬉戏,它们出现在我们营地的周围吃草。当它们能辨认出和从遥远的地方就能嗅到有人接近时,便会立即逃走。猞猁、岩羚羊、驯鹿和羱羊在前藏非常丰富。

在渡过木鲁乌苏河的数日之后,我们的旅行队开始解体了。那些骑骆驼的人想提前走,害怕由于牦牛极其缓慢地前进而过多地耽搁时间。此外,该地区的自然环境也不允许若大的一支旅行队驻扎于同一地点。牧草变得非常稀少和牧场非常贫瘠,以致于使这支沙漠旅行队的牲畜不能同时行走,否则就会因饥饿而死。我们跟随那些拥有骆驼的人同行,把那些长毛牛甩在后面。我们的这支队伍后来又被迫分散开来,大集团一旦解体后,又形成了一大批小旅行队首领的集团,他们在应扎营的地方和出发的时间问题上始终都不能形成一致的看法。

我们缓慢地向高地亚洲的最高点前进,一阵持续刮了 15 天的可怕北风,再加上极其严酷的气候,突然以最大的灾难威胁着我们。天空始终都很晴朗,但寒流如此可怕,以至到了中午,才能勉强地感到一点阳光的影响,而且还应十分小心地注意避风。在一天的剩余时间内,尤其是在夜间,我们一直害怕被冻死。所有人的面庞和双手很快就冻裂了。为了大家能了解这种严寒,除非亲自感受到其影响,否则很难透彻地理解其严酷程度,我们只须提到使我们感到相当震惊的一大特点。大家每天早上登程之前都用餐,然后只有晚上到达宿营地时才能吃饭。由于糌粑不是一种比较开胃的食物,我们不能一次吃进足够在途中支持跋涉的食量,所以大家想方设法地用茶水和好并揉成三四个丸子,以备足够吃一整天。我们把这种滚热的面团包在很热的布中,再放到我们的胸部,然后于外面套穿上我们的全部衣服。这些衣服计有:一件绵羊粗皮皮袄,然后是一件羊羔皮坎肩,接着是一件狐皮短大衣,最后是一件羊毛长外套。在这 15 天期间,我们的糌粑点心始终都会受冻。当我们把它们从怀中取出来时,已完全是一块被冻硬的粘团。但如果我们不想被饿死的话,那就得冒着打碎牙齿的危险而吞食它。

那些难以忍受疲劳和缺少草料的牲畜们,只能很艰难地抵御严寒了。骡子和马匹尚不如骆驼和牦牛强壮,它们要求特殊的饲养。人们被迫给它们披上用绳子扎在它们身体周围的大毛毡毯,并用骆驼毛包住它们的头部。在其他情况下,这些奇装异服只会引起我们的放声大笑,现在我们却艰苦得笑不出来了。尽管采取了这些预防措施,我们沙漠旅行队的牲畜也遭到了大量死亡。

我们沿途需要从冰面上渡过的无数河流,也是我们所遇到的不可想象的痛苦和疲劳的原因之一。骆驼行走笨重,走起路来非常臃肿和迟钝。为了方便它们的行走,我们被迫为它们踏出一条路来,在大河的冰面上撒一些沙子和灰尘,或者是用我们的斧子劈开一层冰。除此之外,还必须一头一头地牵骆驼并小心地把它们领上正途。如果它们不幸失蹄和滑倒,那就完了。它们会笨重地摔倒在地上,即使耗尽了世界上能利用的最大力也无法扶起它们来。首先要为它们卸掉负荷物,然后再把躺倒的牲畜拉到河岸,于那里再把它们铺在毛毯上。有时这一切措施都无益,众人白白地费了很大力气捶打和拉扯它们,因为大家不能为了等待一头骆驼一时性起才站起来,而于这一可怕地区停留过久。

许多不幸最终使可怜的旅行家们陷入了近乎失望的一种虚弱之中。除了牲畜的死亡之外,再加上由于寒流造成的人员伤亡,以致于在沿途中有时还要抛弃活人。某一日,我们驮兽的精疲力竭,迫使自己放慢前进步伐,并稍微落在了大队人马的后面,我们发现一名旅行者独自坐在一块大石头上。他头倾向胸部,双臂按在腰

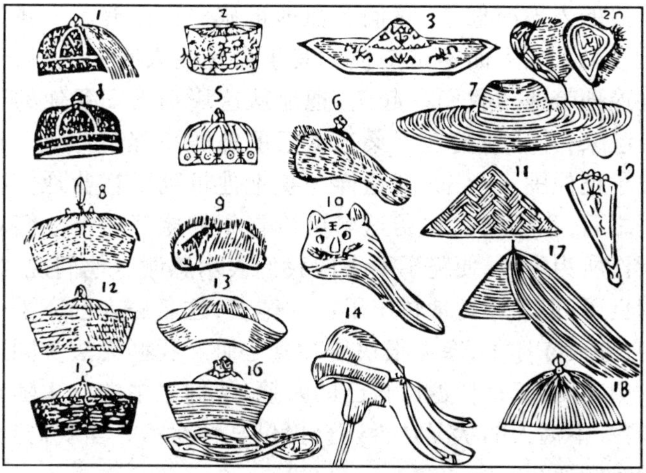

演员的头饰和帽子

演员的服饰

间,如同一尊塑像般地停在那里一动也不动。我们喊了他几次,他都不回答,他甚至没有用小动作证明听到了我们的声音。我们自言自语地说:“在这样的天气里,如此停留在途中太不理智了!这个不幸的人肯定要被这样冻死……”我们再次呼唤他,但他始终保持静止不动。我们于是便下马并向他走去,终于认出了他是一名蒙古族青年喇嘛,曾经常到我们的帐篷中拜访。其面庞如同蜡一般,双目半睁,具有一种呆滞无神的目光。他鼻孔和嘴角边悬挂着冰块。我们对他讲话而未获得一句回答,我们一时间曾认为他已死去了。但他却睁开了双眼,以一种可怕的迟钝表情凝视着我们。

这个可怜的人被冻僵了,我们明白他被旅伴们抛弃了。我们觉得如此让一个人死去而不试图拯救其生命是骇人听闻的事,于是便毫不犹豫地带他与我们一起走,把他从这块别人安置他的可恶石头上拉起来,并让他骑在了桑达钦巴的那匹小骡子背上。我们用一条被子把他围了起来,就这样一直把他带到了宿营地。一旦支起帐篷之后,我们便去拜访这名可怜青年的旅伴。当他们获悉我们的所作所为之后,便跪了下来向我们表示感谢。他们说,我们的心太善良了,但却无益地付出了巨大辛苦,这名病人已完了……他们又说,他被冻坏了,寒流很快侵袭其心脏。我们无法赞同这些行人的失望态度,于是便返回自己的帐篷,他们之中的一人随我们而来,察看一下病人的状况是否还会提供某种对策。当我们到达时,青年喇嘛已死!

沙漠旅行队的四十多个人在尚活着的时候就被抛弃在沙漠中,不可能给他们任何一点安慰。只要他还有某种希望,大家就让他骑马或骑骆驼旅行。当他既不能吃东西,又不能讲话或自己站立时,人们便把他们遗弃在道路上。行人不能停下来以在无法居住的沙漠中为他治疗,而且在那里还非常担心猛兽、土匪,特别是害怕断粮。阿!当看到这些垂死的人被遗弃在路途上,那该是一种令人多么恐怖的景象啊!世人对他们的最后关心,是在他身旁放一把木勺和一小袋糌粑,旅行队接着就凄惨地继续赶路。当所有人都过去之后,不停地在空中盘旋的乌鸦和秃鹫就扑向这些不幸的人,他们无疑还有足够的生命感到被这些猛禽撕开了。

北风大大地加重了秦神父的病情,他的病情变得日益令人不安。他那极端虚弱的身体不允许他步行,因此无法自我略作活动以暖和一下身子,双手和面部均遭冻,嘴唇已经苍白得无血色,双眼几乎已经变得无神,他甚至很快就没有力气再支撑于马上了。我们别无其他办法,只好用棉被把他裹起来,再把这个大包裹捆在一头骆驼上,然后就依靠上帝的仁慈了。

某一天,我们正沿弯弯曲曲的山谷前进,由于凄凉的思想而使心情受到了压抑。我们突然间发现在附近的一座山岭上出现了两名骑手。我们当时正追随一支西藏小商队前进,他们也如同我们一样,由于害怕走得过快而使其牲畜疲劳,故而让大队人马先走了。西藏人惊叫了起来:"宗喀巴!那里有些骑马人……但我们在沙漠中,大家知道这里没有放牲畜群的人。”他们刚刚讲完这几句话,我们又发现在各处都出现了大批其他骑马人。当我们看到他们同时从山顶冲下来并疯狂地奔向我们时,我们不禁感到突然间浑身颤抖。这些骑手们在这一无人居住区干什么呢?他们想要什么呢?……我们一刻也不怀疑自己落入了土匪之手。此外,他们的行为举止丝毫不会使我们感到放心。这些人斜挂一支枪,腰带的每侧各佩带一把大刀,一头长长的乌发散乱地披在双肩,眼睛闪闪发光,一块狼皮顶在头上充做帽子。这就是接近我们的那些人的可怕形象。他们共有 27 人,我们只有 18 人,而且我们也并不都是久经考验的能征善战之辈。双方都下马。我们这支小队伍中的一名勇敢的西藏人走上前去与土匪头子搭话,大家根据飘扬在其马鞍后的两面小红旗,就可以清楚地辨认出土匪头子来。在经过相当激烈地长期交谈之后,倮㑩人的首领指着秦神父问道:“捆在骆驼背上的那个人是谁?惟有他独自一人未下马?”那名藏族商人回答说:“这是西天的一名大喇嘛,其祈祷神力无穷”。倮㑩人两手合拢在额前仔细地观察了秦神父。该神父以其被冻坏的面目和他身上裹着的奇特的五颜六色的被子,酷似大家有时会在异教徒的庙宇中看到的那种狰狞的偶像。土匪对这名奇怪的西天喇嘛观察了一段时间,便低声对藏族商人讲了几句话,接着向其匪帮作了一个手势,他们都跳上马并快马加鞭地离去,最后消失在山后了。藏族商人对我们说:“不要走得太远,在这里支起我们的帐篷吧。这些倮㑩人是土匪,但他们心胸宽阔而慷慨。当他们看到我们落入他们手中仍不感到害怕时,便不攻击我们……”他又补充说:“此外,请相信他们非常害怕西天喇嘛的威力。”根据这名商人的看法,所有人都开始支帐篷了。

帐篷刚刚支了起来。倮㑩人又出现在山顶上了,又以其习惯的疾速奔向我们。惟有土匪头子一人进入了我们的宿营地,其他人在这片地之外不远的地方等待着。他对那名藏族商人说:“我来要求你向我解释一种我不懂的事。你们知道我们驻扎在此山之后,而竟敢在此支帐篷,紧傍我们!那么,你们的队伍中共有多少人?”“我们仅有 18 人。我没有看错,你们共有 27 人。但好心人绝不会逃走。”“那么你们是想拼斗了?”“如果我们的旅行队中没有数名病人,那么我们将应战。是的……因为我已经与倮㑩人较量过了。”“你,你曾与倮倮人殴斗过?什么时代?你叫什么名字?”“已有五年了,在北京堪布的事件中。现在又是一次有纪念意义的事件……”他于是便袒露出了右臂,上面一条很宽的刀痕。土匪放声大笑,又一次询问其姓名。商人回答说:“我叫热拉—钦贝,你听说过此名吗?”“是的,是的,所有倮倮人都知道他,这是一名勇士的名字。”他说这些话的时候,便从马上跳了下来,从其腰带中抽出一口刀并把它奉献给藏族人。他对这名藏族人说:“瞧!收下这把刀吧!这是我最好的刀。我们经常互相格斗。将来,当我们再度相会时,则应以兄弟相待。”藏族人收下了土匪头子的礼物。作为回报此人也向他奉送了自己在北京购买的一张弓和一个漂亮的箭囊。

留在营地之外的倮倮人,看到其首领与旅行队队长称兄道弟,于是便下马,用缰绳把每两只马匹拴在一起后,就非常友好地前来与这些遇难的行路人一起喝茶,行人们最终可以舒畅地呼吸了。所有这些土匪都非常友好,他们询问有关鞑靼—喀尔喀人的消息。他们声称自己是专门等待鞑靼—喀尔喀人的,因为这些人去年杀死了他们中的三个人,必须要报仇。大家还略微谈论了一些政治事务。土匪声称他们是达赖喇嘛的好朋友和清朝皇帝不可调和的敌人。所以,他们绝少放过机会不去抢劫赴北京的入朝使,因为清朝皇帝不配接受大喇嘛的礼物。当使团返回时,他们一般都非常尊重使节,因为天朝皇帝完全应该向达赖喇嘛送礼。这些土匪受到了旅行队的茶和糌粑招待之后,便祝我们一路平安,然后又返回他们的营地了。所有这些友好的表示都不能阻止我们保持警惕。我们在夜间未遭到骚扰,次日继续平安地赶路。在许多赴拉萨旅行的朝圣进香人中,很少有人能自我吹嘘如此接近地看到了土匪而又未遭任何伤害。

我们刚刚摆脱了一次特大危险,但大家告诉我们说应准备好对付另一次更可怕的灾难,但其性质可能不同。我们开始攀登蜿蜒无垠的唐古拉山脉。据我们的旅伴所言,所有的病人都可能死于高山地带,而身体强壮的人也要忍受一次强烈的病态反应。那些有经验的人都认为秦神父无可挽回地注定要死亡。在一连六天艰难地攀登数座彼此之间互相重叠成阶梯剧场一般的大山之后,我们最终到达了那个著名的高原,也可能是地球的最高点。那里的雪似乎是镶嵌到地面并成了大地的组成部分。大雪在我们脚下嘎嘎作响,但我们的双脚仅仅在雪面上留下了轻微的痕迹。那里的全部植物是我们不时会遇到的几簇矮小、尖硬、光滑、内部为木质、坚如铁而又不易折断的草,以至于人们可以很容易地利用它们来造床垫。我们的牲畜如此饥饿,无论如何也要拼命啃吃这种难以忍受的草。我们可以听到它们用牙嚼草的声音,它们只是在经过强有力的拉扯和以嘴唇流血为代价,才能成功地啃吃掉一丁点草。

我们从这一巍峨高原的边缘,可以遥望到自己脚下的悬崖峭壁以及一望无际的无数群山,其最后的支脉消失在地平线上。我从未见过可以与这一壮观和宏伟场面相媲美的风景。在我们于唐古拉山高峰的 12 天旅行中,也从未遇到恶劣的气候,天空一直很平静。上帝每天都赐给了我们慈悲和温暖的太阳,以略微缓和一下严寒的气候。但在这一海拔相当高的地方,空气极其稀薄,同时又极为新鲜和清净。巨大的雄鹰追随这支庞大的旅行队伍,因为这支队伍每天都为它们留下相当数量的尸体。我还应指出,法国传教士们的这支小旅行队也向死神纳了贡,它仅满足于夺去我们的一匹小黑骡子。我同时怀着遗憾和顺从的心情把它遗弃给死神。大家对秦神父所作的凄惨预言失败了。这些可怕的山脉相反却对他的身体非常有利,使他逐渐恢复了健康,又有了一定的力气。上帝赐给我们的这种几乎是出乎预料的恩惠,使我们忘记了自己过去的全部苦难。我们又重新鼓起勇气,坚定不移地相信仁慈的上帝会使我们平安无恙地到达这次旅行的终点。

下唐古拉山的道路很长,非常崎岖和陡峭。在整整的四天期间,我们就如同从一个巨大阶梯上走下来一般,每一个台阶都由一座大山组成。当我们到达山脚下时,遇到了一些温泉,堪称蔚为壮观。我们在巨大的山岩上发现了由大自然掘成的一大批蓄水池,其中的水就如同置于燃烧旺盛的火上的大锅中沸腾的开水一般。其中的水有时沿岩缝冒出,并由无数奇怪和任性的小喷泉向所有方向喷去。沸腾的水常在某些水池中突然间变得非常猛烈,强大的水柱腾空而起,然后又断断续续地落了下来,就如同是被一套巨大的水泵推动一般。在这些温泉之上,浓厚的蒸汽持续地升向空中,然后又凝结成浅白色的雾。所有这些水都含有硫磺。它们于花岗岩水池中长时间地反复翻腾之后，最终离开了这些似乎想把它们限制于其中的岩池，并汇流于一个小河谷，这些水又在那里形成了一条河面很宽的溪水，然后又在如同金子般发黄的砾石河床上流去。这种沸腾的水不会长时间地保持其畅流无阻的状态。极为严寒的气候很快就使它们冷却，以致于使小溪在距温泉半法里远的地方就几乎完全结冰。大家在西藏的山区会经常遇到温泉水。那些行医的喇嘛承认他们具有很高的医疗功能，所以很喜欢推荐用温泉水来治病，有时用来洗澡，有时又饮用。

从唐古拉山到拉萨，大家可以看到地面的高度始终在降低。随着逐渐向下走，寒流的强度也在降低，大地上覆盖着比较茁壮和品种纷繁的草。某一天，我们驻扎在一片开阔的平原中，那里的牧草令人不可思议的丰美。由于我们的牲畜长期忍受了严寒的饥饿之折磨，所以便决定要让它们利用这一机会，在那里逗留两日。

次日清晨，我们正在帐篷中安静地喝茶，突然远远地望见一支骑马的队伍向我们的驻地全速奔驰而来。当看到这一切之后，我们觉得血液都于自己的血管中结冰了，我们首先就如同僵化了那样被惊呆。在经过这开始阶段的惊慌失措之后，我们便急急忙忙地冲了出去并奔向若拉—钦贝的帐篷。我们惊呼："倮啰人！倮啰人！有一大批倮啰人向这里走来了。"那些正忙于饮茶和揉糌粑的西藏商人开始大笑并请我们坐下。他们说："与我们一起喝茶吧！再没有令人生畏的倮啰人了，跑向这里的骑手们都是朋友。我们已开始进入有人居住的地区了。在我们右部的这座山后，有大批黑色帐篷。被你们当成是倮啰人的那些骑手们都是附近的牧民。"这些话使我们恢复了平静，而平静又使我们产生了食欲，我们便非常高兴地坐下来，以分享西藏商人的早餐。他们刚刚给我们斟了一碗酥油茶，那些骑手们便来到了帐篷门口。他们远不是土匪，而相反还是非常诚实的人。他们前来向我们兜售酥油和新鲜的肉，其马鞍子就如同是肉掌柜的案板，上面载有数块绵羊肉和牛犊肉，沿马匹的两肋悬挂着。我们买了八条绵羊腿，这些已冻好的肉，可以非常方便地携带。它们使我们花了一双北京产的旧靴子，北京产的一把火镰和我们那头小骡子的鞍子（非常凑巧，这也是一具北京产的靴子）……所有来自北京的东西都受西藏人，尤其是那些尚过着游牧生活人的喜爱。所以，那些随使节团而来的商人，总是非常注意在他们的所有包裹中写上“北京商品”。鼻烟特别在西藏人中盛行。所有牧人都问我们是否有北京的鼻烟。古伯察先生是这支人马中的惟一一位吸鼻烟者,过去曾有过鼻烟。但八天以来,他被迫在他的鼻烟盒中加入土和灰的可恶混合物。那些有长期和根深蒂固的烟瘾的人,完全可以理解这样一种处境的可悲和可怜景象。

我们在两个多月的时间内被迫完全以茶和糌粑为生,仅仅看到我们的肉块就已经严重地刺激了自己的胃口,并使我们那消瘦的四肢显得有些生气了。这一天的全部剩余时间都是在烹饪活动中度过的。在香料和调味品方面,我们仅有大蒜,而且还是严重受冻和干皱,以致于使它在包皮中几乎被化为乌有了。我们清理了自己所剩余的全部大蒜,并将之塞进我们正放在自己的大锅中煮的两只羊腿里。在这块幸运的平原上能找到丰富的干畜粪,以升起很好的一盆火,适当掌握火候,煮我们极其宝贵的晚餐。夕阳正要垂落,桑达钦巴刚刚用其拇指的指甲检查了羊腿,他得意扬扬地向我们宣布羊肉已煮得恰到火候。我们突然间听到在各处都响起了这种悲惨的喊声:“火！火!”我们一跃而起地跳出了自己的帐篷。大火确实在宿营地内的干草中烧了起来,威胁着侵入我们的帆布驻地,火苗以一种可怕的速度向四面八方蔓延。所有旅行家们都各自武装以毛毡,试图扑灭火灾,或者至少是阻止它侵袭到帐篷。帐篷被幸运地保护下来了。在所有方向都受到扑打的大火,打开了一条通道并向沙漠冲去。火焰在大风的吹动下蔓延到了这些辽阔的牧场,它在滚动时吞噬了一切。我们认为再没有任何可怕的事了。但那种“救骆驼！救骆驼!”的呼声立即使我们明白了自己多么缺乏对付沙漠火灾的经验啊！我们很快就发现骆驼在迟钝地等待着大火的火焰,而不是像马匹和黄牛一样逃走。我们于是便冲去救我们的骆驼,虽然它们尚远离火灾区。但大火几乎与我们同时扑向了那里。我们很快也被大火包围,徒然地驱赶和推动那些愚蠢的骆驼以强迫它们逃走,它们仍一动也不动地停留于原地,仅满足于转动头颅并冷静地注视着我们,就像是质问我们有什么权力来阻止它们吃草。这里确实具有置它们于死地的危险!大火迅速地烧毁了它经过的所有草地,很快就蔓延到骆驼所在的地方。大火烧着了它们那细长而浓厚的茸毛。我们只好用毛毡裹着自己而冲向它们,以便扑灭它们身上的大火。我们得以从中救出了三头,而且也仅留了一点烧焦的毛根了。第四头却陷入一种可怕的境地,它身上仅剩有很少一点驼毛,到处都被烧到毛皮上,而毛皮本身也严重地被烧成炭了。

被大火烧毁的牧场可能占地半法里长和宽1/4法里的面积。西藏人不停地欢呼他们能够阻止大火继续推进的运气,我们也非常高兴地分享他们的欢乐。我们当时才知道了我们曾受威胁的全部灾难。大家告诉我们,如果大火再继续烧一段时间,那就会一直烧到黑色帐篷。那样牧民们就会扑来并必然要杀死我们。如果有人以邪念或不慎而把他们惟一的财源牧场化成灰烬,那就再没有会比这些贫苦的沙漠居民的暴怒更可怕的事了。这几乎就如同是毁灭了他们的畜群。

当我们登程时,被烧焦的骆驼尚未死去,但已完全无法使用了。其他三头还必须应付各种局面,其背上又各自增加了它们那不幸旅伴原来负载的货物。此外,自从我们离开青海湖以来,所有的骆驼驮子都大幅度地减少了重量。我们的面袋子基本上都空了。自从我们下了唐古拉山之后,被迫每天只吃两碗糌粑的口粮。在出发之前,我们做了非常详细的计算,但我们没有考虑到自己的两名驮夫对口粮的浪费。他们之中的第一个人是出于愚蠢和漫不经心,第二个人则是出于恶意。非常幸运的是我们即将到达西藏的一个很大的居民点,我们在那里将会找到补充自己给养的方法。

我们在数日间沿一大批小山沟前进,大家在那里有时可以发现几顶黑色帐篷和大群的牦牛。继此之后,我们最终扎营于一个藏族大村落的村头。该村庄位于那曲河畔,它在安德里沃—古荣的地图上,则以其蒙古文名称喀喇乌苏相称,这两个名称同样都意为“黑水”。那曲是进入西藏后前往拉萨途中颇有规模的第一站。该村庄系由某些土建房屋和一大批黑色帐篷组成。居民们不耕种土地。虽然他们始终都定居,但仍是如同游牧部族一般的牧民,仅仅关心饲养牲畜。有人向我们介绍说,在一个非常遥远的时代,青海湖的一名国王向吐蕃人发动了战争,降伏了大部分吐蕃人,并将那曲地区交由他率领到达这里的士兵们。虽然这些鞑靼人现今都融合于藏族人中了。但我们还可以发现,在那些黑色帐篷中仍有一定数量的蒙古包。这种事件也可以解释现在还用于该地区的一批名词术语的原形，它们均属于藏语方言的范畴。

那些赴拉萨的旅行队必定要在那曲停留数日，以便采取一种新的运输方法。因为一条令人厌恶的岩石路不能使骆驼向更远的地方行进。所以我们首先关心的是设法出售我们的骆驼，它们如此悲惨和如此疲惫不堪，以至于使任何人都不想要它们了。最后，一个可能是兽医的家伙，无疑是懂得某种使它们摆脱这种可怕状态之秘方的人找上门来了，我们以 15 两白银的代价把 3 头骆驼都卖给他了，此外还把那头被烧死的骆驼白送给了他。这 15 两银恰恰够我们租 6 头牦牛以把我们的行李运到拉萨。

我们的第二项行动是辞退拉脊山的喇嘛。我们在充分而慷慨地与他结账之后又对他说，如果他有意去拉萨，那他就应该选择其他旅伴，他可以认为已解除了对我们的义务。我们最终告别了这个不幸的人，他曾以恶作剧而使我们在途中备受苦难。

我们的道德良心使自己认为有义务警告这些人说，无论在那曲出现什么样的情况，最好是严防盗贼。这一藏族村庄有些居民以其诈骗而著称，他们以一种令人发指的方式盘剥蒙古族和其他民族的旅行队。

在夜间，他们灵巧地钻进我们的帐篷中，并把他们手之所及的一切都劫掠而去。他们甚至在光天化日之下也重操旧业，那种泰然自若的态度和灵巧的动作，会使巴黎最有名的扒手也产生嫉妒心情。

我们在采办了酥油、糌粑和几块羊肉等生活必需品之后，便向拉萨走去，此处距那里只能半月左右的行程了。我们的旅伴是喀尔沁旗中的蒙古人，他们是前往“永久福地”[①]朝圣的。他们与作为其寺主的活佛同行。该活佛是一名 18 岁的青年人，其仪表令人可爱和尊重，他那充满了天真和质朴的面庞，与人们让他充当的角色形成了非常鲜明的对照。他在五岁时被宣布为喀尔沁佛教徒们的活佛和大喇嘛。他将去拉萨的一座大寺院中度过数年，以致力于学习祈祷和适合其身份的学识。喀尔沁王公的一个兄弟和数名有身份的喇嘛充任他的护卫队，并于沿途中侍候他。对于这名可怜的青年人来说，活佛的尊号似乎成了一种真正的压力。大家看到

---

① 鞑靼人称拉萨为 Monhe-Dchot(Meungkchen-Tjou)，即“永久的福地”。

他本想自由自在地嬉笑和戏闹。他沿途中本来应愉快地策马蹦跳，而不是庄重地行进在寸步不离其左右的两支荣耀的护卫队之间。当大家到达宿营地时，他并不想一直坐在帐篷深处的蒲团之上和模仿喇嘛庙中的偶像。他更为喜欢奔驰在草原沙漠中，并如同所有人一样从事游牧生活的一切活动。但所有这一切对于他来说都是不允许的。他本人的职业就是充当活佛，而丝毫不介入仅与凡胎肉体的普通人有关的任何活动。

青年沙布隆也很喜欢不时地来我们帐篷中交谈，至少当他与我们在一起时，可以不顾及他那正式神的身份，而是坦率地属于普通人类。他非常好奇地聆听我们向他介绍的有关欧洲的人和事，非常天真幼稚地询问我们的宗教，认为这种宗教很好。当我们问他是否更愿意成为耶和华的崇拜者而不是作沙布隆时，他回答我们说自己对此一无所知。例如，他不喜欢别人询问有关他的前世及其相继几代化身的事，对于所有这些问题都会表现得面红耳赤，他最后告诉我们说，我们在与他讲述所有这些事时，都会给他制造痛苦。事实上，这个可怜的青年人发现自己身陷了一种宗教的迷宫，而他对此又一窍不通。

从那曲通往拉萨的道路，一般来说都是遍是石子的路，非常累人。当我们来到念青唐古拉山时，则极端难以攀登。但随着我们前进，便觉得自己的心情舒展得多了，大家便会看到进入了一个居民越来越多的地区。我们远远望见的黑色帐篷、前往拉萨的无数取经人、镌刻在沿途堆积起来的石头上的无数石刻文字、每走一段距离就会遇到的小规模牦牛旅行队，所有这一切都多少有助于减轻旅途的疲劳。

在距拉萨还有数日距离的地方，西藏人那种纯粹游牧的特点越来越消失了。在沙漠中已出现了某些耕田。住宅逐渐地取代了黑色帐篷。最后，牧民也消失了，我们已经置身于农业居民之中。

在我们从那曲出发的第 15 天，便来到了彭布，那里由于接近拉萨而被朝圣取经人视为圣城的大门。彭布在一部舆地书的地图上被误称为胖树。这是一片由一条大河流经的美丽平原，其河水分流在数条运河中，使田野变得非常肥沃。那里没有真正的村庄，但我们到处都可以看到以梯田为界的庄园，庄园建筑都用石灰水粉刷得非常洁白。这些庄园始终由大树环绕，屋顶上有一个鸽子笼般的小塔，各种颜色的彩带在那里飘扬，彩带上写有藏文咒语。在长达三个多月的沙漠中的恐怖旅行中，我们只能在沿途遇见一些野兽和土匪。继此之后，彭布平原使我们觉得是世界上最美的地区。这次漫长而艰难的旅行使我们如此接近了野生状态，以至对出自文明的一切都感到十分惊奇。房舍和农具等等一切，直至一趟普通的犁沟都会引起我们的注意。但我们最感到惊奇的则是，自己在这些耕田中发现了令人不可思议的高温。虽然我们还在元月末，江河与沟渠却仅仅在边缘上有一层薄冰，几乎看不到任何穿皮衣的人。

在一座喇嘛庙中过年

在彭布，这支小小的旅行队再一次改组。在一般情况下，牦牛也不能再往前走了，它们要由毛驴代替，这种毛驴的身材极其矮小，但很强壮并习惯于负荷重载。由于要找到足够多的毛驴以驮运喀尔沁喇嘛和我们的行李非常困难，这就迫使我们在彭布居住了两天，利用这段时间试图略微修饰一下自己的边幅。我们的头发和胡子都非常长，面部被帐篷中的烟雾熏得非常黑，皮肤被寒流严重冻裂，身体变得非常消瘦和变形。当我们在镜子中观看自己的形象时，甚至是顾影自怜了。至于我们的服装，它倒与我们的人非常相匹配！

彭布的居民们普遍生活得相当富裕，所以他们一直欢欢喜喜和无忧无虑，每天晚上，大家都会看到男女老幼聚集于庄园前，在歌声的伴奏下有节奏地跳舞。当这些具有乡土风味的舞蹈结束后，庄园主以一种用青稞发酵和带酸味的饮料招待所有人。这是一种啤酒，其中仅缺啤酒花而已。

经过在平原上的所有庄园中进行了两天的搜寻雇佣后，一支毛驴旅行队最终组成了。我们于是便开始登程。现在与拉萨仅有一山之隔了，但它无疑也是我们在旅行中遇到的最险峻和最陡峭的一座山，藏族和蒙古族人怀着非常虔诚的心情攀登此山，他们坚信那些有幸登上山顶的人将会彻底赦免他们的全部罪行。有一点可以肯定，即使此山没有能够赦免造罪者的能力，它至少也有使翻越它的人具有长久和极大耐心的能力。我们在午夜之后的 1 点钟时出发，一直到上午 10 点钟才到达顶峰。我们被迫几乎在所有时间内都步行，骑马在这些陡峭和遍是砾石的羊肠小道上蹒跚，该是多么危险啊！

当我们最终从山上的大量盘旋路上下来时，太阳正要落山。我们从一个宽大的山谷中出来，发现拉萨位于我们的右侧。它是佛教世界的著名大城市。这里有无数的百年古树，如同一堵绿叶城墙一般环绕全城。这些白色的大建筑上面都有平顶小塔。无数的寺庙带有金顶，达赖喇嘛的宫殿建于布达拉山之上，所有这一切都使拉萨具有了一种庄重和威严的面貌。

我们在途中认识并先于我们数日到达的蒙古人，前来城门口迎接我们，邀请我们在他们已为我们准备好的住处下榻。这一天是 1846 年 1 月 29 日，我们离开黑水川已有 18 个月的光阴了。

附　录

前面这一章文字，给予了俄国旅行家普热瓦尔斯基许多不公正批评的口实，他曾多次谈到过这一章，以致于他错误地认为古伯察先生从未到过拉萨，也从未穿行他描述的地区。我于此将引证奥尔良王子对这种责难的答复。

“我觉得这次旅行的真实性完全可以得到证明，但尚需要研究一下其游记的真实可靠性。”

“本处仍要引证普热瓦尔斯基的著作。我们将逐一地浏览一下他对古伯察先生的指责。”

1. 布尔罕河

“那位俄国人在上文引证的书信中指出：在青海地区，古伯察先生描述了一条很难畅行的通道。他讲到了布尔罕河的12条支流，而这条河事实上仅为一片干涸的河床，以至通向西藏的大道要经过那里。河床仅有15俄丈（sagéne，每俄丈合2.1336米——译者）和1～2法尺深。”

“他于其著作《蒙古和唐古特人地区》第230页中又重复了同样的批评。”

“在渡过数条小河之后，我们最终将遇到该河的最大支流布尔罕河。它源出南山山脉。据蒙古人认为，它长达400俄里（verste，每俄里约合1.667公里——译者）。在其下游，即在入藏之路经过的地方，这条河流又宽约50俄丈，到处皆可渡河。它在某些地方的深度不超过12法尺，任何地方都不会很深。因此，当我们想到古伯察先生在率旅行队赴拉萨时，对这一条布尔罕河及其令人非常可怕地渡过该河12条支流所作的描述时，感到非常惊奇。该传教士向我们介绍说，他的所有旅伴们都认为，他们是以极大的运气才渡过该河的,因为只有一个人摔折了腿,也仅仅有两条牦牛被淹死。然而,在西藏道路经过的地方,仅有一条支流,而且它惟有在雨季才涨水。这条河的水位始终都很低,惟有一只兔子才会在那里被淹死。这样一种事故对于像牦牛那样大和那样强壮的牲畜来说,则是不可想象的。在次年 3 月,我们在布尔罕河两岸居住了整整两个月,往往在一次远途狩猎时就要反复渡河十次之多。彼尔特佐夫先生和我经常以古伯察先生的记述开玩笑。"

"这些玩笑可能不是开得非常有道理的。普热瓦尔斯基当时确实正处于其第一次旅行中,他似乎不知道这些地区的一条河床在 20 年间会以什么样的方式发生变化①。如果他还活着的话,那么他就会以一些完全是风马牛不相及的理由,看待我们在阿卜达拉赫(Abdallah)河上游的塔里木河的宽度问题上所开的玩笑。"②

"他也可能把河名搞错了。此外,人们完全有权更加严格要求他,因为他企图向其他人宣扬所谓确切的内容。然而,在这一特殊情况下,普热瓦尔斯基于 1873 年 6 月写道,该河的河床在人们渡过的地方仅有 15 俄丈宽。两年之后,他在讲到同一条河时又说是 50 俄丈宽。"

"我们已经看到(在该传教士于塔尔寺居住时期的问题上),普热瓦尔斯基没有记忆数字的能力。"

2. 柴达木地区

"普热瓦尔斯基于 1875 年还写道:

古伯察把柴达木地区描述得如同一片干旱的草原。事实上,这是一片沼泽地,到处都由 5 ~7 法尺高的芦苇覆盖。"

"我于此仅满足于引证古伯察的描述以及普热瓦尔斯基本人于其最后记述中的内容。"(古伯察的描述见本章;普热瓦尔斯基书,233 页)

---

① 彻底改变一条河的面貌不需要 20 年。于 1917 年曾考察过整个中国北方所有河流的人永远不会承认,人们在两年之后,可以在一年的 12 个月间都能蹚水过河。

② 我们沿该河一直南下到罗布淖尔,我们发现它远不如普热瓦尔斯基旅行时那样宽阔。

“南山作为青海湖的肥沃草原与柴达木和西藏延伸沙漠之间的明确分界线。该山北麓确实使人联想到了甘肃的所有山脉。山上覆盖以灌木丛和小树林，南坡则具有蒙古的特征，其山麓都是黏木质的，大部分都光秃秃或仅覆盖乔木状的刺柏。那里的河床都已干涸，不存在牧场。一切都表明那里是一片一直向这些山脉以南延伸的沙漠，使人联想到阿拉善（贺兰山）地区。

“在一种黏土和盐碱土上，仅仅生长有骆驼刺、盐硝地植物和芨芨草。人们还发现了一些羚羊。它始终都可以说明这是一个比较荒凉的地区。人们于此发现了达赖—达巴苏盐湖，其周长有四十多俄里。那里积累了大量的优质沉积盐，形成了一法尺厚的盐层。它在湖边不会超过一法寸厚。盐被送到东济尔，一名蒙古官吏专门负责监督开采盐。

“这一盐湖占据的荒凉平原宽 30 俄里，向东方遥远的地方伸展而去。”

正如大家所看到的那样，在这两种描述之间只有很小的差异。当那名俄国旅行家在 1875 年这样讲时他可能忘记了其第一封信，或者说他于 1873 年想指柴达木的另一部分，可能是北方地区。因为，在我引证的段落中，大家徒劳地寻找这些记载著名芦苇的地方，有人指责那名传教士遗漏了这几点。”（同上引书）

3. 布尔罕布达山的瘴气

“普热瓦尔斯基基于同一封信和同一部书第 264 和 247 页中指出：

古伯察神父于其《鞑靼西藏旅行记》中断言，人们在该山脉中发现了碳酸气的存在，介绍了这种毒气使其整个旅行队在经过这些山时所忍受的痛苦。我们在从西宁到拉萨的那部汉文图识的译文中，也读到了同样的记述（《皇家地学会会刊》，第 9 章，289、305 页，1873 年）。据说，在这条路途的 23 个地点中，人们都会发现瘴气，也就是发散着有毒的气体。然而我们在西藏北部高原上度过了 80 天，但却未曾在任何地方发现过碳酸气的存在。

“人们在登山时感到不适，这是由于在如此海拔高度上空气稀薄而造成的。这也是很难在这里生火的原因之一。事实上，如果那里存在有瘴气，那么家畜和野兽群怎能在这些山中生活呢？”

我们引用古伯察神父的一般文字（见本章）。

“初看起来，古伯察所讲的痛苦可能是由于空气的稀薄而造成的。我们知道空气的稀薄是多么令人难以忍受，甚至可以直到造成死亡（我们在自己的旅行中就曾遇到过这样一个例证）。

“正如我们在下文不远处将要看到的那样，普热瓦尔斯基很可能是没有完全沿着与古伯察神父相同的道路前进。在西藏的大山中，大家会发现一些发散出硫磺气味的温泉，还有一些间歇喷射的温泉。在这些火山源地区，为什么不会发散出碳酸气呢？

“此外，我们也不应该忘记，古伯察没有科学知识。他将汉文的‘土气’或‘毒气’一词试作了一番解释。

“罗布淖尔地区的人向我们指出过，在阿尔金山（Atlyn-Tagh）某些通道上也存在同样的现象，那里从地下发散出的一股恶气，会毒死人畜。”（上引奥尔良王子书）

在那里感到的难受很可能仅仅是现在人们所说的“高山反应症”。同时代的一名旅行家李仙得（Legendre）博士，也用一些使人联想到古伯察先生用语的文字，描述了这种高山病。

“最终登上无量山是很艰难的，对于我的脚夫来说是很痛苦的。高山反应几乎使全队人马垮掉。有些人的面部和手脚都发紫了，这是令人不安的窒息之兆。他们很快就变得如此难以支撑，以至我想与努瓦莱先生留在后面以照料他们。如果我们翻越了山口而把他们抛弃在后面，其中许多人肯定立即就会倒下，如同疲惫不堪的牲畜在碎石路上行走一般，再没有勇气站起来了。”（《云南游记》，221 页）

另一名探队者多伦伯爵也曾指出过同样的情况，他穿越了青藏高原。他写道：“我为了让人相信，而于每一页都提到了空气稀薄经常给我们造成的混乱。略有一些不慎的行为就会造成呼吸困难和并发一时的瘫痪。如果跑步行走几米，那就会在我们之中出现某人停留半小时才能恢复其身体正常功能的现象。我们之中的几名衰弱者倒在了雪地上而不能再站起来了，必须费很大的力气才能把他们带到宿营站。我们无疑也正是由于这同一原因，而被迫放弃几头骆驼。”（《最后的蒙昧人》，312 页）

4. 巴颜喀拉山

普热瓦尔斯基书第 282 页：

“巴颜喀拉山口是一个平缓而不太高的山坡，甚至可以沿乌兰—木伦河的河谷而绕过去，正如我们所作的那样。然而，古伯察神父于其记述中却把巴颜喀拉山描述成了一个几乎成了不可逾越阻碍的大山。他断言在某些地方要被迫抓住其马尾巴，并用鞭子抽打马，才能驱使它攀上陡峭的山坡。”（见古伯察：《鞑靼西藏旅行记》第 2 卷，220 ~ 223 页）

“古伯察没有讲到不可逾越的障碍。他把巴颜喀拉山称为在黄河与金沙江之间从东南向西北之间延伸的一座著名大山。他可能是联想到了中国一名旅行家的说法：在距黄河源头不远的地方，人们会遇到巴颜喀拉山，那里的地势相当高，无论在该脉的南部还是北部，都没有能与它的高度相等的山”。

“正如对于楚喀山一样，古伯察神父认为覆盖这座大山的雪，使路变得极其艰难了”。

“古伯察补充说，他们有时骑马攀登高山，而更多的时候是步行。在这后一种情况下，他们让牲畜走在人前面，人要拉住马尾巴”。

“但这一事实也没有任何能说明艰难攀登该山的情况。它是高山居民们经常使用的一种行路方式。由于行人疲惫不堪，我们自己或随行人员也经常让我们的马拖着走，甚至在比较容易行走的路途中也如此”。

“此外，在巴颜喀拉山的问题上，我们也可以思忖，普热瓦尔斯基是否与古伯察神父讲的是同一座山脉和同一山口。欧洲作家们（甚至中国人自己也不例外）在这一山脉使用该名的界限问题上，总是互不一致。”（同上引书）

5. 拉萨道

普热瓦尔斯基于同一封信中指出：

“古伯察仅仅讲到曾渡过了木鲁乌苏河(也就是扬子江上游)。但拉萨道却是沿木鲁乌苏河沿岸前进，一直到达该河在唐古拉山的发源地，其距离约有三百二十公里。

“我们是否有权力说，古伯察在渡过木鲁乌苏河之后，完全是沿该河岸前进的呢？在此情况下，他作为一名忠诚的记述者可能会告诉我们，他在离开大河沿岸之后所走的道路和时间。我们会有更好的答案。普热瓦尔斯基讲到了拉萨道，他未能得以接近该城。否则，大批的旅行队人员可能会告诉他说，不存在惟一的一条拉萨道，而是通向拉萨的许多条道路。由吕推(Dutreuil de Rhins)先生根据汉文文献而绘制的地图，由德维利亚寄去的图志，由切格马列夫和马斯本斯译成俄文的图志，班智达做的解释等等，它们都向我们指出了木鲁乌苏河上游的许多渡口(至少有五个之多)。每个渡口都是以一条不同的道路为前提，从这些渡口之一就可以派生出多达三条通往拉萨的道路[①]。很明显，这些路线中有许多都于到达圣城之前，在不同程度上相会合了……读者只要知道通往拉萨的道路很多就足矣。因而，在青藏高原的这一部分，世人完全没有权力指责古伯察神父遗漏了某种地理事实，因为大家难以肯定他走的路线。

“此外，如果古伯察神父犯了某些遗漏错误，那么普热瓦尔斯基本人也是最没有资格对他横加指责的人。这名俄国人不止一次地篡改或隐瞒某些很著名的地名，而且还是故意这样做的，以使其路线的某些部分具有探险的特色。在普热瓦尔斯基之前获得的资料的作法中，这种隐瞒在一条路线上是允许的，即当这条路线与过去已获得的知识相差甚殊时可以如此；但如果这些资料非常接近这条路的真实情况，或者应该是确实在那里出现过的话，那么要删除这些内容或改换名称则都不妥”(吕推在讲到普热瓦尔斯基地图

---

① 《中国的道路图》，由帕拉迪乌斯神父著。

时的说法）。

“普热瓦尔斯基对古伯察神父游记的地理学方面提出的批评，直至讲到木鲁乌苏河为止。这名俄国旅行家仅拥有300个卢布的盘费，他不敢再向前进。在数年之后，当他到达西藏边境和在距拉萨有12日行程的地方时，对于其第一次旅行时未能更勇敢一些感到非常遗憾。他当时可能应对两名法国传教士的功劳给予正确评价。无论如何，他再没有再攻击他们。”（上引奥尔良王子书）

第六章

在一户西藏人家中投宿——拉萨的概貌——达赖喇嘛的宫殿——西藏人的形象——女子们奇形怪状的梳妆——西藏的工农业产品——金银矿——居住在拉萨的外来人——游牧人——克什米尔人——中原人——清朝与西藏关系的现状——民众对我们的大量猜测——我们去拜见当局——西藏地方政府的形式——扎什伦布的大喇嘛——黄教教团——西藏的寓言——三代达赖喇嘛的惨死——琦善的小传——诺们罕的判决——色拉寺的骚乱——附录

我们在经过18个月与无数的苦难和障碍搏斗之后，最终到达了这次旅行的终点，但这尚不是我们苦难的终结。我们确实不再害怕在无人居住地区被饿死或冻死，但另一类考验和灾祸无疑又将于这些不信上帝的人中折磨我们，我们想向这些人布讲为拯救人类而被钉死在十字架上的耶稣。在经过身体的苦难之后，现在轮到思想上受折磨了。为了进行新的斗争，我们仍依靠上帝的无限仁慈。我们希望在沙漠中保护我们对抗受季节性恶劣气候的上帝，还能继续给予我们神圣的帮助，以在佛教圣地对付人类的恶念。

在我们到达拉萨的第二天，我们便找到了一名藏族向导，我们又跑遍了城内各居民区，以寻找一个要出租的房间。拉萨的住宅一般都很大，有数层高，其屋顶是一个为了方便流水而略有倾斜的平台。房子除了门窗的某些边缘和框架被油漆成红色或黄色之外，其余全部用石灰水刷白了。经改革后的佛教徒特别酷爱这两种颜色，也可以说这两种颜色在他们眼中是神圣的，他们称之为喇嘛教颜色。拉萨的居民习惯于每年都粉刷他们的住房。这些房子平时总是保持着令人赞赏的干净，始终都显得是新建的。但其室内则远远不与他们在外貌所呈现的那种整洁相谐和。房间都很脏、被烟熏得漆黑、发出说不出的味以及令人不舒服的混乱，到处都是乱堆的家具和用具。

经过长期的调查后，我们最终选择了一间很小的住宅，它属于一个大住宅的组成部分，那里已集中居住了五十多名承租人。我们那贫寒的住房在最上层，要通过没有栅栏的、非常陡峭和狭窄的26个木阶梯攀登而上。为了防止碰伤脖子的烦恼，要极其谨慎地以手脚相助。我们的一套房子由一间矩形的大房间和一个小过道组成，我们称过道为"小房间"。房间东北方由一个装有三根粗窗棂的小窗户透光，此外还有在屋顶开的一个正方形天窗。这个天窗洞具有多种用途。首先，它可以透进光芒和进风、雨、雪；其次，它可以使我们灶中升起的烟冒出去。为冬季能御寒，西藏人想出一种于其房间正中放置一个烧牛粪的陶土小火盆的主意。由于这些燃料往往是发出的黑烟比热量多，所以当想取暖时，大家便会理解在头顶上方有一个天窗的好处。这个无法评价的洞，使我们得以生火而又不受冒烟熏呛的危险。在所有这一切中，惟一的小小不便之处，是使人不时地背上受到雨雪的袭击。但当过游牧生活时，大家都不会留心如此小的事情。房间中的布置，只不过是在我们的火盆左右各有两张铺开的羊皮，然后是两个马鞍子、旅行帐篷、几双破靴子、两只已破散架的箱子、挂在钉子上的三件已撕破的袍子、那些互相叠在一起的过夜被子以及堆在角落中的一大批干牛粪。正如大家所看到的那样，我们突然间就完全生活于西藏文明的水平上了。"小房间"中砌了一个很漂亮的土炉子，充当我们的炉灶和配膳室。我们在那里安置了桑达钦巴。他在满足于驼夫的职务后，又兼任厨师、膳食总管和马夫的职责。我们的两匹白马被安置在院子中一个角落里，以从它们那艰难而又荣耀的远征中休息过来，并等待转到新主人手中的机会。这些可怜的牲畜如此精疲力竭，以至我们不能在它们未曾于其皮骨之间长出一点肉之前，便出售它们。

我们勉强整理了一下自己的房间，便去忙于详细观光西藏首府的市容，并认识它那人数众多的居民。拉萨不是一座大城，其方圆最多有两法里。它也不像中国内地的城市那样被城墙环绕。人们声称它过去曾有过城郭，但在西藏人反击不丹及印度人入侵的一次战争中，被完全摧毁，今天已找不到其城墙的任何痕迹了。在城郊之外，我们看到了栽有大树的田园，使该城具有了一片绿色的围墙。拉萨市的主要街道都很宽阔、笔直和相当干净。至少在不下雨的时候如此。其郊区则显得令人反感和不可言状的肮脏。正如我们已经指出的那样，其房子一般都很大、很高和外表美观。它们有的是用石块建筑的，其他则用砖头建成，有的也是土屋。但房子都经精心地粉刷，使人看起来它们似乎具有同样的使用价值。在城郊，有一个住宅区的房屋完全是用牛羊角建成的。这类奇特的建筑极其坚固，使人看起来也相当赏心悦目。牛角光滑而略微发白，羊角相反则为黑色和粗糙不平。这些与众不同的建筑材料非常适宜组成一种奇怪的造型，在墙壁上形成了无数种图案，兽角之间的缝隙用一种泥浆填满。惟有这类建筑才不被刷白。西藏人非常喜欢让它们保持自然本色，丝毫不想在它们那带有野性和神幻的美中增加任何修饰。我们没有必要再指出拉萨居民们消费大量的牛和羊，他们那些用牛羊角建造的房子就是不可否认的证明。

佛寺是拉萨最引人注目的建筑。我们于此不对它们进行描述了。因为所有这些寺院都与我们已经有机会讲过的那些基本相同。我们仅仅需要指出，这里的佛寺比较大，也比较富丽堂皇，略微过分挥霍浪费地在外表覆盖以金饰。

从各方面来说，达赖喇嘛的宫殿堪称在全世界都享有名望。在该城偏北部，距城内最多有一刻钟行程的距离处，有一座岩石裸露的小山，山不太高并呈圆锥形。它矗立在这一条宽阔的河谷中，就如同大湖水平面之上的一个小岛屿。该山叫作布达拉山，也就是“佛陀之山”或“神仙”。达赖喇嘛的崇拜者们，就在由天工做成的这一庞大地基上，建了一座宏伟的宫殿，他们那有骨有肉的活佛就生活在其中。该宫殿是数座由具有程度不同规模和雄伟的佛寺组成。占据中心的那座佛寺高四层，俯瞰其他所有寺庙，其顶部为一个完全用金箔覆盖并以同样也镀金的大廊柱环绕。达赖喇嘛的寝宫就建于那里。在非常神圣的日子中，他从这一高大神圣建筑的顶部，可以巡视他那无数的崇拜者。他们在平地上蠕动，前来神山脚下跪拜。那些次要的宫殿集中在一个大寺庙的周围，作为一大批各种级别的喇嘛们的寝宫，他们的日常活动是为活佛服务并极力地侍奉他。两条由大树环绕的道路从拉萨城通向了布达拉宫。大家始终都会在那里看到大批外来朝圣进香人，手指不停地捻他们那长长的佛珠。此外还有穿着华丽服装和骑着佩带大量富贵马具的马匹的布达拉宫的喇嘛。在布达拉宫附近，始终会出现大型活动。但在一般情况下，那里的所有人都庄重而沉默，宗教思想似乎控制了所有人的思想意识。

在城内，居民们的风度气派出现了一种完全不同的特征：大家都在呼叫、争论和互相拥挤，每个人都热情地从事买卖。贸易和虔诚活动不断地把大批外地人吸引到了拉萨，使该城成了亚洲各民族的聚合地，街道上不停地麇集着朝圣人和商贾。我们可以发现他们的相貌、服装和方言的种类多得不可思议。如此庞大人群中大部分都是流动人口，每天都有变化。拉萨的定居民系由藏族人、游牧人、克什米尔人和中原人组成。

藏族人属于人们习惯于以“蒙古亚种”而称呼的那个大民族。他们都长有黑头发、比较稀疏的胡子、很小并带有蒙古褶的眼睛、高高的颧颊、短鼻子、大阔嘴和薄嘴唇。他们皮肤略微呈棕色。但在上层人中，我们可以发现一些像欧洲人那样的白皮肤人。藏族

带枷的囚犯

人身材中等，像汉人那样敏捷灵巧。他们接近鞑靼人那样的力气和魄力。他们的体操表演，尤其是舞蹈似乎成了最大的乐趣，其步伐有节奏而且步履轻盈。当他们上街时，人们便会听到他们不停地唱诵愿文或民歌。这些人的性格慷慨而淳朴，英勇善战，能够勇敢地面对死亡。他们也有出家人，但没有鞑靼人那样轻信。财产在他们之中不大受人崇拜，但这并不能阻止他们非常酷爱奢侈和豪华的服装。

藏族人不剃头，他们让头发披在双肩上，只满足于不断用剪刀剪短一些。拉萨的风雅之士们近几年来也采纳了汉人的结发方式，然后在他们的发辫中插上宝石和珊瑚珠的金首饰。他们的普通头戴是一种蓝色的窄边软帽，带有黑丝绒的缘边，上面带有一个红色的绒球。他们在节日戴一顶大红帽子，其形状与巴斯克人的贝雷帽很相似，只是比较宽大，边缘上装饰以长而乱的流苏。一件宽大长袍的右侧缀有四个搭扣，在腰部扎有一条红腰带，最后是红色或紫色的靴子又补充了这套通行的服装，但在西藏人看来则相当优雅。他们一般都于腰带中悬挂一只黄色塔夫塔绸的口袋，内装他们那永不离身的木碗、两个椭圆形和刺有华丽刺绣的小钱袋，钱袋中没有装任何东西而纯粹作为装饰物。

藏族女子的穿戴方式几乎与男子一样。她们在裙子之上另加一件色彩斑驳的短上衣。她们把头发分扎成两根辫子，披在双肩上。低下阶级的女子头戴一顶黄色小帽，与人们在法兰西共和国①统治下所戴的那种自由派的帽子颇为相似。那些贵夫人们的全部头饰是一顶精致和华丽的桂冠，系用珍珠所制。藏族女子在她们的梳妆中遵守一种令人无法相信的习惯或规则，无疑也是世界上独一无二的：她们在出门之前，要用一种黑色而发黏的如同葡萄酱一般的黑漆搽脸。由于她们的目的是使自己变丑和变得面目可憎，所以才胡乱地向面部涂抹这种美容品，弄污面目使她们不再像人类了。下面就是有人告诉我的有关这种极可怕的做法之起源②。

---

① 古伯察先生于此讲到的是1793年的共和国，他的这段文字写于1848年的共和国之前。

② 这种习惯似乎比较古老，因为由圣·路易于1252年派向鞑靼大汗的使者鲁布鲁克教友，在讲到高地亚洲的女子们时说过："她们把脸涂得十分难看。"(《游记和回忆录集》，由地理学会刊布，第4卷，233页，1852年)

在近两百年前,诺们罕或统治前藏的喇嘛王是古板和品行庄重的人。当时,西藏女子也如同大地上其他地区的女子们一样,尚没有自我丑化的习惯。据传说认为,她们极端酷爱豪华和装饰自己。由此而产生了可怕的混乱,伤风败俗的事无节制地发展。这种恶习也逐渐沾染了喇嘛的神圣家族。佛教寺院放松了它们那古老而严厉的戒律,受到了一种很快就把它们推向彻底崩溃的灾难之影响。诺们罕颁布了一道命令,以此而禁止女子们在大庭广众之下抛头露面,除非是用我们已经讲过的那种方法涂面。一些崇高的伦理和宗教考虑,成了制订这条奇特法律的原因,它们以最严厉的惩罚,尤其是以佛陀的盛怒和气愤来威胁那些抗拒不从者。毫无疑问,敢于颁布这样一道命令者,需要有特殊的勇气。但最奇怪的是女子们表现得很听话和心甘情愿地接受这一切。传说未保留对由此而造成的即使是最小的闹事骚乱的记忆。因此,女子们依法而过分地涂黑了脸,以便变得丑陋得令人望而生畏,这一习惯以宗教般的虔诚保持至今。这种作法现在似乎被视为一种教理,如同一种信条一般。以最令人厌恶的方式涂面的女子,却被认为是最虔诚者。在农村,这道命令也被严格遵守,以至使法官们也认为从中找不到任何应受指责的地方。但在拉萨,我们也不时地会在街头遇到一些敢于藐视法律和一切礼仪的女子,她们敢于以未经涂抹和以她们的自然风韵抛头露面。那些敢于这样破例行事者的名声很坏,当她们遇到治安法警时都会躲藏起来。

有人声称,诺们罕的命令对公共道德很有好处。我们没有任何理由从正面提出反对意见,但我们可以说西藏人在优良的风俗习惯方面,远不能堪称典范,在他们之中存在有很大的混乱。我们甚至还试图认为最黑和最丑陋的涂面也无法使堕落的民族恢复道德,惟有基督教才可以把不信教的民族从他们沉沦的罪恶深渊中拯救出来。

有一种现象会使人认为,西藏可能比其他异教地区更少堕落现象,这就是因为女子在那里享有更大的自由。她们不是被囚禁在深宅中饱食终日地混日子,而是过着一种勤劳和非常活跃的生活。她们把商品运到各地去,摆在街面上和开办几乎所有的零售店。在农村,她们要参加农业劳动。

男子们虽不及女子们勤劳和活跃,但也远不是碌碌无为地虚度光阴。他们主要负责纺纱和织布,他们制作的织物叫作氆氇,面幅很窄,质地非常结实,其质量是以一种非常奇特的方式变化的。我们会从他们的作坊里发现从最粗糙和短绒毛最多的呢绒,直到人们可以想象出来的最漂亮的美利奴羊毛制品。据佛教改革的一项条例,全部喇嘛都应该穿红色氆氇。所以在西藏要消费一大批这种织物,骆驼队要从中国的北部赴中原和鞑靼地区,运输其中相当多的一部分。最粗糙的氆氇售价低廉,但高质量者则极其昂贵。

中国最著名的香叫作藏香,它们对于拉萨居民来说是一种相当重要的商品。他们用各种香料树的粉末制造这种藏香,还要从中加入麝香和金粉的一种混合物。人们用所有这些原料制造一种紫色的面团,接着再用3~4法尺长的圆柱形小棒来模制。大家在喇嘛庙和家宅中供奉的偶像面前焚烧之。当这些香被点燃时,它们就会慢慢地耗尽,从不会自动熄灭,向远方发出一阵极为沁人心脾的清香。每年都随同使节们晋京的西藏商人从那里运入相当多的数量,然后再以极为高昂的价格出售。中国北方的汉人仿造香并以藏香的名义经营销售,但它们经不起与来自西藏的藏香相比较。

藏族人没有瓷器,但他们以一种罕见的精湛手艺来制造各种陶器。正如我在其他地方已经指出的那样,他们的全部餐具就是由一套简单的木碗组成,每个人藏在胸间随身携带,或者是装在一个豪华的口袋中挂在腰带上。这种木碗系用某些生长在西藏山上的珍贵树木的树根制成,其形状美观,但很简单又无装饰。人们仅满足于在上面涂一薄层漆,既无损于其天然本色,也没有覆盖树木本身的花纹。在整个西藏,从最凄惨的乞丐到达赖喇嘛,所有人都在木碗中用餐。西藏人确实不会像我们欧洲人试图所作的那样,不慎而把所有的碗都混为一谈。但大家应该知道有各种各样的木碗,有的用几文铜钱就可以买到,余者的价格可能会高达100两白银(近1000法郎)。如果有人询问我,在这些不同的木碗质量方面发现了什么差异,那就可以坦率地回答说,我觉得所有这些碗的价值几乎一样,我非常善意地说始终难以从中发现任何主要差异。西藏人声称,最佳质量的木碗具有解除毒药之毒性的特征。

在我们到达拉萨的数日之后,想重新配备一下自己那已经严重破旧的餐具,于是便走进了一家碗店。一名面部严重搽抹了黑漆的藏族女子正在柜台上。该夫人从相貌中判断出我们略显奇特和与众不同,认为我们无疑是高贵的人物。她于是便拉开抽屉并从中取出两个以高超的艺术手段加工的木盒,其内各盛一只用闪闪发亮的纸包了三层的木碗。我们以一种惶惶不安的情绪欣赏了商品之后,便询问价格:“每只多少钱?”“老爷,每件50两白银。”我们一旦听到这句被惊得目瞪口呆的话,耳朵便开始嗡嗡作响,我们觉得店铺中的一切东西都在旋转。用我们的全部财富也只能购买四个木碗!我们惊神稍定后,便怀着敬畏的心情,把两只珍贵的饭碗重新放入它们各自的盒子中去,又巡视了一番不拘形式地摆在店铺货架上的许多套餐具。“这种呢?多少钱一件?”“老爷,1两白银一对。”我们当场就付了一两白银,并怀着胜利的喜悦而带走了两只木碗,因为我们觉得它们与每只500法郎的木碗完全一样……回到住处之后,我们急忙向房主人出示我们买来的东西。他对我们说,用一两白银至少可以买这样的四只木碗。

氆氇、香和木碗是西藏比较成功地开发的三种主要产品。对于其余一切,他们做得都不太好或平平常常,他们的艺术和手工艺的粗糙产品不值一提。他们的农业产品也没有提供任何引人注目的东西。西藏大地几乎完全被群山覆盖,下面有汹涌的江河流过,为其居民仅提供了很少一点可耕地。人们只能是在河谷地方可以怀着某种收获希望进行播种。西藏人很少种植小麦,水稻更少。他们的主要收成是青稞或黑大麦,用来作糌粑,这是所有西藏居民的基本食物,无论是贫富都一样。拉萨城的羊肉、马肉和牦牛肉供应充足。在那里也出售极其新鲜的鱼和味道可口的猪肉。但所有这一切往往都很昂贵,是一般低层民众望尘莫及的。总而言之,西藏人生活得很不宽绰。他们平时的家常饭仅仅由酥油茶和糌粑组成,把它们用手指粗略地搅拌一下即食。最富有的人也采用同样的食谱,看到他们在一只有时价值100两白银的木碗中加工如此茶饭,确实叫人伤心。当他们有了肉之后,却在吃饭时间之外单独食用的,这完全是一种一时心血来潮的事。这种作法基本上如同在其他地方一样,人们因嘴馋而吃水果或某种口淡的糕点。他们一般上两盘肉,其一是煮熟的肉,另一盘是生肉。西藏人以同样的胃口吞食这两种肉,而又无须任何调味品作为作料。他们非常明智地坚持在无饮料可喝的情况下不吃肉的习惯。他们不断地以发酵的青稞制成的酸性饮料斟满自己那宝贵的碗，这种饮料的味道甚为可口。

农业和制造业产品非常贫乏的西藏，在矿藏方面则比大家所想象的要丰富得多。在那里可以非常容易地采集到黄金和白银，甚至普通的牧民也懂得淘得这些贵重金属的手艺。我们有时看见他们在河谷的底部或山脉的坑洼处，伏在一堆羊粪火旁，兴致勃勃地在熔炉中精炼他们在牧羊时从各处零散搜集到的金粉。我们从这种丰富的金属中就可以看到，硬通货价值不大，硬通货始终都维持在很高的价格上。西藏的货币体系仅以银钱组成，它们比我们的一法郎的硬币稍大和略薄一些。钱币的一侧写有藏文、法尔斯文（波斯文）或印度文，另一侧则是由八朵小圆花组成的一顶王冠。为了便于贸易，他们把这些钱币分割开，从而使尚留在残片上的小花数目决定其价值。整块银币叫作章卡。半块钱币叫作切线，因而只有四朵小花。硕干有五朵，而卡干仅有三朵。在大规模的贸易活动中，人们使用银锭，用一种以十进位度数刻制的提秤称重量。西藏人在大多数情况下以其念珠计数，但有些人（特别是商人）则使用算盘，最后是那些学者们则以我们所说的阿拉伯数字计数，这种做法在西藏似乎是很古老了。我们见过数部喇嘛教稿本著作，其中含有用阿拉伯数字代表的统计表和天文图①。这些书的页码也是用同样的数字表示的。这些数字中有一些与在欧洲使用的数字略有不同，其中最明显者是字母五，它于此则以下面这种形式而倒置了“ς”。

根据我们刚才提供的某些西藏产品的细节，我们可以得出结论，该地区可能为世界上最富庶而同时又是最贫穷之地。它富有金银，而大众的生活必需品则十分贫乏。民众们搜集到的金银都被大人物，尤其是被喇嘛寺消耗了，喇嘛寺成了庞大的蓄水池，这些辽阔地区的所有财富都通过千万条渠道而流向那里。喇嘛们首先通过信徒们的自愿布施，而占有了大部分铸币，然后再通过放债

① 这是西藏和阿拉伯人的计数法。西藏人承认他们向突厥人（而且也如同我们一样）借鉴了他们的整个数学和天文学体系。因此，如果在中亚腹地发现了我们的十进制数学体系及其文字和口头的计算法，而且其中大部分均与我们相似，那就不会感到惊奇了。是否是欧洲人修改了其他的计算形式呢（德格定）？

手段而成百倍地增加财富,中原某些人的那种敲诈手段同样也在这里引起了公愤。人们向寺院所作的布施,往往成了他们用于把所有财源都吸引到自己一边来的钓钩。这样一来,一方面钱币都被囤积在特殊阶级的保险柜里,而另一方面则是生活必需品只能以高价购买,由于这种资本的混乱,而使一大部分居民被陷入了持续可怕的贫困之中。在拉萨,乞丐的数目相当可观。他们会穿堂过室,沿门乞讨一撮糌粑。请求布施的方式是伸手抱拳并使拇指向上。但我们应补充讲几句赞扬西藏人的话,他们一般都具有慈悲和怜悯心,很少会出现不作任何布施就把穷人推走的情况。

在构成拉萨定居居民的外来人口中,游牧人人数最多,这是来自不丹一带的印度人,是翻越了喜马拉雅山而来的。他们身材矮小而精力充沛,全身充满活力。他们的脸庞比藏族人要圆,其肤色严重晒黑。这些人额头有一个深红色的美丽痣,每天早上重新画一下。他们始终穿紫色氆氇外套,头戴一顶稍深一些的同样颜色的小帽。当他们外出时,再于其服装外另加一条红色的围巾,绕脖子两周,如同一串大念珠一般,其两端披在肩上。

游牧人是拉萨惟一的冶炼工。应该到他们的居住区去寻找铁匠、锅匠、金银匠、首饰匠、机械师,甚至是物理学家和化学家。他们的工厂和实验室都在地下。人们通过一个低矮而狭窄的开口进入,在到达那里之前要下三四个台阶。在他们房间的所有门上,大家都可以看到一幅代表一个红色球体的画,下部是一轮白色的新月。很明显,这里分别是指太阳和月亮。但这暗示什么呢?我们已忘记询问了。

我们在游牧人中发现了一些在冶金方面非常出色的艺术家。他们制造金银器皿以供喇嘛寺使用,制造了一些肯定不会使欧洲艺术家们有失体面的各种首饰。正是这些人为佛寺制造了那些漂亮的金顶屋脊,它们能经得住各种季节的恶劣气候,并始终都保持一种新鲜感和令人叹为观止的光芒。他们非常灵巧地从事这类工作,以至有人从鞑靼地区的腹地前来,请他们去装饰大喇嘛寺。游牧人还是拉萨的洗染匠。他们的染料颜色鲜艳而能持久。他们的布料可以穿破,却永远不会褪色。过去仅仅允许他们染氆氇。来自异地的布料应依它们原来的办法使用,当地政府坚决反对印染工对它们进行加工。这些禁令的目的可能是促进在拉萨制造的纺织品以供零售。

游牧人的性格极其开朗和幼稚。在休息时,大家会发现他们始终在欢笑和嬉戏;在工作时,他们从不停止放声歌唱,他们的宗教是印度佛教。虽然他们不承认宗喀巴的改革,但对喇嘛教的仪轨和修习法却充满了敬意。他们在庄严的重大节日中,从不会忽略去布达拉山脚下跪拜,并向达赖喇嘛表示他们的虔诚。

继游牧人之后,人们在拉萨还会遇见克什米尔人或原籍为克什米尔的穆斯林。他们的头饰、大胡子、持重的庄严的行为、充满智慧和威严的相貌、干净和华丽的服装,他们身上的这一切都与他们杂居的下等家族的人形成了鲜明对照。这些人在拉萨有一个行政机构,他们直接依附之,而且西藏地方政府也承认其权力。这一行政机构的统治者同时也是伊斯兰教的首脑。他的同胞们把他视作这片异地领土上的帕夏和穆夫提。克什米尔人在拉萨定居已有数世纪的光阴了。从前,他们背井离乡以摆脱克什米尔某位帕夏的欺压,因为他的专制行为变得使他们不可容忍了。从此之后,这第一批移民的后裔在西藏生活得很好,以至他们不再想返回故国。他们仍与克什米尔有着联系,不过他们收到的有关克什米尔的消息不会使他们放弃其选择居住的地区。我们与克什米尔人的行政长官有着非常密切的关系,他告诉我们说加尔各答的夷人(英国人)今天控制了克什米尔。他对我们说:"夷人是世界上最狡猾的人。他们逐渐地侵占了印度的所有地区,而且主要是使用欺骗手段而不是公开的暴力。他们没有推翻统治当局,而是巧妙地设法把当地官吏操纵在自己手中并将之纳入自己的利益范围。所以,他们在克什米尔就是这样的:'世界属于安拉,大地属于帕夏,这里是东印度公司在统治'。"

克什米尔人是拉萨最富裕的商人,正是他们开办了成衣、所有豪华品和化妆品的店铺。此外,他们还是银币的兑换人和金银的经营商。正是由于这一切,我们才几乎始终都能在西藏的钱币上发现一些法尔斯文字。其中有些人每年前往加尔各答从事经商。惟有克什米尔人才被允许越过边境前往英国人中。他们出发时携带达赖喇嘛的护照,一支西藏人护卫队伴送他们一直到达喜马拉雅山脚下。他们从加尔各答携回的物品都是不大值钱的小东西,大都是一些带子、饰绦、刀、剪及其他一些五金制品。人们可以在他们商店中发现各种棉织品、丝织品和呢绒,这些产品在拉萨有相当的销量,是经骆驼队从北京运来的。那些呢绒都是俄罗斯产品,因而他们进货时的价格要远比可以从加尔各答采购到的那些价格便宜。

克什米尔人在拉萨拥有一座清真寺,并严格地遵守穆罕默德的教法,他们顽固地宣扬对佛教徒所有迷信做法的鄙视。第一批到达拉萨的人都娶了藏族女子为妻,她们被迫放弃了自己的宗教而采纳了穆罕默德的伊斯兰教。现在,他们的准则是只能在这些人之间结亲。这样一来,不知不觉就在西藏的中心形成了一个独特的小民族,完全没有土著人那种服装、风俗、语言和宗教。由于他们不肯跪拜达赖喇嘛和不在喇嘛寺内祈祷,所以人们都声称他们是些亵渎宗教的人。然而,由于他们在一般情况下都很富裕和势力强大,所以行人在大街上都要躲到一边以让他们通过,每个人都伸出舌头来向他们表示尊重。在西藏,当大家希望向某人致意时,便摘去头戴,伸出舌头并挠右耳,这三种动作要同时进行。

大家在拉萨见到的中原人大部分都是士兵或衙门中的职员,定居在该城的中原人很少。中原人和藏族人自古以来在历代间都共同维持着密切程度不同的关系。他们之间也经常发动战争并互相设法侵犯对方的权力。正如我在其他地方已指出的那样,鞑靼—满族的大清王朝从它开国起,就理解到赢得达赖喇嘛的友谊是多么重要,因为此人的影响对所有蒙古部族都很大。因此,该王朝不失时机地向拉萨政府派遣两名享有“钦差”①(也就是皇帝派遣的使节或特别代表)的官吏。这些人的公开使命是在某些特定的情况下,代表清朝皇帝向达赖喇嘛表示敬意,当他与邻近地区的关系中出现困难时,以中央政府的名义对他表示支持。这在表面上是驻藏大臣的目的,而驻藏大臣实际上在那里只不过是为了讨好西藏人的宗教信仰并使他们依附国朝,使他们相信北京的中央政府非常崇拜布达拉的神。驻藏大臣的另一好处,则是两钦差可以很容易地在拉萨监视帝国边陲各民族的动向,并报告中央政府。

乾隆三十五年,北京宫廷向拉萨派遣了两名钦差或驻藏大臣,其一姓拉,其二姓傅。大家都习惯于把他们的名字结合起来称

① 欧洲人把派往蒙古和西藏的钦差称为 Amba,汉人把这个满词写作“谙版”。

拉—傅钦差。拉傅指萝卜,该词在藏文中于某种意义上成了骂人的话,那些在这里不喜欢中央政府代表的西藏人都乐意使用这一称呼。此外,在一段时间以来,两名钦差(驻藏大臣)的行为引起西藏人的不安,他们越来越干预地方政府的事务,并公开侵犯达赖喇嘛的权力。最后,他们最为跋横的行为,则是借口保护达赖喇嘛反抗使他感到不安的尼泊尔部族,调动大批清军进入西藏。大家很容易看到清朝试图将其帝国的统治一直扩大到西藏。据说,西藏地方政府作了强烈的反应。诺们罕使用了其权力范围内的一切手

西藏大喇嘛

段来阻止钦差们篡权。他于某一日前往驻藏大臣的府邸,一名喇嘛向他的轿子内抛进了一张纸条,上面写着这样的话:“不要吃萝

卜，要戒食萝卜”，诺们罕明白，有人企图通过这种文字游戏而警告他不要信任拉和傅两位钦差。但由于这一警告缺乏明确性和具体性，他于是便继续我行我素。当他正与北京的两名钦差密谈时，一些卫兵突然闯进房间，刺死诺们罕并砍下他的头。当时正在隔壁房间的一名藏族厨师听到受害者的喊声之后便跑过去，抢走了他那尚淌血的头颅，把它插在一根梭镖上就奔向拉萨大街，边走边喊：“向清军报仇，杀死清人”。整个城市立即就沸腾了，他们跑到各处取来武器并乱哄哄地向钦差府奔去，钦差们惨遭杀害。民情如此激动，以致于使他们不分青红皂白地去追击所有清政府的人。他们到处就如同围猎野兽一般地追捕这些人。这不仅仅在拉萨，而且在清朝于西藏驻扎军队的一切地方均如此，发生了一场可怕的大屠杀。据说，藏族人一直到把清军追赶到四川和云南边界时，才放下武器。

这一可怕灾难的消息传到了北京朝廷，乾隆皇帝立即命令在整个帝国内招募大兵，然后便派遣他们去平定西藏。清朝军队基本如同他们在平定藩部地区所有战争中一样失败了，但他们却在谈判中获胜。事态又恢复了原状。从此之后，清朝政府与西藏地方政府之间的和睦相处关系，从未被严重破坏过。

清朝政府调入西藏的军队人数不多。从四川挥戈进拉萨，他们逐站地派遣少量驻守部队，可确保皇家驿站信使的通行。就在拉萨城内，他们的兵营只由数百名士兵组成，他们的存在有利于恢复和保护清朝驻藏大臣们的地位。从拉萨向南直至不丹，他们还有一线戍兵，但给养供应相当糟。在国境线上，清朝军队与藏族军队并肩驻守，共同守卫把西藏与第一批英军据点分隔开的山脉。在西藏的其他部分则没有清军驻防，那里严禁他们进入。

驻守西藏的清朝官兵均由北京政府提供给养。他们一般在该地区戍边三载。当期满之后，便会派来换防部队，他们便返回其各自的省份去。但他们之中有相当多的人在服役结束后获许定居拉萨，或者是定居通向四川大道沿途的各城市中。拉萨的中原人人数不多，我们很难说他们为发财而从事什么样的职业。一般来说，他们基本上都能找到千般手段，以使西藏人的章卡装入他们自己的钱袋中去。其中有许多人在当地娶妻，但婚姻关系也不足以使他们终生定居于自己选择的生活地。经过数年之后，当他们感到自己已经积累了相当多的财富时,便坦然地返回了中原,将他们的妻子儿女遗弃在原地,他们惟有在抛弃男孩时比较谨慎一些。藏族人害怕中原人,克什米尔人鄙视他们,游牧人则嘲笑他们。

在拉萨居住或仅仅是经过那里的无数外来种属的人中,没有任何一个似乎是我们所属的种族,我们与任何人都不相似。所以,从我们到达的最初几日开始,我们就发现自己相貌的奇特性引起了所有人的注意。当我们上街时,人们便审视我们,然后便低声地对我们的国籍作出了大量猜测。他们有时把我们当成新从克什米尔来的穆夫提,有时又把我们看成是从印度来的婆罗门僧,有些人声称我们是来自鞑靼北部的喇嘛,最后还有一些人坚持认为我们是化装成西藏使团前来的北京商人。但所有这些猜测很快就云消雾散了,因为我们明确地向克什米尔人宣布,自己既不是穆夫提也不是克什米尔人,我们告诉游牧人说,自己既不是印度人也不是婆罗门僧,向蒙古人宣布我们既不是喇嘛也不是鞑靼人,向中原人宣布我们既不是商人也不是来自“中央帝国”。当人们坚信我们不属于这些类别中的任何一种时,便称我们是“白阿拉扎人”。这一名称颇为富有诗意,使我们很满意,但我们不想在未解某些情况之前就采纳该名称。因此,我们便询问他们,“白阿扎拉人”意指什么?……他们回答说,阿扎拉人是人们所知道的最虔诚的佛陀崇拜者,他们形成了印度的一大部族,常常出于虔诚而前往拉萨朝圣。还有人补充说,既然我们既不是藏族人又不是克什米尔人,既不是游牧人又不是鞑靼人;最后既不是汉人、牧人又不是鞑靼人,那么我们肯定就是阿扎拉人。在这个问题上只有一种小障碍,那就是在我们之前出现于拉萨的阿扎拉人都是黑面庞。因此,为了解决这一困难,大家便称我们为“白阿扎拉人”。我们道出了真相,宣布自己不是任何一种阿扎拉人,无论是黑还是白。

对于我们来源地的所有这些怀疑,首先是特别有趣的,但很快就变得认真和严肃起来了。一些心怀恶意的人甚至认为,我们只能是俄罗斯人或英国人,大家最后甚至是普遍地都以这后一种尊称来称呼我们而结束讨论。人们都毫无拘束地说我们是加尔各答的夷人,我们前来是为了刺探西藏的实力、绘制地图并策划侵占这一地区的手段。尽管我们不带任何民族成见,但我们对于大家把我们当成英王陛下的臣民仍感到非常恼火,类似的一种误会只能会使我们不得民心，甚至最后还会使我们被处以磔刑。因为我们不知道西藏人为什么在头脑中认为，英国人是一个侵略成性和不能信任的民族。

为了阻止社会上流传的有关我们的一切饶舌，我们决定自己遵守在拉萨通行的一种规则，即要求想在该城居住一段时间的所有外国人都要向当局报告。因此，我们便去找治安长官并说明我们来自西天一个叫作法兰西的大国，我们来到西藏是为了在这里传播基督教，我们是该教的使徒。这名听取我们上述申报的人就如同小官僚一样冷酷而无表情。他冷漠地从耳朵后边抽出一支竹尖笔并不作任何思考地书写我们刚才向他所讲的一切。他只满足于从牙缝里重复三次“法兰西”和“基督教”等词，完全如同一个不知道大家想与他讲什么话的人一般。当他写完之后，便在其头发上擦一下还蘸有墨水的竹笔，又把它重新放到了右耳后面。他对我们说：“牙堡热”(好)。我们回答他说：“祝生活平安!”。我们在向他伸了舌头之后便为我们执行了治安机关的条例而感到高兴，认为从此之后在拉萨街头行走时就可以昂首阔步了，心里比较踏实，对那些在我们耳边不停的窃窃私语一概不屑一顾。在我们看来，刚才获得的合法地位提高了自己的身份并增加了自己的勇气。我们为最终能生活在这块好客的土地上并随心所欲地自由呼吸该感到多么幸福啊！我们于此之前长期在汉地生活，一直处于惴惴不安和非法的地位，始终关心想方设法地欺骗皇帝陛下的政府。

西藏当局接受我们申报时漫不经心的态度丝毫也没有使我们感到惊奇。根据我们搜集的有关拉萨外来人的处事方式的资料，我们坚信这不会给我们造成任何困难。藏族人不会对其他民族采取作为对待中原人之特征的驱逐方针，所有人都会在拉萨被接受，每个人都可以在那里来来往往，从事经商或经营产业，不会有任何人敢于妨碍他的自由。如果说禁止中原人进入西藏，那就应该把这一禁令归咎于北京中央政府，它长期表现了一种狭隘和多疑的政策，自己禁止其中原居民到藩部民族中去。如果不是英国人在印度斯坦的侵略行径使达赖喇嘛产生了一种合乎情理的恐怖，那么他们也不会在西藏边境上受到排斥。

我们已经讲到了在喇嘛教仪轨和天主教崇拜仪式之间存在着

大量和明显的相似性。罗马和拉萨、教皇和达赖喇嘛[①]还可以向我们提供一些充满意义的比较。西藏地方政府纯粹是由喇嘛组成的,在某种意义上似乎是模拟了教皇的教会政府。达赖喇嘛是西藏所有地区的政治和宗教首领,任何立法、司法和行政权力都集中于他一人之手。习惯法和由宗喀巴留下的某些规则指导他行使其巨大的权力。当达赖喇嘛圆寂时,大家便选择一个儿童以继承活佛那永久的化生。这种选择是由呼图克图喇嘛[②]大会决定的,他们的宗教衔位仅低于达赖喇嘛。我们于下文再对这一奇特选择的形式和规则略加详细阐述。由于达赖喇嘛不仅仅是西藏人的政治和宗教的最高统治者,而且还是他们可见的神,所以大家就会理解,如果他从其圣殿的上方下来并随时介入世俗事务,那就不会不严重影响其神圣特征。因此,他仅保留负责最重要的事,仅满足于掌大权而很少管理具体事务。此外,其权力的行使完全取决于他一时的兴致和乐意。既没有宪章也没有宪法来约束他的活动方式。

继西藏人有时也称之为坚安活佛(宝玉)的达赖喇嘛之后,接着是诺们罕或宗教王。汉人称他们为“藏王”[③]。这一人物由达赖喇嘛任命,始终在沙布隆喇嘛等级中选择。他终生保留自己的职位,只能被一次政变所推翻。政府的所有事务都依赖诺们罕和被

---

① “达赖喇嘛”是对 Daláe-Lama 的一种很不确切的对音。蒙古文 talé 意指海洋,这一尊号被赐予了西藏的大喇嘛。因为此人被认为是智慧和力量之海。

② 呼图克图又叫上人或圣人。达赖喇嘛和班禅喇嘛自己也属于这一僧官品阶,它形成了藏传佛教体系中的一大特点。呼图克图出自一个译成汉文叫作“再来人”的蒙文词,指一化身。它可以通过转生而取代由于喇嘛们的独身生活而很难解决的权力移交问题。

“呼图克图”的数目在西藏被正式承认有 30 名,其中有 12 名则以其专名沙布隆而著称,外蒙古有 19 名,内蒙古有 57 名,青海有 35 名,昌都和四川边境有 5 名。

呼图克图的通俗名称即活佛。

③ 诺们罕即摄政,被中原人译作“法王”。历史上提到的第一位摄政是固始汗,他使达赖喇嘛于 1643 年拥有了西藏的世俗权。

这个官吏的权力变得如此之大,以至后来仅仅以藏王的名字称呼他。在古伯察讲到的琦善反对诺们罕的政变之后,再不设这类官吏了。

被流放到阿穆尔河流域的诺们罕,后来获许返回其故乡甘肃边境地区,并于 1854 年死于那里。有一道圣旨禁止他再于大地上以人形转世。

称为噶布伦[①]的四大臣。噶布伦系由达赖喇嘛根据由诺们罕提出的候选人名单选择，他们不属于僧侣一类并可以结婚，其任职的时间无限。当他们变得不称职时，诺们罕便向达赖喇嘛奏递一份报告。如果达赖喇嘛认为合适的话，那就免去其职。低级官吏系由噶伦布选拔，他们往往都属于喇嘛阶层。

该地区分成了许多封地，由呼图克图喇嘛统治。这类宗教的小统治者都由达赖喇嘛授权。一般来说，他们都享有英勇善战的名声，毗邻之间经常发动激烈的战斗并始终伴有抢劫和纵火。

这些掌权喇嘛中最强大者是班禅活佛，他住在后藏的首府扎什伦布[②]。该城位于拉萨以南，仅有八日行程的距离。本世班禅喇嘛的名望极大，他的支持者声称其宗教势力与达赖喇嘛一样大，扎什伦布寺在其神性方面也并不比布达拉逊色。但大家一般都承认，达赖喇嘛的世俗权力超过了班禅活佛。在拉萨和扎什伦布之间迟早不可避免地要爆发严重对立，从而使藏族人陷入灾难性的分裂中。

本世的班禅活佛六十多岁，据说他仪表堂堂而威严，对于他那样已经高龄的人来说，具有足以令人惊奇的精力。这一神奇的人物自称出身于印度，他的第一代化身在数千年之前就已经在阿扎拉人地区非常著名。那些相面者们从我们一到达拉萨就把我们当成了白阿扎拉人，他们不放过任何机会怂恿我们赴扎什伦布进行一次虔诚的旅行。他们向我们断言，我们以班禅活佛同胞的身份一定会受到友好接待。那些研究佛教谱系的喇嘛学者们解释了为什么班禅喇嘛在印度斯坦经过了多次神奇的化身之后最终出现于后藏并居于扎什伦布。无论其传记如何，幸运的是我们不必相信它，但可以肯定的是这名精明能干的喇嘛确实受到了令人惊讶的欢迎。藏族人、鞑靼人和其他佛教徒始终都仅仅称他为“大圣人”，只有在合掌和双眼抬起遥望长空时才会提到他的名字。他们声称

① 噶伦或噶布伦是西藏地方政府的官吏。西藏的世俗事务由被称为噶布伦的四大臣治理。他们是在清朝驻藏大臣的直接监督下任命的。他们惟有得到在驻藏大臣请求下出自北京宫廷的皇帝圣旨后，才算得到了正式委任。这种任命使他们官居三品。噶布伦们的公所叫作噶厦。噶厦下属 16 位大官吏，4 名负责行政事务，4 名负责司法，4 名负责财税，4 名负责军队。

② “扎什伦布”意为吉祥须弥山。

他的学问是全面的,会讲世界上的所有语言而又从来未曾学习过它们,可以与来自世界所有地区的朝圣者们畅谈。当鞑靼人一旦变得非常强大时,他们便不断地祈求他。在危险和悲痛中,或者在所有的艰难和繁重的事务中,他们口中始终念诵着"博克图"(圣人)的名字。

前往西藏的朝圣人从不放过机会去参观扎什伦布寺,去向著名的圣人顶礼并向他进献布施。大家无法想象鞑靼骆驼队每天为他带来的布施数量之大。班禅作为对他装在自己钱柜中的金银锭布施的回报,是令人向他的崇拜者们分发他的大量破衣片、印着蒙文或藏文格言的纸片、陶土塑像以及能非常有效地治疗各种疾病的红药丸。朝圣人虔诚地接受所有这些废物并非常虔诚地把它们装在自己那始终都挂在脖子上的小口袋中。

那些赴扎什伦布朝圣的世俗人或喇嘛、男子和女子,所有人都要参加由班禅活佛建立的教派。几乎所有佛教徒都向往有幸成为这一教派成员,它将来很可能有朝一日在高地亚洲产生某种严重事情。此外,所有的思想家都为此而感到强烈不安并预示着未来的一种巨大的灾难。下面就是在这一内容上流传的奇怪预言。

当扎什伦布寺的大圣人班禅活佛圆寂时,他将不再像过去一样于后藏转世。他的新化身将在拉萨以北由乌梁海人居住的草原出现,在被称为"天山北路"的地区,也就是在天山与阿尔泰山脉之间活动。当他在那里默默无闻地停留数年之后,将通过隐遁、祈祷和功德而准备应付未来的重大事件,佛陀的宗教在所有人的心中将会削弱,他从此完全生活在黄教的教团中。在这些不幸的日子中,中原人将在西藏变得颇有影响,他们分散在山脉与河谷中并试图夺取达赖喇嘛的地盘。但这种局面只能持续很短一段时间。当时将发动全面的暴动,西藏人会拿起武器并在一日之内杀死老老少少的所有的中原人,而又不允许一个人重新越过边境。

在这个流血日子的一年之后,清朝皇帝将征募大批战斗部队并命令他们发动平定西藏人的战争。后来会出现一种可怕的对抗,血流成河,江河都由此而变成红色,中原人最终将占领西藏。但这场胜利也很难长久维持。只是到了此时,班禅活佛才会表现出力量,他向黄教派的所有信徒发出呼吁,那些死去的人将会还阳,他们全都聚集在天山北路的一片大平原上。班禅将在那里向所有人分发弓箭和火枪，把这一群人变成了一支令人生畏的军队，他亲自进行指挥。黄教教派随著名圣人之后是中国中原，接着是鞑靼人地区，最后是俄罗斯的辽阔地区。班禅将被宣布为世界君主，喇嘛教在他的神圣影响下很快将重新繁荣，富丽堂皇的喇嘛寺将于各地矗立起来，全世界都将承认佛教愿文的无限威力。

我们仅仅满足于提供一种简单概述的该寓言则被所有人作了详细介绍，甚至讲到了其最细枝末节的情况。但最为令人惊奇的是任何人都似乎不怀疑这些预言所宣布的事件的可靠性，每个人讲到这一切时都如同是一种可靠而不容置疑的事件。居住在拉萨的中原人似乎同样也相信这一寓言，但他们非常理智地不为此而感到忧虑。他们希望覆灭的日子很晚才会出现，他们自己在此期间可能已死去，至少会有时间看到它出现。至于班禅活佛本人，据说他正虔诚地准备他作为灵魂的这场大动乱。虽然他年事已高，但仍常常演习武功，他把一天中未被他那活佛的高级职务所占据的全部时间都用于熟练其未来的黄教派统帅的职业。大家都声称他具有高强的骑射功夫，非常熟练地使用长矛和火枪。他为将来的骑兵而饲养大群的马匹和特大的猎狗群。他们把一种神奇的力量和最高的智慧结合了起来，在黄教派军队中应起巨大作用。

这些荒唐滑稽和怪诞的想法却如此严重地束缚了大众的思想，尤其是那些参加了黄教教派者的思想，以至于它可能会于某一日在西藏引起一场动乱。这并不是说人们关心未来都一概无益。在扎什伦布的大喇嘛圆寂之后，有一名胆大的冒险家只要前往天山北路，然后就勇敢地宣布自己是班禅活佛并向黄教徒发出呼吁……为了煽动这些狂热的民族，可能不再需要作更多的事了①。

建立这一黄教教团的现实和立竿见影的结果，就是使班禅活佛具有逐渐可能有损于达赖喇嘛的最高权威的地位。这种成果很容易获得，因为拉萨的统治者是一个九岁的孩子，而他的三位前任均在达到由法律确认的 20 岁的成人年龄之前暴卒。显得机智灵

---

① 那位科学院通讯院士在这一问题上，用下面一段话指出了古伯察先生的敏感观察力：

“当古伯察于 1846 年著书时，便预见到了大清王朝的崩溃并暗示了中原人与西藏喇嘛之间的关系，讲到了一名冒险者自称为班禅喇嘛的化身而会在西蒙古挑起一场叛乱的可能性。这件事确实成为现实了。”

敏和雄心勃勃的班禅活佛无疑不会放过这一个未成年人的机会并把达赖喇嘛的一部分最高权力据为己有。

现今在位的达赖喇嘛直接前任——第三名达赖喇嘛的暴卒于1844年导致了一重大事件,西藏、鞑靼地区和汉地本身都对此严重关切。由于它的重要性,就此可能值得向大家讲几句话。

正在青春年代而相继圆寂的三名达赖喇嘛这一骇人听闻的事件,使拉萨居民陷入了一种令人沮丧的惊愕。一些暗中的流言便开始传播,大家很快就公开议论罪行和谋杀的话了。这件事传播得如此之快,以至于大家在城市的大街和喇嘛寺内也听到讲述这些悲惨事件的所有具体情节。大家传说,第一位达赖喇嘛是被绞死的,第二位是被其寝室的屋脊压死的,第三位是与他的大批迁往拉萨定居的亲属一起被毒死的。甘丹喇嘛大寺的寺主大喇嘛非常忠于达赖喇嘛,也遭到了同样的命运。公众舆论一致指出诺们罕是所有这些暗杀事件的肇事者。四大噶布伦对此毫不怀疑,知道全部事实的真相,但他们无法为其主子的死亡报仇。他们的势力太单薄而无法与诺们罕作斗争,因为他受到了人多势大的朋友们的支持。

这位诺们罕是西番人,原籍为甘肃省内的杨土司[1]辖区。该土

---

① 下面就是柔克义对这一人物的考证:

"1822年,按照教法规定的方式,选定了达赖喇嘛,获得了楚臣嘉措(戒海)的名字(他就是1822~1838年的第十世达赖喇嘛)。

"人们让诺们罕噶尔丹·锡呼图作为他的监护人和家庭教师,此人又叫三昧佛,他在呼咙呼图克图圆寂后曾任摄政。这名原籍为安多的喇嘛是一个知识渊博和具有远大抱负的人,正如后来的事实所证明的那样。噶尔丹·锡呼图诺们罕一职的前任就是阿旺策凌,他非常忠于清朝皇帝并且还是一名富有天才的军官。我认为他曾在隆朵嘉措(1805~1845年)第九世达赖喇嘛时期任摄政,曾获丹甘寺活佛的尊号,中国清朝政府因此而完全有理由认为,"三昧佛"也能很好地和忠实地为它效劳。"(《拉萨的达赖喇嘛》,载《通报》1910年3月第1期,65~66页)

由古伯察叙述的有关诺们罕的一切,被梅尔思认为是臆想出来的故事。柔克义对此作了一条注释,他用下面一段话为古伯察作了辩护:"梅尔思(《皇家亚洲学会会刊》,专刊号第6卷)指责古伯察杜撰了有关噶尔丹·锡呼图诺们罕的生平与失败的一种纯粹是臆想的故事。他认为这纯粹是捏造。梅尔思肯定完全错了。正如1877年向理藩院呈奏皇帝的表章所证明的那样,该文已由该年9月7日北京的《邸报》发表。这一文献讲到了达赖喇嘛楚臣嘉措脖子上受伤以及驻藏大臣与班禅活佛对此的严重怀疑,他们正对摄政的行为进行调查。从表面来看,他在这一事件中有罪,完全是由于他表现得略为软弱无力。这道表章并没有指出达赖喇嘛死于此伤口。"(同上引文,67~68页)

司的最高官位是在家族内世袭的，他那些自数代人以来定居在拉萨的大批亲属对西藏事务施加了巨大影响。当杨土司的诺们罕受任仅低于达赖喇嘛的权力时，他尚很年轻，大家都说，他在升任之后的不多几年便表现出了野心勃勃的感情和过度的权欲。他利用自己的大量财富及其亲属们的影响而在自己的身边聚集了一批完全效忠于他的信徒。他特别注意在喇嘛阶层中培养自己的支持者。为此目的，他把著名喇嘛寺色拉寺置于自己的保护之下，该寺位于距拉萨半法里之处，其中共包括15000名佛教出家人。他对该寺广施恩惠，给予它许多特权和丰厚的年金，把该寺的大批人安插在各种行政机构中。色拉寺的喇嘛不会不狂势地崇拜诺们罕，他们祝他成为头号大圣人，使他的功德变得如同佛陀之功德那样广泛而又盛大。诺们罕依靠所能够赢得的强大的支持他的派别，在行使他的统治计划中便无所顾忌。只是到了这个时候，他才相继害死了三名年轻的达赖喇嘛，以便把摄政的权力掌握在自己手中……这就是杨土司的诺们罕，至少这就是在我们于拉萨逗留期间大家向我们介绍的情况。

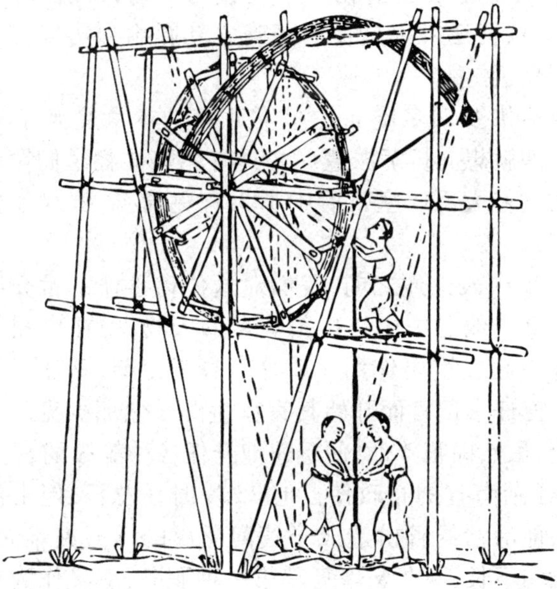

水井与水车

正如大家所看到的那样，要推翻受到如此强有力支持的人物并非易事。四位噶布伦看到了在斗争中会支持不住的可能，所以不敢公开反击诺们罕，于是便决定佯装不理，但却秘密地为使这一可憎人物的灭亡而策划。呼图克图大会选举了一名新的达赖喇嘛，或者应该说是指定了一名活佛的灵魂已转世其身的灵童。他在布达拉坐床。诺们罕也如同其他所有贵族们一样前往其脚下顶礼，非常虔诚地崇拜他，但心中暗自打算在他认为这代达赖喇嘛对自己不利时让他第四次转世。

噶布伦们秘密地采取措施以预防一次新的灾难。他们与扎什伦布寺的班禅活佛联合起来，共同决定为阻止诺们罕的卑鄙计划，必须用清朝皇帝那不可抗拒的力量才能反对他。因此，由班禅和四名噶布伦起草并署名的奏章，被1844年的驻藏大臣秘密地呈奏北京朝廷。

北京中央政府由于三大主要原因无法在这种严重危难的背景中拒绝给予西藏人向它所祈求的保护。首先，鞑靼—满族王朝郑重地宣布自己是达赖鞑靼的保护人；其次，甘肃杨土司出身的诺们罕在某种意义上是要由清朝皇帝处置的人物；最后，从政治上来讲，这对于北京朝廷来说是在西藏确立其影响和实现其夺权计划的一次天赐良机。

由班禅活佛及四名噶布伦呈奏北京的本章受到了预期的好评。那里立即就想向拉萨派遣一名具有能够推翻诺们罕势力的毅力和明智的钦差大臣。皇帝看中了大官吏琦善，敕封他去完成这一困难的使命。

在进一步深入论述之前，我们对这位琦善作一番介绍也并非是多余的废话。他是中国一位很著名的人物，曾在广州与英国人交涉的事件中起过重要作用。琦善出身于鞑靼—满族，他以在北京六部之一充任书记官而开始其官宦生涯。他那少见的能力很快便脱颖而出，虽然尚很年幼，便迅速地升任各种等级的官吏。在22岁时，他出任湖南省的布政使。他25岁时任总督，但由于未能预防和阻止由他治辖的省份造成了黄河泛滥的巨大灾难而被革职。他的失宠时间不长，不久又恢复其第一种职务，后又作为总督而先后被派往山东、四川和北直隶诸省。他被授红色顶戴花翎和黄马褂，享侯爷位。后来，他又被敕封为中堂（又叫内阁）。这是官吏们永远都觊觎的最高官爵。中华帝国中只有八名中堂，四名满族人，四名汉族人，他们形成了皇帝最亲近的内阁，有权直接与皇帝联系。

1839年末前后，琦善以广东总督的身份和钦差大臣的尊号被派往广州，以帝国政府的全权代表名义与英国人谈判并恢复了由其前任林则徐①过火的粗暴措施而扰乱了的和平局面，从而赢得了对琦善的高度赞扬。当他到达广州时，看到了欧洲人比中国人的实力要强大得多，明白了与他们进行一场战争是不可能的。因此，他立即与英国全权代表义律先生开始谈判，为了进一步巩固在道光皇帝与维多利亚女王之间刚刚建立的友好谅解，琦善为英国在华权威人士们举行了一次豪华的盛宴，刚刚到达澳门抛锚地数日的达纳依德小舰队的舰长罗萨迈尔有幸参加了这次宴会。所有人都对中国钦差的良好风度和亲切和善感到陶醉。

刚刚过了数日，由原钦差林则徐在北京策划的阴谋又成功地使皇帝废除了前不久在广州签订的条约。琦善被指控受了英国人黄金的贿赂并把天朝的土地出卖给了“洋鬼子”。皇帝向他颁布了一道大动雷霆之怒的圣旨，宣布他死有余辜，命令他立即回京返朝。这位不幸的钦差未像所有人预料的那样被斩首，皇帝以其威严的恩慈饶恕了他的性命，只满足于罢黜他的所有职务、收回对他的全部犒赏、没收他的全部财产、拆毁其府邸、官卖其妻妾和把他贬谪到鞑靼地区的偏僻处。

琦善在朝中数目众多和颇有权势的朋友们没有把他遗忘在噩运之中，他们勇气十足和坚持不懈地使琦善重新获得皇帝的圣宠。1844年，他最终被从谪所召回并以驻藏大臣的身份被派往拉萨处

---

① 林则徐诞生于福建(1785年)。他在45岁时被敕封为湖广总督，从而显示了其才能。1838年12月，他被提升为广州的钦差，奉命查办鸦片输入中国一案。他以极大的魄力完成了道光皇帝的命令并导致了中国与一个欧洲国家的第一次战争。这次战争被称为“鸦片战争”。他因失职而遭贬，被流放伊犁。但两年之后，他又被召回而出任陕甘总督，后又任云贵总督。

林则徐被解职丢官之后，便返乡过上了隐居生活。当时太平军或“长毛”大起义于广西爆发，一举几乎全歼北京宫廷在华南的军事力量。官吏们的努力都无法阻止这场运动。从暴动的消息一传来，帝国政府便调任鸦片战争时的著名钦差。林则徐当时退职隐居在故乡福州，于1850年被封为钦差。他虽已受命，但数日之后死于途中(1850年11月21日)。

理诺们罕事件。他在出发时被授蓝顶而不是红顶,但仍禁止他享受穿黄马褂的特权。他在北京的那些朋友们凑了一些钱为他修造了一处很壮观的住宅。钦差(驻藏大臣)的职位在西藏的山区中被视多贬谪犯,但这是通向光荣而彻底昭雪的道路。

琦善在到达拉萨之后,立即与班禅活佛和四名噶布伦共同配合行动,逮捕了诺们罕。他审讯了有关受控罪犯的所有人以便让他们帮助澄清真相。他令人在这些人的指甲中插入很长的竹签子。正如中原人所说的那样,他通过这种办法而使真伪分明,诺们罕的行径暴露在光天化日之下了。这个可耻的人亲口承认了罪行,甚至无须审问就招供了。他承认自己是杀害达赖喇嘛三条生命并粗暴地使他转世的罪魁祸首。达赖喇嘛第一次是被咬死的,第二次是被窒息死的,第三次是被毒死的。他们分别用汉文、鞑靼文和藏文写了一份口供,诺们罕及其同案犯于上面画了押。班禅活佛、四名噶布伦和清政府驻藏大臣都于上面盖章,口供立即被派专门驿使呈奏北京。所有这一切都是在禁止旁听和秘密中进行的。

三个月之后,西藏的首府陷入了一场可怕的动乱之中。大家发现在大门上张贴了一幅诺们罕的大画像,在城市的主要街道上发现了用三种语言在一张其边缘上绘有长翅龙的黄纸上写着的一道圣旨。皇帝对大小官吏们所尽的义务表示敬意,鼓励四海的君主、王、侯、官吏和民众们要走正义和道德的道路,否则就会招致天怒和大汗的怨恨……此后,皇帝又重新提到了诺们罕的罪行并判处他永远在满洲腹地的萨哈林河畔流放……最后是一个惯用词"钦此!!!"

拉萨的居民们急忙冲向这些奇特的皇榜,他们尚不习惯于在城市的墙上看到这一切。宣判诺们罕的消息迅速地在众人中传播,大家聚成一批一群地激烈而又低声地讨论。他们的形象都很活跃,各处都发出了沉闷而又几乎是默然的战栗。在西藏人中出现的这次动乱的主要原因不是诺们罕罪有应得的垮台,而是中央政权的干预,所有人都对此感到不快和屈辱。

在色拉寺中,则以另一种完全不同的力量表现出了抵触。一旦当大家获悉皇帝的圣旨时,就自发和全面地出现了反抗。这15000 名喇嘛都忠于诺们罕的事业,他们匆匆忙忙地以长矛、火枪、棍棒和他们能找到的一切东西武装起来,刻不容缓地奔向距那里半法里远的拉萨。他们在混乱的奔驰中扬起的厚厚尘雾和他们发出的可怕呼叫声向西藏居民宣布了他们的到达。“色拉寺的喇嘛!那是色拉寺的喇嘛!……”这就是几乎同时在整座城中响起的喊声,使所有人的心中都感到了害怕。喇嘛们就如同雪崩一般地冲向驻藏大臣的官邸,撞碎了大门,千百声地呼唤:“钉死琦善!杀死清朝人!”但是他们找不到任何发泄其愤怒的人。驻藏大臣及时地得到了他们要到来的警报,已经跑到一家噶布伦的家中躲避起来了,其侍从人员分散在城中。大批喇嘛于是便形成了数批,有的冲往诺们罕的宫中,其他人侵入了噶布伦们的住宅,高声呼唤要他们交出驻藏大臣。当时爆发了一场长久而激烈的搏斗,藏族的四大臣(噶布伦)之一被碎尸,其余都受了危险程度不等的伤。

正当许多人在噶布伦家中搏斗以执获琦善本人的时候,大批喇嘛砸破了关押诺们罕监狱的大门并像凯旋般地把他抬到色拉寺。诺们罕强烈反对这一计划并运用其全部影响以安定喇嘛们的激昂情绪……他告诉这些人说,他们那轻率的骚动将会加剧其危急处境而不是改善之。他对他们说:“我是一场阴谋的受害者,我将去北京向皇帝陈述真情,然后就会顺利地返回你们之中。我们现在只能遵旨行事……我将遵命前往……你们这些人应安静地返回你们的喇嘛寺。”这些话没有改变喇嘛们的决心,但夜幕已降临,他们便乱嚷嚷地取道返回色拉寺,互相许诺于第二日将更好地安排他们的计划。

当天亮时,喇嘛们便开始在他们那庞大的寺院中骚动起来,准备重新冲向拉萨城。但他们非常惊奇地发现,在喇嘛寺附近的平地上支起了无数帐篷和大批武装到牙齿的藏族与清政府士兵,阻挡了他们的通道。他们看到这一切之后,所有勇气都消失了……海螺号吹响了,这些临时调来的喇嘛兵放下了武器并返回僧房中,把经书夹在腋下坦然地走向诵经堂,以按照习惯而作早上的祈祷。

数日之后,诺们罕在一支庞大的押解队的押送下取道四川,然后就像一只绵羊一般走向为他指定的流放地。在拉萨,大家一直未能很好地理解这一面对杀死三名达赖喇嘛也不后退的人却不想利用色拉寺喇嘛们的骚乱。总而言之,他本来可以消灭在拉萨的所有清朝驻兵,也可能会在整个西藏放火。但诺们罕不具备充当这样角色的气质,他具有一名杀人犯的卑鄙力气而不具备一名叛乱者的勇气。

琦善被他的胜利陶醉了,他希望将其权力扩大运用到与诺们罕共谋的西藏人身上。他的这种愿望不符合噶布伦的心意。他们向他说,审判那些完全不属于清朝中央政府和从未要求过皇帝保护者们的权力完全属于他们。钦差未作任何坚持,但为了不表现出向西藏地方当局让步的样子,他正式向噶布伦宣布说,他把这些下层的杀人犯留给他们了,因为他们不值得大皇帝的代表辛苦插手他们的案件。

一名新的诺们罕被扶植起来以取代被贬谪者。大家为这一显赫职位选择了热振寺的沙布隆,一名 18 岁的青年人。在我们到达拉萨时,达赖喇嘛和新的诺们罕都是青年人,摄政权被委托给了首席噶布伦。摄政的关心之处主要在于筑起防止驻藏大臣侵犯和越权的堤坝,因为驻藏大臣试图通过一切手段而利用西藏地方政府的软弱性。

附 录

1. 班禅喇嘛

班禅额尔德尼喇嘛与达赖喇嘛共同为宗喀巴教权的继承人。西藏人认为他甚至比达赖喇嘛更值得崇拜,因为他的职务更少受对尘世的关心和与尘世关系的玷污。负责维持教理之全部纯洁性的责任交给了他,完全如同西藏的世俗权都归于达赖喇嘛一样。

他的尊号意为"尊贵的大师",出自梵文"班智达"。"额尔德尼"在蒙古文中相当于"仁波且",意为"珍宝"。

班禅的住地在扎什伦布,或者叫"福山"。它由一座由3000名喇嘛居住的巨大寺院和建于寺院附近的日喀则城组成。班禅喇嘛从那里在由清一色的喇嘛组成的僧官们的帮助下,与达赖喇嘛分享黄教地方政府的权力,而又不会犯介入世俗事务的错误。他的转世继承人也要遵守与达赖喇嘛相同的规则。

六世班禅喇嘛洛桑贝丹益西被乾隆皇帝劝说得坚信应赴北京旅行一次,在那里参加为皇帝70寿诞而举行的庆祝活动(1780年)。正是为了接待这名贵人,才在皇帝的夏宫热河从事大规模的建筑,而且是根据班禅喇嘛在扎什伦布寺占据的那些寺院的模式建筑起来的。到了该年末,天花的发作夺去了这位尊贵的来访者的性命。正当其遗体被隆重地运回西藏时,一座漂亮的寝墓在他于北京居住的寺院(黄寺)内拔地而起,该禅师的袈裟被作为圣物在那里保存下来了。

当达赖喇嘛在英国人远征西藏(1904年8月)面前逃亡时,清朝皇帝指定班禅喇嘛代替了他。1905年,他访问印度,受到了德高尔王子(后来的爱德华七世国王)的接见。

2. 琦善和鸦片战争

“道光皇帝决心把祸国殃民和不道德的鸦片贸易从其国土上根除,于是便敕封一名勤奋和忠诚的大臣——原籍福建人的两湖总督林则徐出任赴广州的钦差大臣。他身负在广州恢复秩序的特殊使命,于1839年3月抵达那里。八天之后,他威胁说要处决一二名汉族商人(他们垄断了与外国人的贸易),除非是外国人手中掌握的鸦片全部都送交官府。他限令外国人三天执行对他们下达的命令。3月28日,英国商务总督义律(Elliot)向钦差大臣宣布说他已准备交出20283箱属于其同胞们的鸦片,它们都根据皇帝的钦命于6月3日开始被销毁。鸦片被掺入石灰、盐和水中,然后被投入沟内或在低潮时投入海中以让海水冲走。义律总督在其所有同胞的陪同下于5月24日离开广州赴澳门。他走后仅留下27名外国人,全部为美国人。鸦片一旦被毁,林则徐又重新开放了贸易。

“战争变得不可避免了。应该承认,如果说外国人的立场在中国变得不可容忍,完全不符合19世纪中叶欧洲人的文明状态,那是很容易找到一个开始敌对活动的借口的。但对于一个基督教民族来说,在一个不开化的国家的君主为阻止一种完全不道德的贸易而作出的努力中寻找这种发动战争的借口是极不体面的。

“1840年6月30日,英国人以武力包围了广州和舟山群岛。7月28日,水师提督懿律(George Elliot,商务总督义律的兄弟)和商务总督义律又北上河北。他们于8月15日在那里把巴麦尊(Palmerston)勋爵的一封信交给直隶总督琦善派出的一名官吏。琦善仅仅是在要求给予期限时才接受了这封信,于是便与北京朝廷联系。他本人被敕封为钦差大臣以取代遭贬谪的林则徐。林则徐于1841年7月失宠并被贬谪到伊犁。这件事发生在1842年4月,琦善于1月29日到达广州。他也没有比他的前任更好地制止事态的发展。

“1841年1月7日,伯麦(John Bremer)爵士逆广州河而上,内姆布斯号、企叶号、马达加斯加号货轮把军队运到了海岸。海军的军舰韦尔斯利号以及卡利奥卜、夏真特、凯恩、内姆希斯号船与其他成船炮轰了中国的海岸工事,自己一方又没造成一个人的死亡。

“谈判又重新开始,1814 年 1 月 20 日,由商务总督义律签署了协议。这些协议共包括四条:1. 香港本岛及其港口割让给英国政府。2. 赔偿英国政府 600 万元:第一次支付 100 万元,余数按年平均支付,至 1846 年付清。3. 两国在平等的地位上正式和直接交往。4. 广州海口贸易应在中国新年后十日内开放。这些谈判的结果是将琦善召回北京,他同时也遭贬,家产被查抄并被判处死刑。这项判决后来又被减刑为流放到黑龙江地区,然后又被贬谪到西藏。”(上引考狄:《中国通史》)

第七章

五位密探的来访——被传到摄政面前——琦善审讯我们——西藏地方政府的宴请——在摄政府被监禁一夜——克什米尔人长官的肺腑之言——搜查我们的住宅——查封我们的全部物品——清朝中央政府和西藏地方政府的法庭——地图问题——对基督教和法国名字的崇拜——摄政把他的一幢房子租给了我们——建立一座小教堂——布讲福音——归化一名汉族医生——与摄政的宗教讨论——以一架显微镜哗众取宠——与琦善的会见——西藏人的宗教特征——佛教徒们的著名咒语——佛教泛神论——达赖喇嘛的选定——拉萨的天花——西藏人中流行的殡葬习惯——附录

一旦当我们拜访了西藏当局,向他们申报我们是什么人以及导致我们赴拉萨的原因之后,我们便利用自己刚刚获得的半官方地位,而与西藏和鞑靼喇嘛们建立了接触,最终可以开始我们传教士的事业了。某一天,我们正坐在自己的小火炉旁边,与一名非常精通佛教学的喇嘛讨论宗教问题,一名衣着相当讲究的中原人出乎意料地前来拜访我们。他自称是商贾,对购买我们的商品表现了强烈兴趣。我们说自己没有任何东西可供出售。“怎么会没有任何东西出售呢?”“没有任何东西,除非是这两架我们已不再需要的旧马鞍子。”“太好了!太好了!这恰恰就是我需要的东西,我需要马鞍。”他在观察我们那可怜商品的时候,又向我们提出了有关我国和我们在到达拉萨之前曾参观过的地区的无数问题……第二位中原人很快又来了,接着是第三名,最后是披着漂亮丝绸袈裟的两名喇嘛。所有这些来访者都想向我们购买某种东西。他们以大量问题追问我们,同时又在不安地仔细探索我们房间的所有犄角旮旯。我们枉费口舌地说自己不是商客,但他们仍在固执地坚持……由于缺少丝织品、呢绒或家用五金制品,他们竟自愿将就凑合着购买我们的破马鞍。他们把马鞍子向各个方向转动,有时认为它们很漂亮,有时又认为它们糟透了。最后,在经过长时间的支吾之后，他们说以后还将再来便离去了。

这五个人的来访使我们陷入了沉思。他们的举止和言谈方式显得非常不自然。虽然他们是一批接一批地先后接踵而至，但他们显得彼此之间非常了解，并互相配合地追求同一目的。他们要购买我们的某些东西的愿望，明显仅仅是为了掩饰其真正意图的一种借口。这些人更可能是骗子或密探，而不是真正的商人。我们说："等着吧！放心吧！我们以后可能会清楚地看到这一事件。"

晚餐的时间到了，我们都入席，或者更应该说我们蹲在自己的灶边，揭开在数小时内一直煮着一大块牛肉的锅盖。桑达钦巴以其管家的身份，用一把很宽的木刮刀把它捞出水面，再用手指抓住它，然后迅速把它抛在一块案板上，切成相等的三份。每个人都将其中一份放入木碗中，外加几块在灰下烤着的馒头，我们便安静地用晚餐，既不再惦记骗子，也不再想那些密探们了。我们正在吃饭后点心，也就是说正在用酥油茶涮洗自己的木碗时，那两名曾自称是商贾的喇嘛又出现了。他们说："摄政于宫中等待你们，他想与你们讲话。""好！难道摄政也因偶然的心血来潮，而想买我们的破旧马鞍子吗？""既不会谈马鞍子，也不会讲商品……快起来随我们去拜访摄政吧！"我们的麻烦也不再怀疑了，官府想介入我们的事。但其目的是什么呢？这对于我们来说是喜还是灾呢？是为了给我们自由还是想阻止我们呢？是想让我们活下去还是想处死呢？这是我们所不知道的情况，也无法预见。我们说："去拜访摄政吧！对于剩余的一切，全凭仁慈上帝的意愿了！"

我们穿上了最漂亮的礼服和戴上最庄严的狐皮帽子后，便对我们的"保镖"说："走吧！"他说："这个青年人呢？"他用手指向我们指着桑达钦巴，桑达钦巴正用一种很不礼貌的方式把目光转向了他。"这个青年人？他是我们的仆人，他于我们不在时看守房间。""不能这样，他也应该去。摄政希望见到你们三人。"桑达钦巴作为整理衣装而拍打了一下他那绵羊皮大皮袄，以一种非常傲慢的态度而于其耳朵上戴了一个黑色小耳套。在锁好我们住处的大门之后，我们便一起出发了。

我们急步走了五六分钟，便到了西藏的摄政首席噶布伦的府上。我们穿过一个大院子，那里集中了一大批喇嘛和汉人，他们开始低声耳语。继此之后，面前有一座镀金的大门挡住了我们的去路,门扇半掩半开。领路人通过左部的一个小过道而进去,过了不大一会,大门便被打开。在布置朴素的一套房间的后部,我们发现有一个人盘腿坐在一块由虎皮覆盖的厚垫子上,这就是摄政。他以右手示意我们走进一些。我们一直走到他面前,把我们的帽子摘掉放到腋下以向他致敬。在我们的右侧摆好了一条以红地毯覆盖的凳子。他邀请我们坐在那里,我们立即遵命照办。在此期间,镀金的门又关闭了,大厅里仅留下了摄政和站在他身后的七个人,即四名态度谦逊且一本正经的喇嘛、两名目光充满了犀利和狡黠的中原人①,我们从另一个人的大胡子、包头巾和诚实的仪表便可以辨认出他是穆斯林教徒。摄政是一位五十多岁的人,面颊很宽,喜气满面和特别白净,显得有一股王公的威严。其黑色的眼睛被长长的睫毛覆盖,显得特别聪明和仁慈。他身穿一件黑貂皮里子的黄外套,由金刚钻装饰的耳环垂在左耳,乌黑的长头发盘拢在头顶,用三根小金梳子固定。他那肥大的红色帽子周围有一圈珍珠,上面有一块珊瑚顶子,放在了他身边的一块绿色垫子上。

我们刚刚就坐,摄政就开始默默地和非常注意地审视了我们很长时间。他的头左顾右盼,以一种半嘲笑半亲善的方式向我们微笑。最后,这出哑剧使我们觉得非常滑稽,以至我们忍不住哑然失笑,我们用法文低声地说:“好!这位先生似乎是个老好人,我们的事将好办了。”摄政以一种充满和蔼可亲的口气说:“啊!你们讲的是什么语言?我不懂你们所说的话。”“我们讲的是自己国家的语言。”“好!高声重复你们刚才低声讲的话。”“我们说:这位先生似乎是个老好人。”“你们其他人懂得这种语言吗?”他转向那些站在他身后的人补充说。他们所有人都跪下回答说不懂。“请看,这里没有任何人懂你们国家的语言,把你们的话译成藏文。”“我们说,从首席噶布伦的相貌来看,他充满了善良。”“啊!你们觉得我善良吗?但我很坏,难道我不坏吗?”他又问其侍从。这些人都开始微笑,避而不答。摄政继续说:“你们说得对,我很善良,因为善良是噶布伦义不容辞的本分。我对自己的子民和外来人都很善良。”他接着向我们做了一篇很长的发言,我们只能听懂很少的内

① 古伯察神父把清王朝的驻藏士兵和官吏都一概说成是“汉人”或“中原人”。例如琦善实际上是博尔济吉特氏,满洲正黄族人,并非汉人和中原人。——译者

容。当他讲完后,我们对他说自己不习惯运用藏语,所以没有完全透彻地理解其话的意义。摄政向一名中原人作了手势,此人向前跨了一步并向我们翻译摄政的演说,其大意如下:他们把我们传召来没有任何想伤害我们的意思。自从我们到来之后,在拉萨便流传着有关我们的各种互相矛盾的风言,从而促使摄政亲自询问,以知道我们从哪里来。我们回答说:“自西天而来。”“从加尔各答来?”“不,我们的国家叫法兰西。”“你们肯定是夷人(英国人)了!”“不,我们是法国人。”“你们会写字吗?”“比讲得好。”摄政转回头对一名喇嘛讲了几句话,该喇嘛立即离开,过了一会儿又携带纸、墨和竹尖笔出来。摄政对我们说:“这是纸,写点东西吧。”“用什么语言?藏文?”“不,用你们国家的文字写。”我们之中的一人把纸头放在膝盖上写下了这句格言:“如果一个人将要丧失其灵魂,那么他征服世界又有何益?”“啊,这就是你们国家的文字?我从未见过类似的文字,其意如何?”我们用藏文、汉文和鞑靼文写出了译文;然后让人呈递给他。他对我们说:“大家没有骗我,你们是很有学问的人。你们果然能用各种文字书写,表达了一些如同在经书中发现的那样深邃的思想。”他接着轻轻地摇晃着脑袋而重复说:“如果一个人将要丧失其灵魂,那么他征服世界又有何益?”

当摄政及簇拥着他的人被我们不可思议的学问倾倒的时候,大家突然听到在官邸的院子中响起了人群的喧闹声以及中国中原铜锣洪亮的声音。摄政告诉我们说:“这就是北京的钦差,他亲自前来询问你们。坦率地告诉他与你们有关的事,请相信我会保护你们。管辖该地区的是我。”他讲完这段话之后便携侍从,从一个隐蔽的小门出去了,仅仅把我们留在这一大官署中。

想到我们将落入清朝官吏之手,首先使我们产生了不快之感,汉地历来都残酷地迫害教徒,使入华的基督徒们都感到懊恼,这种想法突然控制了我们的思想。当想到我们独自孤单地生活在西藏地区内,不会伤害任何人,所以我们很快就感到放心了。这种思想使我们产生了一点勇气。我们对自己那名青年新教徒说:“桑达钦巴!现在需要证明我们是正直的人,我们是基督徒。这一事件可能会发展得很糟,但永远不要忘记人生的永恒。如果他们友好地对待我们,那我们就应感激仁慈的上帝;如果他们虐待我们,我们也要感谢上帝,因为我们将会因信仰受苦而享天福;如果他们处死我们,那么殉教就是我们辛劳的良好开端。仅仅经过18个月的跋涉就升天,这难道不是一次幸运的旅行吗?这难道不是天福吗?桑达钦巴!你是如何想的呢?”“我嘛,我从来不害怕死亡,如果有人询问我是否基督徒,你们看一下我是否会颤抖。”

桑达钦巴的这种良好的精神状态使我们满心地喜悦,完全驱散了这次不幸遭遇给我们造成的令人烦恼的印象。我们在一段时间内,曾想预测他们将向我们提出的问题以及我们应作出的回答,但我们放弃了这种合乎人情之谨慎态度的主意。我们认为现在正是我们严守教皇对其弟子们所讲的下面这些话的时候了:“当有人把你们带到犹太教堂、带到法官和当权者面前时,不要为你们将以何种方式答复而感到束手无策”等。当时大家共同商定最适宜的办法是以法国人的方式拜见官吏,不要在他面前跪下。我们认为,当大家有幸成为基督徒、传教士和法国人时,那么面对任何中国人直立都不算傲慢。

在等待了一段时间之后,一名衣冠整齐和态度可亲的青年中原人前来向我们宣布,中国皇帝的钦差琦善正在等待着审问我们。我们随这名可爱的联络官走去,并被引入了一间以中原方式装饰的大厅中。琦善在那里坐在一个高三法尺和用呢绒覆盖的书案前。在他面前陈列有一张黑漆小茶几,我们从上面可以看到一个砚台、几支毛笔、几页纸和一个装满鼻烟的银鼻烟壶。在书案的下面有四名书记,左右各两个人。大厅的其余部分由一批中原人和藏族人占据,他们穿上了参加隆重仪式的礼服。

琦善虽已年长六十多岁,但我们觉得他精力充沛。其相貌无疑是我们在中国人中所遇到的最为庄重、最为和蔼可亲和最为才智横溢者。当我们刚刚面对他摘下了帽子并以我们觉得尽可能好的方式向他鞠躬行礼时,他便对我们说:“这很好,按你们的习惯做。有人对我说你们能正确地讲北京话,我想与你们交谈一会儿。”“我们在讲北京话时可能会犯许多错误,但你那神奇的智慧可以弥补我们话语的含糊处。”“不错,这是纯粹的北京话!你们这些法国人,你们非常善于学习所有科学。你们是法国人,是吗?”“是,我们是法国人。”“我见过法国人,过去北京有很多法国人,我见过几个。”“当你任广东总督的时候,你在广州也可能结识过几个法国人。”这种回忆使我们的这位审判官皱起了眉头。他从其鼻烟盒中取了一大撮烟并以非常不愉快的情绪吸鼻烟。“是,确实如此,我在广州认识了许多欧洲人……你们信仰天主教,是吗?”“当然是,我们甚至还是该教的司铎。”“我知道,我知道。你们无疑是来此传播该教?”“我们没有其他目的。”“你们已跑遍一大批地区了吗?”“我们穿越了整个中国中原和整个鞑靼地区,现在我们已来到西藏首府。”“当你们在中原时,住在谁的家中?”“我们不回答这类问题。”“如果我命令你们讲呢?”“我们无法服从。”讲到这里时,这位气恼的审判官猛力以拳击书案。我们对他说:“既然你知道基督徒不会畏惧,那为什么要试图恫吓我们呢?”“你们在哪里学习过汉语?”“在中原。”“什么地方?”“到处都学一点。”“你们懂得鞑靼语吗?你们是在哪里学习的?”“在蒙古地区,在草原。”

琦善在提了其他几个无多大意义的问题之后,便说我们可能疲劳了,并请我们坐下。他突然间改变了语气和举止方式。他接着将目光转向正以手叉腰、站在我们之后不远处的桑达钦巴。钦差以冷酷和生气的语调对他说:“你呢?你从哪里来?”“我来自吉土司。”“这个吉土司在什么地方?谁知道它?”“吉土司位于三川。”“啊!你是甘肃省的三川人……中国人的儿子,跪下!”桑达钦巴面色苍白,其手从腰部放了下来,胳膊羞怯地沿大腿伸下……那名大官吏用响亮的声音又重复了一次:“跪下!”桑达钦巴跪倒在地并且还说:“跪着、站着或坐着,这些姿态对于我来说几乎是无关紧要的。一个像我这样受苦和受累的人不习惯于无拘无束。”这位官吏边说边吸了一大撮鼻烟:“啊!你是甘肃人!啊!你是甘肃人。你是中华民族的后代!这很好……在此情况下,我应找你谈了,你的事使我很感兴趣。中华民族的儿子,请回答你的父母官,注意不要撒谎。你是在哪里遇到这两名外国人的呢?你怎么致力于为他们效力呢?”桑达钦巴非常沉着地讲了有关其生平的一段很长的故事,似乎引起了听他谈话者的极大兴趣。他接着又叙述了他是怎样在鞑靼地区认识了我们以及是什么原因促使他追随我们。我们的这名新教徒讲话时非常自尊庄重,尤其是以一种完全出乎我们意料之外的谨慎态度讲话。“你为什么加入天主教?难道你不知道大清皇帝禁止它呢?”“小人加入该教是因为它是惟一正确的宗教。我怎能相信大清皇帝会禁废一种主张行善和消灾避祸的宗教呢?”“确实如此!天主教是一种圣教,我知道。你为什么要投身为外国人效劳呢？难道你不知道法律禁止这样作吗？”“难道像我这样一个愚昧无知的人，能知道谁是外国人谁又不是呢？这些人对我从来都很好，他们始终鼓励我积善德，我为什么不能追随他们呢？”“他们给你的工资是多少？”“如果我陪同他们行动，那是为了拯救我的灵魂，而不是为了挣钱。我的主人从来不会使我缺米和少衣，这就使我满足了。”“你结婚了吗？”“由于我在加入天主教之前是喇嘛，所以我从未结过婚。”官吏接着又微笑地提出使桑达钦巴感到很不好意思的问题，使他低下了头并保持沉默。我们之中的一位便站起来并对琦善说：“我们的宗教不仅禁止犯淫秽行为，而且也禁止想与讲这个问题。我们甚至不允许听那些有失体面的话。”我们平静而郑重地讲的这些话使钦差阁下脸上升起了一缕红晕。他说：“我知道，我知道天主教是圣教。我知道这种宗教并读过其经书。忠实地遵循其全部教义的人将是一个无可指责的人。”他示意让桑达钦巴站起来，然后又转向我们说：“天已黑了，你们也该累了，现在是吃晚饭的时候了。去吧！如果我明天需要你们，那么我将派人去找你们。”

钦差琦善讲得完全有理。天已经很晚了，他这一晚上对我们的感情无法以任何方式取代我们的晚饭。我们在从清朝驻藏的大官署出来后，由一名受人尊敬的喇嘛护送，他通知我们说首席噶布伦在等待我们。我们穿过了许多红灯笼照亮的院落，小心翼翼地牵着带路人的袍子而登上台阶。接着，在天空微弱星光的照耀下，我们沿着一个长平台向前走，最终被领到了摄政府。他的房间宽敞而高大，由酥油灯照得光彩夺目，墙壁、层顶，甚至是地板都布满金饰和放射出耀眼的光芒。摄政独自在那里，他让我们坐在紧靠他身边的一块很绚丽的地毯上，似乎通过其语言，特别是以其手势来表示他是多么关心我们啊！我们特别清楚地理解他是不会对我们被饿死不闻不问的。我们这幕哑剧被一个进门便将鞋留在门口的人的到达而打断了。此人就是克什米尔穆斯林的长官。他在把手放在额头向所有人致敬之后，便讲了一句话：“你好。”他倚立在矗立于大厅中央和似乎是支撑屋架的柱子上。穆斯林长官操一口非常流利的汉语，摄政把他召来以充作翻译。在他到达之后，立即有一名仆人在我们面前放了一张小桌子，给我们送上了由西藏地方政府资助的晚饭。我们暂时将不对摄政的菜肴说三道四，这首先是因为我们狼吞虎咽的食欲不允许我们充分注意饭菜的质量，其次是由于我们在这一天思想中反复思考的是政治而不是烹调术。我们却发现桑达钦巴不在场，于是便询问让他干什么去了。摄政回答我们说："他与我的仆人们在一起，不要担心他，他什么也不缺。"

在用餐期间和之后，我们大谈特谈法国及我们所经过的地区。摄政接着向我们炫耀装饰其房间的画并问我们是否也能作画。我们回答他说："我们不会作画。学习和传播耶和华的教义是我们从事的惟一事情。""啊！不要说你们不会绘画，我知道贵国的人都非常熟悉这种艺术。""是，那里的人都很重视这门艺术，但宗教的使徒们不习惯于从事这种职业。""虽然你们没有专门从事这种职业，但你们绝不会对此一窍不通……你们无疑非常精通绘制地图了？""不，我们也不会。""什么，你们在旅行中从未绘画作图，你们未绘任何地图？""从来没有。""啊！这不可能！"摄政坚持询问我们类似的内容，这就使我们颇多费心思。我们向他说明了所有这些问题已使我们产生的惊奇心情。他说："我看到你们是一些充满正义感的人，因此我与你们坦率地交谈。你们知道中原人都满腹狐疑。既然你们在中原逗留了很长时间，那么你们也应该如同我一样清楚地了解这一切。他们坚信你们跑遍外国是为了绘地图并对所有地区进行勘察。如果你们作画，如果你们绘制地图，那么你们就可以毫不害怕地向我承认。你们可以依靠我的保护……"当然，摄政害怕一次入侵，他可能认为我们是负责为某支准备杀向西藏的令人生畏的远征军开路的。我们试图驱散他的畏惧情绪，向他保证法国政府爱好和平的意图。但我们向他承认，在我们的物品中有一大批图画和地图，我们甚至还有一幅西藏地图……摄政听到这些话之后，面部突然抽搐起来了……我们为了使他感到放心而急忙补充说，我们的所有图画和地图都是刊本，我们自己不是其作者。我们由此而得到机会向摄政和克什米尔人的长官讲述了欧洲人的地理知识，当我们告诉他们说，我国10岁或12岁的儿童，对大地上所有王国，都有一种确切而完整的知识时，他们对此感到非常惊讶。

我们的谈话一直持续到夜间很晚的时候。摄政最终站起来，并问我们是否需要休息一下。我们回答说："我们仅等待噶布伦允许我们返回自己的住处。”“回你们的住处？可是我已命令在我的府上为你们准备一个房间，你们今晚于此睡觉。明天，你们再返回贵处。”我们本想请求原谅并对摄政王的美意表示感谢，但我们很快就发现自己没有拒绝原本天真地认为是一种客套的安置之自由，自己实际上完全成了囚犯。我们略有冷淡地向摄政致谢后，便随一人而去，他领我们穿过了一大批房间和过道进入一间小屋，我们完全有权力称它为监狱，因为不允许我们由此出去到其他地方。

他们为我们准备了两个小床，这些床无疑要比我们的床好得多。但我们仍很留恋自己那简陋的床，在远程跋涉沙漠后，曾长期地在该床上感受到能自由自在地睡觉之乐。喇嘛和摄政的仆役成群结队地前来看望我们。那些已经睡下的人又重新起来。大家很快就在这座过去显得极其幽静和悠闲的庞大府宅中，听到了开门和关门以及好奇者们急促的脚步声在所有的走廊中都响了起来的动作。他们都挤到我们周围并以使人无法忍受的贪婪目光来审视我们。在从各侧互相交叉地集中到我们身上的目光中，只能表现了一种平庸的好奇。对于所有那些围观我们的人来说，我们如同是某种动物。啊！自己被如此被一大群无足轻重的人当戏看，该是多么难堪啊！

当我们认为这些不合时宜的人已看够，或者是窃窃私语地议论够了并应该感到满足时，便告诉他们说我们将上床睡觉，如果他们愿意退去，那将使我们感到极大高兴。所有人都向我们点头，甚至有几个人向我们伸出了舌头，但任何人都寸步不动。他们明显想知道我们将怎样去睡觉。我们觉得这种愿望是不合适的，但我们认为应在某种程度上容忍他们。因此，我们便跪了下来，划了十字，高声诵读我们的晚课经文。我们刚一开始，交头接耳的窃窃私语便停止了，大家保持着严肃的沉默。当晚课结束后，我们便重新请目击者们让我们独自留在这里。为了使自己的话更为有效一些，我们立即熄灭了自己房间的灯，观众们突然陷入了一种极大的黑暗之中，他们于是便决定放声大笑并摸索着走了。我们推上门便睡下。

我们一旦躺在首席噶布伦的床上，便觉得最好是交谈而不是总结一天来的奇遇。那些希望买我们马鞍子的冒牌商人、传讯我们见摄政、钦差琦善对我们的审判、由官库开支为我们准备的晚饭、我们与摄政的长篇谈话,所有这一切都使我们觉得是一种幻影。我们觉得这一整天完全是一场漫长的噩梦。甚至我们的旅行本身、到达拉萨,这一切都使我们觉得难以置信。我们不禁要思忖,诸如我们这样的传教士和法国人是否确实是在达赖喇嘛的辖地、在西藏的首府和就睡在摄政府中!过去和现在的所有这些事件都在我们的脑海中反复冲突。我们特别是觉得未来陷入了一片黑暗和云雾之中。这一切将会怎样结束呢?有人会对我们说:"你们是自由的,到你们乐意去的地方吧!"难道让我们永远留在这座监狱中吗?或者他们是否会在这里把我们绞死?这些想法完全可以使人伤心并且多少也会使人觉得头痛。在严重考验面前,对上帝的信仰是一种好事。当大家处境孤单、遭遗弃和失去了任何救援时,能依靠天命该是多么幸运啊!啊!我们之间互相说,应该满足于所有这一切并依靠无限慈悲的上帝的保护。没有上帝的允许,我们头上的一根头发也不会掉落。

我们怀着这样的思想是颇难酣睡的,睡意往往会突然被打断。当第一束晨曦刚刚出现时,我们斗室的门便轻轻地开了,我们发现克什米尔人的长官进门来。他前来在我们的身旁的两张小床之间就座,以仁慈和多情的口气问我们是否度过了很好的一夜。他接着向我们奉献了一小篮他家中制作的点心,以及来自拉达克的干果。他的这些关心使我们深受感动。这就如同我们刚刚遇到了一名诚挚而忠实的朋友一样。

克什米尔人的长官年长 32 岁,其面部充满了尊贵和威严,同时又显得足以获得我们信任的善良和坦诚。他的目光、语言、一举一动都如同向我们证明,他对我们该是多么关怀啊!他前来通知我们在当天将要发生的有关我们的情况。他告诉我们说:"今天一清早,西藏当局将派人与你们一同回到你们的住处。他们将要查封你们的所有物品,然后再把它们运往衙门,在那里当着你们的面由摄政和驻藏大臣进行检查。如果在你们的行包中没有稿本地图,那么你们就可以平安无事。如果相反,你们拥有这样的地图,那么你们最好是事先告诉我,因为我在此情况下可以找到解决这种事端的办法。我与摄政的关系非常密切(在昨天晚上用晚饭时,我们实际上很容易地发现了这一点),是他委托我来向你们预先通报这一机密。"他接着又压低声调而补充说,完全是清政府的官吏强加西藏地方政府的命令，才给我们招致了所有这些麻烦事。我们回答克什米尔人的长官说，自己没有任何地图手稿。接着，我们又详细谈到了我们的两件行包中装的所有物品。“既然大家今天要对此进行检查，你自己可以判断，当提出某种事时，我们是一些可以信赖的人。”这名穆斯林的面容舒展了。他对我们说：“你们的话使我完全放心。在你们向我讲到的那些物品中，没有任何可能会殃及你们的东西。地图在这里颇受嫌疑，人们对此惶惶不安。特别是自从一位叫作莫克洛菲的英国人事件以来尤为如此。此人潜入拉萨并在这里冒充克什米尔人。他在此居住 12 年之后离去，但在赴拉达克的途中被杀。人们于他的遗物中发现了一大批他在拉萨期间画的地图和图片。这一事件使清朝驻藏当局对地图问题疑心重重。既然你们这些人不画地图，这很好。我将去向摄政禀报你们对我所讲的话。”我们利用克什米尔人长官离去的机会而起床，因为在他长时间的来访中，我们一直无拘束地躺在床上。在作了我们的早课和在尽最大能力使自己的心变得既有毅力又能逆来顺受之后，我们便津津有味地品尝了摄政刚刚派人给我们送来的早餐。这是一小盘红糖包和肉馅包子，接着是一杯放了大量酥油的茶。我们更喜欢香甜地吃克什米尔人的长官为我们带来的点心和干果。三名喇嘛传达官准时前来向我们通报一天的日程，转告说将要搜查我们的行李。我们恭敬地服从了西藏当局的命令，于是便在一支庞大押解队的护送下返回我们的住处。从摄政府直到我们的下榻处，我们在沿途发现了一场严重的骚乱。人们都在洒扫街道，匆匆忙忙地搬走了垃圾堆，有大块黄色和红色的氆氇铺在住

穿清朝官服

宅的门前。我们询问这一切意味着什么，所有这些显示荣耀和尊崇的做法又是为了谁……我们又听到于自己的身后响起了热烈的欢呼声，回头一望认出了摄政。他正骑一匹白色的骏马前进，由大批骑士簇拥。我们基本与他同时到达了自己的住处。我们打开了锁门的铁锁，请摄政光临法国传教士们的房间。

自从驻藏大臣召见我们时就没有再露面的桑达钦巴，也按照指定的时间来这里汇合。他完全被惊呆了，因为他对这次行动丝毫不懂。与他一起过夜的摄政仆人未能使他了解事情的真相。我们向他讲了一句话让他放心，并使他明白了他们不会立即处死我们。

摄政在我们房子中间，坐在有人特别从其府中搬来的一个镀金的座位上。他接着问我们，他在本住处看到的东西是否是我们的全部家当。“是，这就是我们所拥有的一切，既不多也不少。这就是我们要夺取西藏的全部物力。”摄政说：“在你们的话中含有嘲讽的恶意。我从未想到你们是如此可怕的人……”他接着又指着我们挂在墙上的一个带耶稣像的十字架问我们：“这件东西是什么？”“如果你不清楚地知道这件东西，那你就不会说我们太可怕了。我们是想以此而控制中国的中原、鞑靼地区和西藏。”摄政放声大笑，因为他完全把我们的话看成是一种玩笑，但实际上却是非常真实和非常严肃的。

一名书记员蹲在摄政的脚前，统计了我们的行李包、破衣烂裳和炊具。有人拿来一盏点好的灯，摄政从挂在其脖子上的一个小口袋中取出一颗金印，有人在我们的行李上盖印封存。他们没有放过任何东西，我们的破靴子甚至是旅行帐篷的钉子，一切东西上面都打上了红蜡封并郑重地盖上了达赖喇嘛的印鉴。

当这一漫长的仪式结束时，摄政通告我们应前往官衙。因此，有人立即去寻找脚夫，这只需要很少一点时间。一名警察喇嘛仅仅走到街头，便以法律的名义勒令所有行路人，无论是男是女还是儿童，都立即进入我们的房中应官差。在拉萨，劳役制度十分健全，贯彻实行非常顺利。藏族人非常愉快地和以世界上最心甘情愿的态度服劳役。

当到达的苦力人数已足够用时，有人便向他们分配我们的财产。他们把我们的房间洗劫一空，接着就浩浩荡荡地向衙门进军，一名藏族骑兵手执大刀和斜挂大枪而开路。接着是一大群脚夫，在两行护卫喇嘛之间行走。摄政骑着一匹白马，由几名仪仗骑兵前呼后拥地紧跟在我们行李的后面。最后，在摄政的身后走着两名不幸的法国传教士，一大批好奇者形成了一支使人不大愉快的队伍。我们的气派并不高傲，自己被人作为罪犯，至少是被作为嫌疑犯而被押解，只好眼皮下垂，羞怯地和在急匆匆地冲向我们经过地方的大批人群中穿行。这样一种处境当然是非常难堪和特别耻辱的。但想到我们的神圣救世主曾被通过耶路撒冷的大街而带上了法庭一事，则完全可以减轻我们饱受的痛苦。我们祈祷他通过他的受辱而使我们遭到的耻辱神圣化，并作为对他痛苦受难的回忆而接受这一切。

当我们到达衙门的时候，驻藏大臣在其幕僚们的簇拥下，已经高堂就座。摄政对他说："你想检查这些外国人的物品，这就是，请查吧。这些人既不像你认为的那样富有，也不是那样有势力……"摄政的话中含有一种怨恨情绪，他实际上可能对他刚扮演的宪兵角色感到有点狼狈不堪。琦善问我们是否仅有两件行李包。"仅有两件，他们已全部搬到这里来了。在我们的住宅中，甚至再没有一块抹布和一块破纸屑了。""你们这两件行李箱中都有什么东西？""瞧，这是钥匙。打开箱子，倒空它们，你随心所欲地检查吧。"琦善脸红了，向后挪动了一下身子。他那种中国人所特有的敏感性说明，他有点生气了。他大动肝火地对我们说："难道这些行李箱是属于我的吗？如果此后你们少了某种东西，你们又会说什么呢？""不必害怕任何事。我们的宗教禁止自己轻率地怀疑他人。""你们亲自打开自己的箱子吧……我想知道其中的东西，这是我的任务。惟有你们才有权触及属于你们的东西。"

我们扯掉了达赖喇嘛的印封，锁子打开了。所有人很长时间以来就用眼光扫来扫去的这两只箱子，最终在众目睽睽之下向他们打开了。我们一件一件地取出了其中的所有物品，然后陈列在一个大案子上。首先出现了几卷法文和拉丁文书，接着是些汉文和鞑靼文书籍、教服、装饰品、圣瓶、念珠、十字架、圣牌、一套漂亮的石印画。所有人都凝视着这个小小的欧洲博物馆。他们都睁大了眼睛，互相用肘部推搡，舌头嘎嘎作响以表示赞赏。他们任何人从来未见过如此漂亮、如此丰富和如此神奇的东西。所有那些闪耀着黄色光芒的东西都是金子。所有人都眉开眼笑，都似乎完全忘记了我们是一些危险人物和嫌疑犯。藏族人向我们伸舌挠耳，中原人则充满感情地向我们鞠躬。尤其是我们的圣牌袋更使所有人头晕眼花。大家似乎希望在离开这一法庭之前，我们能向众人大量分发这些闪闪发光的金块。

其灵魂要比凡夫俗子崇高许多的摄政和琦善，肯定不会对我们的财宝垂涎，也没有因此而忘记他们那法官的角色。他们看到了我们这些彩色画像都忘乎所以了。摄政双手合十，目不转睛地凝视着，嘴一直半张着；琦善却夸夸其谈，冒充知识渊博的学者，向在场的群众解释为什么法国人是世界上最出色的艺术家。他说："从前，我在北京认识了一名法国传教士，他所画的画像惟妙惟肖，已达到了令人吃惊的程度。他把纸藏在上衣的袖筒里，就如同是偷着捕捉人像的线条一般。在吸一袋烟的时间，一切就画好了。"琦善追问我们是否有钟表、望远镜、幻灯等等东西。我们于是便打开了一个任何人尚未发现的小袋，其中装有一台显微镜。我们把它的各种零件都装配起来，所有人都完全把目光盯在这架纯金的机器上，毫无疑问，它能从事一些令人惊奇的事。惟有琦善一人才明白什么是一台显微镜。他非常自负和夸夸其谈地向众人解释了这架机器。他接着让我们把某种微小动物放在镜头下……我们用眼角看了一下阁下，接着又把零件逐一地卸了下来并把它藏在袋子中。我们以一种完全是温文尔雅的口气对琦善说："我们认为自己来此是为了接受一次审判，而不是来演滑稽戏。"他突然站了起来说："要进行什么样的审判。我们只是想看一下你们的东西，更确切地知道你们是谁。这就是一切。""那么地图呢？你为什么不再讲了？""是，这是关键问题。你们的地图在哪里？""这就是我们的地图。"我们展开了自己所拥有的三幅地图。具体是：一幅世界地图、一幅根据麦兴托的投影法绘制的平面图、一幅是中华帝国图。这三幅地图的出现使摄政犹如五雷轰顶一般。这个不幸的人在一分钟的时间内三四次变颜变色，就如同是我们展开了自己的死刑判决书一般。我们向琦善说："我们很高兴地在此地会见你。如果出于不幸而你不在此，那么我们就无法说服西藏地方当局，使他们坚信我们没有自己绘制这些地图。像你这样一名有学问又十分熟悉欧洲事物的人，那就很容易看出这些地图不是我们的作品。”琦善似乎对我们的恭维感到极为满意。他说:“这很明显,一眼就可以看出这是些刊本地图。”他又对摄政说:“瞧!这批地图不是这些人画的,它们是在法兰西王国中刊印的。你这个人不会区别这一切,但我很久以来就熟悉了来自西天的物品。”这一席话在摄政身上产生了如同中魔一般的效果,他的面容舒展开了。他用闪烁着满意光芒的眼睛看着我们,和蔼可亲地向我们点头示意,似乎是在对我们说:“很好,你们是勇敢的人。”

我们如不对地理问题略作一番介绍,那就不可能立即转向论述其他问题。我们好心地满足了摄政和驻藏大臣向我们表现出的愿望。我们用手指在麦卡托平面图上向他们指出了中国中原、鞑靼地区、西藏和地球上其他所有地区的位置。当摄政看到我们离自己的祖国那么遥远,我们为了到西藏首府来拜访他,则必须被迫通过海路和陆路而走那么漫长的道路时,简直惊诧极了。他呆呆地凝视着我们,接着伸出右手的大拇指对我们说:“你们是一些如同它一样的人。”在西藏人的形象化的隐喻语言中,这就是说:你们是一些了不起的人。摄政在辨认出西藏的主要地点后,又问我们加尔各答在哪里?我们指着海边的一个很小的圆圈说:“这里。”“拉萨呢?拉萨在哪里?”“这里。”摄政的眼睛和手指在一段时间内从拉萨移到加尔各答,又从加尔各答移向拉萨。他在做鬼脸并摇头晃脑地说:“加尔各答的夷人距我们的边境线很近……”他接着又说:“不要紧,这里有喜马拉雅山!”

地理课结束了,地图又被卷起来并放入了它们各自的皮囊中,于是又开始检查宗教物品。琦善对此相当熟悉。当他任北直隶总督时,曾大量迫害基督徒,从而有许多机会熟悉与天主教信仰有关的一切。所以他不会不是知根知底者。他解释了圣像、圣瓶和装饰物。他甚至还说在圣油盒中可以得到能使垂死者起死回生的良药。当他作所有这些解释时,摄政显得既忧心忡忡又心不在焉。他的目光不停地转向一块呈圣体饼的铁。这些末端是两个宽大把手的夹子,似乎强烈地吸引了他的想象力。他用目光询问我们,似乎是在追问我们这种可怕的工具是不是地狱中的某种东西。他只是在看到我们把几个圣体饼装在一个盒子中时才感到放心了。他只是到了此时此刻才明白这种奇怪机器的用途。

好好先生摄政喜笑颜开,得意扬扬地看到在这些物品中没有任何可能危害我们的东西。他用一种充满狡黠的口气对驻藏大臣说:"好了,你对这些人作何感想?应对他们如何处置?""这都是一些法国人,他们是天主教的使徒,都是一些正直的人。应放他们自由吧……"这些讨好的话在大厅中受到了一片表示赞同般轻微窃窃私语的欢迎,两名传教士从心灵的深处回答说:"上帝的恩泽。"

那些应差的人重新拿走了我们的行李,以一种肯定比我们来时更为敏捷和更为轻快的步伐,把它们送回到我们的住处。为我们恢复名誉的消息很快就传遍全城,藏民从各处跑来向我们祝贺。人们匆匆忙忙地欢呼我们,所有人口中都在讲"法国人"。从此时起,"白阿扎拉人"一名便被人彻底遗忘了。

一旦当我们重返自己的住处之后,我们便向搬运自己物品的脚夫们分发了一些章卡,以便使他们为我们的健康而喝一杯藏族人酿造的薄酒,并评价法国人的宽宏大量,法国人从来不会无偿地让人干活。

所有的人都走了,我们又恢复了惯有的寂寞。寂寞导致了反思,我们想起了两件极其重要的事。第一件事是我们尚未吃晚饭,第二件是我们的两匹马尚未被牵到马槽上去饮水。正当我们迅速地设法做饭和查看我们马匹的情况时,我们又看到克什米尔人的长官迈进了我们的门槛,他使我们摆脱了这种双重的窘境。这个善良的人预见到了我们在法庭开庭审判期间无法生火煮饭,于是便带领两名仆人前来,带来了满满一篮子食物。他为我们准备了一顿庆祝凯旋的宴会。"我们的马呢?你可以给我们提供一点有关它们的消息吗?我们在院子里再也看不到它们了。""我将向你们讲这一切,它们从昨天晚上起就在摄政的马厩中。当你们不在时,它们既未挨饿,又未受渴。我听说你们想出售它们……事情果然如此吗?""啊,是,确实如此。这些牲畜使我们花费得太多了。但它们如此瘦弱!谁想在此时购买它们呢?""摄政想买它们。""摄政?""是,他本人。请不要发笑,这不是一种玩笑……你们想要多少钱?""啊!由他们给吧。""好,你们的马被买定了。"克什米尔人讲了这些话之后,便打开了放在他腋下的一个小包,在案子上放了两锭各重十两的银子。他说:"这就是你们两匹马的售价。"我们认为自己那瘦弱和疲惫不堪的马不值这样多的钱,因而真心向克什米尔人的长官讲述了这一切。这件事已无法作任何变更了,它是事先成交和确定的。摄政声称我们的马虽然瘦弱但却属良种马,因为它们没有被长途旅行的疲劳拖垮。此外,在他看来,这些马具有特殊的价值,因为它们跑遍了许多地区,特别是因为它们吃过宗喀巴故乡塔尔寺的草。

我们瘪瘪的钱袋中又多了20两白银,这是一笔不小的财产。我们有资本冒充慷慨大方的人了。所以,我们不慌不忙地取出了这其中的一锭银子并将它放在桑达钦巴的膝盖上。我们对他说:"这是给你的,你将会以此而从头到脚换成新衣服了。"桑达钦巴非常感激地和阴郁地表示谢意。后来,其面部的肌肉舒展开了,鼻孔鼓起来,其宽阔的嘴也开始微笑。他最终不能再控制其兴奋了。他便站了起来,两三次把银锭抛向了空中,并高呼:"这是一个多好的日子啊……"事实上,桑达钦巴完全有理,非常凄凉地开始的前一天,却比我们预想的要好很多。我们现在在拉萨享有一种受人尊敬的地位,最终将允许我们自由自在为传播《福音书》而工作。

翌日,我们度过了比前一天更幸福的一整天,在某种意义上是我们达到了自己幸运的顶峰。清早,我们在克什米尔人长官的陪同下前往摄政府上,向他对我们的关怀而表示感谢,我们受到了亲切和友好的欢迎。摄政秘密地对我们说,清政府的人对看到我们出现在拉萨感到嫉妒,不过我们可以依靠他的保护,我们可以自由地居住在该地区,任何人都无权干涉我们的事务。他补充说:"你们的居住条件太坏,我觉得你们的房间太脏、太狭窄和太不舒适了。我认为像你们这些自远方而来的外国人可以在拉萨生活得更好。难道在你们的法兰西国内不也是友好地对待外来人吗?""大家都非常好地对待远方来客。啊!如果你有朝一日能到那里去,那么你将会看到我们的皇帝会接待你。""外来人是客人,因而需要你们放弃自己选择的住处。我已下令在我家中为你们准备一处适合你们下榻的房间……"我们迫不及待和感激万分地接受这一善意的提议。非常方便地和无偿地居住,是我们这种地位的人不能拒绝的,我们特别重视能在摄政府上定居的好处。获得西藏当局如此显著的青睐和如此明显的保护,不会不使我们在拉萨居民中产生巨大的精神影响,并可以方便我们的布教事业。

从摄政府出来后,我们便毫不耽搁地去察看指定给我们的房间。这幢房子极豪华,实在令人陶醉!我们于当晚就搬家,占据了我们的新住宅。

我们首先关心的是在自己的房子中建一座小教堂。我们于是便选择了其中最宽敞和最漂亮的一间，尽我们最大的可能来用最绮丽的壁纸帷幔来布置它，然后又用圣像来点缀它。啊！我们的灵魂该多么充满喜悦啊！最终允许我们在十字架下公开祈祷了。这件事就发生在“佛教之都”的城内，该城可能尚未看到我们救世主的标志在它眼中闪闪发光。[1] 对我们来说，能够最终在这些数世纪以来就被置于死亡阴影下的不幸人耳边响起了生的语言，这该是多大的安慰啊！这个小教堂实际上很简陋，但我们认为它就是上帝向所有那些放弃了一切而为它效劳的人许诺的地方。我们的心情感到了极大的满足，以至使我们好像觉得它并不是以在沙漠中受了两年苦难的昂贵价格而买到的。

在拉萨，所有人都想参观法国“喇嘛”们的小教堂。许多人要求我们对他们看到的圣像之意义作某些澄清，回去之后则把学习耶和华的圣教完全置于脑后了。也有一些人内心受到感动，他们似乎特别重视学习我们前来向他们布讲的真谛。他们坚持不懈地每天前来我们之中，持之以恒地念诵我们在塔尔寺所写的有关基督教的教理纲要，他们请求我们为他们讲授真正的日课经文。

藏族人并不是惟一对学习我们圣教表现出热忱的民族。在清朝驻藏人员中，驻藏大臣琦善的秘书们也常常来拜访我们，以谈论西方的伟大教理。我们借给了他们中的一人许多部用鞑靼—满文写成的基督教著作，此人坚信基督教的真谛和接受这种宗教的归化之必要性。但只要他们依附于驻藏大臣，他们就没有勇气公开宣扬圣教教法。他似乎等待可以自由返乡的时候。上帝保佑他的打算不会落空。

一名出身云南省的医生表现得比较慷慨。这个青年人从到拉萨起就过着一种非常奇怪的生活，以至所有人都称他为“汉族隐修士”。他惟有去看病人时才外出，而且在一般情况下仅去穷人家中。富人徒劳地请他，他不屑于应邀前往。除非是由于必须对某人急救时才肯屈尊光临。他在专心为穷人服务时不收任何报酬。他把未被看病人占据的时间用来潜心研究，甚至把夜间的大部分

---

① 在此之前早就有方济各会士享真福者鄂多立克于1330年参观了拉萨，嘉步遣会士约瑟夫·德阿斯库利和德拉图尔甚至于1706年在那里建立了教堂。但他们的继承人于1790年康熙时代被从那里最终驱逐出了，而且未留下他们在那里居住的任何踪迹。

时间也用于看书。他很少睡觉,每日仅食用一餐糌粑,而又从不食肉。此外,只要能看到他,就坚信他过着艰辛而又困苦的生活,其面容苍白和极其消瘦。虽然他年龄最多30岁,但头发几乎完全花白了。

一天,正当我们在自己的小教堂中念诵日课经文时,他来拜访我们。他在门前数步远的地方停了下来,严肃而安静地等待着。那里的一幅彩色大圣像显示了耶稣受难的苦相,他无疑是将其注意力集中到这幅圣像上了。由于我们刚刚结束了自己的日课,所以他不再与我们习惯地寒暄,就突然要求我们为他解释这幅画像的意义。当我们满足了他的请求之后,他便把双臂交叉在胸部,一言不发,双目凝视耶稣受难像。他保持这种姿态近半个时辰,双眼最后含着眼泪,把双臂伸向基督,然后又跪了下来,三次以前额触地,呼叫着站了起来:"这就是人类应崇拜的惟一佛陀!"他然后又转向我们深鞠一躬,便补充说:"你们是我师,收下我做弟子吧。"

此人刚才所做的一切都使我们感到诧异,我们不由自主地认为,出自上帝圣宠的强大冲动力,刚刚震撼了他的心。我们向他简单地阐述了基督教理的要点。对于我们向他所讲解的一切,他仅满足于以一种确实令人震惊的克制表情回答说:"我相信。"我们递给他一个小小的用镀金铜制成的耶稣受难像并问他是否愿意接受。他的全部回答就是殷勤地向我们深鞠一躬。一旦当他把受难像捧在手中时,就请我们给他一根绳子,他立即把圣像挂在脖子上。他也想知道他在十字架面前可以念诵什么样的祈祷经文。我们对他说:"我们将借给你几本汉文书,你于书中可以读到对教理的诠释和多种经文集。""我的先生们,这很好……不过我想有一篇很短和易读的祈祷文,以便使我立即就能学会,并常常和到处重复它们。"

我们教会他诵读:"救世主耶稣,可怜我吧。"他由于害怕忘记这些话,便把它写在一片纸上,装在悬挂于其腰带上的一个小钱袋中。他离开我们时断言,对这一天的记忆将永远不会从他的脑海中消失。

这名青年医生非常热情地学习基督教真谛,但他身上最令人注目的地方,则是他从来不设法掩饰自己心中的信仰。当他来拜访我们时,始终有一个耶稣受难像在胸前闪闪发光。他在接触我们时从不会忘记讲下面一句话:“救世主耶稣! 可怜我吧!”这是他用于向我们致敬的话。

正当我们作出某种努力,以在拉萨居民中传播福音的种子时,也没有忽视设法把这种神圣的种子播在摄政的宫中,这并不是没有希望于某一日在那里获得珍贵的收获。自从他们迫使我们遭受的那次审判案件以来,我们与摄政的交往很频繁,在某种意义上来说也是充满了友谊。几乎每天晚上,当他完成上层公务之后,便令人来请我们去与他共同吃藏饭,他特意为我们另加一些按中原方式烹调的饭菜。我们的谈话一般都持续到夜间很晚的时候。

摄政是一个才华出众的人,出自寒门,逐渐地以他自己的功德而升任首席噶布伦的官位。仅仅三年以来,他才荣升这一显赫的职位。他在此之前一直充任艰苦的和困难的职务,常常向各个方向跑遍西藏的辽阔地区,这或是为了进行战争,或者是与附近地区谈判,或者是为了监视安置在各地方政府中的呼图克图们的行为。如此活跃和如此繁忙的生活,在某种意义上与研究学习不是相吻合的,这并没有阻止他学到喇嘛经书的深奥知识。所有人都一致指出,最著名喇嘛们的学识也不及摄政,大家特别崇拜他迅速处理公务时的悠闲自得。一天,我们正在他府上,有人为他送来了一大批案卷,这是各地发来的公文,以一只膝盖跪地的秘书把它们逐一打开,并一件件呈给他批阅。摄政迅速地以目光浏览了一遍,但却没有中断与我们的谈话。随着他逐一地审阅呈文,便手执竹笔而于案卷的一端写上了批示。他就这样迅速而熟练地处理了公事,就如同玩耍一般。我们完全无法判断大家赋予首席噶伦布的文学才能,但肯定说自己从未见过像他那样写一手漂亮藏文字的人。

摄政非常喜欢介入宗教事务,而宗教又往往是我们谈话的主要内容。开始时,他向我们讲了这样一段至理名言:“你们从事的全部长途旅行完全是为了宗教问题……你们行之有理,因为宗教是人类的重要问题。我看到了法国人和藏族人在这个问题上的想法雷同。我们与中原人完全不同,他们丝毫不重视灵魂问题。[1]但

---

① 以如此绝对的方式断言中国中原人不是信教的民族当然不确切,覆盖了中国中原的大批和几乎全都是以自愿布施而建起的新旧佛塔,恰恰证明了相反的国情。在中原各个角落中都创建的活跃的基督教机构,足以否认这种悲观的判断。

你们的宗教与我们的不同……最重要的事是要知道哪一种是名副其实的真宗。因此,我们将要非常仔细地和诚心诚意地研究所有这二者。如果你们的宗教正确,那么我们将采纳之,我们怎能拒绝这样做呢!如果相反是我们的宗教正确,那么我认为你们也应当非常理智地信仰之。”我们觉得这些设想特别好,因为暂时尚不能希望他会有更好的看法。

我们从基督教开始谈。摄政在他与我们的关系中始终和蔼可亲和彬彬有礼。他声称我们既然是他的客人,那么我们的信仰应享受优先进行研究的荣誉。我们相继回顾了教理和伦理的真谛,使我们感到非常惊奇的是摄政对任何事都不感到惊奇。他不停地向我们重复说:“你们的宗教与我们的教义相吻合,其真谛一样,我们惟有在诠释中有所差异。在你们于鞑靼和西藏所看到和听到的一切之中,你们无疑能发现许多不同意的东西。但不要忘记,你们发现的大批谬论和迷信都是由无知的喇嘛们引入的,它们都遭到了有学问的佛教徒们的摒弃。”他在他本人与我们之间仅承认两点分歧,即世界起源论,灵魂转世论。虽然摄政的信仰有时似乎接近天主教教理,但最终却导致了一种广泛的泛神论。他声称我们也可以导致同样的结果,费了很大力气来说服我们坚信之。

藏语基本上是宗教和奥义语言,能非常清楚而具体地表达有关人类灵魂和上帝的一切思想。非常遗憾,我们不能充分运用这种语言。我们在与摄政的谈话中,被迫求援于克什米尔人的长官充当翻译。由于克什米尔人长官本人也不善于把奥义思想译成汉文,所以我们之间往往很难互相理解。一天,摄政对我们说:“真谛本身就很清楚。如若用一些含糊的词汇来掩饰它,那就无法窥见真谛。只要我们被迫使用汉语充当媒介,那往往就不可能互相理解,我们就无法向你们清楚地解释用藏文讨论时所取得的那种成果。”除了我们之外的任何人,都不会坚信这种意见的正确性。我们回答摄政说,学习藏语一直是我们始终惦记的事,我们每天都积极地为此而工作。他对我们说:“如果你们愿意的话,我将为你们学习藏语提供方便。”他当时就传来了一名仆役,向他讲了几句我们不懂的话。一名衣着整齐的青年人立即出来并彬彬有礼地向我们致意。摄政告诉我们说:“这是我的侄子,我让他既作你们的学生又作你们的先生。他将整天与你们在一起,这样你们就有机会练习藏语了。作为交换,你们给他上一点汉文和满文课。”我们非常感激地接受了这项建议,因为我们以这种方法确实可以在学习当地语言中取得迅速的进步。

摄政非常喜欢谈论法国。在我们长时间的拜访中,他向我们提出了一系列有关我国风俗、习惯和生产的问题。我们向他介绍的有关轮船、铁路、汽艇、汽灯、电报、达格雷照相法[①]和我们所有工业产品的一切内容,都使他如在云雾之中,使他对法国的伟大和强盛产生了一种崇高的看法。

某一天,我们正与他讲述天文观察和天文仪器,他问我们是否允许他更靠近一些,以欣赏一下我们装在盒子里的那架罕见而又令人好奇的机器。他是指我们的显微镜。由于我们心情愉快,摄政的态度又比搜查我们的物品时要和蔼得多,所以我们便迅速地满足了摄政的这种好奇心。我们之中的一人跑回住处,一会儿就携带那件妙不可言的仪器反了回来。我们在调整镜头时,便试图尽自己的可能向倾听我们讲话的人介绍一些光学观念。我们发现理论不大会激起他们的兴趣,于是便立即进行试验。我们问在座的人中是否有人愿意给我们捉一只虱子。这件事比捕捉一只蝴蝶还容易。一名贵族喇嘛——首席噶布伦阁下的秘书,把手伸到其腋下丝绸袍子的里面,便给我们奉上了一只肢体齐全的虱子。我们立即用自己的镊子尖从侧翼捉住它。但喇嘛立即开始提抗议并试图阻止我们进行实验,其借口是我们将会造成一个生灵的死亡。我们对他说:“别害怕,你的虱子只不过是被从表皮夹住了。此外,它似乎相当强壮而可以成功地摆脱恶境。”正如我们已经讲过的那样,摄政具有比芸芸众生更优雅的想象力,他命令该喇嘛保持沉默并让我们去做。因此,我们继续做实验。我们用镊子尖把这只正在全力挣扎的不幸小动物固定在镜头下,接着就请摄政把右眼贴在机器上部的镜头上,把左眼眯起来。摄政呼叫:“宗喀巴!这只虱子如同一只老鼠大……”他观察了一段时间之后,便仰起头来并将其面庞掩在双手中,声称看起来太可怕……他想劝阻其他人再看,其影响彻底受挫了。所有人都依次倾向显微镜,在抬起头时则

---

① 达格雷照相法是聂普斯不久刚发明并经达格雷改进(1839 年),这是为了固定由暗箱里产生的印象。

发出可怕的喊声。那名秘书喇嘛发觉他的小动物不再动了，于是便为它求情。我们取下了镊子并让虱子落在其主人的手上。阿！这个可怜的受害者始终一动也不动。摄政笑着对秘书说："我想你的虱子不舒服了，去设法为它找点药，否则它将难以复活。"

任何人也不再想抓活的生灵了，我们则继续表演，在观众们的眼皮下把一小套微型图片放进去。所有人都出神了，全都议论对法国人神奇能力的赞扬。摄政告诉我们说："你们的铁路和空中飞船也不会使我们过分感到惊奇，能发明这般精妙机器的人，能制造出一切来。"

首席噶布伦对我们祖国的东西如此迷恋，以至他突然出于一时的兴致而学习法文。一天晚上，我们根据他的意愿而为他带去了一本《法语 ABC》，其中每个字母都在下面用藏文字标注了拼音。他瞥了一眼该书，由于我们想向他作某些解释，他回答说这不必要，我们所写的已经相当清楚了。

次日，一旦当我们出现在他面前，他就问我们皇帝的名字叫什么。"我们的皇帝叫作路易—菲利普。""路易—菲利普！路易—菲利普！……这很好。"接着，他取出竹锥笔并开始书写。过了一段时间，他递给了我们一片纸头，我们发现上面用很工整的字母写着 Louy Filipe。

我们在拉萨取得的短暂成功期间，也与驻藏大臣琦善保持着相当亲密的关系。他有两三次把我们召去以谈论政治，或者是按中原人的说法是清谈。我们非常诧异地发现他极为熟悉欧洲事态。他向我们大谈特谈英国和维多利亚女王。他说，我觉得这个女子颇有本领，但我认为其丈夫仅起了一种微不足道的作用，她不让他插手任何事。她为他修建了一座景色迷人的花园，园中栽满了各种果树和花卉，他始终被杜门谢客地关闭在里面，以散步而度过终生……大家传说在欧洲还有其他由女子统治的王国。这是真的吗？他们的丈夫是否同样也被囚禁在花园中呢？难道在你们法兰西王国也存在有这种习惯吗？""不，法国的女子们都在花园中，男子参与政务。""这才合理，否则将会乱套。"琦善还向我们打听帕尔梅斯顿的消息，他是否还负责外交事务……"义律[1]呢？他现在

---

① 义律是 Elliot 的汉名，这是英—中战争开始时英国驻广州的全权代表。

如何了？你们知道他吗？""他被召回去了，你的失宠也导致了他的垮台。""很遗憾。义律心肠很好，但他不会作决定。他被处死还是遭流放？""哪一种也不是。在欧洲，大家看不到在北京那样既迅速而又不坦率地行事。""是，确实如此。你们的官吏们比我们幸运。我们的皇帝不能知道一切，但他却判决一切，而任何人又从不敢对他的行为说三道四。如果我们的皇帝对我说：'这是白色的'，那么我便会跪下来而对他说：'是，这是白色的。'如果他接着又向我指着同一物品说：'这是黑色的'，那我们就必须重新跪下并回答说：'是，这是黑色的'。""归根结底，你们是否希望同一物品同时是白色和黑色的呢？""皇帝可能会对具有这种胆量的人这样讲：'你说得对'。但他同时便令人将此人绞死或斩首。唉！我们不像你们那样有个'众头议'（琦善以此指众议院——译者）。如果你们的皇帝逆正义而行，那么你们的众头议就会出来阻止他的旨意。"

琦善向我们叙述了他是如何以独特的方法，在北京处理1839年与英国人的重大交涉事件的。皇帝召集了组成其最亲信的军机处的八名中堂，向他们介绍了南方发生的事件。他向他们说，有些来自西方的海上冒险家们表现出了反叛和不服皇命的事件，应缉拿他们并严惩不贷，以便对所有那些试图模仿他们那不端行为的人作出儆戒……皇帝这样表达了其观点后，便询问军机处的意见。有四名满族中堂跪倒并奏道："喳！喳！喳！主子的吩咐"。四名汉族中堂也跪倒并奏道："是！是！是！皇上的天恩"。除此之外，再未补充任何话，军机处大臣下朝班去了。

这一故事是非常真实的，因为琦善曾是帝国政府的八名中堂之一。他还补充说，他个人则坚信中国人无力抵抗欧洲人，除非是改进武器和改变古老的习惯。但他从来都小心谨慎地不敢向皇帝呈奏，因为当这一上奏不准时，他就可能会因此而付出生命的代价。

我们与驻藏大臣、摄政和克什米尔人长官之间频繁的往来，不会不引起拉萨居民对我们的信任和尊重。我们看到那些前来拜访我们并学习我们圣教的人与日俱增，便感到自己的希望增大了，自己的勇气也加强了。但在这种安慰之中，一种想法则不停地在刺痛我们的心。我们为不能向西藏人炫耀天主教那些因豪华而感人和令人陶醉的表演。我们始终觉得自己的仪礼很完美，足可以强有力地影响这个对外来信仰有着贪婪爱慕心情的民族。

我已经讲过，藏族人明显都酷爱宗教。除了某些隐栖山林并在山洞中度过一生的隐修喇嘛之外，他们都很少关心奥义。他们不是于心灵深处强化其虔诚，而相反却更喜欢以外表行为表现出来。所以，取经朝圣人、喇嘛寺中喧哗的仪轨、在他们平屋顶上的跪拜等，都是他们极为喜欢的活动。他们从不间断地手执佛教念珠以阵阵响声数珠。甚至他们干活时也不断喃喃自语地念经。

在拉萨存在有一种颇为感人的习惯，我们对在不信基督的人中发现这样一种习惯，而感到具有不同程度的嫉妒。傍晚，当太阳快坠落时，所有的藏族人都停止了他们正从事的工作，男女老少都依其性别和年龄，而集中在城中的主要住宅区及公共场所，当人群刚刚聚集起来时，所有人都跪在地上，便悠扬和细声细语地诵经。这场宗教大合唱从许多集会处发出，在全城内产生了一种无限隆重和能强烈影响灵魂的极大和谐。当我们第一次亲眼目睹这一场面时，便不由自主地把这座所有人都在共同祈祷的异教城，与甚至当众画十字都感到面红耳赤的欧洲诸城作了痛苦的比较。

藏族人在晚间集会中诵读的愿文，根据一年中的季节而有变化。他们于其数珠上念的经文相反却始终如一，仅由六个音节组成：唵嘛呢叭咪吽（六字真言）。佛教徒们简称这种六字真言为"咒"或"嘛呢"。它不仅仅出自所有人的口中，而且大家还可以发现它被写在各个地方，如街道、公共场合和住宅的内部。在人们看到飘扬于大门之上或建筑物顶部的幡中，始终都用圣字、鞑靼文和藏文写有咒语。某些富裕和虔诚的佛教徒自己出资供养一批雕刻师喇嘛，其使命是传播咒语。这些奇怪的布教人手执凿子和锤子跑遍了平原、山区和沙漠，在他们遇到的石头和山崖上都刻下神圣的咒文。

据著名的东方学家克拉普洛特认为，"唵嘛呢叭咪吽"这句六字真言，仅仅是自印度传入西藏的一句梵文咒语的藏文对音。在公元7世纪中叶前后，著名的印度教徒藏族人吞米桑布札把使用文字的习惯传入了吐蕃。但由于他首先采纳的圣字字母使松赞干布觉得过分复杂和太难学习，他便请吞米桑布札重新编写一套更容易学习和更适合藏语的字母。因此，吞米桑布札在一段时间内闭门造车，编造出了至今一整套尚行用的藏文字母，它实际上只不过是对梵文字母的改编。此人同时还教赞普学习佛教奥义，并向他传授了六字真言"唵嘛呢叭咪吽"，它后来又很快地传播到西藏和蒙古的所有地区。

这句咒语在梵文中具有复杂的和不容置疑的意义,人们却徒劳无益地在藏语方言中寻找。在印度人中,"唵"是一尊神的神秘名字,所有的祈祷均由召请它而开始。它以字母A(毗湿奴的名字)、字母O(湿婆的名字)以及字母M(梵天的名字)组成。这一神秘的小品词也相同于感叹词ô,并表示了一种深刻的宗教笃信。它在某种意义上是一种信仰教法的咒语……"嘛呢"译为"如意宝",即珍贵物。"叭咪"意为"莲花","莲台"也是同一个词的位置格……最后,"吽"则是一个表示祈愿成就的小品词,相当于我们的"阿们!"。这句话的字面意义就是:

Om mani padmé houm!
唵 嘛呢 叭咪 吽
啊!如意宝在莲花中,阿们!

西藏和蒙古的佛教徒们不满足于这种明确而又具体的意义。他们绞尽脑汁地苦思冥想,以图找到组成这一咒语的六字真言各自所具有的一种神秘的解释。他们撰写了无数部卷帙极其浩繁的著作,其中为了解释"嘛呢"而堆砌了十分荒诞的解释。喇嘛们都习惯于说该真言中所包含的教理是无限的,一个人的终生也不足以衡量其广度和深度。

我们非常好奇地想知道摄政对这一真言的看法。下面就是他针对这一内容而告诉我们的情况:"众生在藏文中叫做Semdchan,在蒙古语中作amitan,共分成六类:天使、恶魔、人、四足类、飞禽类和爬行类。[①] 这六类众生就相当于唵嘛呢叭咪吽这一六字真言。众生通过持续的变化和根据他们各自的功德或过失而在这六类中转生,一直到他们达到大圆满为止。那时他们将被伟大的佛性,也就是被永久的灵魂所吸收和消灭(涅槃),其中所有的灵魂在经过其暂时的发展之后就应互相结合为一体。众生根据它们各自所属的等级而都具有能够圣化、上升到一个较高的次第、获得圆满和最终达到其三昧之极的独特能力。非常频繁和非常虔诚地诵读唵嘛

① 爬行类中包括鱼类、软体动物和所有既非四足又非飞禽类的动物。

呢叭咪吽这六字真言的人,能在死后避免堕入该真言六个音节所代表的六类生灵中,而是能通过吸收进佛陀的永久和普遍灵魂而获得生灵之圆满。"

我们不知道摄政亲口告诉我们的这种解释,是否同样也被西藏和蒙古有文化的喇嘛们普遍采纳。大家可以发现,我们觉得这种解释与"啊! 如意宝在莲花中,阿们!"的字面意义具有某种相似性。如意宝是大圆满的象征,莲花则是佛陀的象征。大家可能会说这些话表达了获得圆满以便与佛陀结为一体和被普遍的灵魂吸收的祈愿。那么,"啊! 如意宝在莲花中,阿们!"这一象征性咒语就可以这样改写:"啊! 我将获得大圆满,我将被佛陀所吸收,阿们!"

根据摄政的解释,"嘛呢"在某种意义上是对一种广泛的万有神论的概括,也是佛教徒们一切信仰的基础。有学问的喇嘛们声称佛教是必需的生灵,是与其他一切均独立无关的,也是万物的始终。大地、星辰、人类、存在的万物都是佛陀的部分和瞬时的某种表现形式。一切都是由佛陀创造的,在此意义上也可以说一切均出自佛陀,就如同光芒出自太阳一样。出自佛陀的一切众生都有始有终,但也如同万物必然是出自宇宙的实质一般,它们也必然要返回那里去。这也如同江河湍流系由海水产生,而经过长短不一的流程之后,又将消失在大海的汪洋之中。所以,佛陀是永久的,它的化现却是暂时的。在此意义上,它过去一直存在,现在也一直存在,将来也一直存在,虽然就具体而言,万物都有始有终。

我们没有必要苦苦钻研这一切是否与前说相吻合,佛教徒们还承认无数的化身。他们声称佛陀以人形出现并前来居住在人间,以便帮助他们获得完德并帮助他们与宇宙灵魂相结合。这些活佛形成了沙布隆们的一个人数众多的等级,我们经常谈到他们。最著名的活佛在拉萨是达赖喇嘛,在札什伦布寺是班禅活佛,在大库伦是哲布尊丹巴,在北京是类似一种朝廷中"布道司祭"的章嘉佛[①],在喜马拉雅山脚下的康巴人中是萨迦佛。据说,这后者具有

---

① 章嘉佛又叫章嘉呼图克图,即大国师。这一官职是由达赖喇嘛于17世纪派驻北京宫廷中、以在那里充任其代表的呼图克图受到官方承认的化身。他受到了康熙皇帝非常崇敬的欢迎,让他在热河的多伦诺尔(喇嘛庙)中定居,当时热河处于察哈尔蒙古人的宗教控制之下。康熙的继承人雍正又确认并增大了他的权力。该君主为供呼图克图使用而把一座旧太子宫改造为一座庞大而豪华佛寺,仍保持其旧名雍和宫。嘉章佛的继承人奉乾隆的敕旨而离开多伦诺尔,定居于北京的这座王宫喇嘛寺中。

一种比较古怪的使命。他日夜都在祈祷，以求持续不断地在喜马拉雅山的顶峰上降雪。因为据一种西藏的传说认为，在这些高山之后，有一个蒙昧的和凶残的民族，他们一直在等待冰雪融化，以前来杀戮藏民诸部并夺取该地区。

虽然所有的沙布隆都毫无区别地是活佛，但在他们之中也分等级次第，达赖喇嘛占据这一等级的顶峰。所有人都认为或应该承认其至高无上的权力。我们已经讲过，本世达赖喇嘛是一个年长九岁的孩子，已先后有六代达赖喇嘛占据布达拉宫了。他出身于西番人，出自明正土司一个贫穷而又无名的家族。

当达赖喇嘛圆寂时，或者是以佛家的话讲，当他脱掉凡胎肉体之后，人们便以下述方式进行选拔其继承人。人们在所有的喇嘛寺中进行祈祷和斋戒，尤其是作为最关心此事的拉萨居民，则更倍加热忱和虔诚。所有人都在布达拉宫和"神都"周围朝圣，如意法轮在每个人的手中转动，在城市所有的住宅区都响起了神圣的经咒声，到处都大量地焚香。那些认为本家中拥有达赖喇嘛灵童者都报告了拉萨当局，以便在所指的儿童身上发现他们那沙布隆的瑞兆。为了从事选择达赖喇嘛，则应该发现三名被真正承认的沙布隆。大家便把他们请到拉萨，各喇嘛教地区的呼图克图召开大会。他们在布达拉的一座寺庙中杜门谢客，在隐修、戒斋和祈祷中度过六天。第七天，有人取来一个金钵，其中装有三根同样也为金质的签，上面雕刻有三个布达拉神之职务的候选人的名字。有人摇动了金钵，呼图克图中的最年长者从中抽出一签，由签中指出其名字的小男孩立即宣布为达赖喇嘛。于是便让他大张旗鼓地在"神都"的大街上出行，同时所有人都虔诚地跪在其过道上，最后在圣地向他传授奥义。

另外两名都在争夺达赖喇嘛尊号的尚在婴儿时期的沙布隆，则被他们的妈妈带回了他们各自的家庭。但地方政府为了补偿他们未有幸坐床的损失，便送给他们500两白银的一份小礼。

达赖喇嘛受到了西藏人和蒙古人神一样的崇拜。他对佛教教民施加的诱惑力实在令人不可思议。但当有人提出他的粪便也被毕恭毕敬地搜集起来，以用于制造虔诚信徒们藏在小袋中并悬挂于脖子上的咒符时，可能言过其实了。当有人认为达赖喇嘛的头上和两臂都被蛇像环绕，以刺激其崇拜者的想象力时，那同样也是错误的。人们在某些舆地书中读到的这些论点，当然都没有任何根据。在我们居住在拉萨期间，曾就这一问题询问了许多人，所有人都嘲笑我们。我们至少可以说，从摄政直到我们的干畜粪商人，所有人都以向我们隐瞒事实而取乐。我们应该承认，导致产生如此神话流传的故事，都是以不太谨慎的态度写成的。

我们不可能见到达赖喇嘛，这并不是由于很难让好奇者或虔诚者一直进入其宫中，而是由于一种相当奇怪的背景而阻止了我们这样作。摄政向我们许诺带我们进入布达拉宫，我们正在等待这次具有非同小可意义的拜访，当时大家都认为我们可能会向达赖喇嘛传染天花。这种疾病刚刚在拉萨爆发，大家都声称它是由近几天到达的旅行队从北京传来的。由于我们是这支旅行队的组成部分，所以人们就询问我们是否最好是取消对他的拜访，而不是使达赖喇嘛传染上天花。这种意见非常正确，以至使我们没有任何理由拒绝。

藏族人对天花的害怕情绪简直是不可理解的。他们从来无不是谈虎色变地讲到天花，就如同是讲会使人类感到失望的最大灾害。这种疾病没有一年不在拉萨造成令人目不忍睹的蹂躏。当局为使居民摆脱这种恐怖的瘟疫，而能够使用的仅有的几种预防措施，也就是放逐那些已染上了这种疾病的不幸家庭。一旦当天花在某个家庭爆发时，无论他们自愿与否，其所有居民都应迁移并逃亡，要远离城市而前往山顶或沙漠中去。任何人都不能与这些不幸的人相接触，他们很快就会因饥饿而悲惨死亡，或者成了野兽们的掠夺物。我们不失时机地向摄政介绍了欧洲民族为预防天花而使用的可贵方法。使我们赢得摄政的同情和保护的原因之一，便是他希望我们有朝一日能把种痘的方法引入西藏。有幸把如此一种重要善行传给西藏人的传教士，肯定会对他们的思想施加一种能与达赖喇嘛本人的权威分庭抗礼的影响。由传教士们把种痘技术传入西藏，可能会是喇嘛教崩溃和基督教在某些不信基督的部族中立足的标志。

在拉萨，患疥疮者和麻风病人数目相当多。这些皮肤病是特别是由于在下层居民中盛行的不洁行为而造成的。同样，在西藏人中也会遇到不少恐水症病人。我们惟有感到奇怪的是，如果大家想到数目多得惊人的饿狗不停地在拉萨街头游荡时，那么这种可怕的疾病就没有造成很大的损失。这些饿狗在该城中如此之多,以至于中原人讽刺性地说西藏首府的三大特产是"喇嘛、丫头、饿狗"。

如此之多的狗,出自西藏人对这些动物的极大喜好以及他们实行的殡葬死人的习惯。在西藏共流行四种不同的殡葬仪轨:第一种是焚烧尸体(火葬),第二种是投入江河和湖泊中(水葬),第三种是陈尸于山峰(天葬),所有这些形式中最受好评的第四种是把尸体剁成碎片喂狗。这后一种方法最为著名。穷人的墓葬仅仅是郊外的狗。但对于贵人们来说,则要讲究一些方式。在某些喇嘛庙中专门饲养圣狗,富人希望让它们来埋葬自己[①]……

① 斯特拉波在讲到粟特人和大夏人保存下来的游牧斯基泰人的习惯时指出:"在大夏人的首都,饲养着一些以特殊名字称呼的狗,这一名称译成我们的语言就叫做'埋死人者'。这些狗负责吞噬所有那些由于高龄和疾病而开始衰弱的人。由此而出现了在该京城的郊区看不到任何墓葬,而城内却遍是遗骨。人称亚历山大放弃了这座名城"。

西赛罗也把同样的习惯归于赫卡尼亚人。查士丁尼已指出安息人中有这种习惯(克拉普洛特作的注释)。

附 录

义律商务总督

义律(Charles Elliot)原是英国海军军官。当林则徐总督想取缔英国在广州的鸦片贸易时,他正好拥有在华高级专员的权力。他被迫将掌握在英国商人手中的鸦片全部交给中国人(1839 年 3 月 27 日),但他拒绝以文字保证不再让鸦片流入中国。他只是于此时,才于 1839 年 5 月 24 日率领他保护下的人从广州撤退。

在此期间,由于英国海员在九龙杀死一名中国人,从而使这种关系更加复杂化了。义律确实让人将他的五名士兵囚禁了起来,但又宣称没有找到真正的凶手。中国人对于他这种拒绝接受中国司法权的态度感到很不快,于是便命令勤务人员和商人全面抵制英国人,以致于英国人被迫匆匆忙忙地离开澳门逃到香港。

中国人虽然缺乏行之有效的手段,但是他们自信能开始采取战争行动。义律在从英国调来的援军(1840 年 6 月)到达之前,一直处于守势,他在那时才包围了广州、宁波港口和扬子江口,然后又向大沽前进。他在大沽遇见了琦善并与之谈判了两个月。谈判的地点当时被移到广州(1840 年 11 月 20 日)。

割让香港的问题使谈判重新中断。1841 年 1 月 7 日,战争冲突再起。这一天,义律夺取了保卫广州港口的两个据点。谈判继续进行,根据琦善和义律签订了穿鼻(被夺取的两个工事之一)条约,中国向英国割让香港岛,赔银 600 万两并接受英国和中国官吏关系之间完全平等的地位。

义律受到了英国政府的指责和反对,由于他强行违背他所接受的指示行事而被召回。这时璞鼎查(Henri Potinger)爵士接替了他,此人通过南京条约而结束了鸦片战争。

第八章

英国旅行家莫克洛菲传——拉萨与欧洲的交通路线——与驻藏大臣的讨论——摄政和琦善反对我们的计划——决定把我们驱逐出拉萨的计划——对该项专横措施的抗议——琦善呈奏清朝皇帝的本章——在西藏行用的纪年体系——西藏的新年——节日和娱乐——卫地的佛教寺院——甘丹寺——哲蚌寺——色拉寺——告别摄政——与桑达钦巴分别——李国安——驻藏大臣的三次谈话——李国安及其夫人别致的告别——离开拉萨赴广州——用皮囊渡河——附录

我们在讲到地图测绘者给西藏地方政府造成的极度恐慌时，已经提到了莫克洛菲在西藏的旅行。一天，克什米尔人的长官为我们领来了他的一名叫作尼桑的同乡，此人曾长时期地在拉萨充当莫克洛菲的仆人。他向我们长篇大论地讲到他的故主。此人向我们所讲的详细情节完全证明了别人已经向我们介绍的一切。如果对这位英国旅行家的冒险故事保持沉默，那就会使人觉得我们非常奇怪了。我们认为应对这一问题作一番简介。

根据在西藏首府当地搜集到的资料来看，莫克洛菲于 1826 年从拉达克来到了拉萨。他身穿穆斯林服装，操法尔斯语（波斯语）。他能非常流利地使用这一语言，以致于拉萨的克什米尔人则把他看作其同胞之一。他在城中租了一间房子，与他从拉达克携来的仆人尼桑在那里共居住了 12 年，此仆人自己也认为他的主子是一位克什米尔人。莫克洛菲买了几群山羊和牛，委托给居住在拉萨附近山口的藏族牧民放牧。这名伪克什米尔人借口去视察畜群，便可以自由地穿越这一地区并利用这些经常性的旅行而绘画和测绘地图。人们声称，他从未学习过藏语，自我克制不与本地人建立任何直接关系。最后，莫克洛菲在拉萨定居 12 年之后，又取道拉达克返回。但当他到达阿里时，受到了一群土匪的袭击，他们杀死了他。这次屠杀的肇事者受到了西藏地方政府的追缉并被捕获。

人们只找到了这名英国旅行家的部分遗物，其中有一套图片和地图。只是到了此时此刻和看到了这些物品后，拉萨当局才知道莫克洛菲是英国人。

莫克洛菲在离开其仆人前曾给他写了一张便条并告诉他说，万一将来到了加尔各答，就应向该城的居民出示之，这就足可以使他发财致富。这无疑是一封推荐信。没收莫克洛菲的遗物导致在西藏产生了喧嚣一时的纷纷议论，尼桑害怕受牵连便毁掉了推荐信。他亲口对我们说这张便条上写满了类似我们文字那样的字迹。

我们刚才介绍的事实是我们从摄政、克什米尔人的长官、尼桑和其他数位拉萨居民中听到的。我们在到达该城之前从未听说过莫克洛菲，只是在这里才首次听到了这名英国旅行家的名字。因此，据我们已经讲过的情况来看，便可以肯定莫克洛菲确实于1826年到过拉萨，在那里居住了12年，后来在从拉萨到拉达克的道路上被杀。

现在，又有其他一些资料不大与在拉萨首府向我们提供的情况相吻合。据夏尔·利特的《世界地理》①一书记载，莫克洛菲首先于1812年从事过一次持续了两个月的旅行，后来又受东印度公司的派遣负责谋获突厥斯坦的马以便改进印度种马。为此目的，他于1819年11月从事了第二次旅行，一直到达拉达克并在那里居住了两年。1822年10月间，他离开该城前往克什米尔，1825年8月25日死于从赫拉特到巴尔赫的安得古。莫克洛菲在由夏尔·利特所指出的时间和死亡地点，是由其旅伴特里贝克在1825年9月6日，于巴尔赫写的一封致居住在卢迪亚那的军事长官沃德的信中宣布的。②

我们承认自己不可能使如此对立的文献协调起来。如果莫克洛菲确实未到过拉萨，那么他怎能对拉萨如此熟悉和世人又怎能如此具体地谈到了他在拉萨居住的情况呢？西藏人杜撰类似的故事又有什么好处呢？……此外，如果莫克洛菲曾到过拉萨，那又如

① 见该书《亚洲》部分，第5卷，800页。1833～1837年的德文本。

② 见伦敦的《亚洲学报》第21卷，786页和第22卷，599页。有关莫克洛菲著作手稿的一段提要，发表于伦敦的《亚洲地理学会会报》，234页，1831。

何解释特里贝克先生的那封宣布其旅伴已于1825年去世的信呢？而据另一种假设认为，他当时恰恰正在前往西藏首府的途中。

我也不准备解决所有这些不吻合，而是将引证一件与我们有关的事实，它可能也与莫克洛菲事件具有某种相似性。我们到澳门的一段时间之后，读到了由加尔各答刊印的《孟加拉天主教通讯》[①]如下的一篇文章："广州9月12日消息。本市的法国传教士近来收到了他们传教区的两名神父在蒙古鞑靼地区不幸逝世的消息……"本文的作者在对蒙古—汉人地区作了简单介绍之后，又继续这样写道："一名叫做古伯察的遣使会会士，大约于三年前到达了定居在距万里长城200法里的黑水川的几个汉人家庭。我不知

中国的官船

其名的另外一位遣使会会士[②]与他会合，以便在蒙古佛教徒中组成一个教区。他们向附近寺院的喇嘛们学习了蒙古语，似乎被人当成了外国喇嘛，特别是受到了佛教徒们的友好接待。这些佛教徒们非常无知，把传教士们日课经中的拉丁文当成了自己不懂的梵文。佛教徒对梵文有着一种神秘的崇拜。因为他们那从梵文译成蒙古文的经卷中的仪轨文，都是用红墨印刷的。"

"当这些传教士们自认为已经在语言方面学习得差不多的时

① 《孟加拉天主教通讯》第22卷，第9期，120页。

② 指秦神父。

候，于是便怀着开始他们的归化事业的意图，而向中国内地前进。从此时此刻起，人们便只能收到有关他们的一些不太可靠的消息。但在今年5月，有人从蒙古鞑靼的腹地获悉他们被拴在马尾上一直拖到死亡为止。这一事件的真正原因尚不为人知。”

正当大家以如此肯定的口气宣布我们的死亡时，我们却正接近于自己长途跋涉的终点，正要到达广州，而且幸运地是有如此好的身体足以驳斥那些有关我们的谣传。但如果说我们出于偶然而死于西藏的群山之中，如果那里有人杀死了我们，那么别人就会始终坚信我们是在蒙古被拴在马尾上拖死的。很可能是人们永远不会相信我们到达了西藏首府。如果后来的某位欧洲旅行家到达拉萨，有人向他介绍了我们在该城的居住情况，那就很可能也如同有关莫克洛菲的消息一样，而很难调和有关我们的各种叙述。

虽然我们认为这名英国旅行家的死亡是一件充满含糊不清特征的事，但我们却没有认为应该讲自己不知道的事，也不想通过在拉萨获得的资料，而否认已在伦敦学术杂志上刊登了的文件。

当我们在拉萨居住一个多月的时候，就已经有该城的大批居民习惯于怀着尊敬与崇拜的心情，谈论耶和华的圣教和伟大的法兰西王国了。我们享受到的和平与安宁，西藏地方政府给予我们的明显保护，人民似乎对我们充满的同情，所有这一切都使我们产生了希望。在上帝的保佑下，我们甚至可以就在佛教之都而奠定一个传教区的基础，其影响很快就会一直扩大到蒙古的游牧部落。朝圣进香人最终可以在拉萨学习能够拯救灵魂和归化各民族的时刻，似乎已来临。

当我们刚刚认为自己在拉萨的地位变得安全可靠之后，便想到尽快重新打通我们与欧洲的联系。沙漠之路实难采用。我们已经有一次神奇般地穿越了受土匪和野兽骚扰的草原，但能否在这条可怕的路上建立正常的邮路则难以确定。此外，即使认为这条路上具有所希望的安全，那么其遥途也会使人望而生畏。我们觉得惟有印度的道路方为可行。从拉萨直到第一批英军营地，只有1个月的行程。如果在喜马拉雅山那边建立一个通讯处，另一处设在加尔各答，那么我们与法国的联系即使不是迅速和方便的，至少也是现实的。由于只有在西藏政府的同意下，才能执行这一计划，于是我们就报告了摄政，他立即表示同意我们观点。因此，我们商定到了气候好的季节，秦神父将赴加尔各答旅行，由一支一直护送他到达不丹的藏族卫队相随。

这就是我们为了在拉萨建立一个传教区而提出的计划。但就在此时，反对这一切的敌人都在为毁灭我们的计划、把我们从一个似乎被认为是他们帝国的敏感地区驱逐出去而活动。当我们零零星星地听到某些不祥的言语时，我们便明白了驻藏大臣琦善正在秘密地策划把我们从西藏驱逐出去。此外，有关这次教案的一些含糊不清的消息，也丝毫不会使我们感到惊奇。我们从一开始就预见到了，如果我们遇到某些困难，那只能是出自清朝中央政府的官吏。琦善实际上无法容忍看到西藏地方政府会如此友好地欢迎由清朝政府的狂妄思想很久以来就要拒于国门之外的外国宗教和人员。“基督教”和“法国人”的名字过分强烈地激起了拉萨居民的同情而引起圣朝官吏的嫉妒。北京朝廷的一名代表不会不恼怒地想到，外国人在西藏不负众望，而且他某一日可能会对一个清朝中央政府始终都想确保其统治的地区施加影响。因此，他们便决定把天主教的传播者们从拉萨驱逐出去。

一天，驻藏大臣琦善传召我们，在讲过许多奉承话之后，他最终告诉我们说，西藏是一个极端寒冷和过分贫穷的地区，我们应考虑返回自己的法兰西王国。琦善以一种无拘无束和从容自然的姿态向我们讲了这一席话，就如同他认为没有任何理由反对这样作一般。我们追问他，他在这样讲的时候是给我们提建议还是下命令。他冷冰冰地回答我们说：“二者皆有。”“如果那样的话，那么我们首先要感谢你似乎对我们产生的兴趣，警告我们该地区既寒冷又贫穷。但你应该知道，像我们这样的人从不寻求本世的享受和舒适，否则我们将会留在自己的法兰西王国中了。因为你不会不知道，没有任何一个地方可以与我们的祖国相媲美。对于你话中的命令成分，我们的回答是：我们已被地方当局接受留在西藏，不再承认你或其他任何人有权干扰我们的居住。”“什么！你们是外国人，而企图继续留在这里。”“是的，我们是外来人，但我们仅仅知道西藏的地方法规与中原地区不一样。游牧人、克什米尔人和蒙古人都如同我们一样是外来人，但仍让他们平安地生活在这里，任何人都不想纠缠他们。因此，这种希望把法国人排除在一个对所有民族都开放的地区的武断决定，又意味着什么呢？如果外来人应离开拉萨,那么你为什么要留在这里?难道你那钦差的官衔不是清楚地说明你在这里也仅仅是外来人吗?”琦善听到这些话以后,便从其深红色的座位上跳了起来,他咆哮着说:“我是外来人!我这个行使大皇帝权力的中央最高代表是外来人吗?审判和流放诺们罕一事才刚刚过了几个月。”“我们知道这一案件。但在诺们罕与我们之间还有差异,这就是诺们罕是清帝国甘肃省的人,而我们却是与你们的大皇帝没有任何关系的法国人。诺们罕杀死了三名达赖喇嘛,而我们这些人却未伤害任何人。难道除了向众生宣传真正的上帝,并向他们传授拯救灵魂的方法之外,我们还怀有其他目的吗?”“是的,我已经向你们讲过了,我相信你们是正直的人。但你们宣扬的宗教已被最终宣布为邪教,已被我们的大皇帝禁废。”“对于你刚才讲的话,我们仅仅能作出这样的回答:天主教从来也不需要你们大皇帝承认它为圣教,我们也从不接受他的命令前来西藏传教。”驻藏大臣认为没有必要再持续这场讨论,他冷淡生硬地辞别了我们,向我们宣布说,应当确信他将设法让我们离开西藏。

我们匆匆忙忙地赶回摄政府,将我们与琦善的不愉快会见通知了他。首席噶布伦已经知道中央驻藏官吏正在策划反对我们的计划。他试图安定我们的心,并说他已保护了该地区成千的外来人,他有足够的力量使我们享受到西藏地方政府对所有人的保护。他又补充说:“此外,即使我们的法律禁止外国人进入本地区,这些法律也不会伤害你们。宗教人士和进行祈祷的人在任何地区都不能算是外来人,这就是我们经书中指出的教理。其中写道:黄羊无祖国,喇嘛无家庭……拉萨是所有从教人的聚集处和特别居住地,仅仅以这一理由就可以使你们在这里享受到自由并得到保护。”

佛教徒们这种认为出家人是无故乡的天下人之观点,并非是惟有写于经书中的一种神秘思想,而且我们还发现这种观点也传进喇嘛庙的风俗习惯中了。当某人一旦削发并穿上僧服之后,他便放弃了其原名并取一新名(法号)。如果询问一名喇嘛是哪里的人,那么他便会回答说:“我没有故乡,我在某某喇嘛庙中度生”。这种思维和活动方式,甚至在中国中原地区的僧侣和其他类型的出家人中,也都被接受了,大家都习惯于以一个泛指名词“出家人”来称呼他们。

为了我们决定出走或居留的问题,西藏地方政府与驻藏大臣之间发生了持续数日的争执。驻藏大臣琦善为更好地实现其意图,便以达赖喇嘛利益捍卫者的身份自居。其论点如下:他受大皇帝的差遣来拉萨保护活佛,他有义务从活佛身旁排除一切可能有害的因素。虽然天主教的布道人怀有善意,实际上却是宣扬了一种倾向于对达赖喇嘛的权威和势力有害的教理。他们公开的目的是以自己的宗教信仰取代佛教,要不分年龄、地位和性别地归化所有的西藏人。当达赖喇嘛没有崇拜者时,他将会落得什么样的下场?难道天主教传入这一地区不会直接导致破坏布达拉圣地吗?因此而破坏喇嘛僧阶制度与西藏地方政府。他声称自己在此是为了保护达赖喇嘛,难道能允许把一些传播如此邪恶教理的人留在拉萨吗?当天主教在这里扎根时,那就不可能再根除之。谁将为如此大的灾难负责呢?当大皇帝指责他轻率和怯懦时,又该如何回答呢?他对摄政说,你们这些西藏人不明白此事的严重性。由于这些人都颇有道德和无可指责,所以你们便天真地认为他们没有危险……这纯粹是一种幻想。如果他们长期留居在拉萨,那么他们很快就会使你们中魔。在你们之中,没有任何人能在宗教领域中与他们对抗。你们将不由自主地参与他们的宗教信仰,达赖喇嘛在此情况下就算完了。

摄政丝毫没有赞同驻藏大臣试图强行使他产生的恐怖情绪。他坚持认为我们在拉萨的存在,绝不会以任何方式危及西藏地方政权。他说:“如果这些人传来的教理是一种邪教,那么西藏人就不会信仰它。如果它相反是一种真宗,那我们又有什么害怕的呢?真谛怎么会有害于人类呢?”他又补充说:“这两名法国喇嘛从未有过任何劣迹,他们对我们怀有好意。我们能够毫无理由地剥夺他们享受到我们这里给予所有外来人,尤其是给予从事祈祷的人之自由和保护吗?难道允许我们由于对一种假想的未来灾难的畏惧就成为现实和真正不公正行为的罪人吗?”

琦善指责摄政对达赖喇嘛的安全玩忽职守,而摄政则指责琦善利用了其主(达赖喇嘛)的年幼,而专横地对待西藏地方政府。至于我们,我们在这场不幸冲突中拒绝承认清朝驻藏官吏的权力。我们宣称没有摄政的明确命令将不离开该地区,因为摄政经常向我们保证,永远不会有人迫使他采取类似的行动。

这场争执日益激烈起来了,琦善最终决定自做主张地让我们离开。事态已发展到了如此地步,以至我们认为必须理智地向形势让步,并不再作如此长期的抵抗了,害怕会殃及摄政并可能成为清朝政府与西藏当局之间难以相处的分歧。如果我们坚决地顶住这种不公正的迫害,那么我们就害怕过分强烈地刺激清朝的代理人,为他们僭越西藏地方政府权力的计划提供借口。如果由于我们的原因,拉萨和北京之间不幸发生了分裂,那我们必然会成为罪魁祸首,在西藏人的心目中变得狰狞可怕,向这些地方传入基督教的工作也可能会在以后遇到更多的困难。因此,我们认为最好是屈从,只好逆来顺受地接受受害者的角色。我们的行为至少可以向西藏人证明,自己是怀着和平的意愿来到他们之中的,我们并不想强行于此定居。

另外一种考虑又进一步坚定了我们的决心。我们想到清朝官吏对我们采取的这种专横态度,也可能是传教士们将来有朝一日安全地于西藏立足的原因。我们以自己单纯而天真的性格而认为,法国政府不会无动于衷地看到中国的这种前所未闻的奢望,它甚至竟敢侮辱性地在距北京有一千多法里的藩部迫害基督教和破坏法国的名声。我们坚信法国驻广州的代表不会不向中国当局提出强烈的抗议,他会获得对我们所施的暴力进行公正的道歉。这样一想,我们这些可怜而卑贱的传教士,我们根本不想在他人的眼中具有任何一点个人的权势影响。我们不隐瞒这一点,自豪地认为我们的法国人之身份是一种足以获得自己祖国政府保护的原因。

在对刚才指出的动机作了深思熟虑的研究之后,我们便前往摄政府上。当他获悉我们已决定离开拉萨后,便显得很忧愁和狼狈不堪。他告诉我们说,他强烈希望保证我们在西藏能自由和宁静地生活,但由于他独自一人和没有得到其主的支持,所以过分软弱而无法平息清朝官吏的专横。驻藏大臣在数年间一直利用达赖喇嘛的年幼,而夺得了前所未有的对该地区的控制实权……我们对摄政的美意表示感谢,便出发去拜会驻藏大臣。我们告诉琦善说,由于我们远不能享受到任何保护手段,所以决定离开拉萨。因为有人想迫使我们这样作,所以我们抗议这种侵犯我们权力的作法。琦善回答我们说:"是,果真如此。再没有更好的办法了,你们应启程离开这里。这对你们、对我、对西藏人和对所有人都很好。”他接着向我们宣布说，他已令人为我们很快就将离去而作好了所有的准备工作，护送我们的官吏和护卫都已指定。他甚至还决定我们在八日内离开，让我们沿通向汉地边界的道路前进。这后几种安排同时激起了我们的愤怒和惊奇，我们从未想到有人残酷地要我们必须从事一次八个月的旅行；本来如果我们向印度方向走，仅需要行走 25 天就可以到达第一个欧洲人的哨所，我们在那里必然会找到可靠的和方便的办法，以使自己到达加尔各答。我们在这个问题上提出了坚决的要求，但未被听从，甚至我们提出的延长数日，以使我们在刚刚完成的长途旅行后稍事休息，等待由于沙漠严寒而造成严重伤口愈合的要求，也未被接受。我们为软化驻藏大臣的强硬态度，所能讲的一切话都是枉费口舌。

在这种情况下，我们便放弃了祈求的语调，向北京朝廷的代表宣布，我们将向粗暴行为让步，但我们要向自己的政府告发：首先是拉萨的驻藏大臣武断和粗暴地把我们从那里驱逐出来，其虚构的借口是我们为异邦人和基督教的布道师，他声称该宗教为邪教并已遭到了其大皇帝的反对。其次，他违犯全部人权和公正的做法，阻止我们走一条容易的、直接的和仅仅需要 25 天的道路，而是专断地把我们拖进中国内地并使我们遭受八个月旅行的严酷。最后，我们将向自己的政府控告不让我们稍事休息而强迫启程的粗野行为；从我们所处的境地来看，我们有理由把这种粗野行为视为对我们的谋财害命。琦善回答我们说，他不会顾及法国政府的所作所为，他在行事中仅考虑其皇帝的意志。他说：“如果我主知道我允许两名欧洲人自由地在西藏布讲天主教，那我就完了，我这一次就再也逃脱不了被处死的命运。”

次日，琦善又把我们召去，向我们通报了他针对我们的事务而起草的一道即将呈奏皇帝的本章。他对我们说：“我不想在让你们读一遍之前把它送走，由于我害怕流露出一些不确切的话，或会使你们不高兴的言辞。”琦善已实现了他的主要目的，于是又重新对我们采取了友好与亲善的态度。他的本章相当平庸。其中针对我们所讲的话既不好也不坏，仅满足于枯燥地罗列我们自离开澳门之后所经过的地区名表。琦善问道：“这道本章像这样写好吗？你们是否发现了某些可以挑剔的内容吗？”古伯察先生回答说他将提出一种非常重要的意见。“讲吧,我洗耳恭听。”“我要向你讲的话与我们自己没有任何关系,但与你却至关紧要。”“瞧,那是什么呢?”“我应与你密谈,让所有人暂时退下。”“这些人都是我的仆役,他们都属于本府,没有任何可怕的事。”“啊!我们这些人更没有什么可怕的事,所有危险都与你有关。”“对我的危险……没关系,我的侍从人员都可以听。”“如果你愿意的话,那么你就可以向他们转述我要对你讲的话,但我不能当着他们的面讲。”“官吏们不能秘密地与外国人交谈,这是由大清法律禁止的。”“在此情况下,我就没有任何话对你讲了。把这道本章原样寄往北京吧!但如果有灾难降临到你身上,那就只能咎由自取了……”驻藏大臣变得沉思起来,他一口接一口地多次吸鼻烟。经过长时间地反复思考以后,他便令其侍从退下以回避,他一人独自与我们留在一起。

当所有人都离开之后,古伯察先生说话了。他对琦善说:“现在你将会明白我为什么希望与你秘密交谈,任何人都听不到我所要说的话对于你该是多么重要。你将会判断我们是否是危险的人,我们甚至害怕会殃及迫害我们的人。”琦善面色苍白和形态窘迫。他说:“好吧!向我解释一番吧!你的话要讲得明白些,你想说什么?”“在你的本章中,有一件事不确切。你认为我与教友秦神父是从澳门出发的,但我晚于他四年才莅临中国。”“啊!如果仅仅如此,那很容易修改。”“是,很容易。你是说这道本章要呈奏皇帝,是吗?”“当然是。”“在此情况下,应向皇帝讲实话和道出全部真情。”“是,是,完全对。我们来修改表本……你是什么时候进入中国的呢?”“道光二十年(1840年)。”“哪一个月呢?”“二月。”琦善自认为是讲夏历二月,于是便放下笔并凝视着我们。“是的,我于道光二十年二月进入中华帝国,经过了广东省,你当时正在那里任总督……你为什么不写上这一切呢?难道不应该向皇帝道出全部实情吗?”琦善的面部抽动起来。“现在你该明白我为什么希望与你密谈了吧?”“是,我知道基督徒都不太坏……本处有人知道这一事件吗?”“没有,没有任何人知道。”琦善抓起来本章就一把将它撕碎,又写一道与前者大相径庭的本章,其中没有明确指出我们莅华的时间,大家可以于其中发现对我们的科学和神圣行为的滔滔不绝的赞扬。这个可怜的人头脑简单地认为,我们非常重视中国皇帝对我们有一种的好评价。

根据琦善的命令,我们应在藏历新年后登程。我们到达拉萨尚不足两个月,但已在这里两次过新年了。首先是西历新年,接着是汉历新年,现在该轮到以西藏的方式过新年了。

虽然在拉萨也如同在汉地一样,是根据阴历体系推算新年,但这两个地区的历法并不相吻合。拉萨的历法始终较北京历晚一个月。

大家知道,汉人、蒙古人和东亚的大部分民族在纪年中都使用了由被称为"天干"的10个符号与12地支组成。在鞑靼人和藏族人中,10个天干是由分别重复两次的五行或五种颜色及其阴性差异组成。12种动物(生肖)表示12地支:

蒙藏历的蒙文、藏文、汉文干支纪年对照表

天干			地支		
蒙文	藏文	汉文	蒙文	藏文	汉文
1 Moto.	Cheng.	木	1 Khouloukhana.	Chi-wa.	子鼠
2 Moto.	Cheng.	木	2 Oukhere.	Lang.	丑牛
3 Gal.	Mé.	火	3 Bara.	Tak.	寅虎
4 Gal	Mé.	火	4 Tolé	Yen	卯兔
5 Chéré	Sa	土	5 Lou.	Dchouk.	辰龙
6 Chéré	Sa	土	6 Mokhé	Phroul.	巳蛇
7 Témur.	Dchak.	铁	7 Mori.	Rta.	午马
8 Témur.	Dchak.	铁	8 Khoui.	Lonk.	未羊
9 Oussou.	Tchon.	水	9 Betchi	Preou.	申猴
10 Oussou.	Tchon.	水	10 Takia.	Chia.	酉鸡
			11 Nokhé	Dchi.	戌狗
			12 Khakhé.	Phak.	亥猪

六十甲子对照表

蒙古文	**汉文**		
1. Moto khouloukhana.	木鼠	8. Temur khoui.	铁羊
2. Moto oukhéré	木牛	9. Oussou betchi.	水猴
3. Gal bara.	水虎	10. Oussou takia.	水鸡
4 Gal tolé	水兔	11. Moto nokhé.	木狗
5. Chere lou.	土龙	12. Moto khakhé.	木猪
6. Chere mokhé.	土蛇	13. Gal khouloukhana.	火鼠
7. Temur mori.	铁马	14. Gal oukhéré.	火牛
		15. Chéré bara.	土虎

16. Chéré tolé.	土兔
17. Témur lou.	铁龙
18. Témur markhé.	铁蛇
蒙古文	**汉文**
19. Oussou mori.	水马
20. Oussou khoui.	水羊
21. Moto betchi.	木猴
22. Moto takia.	木鸡
23. Gal nokhé.	火狗
24. Gal khakhé.	火猪
25. Chéré khouloukhana.	土鼠
26. Chéré oukhéré.	土牛
27. Temur bara.	铁虎
28. Temur tolé.	铁兔
29. Oussou lou.	水龙
30. Oussou makhé.	水蛇
31. Moto mori.	木马
32. Moto khoui.	木羊
33. Gal betchi.	火猴
34. Gal takia.	火鸡
35. Chéré mokhé.	土狗
36. Chéré khakhé.	土猪
蒙古文	**汉文**
37. Temur khouloukhana.	铁鼠
38. Temur oukhéré.	铁牛
39. Oussou bara.	水虎
40. Oussou tolé.	水兔
41. Moto lou.	木龙
42. Moto mokhé.	木蛇
43. Gal mori.	火马
44. Gal khoui.	火羊
45. Chéré betchi.	土猴
46. Chéré takia.	土鸡
47. Témur nokhé.	铁狗
48. Témur khakhé.	铁猪
蒙古文	**汉文**
49. Oussou khouloukhana.	水鼠
50. Oussou oukhéré.	水牛
51. Moto bara.	木虎
52. Moto tolé.	木兔
53. Gal lou.	火龙
54. Gal mokhé.	火蛇
55. Chéré mori.	土马
56. Chéré khoui.	土羊
57. Témur betchi.	铁猴
58. Témur takia.	铁鸡
59. Oussou nokhé.	水狗
60. Oussou khakhé.	水猪

由于这一纪年每60年定期循环一次，所以我们理解，如果没有一种可靠的方法确定已经度过的甲子，那就会在纪年中导致巨大混乱。为了弥补这一缺陷，历代君主都为他们的在位期定一个特殊的年号，从而使干支时代以不容任何含糊性的程度被定了下来。这样一来，蒙古人称道光二十八年为火羊年(1848年)。在汉地，现今的甲子是从1805年开始的，道光年号从1820年起，这是当今在位皇帝即位的时间。我需要指出的是，顺治、康熙、雍正、乾隆、嘉庆、道光等都根本不是大清王朝前六代皇帝的名字，而更应该是用以指他们在位年间的特殊年号。

西藏人采纳了干支纪年法，但对干支的组合比蒙古人的纪年法要复杂得多,他们共获得 152 年的周期。前 12 年仅仅以 12 生肖(动物)相称,然后这同一批名词再加上分别重复两次的五行之名称,一直到同一周期的 72 年。他们接着在这些组合中又加入了"阳"(pô)一词,从而又导致了 132 年;再从中加上"阴"(mô)字,这就导致 192 年;最后是交替使用"阳"和"阴",一直到这一周期之末。

这种在民间使用起来过分复杂的纪年法,仅局限在喇嘛寺中行用了,在那里由比较有学问的喇嘛们研究和熟悉。公民们则过一天算一天,甚至还怀疑这种组合纪年法的存在。除了摄政之外,我们在拉萨没有发现任何人会告诉我们说今年是哪一年。人们似乎普遍都表现得对于使用特殊名称来指时代和年代的意义完全不懂。拉萨的高级官吏之一——一名颇有名气的喇嘛告诉我们说,中国中原地区计算年代的方法使用起来非常不便,不及藏族的计算方式简单。他认为在指年代时,最合乎情理的办法是直称"今年"、"去年"、"100 年前"等等,依此类推……由于我们告诉他这种方法只能会使历史成为一堆理不清的烂泥,所以他回答我们说:"为了让人知道在古代发生的事,这是主要的。知道每一事件的确切时间又有什么用处?这有什么好处呢?"

这种对纪年的鄙视,至少是这种冷漠态度,实际上在大部分喇嘛著作中都表现出来了。它们常常是乱无秩序地和无时间前后的区别,仅仅向读者提供了一大批彼此堆砌在一起的故事,而无法使人对其中的人物和事件得出比较具体的看法①。

我们于拉萨居住期间,也有机会发现藏族人都是不大精确的纪年学家,不仅仅是对于重大时间如此,而且对于每天推算月相的方式也如此。他们的历书确实令人沮丧地混乱,这种混乱完全是由于佛教徒们在黄道日和黑道日问题上的迷信思想造成的。他们于一月间推算出来的不吉之日都被删去和不计在内。这样一来,如果一个月的十五日是一个黑道日,那么他们将把十四日计算两

① 我们需要指出,无论是在中国中原还是在西藏,当某一事件发生在这一年无论哪个月的时候,都可以按照整年计算。所以,对任何一个人提供的年龄都必须从中减去一年,无论他是诞生于年初还是年末。人们始终都不屑指出具体时间,或者甚至是根本不知道(戴高丹的考证)。

次并直接过渡到十六日。有时会出现连续几个黑道日,他们为此也不会感到棘手,而且一概删去,一直到出现一个黄道吉日为止。西藏人对这样一种方法没有感到有任何不便之处。

对于西藏人如同对于所有人一样,年代的更替都是一个举行盛宴庆祝和欢乐的时机①,腊月的最后几天都用于准备过节,人们都购置了茶叶、酥油、糌粑、青稞酒和几块牛羊肉。他们从衣柜中取出最漂亮的衣服,掸去了平时都蒙于家具之上的灰尘。大家纷纷擦抹、扫除或清整。总而言之,人们都在设法使屋子中更为整齐和干净一些。这种事仅仅每年出现一次,所有的家具都呈现出了一种新面貌,家中的祭坛特别受到了注意,把旧供像重新刷新,用新鲜酥油做成塔、花卉和用于装饰供养家佛的小佛堂的各种装饰物。

第一次祭祀仪式开始于子夜,因此所有人都守夜,耐心地等待辞旧迎新的这一神秘而又隆重的时刻。由于我们不大关心感受两个藏历年之间的交叉点,于是便按照平时的时间入睡了。我们正在酣睡,突然被该城在所有住宅区各个方向爆发的欢呼声吵醒。钟、锣、海螺、鼓和所有的西藏乐器声很快就交响成一片,产生了人们可以想象出的最为嘈杂的喧闹声。大家可能会说他们正在以不谐调的音乐迎接新的一年的开始。我们在这一时间内非常想起床,以前往欣赏拉萨沉浸在欢乐之中的居民们的幸福感。但寒流刺骨,在经过全盘和严肃的考虑之后,我们认为最好是继续睡在那厚厚的羊毛被中,仅以内心与公众的欢庆相通……很快就在我们住宅的门上发出了越来越大的响声,威胁要把大门砸成碎片,这就警告使我们要放弃自己那美好的计划了。在经过一阵犹豫之后,我们最终被迫走出我们的热被窝,穿上了外套,打开房门,过去认识的几名西藏人进入房间,请我们去参加新年盛宴。他们手中都捧有一个小陶瓷钵,钵内开水中漂浮着一些用蜂蜜和白面制成的丸子。这些来访者之一向我们献上了一根根长的和顶端带钩的银

---

① 藏族人并不像汉族人那样庆祝每月的初一和十五日,而一般都遵守从元月初一直到十五日的庆祝活动。他们的另一个节日是五月的初五~初七和九月的初三或初四日。其他节日时间的规律程度不同。但当这些节日已被宣布时,民众便不会错过机会,因为他们很喜欢娱乐(戴高丹的考证)。

针，请求我们从其钵中捞出一个丸子。首先，我们想借故拒绝，推说我们不习惯于夜间进食。但他们一再鼓励性地恳求我们，他们非常友好地向我们伸出了舌头，我们也应遵守仪礼的习惯。我们每个人用银针叉出了一个丸子，首先用牙咬破以品尝其味道……我们互相滑稽地对视了一番。但这里的礼节是我们应礼貌地吞食下送礼的食物。我们可以说自己完成了第一种亲切行为！但仪礼是毫不留情的，我们在拉萨的大批朋友几乎都不断地接踵而来，强迫我们直到天明都在咀嚼西藏的“药丸”。

第二种仪礼是互相拜访，而且还是以新的仪礼进行。在天将破晓时，西藏人便奔向城市的街头，以一只手捧酥油茶，另一只手捧着装满捏成金字塔状的糌粑，并于其上部插了三根青稞穗的镀金和着漆的宽大盘子。在这样的日子里，不允许不随身携带糌粑和酥油茶去访亲拜友。一旦进入希望向他们拜年的人之家庭时，便首先在家庭祭坛前跪拜三次，祭坛被隆重地装饰并点起了神灯。接着在一个大铜香炉中焚烧了某些雪松或其他香树叶（煨桑）之后，便向出席的人献上一碗茶，向他们递上一个盘子，每个人都于其中取一撮糌粑。在家的人也向来访者作出同样的礼节。拉萨的居民都习惯于说：藏人用糌粑和酥油茶来庆祝他们的新年盛宴，中原人则以红纸对联与爆竹，克什米尔人用讲究的菜肴和烟，游牧人用歌曲和舞蹈来庆祝节日。

虽然这种民间的说法完全正确，但游牧人并非是独享其乐，藏族人也会以喧闹的娱乐活动来鼓动节日庆祝，歌舞于其中起了巨大作用。成群的儿童带着在绿色裙子上挂着的大量小铃在大街上奔跑，挨门挨户下跪，演奏了一场并不缺少娱乐的交响曲。一般来说，都是悦耳的和凄凉的歌声被急促和充满热情的叠句所打断。在停顿期，这些小歌手们继续打着拍子并使他们的身体产生一种缓慢而有规律的如同挂钟的钟摆一样的运动。但当出现叠句时，他们便开始跺脚，节奏感很强烈并用力地击地。小铃以及他们那带铁钉的鞋发出的响声产生了一种不谐调的伴奏，不停地令人愉快地刺激听觉，尤其是当在一定距离时听到更为如此。这些年轻的歌舞音乐爱好者们，一旦完成了他们的交响乐之后，一般都由他们为之表演的那些人向他们分发一些用核桃油炸的点心和几个小酥油球。

在主要公共广场和公共建筑的前面,人们从早至晚都可以看到一些喜剧演员剧团和街头卖艺者,他们以其表演而使大众取乐。藏族人并不像中原人那样具有戏剧节目单,他们的喜剧演员们都同时和持续地出现在舞台上,有时唱,有时跳,有时又用力地和灵巧地旋转。舞蹈是这些人最为擅长的表演。他们旋转、跳跃,以一种确实令人惊奇的灵活性而单脚迅速旋转。这些人的服装是由一种上插雉鸡翎的直筒无边高帽、一种装饰以特长的白胡子的黑色脸谱、一条肥大的白裤子、一直垂到膝盖并由一条黄腰带紧扎于腰部的绿色长裙组成。在这件长袍上,每隔一段距离就有一条长绳,于绳子的一端悬挂很大的白羊毛团。当演员有节奏地摆动时,所有这些流苏都优雅地伴随着其身体的运动而摆动。当演员的身体开始旋转时,这些流苏便会横竖起来,于人身周围旋转,在某种意义上似乎是加入了其单足旋转。

我们在拉萨还看到了一种叫作"神舞"的体操运动。一根用结实的皮条制成的长绳系在了布达拉山峰,并一直垂到山脚下。"舞神"沿此绳上上下下,其敏捷程度只能与花猫或猕猴相媲美。有时,当他们攀援到山顶时,便伸开双臂就如同要跳下去游泳一般,顺着绳索而如离弦的箭一般地滑下去。藏地的居民被认为是从事这类运动的最灵活者。

我们在拉萨的年节期间所看到的最奇怪的事,则是西藏人称之为"拉萨木鹿"的活动,也就是由无数群的喇嘛全面进入该城及其郊区。"拉萨木鹿"开始于正月初三日。卫地所有的佛教修院都向他们的大量居民打开了大门,人们看到大批喇嘛从通向拉萨的所有大道上乱哄哄地纷至沓来,他们步行、骑马、骑毛驴和牦牛而来,随身携带祈祷经文及他们的炊具。各地很快就被如同泥石流一般的喇嘛所淹没,他们从附近的所有山上风风火火地直冲下来。那些没有在私人家宅及公共建筑中得到安排的人,便在广场上和大街上支起一片帐篷营地,或者是在旷野中支起他们的旅行小帐篷。"拉萨木鹿"要持续整整的六天。在此期间,衙门都关闭,一般的司法案件都停办,噶厦的成员与公职官吏们在某种程度上都失去了他们的权力,官府的全部权势都弃权于这支佛教出家人的神奇大军。于是在城内便呈现出了一片混乱和无法表达的动荡。喇嘛们混乱地和成群结队地走遍大街小巷,发出了令人头脑发昏的叫喊、诵经、互相碰撞、互相争论，有时也大挥拳头和发生流血争斗。

虽然喇嘛们在这些节庆的日子里，一般都表现得不太克制谨慎和端庄稳重，但不应认为他们赴拉萨是为了从事世俗的和不太符合其宗教出家人身份的娱乐活动。相反，他们从事远途旅行的重大动机却是虔诚活动。他们的目的是祈求达赖喇嘛的恩宠，前往一个叫做木鹿的著名佛寺中朝圣进香。该寺坐落在城市中心，用于称呼这六天节日娱乐活动的“拉萨木鹿”一词即由此而来。

木鹿寺庙则以其豪华和寺内陈列的财富而引人注目。这里始终出现的井然秩序和干净状态，把它变成了该地区其他寺院的榜样和表率。在主要寺庙的西部，我们还可以看到一个由内柱廊环绕的花园。刊经楼就位于那里。属于喇嘛寺的大批印经人员每天都忙于雕版和刊印佛经。他们使用的办法与大家已相当熟悉的汉地印经术颇为相似，我们就不再讲了。每年前往参加“拉萨木鹿”的喇嘛们，都习惯于利用这一机会而购买经书。

仅在拉萨地区，我们就可以数出三十多座大寺院①。甘丹寺、哲蚌寺和色拉寺为其中最著名和喇嘛人数最多者。其中每座寺院都容纳了将近一万五千名喇嘛。

“甘丹”寺在藏文中意为“天福”寺，这是位于拉萨以东一座山的名称，距拉萨仅有四法里远。甘丹寺正是矗立在该山的山峰。据喇嘛教著作记载，它是于1409年由佛教的改革者和黄帽派的创始人——著名的宗喀巴修造的。宗喀巴在那里定居。当其灵魂化于宇宙长空时，其肉体凡胎便留在那里。西藏人声称人们现在尚可以看到他那神奇身体，非常新鲜，永不腐烂，有时还会讲话，它由于持续的奇迹始终停留在半空中，而又没有任何支撑物。我们对于佛教的这种信仰不能说三道四，因为我们在拉萨只度过很短一段时间，使我们无法去参观甘丹寺院。

哲蚌寺（万果寺），位于拉萨以西两法里处，它建于一座大山的山麓。在寺院的中央矗立着一个装饰华丽的亭子，完全闪烁着黄金和壁画的光芒。它是供达赖喇嘛专用的，他每年都去那里一次向出家人说法。前来西藏深造其经书学问的和获得喇嘛僧阶衔位

① 在卫地有三千多座大寺院。

的蒙古喇嘛们,一般都居住在哲蚌寺,该寺由于这一原因,有时也在本地区称为“蒙古寺院”。

色拉寺位于拉萨以北,距该城最多有半法里远。那里的寺院和喇嘛们的僧房,都背靠一座栽有冬青和柏树的大山山麓。从鞑靼入藏的进香人都经这条路前进。远远望去,这些鳞次栉比的建筑以大山上的绿色底面为衬托,使人看起来便呈现出一片诱人的和绚丽的景象。大家在山坳里和宗教城的最上部,还可以看到大量的由静修闭关的喇嘛们居住的僧房,很难攀登到那里去。色拉寺以其三座数层的大殿而著名,其中所有的房间都完全镀金。“色拉”寺一名即由此而来,藏文中的 Ser 意指黄金。在这三大殿的主殿中,还非常虔诚地保存着道切或“法器”。据佛教徒们的信仰认为,这种东西系从空中自印度而来,自动地抛入了色拉寺中。这种圣器是黄铜的,其形状基本与杵相同,用手拿它的地方无纹饰并呈圆柱形,其两端突出,呈卵球形,上面带有象征性的图案。所有的喇嘛都应该有一个根据神奇地从印度传来的样式制造的小道切(法器)。当他们念诵经文和举行宗教礼拜仪轨时,这种法器对于他们就是必不可缺的。他们有时必须拿着它,有时又把它们放在膝盖上,然后再拿起来并根据仪轨书中指出的规则而在手中转动。色拉寺的道切是一种极受崇拜的东西,朝圣进香人从不会忘记在陈列它的岩石下面向它顶礼。在新年庆祝期间,他们便结队和隆重地把它运往拉萨,以便将它奉献出来让城中的居民崇拜之。

正当拉萨木鹿的无数喇嘛们满怀激情地庆祝热闹的节日时,我们这些人则为痛苦而伤心,默默地准备我们的出发。我们拆除了那座小教堂,过去曾为此而享受过醉心的宽慰,但时间太短了。我们试图于茫茫大漠中的这个贫瘠小角落内垦殖和播种之后,现在则必须放弃它了。默默地祈祷,认为荆棘和树丛无疑很快即将大量生长出来,并窒息已经开始出土的这些珍贵的拯救众生的萌芽。啊!这些思想该是多么苦涩和令人失望啊!我们感到自己的心已碎裂,仅有力气祈求上帝,为处于蒙昧中的这些可怜的孩子们派遣一些能为他们带来信仰之火炬的传教士①。

① 正在古伯察先生发出这些幽思的时候,巴黎外方传教会要求并获得了自己在西藏设立副本堂神父的权力。

在我们离开的前夕,摄政的一位秘书来到我们住处,并以他的名义交给我们两大锭白银。首席噶布伦的这种用意使我们深受感动,但我们认为不应该接受这笔钱。傍晚时,我们前往其府上向他告别,又把两锭白银退还给他。我们将白银放在他面前的一个小茶几上,并声明这种作法完全不是我们不悦的表示,我们相反始终都怀着感激的心情,记住自己在拉萨的短暂期间,曾得到西藏地方政府的友好接待。我们坚信如果一切都取决于摄政的话,那么我们将会始终都在西藏享受到最平静和最体面的居住。如要我们接受这笔钱,那么这就有损于我们传教士的良心和我们民族的荣誉。摄政对我们的做法没有感到任何反感。他说已理解我们的做法并懂得评价我们对他表示的反感。因此他不想坚持让我们接受这笔钱,但在告别我们之前最好是向我们赠送一点东西……他于是便向我们指着一部四体合璧的字典,因为他见我们经常满怀兴趣地翻阅它,于是便问我们是否乐意接受这部著作。我们认为可以接受这种礼物,它不会对我们的尊严有任何损害。我们接着向摄政表示,如果他能作为对法国的记忆而肯接受曾引起了他的巨大好奇心的显微镜,那么我们将会非常高兴。我们的提议被他喜不自禁地接受了。

在我们告别的时候,摄政站起来并向我们讲了这些话:“你们走吧……谁知道未来的事呢?……你们都是特别勇敢的人,因为你们能够一直到达这里……我知道你们的心中还怀着很大的和神圣的决心。我认为你们永远不会忘记此事,而我也将永远记得……你们相当理解我,这种情景不能使我讲更多的话了。”我们回答摄政说:“我们明白你的话的全部含义……我们多次祈祷上帝有朝一日实现你的言论中所表达的愿望。”我们接着就怀着满腔的悲愤而告别了这个对我们充满了好意的人,我们曾把自己在上帝的帮助下向西藏那些不幸的下层居民传播基督教真谛的希望,寄托在此人身上。

当我们返回自己的住宅时,发现克什米尔人的长官正在等待我们。他为我们带来了一些旅行中的食物以及拉达克的优质干果,还有用面粉、酥油以及鸡蛋制成的点心。他想与我们共同度过整个晚上并帮助我们准备行李包。由于他计划近期内将赴加尔各答旅行,所以我们便委托他把我们的消息,转告他在英国人占领地印度所遇到的第一批法国人。我们甚至交给了他一封信，请他转交给法国政府驻加尔各答的代表。我们在这封信中郑重地阐述了自己在西藏首府居住的背景以及我们离去的原因。我们觉得在自己即将开始令人生畏而又不断被悬崖峭壁环绕的上千法里的旅行之前，最好是采取这种谨慎的措施。我们认为，如果自己被埋葬于西藏的大山之中是上帝的意志，那么我们的法国朋友至少也会知道我们的下落。

就在这天夜间，桑达钦巴前来向我们辞行。自从驻藏大臣决定让我们撤离西藏之后，我们的这名可爱的新教徒就被迫离开我们。无须多讲，这一不幸事件对于我们该是多么无情和令人难受，但无论是我们还是摄政都无法对这一措施提出任何异议。桑达钦巴原籍为甘肃省，直接属于中央政府的统治之下。虽然我们对琦善的影响不太大，但我们仅从他那里获得不能对桑达钦巴进行任何虐待并平安地把他送回家的诺言。琦善答应了我们的这项要求，我们后来知道他相当忠实地遵守其诺言。摄政对我们的新教徒非常好。当他一旦离开我们之后，摄政便供应他的日常生活并使他不会缺乏任何东西，摄政甚至还让人给桑达钦巴送去一大笔钱以准备旅行。连同当时的情况允许我们再给他补充的东西，桑达钦巴得以发了一笔小财，能够很体面地返回故乡去了。我们嘱咐他回到其年迈的母亲身旁以尽孝道的义务，向她传授教法的奥义和使她在垂暮之年享受洗礼后，再去远行。其次，当她闭上双眼之后，他能重新回到基督徒中度日①。

实在说，桑达钦巴并不是一个可爱的青年人，他那粗鲁、孤僻和有时甚至是傲慢的性格，使他变成了一个不太好处的旅伴。然而，他身上有一些正直和忠实的性格，在我们看来足可以补偿其本性之中的怪僻。我们在离开他时感到了一种极大的痛苦，尤其让我们动感情的是，我们从未想到自己的心灵深处还保留着对这一青年人如此强烈的留恋。我们共同从事了一次如此遥远和如此艰难的旅行，共同忍受了如此之多的苦难，也可以说我们的生活无意间和不知不觉地与他联系在一起了。使人类彼此之间互相联系起

① 我们后来不久又得到了桑达钦巴的消息。他在故乡度过了一年多之后，又返回了我们在蒙古鞑靼地区的传教区中。他现在正在长城之外的西旺督村(1852 年)。

来的意气相投的法则，在苦难环境中要远比在顺利的处境下产生的影响大得多。

在为我们确定的出发日子里，有两名中原人士兵一大清早就赶来了，通知我们说安抚使李大老爷李国安请我们吃饭。这一人物是驻藏大臣琦善指定陪同我们一直到中原去的。我们应邀前往。由于这一行人马要在他家组合，所以我们把自己的物品也送到了他的住处。

李安抚使原籍为四川首府成都府，属武职士官。他于12年间曾在不丹地区的廓尔喀服役，在那里得到了迅速的提拔，一直高升到都司的官衔，受命全权指挥驻守与英占领区接壤的边境，授蓝顶，享受于其帽子上带七条黑貂皮的特权。李国安仅仅年长45岁，但大家完全会认为他有70岁，其健康情况极糟，显得非常衰老。他几乎无牙齿了，稀疏的几根头发呈灰色，一双无神和带玻璃液的眼睛很难忍受非常强烈的光芒。他的面庞萎靡不振和遍是皱纹，双手已完全瘦干，双腿迟钝得只能支撑起他自身来，所有这一切都说明他是一个因过分疲劳而精疲力竭的人。我们开始时曾认为这种未老先衰的状态是由于他大量抽大烟而造成的结果。但从我们初次见面，他就亲口告诉我们说是烧酒把他变成了这种状态。他提出请求并被恩准返归故里，即将回到其家庭中去，试图以一种适度和严格的食谱而使其疲惫不堪的身体得以康复。驻藏大臣琦善那样催促我们动身，完全是为了让我们与这位官吏同行，他由于其都司的身分，而应有一支15名士兵的卫队护送。

李国安①作为一名武官而算是很有学问了，他对汉族文学的知识，尤其是他那精明观察家的性格，使他的谈吐很吸引人并富有哲理。他讲得很慢，甚至有些拖拉。但他却令人赞不绝口地使其故事具有一种戏剧性和神奇性的特征。他非常喜欢谈论哲学和宗教问题，声称自己甚至还有一项美好的计划，一旦当他自由安静地生活在家中时，就只会关心与其朋友们下棋或去看戏。他既不信和尚也不信喇嘛。至于天主教理，他对此根本就一窍不通，在接受天

---

① 古伯察慷慨地给予他的带路人的尊号实际上只不过是组成其名“国安”的汉文字的意义。我们无须补充说明这些浮夸的官号都是随意的，与任何实际情况都不相符，就如同采纳拿破仑的名字不会把他的正式官职变成一名勇将一样。

主教归化之前尚需要好好学习它。在等待期间,他的全部宗教仅在于虔诚地信仰大熊星座。他模仿了贵族们的生活方式及一种所必须的礼仪。很遗憾,他经常自己忘乎所以,暴露了他那完全是庶民的出身。无须补充说明,李国安阁下是银钱的爱好者。否则,那就很难从他的身上看出他那中原人,尤其是清政府官吏的特点了。

李国安为我们准备了一顿豪华的席宴,我们觉得他的席宴特别丰盛,尤其是两年以来,我们已习惯于那种有点像野人一般的生活。以手指抓饭吃的习惯已几乎使人们忘记使用汉地筷子的技巧了。当我们吃完以后,李国安通知我们说,一应出发事项都已准备就绪,只待出发了。但在出发之前,他必须与其卫兵一道前往驻藏大臣府,向他辞别。我问我是否愿意陪同他前往,我们回答他说:"好吧,我们一起去见驻藏大臣,你是为了去完成一种义务,而我们则是出于礼仪。"

我们与带路人一同进入了琦善的官邸。15 名士兵停留在门槛前。我们在跪拜和以额头三次触地之后,便列队而立。李国安也依此礼行事,但这个可怜的家伙只能在我们的帮助下才会站起身来。我们根据自己的习惯而以把帽子放在臂下的方式向他致敬。琦善讲话后,我们每个人也都应酬了一番。

琦善首先以一种虚情假意和矫揉造作的口气对我们说:"现在你们要返回贵国了。我想你们不会抱怨我,我对你们的所作所为是无可指责的。我不能允许你们留在这里,这是大皇帝而不是我本人的意志。我不允许你们走印度之路,因为本帝国的法律禁止这样作。否则,无论我年龄多大,也得亲自送你们到边境。你们将要走的这条路并不像世人所说的那样可怕艰险,你们确实会遇到一点风雪,也会发现几座高山,将有一些严寒的天气……你们已看到我并不对你们隐瞒真相。为什么要欺骗你们呢?但你们至少有些人为你们服务,每天晚上都会找到一个准备好的住处,没有必要自己支帐篷。难道这条路不比你们来时所走的那条路更好吗?你们将被迫骑马而行,我们无法送你们一顶轿子,因为在本地区找不到轿子。我呈奏大皇帝的本章将在数日内送出。由于我们的驿使日夜兼程地奔驰,所以他们将先于你们而到达。当你们平安无恙地到达四川省首府时,宝(指当时四川总督宝兴——译者)总督将会照料你们,我的责任就完成了。你们可以满怀信心和心情舒畅地出发，可以满心喜悦。我已发出命令，以便使你们在经过的一切地方都受到优待。祝你们旅行自始至终都吉星高照。”我们回答琦善说：“虽然我们感受到了压抑，但我们仍祝愿你幸运成功。既然你向往升官，那就祝你恢复你失去了的一切并获得更大的成功！”“啊！，我是灾星，我的星宿不吉。”琦善咆哮着并于其鼻烟壶中吸了一大撮烟。

他接着对安抚使说话，其语气突然间变得严肃和庄严起来了。他对李国安说：“李国安！，既然大皇帝恩准你荣归故里，你就走吧。你沿途有这两位旅伴，他们可能使你感到非常高兴。因为你知道，这一行程漫长而烦人。这些人的性格中充满了正义和慈悲，因此你可以与他们非常融洽地生活。你要注意千万不要用语言和行动来伤他们的心……下面是我要对你讲的另一个重要问题：由于你在廓尔喀人的边境上为皇帝戍边 12 载，我已命令军需官送给你 500 两白银，这是大皇帝的礼物。”当李安国听到这些话后，感到其双腿异乎寻常的软，急忙推金山倒玉柱般地跪拜。他感动地说：“大皇帝的天恩始终无微不至地关怀我，我是一个不称职的仆人，怎能脸不红心不跳地接受如此浩荡的皇恩！我强烈地恳求驻藏大臣允许我遮面而辞退这种无功受禄的皇恩吧！”琦善回答他说：“难道你认为大皇帝会感谢你这种不贪富贵的做法吗？几两银钱算得了什么？好了！收下这点钱吧，因为大皇帝已把它赐给了你。你用于和朋友们喝一杯茶吧。但当你到了那里之后，千万注意不能再嗜酒贪杯了。如果你还想活几年的话，那么你就应该戒酒。我向你讲这句话，这是由于父母官应好好地劝告其子民们。”李国安三次以前额触地，然后便站起来并站在我们一边。

琦善最后对士兵们训话，并且第三次改变了口气。他的话生硬、不连贯，而且有时又动怒和暴跳如雷。“你们这些兵勇……”15 名军人听到这些话立即就如同被同一根弹簧弹倒一般同时跪在地上，在整个训话持续期间，他们都保持这种姿态。“瞧！你们几个人？我认为你们共 15 人……”他边说边用手指计算人数：“是，共 15 人。你们这 15 名兵勇将返回你们的故乡，你们服役期已满，把你们的都司以及这两名外国人送到四川。你们沿途应忠实地侍奉他们，要注意始终都尊重和服从他们。你们明白这些话吗？”“是，我们明白。”“当你们经过西藏人的村庄时，不要欺压民众。在驿站中不要抢劫和偷盗别人的东西。你们明白吗?”“是,我们明白。”“不要伤害畜群,不要践踏农田,不要烧毁森林……你们明白吗?”“是,我们明白。”“在你们这些人之间,望永远和睦相处和协调一致。难道你们不都是帝国的兵勇吗?因而不要互相咒骂和争吵。你们明白吗?”“是,我们明白。”“凡是作恶的人都不能指望会逃避惩罚,他的恶迹将受到详查和严惩。你们明白吗?”“是,我们明白。”“既然你们都明白,你们就要听话和小心地去作吧。”当这番简短而又有力的高谈阔论之后,15 名兵勇又都以前额触地三次才站立起来。

当我们离开驻藏大臣府时,琦善把我们拉到一边,又单独对我们讲了一些话。他对我们说:“我不久将离开西藏而返回中原①。为了使我离任时不至于有过多的行李,我利用这一机会而运走两个大箱子,它们都用牦牛皮包裹。”他向我们指出了上面所写的字,接着又补充说:“我把这两个箱子交给你们了。每晚当你们到达驿站时,就让人把它们卸在你们应过夜的地方。在四川省府成都府,你们把它交给四川总督宝中堂(指宝兴——译者)。你们也要注意自己的东西,因为你们要走的这条路上有许多小偷。”在向琦善保证我们将牢记他的嘱托之后,我们又赶上了李国安,他正在大门口等待我们。

这是一件相当奇怪的事,驻藏大臣把他的财宝交给了我们,而他本来有一名大官供他差用,此人由于其地位而必然会为他效劳。但琦善对外国人怀有的猜疑心理,尚未使他忘记他的利益。他无疑认为把他的箱子交给传教士们比交给中国人(甚至是一名官吏)更可靠。这种信任的表示使我们非常高兴,这是对基督徒们的正直性格的尊重,同时也是对中国中原人性格的辛辣讽刺。

我们回到了李国安府上,18 匹已经备好鞍的马正在院子中央等待我们。三匹毛色最好者单独拴在一起,这是为都司和我们准备的。其余 15 匹是为兵勇们准备的,每个人都应牵走由抽签分配给他的一匹马。

---

① 琦善确实又迁任四川总督。在我们离开中国返法时,我们获悉新皇帝把可怜的琦善判处死刑并执行了。我们不知道大家指控他犯了什么罪。中华帝国遭到了一巨大损失,皇帝失去了一个充满智慧和爱国心的政治家(1852 年注)。

在上马之前，一名体格健壮而衣着相当干净的藏族女子出现了。这是李国安的夫人。他六年前娶了她，现在将永远地遗弃她了。他们仅有过一个孩子，但幼年夭折。这一对夫妇再也不能相见了。他们正处于令人撕心裂肺的分别之际，讲了几句互相告别的话。这次分别是在众目睽睽之下和以下述方式进行的。丈夫说："我们就要走了，你却留在这里，平安地生活在家中吧。"妻子回答说："你愉快地走吧！你愉快地走吧。注意你腿上的浮肿。"她接着把一只手放在眼前企图让人相信她在哭。李国安转向我们说："瞧！她多么奇怪，这些藏族女子。我留给她一幢建筑得很坚固的房子，还有一批几乎是全新的家具。她现在竟然哭起来了！难道她对这一切尚不满足吗？"在举行了这类充满甜蜜和温柔的告别之后，所有人都纵身上马。这一队人马便在拉萨街头行进，注意选择没有众多喇嘛云集的地方向前走去。

当我们出城之后，便望见相当多的一群人似乎在等待我们。这都是在我们于该地居住期间，与我们的关系比较密切的拉萨居民。他们之中的大部分人已开始学习基督教真谛，我们觉得他们真心实意地准备接受我们圣教的归化。他们聚集在我们经过的路旁以向我们致谢，并为我们献上一条告别的哈达。我们于他们之中发现了那名青年医生，他始终把我们送给他的十字架挂在胸前。我们下马以对这些具有基督徒心肠的人讲几句安慰的话，鼓励他们勇敢地放弃佛陀的迷信仪轨而崇拜基督徒的上帝，要始终坚信上帝的无限慈悲。啊！我们被迫离别这些可爱的慕道友们的时机是多么残酷啊！我们仅仅向这些人指出了永久拯救的道路，而未能指导他们向那里迈出第一步！呜呼！我们再不能对他们做任何事了，任何事也不能再作了，除非是仅仅祈求上帝怜悯这些被耶稣—基督用血赎回的灵魂。

在我们重新上马继续赶路时，突然发现一匹马疾速驰向我们。这是克什米尔人的长官，他想一直送我们到波曲河。我们对他如此这般的美意非常感动，但对一名珍贵和忠实的朋友来说，这又没有任何使我们感到惊奇的地方，他在我们滞留拉萨期间曾多次作出了爱慕我们的表示。

克什米尔人长官的到达成了我们徐徐策马而行的原因，因为我们有许多话要讲。最后，经过一个多小时的行进。我们到了波曲河畔。我们在那里发现了一支藏族卫队,系由摄政下令组织起来的,负责一直把我们带到汉地的边境。他们共由七名士兵和一名大喇嘛组成,大喇嘛享有"第巴"(村长)的尊号。与中原人卫队一起,我们形成了一支 26 名骑手的旅行队,这尚且不包括负责赶一大群驮载我们行李的牦牛的脚夫。

当时准备好了两只大渡船接受骑手和马匹渡河。这些马匹一跃而上船,然后又安静地一批接一批地排起队来。大家都会发现这不是它们第一次完成这样的使命了。接着是人员进船,惟有第巴、李国安和我们两人除外。我们明白他们将让我们以一种略为气派一些的方式渡河,但我们枉然地四下观看,没有发现任何渡船。"那么我们这些人将如何过河呢?"有人回答我们说:"那边的渡船不是来了吗?"我们举目向别人指给我们的方向望去,确实看见一只船和一个在原野中行走的人。这与一般的做法不同,它是一只人扛船,而不是船载人。该船夫背上扛着一只大渡船跑来,这种景象令人不忍目睹。一旦当他到达河岸时,便平平稳稳地放下了其负荷,毫不费力地把船推向水中。这或是人具有神奇的力量,或是渡船极为轻便,再无折衷的答案。我们看了一下那个人,没有从他身上发现任何特殊的地方。我们于是便走近船,对它进行了研究和触摸,问题立即就解决了。这只大渡船是用彼此牢固地缝在一起的牛皮制成的,其内部有九根软竹条用于维持其形状。我们在情意绵绵地与克什米尔人的长官握手之后,便进入了渡船,而且几乎以迈到上面的第一步而踏破它。他们忘记了告诉我们只能把脚踏在竹板的三角交叉处。当我们全部登船之后,艄公便开始用一根长篙推船,我们眨眼之间就到了大河的彼岸,立即跳上陆地,船主又把船扛在背上横穿原野而去。

这种牛皮船的不足之处是不能长期泡在水中而不会腐烂。一旦用毕之后,就要设法把它反扣在河岸上晒干。如果给它涂上一种优质漆,那可以避免受水浸坏并使之适于承受较长的航行。

当我们上马之后,又向从遥远地方尚能隐约看到的拉萨瞥了一眼。我们心中祈祷:"啊!我的上帝,愿你的意志能实现。"我们默默地随着这支旅行队的步伐前进。这一天是 1846 年 3 月 15 日。

附　录

1. 桑达钦巴

1859 年，桑达钦巴(Samdatchiemba，琦善奏折中译作萨木丹尽巴——译者)尚生活在西湾子。遣使会会士白振铎(Bray)先生写道："我们在西湾子也使用了神奇的桑达钦巴，他在古伯察先生的著作中非常著名。他远不是一名富豪。如果欧洲那些以他开玩笑的人之一寄给他几百吊钱，那么他很乐意以此用来交换古伯察先生送给他的那种嘲笑性的名字。"(《遣使会年鉴》第 28 卷，488 页)

在第一批比利时传教士到达时，桑达钦巴尚在西湾子。弗兰克(Vrankx)修士于其《从布鲁塞尔到蒙古的旅行》(第 1 卷，148 页)中说："在我们到达蒙古时(1865 年 12 月 6 日)，我们发现他定居在西湾子，让他作为驿夫而附属于传教区。"

1866 年 4 月 7 日，桑达钦巴追随遣使会的谭微道(Armand David)先生，于东蒙古的二十三号与他相会。下面就是谭微道于其《蒙古旅行记》中第 75 页对他的记述："我的第四位旅伴于昨天(也就是 4 月 7 日)晚上到达，这就是应在穿越蒙古时为我带路的桑达钦巴。我现在比那次著名的旅行时代又年长三十多岁了，但仍精力充沛，最希望的是去作新的冒险。这是一名天生无忧无虑的人，而且坦率和正直，也真诚和固执。他仅仅在服装上像是汉人，已经脱离了喇嘛教中的那些人而成为基督徒，在西湾子与其新的同教教友们共同生活。我们没有必要重提了，大家都迫不及待地向我们的这位桑达钦巴(中国人称他为齐喇嘛)询问他与其神父们的冒险旅行。我们非常满意地听取了他对我们的图鲁兹教友那种略带一点诗意的旅行记中记述的证实。其中所记载的一切都是真实的，惟有某些无关紧要的时间错误和自然史中的某些混淆除外，而一个像我们这样职业的人，在一般情况下都不被认为对此会有深刻的理解。"

我们觉得他在从随潭微道先生的旅行中返回后,便最终定居于蒙古人中了,居住在二十三号。因为在1870或1877年间,德沃斯(Alph·Devosp)先生写道,桑达钦巴是几个新受归化和定居在距卓资寺有一法里(lieue,约合四公里。——译者)远的几个蒙古人家庭传道员(《从布鲁塞尔到蒙古的旅行》,147、184页)。

1877年,他拒绝陪同俄国探险家普热瓦尔斯基。这位俄国佬用这样话讲到了他:“在二十三府(应为二十三号),我们找到了古伯察过去的旅伴桑达钦巴。他的真名叫神灯钦巴(Seng-Teng-Chimba)。他属于唐古特和蒙古族,年长55岁,身体极其健康。他借口自己年事已高,拒绝陪同我们前往西藏。”(《蒙古和唐古特人地区》,80页,巴黎1880年版)大家可以说,这名忠实的仆人预见到了那名俄国探险家对其神父发动的不公正攻击。

1891年,克雷尔博(Clerbaux)先生写道,桑达钦巴“还生活在鄂尔多斯我们的基督徒中”(《中国和刚果传教区》,第449页,1891年6月)。

1888年,柔克义(W·W·Rockhill)在鄂尔多斯搜集到了以下资料:“三川使我很感兴趣,因为古伯察先生的随从桑达钦巴尚生活在那里。我与老人的侄子很熟悉,他向田清波(Maester)修道院长谈到了他。他仍然身强体壮和勇气不减当年,喜欢盛情地接待人,但归根结底也不是一名虔诚的基督徒”(《喇嘛王国》,45页)。

柔克义对桑达钦巴不怀好意的评论已被由鄂尔多斯传教士们遗留下的资料所否认。1912年3月12日,该传教区的司库兰特索(Lantschoot)神父为我们写来了下面几句话:“著名的古伯察神父的随从齐喇嘛与桑达钦巴无别,他是我们在蒙古的波罗—巴勒哈逊基督教团中的一名虔诚和典范性的基督徒。他在1900年义和团之乱前两个月去世,因此是去世于5~6月间。他在那里还有一些家庭成员,他们如同他一样都是基督徒”。

2. 琦善

古伯察神父的游记向我们介绍了这个人物。琦善是一名满族人,于北京宫中长大。他具有善于钻营奉承的举止,仪表堂堂,再加上他在为人处世中极为精明能干。道光皇帝因对他的特别宠爱而使他身价百倍。

在鸦片战争期间，当英国的舰队前往封锁大沽(1840 年)时，琦善正在直隶总督的任上。从而使他得以奉命与义律交涉并与之谈判(8 月 30 日)，他奉旨将谈判移至广州，从而使对立的战场远离北京。这一成功为他赢得了被敕封为广东总督和钦差的危险荣誉。由他和义律谈判签订的 1841 年 1 月 30 日的条约均遭北京和伦敦两个朝廷的拒绝。琦善失宠遭贬谪，其家产(共合 200 万英镑)被查抄，他本人也被披枷带镣地解往北京，然后又流放到黑龙江的大草原上，比广州条约更具有灾难性的南京条约有助于为琦善平冤狱，从而证明他本人在广州条约中无能力获得更优越的条件。

正是由于这一原因，他才被任命为驻藏大臣，从而得以会见了两名遣使会士。琦善在把他们从西藏驱逐后不久，他本人也荣任四川总督一职。大家后来又发现他出任陕甘总督，然后又到安徽指挥一支奉命平息“捻匪”叛乱的军队(1858 年)。他就在这一年间去世。我们在皇帝的圣旨收藏处没有找到当时确实是根据咸丰皇帝之敕令处死他的记载。但这一事件似乎是真实的，很可能发生在皇家军队与当时可怕的暴动者作战时，遭到的一次失败之后。作为对为帝国效力的一名重要人物的这种不公正对待的补偿，皇帝赐给了他一些追封的尊号：“赏已故钦差大臣琦善总督衔，赠太子太保，予祭葬谥勒”。

第九章

汉文西藏传——乌拉的组织——墨竹宫的戏剧——鹿马岭山——到达江达——两名军官的来访——一座木桥上的故事——有关独角兽的离奇情节——神山(拉里山)——渡过一条冰河——拉里的面貌——供给官的吝啬——攀登鲁工拉山——阿兰多的险峻道路——郎吉宗村——丹达名山——一名原清朝官吏的悲惨和神话般的去世——西藏的驿站服务——嘉裕桥惨案——瓦合山守护神的历史——一只神蟾蜍的神话故事——穿越著名的瓦合高原——到达察木多——附录

出了拉萨城之后,我们于数日间,一直行进于一条已完全耕耘的开阔河谷中,在那里各处都可以发现大批西藏庄园。庄园一般均由大树环绕。农活尚未开始,因为西藏的冬季始终漫长而又寒冷。山羊和牦牛群凄惨地在遍是灰尘的田地中游荡,不时地发出几声牙咬坚硬的青谷(青稞)苗的响声,田中遍地都竖立着这种青谷。

整个河谷都由一批小块耕田组成,田块之间彼此由以巨大石块砌成的宽厚而矮小的田埂相隔。开垦这块砾石地无疑使第一批耕作者花费了很多辛苦和极大的耐力。这些巨大的石块,应该是很费力地一批批从地中挖出来,又被用力搬到田边的。

在我们途经那里时,旷野中普遍呈现出一种昏暗和令人伤感的面貌。这种场面有时又由于某些喇嘛旅行队,而变得活跃起来了,他们都唱着和嬉戏着前去参加拉萨木鹿的隆重庆祝仪式。欢呼声和笑声不断从沿途两旁的农舍中传出,向我们表明新年的欢乐尚未结束。

我们的第一程并不太长,在太阳落山之前就停留在德庆,这是距拉萨仅有6法里(60里)远的一个大村庄。事先已准备好了一个大房间,供这支旅行队歇脚。一旦当我们下马落地之后,我们就被村长领进了一个房间,房子中间有一个大陶土火盆,燃烧着很旺的干畜粪火。他们请我们坐在绿色氆氇的厚垫子上,立即有人为我们献上了酥油茶。我们受到了如此无微不至的关照和体贴,以至使我们很快就终于心花怒放了。我们觉得这种旅行方式实在是妙不可言。事实上,这与我们在沙漠中度过的那种艰难和清苦的生活形成了鲜明对照,沙漠中的每个停留站,对于我们来说仅仅是增加一些艰苦!不用被迫支帐篷和管理牲畜,更不必为燃料和食物操心,这样的旅行就如同实现了一种光辉灿烂的理想。一旦当大家下马时,便会找到一间非常温暖的客房和一壶酥油茶,这对于我们来说就是纯粹的骄奢淫逸。

在我们到达之后不久,便受到了大喇嘛的正式拜访,摄政委托他一直陪同我们到达汉地边境,我们与此人仅仅在过河时交换了几句寒暄话。此人叫作"江仓",也就是乐师,这是一个矮胖和年长五十多岁的人。他曾在西藏的许多地区充任过行政职务。他在被召至拉萨之前,曾在一个距拉达克不太远的乡村任总第巴。他那宽阔和略带皱纹的脸上,表现出了一种无可比拟的淳朴善良的表情。其性格近似于儿童般的天真和单纯。他告诉我们说,摄政专门为我们而委托他从事这次旅行,以便注意使我们在达赖喇嘛所属地区的整个期间,都不缺乏任何东西。后来,他又向我们介绍了两名青年藏族人,并夸夸其谈地对他们作了长篇的赞扬。他对我们说:"这两个人被特别指定在途中为你们效力。当你们向他们索求某种东西时,他们应立即听从你们的命令",他又补充说:"对于你们的吃饭问题,由于你们不太习惯藏饭,所以我们已商定让你们与汉族官吏一起进餐。"

我们在与江仓喇嘛交谈了一段时间之后,确实非常荣幸地与李国安共进晚餐,他住在我们房间的隔壁。李国安颇为讨人喜欢,他向我们提供了有关我们要走的道路的大量细节,他本人已是第八次来往于这条道路了。为了使我们每天都对自己将要经过的地区有某些清楚概念,他借给我们一本记述从四川首府成都到拉萨路线的汉文著作《卫藏图识》。这是一本还包括其他几种有关西藏的汉文简单记述的集子,由一名叫作鲁华祝的官吏编纂,他于乾隆五十一年(1785 年)曾负责督办清朝军队的给养。俄国驻北京的东正教修道院长夏真特神父,曾发表了这部有关西藏舆地书的译文,克拉普特先生在对这名俄国译者的著作重新校阅并加了大量注释之后，便将它刊载于巴黎的《亚细亚学报》[1]中。这部汉文著作中有关从拉萨前往四川省的道路，以及我们在长途旅行中每天都亲眼看到的这条道路部分的记述，特别准确。但这部生硬而又简单的图识，只能对那些专治舆地学的人和穿行过其中所讲到地区的人，才有价值。全书仅仅是一站接一站地讲一些枯燥的地名和一些可以在沿途遇到的地点。为了对此有一种印象，我们将转录其中有关我们第一日行程的一段记载：

"德庆其地多候馆，前来者恒栖止之，路旁有塘铺。绕道而下，四十里至綦里，有磲巴供给柴草。与西藏隔一水，二十里抵西藏。"

我们在天未破晓之前，就从德庆出发，因为这一天有很长的路途要跋涉。我们继续沿自从离开拉萨城之后便进入的那条山谷前进。但随着我们的前进，这片辽阔的平原所环绕的一座山，便逐渐地在地平线上拔地而起，似乎是在向我们靠拢。这条山谷越来越狭窄。地面变得越来越多砾石，庄园变得越来越少了。居民们逐渐失去了人们可以在大城市附近所发现的那种雅致和文明的仪表。在仓促地急行二十多里的路程之后，我们便在一个已废弃和成为几名衣服褴褛的老喇嘛栖身地的大寺院停了下来，以稍事休息和吃一点东西。喇嘛们生活的贫困状态，只能允许他们向这支旅行队的"司令部"献奶茶、一杯米酒和一个小酥油球。于这些食品中再加入由李国安的厨师于前一天夜里特意为我们准备的面饼和羊腿，我们已算有了一份相当丰盛的食物了。

一旦当我们的饥饿略加缓和，使四肢稍微恢复了一点力气之后，我们便向这些贫困的佛教出家人表示谢意，并向他们奉献了哈达或吉祥巾，然后便敏捷地纵身上马。天已经晚了，我们在到达驿站之前还有 40 里路要走。当我们到达墨竹宫时，天已经完全黑了。我们所关心的第一件事就是招呼藏族青年马夫，嘱托他们以最快的速度准备我们的床铺。我们认为胯下一整天都骑着一匹劣马，应免去那些客厅中的寒暄礼仪了。我们在吃了一点简单的饭并作晚课之后，便向安抚使和那名乐师喇嘛道晚安，然后就钻进我们的被子中了。

---

① 新编《亚细亚学报》第 1 套，第 4 ~ 6 卷。

次日，当我们把头伸出床铺外时，灿烂的阳光已照射进来。但客房的院子中仍很安静，我们既听不到牦牛的呼噜声，也听不到马匹的嘶鸣。没有任何显示一支旅行队即将准备出发的骚乱声。我们起身并揉了一下眼睛，便打开了房间的门，以看一下事态如何。我们发现李国安和乐师喇嘛正坐在院子的一个角落里悠闲地晒太阳。他们一瞧见我们之后，便迎上来并用大量委婉的言辞说，我们被迫要在这里滞留一天，因为很难找到替换的马匹和牦牛。他们对我们说："这个消息太糟了，这种不合时宜的安排太糟了，但我们别无其他良策，新年节日的背景是这种耽搁的惟一原因。"我们回答说："恰恰相反，这一消息太好了。我们这些人绝不想急迫地到达目的地。我们一直缓缓而行，经常在途中休息，这一切都很好。"这些话使我们的两名"卫队长"摆脱了极为尴尬的处境。这些善良的人认为我们将会想方设法地与他们争执，因为被迫要休息一天。他们大错而特错了。如果在我们过去的旅行中，某些耽搁有时会给我们造成非常痛苦的障碍，那是因为我们面前有个目的地，我们急于想到达那里。但在此时此刻，时过境迁，情况已大不相同，我们则希望尽量以一种无所事事和悠闲自得的姿态从事旅行。此外，我们认为急匆匆地离开一个被驱逐的地区，是完全不符合逻辑的。

墨竹宫是一个要换乌拉的地方，也就是要换马匹、驮兽以及负责牵赶它们的人员。这些服差役的牲畜与人员，都是由西藏地方政府在从拉萨通向中原边境的沿途组织的。惟有在这条路上因公务而旅行的汉藏两族的公职官吏，才有权使用这类公益服务。拉萨地方政府向他们发放牒文，其中清楚地注明各个村庄都应为赞助乌拉而提供的人员和牲畜的数目。汉文有关西藏的传记中，在这类杂役问题上作了如此记载："至于民之服役者，名乌拉。凡有业之人，勿论男女，皆与其选。即由他处远来者，但能置烟灶租房而居亦然，多寡各量其贫富。其头目蝶巴多派用乌拉。照所居屋之大小，量定应需数。或三四名，或十数名，照数输派乌拉应役。无人则雇穷民代之，或每日每名纳银五分，年过六十者免之。遇要差，则派牛、马、骡、驴，富者应出若干，贫者三四人公摊一匹藏地产马"。

那些始终都在设法利用一切机会而赚钱的清朝官吏们，也找到了利用西藏地方政府向他们提供的乌拉，而进行投机交易的办法。他们在离开拉萨之前使用一切能想象出的手段进行策划，以便能在他们的路条上登记大量牲畜。他们苛求自己绝对需要牧畜并为超额的部分索取银钱的补偿，富裕的西藏人宁愿多给他们一点钱而不使其牲畜在路上受到危险。还有些人索求全部乌拉以用于把西藏商品运往中原。当琦善向李国安奉上皇帝的礼物时，我们发现李国安很坚决地辞谢，但在乌拉问题上却没有表现出慷慨的感情。我们于墨竹宫度过的一天中，偶然间得到了路条，非常惊讶地发现他们租给了我们2匹马和12头牦牛，而我们那点少得可怜的行李仅有两只箱子和几床被子。我们追问安抚使："所有这些牦牛有什么用处呢？怎样作才能用12头牦牛驮运两只箱子？"他回答我们说："啊！这是一个错误，抄写者搞错了。"我们出于礼貌，而佯装认为这一解释很妥当。

但中原人对乌拉的计算，作弊极为严重。他们在途中遇到了某些西藏小部落，这些人无论如何也不肯接受如此大的分担额。大家枉然地向这些粗犷而又傲慢的山地人出示盖有达赖喇嘛和驻藏大臣印鉴的路条，他们仍无动于衷。对于众人为规劝他们守法而讲的所有话，他们仅作这样的回答：你们给每名驭手多少钱，给每匹马多少钱，给每头牦年多少钱……天朝官吏的交际手段终至穷途，他们必须为乌拉再付钱。

墨竹宫县的居民非常礼貌和亲切地接待了我们。村长让为参加新年的庆祝而聚结于该地区的街头卖艺剧团，给我们做了一次表演。我们下榻客栈的宽敞院子作为舞台。那些戴上面谱并穿上奇装异服的艺术家们长时间地演奏了一段喧闹的和带野味的乐曲，这是为了把该地区的居民召来看表演。当所有人都聚集在舞台四周并围成圆圈时，墨竹宫的第巴前来隆重地向我们的两名领路人和我们献上了祝福吉祥的哈达。请我们去已在院子角落中矗立的大树下布置好的四个草垫子上就坐。一旦当我们坐下之后，整个卖艺人的戏班便开始活动，在音乐的伴奏下表演了一种撒旦的圆舞，其速度之快使我们感到头昏眼花。接着又有跳、蹦、转、用木刀比武和格斗。所有这一切都轮番以歌曲、对白、音乐和模拟野兽嘶叫的喧闹声相伴。在这个喜剧演员剧团中，有一个人化装得比其他人更加滑稽，他专门扮演丑角，独享了逗乐和讲一些令人捧腹话的角色。我们尚没有能充分理解西藏话的习惯,不足以评价其俏皮话的幽默程度,但从观众的跺脚和欢笑声来判断,他似乎很好地完成了其风趣幽默的角色。总而言之,这些西藏节目都相当有乐趣,藏族人都对此狂热迷恋。但当人们很好地舞蹈、蹦跳和歌唱了两个多小时之后,所有的卖艺人都出台,在我们面前排成半圆形,摘下了面谱并在向我们深深地鞠躬时伸出了舌头。我们每个人也都向戏班班主献上了一条祝福的哈达……幕布徐徐落下。

到了下午,我们邀请李国安一同去作短暂的散步。虽然其腿脚不太灵活,他还是盛情地接受了我们的提议,然后共同欣赏该地区的风光。墨竹宫村的居民甚为稠密,一切迹象都表明其居民生活得并不很富裕。房屋普遍都是用碎石块砌成,用黏土粗糙地粘合起来。我们可以看到相当多的一批建筑都已半坍塌了,其废墟成了一群群硕大老鼠的栖身地。有些佛教小祭坛被精心地用石灰水刷白,这是仅有的一批略微显得清洁一些的建筑,其白色与村庄中浅灰色和被熏黑的房间形成了鲜明的对照。墨竹宫驻有一支清朝戍卫队,共由四名兵勇和一名小士官组成。这些人饲养了几匹马,他们的哨所成了传送清朝官府文牒的驿使们的驿站。

在返回客栈之后,我们在早上用作舞台的宽敞院子中,发现了人员和牲畜的混乱集合。他们正在忙于征调我们的乌拉,共包括28匹马、70头牦牛和12名驭手。入夜之后,第巴前来通知我们说,一切都按照达赖喇嘛的神诏安排好了,我们次日即可根据自己的意愿,或迟或早地动身出发。

天刚破晓,我们便上马并告别了墨竹宫。经过几个小时的跋涉之后,我们就如同通过一个特大漏斗的末端一般,离开了我们自拉萨出发以来所经过的最大城市。我们在五日间持续地在迷宫一般的地区行进,为了避开沟壑和绕过无法攀援的大山,必须或左或右地绕行,有时在某种程度上又要折回原路。我们从未离开过河谷的底部、急流险滩的陡壁和遍布岩石的河畔。我们的马匹都在跳跃而不是行走。那些虽然强健但却不习惯这些坎坷地区的牲畜,无法长期忍耐如此路途的疲惫。仅在半日之后,我们就可以相当愉快而安全地旅行了。我们又发现了在离开拉萨城时已经渡过一次的那条河流,它平静地在一个微微倾斜的河床上滚动,其宽阔的河岸向行人们提供了一条易行和平坦的道路。在这些荒凉地区之中，人们为了过夜也只能会找到寒冷、潮湿和四面通风的破房子。但大家到达那里时已精疲力竭，只能在那里酣睡。

在到达江达城之前，我们又翻越了鹿马岭。那部汉文图识中记载说，这里“山高无险阻，约四十里。视前历之冰雪凌嶒，怵心刿目者，居然平易矣”。鹿马岭山峰虽然很高，但实际上却很容易攀登。我们通过一个平缓的山麓到达了那里，甚至没有一次被迫下马。当指西藏的群山时，这是一种颇为引人注目的环境。但我们在大山的另一侧，则遇到了一种相当大的困难，因为这一天下了大量的雪。牲畜常常打滑，它们的后蹄突然会与前蹄绊在一起，但它们从不会摔倒。由此而产生的结果只不过是使骑马人如同秋千一样微微摆动，人们慢慢地就会适应这一切。

李国安想步行下山，以便稍微暖和一下身子，可是他在摇摇晃晃地走了几步之后，便于其不健康的腿的支撑下哆嗦起来，接着便仰天大跌，在雪地上划出一条宽而深的沟壑。他怒气冲冲地站起来，跑到离他最近的兵勇身旁，用诅咒和鞭打来惩罚他，因为这名卫兵不曾下马而扶他一把。所有的清朝士兵都立即跳下坐骑，前往跪在他们的队长面前，以向他请罪和道歉。实际上是所有人都失职，因为根据中国的礼仪，当一首领下马时，所有的附庸者都应立即下马。

当大家到达鹿马岭山脚下时，我们便沿一条小河继续前进，小河在一片冷杉树林中蜿蜒流动，杉林如此茂密，以致于光线勉强能射入其中。很大的雪厚厚地落到了大树茁壮的枝干上，风有时将树上的雪团吹落在旅行队头上。这些出其不意地落在骑手们身上的小雪崩，使他们浑身战栗并发出了惊讶的叫声，而那些无疑在类似的天气中多次经过这片森林的牲畜却无动于衷。它们始终以正常的步伐前进，从不会受惊，当大雪使它们难受时，仅满足于懒洋洋地摆动一下耳朵。

我们刚刚走出森林，所有人都被迫下马步行，用一个小时的时间攀登那些令人生畏的石坡。当我们到达山顶时，便把缰绳盘在马脖子上，让它们依其本性而灵敏地活动，以便爬上这片遍是悬崖峭壁的陡峭山坡。人们有时要倒退着走，就如同下一架梯子一般，有时又要坐在雪地上自由滑行。所有人都平安地摆脱了这种失足，最后大家都到达了山脚下，任何人都没有折断胳膊和大腿。

我们在一个峡谷中又前进了五里地，最终在一座高山下发现了一大片住宅，中间矗立着两座规模甚大的佛寺。这就是江达驿站。在进入该城之前不久，我们于途中又遇到了一支排列成伍的18名士兵，领头的是两名被授予白顶的小军官。官兵都手执不带鞘的刀，斜挂一张弓。这就是江达兵营，他们全身武装和身着戎服地在那里等待巡抚使李国安，以便向他致军礼。当这支人马已充分接近时，18名兵勇和两名军官都跪倒在地，以其刀尖触地，齐声欢呼"江达贱守备祝都司李国安长寿和万福！"李国安及其侍从兵勇们，听到这些话后立即勒住其马，飞身下马并共同奔向守备兵卒们以便请他们平身。双方无休止地鞠躬，我们在此期间则无拘无束地继续赶路。我们在城门处也受到了官方的正式接待。穿着节日盛装的两名藏族人出于敬重而为我们牵马，并把我们领向已为我们准备好的住处。第巴或该县的首席官在那里等待我们，向我们奉献了祝福的哈达并把我们领进了一间大厅中，那里已上好了一桌奶茶、酥油、炊饼和干果。在这种盛情和亲切的气氛中，我们不禁看到了摄政发出的命令之巨大作用。

正当我们享受这顿小吃时，有人来向我们宣布，大家将被迫在江达滞留两天，因为该县的第巴刚刚于今天早上才收到我们即将到达的消息。他没有时间派人去寻找正放养在距城市相当远的牧场中的牲畜。这一消息使我们感到非常高兴，但却使李国安和江仓（乐师）喇嘛陷入了失望之中。我们试图宽慰他们，告诉他们说，当大家不能主宰事态发展时，则应平静地和顺从地忍受之。我们的两名领路人认为我们的意见在理论上极为正确，但实际上却不大符合他们的愿望。他们后来被迫承认这种推迟适得其时。因为在我们滞留于江达的两天中，天气非常阴暗，北风怒吼，大雪纷飞，以至当地人也都认为不能在如此恶劣的天气里起程。事实上，从在山谷中发生的情况来判断，那就很容易理解一次可怕的风暴能使群山变荒芜的说法。

在我们到达江达的翌日，便受到了驻守该城的两名清朝官吏的来访。其中一名享有"把总"的官衔，另一名则任"外委"一职。把总是一个相貌堂堂的人，四肢强壮，讲起话来声音洪亮，动作激烈。其面部留下了一条很宽的刀疤，蓄有黑色的大胡子，这一切均无助于把他视为一名具有优美风度的军人。他在四年间作为普通士兵而在喀什噶尔作战，从那里返回后享有把总的尊号①，并被授予孔雀花翎。外委是一名22岁的年轻人，其身材适中，但他那颓丧和懦弱的外表却与其同事那种阳刚风度形成了奇怪对照。其面庞白净而萎靡不振，极为娇弱。其双眼始终湿润和无精打采。我们问他是否病了，他以一种几乎是微弱无力的声音回答说："不，我的健康状况极好。"他在讲这些话的时候，面部便变得略呈红色。我们明白自己提的问题不太谨慎，于是便开始另一种谈话内容。这名可怜的年轻人是一个热衷于抽大烟的人。当他们离开时，李国安对我们说："把总是一个在吉星下诞生的人，在武官阶中飞黄腾达，官运亨通。但外委却诞生于很不吉祥的云雾中，自从他热衷于抽欧洲烟以来，上天便遗弃了他。再过一年，他就可能要辞世了"。

在我们于江达停留期间，几乎从未停止过的倾盆大雨，使我们无法详细参观这座人口众多和商业兴隆的城市。大家可以在那里遇到许多游牧人或不丹的印度人，他们也如同在拉萨一样，经营一切与艺术和工艺有关的行业。该地区几乎没有农产品，人们在山沟中种植勉强能够居民们吃的黑麦。全地区的财富出自绵羊毛和山羊毛，用来纺织布料。在这些荒凉的山区，似乎也存在着优质牧场，西藏人在那里饲养大批畜群。青金石、鹿茸和大黄是那里与拉萨、四川和云南省进行大宗贸易的货源。有人声称，人们在江达附近的大山上能够采集到质量上乘的大黄。该县也盛产各种野味猎物。我们在离开鹿马岭之后经过的森林，遍地都是小山鹑、雉鸡和多种野鸡。西藏人完全不懂得利用这些非常受欧洲美食家们珍爱的山珍佳肴。他们只会煮着吃，不用任何作料。汉人在这一点上如同在其余所有问题上一样，要比他们的近邻先进得多。李国安的厨师，能够以一种毫不逊色的方式，为我们烹调野味肉。

预定出发的日子到了，一大清早就准备好了乌拉。大风已完全停止，雨也不下了。但天气尚有待于变好，寒冷而又浓厚的迷雾充满了山谷，从而使人看不到附近的山岭。然而，我们必须出发，

---

① 把总是一名与宪兵队长很相似的军官，被派往一个设有驻军的哨所，他指挥几名士兵。

外委是与把总相同的军官，但级别较低。

因为当地人异口同声地指出，这就是在目前的季节能希望见到的最好天气。大家都对我们说："只要你们进入山谷，你们就不能很清楚地看到四周。但一旦登上高地，昏暗就会消失。一般的规则就是，当在山谷中有云雾时，在山顶上就下雪。"这些话使人颇为不安，但必须听天由命并经受大雪的考验。因为所有人都以十分肯定的语气告诉我们，从江达直到汉地的边境，我们将在途中每天都会遇到大雪，一天也不会例外。

正当我们纵身上马时，江达的第巴向我们送了两副马鬃眼镜做礼物，[①]以使我们的双眼不受大雪闪眼的白色光芒所刺激。当我们看到这种全新的光学仪器之后，首先不禁哑然发笑。在普通眼镜中维持玻璃镜片的位置，却由一片马鬃织物占据，严重鼓起，其形状与大核桃皮颇为相似。为了把这两个被固定的盖子维持在眼部，在两侧有两条经由耳后扎起来的长绳子，然后在下巴处打结系住。我们从内心里感谢这名善良的第巴。因为以我们所处的背景，这一礼物是极其宝贵的。我们在翻越鹿马岭山时，就已经严重受到了大雪反光之苦。

我们在出城时，也正如入城时一样，同样遇到了一些驻防的士卒，他们在大道上等待李国安以向他行军礼。

这些在浓雾中列队相迎的人，各自手执一把在黑暗中闪烁光芒的刀。他们具有如此古怪的行为，以致于使这支旅行队几乎所有的马匹都因此而受惊惕。沿途在有清朝士兵驻守的任何地方，都要重复这种军礼。李国安对此感到愤怒。他由于其病腿而被迫很艰难地上马和下马，这些礼节对他则形成了一种真正的折磨。他徒然地提前派遣他的一名士兵去通告说，不要来迎接他。沿途对此所作出的反应却是更加殷勤和更隆重地欢迎他，因为大家认为他是出于谦虚而想免去大家应对其官衔而表示的尊重。

在距江达四里远的地方，我们通过一座由六根粗大和未经加

---

① 有关马鬃眼镜的情况，下面就是稍晚时期多伦少校所记下的内容："我应承认，我们部分地也是自己疏忽大意的受害者，所有这些灾难都已由我们的前人作了描述，但我们没有想到这些灾难如此之早和如此突然地落到了我们头上……我们为什么想到，古伯察神父在收到一名善良的喇嘛送给他一副用牦牛尾编织的眼镜时，该是多么高兴啊！我们之中的西藏人都有这种眼镜，从而引起了我们的羡慕。"（《最后的蒙昧人》，26页）

工的冷杉树干搭成的桥，渡过了一条宽阔而水流急湍的河，桥搭得很不牢固，以至使人觉得木杆在脚下滚动。任何人都不敢骑马过桥。军队中的一名士兵由于极大的幸运，其马从潮湿和颤抖的桥上滑倒了，前蹄一直在两根树干的接缝处陷到了胸部，如同被钳子夹住一般停留在那里。如果骑兵尚骑在马上，那么他就不可避免地会被冲向激流的深处，并被岩石撞碎。在经过长时间和艰苦的努力之后，大家终于成功地把这匹可怜的牲畜从如此可怕的处境拉了出来。所有人感到极端惊奇的是，它被拉出来后竟然未被折断腿，甚至未受一点伤。

走过了这条简陋的木桥之后，我们在陡峭的和被大雪封锁的山上，继续我们那艰巨的朝圣。在四天期间，我们在这些荒凉的地区没有发现任何藏族村庄。我们每天晚上都睡在清朝驻防部队中，在兵营附近集中了几间牧人的窝棚，系用树皮建成。在这四天中，我们换了三次乌拉，而又没有感到任何迟延。那些命令都已提前下达，以至当我们到站时，我们就发现为第二天的出发所必须的一切都已准备就绪。如果说我们仅仅知道，在这些表面上看起来是沙漠的地区，在狭谷中还有大批生活于帐篷中的牧人，那么我们就觉得无法解释这种迅速组织乌拉的情况。一般来说，旅行队的公役仅在较少的居民区才会受到耽搁和遇到困难。

自我们离开江达的第四天，在冰上涉过一大湖泊之后，我们就到达了阿咱驿。这是一个小村庄，居民们在一个被大山环绕的小谷中，耕耘了几片田地，山峰上遍布冬青和松树。汉文图识中针对到阿咱之前所遇到的湖泊而记载道："海子长四十余里，俗传有独角兽，颇为怪"。

人们长期以来都认为，一种虚构的传奇动物独角兽确实存在于西藏。大家经常发现它出现在佛寺的雕塑和绘画中。甚至在中原地区，我们也常常在装饰北方诸省客店的风景画中发现它[①]。阿咱的居民在讲到这种动物时，并没有赋予它比在其山区大量存在的其他种类的羚羊更大的意义。我们在高地亚洲旅行期间，没能幸运地看到这种独角兽。但大家向我们所说的一切，仅仅是为我

① 我们很久之前就知道有一篇有关自然史的蒙古文论著，是供儿童读的。我们于其中看到了插图版中所画的一头独角兽。

们证明了克拉普洛特先生针对这一内容而在新编《亚细亚学报》中发表的详细介绍。我们认为，于此引证这位学识渊博的东方学家在《卫藏图识》中对有关芦花渡记述的译文中增补的内容，并非离题太远。

“西藏的独角兽在该地区的语言中叫作 sérou，在蒙古文中叫 kéré，在汉文中叫作独角兽或角端。蒙古人有时把独角兽与犀牛相混淆了。犀牛在满文中作 bodi gourgou，在梵文中作 khadga。他们有时也称犀牛为 kéré。”

关帝像

独角兽是在中国人记述公元最初两个世纪历史的著作中，首次被提到的。其中指出，野马、大角野羊和角端是中国中原的外来物，生活在鞑靼地区，人们用其新长出的角制造独角兽弓弩。

汉族、回族和蒙古族的史学家们，都一致介绍了下述有关发生在 1224 年当成吉思汗准备进攻印度斯坦时的传说。蒙古文历史记载说，当那位征服者（成吉思汗）平定了吐蕃之后，便向印度腹地进军。当他爬上扎达纳岭大山时,发现一头叫作角端的野兽向他走来。这种动物只在头顶上有一只角。这只野兽三次向君主跪拜以向他致意。所有人都对这件事感到惊奇。君主高呼,据大家所说,印度是诞生威严的佛陀和菩萨、古代强大神灵和王公的地方,这头不会说话的野兽,如同人一般向我致敬是为什么呢?他讲完这些话便返回其故乡去了。

虽然这一故事富有传奇性,但它仍可证明,在西藏的高山中,生活有一种独角动物。该地区还有一些地点,取名于大量存在的这种动物。它们在那里结群而生,如"独角兽村"位于康地①的东郊,接近中原边陲一带。

已故的拉特尔少校曾有机会研究过的一卷藏文手稿,也使人联想到了独角兽。这种动物的一只角被寄到了加尔各答。它长50厘米,粗11厘米。它从根部起逐渐变细,最后变成尖形的了。它基本是笔直的,呈黑色,两端略显扁平。它共有15个环节,但惟有在一端隆起。

英国在尼泊尔的常驻外交代表罗德逊先生,最终得到了一头独角兽,从而无可争议地确认了有关这种羚羊类动物存在的问题。它在接近尼泊尔的西藏南部,叫作tchiru,与sérou(独角兽)为同一个字,只是根据南方不同的方言而发音方式略有小异。

由德罗逊先生寄往加尔各答的独角兽的皮与角,原属尼泊尔罗阇兽苑中的一头死独角兽。它是由迪古奇(日喀则)的喇嘛送给该国王的,国王很喜欢它。把这头动物带到尼泊尔的人告诉罗德逊先生说,独角兽特别喜欢生活在定日的漂亮山谷或平原中,定日位于西藏大地的南部,由阿隆河流经。为了从尼泊尔前往该河谷地,要经过库蒂聂拉木山口。尼泊尔人称阿隆山谷为定日—梅达姆,出自位于该河右岸的定日城。此地遍布盐碱层,独角兽于其周围结队而行。当这些动物处于野生状态时,大家把它们描述得极其胆怯,不允许任何人接近,稍有声响便会逃走。但当有人攻击它们时,它们也会勇敢地抵抗。公母独角兽形状基本相同。

独角兽的外形很美,如同其他所有羚羊的外表一般。它的眼睛却无法与这类牲畜相类比。其皮毛为淡红色,其身体的上部如

① 康地即察木多。

同幼鹿的颜色，而下部则为白色。它那与众不同的特征，首先是一只长而尖的角，有三道不太明显的弯，在下部带有圆形环节，这些环节在角的上部比在下部更明显；其次是两绺毛从每个鼻孔的内侧伸出，鼻子和嘴周围有许多须毛，从而使该牲畜的头上显得很臃肿了。独角兽的毛很尖硬，如同罗德逊先生已有机会研究过的生活在喜马拉雅山以北的所有动物一样，其毛似乎为空心的。这种毛约为5厘米长，长得很茂密，触摸起来如同一团硬物。独角兽的毛下覆盖着一层很细的柔软绒毛，完全如同栖身于喜马拉雅山高海拔地区的所有四足动物一样，特别是如同被称为克什米尔山羊的动物一般。

阿裨尔博士曾建议，以一个系统分类学的名词"罗德逊羚羊"来称呼独角兽，即根据那位使该动物的存在不再受质疑的学者的名字来命名。①

我们在阿咱换了乌拉，在到达拉里住处之前，仅有50里路需要跋涉。我们需要换新的和习惯于我们所面对的艰难路程的牲畜。我们距拉里只有一山之隔。据说，为了翻越这座山，如果想在夜幕降临之前到达的话，那就必须一大早就出发。我们查看了那部汉文图识，发现了对该地区所作的美好描述："拉里由沟行复上大山，危峰耸峙，冰雪四时不消，崄岸海岸，风起雪拥，险滑难行……"正如大家已经看到的那样，这段简短而又精辟的简介，不能使我们指望明天能从事一段愉快的旅行。啊！我们多么想把自己的位置让给那些无畏的旅行家啊！他们由于对大雪、坚冰、山岩和峭壁的酷爱，故而导致他们每年都以轻便马车而前往阿尔卑斯山中，而阿尔卑斯山则是西藏群山的缩影。

有一件事使我们不大受鼓舞，那就是这支旅行队的人，甚至是该地区的居民，所有人似乎都忧虑重重和焦躁不安。大家都不安地思忖这种大雪已纷纷扬扬地下了五天，尚没有来得及融化，这样是否会使大山变得无法翻越。我们是应该不必害怕被坠入深渊或

---

① 西藏的独角兽羚羊很可能就是古人所说"黄羊—山羊"。我们在上努比亚的沙漠中至今尚可发现它。大家在那里称它为 ariel，即独角兽，在希伯莱文中作 réem，在希腊文中作 monokeros。这就是在《圣经》和博物学家普林尼的著作中发现的记载，我们只能把它考证为黄羊—山羊。圣经中的独角兽似乎是一种具有神奇力量和可怕野性的厚皮动物。据旅行家们记载，它也存在于中非，阿拉伯人称为 Abor karn。

被雪崩压死，还是最好谨慎地等待几天，以期待大雪被风刮走或部分被太阳融化，或因寒冷而被冻坚硬。对于所有这些问题，大家都只能作出一些非常不确切的回答。为了使我们避免胆怯懦弱和鲁莽不慎，我们在入睡之前开了一个会，找来一些当地的老山人来参加我们的会。经过长时间的讨论之后，大家首先决定，如果第二天天气平静和晴朗，那么大家就可以放心地启程了。其次，假设要走，那就让由当地人牵的那些驮载行李的牦牛要走在旅行队的前面，以便在雪中为我们踏出一条比较容易走的路。事情就这样决定了，我们试图略作休息，这主要不是相信该项计划的优越性，而更是依靠上帝神意的保护。

当我们起身时，天空尚有几颗星辰在闪烁，与黎明的晨曦搏斗着。天气晴朗得令人赞叹。因此，大家很快就准备好出发了。一旦当最后的夜色完全消散之后，我们便开始攀登著名的神山（拉里山）了。该山如同一块大雪团一般矗立在我们面前，双眼在那里看不到一棵树，找不到一根草或任何一个能打破这种耀眼白色之单调性的黑点。正如事先安排的那样，牦牛及后面紧跟着的驭手们在前面开道，一个接一个地走，鱼贯而行。接着是旅行队的成员排成行，沿它们的足迹前进。这一颇长的旅行队如同一条巨蟒，缓慢地在山麓中的大盘旋道中蠕动。开始时，山坡不太陡峭，但我们发现了多得可怕的雪，每时每刻都会受到被埋葬于那里的威胁。我们发现被置于队伍之首的牦牛跳跃着前进，焦急不安地左顾右盼，以试图找到最安全的地方，有时又突然失落在深渊中，然后又跳蹦在这一片流动的大雪之上，就如同特大的鼠海豚在海浪中飘游一般。断后的行人得到了一条已踏实的路。我们一步一步地在狭窄而又颇深的雪沟中前进，置身于齐胸深的两堵雪墙之间。牦牛发出了沉闷的呼噜声，马匹大声地喘息。人员为了鼓舞全队的士气，共同发出了很有节奏的喊叫声，与船员在转动绞盘时发出的那种喊声颇为相似。这条路变得越来越陡峭和险峻，以致于使整个旅行队在某种程度上似乎是悬在山中一般。大家再也不可能骑在马上了。所有人都下马，每个人都牢牢抓住其坐骑的尾巴，以一种新的激情开始行进。太阳发出了耀眼的光芒，并投射在这片辽阔的雪堆上，于其上面发出了无数闪烁的光束，使人目眩。非常幸运，我们的眼睛都由于其作用无法评价的眼镜保护，这就是江达的第巴做为礼物送给我们的那种马鬃眼镜。

在经过长时间无法形容的疲劳之后，我们到达了，或者更应该说是我们被拖上了山峰。太阳正要坠落，大家有时要停留一会儿，这或是为了重新整理马鞍和加固行李驮子，或者是为了从靴子底上铲掉那些难以忍受的雪块，这些雪块呈倒圆锥状聚集在靴子底部，并且变得相当坚固。所有人都感到欢欣鼓舞，对于能攀登如此之高和站在这一高峰上，表现出了一种自豪感。大家都喜欢双目巡视自己在雪中踏出的这一条深陷而弯曲的小道，其黄橙色的色彩勾划在山中那纯白的雪地上。

下山的路比上山更为陡峭，但路程要短得多，并不需要我们在大山的另一侧被迫付出的那样大的精力。当山麓极其陡峭时，则反而更容易下山，因为只要任其自然地往下滑就行了。惟一的危险是滑得太突然、越出已踏实的小道和永远地被某一深渊吞没。在这样的一个地区，类似的事故绝不是虚构。因此，我们敏捷地下山，有时站着，有时坐着，仅有的冒险行为是翻筋斗和长时间的滑行，这只能引起旅行者们的哄堂大笑，而不是担惊受怕。

在到达山脚下之前不久，整个旅行队都停留在一个高地上，那里矗立着一个敖包，或者说是砌起的石堆，上面插着写有藏文格言的彩幡和遗骸的佛教纪念物。某些特大和雄伟的冷杉树环绕着该敖包并以极美的绿色穹顶遮蔽它。李国安说："我们现在到达了阿里山(神山)的冰川了，我们可以笑一会儿了。"我们疑惑不解地望着安抚使。"是啊！那就是冰川，从远方看……"我们便走向他给我们指出的地方，从平台边上曲身弯腰地向下瞧，望见了一片高高隆起的辽阔冰川，其两岸是陡峭的悬崖。我们在一薄层雪下面可以隐约看到冰层的浅绿色。我们从该佛教纪念物上拆下了一块石头并把它抛向了冰川。那里发出了一声巨响，石头飞快地滚了下去，沿途留下了一条宽大的绿色带痕。毫无疑问，这里确实为一冰川，我们也理解了李国安语言的部分内容了。但我们觉得被迫在如此恶劣的道路上旅行没有任何可笑的内容。李国安永远有理，我们很快自己也坚信这一切了。

我们必须设法把牲畜渡过冰川，首先是牦牛，接着才是马匹。由一头出色的牦牛开路。它稳重地一直走到高原的边缘，在那里伸出脖子嗅了一会儿冰，便用它那宽大的鼻孔吸了几下浓厚的气流,此后便勇敢地将两只前蹄迈到了冰川上,它立即就如同被一根弹簧反弹出一般地前进。它迈开了双腿,双腿虽已叉开,但也站得很直,如同大理石一般地稳重。它到达冰川边沿时便滑倒了,发出一阵哞哞叫声并随雪浪而逃走①。

所有的牲畜都一批接一批地向我们做了表演,确实扣人心弦。马匹一般在向前奔驰之前都要比牦牛的表演更多。但很容易看到,它们很久以来就习惯于这种作法了。

最后也轮到人员登冰川了,我们同样也有牲畜们的那种勇敢精神并获得了成功,虽然所采用的方法不同。我们小心谨慎地坐在冰川岸上,把自己那互相交叉在一起的脚后跟用力贴在冰面上,然后便以马鞭把为舵,用机船一般的速度在结冰的水面上航行。一名海员可能会发现我们是以 12 节(节是航行单位,每节约合每小时一海里——译者)的速度航行。在我们漫长的旅行中,从未遇到过如此既方便又快捷,特别是如此凉快的运输手段。

在冰川的下部,每个人都各尽其能力而抓住马匹。我们按一般的方法继续赶路,在经过一段不太陡峭的下山路之后,便把神山抛在后边。我们进入了一个山谷,那里到处都有一些很大片的残雪,它们抵抗住了太阳光芒的辐射。我们在一段时间内沿一条小河的冰岸前进,最终到达了拉里驿站。在那里的城门口如同在江达一样,也有军人欢迎我们。当地的第巴前来为我们效力。我们将去一座叫作关帝庙(也就是战神庙)的汉地庙堂中为我们准备好

---

① “如果说古伯察善于描述与他一起生活和他懂其语言的人,那么他似乎与牲畜也能互相理解。他仔细地观察了牲畜并往往会知道它们之所想。他向我们描述了一头正接近冰川的牦牛。

“我们在阅读这一故事时,不是也感觉到了那头牲畜的害怕心情了吗?当看到它走到下面并越出冰川时,我们也不是感到松了一口气吗?”(奥尔良)

“谁没有在古伯察神父著作中读到过大家推上结冰山坡的牦牛具有恐怖性的角斗之论述呢?大家会把它当作一种逗人的‘笑话’。我们的马匹独自无意识地发现了这种方法。大家试图把通过道路推下去的第一匹马的蹄子用破布包扎好,让人通过拉头牵尾的办法把它推下去。它滑倒了并摔在马夫身上。马夫松开了它以便不致于与它一起滚下去。它转眼之间就侧躺着并一直滑到山脚下。我们认为它完了,但却不然。沿途有雪和灌木丛,它轻轻地站了起来并抖动了身体……吃了一点雪以便清凉一下。第二头牲畜也完全遭到了同样的命运……”(多伦伯爵:《最后的蒙昧人》,197 页)

的住处下榻[1]。从拉萨到拉里,共计算到1010里(101古法里),我们在途中共旅行了15天。

一旦当我们住进了自己的下榻处后,李国安、乐师喇嘛和我们一致商定在拉里停留一天。虽然乌拉已准备就绪,但我们认为最谨慎的办法是稍作停留,并在休息的一天间恢复体力,这是为了翻越我们于途中还会遇到的一座大山所必需的。

若大的"村庄"拉里建于一个四面被荒凉和令人沮丧的大山环抱的山谷中。该县不具有任何曾耕种的迹象。人们被迫去其他地方寻找青谷(小米)面。其居民几乎都是牧民,饲养成群的绵羊和牦牛,特别是山羊。山羊的细绒毛用于制作上等氆氇,其漂亮的织物则以克什米尔纱丽之名而著称。拉里的藏族人远不如拉萨人那样开化,他们的相貌有某种冷酷和僵硬的表现,衣着很脏。其住宅只不过是一些简陋的房子,用粗糙的石块砌成并粗糙地抹了一层稀泥。不过我们却发现,在村庄之上不远的山麓上,有一大片佛寺,其殿堂相当美观,一名堪布任该喇嘛寺的住持,同时也是镇中世俗事务的管理人。拉里的大批喇嘛过着一种懒散和堕落的生活。我们发现他们在一天的任何时辰都大批地躺在或蹲在城内的住宅区中,试图在阳光下曝晒他们那只穿了一半红色和黄色的破布衣的四肢。这是一种令人深感不快的场面。

在拉里,清朝政府建有一大粮仓,交由一名领"粮台"衔和受白水晶顶子的文职官吏守备。粮台奉命向沿途诸兵站发放粮饷,从拉萨到中原边境,共可以计算到6大粮仓。第一座和最大的一座设在拉萨。本城的粮台要巡视另外5座并领取70两白银的年俸,而他的其他同事们仅领60两。为维持拉萨粮仓,每年要使清朝政府开销4万两白银,而维持拉里粮仓仅用8000两。这后一座城市的守备共包括130名兵勇,由1名千总[2]、1名把总和1名外委指挥。

在我们到达拉里的第二天,粮台或当地官吏不是前来正式欢

---

① 关帝是生活在公元3世纪的一员名将,他在经过无数的辉煌胜利之后,与其子(220年)一并被处死。汉人声称他并未真正死亡,而是升天并在那里于神仙中就座。现今统治中国的满族人称他为关帝。他成了保护国朝的战神,人们为他建立了大量的庙。大家一般都把他画成坐姿,左面站立着其子关平,右部是他那红面透黑的马夫。

② 千总是一个比把总级别要高的军官。

射箭

迎这支旅行队的司令部,而仅满足于给我们送来一张红纸以作为帖子,上面写着其名字。他又令来使补充说一场重病使他无法离家。李国安低声并带有一种充满狡黠的暗笑对我们说:“粮台在我们出发时就会痊愈。”一旦当我们独自在一起时,他便怒吼:“啊!我很怀疑……每当旅行队到达这里时,薛粮台就垂死,这是众所周知的事实。从仪礼来讲,他今天应给我们准备一餐上等的饭菜,他为了免得这样做才装病。薛粮台是世人可以想象出的最吝啬的人。他始终穿戴得如同轿夫一般,如同藏族人一般吃糌粑,从不赌钱,从不酗酒,晚上家中不点灯而摸黑上床,每天早上始终都起得很晚以防过早地感到肚子饿。啊!这个家伙简直不是人,他是一个王八蛋。驻藏大臣琦善想罢免他,这太好了。在贵国是否也有这样的粮台呢?”“这是什么问题!法兰西王国的粮台从不会不点灯烛就睡。当乌拉经由他那里时,他们决不会忘记准备一席丰盛的晚餐。”“啊!是这样……这才叫礼仪。但这个薛母猪……”我们听到这些话后便情不自禁地捧腹大笑。“那么,你们知道为什么薛粮台叫作薛母猪吗?”“我们觉得此名很下流。”“下流!确实如此。但这是暗示一个很奇特的故事。薛粮台在被派往拉萨之前曾于江西一个小县中任官。一天,两名子民前往其衙门,请他对他们互相争夺其所有权的一头母猪进行判决,这个县太爷薛大人作了如下判决:‘本县查清了真伪,清楚地看到这只母猪既不属你,也不属他……因此,我宣布它属于我,请尊重此判。’县衙门的衙役们去夺走了母猪,县官让人到附近的市场上卖掉了。自从这一事件之后,薛县太爷便到处被人称作薛母猪。”这一故事使我们非常遗憾地被迫上路,深悔没有见到这一令人感兴趣人物的尊容。

我们在一种变化不定的天气中离开了拉里城。我们行程的第一天仅走完 60 里,只遇到过一个特大的湖,人们说它宽 8 里和长 10 里。湖面已结冰,我们借助于上面覆盖的一薄层雪而很容易地渡过去了。我们住宿在一个叫作擦竹卡的贫穷村庄,距那里不远的地方有温泉。藏族人前往那里洗澡,他们当然不会不赋予这种温泉水一些神奇的功效。

翌日,我们度过了非常疲劳和艰苦的一整天。首先翻越了鲁工拉山,它的高度和险峻程度都不足以与拉里山齐名。我们心中焦急不安地开始攀登,因为灰暗色和阴沉沉的天空压在我们头上,就如同向我们预报风雪即将来临一般。仁慈的上帝保护我们既未受风又未遇雪。到了中午前后,刮起了一阵不太强劲的西北风,刺骨的寒流很快就吹裂了我们面部的皮肤,但它没有狂暴到能吹起覆盖大山的那一层厚雪的程度。

当我们到达山顶时,便在一个大型石敖包下休息了一会儿,吃了午餐并抽了一袋烟。在这一简单的用饭期间,官老爷李国安告诉我们说,在乾隆平定西藏时,清朝军队由于长途疲劳和缺吃少穿而在翻越鲁工拉山时哗变了。他说:“士卒们正是在这块高地上擒拿了指挥官。当把他们捆牢之后,便威胁说如不答应为士兵们增加军饷就将把他们推下深渊。在将军们承诺公正地对待军队的要求之后,哗变才平息了。军官们恢复了自由,便平安地行军一直到达拉里。一旦到达该城之后,军官们信守诺言,增发了兵饷,但那些军队的那些哗变兵勇立即都被无情地斩首。”我们追问李国安:“士兵们说什么呢?”“那些灾难没有落到他们头上的人开怀大笑,发现其指挥官们手腕极灵活。”

离开鲁工拉山的山峰之后,我们沿一条不太倾斜的路,继续在一片茫茫无际的高原上又旅行了数日,该高原的无数支山脉于远处暴露出了其尖尖的山峰和悬崖的陡峭面貌。从拉萨直到四川省,在这条漫长路线的全程,人们永远只能看到无边无际的山脉,山脉有时仅由瀑布、深渊和狭谷断裂开来。这些山脉有时是混乱无序地重叠,有时又使人看到了一些最奇特和极其庞大的形状。它们有时排列整齐和非常对称地一座挨一座,就如同一把大锯的锯齿。在这些地区,每时每刻都在变换面貌,使旅行者们看到了无穷的变化。但在这种层出不穷的变化中,沿途对大山的持续观望,便会产生某种千篇一律的单调感觉,最终变得令人生烦。一部在西藏的详细游记就会使人产生这种单调感,我们害怕陷入过分的令人厌倦的重复中,就避免谈论一般的大山了,而仅满足于提到其中最著名的山川,按照汉人的说法就是那些“要命的山”。此外,这种做法也与这些山区居民的说法相当一致,他们把一切没有耸入云霄的地方都称作平原,把一切不是深渊或迷宫般的地方都叫作平路。

我们在翻过鲁工拉山之后前进的高地,在当地均被视作平路。藏族卫队的人告诉我们说,从此到阿兰多再没有山了,道路到处都一概如此……他们边说边向我们指着其手掌。但他们又补充说,必须要特别谨慎小心,因为羊肠小道有时颇为狭窄而陡滑。然而,这就是这条所谓平坦得如同手掌一般的路。一旦当大家离开鲁工拉山山峰,便遇到了一条令人望而生畏的沟壑,两侧由如同直角状切成的天然石块的两堵大墙矗立的大山环抱。行人被迫沿这些深渊前进,紧贴一片高地的如此狭窄的边缘前进,以至马匹往往只能找到一点勉强迈过蹄脚的地方。当我们看到旅行队的牦牛从这一可怕的过道前进时,听到流水的沉闷咆哮声从沟壑的深处响起,我便浑身吓得颤抖,只得下马。但所有人都呼唤着要我赶快上马。大家告诉我说,那些已习惯于这类旅行的马匹走得脚步比我还稳,应让它们自由地行走,我只满足于稳稳地固定在马镫上并避免左顾右盼。我们把自己的命交给上帝了,于是便随队前进。大家很快就坚信自己确实不可能在这片光滑而崎岖的地面上长时间地保持平衡。大家始终觉得有一种不可战胜的力量阻止把我们拉向无法探知深浅的沟壑深渊中去。我们由于害怕感到头昏目眩,于是便把头紧贴在大山上,该山的横切面有时如此垂直而光平,以致于它甚至没有一个狭谷使马匹能放下蹄子。我们于是便从粗树干上过去,它们横卧在山坡的桩子上。只要看到这一座座可怕的桥,我们就感到全身流下了冰冷的汗水。不过,无论如何也要前进,因为后退或下马是两种根本无法实现的做法。

在经过了持续悬在生死之间的整整两天之后,我们终于离开了这条人们可以想象出的最可怕和最危险的道路,最后到达了阿兰多。所有人都感到欢欣鼓舞,互相庆贺未跌入深渊中去。每个人都激昂地叙述在最艰难的通道上感到的恐怖情绪。阿兰多第巴的这支旅行队具有前所未有的幸运。三头满载行李的牦牛被深渊吞噬了。但这些事件就不必管了,不值得大家费力去管它。李国安告诉我们说,他从未经过没有亲眼看到可怕灾难而安全无恙地穿过阿兰多山谷的先例。在他的前一次旅行中,四名士兵连同他们骑的马匹都从山顶上滚了下来。所有人都能述说一些灾难,仅仅听这一切之后就会使人头发直竖在头皮上。大家都禁忌提前向我们讲述这一切,害怕我们不再继续赶路。事实上,如果我们从拉萨出发以来就模糊地预见到了阿兰多那可怕的深渊,那么驻藏大臣琦善就可能会很难成功地说服我们从事这次旅行。

我们从阿兰多起又换了乌拉,穿过茂密的冷杉森林而下到了一个河谷中。我们在又行走 80 里地之后,便在一个叫作郎吉宗的村庄停下来。这个驿站是我们在整个沿途所遇到的最为愉快的一站。它位于一个平原的中央,四周由不太高的大山环抱,其山麓上覆盖着树干很高的森林。这里的田原相当肥沃,该地区的藏族人似乎非常善于精耕细作。田地由一条水量丰富的小溪灌溉,河水冲击着大批金片。汉人正是由于这一原因才称此沟为金沟。

郎吉宗的房舍建造得非常漂亮,其中完全使用了一些剥去了树皮的大树干。他们锯去了两端,以便使树干的全长基本上一样粗。他们首先在地上打下了巨大的桩子,打得相当深。树干露出地面的部分最多有两法尺高。大家接着再在这些桩子上并列横排已经准备好的冷杉树干。这一切就如同是形成了房基地和房子的地板。一些如同前者的树干又上下互相排列起来,用于修建以其厚度和坚实程度而引人注目的墙壁。房顶仍是用尚覆盖着宽大树皮的树干修成,人们如同铺石板一样地把它们排列起来。这些房子完全像是巨大的笼子,所有木椽子都紧密地排列在一起。如果说在接合处还有些小缝隙,那就用牛粪抹严,大家有时用这种方法建造很大的多层房子。它们很保暖,永远能防潮。其不便之处仅仅是有一些很不平的地板,特别令人不快。如果郎吉宗的居民们突然间心血来潮地具有了举办家庭舞会的习惯,那么他们就可能被迫稍微改进一下自己的建筑方法。

正当我们在自己那大笼子般的房间内,耐心和默默地等待有人前来为我们送晚饭的时候,郎吉宗的第巴和清朝驻防部队的下士赶来了,向我们宣布他们尚有一件小事办理。李国安以一种充满狂怒的语言怒吼:“什么事?什么事……我知道你们的乌拉尚未准备好。”第巴回答说:“不是这样,在郎吉宗,从未让任何人等待过乌拉。如果你们愿意的话,那么你们今天晚上就可以得到它。但我应警告你们说,现在无法翻过丹达山。特大的雪一口气连续降了八天,现在尚未开路。”“我们已安全地翻过了鲁工拉山,为什么不能同样地翻过丹达山呢?”“鲁工拉山与丹达山比起来又算得了什么呢?这些大山之间无法比较。昨天,丹达县的三个人想冒险上山,两人都在雪地失踪了,第三个人今晨独自徒步来到这里,因为其马也被雪埋了……”第巴又以一种略带野性的庄重口吻说:“此外,你们在自己愿意的任何时候都可以走,乌拉正在待命,但你们将被迫为死在路上的牦牛和马匹赔款。”在提出这样的最后通牒之后,这名藏族外交家又向我们伸舌头、挠耳和微笑。

正当李国安、乐师喇嘛和旅行队中其他几个有经验的人在激烈地争论出发问题时,我们取出了那本汉文图识并于此读到:“峭壁摩空,中一小沟,蜿蜒而上。夏则泥滑,冬则一冰雪槽,行人拄杖鱼贯而进,不能并比,此赴藏一险阻也!"当读到这最后一句话时,书本从我们手中跌落到地上了……我们在一度惊呆之后,又捧起书本以证实自己是否读对了。我们没有搞错,其中写得清清楚楚:"此赴藏一险阻也!"需要走一条比阿兰多更艰险的路之前景,真有点使我们的鲜血在血管中凝结了。我们自言自语地说,驻藏大臣琦善明显是一个卑鄙的杀人犯。他不敢在拉萨杀死我们,却让我们死于大雪之中……这种极端的气馁只持续了很少一段时间,上帝以其仁慈之心使我们逐渐恢复了勇气,我们也站起来参与在我们身旁展开的讨论。大家最后决定,明天将有旅行队中的几个人在天亮前出发,以去探测大雪的深度并由他们亲眼断定事态的真相。

到中午前后,探路人返回了。他们宣布说丹达山无法翻越。这一消息使所有人都感到失望。至于我们自己,虽然在一般情况下都不急迫,但却为此而感到非常气恼。天气非常晴朗,我们害怕若不利用这一机会,那么稍后不久就会下新的雪并将无限地推迟自己的登程时间。正当我们在焦急不安地讨论将要采取的对策时,当地第巴前来使我们摆脱了一筹莫展的处境。他建议我们派一大群牦牛用两天的时间去踏平堵塞了山路的积雪。他说:"采用这种谨慎措施,如果天气始终维持这种状态,那么我相信你们就可以不必担惊受怕地启程了。"第巴的建议受到了所有人热情而感激的欢迎。

在等待牦牛为我们开路期间,我们却在朗吉宗享受了几天悠闲和非常有益于健康的休息。该谷地的藏族人,要比我们自离开拉里之后所遇到的那些人的习俗,更为温和和开化一些。他们早晚都充分地向我们提供做饭的食物。他们为我们带来了山鸡、鹿肉、新鲜酥油以及他们在山上挖掘的小块甜芋头。祈祷、散步和几局棋,便使我们觉得等待的这几天特别惬意。我们所使用的棋是由拉萨摄政送给我们的,棋子是用象牙制造的,上面相当精致地雕刻有各种动物。众所周知,汉人特别爱好下棋,但他们的对弈法则与我们相差甚殊。鞑靼人和藏族人也会下棋,令人奇怪的是他们的棋盘与我们的完全相似。虽然他们的棋子形状不同,但与我们的棋子却具有同样的作用并沿用同样的路线运行,最后是对奕规则在各方面都相同。更为令人惊奇的是当他们将军时叫作 chik,

当将死时叫作 mat。这些术语既非藏文,又非蒙古文,却被所有人沿用,但任何人都无法解释其辞源及其真正的意义。当我们告诉西藏人和鞑靼人说,在我们的国家中,同样也叫作 échec(将军)和 mat(将死)时,他们丝毫不感吃惊。如果能对棋奕进行考古研究,寻求它在各民族中的起源和发展以及在欧洲出现的同样规则和技术术语传入高地亚洲的过程,那将是很有意义的。这一工作在权力上属于法国的棋艺刊物《帕拉梅德》。我们在鞑靼人中遇到了某些第一流的棋手,他们玩得比欧洲人生硬而不大在意,但棋着并无太多的失误。

在经过三日休整之后,郎吉宗的第巴向我们宣布说,牦牛已充分踏实了山间的羊肠小道,我们可以启程了。天已变阴,大风劲吹。一旦当我们到达丹达山脚下时,便发现一条很长的浅黑色队伍,如同一条巨大的虫子,缓慢地自陡峭的山麓上蠕动而来。郎吉宗的那些马夫们告诉我们说,这就是一批从拉萨木鹿朝圣回来的喇嘛,他们于夜间驻扎在谷底。看到这样多的旅行家们又鼓舞了我们的士气,我们也满怀热情地登山。在我们尚未到达山顶之前,大风吹得更加剧烈,甚至能吹动大雪。大家认为整座大山都要解体了。坡路变得如此陡峭,无论是人还是牲畜都再没有力气攀登了。马匹几乎每前进一步都要滑倒,如果它们不是受大雪堆的阻挡,那就会不止一次地滚到郎吉宗的山谷中去。由于我们的第一次旅行而致病的秦神父始终没有从其疾病中完全恢复过来,几乎就永远不能登上丹达山的顶峰了。他再也没有力气抓紧马尾,因精疲力渴而累倒,几乎完全被大雪埋没。藏族卫队中的人前去救他,经过长时间和艰苦的努力,终于把他扶到了山顶上。他到达山顶时与其说是活着,还不如说已死去,其面部呈苍白色,气喘吁吁的胸部发出了一种类似死亡时的嘶哑声。

我们在大山的平台上遇到了先于我们到达的朝圣喇嘛,他们都躺在雪地上,身旁是他们那长长的带铁头的禅杖。几头驮载行李的毛驴互相挤在一起,随风瑟抖,使它们的长耳垂了下来。当所有人都充分地喘息了一番之后,大家又上路了。下坡路几乎是垂直的,只需要躺倒并依靠自身的重量就可以确保迅速地赶路。在这种背景下,大雪反而对我们有利而不是有害,它似乎在高低不平的地面上铺了一层厚地毯,使我们能平安无恙地滑行。大家惟一的遗憾是损失了一头毛驴，它想稍微远地离开一下已踏出的路，却一直摔到了深渊中。

我们一旦到达丹达，官老爷李国安就抖动其服装上覆盖的雪，戴上礼帽，在他的全部士卒们的陪同下，前往在村口遇到的一座中原式小庙中去了。大家介绍说，在乾隆平定西藏的战争期间，负责清朝军队给养的一位粮台，于隆冬翻越过了丹达山以前往拉里。在经过填满积雪的一个深渊边缘时，一头牦牛把它驮的一箱子钱掉了进去。粮台看到这种情况时，便跳下马来冲向钱箱，他把钱箱抢在怀中，没有放开钱币而一直滚到深渊的底部。传说还补充说，大雪在春天融化之后，大家还发现粮台站在钱箱上。乾隆皇帝为了嘉奖这名军需官不肯抛弃交给他的保管物之忠诚的尽心尽职，便封他为"丹达山神"，并为他在村子中建造了一座庙。那些赴拉萨旅行的官吏们从不放过机会去拜谒此庙，并在粮台的偶像前三叩头。清朝皇帝习惯于这样神化那些一生中以某种千秋功德而名垂青史的文武官吏，人们对他们的崇拜形成了官吏们的一种官方宗教信仰。

在离开丹达村时，又在一个叫做边坝的平原上行走了 60 里。据那部汉文图识记载，这是西藏最辽阔的平原。如果这种看法是正确的话，那么西藏就应该是一个环境非常糟的地方，因为这块所谓的平原也到处都受丘陵和沟壑分隔；其次是因为它如此狭窄，以至于当有人于其中旅行时，尚可以非常清楚地辨认出站在附近山脚下的一个人。经过边坝平原之后，又在 50 里的路途上，沿一条于山中蜿蜒的小溪之弯曲地势前进，接着就到了需要换乌拉的拉子村。

从拉子到巴里郎驿之间有 100 里的行程。这条路 2/3 的路程都由著名的沙工拉山占据。它属于那些被认为是杀人的山，也就是汉人所说的"要命的山"之列。我们顺利地开始登山并安全无事故地下了山。我们甚至没有感到很累，因为我们已开始习惯于每天都攀登大山的这种艰巨职业了。

从巴里郎开始，我们便沿一条比较容易走的路行走。在那里可能会不时地从各处孤立地存在于山口的简陋藏族住房中升起一缕青烟。我们遇到了不少黑色帐和大量牦牛群。经过 100 里的旅行之后，我们便到达了硕般多。

硕般多是一座小城,那里的房子和喇嘛庙都用一种赭石水浆粉刷过,远远望去,呈现出一种奇特和相当悦目的外观。该城背靠一座大山,其前部被一条不太宽却很深的河流环绕。大家通过一座木桥而渡过该河,木桥在旅行者们的脚步下颤抖和嘎嘎作响,似乎每时每刻都会坍塌。硕般多是我们在离开拉里之后所遇到的最重要的兵站,共由25名兵勇和一名享有千总衔的军官组成。这名军官是李安国的密友,他们曾多年在廓尔喀边境上服役。我们于是便应邀前往千总家吃晚饭。他在这个荒凉的山区设法为我们准备了一餐丰盛的晚饭,其中摆上了各种中国中原的山珍海味。在用饭期间,两位战友兴致勃勃地长时间高谈阔论他们过去的惊险故事。

当我们去睡觉时,两名腰带上扎着铃铛的骑兵来到了客栈的庭院中。他们停了几分钟后便急驰而去。有人告诉我们说,这是特别信使,携带有驻藏大臣琦善呈奏北京的奏章。他们离开拉萨才刚刚六天,已经奔驰了二千多里(200古法里)地。在一般情况下,呈文仅需30天就可以从拉萨送到北京。这种速度无疑似乎并不算神奇,尤其是如果与欧洲信使们的速度相比较,则更为如此。但如果注意到沿途道路极其困难,那也会感到相当惊奇了。在西藏驿站中服务的快马驿使日夜兼程地赶路。他们始终有两人,一名中原士兵,一名藏族向导。他们几乎每百里就会在行走的路上发现替换的马匹,人员却不多换。这些信使被用宽大的皮带固定于其马鞍上旅行。他们习惯于遵守在上马前严格斋戒一天的做法。在他们奔驰的整个期间,仅满足于每次到达一换马驿站时吃两个带皮煮的鸡蛋。从事这一艰苦职业的人很少会享受高龄,许多人掉进了深渊中,或者是被埋葬在大雪下。那些逃避了沿途事故的人,则会因他们在这些要命地区中很容易感染的疾病而死亡。我们从未理解这些信使怎样于夜间在西藏的那些群山中旅行,那里几乎每前进一步都会遇到可怕的深渊。

我们在硕般多发现了两座佛教寺院,其中居住有属于黄帽派的大批喇嘛。在这些寺院之一中,有一个若大的印经厂,它向康地的喇嘛庙提供经书。

从硕般多出发,经过漫长而艰难的两天于山间崎岖小道上旅行,并穿过大片松树及冬青树森林之后,我们便来到了嘉裕桥。这个村庄建于鄂宜尔楚河的陡峭河岸，该河流于两山之间，其河流很宽、深而急。在我们到达时，大家发现嘉裕桥的居民们陷入了悲愤之中。在此之前不久，于河中搭的一座大桥垮了。当桥坍塌时，正在上面的两个人和三头牛都丧命于水中。我们还得以看到该桥的残余，它原来是用大树干建成的。完全腐烂的木头说明该桥是因破旧而坍塌的。当看到这些凄凉的废墟时，我们感谢上帝使我们在丹巴山滞留了三日。如果我们在桥塌之前而到达嘉裕桥，那么它就可能会在旅行队的重压下倒塌。

与我们的预料相反，这一事故并未对我们的旅行造成任何耽搁。当地的第巴匆匆忙忙地令人建造了一个木筏。第二天，当天刚破晓，我们立即就可以启程赶路。人员、行李和马鞍都用筏子运过江去，牲畜们涉水而过。

在离开嘉裕桥30里地之后，我们又遇到了一座悬空于可怕深渊之上的木桥。我们的想象中还充满着嘉裕桥的灾难，当我们看到这一危险的通道时，感到一股恐惧的颤抖传遍了四肢。出于谨慎，大家先让牲畜依次鱼贯而过，木桥在它们脚步的压力下嘎嘎作响和来回摆动，但它们仍经受了考验。人员接着上去了。大家轻轻地以脚尖行走，尽可能使自己变得轻一点。所有人都平安无恙地过去了，旅行队又按习惯的顺序前进。在攀登上一座不太高而遍是山岩和陡峭的山（一条激流在该山脚下咆哮）之后，我们前往瓦合寨下榻。该驿站由一支卫队、一座汉式小庙和三四间藏式房屋组成。

我们刚到，便开始下起特大的雪花。这样的天气在平时只不过是令人不快，而在瓦合寨则具有灾难性的了。我们明天有150里的路程要赶，而且是在整个西藏都很著名的高原上行走。那部汉文图识针对这条路向我们提供了如下详情："山中有海子，烟雾迷离。有望竿无数，合周天数。矗立于土台之上。如大雪封山时，必籍以为向导。过此戒勿出声，违则冰雹骤至。山中鸟兽不栖，四时俱冷，上下逾百里无炊烟"。

瓦合寨守备部队的士兵们发现天气已骤变并已开始降雪，于是便打开小庙的门，在一尊面目狰狞的偶像前燃起了无数根红色的小蜡烛，供像的右手舞动一把利刃剑，左手执一张弓和一束箭。他们接着又用加倍的力气敲一面小铜锣，用一面长鼓擂起了一阵阵鼓声。李安国穿起了他的官服并前往供像前叩拜。当他返回来之后,我们便询问他为纪念谁而建立起了这座小庙。“这是冒令将军①塔。”“这位将军作出过什么业绩而受到如此崇拜?”“啊!我发现你们不知道过去时代的这一事件……向你们介绍一番。在康熙临朝年间,发生了平定西藏的战争。冒令作为元帅而被派去平叛。当他正要率一支4000人的部队翻越瓦合山时,为他充当向导的当地土著人警告他说,在翻越大山时,所有人都应保持沉默以防被大雪淹没。将军立即下令通报全军营的兵勇,这支军队便不声不响地和保持极大沉默地行军。由于此山脉极其辽阔,而无法使负荷的士兵们于一天中就能翻过去,于是便在高地上扎营。按照帝国的所有大城市和战争期间兵营的规则,在夜幕降临时要放一声炮。冒令不敢违背这一军纪规则。当炮声一响,大片的雪块便自天空向大山倒了下来。将军及其全部士卒都被埋在大雪中,而人们又从未找到过他们的尸体。冒令的厨师和三名勤务兵独自逃生。他们于是便向前走并在同一天到达了我们现在所在的这个村庄。康熙皇帝封将军冒令为瓦合山的守护神,为他建此庙以负责保护行人不受风雪之害。”

李国安讲完了故事。我们问他,当有人在翻越瓦合山时冒失地发出响声时,是什么强大的生灵降下数量如此可怕的冰雹、冰和雪呢?他回答说:“这很简单,它只能是山神,即虾蟆成神。”“虾蟆成神?”“是的,你们知道,在瓦合山峰有一海子。”“我们刚才于图识中已读到了。”“那好吧!在该海子的岸边,有一只很大的虾蟆。人们很难看到它,但在方圆百里处都会经常听到它的响声和叫声。这只虾蟆自开天辟地以来就栖身于该海子的岸边。由于它从来就栖身于该海子的岸边,从未离开过这一偏僻的地方,所以就神化并变成了山神。当有人发出响动并骚扰其隐蔽地的宁静时,它便会对人类动怒并以冰雹和大雪的袭击来惩罚他们。”“你似乎是在认真地讲话。难道你相信一只虾蟆会占卜并成神吗?”“为什么不能

① “将军”是中国武官阶中的最高官吏,他们受红顶。每省都有一位将军为军事长官,有一位总督任首席文职官。

“将军”在前朝是指鞑靼人的首领。但在满洲、西藏和其他地方,将军们拥有封疆,被认为是军事长官。在清帝国的中原,虽然“将军”们在旗人之外没有任何权威,但其级别则相当于总督。1876年,将军甚至领总督的官衔和顶戴花翎。

呢？如果它每天晚上都能崇拜大熊星座……”当讲到他那特殊的大熊星座理论时，就再没有办法与他辩论了。因此，我们仅满足于微笑着注视他而不回答问题。他又补充说：“好吧！既然你们不相信其影响，那么我就不应该向你们讲了。我应仅满足于告诉你们说，瓦合寨的虾蟆已成神，因为它始终生活在荒凉和人类无法攀登的大山之上寂静中。难道不是人的情欲使众生堕落并妨碍了他们的修持吗？如果动物能呼吸一种未因人类的存在而受玷污的空气，那么它长此以往为什么不会成神呢？”我们觉得这一原因比前者更具有哲理，于是便以一种严肃的回答而对他表示尊重。当李国安不再以其大熊星座的理论来使问题复杂化之后，他讲得就很在理，他最后终于怀疑起成神虾蟆的威力和将军冒令的保护了……当我们去作晚课时，李国安又对我们说：“无论虾蟆和将军的事如何，可以肯定明天行路将很累人和很危险。既然你们都是西天的喇嘛，那就为保护旅行队而祈祷吧！”我们回答他说：“这是我们每天都做的事。但由于明天的路，我们今天晚上将作一次特别祈祷。”

当卫队的一名士兵大吵大闹地进入我们的房间时，我们睡下最多不过两个小时。他于钉在墙上的一个木楔中挂上了一盏特大的红灯笼，通知我们说已经鸡叫头遍了。我们应起床并迅速作好出发的准备，因为我们在到达下一站之前尚有150里地的行程。天空尚布满星辰，但夜间已经下了特大的雪，以至它在很短时间内就于旧雪层之上又加了有一法尺深的一层新雪。为了让雪充当我们的地毯，这恰恰是我们所需要的，这样可以更容易地翻过常年被冰雪覆盖和几乎如同一片冰川般滑溜的瓦合山。

这支旅行队在天亮之前已经登程很久了，我们缓慢地和默默地向大山那崎岖的羊肠小道前进，大山已由雪光和星辰的光辉充分照亮。当我们到达高地时，太阳开始照亮地平线。随着夜幕的消逝，对虾蟆的害怕情绪已被驱散，大家也打破了自己被迫保持的沉默。驮行李牲畜的驭手们首先开始高声咒骂那些在羊肠小道之外乱转和嬉戏的牦牛。行人们逐渐开始大着胆子讨论和思考沿途中出乎意料的温暖气候和比较顺利的行动了。我们最后开始彻底嘲笑虾蟆动怒颜的说法，大家走到哪里都喋喋不休地高谈阔论，又喊又唱，似乎完全不再怕下雪和冰雹了。这支旅行队可能从未像这一天那样热闹。

瓦合高原的地貌极端凄惨和令人伤感。无论目光所能望到的地方多么遥远,大家也永远只能看到雪,没有一棵树和甚至没有一片野兽的蹄痕,来打破这一茫茫无际平原上的单调色彩。大家仅仅是每过一段距离就会遇到过去为旅行队指路的几根已变黑的木杆子。在这条极长的山脉中,行人甚至找不到一个地方准备茶和吃一点东西。那些不吃不喝就没有精力度过 20 个小时的人,便边走边啃几捧雪和提前准备好的几个糌粑团子。

在一整天间,天空持续地晴朗和平静,甚至没有一小片乌云在短时间内遮住太阳的光芒。对于我们来说,这种极好的天气既是值得愉快的原因,又是极大的痛苦。大雪的光线非常强烈和非常刺眼,以致于马尾眼镜不足以保护我们的眼睛不严重发炎。

当夜色开始笼罩大山的时候,我们已到达高原的边缘地带。我们从一条狭窄而陡峭的山路下山,在一个深谷中盘旋了千道弯之后,最终到达了思达寨驿。所有人到达那里之后都在无法忍受的疲劳中过夜。每个人都发出了喊叫声和呻吟声,就如同有人挖去了他们的眼睛一般。次日,我们根本不可能继续赶路了。乐师喇嘛多少也懂一点药剂,向所有人分发了药。大家制造了各种各样的眼药,所有人都蒙着双眼度过了一天。

由于喇嘛的药剂,我们第二天都得以睁开眼并继续赶路。我们离察木多还有三程,道路既艰难又令人好奇,因为我们被迫要渡过一大批这类悬于激流、江河与深渊之上的可怕木桥。对最近发生在嘉裕桥之灾难的回忆不停地萦绕我们的脑际。我们在一条叫作浪荡沟的大江的陡峭岸边的一条羊肠小道上,行走 20 里之后,终于到达了察木多。我们离开拉萨已有 36 天了。据汉文图识记载,我们共跋涉了 2500 里(250 法里)地。

附　录

1. 野牦牛

野牦牛是一种极为漂亮的动物，以其高大的身材和美貌而使人吃惊。公牦牛可高达11法尺，尚不说它那细长而又闪闪发光的毛皮和长达3法尺的牦牛尾，它直到肉峰处的高度为6法尺。它的双角可达2.9法尺长，根部的周长达1.4法尺。它浑身由一厚层粗糙和黑色的牦牛毛覆盖。在岁口大的公牦牛身上，这种毛皮于背部和两肋的上部呈棕色。其下身及尾巴长有黑色的长毛，如同长长的流苏一般垂了下来。母牛身上的绒毛为茶白色。在小岁口的牦牛身上，这种颜色出现在其身体的整个上部。它们的整个背部有很窄的一条银色毛皮，而且毛也比较柔软并完全为黑色。小公牛虽已成年，但仍不足以与老公牛相媲美，不过其角要比后者漂亮一些，角尖向后弯。在岁口较大的牦牛身上，角尖都是向里弯，角根部覆盖有厚厚的和淡灰色的表皮。

母牦牛远没有公牛那样体材高大和漂亮。它们个头矮小，肉峰要小得多，其尾部和两肋的牛毛也没有公牦牛那样闪闪发光。

此外，为了能对野牦牛有一种全面的了解，则必须到它出生的草原上去观看。在那里有一片无人居住的海拔15000法尺高的地方，在最为凄凉的自然环境中自由自在地生活着这种著名的长毛牛，它在古人中以“打呼噜的牛”（哞牛）之名而为人所知。这种西藏高原上的特有动物向西藏的北界发展。人们在甘肃的山区会发现大群的这种动物。但在甘肃，野牦牛由于受土著人不停的追捕而逐年地减少。

牦牛的体质要远比其他野生动物强得多。它确实具有一种特大的气力和一种极其灵敏的嗅觉。但它的视觉和听觉相反则很弱。甚至在一块开阔地和一个晴朗的日子里，它也仅能勉强地分辨出其周围1000步地方的人或物，必须有一种极大的响声才能引起它的注意。可是它那灵敏的嗅觉却能使它嗅到在半俄里(534米)或更远地方的人。

畜群在途中行走得略有一些散乱。但当休息时辰到来时,所有的牲畜都卧在一起。当接近危险时,小牛犊逃在畜群中,几头老公牦牛或老母牦牛迎上前去以侦察危险。如果警报确实不假,有一名猎人接近,尤其是如果猎人向牦牛放枪时,那它们就会排成紧密的行列逃奔而去,有时甚至是疾驰。在这样逃亡的过程中,大部分牦牛都低首翘尾,头也不回地奔跑。滚滚的灰尘在畜群前飘起,牛蹄声在很远的地方就可以听到。它们很少能将疾速奔驰维持在一俄里(一公里多)之远,往往要短一些。

当畜群停下来时,它们便保持其完整秩序,小牦牛犊居中,老牦牛位于两侧。如果危险仍在威胁着它们,那么它们就会立即再奔走。一旦当它们受惊时,畜群一般都会逃得很远了。单独行动的牦牛的速度就是小跑,它有时仅奔跑几步,尽管它已受惊。一匹马始终可以追上它,无论其速度如何。在山区,牦牛可以令人钦佩地攀上最为陡峭的山坡,我们曾发现它穿过了一些大角兽才能勉强冒险跋涉的道路。

牦牛性格中的突出特点是懒洋洋的:它早晚专心吃草,但在剩余的时间内则绝对保持安静,或躺或立。惟有其颔部的运动才证明该牲畜尚活着。牲畜的其他部分在数小时间保持绝对不动。

牦牛为了卧下而经常选择朝北的山岩或某一蔽阳光的坑洼处,因为它害怕炎热,甚至在荫凉下也如此。它们很喜欢在雪地上,若无雪则在以其蹄掘地之后卧在尘土中。然而,牦牛往往在它们啃草吃的地方躺着不动。它们经常出没的地区都布满了它们的粪便,这是该地区惟一的燃料。所以西藏人应感谢上帝赐给了它们具有如此之强大消化能力的牦牛,它们一次就可以排出半镑(半斤)牛粪。事实上,如果没有这些物质,那么赴西藏的旅行就会由于缺少燃料而变得不可能。大家在该地区找不到即使是最小的灌木丛。

丰富的水是牦牛生存的必要条件之一。在仲夏,它们连续不断地前往水渠;在隆冬,它们仅满足于雪(普热瓦尔斯基的考释)。

2. 独角兽

据普林尼(Pline)认为,独角兽(麒麟,角端)是一种长有鹿头、象蹄、野猪尾和马体形的动物。其额头正中长有一根黑色的角,长有两肘尺(coudée,法国古代长度单位,约合 0.5 米。——译者)的角。据法国一位作者和古代的其他作家认为,这种动物栖息于中非。我们无需指出,普林尼并没有比古伯察先生见过更多的独角兽,大家自他以来就不停地讨论这种动物的存在或不存在的问题。甚至在今天,虽然非洲的大部分地区都已有人旅行过了,但任何人都未曾见过独角兽。那些承认它的存在的人,是由于相信了黑人和霍督屯人之所说才肯接受的,这些人很可能是将从遥远的地方望到和仅从侧面看到的羚羊当作独角兽了。此外,大家还在埃及的古建筑上看到了从侧面画的大羚羊形象,以至于仅有一只角能被明显看到。难道不可能又是由于见到了一种类似的形象,而使人产生了独角兽的思想吗?可以证明这种假设(至少对于欧洲人来说是如此)的证据,是大家认为这种动物所具有的身态和皮毛基本都与大羚羊相似,它的所谓独角则完全与这类羚羊的角相似,而且这类羚羊也恰恰生活在人们认为是由独角兽栖息的地方。

这也是奥尔良(Henri d'Orléans)王子的看法。他尽管公开对古伯察先生怀有好感,但却与此人的观点略有不同。他写道:"大家可以指责该传教士在此问题上过分武断了。他对这种动物所作的描述似乎与雪地羚羊相似。这类羚羊现已为人非常熟悉了,不过它们长有两只角。这就是蒙古人所说的鬣羚。西藏人所说的 zo 和在印度的英国人所说的雪地羚羊。在西藏就如同在汉地和日本一样,大家均称之为麒麟。我们就鬣羚问题而请教过一名西藏使者,他回答说,他曾在大喇嘛处看到过这种动物的一颗头颅。在我们一连串问题的追问下,他承认说它来自加尔各答。我们从他的描述中辨认出了犀牛头。

"在另一端的打箭炉,吉罗多(Giraudot)神父向我们介绍说,他曾在叶古罗与一名原为猎人的木工讨论过。此人可能是说过他曾在察木多见过大羚羊的一张完整的皮。

“在穿越古伯察神父认为是鬣羚栖身地的康区时，我们不仅未见过这种动物的皮，而且也未听说过它。

“大家可以假设认为羚羊角可能长得很畸形（正如在麆子身上所出现的那样），从而产生了独角兽的传说”（同上引书，44 页）。

汉语中有一句谚语：“麒麟过山，龙滚水”。

3. 敖包

“敖包不仅仅是沿着道路一线堆积起来的石堆，而且也是于其上面雕刻愿文的石头。一些云游喇嘛或者是普通的工匠都跑遍了整个佛教世界，以为其信徒们提供服务。大家都留宿他们，有时也根据各个人表现出的慷慨程度而向他们布施。这些人就在堆于高地，尤其是堆积在登山后让牲畜略喘口气的地点的石头上雕刻愿文。行人于已刻字的石块中再增加其他石块，而且他们始终都是在祈祷中增添石块的。他们有时也在石堆上插一些杆子，再加上一些幡幢与布块，上面印有很长的愿文，迎风飘扬。这样一来，风也参与了教化，或者更进一步说是风有利于使之与不再能占据的身体分开的灵魂之转世。”（邦瓦洛：《西藏游纪》）

德格丹神父也提到了有关永久愿文的奇特佛教古迹。编织在一起的很结实的竹绳横跨在两山之间的山谷，整条绳子上都缚有上面印着西藏文字的粗布条。每当大风吹动它的时候，它便会发出一种祈愿的声音，从而将功德传向整个山谷。

在“永久的祈愿桥”之上还必须增加一种“祈愿闸“。它具有一种类似风磨的结构，被一泻而下的流水冲动。一个如同喇嘛寺的嘛呢筒那样的大轮在转动，念诵愿文的次数与每日间的秒数相同。

第十章

察木多一瞥——两名活佛之战——偶遇小旅行队——裴大官人的逝世——管氆氇的大土司——参观管氆氇长官的城堡——佛教隐修士——部族之战——在昂地的停留——西藏博物馆——昂地的山道——察雅城——裴官人儿子的死亡——香獐——金沙江——巴塘平原和城市——太朔的大森林——李国安之死——与理塘官吏的会见——西藏的各种桥梁——到达汉地边境——在打箭炉的停留——向四川省会出发—附录

中国政府在察木多①设立了供应给养的兵站，其管理工作交给了一名粮台。兵站共由300名左右的士兵、四名军官组成，包括一名游击②、一名千总和一名把总，维持这一兵站和属于该兵站的军队的花销，每年都要高达一笔万两白银的钱。

察木多是康省的首府，建于被高山环抱的一个山谷中。从前，该城由一道土城墙环绕，城墙现在到处都已坍塌，每天都有人于那里取土以修房子的平屋顶。此外，察木多根本不需要人工的防御工事，它已由两条江河充分地保护起来，其一为杂曲河，其二为昂曲河，它们分别自该城东西流来之后，便汇集于南郊并形成了澜沧江（湄公河的上游），又从北向南流经云南省和交阯支那，最后注入了东京湾（交州）。③ 分别于城市左右两端的杂曲河与昂曲河上架起的木桥，形成了两条平行的路。第一条路叫作四川路，第二条路

---

① 在安德里沃—古荣的地图上，察木多被写作 Chamiton，该地区共有7000名居民，其中2000名是喇嘛。

② 游击是一种军官的名称。

③ 一片由渗水的和有裂谷的石灰岩质群山，覆盖了法属印度支那的北部。湄公河在那里艰难地冲出一条河道，转了许多急弯。它在廊开地区附近流进了沙岩平原，再经600公里左右一直到了克玛拉之后，便可以航行了。其流程的这一段接近了安南海岸。该河一直向南流去，以激流流经了纬度18°以远的高低不平的平原。昆河的落差形成了航运的一大障碍。

湄公河于桔井以下改变了方向，这标志着它进入了一片冲积岩大平原，其沉积泥沙不断地流向大海或洞里萨湖，扩大平原的面积，它在涨水期于那里沉积了一部分泥沙。

叫作云南路。在拉萨到北京的驿站中效力的驿使以及中国政府的所有文武职员,都被迫取道四川之路,云南之路平时几乎荒无人烟。大家在那里只能会不时地遇到某些汉族商人,他们向该省官吏行贿,从而得到前往西藏经商的特权。

北京朝廷在达赖喇嘛的地区设置的军队屯所,过去由四川和云南两省当局联合供养和管理,这种联合治理的做法,在长时间内成了两省官吏们分裂和争执的根源,后来便决定四川总督奉诏独自管理住在西藏的中原人。

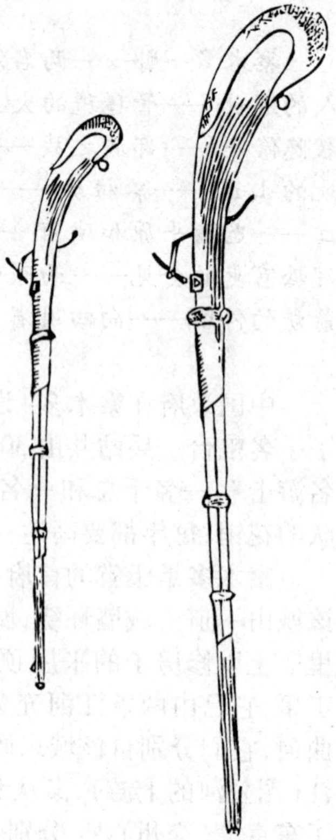
火铳

察木多具有一种已废弃的古城面貌,那里以一种令人看起来不太舒服的和不规则性建筑的大房子,混乱地分布在一片辽阔的地界内,各处都有大片空荡或被瓦砾覆盖的地盘。除了几处近期的建筑之外,其余的全部都具有极其陈旧的标志。大家于城内所有居住区发现的大批居民,都蓬头垢面,显得无所事事。

我们很难猜测察木多居民们的谋生手段是什么,他们都没有手艺、没有产业,甚至还可以说几乎没有农业。城市郊区一般只有一些沙滩地,很不适宜种植粮食作物。那里收获一些灰色的青谷(青稞),当然远不足以供给当地居民食用。很可能是麝香、野牛皮、大黄、蓝宝石和金沙,向这些居民提供了从事少量经商并获得生活必需品的资源。①

虽然察木多是一个没有多少豪华和高雅生活的地区,但大家可以在那里欣赏一座庞大而又豪华的喇嘛庙,位于西部一个俯瞰

① 现在,察木多的贸易已达到了每年八万英磅,主要是用鹿茸、麝香、黄金和白银来交换丝绸、棉纺品和家庭日用品。

全城的高台上。该寺庙共有2000名喇嘛，他们不像在其他佛寺所通行的那样，即每个人都有他们的小僧房，而是共同居住在宽敞的和环绕大雄宝殿的大房间中，点缀这一寺庙的豪华装饰使它被视为西藏最漂亮和最富有的喇嘛寺之一。察木多喇嘛寺的住持是一名呼图克图喇嘛，他同时也是整个康地的一名世俗官吏。

在察木多距汉地边境方向500里的地方，大家会遇到一个城市叫做察雅城(清代叫做乍丫地——译者)，该城连同附属地区，都由一名享有恰克竹巴尊号的大喇嘛管辖。该喇嘛的尊号比呼图克图略低一些。在我们生活于西藏的时期，察木多的呼图克图与察雅的恰克竹巴之间爆发了一场激烈斗争。后者是一名勇气十足和敢做敢为的青年喇嘛，他根据由达赖喇嘛赐给其前世之一的一种古老封册而自称呼图克图。他想据此而突出其至高无上的权力，于是便要求康地地方政府允许他占据察木多的位置。察木多的呼图克图是年事很高的一名老喇嘛，不想放弃权力，借口他享有由北京朝廷封赐并由拉萨大喇嘛确认的真正法号。该地区的所有部族和所有喇嘛寺都陷入了这场争执中，有的人支持那名青年，其他人则站到那名老呼图克图一边。他们在经过长期和无益的笔头或口头的论战之后，最后诉诸武力。这些蒙昧的和狂热的小部族，在整整一年期间发生了无数次流血战斗。整座的村庄被破坏，他们的住宅被拆毁。这些凶暴的斗士们在各地都造成了破坏，用箭矢和枪弹追逐沙漠中的山羊与牦牛群。在这种竞相破坏的气氛中，他们从不放过机会放火烧毁在沿途遇到的森林。

当我们到达察木多时，战争已停止数日。他们怀着双方调和

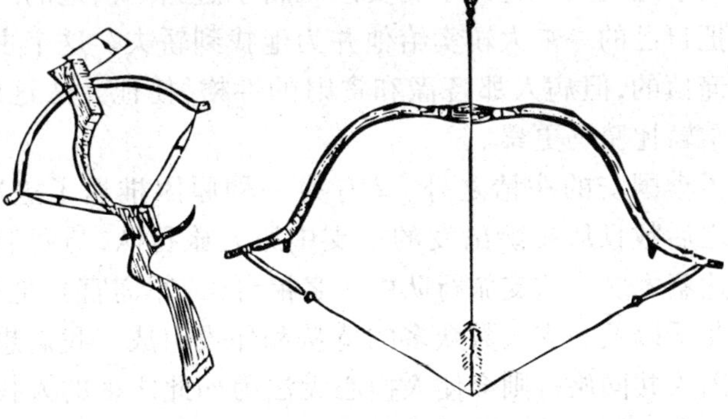

弓弩

的希望而同意停战，由达赖喇嘛和驻藏大臣琦善共同派出了藏族和清朝中央政府的谈判人员。察雅的青年呼图克图也被召来参加会议，他由于害怕出现背信弃义的行为，于是便带着由最勇敢的支持者们组成的一支神奇的卫队赴会。他们举行了多次会谈，但未产生任何令人满意的结果。这两名觊觎权位者都丝毫不想在其要求方面让步，双方不可调和，一切都预兆着很快将以新的激烈程度再次爆发战争。我们觉得青年呼图克图的一方完全有可能获胜，因为他是本地人，因而也最得人心和最为强大。这并不是其法号事实上要真实得多，比其对手具有更有利的地位。但我们可以清楚地看到，察木多的老呼图克图因要求清朝政府进行仲裁和北京中央政府进行保护，而伤害了其部族的自尊心。任何外来干涉在那里都会使人不愉快。类似的情况不仅在欧洲千真万确地存在，在西藏山区和关心其自主性和自尊心的民族的任何的地方都如此。

我们在察木多停留期间，丝毫未受所有人的思想都处于的这种愤怒状态之影响，受到了自离开拉萨以来沿途中到处都遇到的关心和盛情的接待。年轻和年迈的呼图克图二人都向我们送来了吉祥的哈达，还有一大批酥油和羊肉块等生活必需品。

我们在察木多停留三天，因为我们的领路人李安国急需要休息。这条艰难道路上的疲劳，使他的健康状况明显恶化。其双腿发肿，以致于他若没有几个人的帮助，便既不能上马又无法下马。大家请教过的察木多医生和巫师所作出的回答之最明确意义是，如果这场病见好则不会有重大危险，如果恶化就会变得很严重。那些最明事理的人都建议李国安改乘轿子赶路。当地的一名清朝官吏想把自己的一乘大轿卖给他并为他找到轿夫。这个主意无疑是最为谨慎的，但病人那吝啬和贪财的性格，使他无法这样做，他抗议说乘轿比骑马更累。

除了李国安的病情之外，又有另一种原因推迟了这次旅行。于我们之后数日从拉萨出发的一支中原人旅行队，与我们同一个晚上到达察木多。这支旅行队由一名粮台（或军需官）、他那 18 岁的年轻儿子以及一支人数众多的侍从和仆役组成。我们想让他们先走。因为共同旅行则会使人担心无法为如此之多的人找到足够的下榻处和乌拉。粮台父子乘轿旅行。尽管这种交通工具具有各种方便，但这两名尊贵的行人都极其疲劳而精疲力竭和非常失望，以至大家普遍都怀疑他们是否有足够的力气和精力一直到达中原。文职官吏们习惯于过一种惰性和舒适的生活，一般都不大习惯于忍受西藏道路的无数灾难。在那些被派遣去充任各粮台的人中，只有很少人能有幸重新回到其故乡。

在我们出发的那一天，察木多派出了一支由四名藏族骑兵组成的卫队，以便保护我们一直到达察雅的恰克竹巴处。出城之后，我们渡过了一条完全用大冷杉树干筑成的雄伟大桥，然后便踏上去四川的路。这条路在高山山麓中蜿蜒，山脚下有杂曲河在奔流急喘。经过二十多里之后，我们在大山迂回的地方和一个极深而狭窄的山口遇到了一支小旅行队，从而呈现了一种充满诗意的画面。这支队伍由一名藏族女子开路，她骑着一头身体很大的驴，用很宽的皮带在背部牢固地绑着一个很小的婴儿。她用一个很长的马笼头牵着一匹驮着鞍鞑的马，鞍鞑上装着两个对称地垂在两肋的斜长箱子。这两个箱子用作两个儿童的存身处，大家可以望见他们那微笑和喜悦的面庞，紧紧地框定在小窗户中。这两个孩子的年龄似乎差别不大，但他们二者的重量是应该不相同的。因为，为了在他们之间维持准确的平衡，被迫在其中一箱子的侧翼拴了一大块石头。在驮载儿童箱子的马匹之后，慢步地跟着一名骑兵，大家从其服装上就很容易辨认出他是一名退役的中原士兵，在马尾部坐着一个 12 岁左右的小男孩。最后是一条特大的红棕色皮毛的家犬，它目光斜视，其举止表现得心情极坏，为这支特殊的旅行队断后。这支队伍赶上了我们并想与我们结伴而行，一直行进到四川省。①

---

① 对这一充满诗意的画面，奥尔良王公无法控制向我们叙述对这幅画面的“画家”的崇拜。

“古伯察是一位直率可靠的作家，有时变成了写实主义者(如果可以这样来称呼一名介绍其所见所闻的人的话)，他不怕使你们陷入最细微的细节，坚持不懈地作最明确的解释。

“在客店中，他指出了一名士兵把一盏红灯笼挂在钉于墙上的一根楔子上，此外，他还遇到了一支充满诗意画面的小旅行队，一队藏族女子开路，她骑在一头毛驴上等等。

“他说毛驴很大，孩子用宽皮带绑着等等。在描述细节时不可能更具体了。

“古伯察发现了拴在一个箱子下的石块，他从这种现象中得出了一种正确的结论。

“甚至一只狗也引起了他的注意，用艺术家的三笔就足以描绘出它了”。

这名中原人是原察木多守备军的一士兵，由于他服完了由法律规定的三年兵役，所以获得了留在西藏经商的特权。他在那里结婚并积累了一小笔财富之后，现在举家返回故乡。我们情不自禁地欣赏这名勇敢的中原人的勇气、精力和忠诚。他与那些毫不犹豫地把妻子儿女遗弃在异乡的自私同胞们之间该有多大的差异啊！他不仅仅是不怕如此漫长道路上的危险和疲劳，而且还无视那些无心仿效他充当楷模者们的冷嘲热讽。我们卫队中的士兵事实上都不会不嘲弄他。他们说："此人的脑子明显发霉了，从异地他乡带回银钱和商品是理智的，他把一个大脚婆娘及所有这些蛮夷小孩带回中原民族中去，则是违背所有惯例的……难道此人还想让人欣赏他的藏族蠢夫人而赚钱吗？……"类似的话不止一次地激起了我们的愤怒。我们始终把支持这名勇敢的家庭之父、赞扬其善行、严厉抨击中原人习惯中的不文明和不道德的行为，视为自己的义务。

在我们把察木多的那支很小而又引人注目的队伍纳入自己的旅行队之后不久，便把杂曲河抛在了右边，翻过了一座被大森林的植被和由地衣苔藓包严了的巨石覆盖的大山。我们接着就到达了这条河岸，沿着有数里长的一条陡峭的羊肠小道行进，最后到达了孟布。我们仅仅行走了八法里就已经疲惫不堪。我们在察木多休息三天后就不太习惯骑马，只是在费了很大力气之后才使双腿跨上马背。孟布是在 7～8 年间用粗糙石块在宽深河谷的汇合处建起的村庄。

次日，我们在一座高山的山脊上跋涉，因而被迫要下马和上马穿越一个接一个的山丘。我们在这条路上必须经常从木桥上渡过深渊。按照那部汉文图识记载，这些木桥均为"云栈"。在行走 60 里之后，我们到达了包墩，在那里换了乌拉，并开始发现藏族人远不如在察木多另一端那样殷勤与和气。他们的眼睛变得更为傲慢，其活动方式变得更为唐突。旅行队中的中原人则更为谦虚，不太苛求并谨慎地克制用命令口气讲话。

从包墩到巴贡，在十法里的路途中仅能看到完全光秃不毛的石灰岩山。那里既看不到树，又看不到草，甚至也看不到苔藓地衣。在山脚下，大家仅仅可以在岩石缝中发现几棵生长茁壮的虎耳草，似乎是向这种令人失望的贫瘠挑战。有一座山头被中原人称为窟窿山，呈现一种极其特殊的面貌。大家从那里可以发现相当数量的窟窿和岩洞，其形状和规模差异甚大。这些窟窿中有些酷似大门，最小者则呈小铃状，或圆形和椭圆形的天窗状。山脉笔直得如同用斧劈刀削一样陡峭，我们无法去参观这些岩洞。然而，我们尽量接近它们，足以能判断它们是否相当深。这些无数的岩洞很可能是由于古代火山爆发而造成的，被汉人看作是鬼和恶鬼的作为。藏族人相反则声称它们是由当地的守护神挖掘成的。在古代，一些心灵最纯洁的喇嘛们都从此地退出去了，有的成了佛，世人于每年的某些时期尚可以听到喇嘛们念经的喃喃声从山中响起。

我们在西藏沿途几乎只见过花岗岩质的大山，大山上始终以那些特大石块堆砌起来的石堆而引人注意，它们一般都呈一种四边形状，但由于风雨不停地侵蚀，其四角已被粗糙地磨圆了。我们在巴贡路上发现的那些大块石灰岩不会引起世人的注意。该地区确实开始彻底改变面貌。我们在 15 天之久的时间内，不停地看到一些石灰石质山岩，产生了一种洁白如雪的大理石，人们习惯于从山中挖出大块石板，于上面雕刻佛像或“唵嘛呢叭咪吽”六字真言，然后摆在路旁。这些石刻可以保留多年而不会有任何变形，由于其中含大量燧石并与石灰石中的碳酸岩紧密地融为一体，因而特别坚硬。我们在到达巴贡之前，必须要走一条四五里长的路，其左右两侧连续被两行从未间断的此类佛教石刻所环绕。我们甚至还遇见了正忙于在大理石板上雕刻咒语的许多喇嘛。

我们在夜幕即将降临之时到达了巴贡山村，来到清朝守备军营落脚。该军营由几间用漂亮的白色大理石块砌成并用黄泥或牛粪粘合的小屋组成。我们刚刚到达，就有人报丧说在察木多赶上我们的裴粮台已故去。他的那支旅行队在两天前经过了巴贡。他们到达兵营之后，轿夫们把轿子落下并打开了轿帘，按惯例请大官人阁下愉快地进入为他准备好的房间。但在轿子中仅有一具尸体了。根据汉人的习惯，死者的儿子不能将其父亲尸体遗落在他乡，他必须扶灵回家并葬于祖坟中。然而我们尚处于西藏腹地，裴大官人的府地在浙江省，地处中国的另一端。正如大家所看到的那样，这条路既长又艰难。但没有犹豫的余地，孝子应排除一切障碍。出于巧合，兵站中就有一口完全做好的棺木。该官吏的儿子以很高的价格从士兵手中购买了它，将其父的遗骸陈殓其中，把轿杆改作抬灵的杠子，轿夫们在加了一些脚费之后，也同意把一名死人而不是活人抬到汉地边境。旅行队在我们到达的前夕离开了巴贡村。

这一死亡的噩耗震动和打击了所有的人，尤其是已处于一种极为不安状态中的李国安本人，对此感到震惊。他产生的恐惧情绪已使他无法吃晚饭了，但晚上萌发了另一种信念，从而使他从这一死亡的悲痛思想中摆脱出来。藏族村的村长前往兵站向停留该地区的旅行者宣布说，从此之后不再无偿地提供乌拉了……每租用一匹马要付一两银子，租用一头牦牛付半两。村长补充说："昨日出发的旅行队被迫如此照章行事"。他为了更好地向我们证明新的规章不容任何讨价还价，便突然向我们伸出了舌头并溜之大吉。

如此明确和具体的声明，对于李国安来说，则成了一种真正的晴天霹雳。他完全忘记了那名不幸粮台的悲惨去世，仅仅想将要落到他那钱袋中的可怕灾难。我们好心地分担他的痛苦，并试图尽我们最大的可能使自己的语言能迎合他那悲痛的思想。这事实上与我们没有任何关系。如果他们拒绝向我们提供继续赶路的交通工具，我们就只有留在西藏了。对于我们来说，这归根结底并不是一种很难下的决心。我们在等待期间便去睡了，让卫队的人去处理那些政治和社会经济问题吧。

第二天，当我们起床时，兵站的院子里既没有牛也没有马。李国安陷入了极大的失望之中。我们问他："我们是否会有乌拉？我们今天出发吗？"他回答说："这些山野村夫不讲道理，他们不懂得遵守命令的美德。我决定向管氆氇的人求援，已向他派去了使者。我认识他很久了，希望他能使我们有乌拉。"这种管氆氇的人是一个我们已久闻大名的人物。他是察雅的青年恰克竹巴派的首领，因而也是清朝影响的公开抵触者。据说，他也如同拉萨最有学问的喇嘛那样博学，任何人都从未具有他那样的勇敢精神，他在战斗中从未遭到过失败。所以，在康地的所有部落中，仅仅提到他的名字就是一种无形的力量，如同神符对众生的思想所产生的那种影响。管氆氇的首领在某种意义上是这些粗犷的山野村夫们的阿卜杜勒·海达儿。

管氆氇首领的住处距巴贡仅有五六里地之远。派往那里的使者很快就返回,并宣布说大首领将亲自前来。这一出乎意料的消息使整个藏族村和清朝兵站都感到不安。大家都急急忙忙地互相传开了:大头人即将来了,我们将要看到大头人了!……李国安迅速换上最漂亮的礼服、穿上绢靴和戴上礼帽。清朝士兵也尽力稍作一番梳妆打扮。当西藏人奔跑着去迎接他们的首领时,李国安从他的箱子中取出了一条哈达或吉祥巾,前往跪在门前以迎接著名的氆氇首领。至于我们,在此情况下,最适合我们的角色就是平静地对周围人的相貌进行研究。最值得注意的无疑是李国安的相貌。我们非常奇怪地发现这名在平时面对藏族人肆无忌惮地傲慢而大抖威风的清政府官吏,突然间变得谦卑和端庄稳重,颤颤抖抖地等待着一名他认为是强大而有权势的人物的光临。

大首领最终出现了。他骑马而行,由四名仪仗骑兵簇拥。一旦当所有人都下马时,李国安便迎上前去深鞠一躬,向大首领献上了哈达。此人示意一位侍从接受礼物,一言不发,突然穿过了庭院直接前往客厅中,我们与乐师喇嘛在那里恭候他。大首领仅仅向我们微微点一下头,便无拘无束地坐在一块灰色毛毯的至尊座位上了。李国安于其左侧就座,乐师喇嘛坐在右手,我们坐在他前面。在我们五个人中保留了如此表示尊重的间隔,以至使我们形成了一个大圆圈。一些清朝士兵和一批藏族人站在我们这次聚会的人员后面。

大家在一段时间内保持了沉默。大首领的年龄最多不超过40岁,身材适中,全套服装是身穿一件漂亮狼皮里子的宽大绿色丝袍,腰扎一根红腰带。脚蹬紫色的大皮靴、头戴一顶皮怪帽、腰带上斜挂的一口长而宽的刀,这一切便形成了他的全套装束。他那乌黑的长头发披在双肩上,从而使他那苍白而消瘦的面庞显得更加有毅力。其双眼是此人相貌中最引人注目的地方,眼睛大而有光,表现出不可制服的勇气和自信。此外,大首领的一切风度都说明,他确实是个高级人物,生来就是为了控制其同类的。他在手按其刀两端的同时,一一仔细审视了我们一番之后,便从其怀中掏出了一包小哈达,让他的仆从分给我们每人一小块。他接着转向李国安并以一种铜钟般洪亮的声音对他说:"啊!你现在回来了。如果今晨没有人告知,那么我就无法认出你来了。自从你最后一次离开巴贡以来,你变得多苍老了!”安抚使以一种虚伪的和谄媚的口吻回答,并在地毯上向前探身子以便与他更接近些:“是啊!你说对了……你说对了,我已完全老朽了。但你比任何时候都更加强壮了。”“我生活在能使我强壮的环境中……我们山区再没有和平了。”“此言不差。我在那里获悉你们这里有一些小小的争执。”“康地诸部落之间爆发的激烈战斗,现在已持续一年多了,你竟然称此为小争执!你只要睁开眼睛看一下大路上,就会发现到处都有被毁灭村庄和被烧毁森林的遗址。再过几天,我们将被迫重新操戈,因为任何人都不想听和平的话……这场战争本来可以由几场战斗就结束了,但自从你们这些中原人企图介入我们的事务之后,双方都变得不可调和了……啊!你们这些清朝官吏,只会在我们地区制造混乱。这件事再不能这样拖下去了。过去很长时间对你们放任自流,现在你们的鲁莽行为没有限制……我每想到拉萨诺们罕的那件事就不禁四肢颤抖。有人声称诺们罕犯下了大罪……这不确切。那些大罪是你们这些人杜撰出来的。诺们罕是一名圣人……他是一名活佛!谁曾听说过一名活佛能被清朝的一名黑头人琦善进行审判并流放呢?”李国安以低哑和颤抖的声音回答说:“命令来自大皇帝。”大首领怒吼着转向打断他的话的人说:“你们的大皇帝!你们的大皇帝只不过是一名黑头人(非佛教佛)。你们的大皇帝与一各大喇嘛和一名活佛比起来,又能算得什么?”

康地的大首领长时间地攻击清朝中央政府在西藏的施政机构。他轮番攻击了皇帝、四川总督和在拉萨的驻藏大臣。在他的猛烈攻击中,他不断地重新提到诺们罕事件。我们发现他强烈关心这位大喇嘛的命运,认为他是北京朝廷的受害者。李国安尽量避免反驳,他似乎赞成大首领的论述并以轻微的点头来殷勤地表示欢迎他的所有讲话。最后,他试探着讲了一些有关出发和乌拉的问题。大首领回答说:“乌拉!从此之后不再为清政府的人准备乌拉了,除非他们合理地为之付费。我们过去让中原人进入自己的地区而又愚蠢地免费为他们提供乌拉,这太过分了……然而,由于我们很早就结识了你,我们今天就为你的旅行队实行一次例外。此外,你还带着两名西天的喇嘛。拉萨的噶布伦已经把他们推荐给我了。他们有权使用我的效力……巴贡的第巴在哪里?让他走上前来。”那名昨天还前来告诉我们说:“不给一点钱,就不给一点乌拉……”的人出现了，他一个膝盖跪在大头领面前的地上，尊敬地向他伸出了舌头。

大头领吼道：“过一会儿把乌拉带来，每个人都各司其职。”正在兵站院子中的藏族人同时发出了一阵热烈欢呼声并奔向附近的村庄。大首领站了起来，在请我们赴他家（正处于我们途经的路上）喝茶之后，便跳上马疾驰而去。乌拉很快赶到，这支旅行队很快就如同变魔术一般地组织起来了。

当行走半个时辰之后，我们到达了大头人的府邸。这是一幢高大、宽敞和酷似欧洲封建时代城堡的府宅。一条两岸遍是大树的护城河绕城一周。一座吊桥在我们面前降了下来，我们下马过桥。大家通过一个特大的门而进入了一个四合院中，大首领老爷在那里迎候我们。大家把马匹拴在钉于院子中间的桩子上，我们被领入了一间宽敞的大厅，它似乎是作为家庙而使用。支撑屋顶的特大木梁完全镀金。墙壁上挂满了大量五彩缤纷的唐卡，上面写有藏文题记。最后，在大厅的背屏上，我们共发现三尊特大的佛像，其前面供有很大的酥油灯和小香炉。

在家庙的一个角落中，放置了一张矮桌和四个双层的红色氆氇厚蒲团。大首领客气地请我们就座。我们一坐下，穿着盛装的头领夫人便出现了。她面部被可怕地涂成了黑色，扎有大量的发辫，上面装饰有玳瑁璎珞。她右手提着一把很漂亮的茶壶的把手，茶壶的大肚子放在她的左臂上。每个人都递上自己的木碗，立即就斟上了满满一碗茶，表面上漂浮着厚厚的一层酥油。这是上等茶。正当我们小口地品尝这种滚烫的饮料时，领主夫人又捧着两个镀金的木盘子出来了，一个盛满了葡萄干，另一个盛放着核桃。大首领对我们说：“这是我们地区的干果，出产于距此不远的一个风景秀丽的山谷中。西方有这类果实吗？”“有啊！很多。啊！你不知道为我们递上这些干果该使我们多么高兴啊。因为它们使我们想起自己的祖国……”我们在讲这些话的时候便从镀金的盘子中取了一撮葡萄干。非常遗憾，它们仅以一种粗糙和啃不动的皮而引人注意，内有一大堆核，如同沙子一般，用牙一咬就发出格格响声。我们将目光转向核桃，虽然个头特别大，但再次令我们失望。核桃仁牢固地夹在其坚硬的夹皮中，我们费了最大的力气才用指甲尖抠出了几块。我们又转向葡萄干，然后再回头吃核桃，就这样轮番在盘子中寻找,一直在想方设法,但始终徒劳无益地找不到能稍微平息我们肚子咕咕叫的东西。我们开始坚信大首领夫人是善意地与我们开玩笑。我们看到两名身强力壮的藏族人出现了,搬来了两张桌子,上面放着一支整羊羔,羊羔身上又放着一只极好的鹿腿。这出乎意料的现象使我们极为震动,我们不由自主地微笑着向晚餐的东道主表示,她的第二道饭菜该受到多大的欢迎啊!他们取走了葡萄皮和核桃壳,西藏米酒取代了酥油茶,我们以一种无法比拟的速度开始用餐。

当我们饱享天福般地为这顿荷马式饭肴喝彩后,便向大头人献上一条吉祥的哈达,接着就策马而去。在距大首领那非凡的封建城堡不远的地方,我们又在自己的前进路上遇到了一座石灰岩大山,其山峰上有一些大洞,于陡峭的山麓上用特大的镌字刻着佛教偈语。旅行队的所有藏族人都停了下来并三次以额头触地。此山是一名隐修喇嘛的修行地,康地的所有部族都对他深表崇拜。据当地土著人叙述,这名神圣的喇嘛22年来一直隐修于山上的一个洞中。从此之后,他一直留在那里而未出来过一次,在祈祷和静修佛陀的一万功德中度过了日日夜夜。他不允许任何人去拜访。但他每八年举行一次八天的大规模的传授奥义仪式,虔诚的信徒在此期间可以自由地进入其僧房以向他请教过去、现在和未来的事务。信徒的布施在此时必定会从四面八方涌来,但喇嘛上人不为他自己保留任何东西。他习惯于把全部布施都分发给该地区的穷人。此外,他对于本世的财宝和财产又作何用呢?他在那粗糙的山石上开凿的僧房从不需要任何修缮,将带绵羊皮里的黄僧衣一年四季披在身上。他仅仅每六天才吃一顿由很少一点清茶和糌粑做成的饭,系由当地的慈善信徒用一根从洞顶一直垂到山脚下的长绳子递上去的。

几名喇嘛自我置身于这一修道山僧的指导之下,决定也仿效他的生活方式。他们也居住在于师傅的僧房附近所开凿的洞内。其弟子中的最著名者是大首领的父亲。此人也曾是功勋昭著的军人,从未停止成为这些地区居民们的首领。当他年岁已高和发现其子能继任职位的时候,便将大头人的尊号传给其子。他本人后来便削发和身穿喇嘛们的僧服,隐居到偏僻的地方,把结束已在康地两个呼图克图之间爆发的斗争之责任,留给了那些更为年轻和更富有精力的斗士们了。

当我们到达王卡驿时,太阳尚未落下。王卡驿距巴贡有五十多里远,它是沿一片黑土丘陵的脚下排开的一个小村庄,丘陵上生长有大簇的冬青树和柏树。用这种黑土建成的房舍使村庄具有一种极其灰暗和忧伤的外貌。在王卡,我就开始发现曾蹂躏了这些地区的内战之痕迹。中央政府那用大块杉木板筑成的兵营已被大火彻底烧毁。大家尚可看到零星的已被半碳化的大量残余物,从而使我们在整个晚间都有了一堆旺盛的火。

次日,我们刚刚上路时,就在旅行队中发现了一种很明显的变化。马匹和牛还确实是我们在巴贡获得的那一批,但所有的藏族牵牲口的人都消失得无影无踪了,一个也不剩,由王卡的女子替换了他们。当问到这一新鲜和令人惊奇的安排之原因时,乐师喇嘛回答说:"我们今天应到察雅,这是一个与王卡相敌对的村庄。如果男子前往那里,那么他们便会不可避免地发生格斗,察雅居民们可就会夺走旅行队的牲畜。如果乌拉由女子们带领,那就没有任何害怕的事了。男子们应该羞于与女子们格斗和夺取由她们看守的牲畜,因为那样做会遭到所有人的鄙视。这就是本地区的习惯。"我们对于在西藏的山野村夫中发现了一些与我们祖国的风俗如此相吻合的习惯和情绪,并不感到奇怪,这完全是法国的骑士制度。因此,我们有些急不可待地想看一下,王卡的女子将被察雅的绅士们以什么样礼貌和高雅的方式欢迎。①

在翻过一座被已有半截埋在陈年积雪层中的巨大石块覆盖的大山之后,我们便进入了一个已被完全耕耘的山谷,那里的气候相当温暖。我们远远地在一个洼地中看到了察雅的房屋。房子很高,其两边是观察塔,酷似城堡。当我们距这一特大村庄仅有数百步远的时候,突然从村子里冲出一支神奇的骑兵,他们凶猛地迎着这支旅行队冲来。所有这些骑兵都武装以斜挂的步枪和长矛,似

① 多伦少校在他于倮倮人中的游记中,也指出了这些小部族与藏族人在风俗方面的相似性。"有时女子也参加战斗,这是很自然的。由于在各敌对部族之间经常发动的夜间奇袭中,女子们在一般情况下也都在劫难逃,所以她们被迫自卫。但在这片领土的东北部,位于马边厅附近,有些部族中的女子也受到了好战者们的尊重。以致于派遣女子出使以谈判和平条件。这种习惯不具普遍性,比古伯察神父在西藏某些部族中发现的情况更为引人注目。"(《最后的蒙昧人》,86 页)

乎都准备进行肉搏战。但一旦当他们发现这支旅行队系由女子带领时,其全部好战激情立即云消雾散了。他们仅满足于放声大笑并嘲笑其敌手们的这种懦弱。

当我们进驻察雅时,所有男女老幼都行动起来了。他们从各处都发出了使我们觉得丝毫不怀好感的呼叫声,不过却未出现任何事故。我们前往一幢三层大住宅的庭院中下马。当大家刚刚卸下马鞍和解下牦牛的驮子时,王卡的女子们匆匆地喝了有人殷勤地为她们轮流斟上的满满一大碗酥油茶,就立即驱赶其乌拉一起走了。

我们在察雅找到了一个相当舒适的下榻处。但我们根本不知道自己将以什么条件才能离开这里。乌拉这一重要问题使每一个人都焦急不安,不过任何人都没有勇气坦率地讲出来,大家于是便把重要的问题搁置到明天了。

天刚蒙蒙亮,我们下塌的客栈庭院中就挤满了一大批藏族人,他们前来讨论向我们这支旅行队征税方式的问题。我们从第二层楼的阳台向下俯瞰,便可以自由自在地欣赏这次争论所呈现的特殊场面。在这批熙熙攘攘的人群中,没有一个不是口若悬河的讲演家。所有人都异口同声地讲,从声音的洪亮程度及其手势极其活跃的程度来看,他们每个人肯定都发了一场慷慨的讲演。我们看到有些讲演者登上了堆在院子中的行李包,把行李包当作他们居高临下地向人群演说的讲坛。有时他们那口才不足以使所有人都对他们的意见坚信不疑,因为他们最后竟动起手来了,互相揪扯头发,激烈地搏斗,一直到一名有影响的头人迫使其尊贵的同胞们重新恢复秩序为止。安静并没有持续多久,嘈杂和混乱很快又以一种越来越激烈的程度重新开始了。事态变得如此严重,以至我们坚信他们永远不会形成统一意见,甚至最后会拔刀出鞘并互相厮杀。如此想来,我们奇怪地感到洋洋得意。在这批人经过一个多小时的大喊大叫、咒骂、大动手脚之后,最后爆发了一阵欢笑声。这次争论结束了,所有人都恢复了平静。两个人立即登上了这支旅行队“司令部”下塌的二层楼。他们向李国安宣布,察雅村的头人们经过对组织乌拉问题的讨论之后决定,他们将为两名西天喇嘛和拉萨的藏族人无偿地提供牲畜,但清政府官兵则必须为每匹马付半两白银,为每头牦牛付1/4两……李国安听到这一消息后,便用足了他的全部力气,开始极力抨击并称这是暴虐和不公正的行为。在场的旅行队中的中央政府士兵大声叫喊,并发出威胁以图恫吓察雅村民大会的代表,但这些代表却令人钦佩地保持了一种高傲和不屑一顾的态度。其中一人向前迈了一步,以某种略显粗野的端庄姿态把右手放在李国安肩上,在以其被浓厚的眉毛遮盖的黑色大眼睛凝视了一番之后便说:"来自中央政府的人听着,难道你认为对于察雅谷的人来说,砍掉一个中原人的头比杀死一支獐子有多大的差异吗?……所以,请你命令你的士卒不要作恶和不要出口狂言……谁什么时候见过一只狐狸能恫吓山上那令人生畏的牦牛之事呢?乌拉很快就到了。如果你们今天不使用它,那么明天的价格就会增长一倍。"清政府的官兵们发现动武只会导致更为可怕的后果,还不如使用计谋和奉承的方法。但仍无效。为了结束这一事件,李国安除了打开其钱箱称足所需要的银子分量之外,再无其他对策。乌拉准时地到了。大家便急切地组织这支旅行队,以便尽快离开察雅村,中原人觉得这里是不可久居的蛮夷之地,我们却觉得此地极美。

从察雅到达应该换乌拉的昂地,仅有 30 里地的一阵小跑的距离。清朝官兵对于被迫花费了那样多钱,才仅走了如此之短的一段路感到失望。但他们只不过是初逢灾星,因为我们还要遇到一些比察雅人更难对付的藏族部落。

自我们从察木多出发以来,已暂停了几天的大雪,又于我们到达昂地的当天晚上重新袭击了我们。在这一夜和第二天一整天,降雪如此之多,致使我们无法走出房门,一出去大雪就会没过膝盖。最不幸的是,我们离开昂地之后就要翻越沿途中所遇到的最陡峭和最危险的一座大山。那部汉文图识于此写道:"过大雪山,路甚陡险,积雪如银。烟岚之气,辄中人作病"。

据当地的一种民间传说认为,古代昂地的部落头人是一名骁勇并使其所有近邻们都感到畏惧的军人。曾有一日,正当他翻越雪山时,却被雪崩埋了起来。众人为找到其遗体而作出了一切努力,却始终一无所获。当地的一名上师喇嘛宣布说头领已成为山神,大家为他建起了一座庙,至今尚残存,途经那里的行人们在重新上路之前从不会放过机会前往烧几炷香。[1] 在风雪交加的时候，当大风怒吼时，昂地的山神从来都不会放过这一机会而显形，该地区没有任何人不曾多次见到过他。大家看到他始终骑一匹红马，身着白色的长衣，悠闲自得地在山峰上闲逛。如果他遇到了某个行人，于是就把他放在马臀部，立即就疾驰而去。那匹红马很轻，以至在雪地上奔驰也从不会留下任何蹄印。直到今天为止，任何人都未曾发现过这名白衣骑士的退避处，当地人就是这样提到他的。

对于我们来说，我们很少关心遇到红鬃马和白衣骑士。我们害怕的却是大山。当看到降落了数量可怕和可能会使道路更难走的大雪时，我们便不寒而栗，必须等待天气转好，然后如同我们在类似的背景下一直所作的那样，先派几群牦牛去踏雪，在山间踏出一条羊肠小道来。

我们在昂地停留了五天。李国安利用这段长时间的逗留而医治腿疾，其病日益变得危险了。乌拉问题在多次会议中进行了辩论，最后仍按察雅的方式解决。这样做不会不严重触怒清政府人员并使他们哗然。

我们在昂地发现的最引人注意的人物，无疑是第巴或部落头人。此人名叫本巴，最多有三法尺高，他腰带上佩带的刀至少有其身材的两倍长。尽管如此，此人上半身很美，尤其是面部宽阔，显得精力充沛和五官端正。其身材先天不足的矮小出自其双腿完全发育不良，而其脚又不具任何畸形。这种几乎完全缺双腿的现象无法阻止昂地的第巴具有超人的能力。大家看到他不停地来回走动，如同步履极其轻捷的人一样灵活。他实际上不能迈大步走，而是以其活动的速度来弥补这一缺陷。他尽力地左右摇动、窜蹦跳跃，始终能与其他人同时到达目的地。据说，他是该部族最敏捷的骑士和最勇敢的军人。当一旦扶他上马之后，他在马上既是站着也是坐着，所向无敌。这些地区的山人习惯于经常露天召开讨论有关公私利益问题的村民大会，头人本巴始终以其口才和性格的巨大影响而引人注目。当他们在昂地辩论乌拉的官价时，大家只能听到令人瞠目的本巴的声音。他蹲在一个粗大结实的山人的双

① 在制造香烛时根本不使用任何真正的香料。

肩上,如同一个巨人一般浏览了一番混乱的会场,以其语言和手势再加上高大的个头而控制了会场。

昂地的第巴不放过任何机会向我们表示特别的亲切和同情。一天,他在家中请我们吃晚饭。这一邀请具有双重目的,首先是向我们尽招待客人的义务,其次是刺激他从心里感到不快的清朝中央政府人员的嫉妒心。这顿饭只上了大量生熟肉和加了大量酥油的茶。他让我们去参观了一间布置满了各种绘画和甲胄的大厅。挂在墙上的绘画都是着色粗陋的肖像,代表着本巴家族最尊贵的先祖,我们还可以从中发现一大批各种年龄和各种级别的喇嘛像以及几名穿战袍的军人。那里的武器数量很大,种类也很多,有长矛、弓弩、双刃刀、呈长矛形和锯形的矛枪、戟、武装以大铁环的长棍、装配形状各异的枪栓的火药铳。防御武器是野牦牛皮质并装饰有红铜钉的圆盾牌,用铜片制成的臂甲和腿甲,用皮线、厚密却又具有很大弹力的布帛制成的锁子甲。头人本巴告诉我们说,这些紧身衣是古代的甲胄,自从在他们的地区使用步枪并发展得普遍起来以后,人们便将这一切弃在一旁了。正如我已经讲过的那样,藏族人在年代方面十分不注意,因而无法指出他们在什么时代开始使用火器。但可以推测,他们在13世纪左右的成吉思汗战争时代,就懂得了使用火药。众所周知,成吉思汗的军队曾有过火炮。有一种特别引人注目的事实是,无论是在西藏的山区,还是在中华帝国的中原以及在鞑靼草原上,没有人不懂得制造火药,每个家庭都制造火药以供自用。我们在穿越康地的时候,常常看见一些妇孺们忙碌地研木炭、硫磺和钾硝。这些民族的火药无疑不及欧洲火药先进,但当把它装在枪筒中并再于上面加一颗子弹时,那它就有足够的力量推动子弹,并射出去猎杀鹿和杀死从事战争的人。

经过五天的休整之后,我们又继续赶路。这支旅行队在出发时就开始攀登昂地高山。我们既没有看到红鬃马,又没有发现白衣骑士,任何神都没有把我们置于其马臀部以把我们带到那偏僻的地方去。我们到处都只能看到皑皑白雪,而且在任何地方,甚至在最著名的大山上都未曾见过其数量如此可怕的大雪。骑牦牛的向导经常完全陷进深渊中,我们只能费很大的力气才从中挣扎出来。我们不止一次地想返回去并放弃攀登山顶的希望。[①]

那支在察木多赶上我们并于此之后再未离开我们的汉族—藏族小旅行队,出现了一种值得令人非常同情的场面。当看到这些可怜的小家伙们几乎每前进一步都浑身滚满雪,勉强有点力气呼叫和哀叹声,大家在一定程度上就忘记了自己的痛苦。我们赞扬这名藏族母亲的勇气和毅力,我们可以说她会有分身术以跑去救援她那众多的孩子,她从其母爱中得到了超人的力量。

昂地的大山如此之高和如此陡峭,以至需要我们有一整天才能上山和下山。当我们最终滚到山脚下时,太阳已垂落了。我们在游牧民居住的黑色帐篷中停留了几分钟,吞咽了几撮泡在咸茶中的糌粑,然后就沿一条雪已全部融化的岩石山谷而继续赶路。大家在漆黑的深夜中又沿着一条陡峭的河岸走了两个小时,随时都能听到河水声,却没有看到河流。我们每时每刻都在战栗不安地害怕掉入深渊。我们依赖那些已具有行路经验的牲畜直到察雅都未发生事故。我们一行人于半夜间的到达,使全城轰动起来了。狗以其狂吠声而开始报警。所有的房门都打开了,全城居民都乱哄哄地涌向街头,提着牛角灯笼、火把和各种武器。他们普遍认为这是敌人的一次入侵。但随着人们发现这支旅行队的和平气派和略显颤抖的现象,他们的思想便安定了,每个人都返回家中。当我们最终得以打开自己的行李和小酣一会时,已经半夜时分了。我们决定在察雅休息一天,在翻越了昂地的著名大山之后,休息一天也不算多。

正如我们已经指出的那样,察雅(乍丫)是年轻的呼图克图喇嘛的驻锡地。此人当时正与察木多的呼图克图处于交战状态。该城位于一个相当宽阔而风景秀丽的山谷。但当我们进入该城时,它已处于半塌废状态。最多在20天之前,该城受到了大呼图克图支持者的袭击。有人告诉我们说,双方发生了激烈战斗,牺牲都很大。我们在穿越该城时,发现有些住宅区已彻底遭火烧毁,惟有剩下大堆烧黑了的石头和已变成焦炭的木构架,河谷中的所有树棵

---

① 对于那些认为古伯察先生有意夸大了他翻越西藏诸山的人,我建议他们阅读一下第一批巴黎外方传教会的传教士们所忍受的疲劳(洛埃:《西藏传教史》,俯拾即得)和圣·扎萨里的圣母圣心会的日记。(《天主教传教区》,269、286、309页,1917年。)

都已被伐，马蹄的践踏彻底毁坏和搅乱了耕田。察雅著名的喇嘛庙已遭毁废，僧房及环绕它们的周长一百多法丈(toise，法国的旧长度单位，约合1.949米——译者)的围墙均被拆毁，只呈现出一大片废墟。交战双方惟独对主要的佛寺不加破坏。

中国中央政府在察雅设了一个兵站，共由二十多名兵卒驻扎，由一名千总和一名把总指挥。所有这些军人的脸色都不太高兴，他们似乎是不大喜欢这个遭受到内战之灾难的环境。这些山地人的好战态度使他们日夜均不得安歇。他们枉然地极力在这场争执中保持中立，或者更应该说是他们表面上装着属于双方，但每时每刻都处于双方的夹击之中。此外，察雅从未使清朝官兵在那里过轻闲自在的日子。中央政府在这些傲慢的小部族中始终会遇到对抗。我们手头所掌握的那本在乾隆皇帝年间写成的汉文图识，针对这些地区而作了如下记载："此地番民族桀骜，驾驭亦复不易"。汉族作者所说的"番民性桀骜"，实际上只不过是一种强烈的地方主义和对帝国统治的不满。

一天的休息已经完全恢复了我们的精力，这一行人又离开了察雅。清朝官兵当然还必须为租用乌拉而付现金。该地区性格粗暴的藏族人也免费向我们提供了牛马。我们在一片海拔极低的地带旅行了两天，在那里经常会遇到小村庄和山谷深处的一批批黑色帐篷。我们被迫走过了许多木桥，在其下面有时是平静的小溪，有时又是发出了巨大响声的奔腾的激流。

在到达阿足塘驿之前不久，我们赶上了护送在巴贡去世的粮台灵柩的那支人马。其子在刚刚经过几小时可怕的垂死挣扎后，也死在一个黑色帐篷中。这支旅行队再没有首领了，处于彻底的涣散之中，卫队中的大部分士兵在抢劫了其官吏们的行李之后都溃散了。仅有三名士兵仍忠于职守并负责设法将这两具尸体运往中原。他们对于如此少的几个人继续赶路感到沮丧，所以我们这支旅行队的到达使他们摆脱了严重困境。为那位父亲运送灵柩的队伍已在巴贡组织好，惟有儿子灵柩的问题尚未解决。其轿夫们不再想负担这一工作，因为他们预见到已没有足够的钱支付他们。把灵柩驮到一头牦牛身上是一种不可取的办法，因为还从未有人说服藏族驭手们让他们的牲畜驮一个死人，尤其是一个中原人的尸体。因而必须采取计谋。新亡者的尸体被秘密切成了四块，然后装入一个箱子中，再不加分别地把它放在其他行李中。这样一来就会使藏族人相信，为了尊崇孝道，儿子的尸体已放在了同一棺木内父亲尸体的一侧。

与我们会合而成旅伴的这两具尸体，使旅行队呈现出一种痛苦凄凉的景象，强烈地刺激了中原人的想象力。精力每况愈下的李国安尤其对此感到震撼。他想从他身上驱散这种可怕的幻影，但他这样做必会因为给死于异地他乡的两名清朝官吏的灵柩制造障碍而遭到强烈指责。

从阿足塘出发，我们前往石板沟的一个小村庄中休息和换乌拉。据那部汉文图识记载，该沟的居民都是“蛮性难驯，颇称狡猾”。换言之，这就是说他们不害怕清朝官兵，习惯于要求中原人为他们提供的牦牛和马匹较多地付款。

正如其名称所指出的那样，石板沟有大量粘土质石板采石场。此地的藏族人从中采出了很漂亮的石板，以用来覆盖其屋顶的平台。他们也习惯于从中开采很厚的石板，以在上面雕刻佛像以及“唵嘛呢叭咪吽”六字真言。这些石板质地很细，其中所含的小云母或滑石片，使它们具有一种闪闪发光和耀眼的光泽。

从石板沟中流过的小河水含有大量金沙，当地人不会忘记采集和淘洗金沙。我们沿河畔散步时，便发现了多处熔炉遗迹，上面尚粘有许多金叶。我们指给李国安看，这种东西似乎又使他的生命复苏并进一步拉紧了牵挂其生命的线。其面部突然变成了紫红色，已几乎失神的双眼闪耀着不寻常的光芒。我们甚至可以说，看到几粒金子使他完全忘记了其疾病和伴随他的两具尸体。

石板沟中盛产香獐。虽然这种动物喜欢寒冷的气候，但却几乎出现在西藏的所有山上，不过大家在任何地方都没有见过它们在石板沟附近那样多。冷杉、雪松、冬青和柏树植被覆盖了这片地区，无疑特别有助于将这些喜欢具有强烈气味和芳香树根的类似动物吸引到此处来。

香獐有一头獐子那样高大，头小而脸部尖窄并饰装以长长的灰白色胡须。其四肢很细，臀部宽大而肥厚。两根长而弯的牙齿出自下颌，用来帮助它从土中掘出作为其食物的香树根。其毛一般有 2~3 法寸长（pouce，法国古代长度单位，等于 1/12 法尺，约合 27.07mm——译者），如同生活在喜马拉雅山以北的几乎所有动物一样，其毛为空心的，极为粗糙，始终竖立着。其毛下部的颜色为黑色，中部为白色，上部略显灰色。在腹下脐带附近悬垂一麝囊，内贮珍贵的麝香。

石板沟的居民能猎狩数量很多的香獐子，以至大家在他们家中到处都能看到这种动物的皮，挂在钉于墙壁的楔子上。他们用獐毛装填白天蹲在上面的厚垫子和夜间作为床使用的床垫，并把麝香作为一种与中原人从事非常有利可图的贸易的商品。

我们到达石板沟的翌日，便告别了该沟的居民并继续赶路。在继此之后的三站中，他们在乌拉问题上仍然冷酷无情。旅行队中的中原人被这些山村野夫的行为激怒了。他们声称这些人根本不懂礼仪，没有正义与非正义之区别的思想。对于我们来说，我们相反却对这些性格粗野和异常坚强的人产生了好感。他们的行为确实太不文雅，但他们的习性是慷慨的，甚至是诚实的，我们认为他们的本质要比外表好得多。

我们最终到达了江卡，清朝官兵开始感到轻松了，因为我们进入了一个不太敌对的地区。江卡是一条非常肥沃的山沟，其居民似乎生活得安居乐业。在他们之中除了某些兵站的兵勇之外，还会发现四川和云南省的大批汉人，他们开办一些店铺或从事艺术和生活中必需的职业。据说，他们在该地区只要很少几年就足以发一笔相当可观的财。江卡的两名武官过去曾是李国安的战友，他们对他落魄到如此可怕的境地而感到不安，强烈劝他乘轿继续赶路。我们也随声附和进行规劝，大家高兴地发现理智终于战胜了安抚使的吝啬。他最后似乎理解到死人是不需要钱财的，首先应想到保存生命。裴大官人的儿子似乎死得其时，从而使李国安占用了他的轿子及八名汉族轿夫，这一切都发生在江卡。大家停留了一天对轿子略作修理，并使轿夫们有时间修理一下他们那旅行鞋。

我们觉得自己在江卡南部遇到的地区，不及先前经过地区那样寒冷，也不像那样贫瘠。地势非常明显地向下倾斜。我们仍不断地受大山的包围，但山区逐渐丧失了它们那凄惨和荒凉的面貌，再也看不到那种危险的形状和那些剖面粗糙和垂直的大块花岗岩了。到处都出现了高大的草木和森林，牲畜变得越来越多，一切都预示着我们在迅速地向比较温和的气候带前进。仅仅在山峰上尚保留着其白雪和冰川之冠。

我们离开了江卡的四天之后便来到了金沙江[①]畔。我们在到达拉萨之前曾与西藏使节在冰面上两次渡过该江。这条美丽的大江在中国那风景秀丽的平原上碧波荡漾,显得蔚为壮观。但它在西藏的丛山中却不停地奔腾,以极其猛烈的程度和可怕的响声冲击着沟底的水。在我们遇到该江的地方,于江畔垂直矗立的两座陡峭的大山之间,冲击成了一条很狭窄而又颇深的河床,江水一泻千里,发生了沉闷而凄惨的响声。我们不时地看到漂来的大块冰,在千般漩涡中反复转动之后,便以巨大的响声撞击在大山那高低不平的坡面上被粉碎了。

我们在半天期间沿金沙江的右岸前进,于中午时来到了一个小村庄,在那里发现已提前给我们准备好了为过江所需要的一切。这支旅行队分乘四只平底大船,眨眼之间内就到达了彼岸。在距河岸不远的地方,于一个窄谷的进口处,便是竹巴笼驿。当地第巴向我们送上了优质鲜鱼以供晚餐,还为我们晚上安寝准备了一间非常避风的房间和填满香獐毛的大床垫。

次日,我们沿汇聚于金沙江的一条水流不大的小河前进。众人的心情比平时更为欢乐,因为有人已向我们指出当天即将到达一个更为令人陶醉的地区。我们边走边怀着一种焦急不安的好奇心放眼四下观望,不时地从马镫上站起来以便望得更远,但风景并没有很快就变得富有诗意。我们的左侧始终是上述河流,在巨石之间令人乏味地奔腾,我们的右部是一座赭色的、凄凉的、光秃秃和在各个方向都被深壑隔断的大山;被刺骨的寒风吹动的大片白云从山头落了下去,并在我们面前形成了一片昏暗的雾。

到了中午前后,这支旅行队在一间破房子中停留下来,喝一碗茶并吃一把糌粑。我们接着就一直攀上了赭红色大山之巅,从这个若大的观察台上,居高临下地欣赏右部那美丽如画和美不胜收的巴塘平原[②]。我们面对一个使自己的视野中出现了数量最多和

---

① 该江发源地享有一个蒙古文名称木鲁乌苏河,这是一条汹涌澎湃的江河。在它流经中原和入海口之间,它又享有一个汉名扬子江或长江,是中国海的一条子河。欧洲人称它为“清河”(与“黄河”相对应——译者)。

② “巴塘平原”在藏文中意为“奶牛平原”。

品种最繁杂的植物之美景，突然间感到了欢欣鼓舞，如同中魔一般。尤其是其两边形成了一种鲜明对照：一边是一片贫瘠的、凄凉的和遍是群山的地区，几乎始终都是沙漠；另一边相反则是一片秀丽的平原，那里的许多居民在肥沃的田园中从事农业劳动。那部汉文图识于此指出："其地沃野千里，水泉环绕，日丽风和，豁人心目！"我们匆匆忙忙地下了山坡，在真正花园的花树丛中和沿绿色的稻田岸继续向前赶路。一阵暖流逐渐吹入我们的四肢，很快就感到我们皮衣的重量了。我们已经有两年多未出过汗，觉得特别热，而又不是置身于一堆旺火旁。

在巴塘城的附近，守备部队的兵勇们向李国安致军礼。被包裹在轿子中最深处的安抚使以一种不大像军人的方式从队伍中间穿过。那些完全站立着的藏族人一直陪同旅行队到达一座漂亮的中原式的庙中，那里充作我们的下榻处。就在当天夜间，清朝兵营的官吏和城中的大喇嘛前来拜访我们并献上了牛肉、羊肉、酥油、面粉、烛台、油脂、大米、核桃、葡萄、杏子和多种其他土产方物。

在巴塘有一处粮仓，这是自离开拉萨后的第四座粮仓。它也如同其他所有粮仓一样，系由一名享有粮台官衔的文官管理。兵站共有300名兵勇，由一名守备[①]、两名千总和一名把总指挥。该兵站的清朝军队每年开销高达9000两白银，尚且不包括分配大米和糌粑。我们在巴塘的居民中发现了一大批汉人，从事手艺和产业，甚至还有些人从事农业和经营藏族人的庄园。大家如同奇迹一般地在西藏群山中发现，这片平原令人惊奇的肥沃，每年可以获得双收。其主要产品有水稻、玉米、灰麦、小麦、豌豆、白菜、萝卜、葱头和其他多种蔬菜。在水果类中，我们发现了葡萄、石榴、桃子、杏子和西瓜。那里的蜂蜜也很丰富。最后大家还会在那里发现硃砂（汞的硫化物）矿，可以从中提炼出大量水银。西藏人在通过化合作用或将之与熟石灰混合去硫，而获得非常纯洁的汞。

巴塘城幅员辽阔，其居民似乎生活得很富裕。那里的喇嘛人数极多，完全如同在所有的西藏城市中一样。那里最主要的喇嘛寺叫作巴塘大寺，住持是堪布，他从拉萨的达赖喇嘛处获得了神圣权力。

---

① 守备是一个高于千总的军官，但低于游击。

达赖喇嘛的世俗权力到巴塘为止。西藏的辖地边界，也于1726年在清朝军队平定西藏的一场大战后，被确定在那里。在到达巴塘的两天之前，我们在芒岭山顶见到了一块石碑，标志着当时拉萨地方政府和北京中央政府决定在此设界。现在，位于巴塘以东的地区在世俗权力方面独立于拉萨。该地区由土司①治理。这是一种封地，最早由中国政府设置，现今仍承认其领主权。这些小领主必须每三年晋京一次，以向皇帝纳贡。

我们在巴塘停留了三天。我们的领队李国安的病情成了这次耽搁的原因。这次长途旅行中每天的疲劳，都使这位可怜的官老爷极端难以忍受，使他陷入一种几乎完全绝望的地步。他的最好主意是暂留巴塘，利用巴塘的好气候加强保养，并让旅行队继续赶路。其朋友们都劝他如此行事，但这是枉费心机的。他想继续旅行，并试图通过能想象到的一切办法，对其疾病的严重程度抱幻想。我们则认为其病情极其危险。以至我认为应利用我们在巴塘享受到的休息和安静，而向他严肃地讲解灵魂和永生。我们在路上进行的谈话已向他充分地阐述清楚了基督教的主要原理。现在仅仅设法让他清楚地看到其处境，并必须说服他真诚地和最终地走上拯救之路。李国安完全同意我们的看法，他认为我们的看法富有理智。他亲口滔滔不绝地向我们讲生命的脆弱性和短暂性、世俗的空虚性、上帝意志的难解性、拯救的重要性、基督教的真谛和任何人都可以信仰它的必然性。他针对这一切而向我们讲述了一些很明智和很感人的事件。但当他要结束时，讲到了实际，用一句话自称为基督徒，一切都乱套了。他无论如何也绝对需要等到他到家并辞掉官职。我们白费口舌地向他提出，他在推迟这一重要事件所面临的危险：一切都无用了。他说："只要我是皇帝的官吏，我就不能为天主效劳。"这种荒谬的思想深深地印在了其脑海中，没有办法从中排斥之。

在离开巴塘驿时，我们在一段时间内被迫完全北上，然后再重新东行。因为自从我们离开察木多以来，在连续二十多天期间，一刻不停地南下。旅行队被迫大幅度地延长这条路，以便前去寻找

① 土司与古伯察先生所说的都司无关，都司是中国古代军队中的军官享有的官衔，为一些兵站首领，其级别介于游击和守备之间。

一个可以比较安全地渡过金沙江激流的地方。

我们在离开巴塘后所走的第一天充满了喜悦，因为我们在温和的天气里，穿过了一些具有多种令人心旷神怡风景的地区。我们所走的一条狭窄的羊肠小道两边始终都栽有柳树，以及正开花的石榴树和杏树。次日，我们又重新落入了老路的恐怖和危险之中。我们必须要攀登一座极高的山，在山上无情地遭到了大雪和北风的袭击。它形成了与我们在巴塘的气候温和鲜花盛开的平原中，所享受到舒适生活的一种真实对照。在山脚下，大雪被特大和冰冷的暴雨取代，寒气一直刺入骨髓。最不幸的是我们被迫在一间破房子中过夜，屋顶已于多处裂开了大口子，风雨无阻。我们如此疲劳，以至于使这一切都不会严重阻碍我们入睡。第二天，我们于泥潭中醒来，发现自己完全泡在水中，四肢被寒冷冻僵了。我们被迫用冰块摩擦以使血液重新流动。那个为我们提供了这一可怕住处的糟透了的村庄叫作大朔。

出大朔沟，大家通过一个狭窄的山口又攀上一个我们发现依然遍地是雪的高原。我们由那里进入一片漂亮的森林，这是我们在西藏山区所发现的最优美的一片林海。冷杉树、雪松和冬青树的粗大枝干互相交错，形成了一个阳光无法射入的绿色穹形地，大家发现于其树阴下要远比在大朔的房子中更为避雨雪。这些大树的枝干都覆盖着一层很厚的苔藓，它们沿纵纤维的方向极其松散地延伸。当这层粗纤维的苔藓新鲜时，它们便呈一种极其漂亮的绿色；但当它陈腐时，则变成了黑色，酷似脏而未仔细梳整的长发绺。它们完全不像带有无数悬于枝条上的松毛的老松树那样畸形和神奇。大家在西藏山上遇到的带刺的冬青则以它所得到的神奇发育而引人注目。在欧洲，它从不会超过灌木高，但在这里则始终达到了一棵大树的高度。如果说它们没有长得完全像松树那样高，那么它在树干的粗大方面则可以与之相媲美，甚至在其树叶的瑰丽多彩和丰富茂密方面，也要胜过松树。

这一日的行程既漫长又累人。我们到达应换乌拉的三坝驿时，天已经完全黑了。当大家发现卫队中少了一名藏族人时，我们刚要睡觉。此人恰恰是被指定作我们的仆人者。大家费心而仔细地在我们刚才到达的小村庄的所有角落中寻找他，但一无所获。我们便得出结论认为他在森林中迷路了。我们首先想到的是派人寻找,但在如此漆黑的夜间,怎能在这么辽阔而又茂密的森林中找到他呢?大家仅满足于集体去附近的一座山上,共同呼唤和燃起一块大火。到了午夜前后,那名迷路的行人才重新出现,快要累死了,背上背着马鞍子。这匹马无疑觉得路太长了,认为最好是卧在路上,而他再也无法扶起它来。这个不幸的青年人的回归,使所有人都满腔喜悦,每个人都可以稍微休息一会了。

次日,大家起得很晚。当三坝的居民们牵来他们的马匹和驮兽,以组织这一旅行队时,我们去作了一次短时间的散步,观察了一番我们于夜间到达的这个地区。三坝村是一片共有三十多幢小房子的村庄,均以巨石块筑成,黏合得很粗糙,有时用牛粪,有时又用泥巴。该村庄的面貌很凄凉,但其附近地貌则相当秀丽。两条分别自西方和南方流来的小溪在距村庄很近的地方汇合,形成了一条清澈见底和流经一片辽阔草原的河流。一座漆成了红色的小木桥,一群群山羊和牦牛在牧场上徘徊,鹳与鸭子在水边捕食,零星分散的几棵高大的柏树,甚至是从藏族小屋升起并被风轻轻吹向附近山头的缕缕炊烟,所有这一切都使该地区的景象倍添生气勃勃和无限魅力。此外,天空始终很晴朗而宁静。太阳刚刚升出地平线不远,我们就感到了这是一个风和日丽的好日子。

我们以缓慢的步伐继续散步并返回了我们的住处。旅行队已组织好并正准备启程。驮兽已驮走了其负荷物,骑兵们挽起了裙子并手执马鞭准备上马。我们说:"我们迟到了,快走……"我们一阵小跑到了驿站。一名汉族士兵对我们说:"你们为什么如此匆忙?李国安尚未准备好,他尚未打开其房门。"我们回答说:"今天没有大山,天气很好,没有任何理由妨碍我们迟出发一会儿……但应该告诉官老爷说旅行队已准备好了。"士兵用力推开门并进入了李国安的房间。他很快从中出来,面色苍白,惊慌失色。他低声地对我们说:"李国安死了……"我们便冲入他的房间,发现这名不幸的官吏躺在简陋的床上,嘴半张口,紧咬牙关,由于死亡使他二目紧闭。我们把手放在其心脏处,其胸部慢慢地鼓起来。他尚有一息生命,但已失去了任何希望。这个垂死的人突然失去了知觉。他尚发出几丝气息,最后咽气了。其腿部严重肿胀,脓液流到胸部使他窒息而死。

我们领队的死亡并非是未预料到的,它事实上丝毫未使我们感到吃惊。但他的死亡出现得如此凄惨和可怜，以致于所有人都感到惊慌。我们则更无法表达痛苦。我们悲伤地感到，在这个不幸者生命的最后一刻不在他身旁，因为我们很想让他从异教的黑暗转向圣教的光明。啊！上帝的意志是多么令人难以理解啊！……但在我们完全有理由的悲痛中，又产生了含有一丝希望的思想。既然其可怜的灵魂已被宗教的真谛充分照亮，那么还可以使我们认为，具有无限慈悲的上帝，在最后一刻还赐给了他意欲接受洗礼的恩德。

这一天，旅行队没有登程。牲畜们的鞍驮均被卸下来。卫队的士兵们拥有按照汉族礼仪，而将其官老爷的尸体运回家乡的一切必要手段。我们于此就不再详细叙述此问题的一切详细情况了，因为我们在其他地方已论述过与汉族人有关的一切风俗、习惯和礼仪。我们仅仅指出，死者被裹于由扎什布伦的活佛赐给他的一大块裹尸布中。这块裹尸布为白底，上面完全印满了黑色的佛教偈语和佛像。藏族人和其他佛教徒，都无限信仰由达赖喇嘛和班禅活佛分发的印有文字图案的裹尸布。他们坚信那些在死后有幸被用此布包尸的人，必定会有幸运的转世。

由于李国安的去世，这支旅行队处于群龙无首的状态，既无队长又无领路人。惟有江仓喇嘛（乐师喇嘛）方能正当地和以合法的继承人身份，来接受这一权力，但清朝士兵们很不愿意承认他的权力。我们从君主制过渡到了民主共和的形式。这种事态最多持续了半天。我们发现旅行队中的所有人，无论是藏族人还是汉族人，尚未成熟到支持一个如此完善的领导机构的程度。他们认为无政府状态在各个方面都表现出来了，这一事态会有导致旅行队解体的危险。考虑到集体利益并想确保挽救旅行队，我们决定夺取领导权。我们立即发生了无数命令，要求做好一切准备，次日黎明启程。每个人都感到了要有人管理的需要，以至任何人都未敢提出反对意见，大家都一丝不苟地服从。

我们按时离开了三坝。这支旅行队呈现了一种凄凉和沉闷的面貌。由于这三具尸体，它确实完全像一支送葬的队伍。我们在山区又行走了三天，在那里也与平时一样地遇到了大风大雪和严

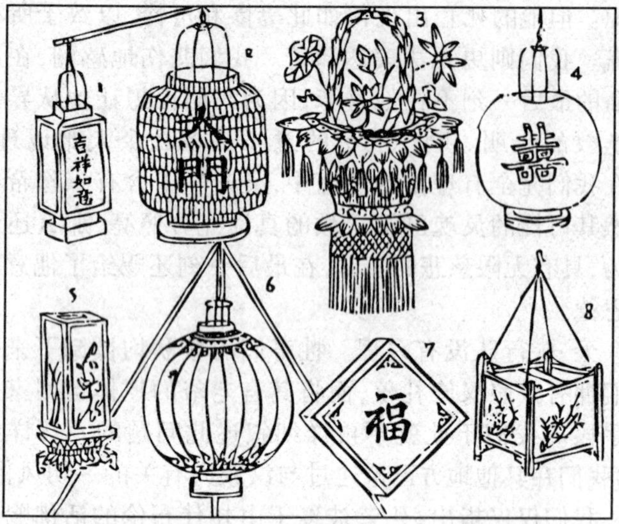

各种灯笼

寒,此后便到达了理塘驿[①]。中国政府在那里设一粮仓和一座由一百多名兵勇组成的兵营。理塘的官吏计有:一名粮台、一名守备和两名把总。在我们到达之后的几分钟,这些官老爷们便来拜访我们。我们首先长篇大论地讲了自己领队的疾病和死亡情况。接着,又介绍了我们的身份和我们在这支旅行队中的职务。我们的全部解释就是出示了一件长而宽的公文,上面有驻藏大臣琦善的印鉴和署名,其中包括他为我们而为李国安作的指令。这些人都对我们说:“很好,很好。李国安的死亡丝毫不会改变你们的地位,你们在经过的所有地方都会受到友好接待。你们直到今天与旅行队中的人始终和睦相处,这种和睦状态会一直维持到底。”我们也希望如此。但由于人员的不稳定性,可能会于途中出现困难,尤其在汉族兵卒中更为如此。我们非常希望有一名负责的官吏与我们同行。我们提出了这一要求。他们回答说,在理塘的四名官吏中,没有任何一个人能脱开身来去为我们领路,我们可以不声不响地和一如既往地,在藏族和汉族卫队的陪同下直到汉地边境。在那里可以很容易地找到一名官吏把我们护送到省府。我们说:“好

① “理塘”在藏文中意为“产铜的平原”。

吧！既然你们不能给我们提供一名官吏，那么我们在此情况下就可以按自己的意志旅行了，可以到我们喜欢的任何地方去。我们甚至不能保证离开此处后不会重新踏上赴拉萨道路。你们会看到我们会毫不犹豫地前往那里去。请你们考虑一下吧！"理塘这四名官吏起身，声称他们将去讨论这个重要问题，我们当晚就可以得到答复。

正当我们吃晚饭期间，四大官吏之一的把总身穿礼服前来。他在经过一番客气的寒暄之后，便说他已被指定领导我们的卫队，一直到达汉地边境。他于其梦想的抱负中，从未想到会有幸带领我们这样的人。他从第一天起就很不安地要请我们照顾他，这就是希望我们能于理塘休息两天以恢复体力，因为我们在如此之久和如此艰难的路途中肯定精疲力竭了……我们明白此人需要两天的时间才能处理完一些事务，以准备他未曾预料到的这次旅行。我们回答他说："你心中非常关怀我们。我们就休息两天吧，因为你认为这样很好。"权力中心又重新形成了，我们的代理也就结束了。我们认为这种做法并不会使我们下面的人感到多少高兴，他们更喜欢与我们而不是同一位官吏打交道。

理塘城建于一个山麓，矗立于一片辽阔又颇为贫瘠的平原之中。那里仅有一点青稞和某些弱小的草，可以充作数目较少的山羊和牦牛群的牧场。遥遥望去，该城颇具规模。两个大喇嘛寺雕梁画栋，金碧辉煌，完全建于山顶，使之具有一种特别雄伟的姿态。但当穿过其内部时，却仅仅会发现一些简陋的街道，又脏又窄，如此倾斜，以至于必须有习惯于走山路的两条腿，才能在迈步时不至于失去平衡。

到了金沙江的彼岸，在我们所遇到的部族中，发现他们在风俗、服饰和语言本身之间，都存在着相当明显的差异。我们发现自己已不在西藏腹地了。随着我们接近汉地边境，土著人性格中就越来越少傲慢和粗野性了，我们发现他们已经略微有些贪婪、虚荣和狡黠了，甚至他们的宗教信仰也不那样强烈和坦率了。至于语言，它也不再是在拉萨和康区所操的那种纯洁的藏语，而主要是出自西番民间的一种方言，我们于其中可以发现多种汉文术语。陪同我们的拉萨藏人则极难理解这种方言和使人明白他们自己的话。这些人服饰的变化一般仅仅表现在头戴方面。男子头戴一顶灰色或棕色的毡帽，当它们暴露出其中的填料和在尚未变成圆形之前，颇像我们的毡帽。女子们则把她们的青丝编成了无数小辫而披在双肩上。她们接着于其头上戴一个大圆银夹，完全如同一只盘子一般。其中最风雅的女子们戴上两个银夹，每侧一个，使两端于头上相衔。涂黑面部的规则并不适用于理塘的女子。这种梳妆习惯仅仅行用于被置于达赖喇嘛俗权统治下的地区。

理塘的最大喇嘛寺中拥有一个很大的印经厂。附近地区的喇嘛们，于节日期间前往那里寻求经书。理塘还从事大规模的火药、黑色念珠以及用葡萄树和黄杨树根制造的木碗等交易。

在我们离开理塘的时候，中国政府的兵站的兵勇们都放下了武器，以便向李国安致敬。大家的所作所为恰如他尚活在人世间一样。当灵柩经过时，所有的士兵都跪下来并欢呼："理塘敝营向都司李国安致敬和祝他幸福"。已成为我们领队的白顶小官吏以死者的名义向兵营还礼。旅行队的这位首领是一位出身穆斯林的中原人。我们在他身上发现不了任何一点来自其先祖的漂亮外貌的特征。他那单薄和发育不良的身材、光下巴和玩世不恭的面庞，其假嗓子和呆头呆脑的样子，所有这一切都促使他具有店铺小伙计的风度，而没有任何军官的风采。他在喋喋不休地高谈阔论方面却表现非凡。他第一天使我们颇为开心，但他很快就使我们无法忍受了。他自认为其穆斯林的身分，必须向我们讲解阿拉伯世界的一切，以及用等量黄金的价格出售的马匹、穆罕默德及其削金属的名刀、麦加及其青铜城等。

从理塘直到中原的边境城市打箭炉，我们仅仅能计算到600里，共分8站。我们已看到了这条令人谈虎色变的西藏之路的终端，它在各方面都与其中段和开始阶段相似。我们徒劳地翻越大山，始终又会发现又有新的大山矗于我们面前，大山始终都具有一种可怕的面貌，始终覆盖大雪和遍布深壑。其气温也没有发生明显变化。自从我们离开拉萨之后，我们觉得自己仅在同一范围内活动。然而，随着我们逐渐前进，村庄变得越来越多，不过仍丝毫未丧失去西藏的特点。这些村庄中的最重要者是麻盖中，那里有几名汉族人开店铺以供应旅行队。在距麻盖中有一日行程的地方，要乘船渡过河面宽而流水急的雅砻江。该江发源于巴颜喀喇山，与黄河的源头很近。雅砻江与金沙江(扬子江)在四川汇合在一起。据当地传说认为,雅砻江畔可能是藏族文明的第一个摇篮。

正当我们乘船渡过雅砻江时,一名牧人仅仅由一条牢固地拴在两岸的牦牛皮粗皮条搭成的桥上渡过同一条河流。一种木马镫式的东西由一条坚固的皮带悬在皮索的一个活动滑车上。牧羊人仅仅需要面朝大地置身于这一奇怪的桥下,用脚踏马镫,双手抓住皮索,接着慢慢地拉动皮索,人身的重量推动了滑车前进,这样在很短时间内就到达了彼岸①。

这类桥在西藏颇为多见,它非常适宜渡过激流和深渊,但应习惯于使用它。我们从来未敢在它上面冒险。铁索桥在那里运用得也很广泛,尤其是在卫地和藏地更为如此。为了建筑这样的桥,在河两岸要竖起与希望拉的铁索一样多的铁钩。然后于铁索上铺些木板,有时再用一层木板覆盖。由于这些桥弹性极大,所以要注意在上面配备栏杆。

我们最终平安无恙地到达了汉地边境,我们于那里告别了异常寒冷的西藏气候。在翻越到达打箭炉城之前的那座山时,我们几乎被埋在雪下,那里的雪每次下得既厚而次数又频。大雪一直伴送我们到达建筑这座汉地城市的山谷,一场瓢泼大雨又在那里迎接我们。时值1846年6月初。我们离开拉萨已近三个月的时间了。据那部汉文图识记载,我们共走了3050里。

"打箭炉"意为"打造箭矢的熔炉"。该城享有此名是由于武侯(诸葛亮)军师于公元234年率军平定南番时,曾派遣他的一位将军去建造打箭炉。该地区曾先后属藏族人和汉族人,它在100年以来一直被视为中国中原王朝不可分割的一部分。

《卫藏图识》记载说:"打箭炉以石为城,汉番杂处。凡驻藏使

---

① 我们在埃罗省发现过多种这类桥,特别提到了圣一吉列姆的那一座(1852年)。奥尔良王公在他的《从交州到印度》一书中这样描述了其操作法:"土著人上半身钻进一个悬在绳索上的藤圈中,一条细皮带套在脖子上以支持头部,一切就足够了。

"他们在藤子上挂一块带草的土,环套向前推动之,可以使绳索打滑,从而避免被磨损。

"对于我们来说,这种渡河法相当复杂。首先要爬上插在乱石中的一根桩子上,桩子的一端拴着绳子。接着有人把我们用皮带捆在藤环上。由细皮条与第一个环套连起来的第二个环套承负着双腿。这样一来,在皮带的拉动下并以手相助,我们依次把腰部紧贴在无法松开的把手上。像我这样最重的人仿佛是坐在浴缸中,到对面擦干身体就会高兴地感到大功告成了。"

臣及换藏兵丁，均于此出口。自炉。以往多重茶，由内地负贩，而炉又为市茶。

“其地民虽崇信浮屠，规规小利，然结以信义而竭诚效顺之心。虽死不易其志，殆亦天性使然耳。近涔摩王化益深，则更蒸蒸向上矣！”

我们在打箭炉休息了三天。在此期间，我们每天要与当地的主要官吏争执数次，因为他不想让我们坐轿继续赶路。但必须如此行事，因为我们不能再忍受继续骑马旅行的想法了。我们的双腿已骑过各种岁口、各种身材、各种颜色和各种特征的许多马匹，再也不能忍受了。双腿急需在轿子中平静地伸开。由于我们一直坚持自己的要求，他们终于同意这样做了。

在这条漫长而又艰巨的路上，非常忠实地护送我们的藏族卫队自己也准备返回拉萨。我们又交给了乐师喇嘛一封信，让他转交给摄政，我们于信中感谢摄政给我们配备了如此忠实的一支卫队，我们旅行期间从未停止回忆起自己在拉萨得到他的款待。我们在离开这些善良的藏族人时，不由自主地落泪了。因为我们之间不知不觉地形成了一种很难断绝的关系。那名乐师喇嘛偷偷地告诉我们说，他负责在离别时重新提起我们对摄政所许下的诺言。他问我们是否可以相信还会在拉萨见到我们。

我们回答他说肯定如此，因为我们当时远不能预见到，还会有什么障碍阻止我们进入西藏。

次日黎明，我们便钻进自己的轿子，以官库开支的经费被一直抬到四川省府。我们在那里又根据皇帝的旨意而在天朝要员面前正式受审。

附　录

1. 香獐

马可·波罗于其书第 71 章中,用下面这样一段话讲到了额济纳(Erguin,甘肃北部)地区的香獐。

"世界上最上乘和最精细的麝香出自这一地区。下面就是人们获得麝香的方式:麝香取自一种如同羚羊大的动物的头中。这种动物长有鹿的毛皮、羚羊的蹄脚和尾巴,也如同羚羊一样没有角,但长有四颗牙齿,上下各两颗。

"这是一种漂亮的动物。下面就看一下人们是怎样从其身上提取麝香的吧。当人们逮住这种动物时,便于其肚脐附近的皮肉之间,发现一个血包。割开这一血包及其附近的皮,取出其中的气味非常强烈的血。该地区这种动物的数量很多。"

*　　*　　*

18 世纪时,一名在北京的法国耶稣会士,虽没有马可·波罗和古伯察先生同样水平的观察天才,但也对香獐作了如下描述:

"我寄给您的这个小盒中,收藏有该地区的一种珍贵物,它可能会使您感到新奇。这是一盒麝香以及从其身上取出麝香的动物身体的一部分。至今为止,世人都以不同的方式讲到了麝香的来历。有些作家声称它是动物的肚脐中生长的。他们肯定错了,它是于动物的膀胱中形成的。这种动物是一种麂子,中国人称之为香獐子,也就是带香味的獐子,带麝香或产麝香的獐子……

"您可以相信我对您所写的一切,就如同对待一种非常可靠的事情一般。因为我仅仅讲述自己亲眼目睹的一切。我买到了一只有人刚刚专为卖给我而杀死的这种动物。按照习惯保留了专为我割下的部分,以得到其中比动物本身还要贵重的麝香。下面就是这件事发生的整个过程。

"在北京城的西部有一座山脉,我们于该山中有一个小基督教会口和一座小教堂(无疑是指上谷)。大家在这些山中会发现香獐。正当我忙于行使自己的布道使命时,一些贫穷的乡民前往狩猎,希望我能购买他们的野味并能把它们带回北京。他们杀死了两只这样的动物,一公一母,它们在被交给我时,身体还发热并流着血……他们立即取来那只雄性的动物,割下了它的膀胱。由于害怕麝香突然挥发,他们用一根细绳从上部将它扎了起来。这只动物连同麝香,仅仅使我花费了一个埃居(écu,法国的旧钱币名,种类很多,价值不一。——译者)。

"麝香是在膀胱内部形成的,如同一种盐一般地附于其周围。雌性动物根本不产任何麝香,或者至少是它虽带有一点很像是麝香的东西,却没有任何气味。

"据大家对我所说的情况来看,蛇是这种动物最通常的食物。虽然这些蛇的个头极大,香獐子也会没有任何困难地把它们杀死。因为一旦当蛇距香獐子有一定距离的时候,它立即就会被麝香的气味定身,动弹不得,它的感官立即就削弱,再也没有办法活动了……"

接着是与上文所有介绍的事实本身具有同样意义的证据。(《耶稣会士书简集》第1卷,60页和以下,1811年)

* * *

"带麝香的香獐子,是一种如同麅子身体一样大的可反刍小动物。它浑身长满了密密的毛,呈红棕色。

"雄性动物的牙齿突出2~3厘米。它们首先向下长,然后再弯曲。它于腹下在肚脐和性器官之间长有一个5~7厘米长的小囊,该囊袋仅在成年香獐身上才会得到成熟的发展。到那时,囊中平均含60克的麝香。当动物活着时,麝香具有蜂蜜的硬度和呈一种浅棕色,干燥后就为棕红色。它会在酒精中半溶化。

"中国人自古以来就使用麝香,他们称之为麝脐香。

"人们支网或用箭猎狩香獐子。当大家将麝香自动物的身下取出来时,它具有一种难闻的气味,而且还要持续一段时间,一直到它干燥为止。它在此时才真正变成麝香。

"据汉文《本草》记载,这种动物以蛇为食。

"在法兰西第一帝国期间,麝香在风雅女士中很时髦,约瑟芬娜王后如此使用之,以至其卫生间于其死后40年,还充满麝香味。"(亨利·安伯尔)

2. 德格丹神父对古伯察先生从察木多到打箭炉之间行程路线的概述

从察木多到打箭炉共行走足足34天，其具体情况如下：

从察木多到昂地，6天。其中各站分别孟卜、包墩、巴贡、王卡、乍丫和昂地……6天

从昂地到江卡共5天，可以这样来分解：

从昂地到乍丫………………1
从乍丫到阿足塘……………2
从阿足塘到石板沟…………1
从石板沟到江卡……………1
} 5天

从江卡到巴塘共5天，可以这样分解：

从江卡到金沙江………………4
从竹巴笼渡江到巴塘…………1
} 5天

从巴塘到理塘共6天(在那部汉文图识中为7天)：

从巴塘到大所山……………2
从大所山到三坝……………1
从三坝到理塘………………3
} 6天

从理塘到打箭炉共8天…………8天

共计　30天

如果大家不知道每天能行走多少法国(lieue，每法里约合4公里。——译者)，那么这一有关行程天数的资料就不足以解释清楚距离。下面的这幅引自古伯察先生书中的统计表，告诉了我们如下情况。

	距离		日数		旅行总日数
	400米的法里	华里	行走	休息	
从拉萨到察木多	250	2500	27	9	36
从察木多到打箭炉	255	2550	34	15	49
从拉萨到打箭炉	505	5050	61	24	85

我们确实从其书的一段文字中得出结论认为，从拉萨到打箭

炉的旅行期近 3 个月,其中包括 24 天的休息。

(《1855 ~ 1870 年的西藏传教区》由德格丹神父著,1872 年版)。

中国市里的值:“中国的市里值在许多作家的著作中都变化不定。丹维尔(d'Anville)于其论著之一中赋予了它 400 米的长度。分布在中国多处的几名法国传教士们则认为它为 455 米,某些英国旅行家则认为它长达 556 米,谭微道神父认为是 575 米,马尔特—布伦认为它是 578 米。我们当然不能根据这样一些资料来解释汉文图识中为里绘制的一幅地图。一名英国旅行家巴德禄(Baber)先生计算出,根据地势特征,他认为汉文图识中的里变化于 707 ~ 800 米之间。他是否认为在从事测量用里表示的路程时,应在地图上赋予它这样的值呢?我不知道。无论如何,我对于面对如此之多的不同数字和自 1877 年以来需要研究大批的汉文路线图,而感到颇为棘手,为了以里横投影绘图而记录下了我获得的所有数值,将汉文路线图中的里数,与我从欧洲旅行家们准确地或比较准确地测量的同一路线的地图上得到的英里数进行比较。据我认为,从在中国中部和南部各省所作的这些比较中,便可以得出结论认为,里的横投影值一般均变化于 260 ~ 370 米之间。这就是说,在读一部汉文图识时,如果大家发现了,在由一条能通行的路(坏路或非常坏的路)分开的两点之间有许多里的距离,那就应该在地图上将其中所指出的里数增加 260、350 或 370 倍。

“在中国内地,对于那些丘陵地区,我常常发现 330 ~ 350 米的里值,很少低于 300 米。在接近道路特别艰难和有许多弯道的西藏时,投影值很少会达到 300 米,在最坏的路上也偶尔会降低到 240 米。”(吕推:《西藏东部地理论集》,1887 年版)

德格丹先生认为华里相当于 400 米。

根据 1915 年 1 月 6 日的法律,华里被正式确定为 1800 尺,也就是 1800 ×0.32 =576 米。

* * *

尊敬的德古(Degout)神父以《在估算汉文图识中的距离时所犯错误的某些原因》为题,刚刚在徐家汇的年鉴中,阐明了中国里值变化的四种主要原因。

他在首先指出1914年3月31日的法律赋予了里一种576米的相对值,而又从未行用过之后,又声称第一个错误根源就是里值。他仅仅在甘肃就得以发现8种里值,介于660到800米之间。

第二个错误出自整段距离的出发点。有的人是自城中心起开始计算的,有人则将城墙作为他们的出发点,其他还有以城中衙门为出发点等。在一座具有数公里长的大城或小市中,仅有这一点就足可以产生一种很可观的差异。

"但实际上,距离是由车行、船行或轿行估计和确定的。它们的运价是根据距离的实际数据决定的。当然,我们生活在有不太大方的人居住的地区,那些距离都被夸大了。某些由这类行会提供的数据被迫多次重复,后来又在民间行用了。当你无论向什么人询问时,他向您提供的正是这些数据。

"但由此又衍出了最后一种错误原因,这些数字是预测性的,仅由一系列非常不完整的数字来表达。我来解释一下:如果您询问随便一个人从某地到某地有多远,他可能回答您说有10里或12里,他从来不对您说是11或13里"。

"多年之前已经开始调查,它也由一些令人深信不疑的资料所证实,从而可以使我的阐述用下面小表中的数字频率来表示:

1、2、3	经常用	4	少用
5~6	经常用	7	少用
8	经常用	9	从不使用
10	经常用	11	从不使用
12	经常用	13	从不用
14	有时用	15~16	使用
17	从不用	18	使用
19	从不用	20	经常用
21~23	从不用	22	有时用
24~25	使用	26~27	少用
28	有时用	29	从不用
30、32、35、36	使用	31、33、37、38、39	从不用

从40开始,人们只能以5而计算。

"这就是说,在不确切方面有很大的差距。"

3. 西藏传教区

不利于两名勇敢的遣使会士返回西藏的障碍是多方面的。正当他们居住在拉萨并极力利用他们与摄政的关系，以使基督教立足于佛教之都的时候，巴黎外方传教会要求并获准将西藏地区作为他们自己的活动阵地。1846 年 3 月 27 日，为该外方传教会设立了西藏宗座代牧区。这一措施最终将我们的两名传教士从这块喇嘛之地排斥出去了，他们本来期望很快就能归化这一地区。

这次神奇历险中的两名主角人物并不相信，他们无力导致更好地熟悉情况的教廷改变它的所作所为。正当古伯察滞留在澳门以略作喘息和撰写他那不朽的《旅行记》时，秦神父在澳门传教部司库的建议下，立即取道巴黎和罗马，以为这场诉讼辩护。但他在这两京中都得不到任何支持。外方传教会的圣部不准备与迪巴克大街上的神父们进入论战，这些神父们企图在已正式归于他人的地方，承揽一个新的传教区。

此外，古伯察和秦神父二先生需要得到法国的支持。他们似乎希望能得到这种支持以便重新打开通向西藏的道路，尽管中国政府在设置障碍。然而，法国勉强畏畏缩缩地向澳门派出了一名代表(1847 年)，它没有任何被人承认的权威。人们已经对这次谈判的困难有了某种看法，后来人们获悉在 1860 年的远征之后很久，法国还不相信能够借口北京朝廷没有对达赖喇嘛下达命令，而保护冒险进入西藏的传教士。

这样一来，两位传教士的计划(他们将此作为自己人生的目的)就成了一场美梦。他们的生命也就结束了。

请注意：19 世纪的中国任何传教区都没有遇到比在西藏更多的困难。传教士们在耗费了骇人听闻的生命、勇敢的努力和巨额钱财之后，仍处于西藏的边境地区，使西藏民族福音化的计划仍有待于开始。

跋

在汉地旅行了数月之后，我们于 1846 年 10 月初到达了澳门……我们这次漫长而又艰难的旅行结束了。在受到如此之多的磨难之后，我终于可以重新获得一点安宁和休息了。我在自己的司库处居住的两年期间，便利用这点闲暇而对沿途所搜集的情况作了一些笔记。由此而写成了这部《旅行记》，我们把它奉献给我的欧洲教友们，他们的慈悲必然会关心传教士们的苦难和劳累。

为了返回我们在蒙古鞑靼地区的传教区，我再次重返中国内地，这就迫使我对自己那已开始的工作半途而废……我还需要向中国的朝廷和官吏们讲述我们的游记，重新回顾一番自己曾走过的地区，并与我在前几次于天朝旅行时有机会观光的地方作一比较。我在完成神圣使徒工作之间，得以找到空闲时间，试图填补这一空白。我可能会提供有关该国的某些具体概念，大家无疑在任何时代都没有像现在这样对中国持一些错误的看法。这并不是说缺少有关中国和中国人的著作。近年来在法国，尤其是在英国出版的有关中国的著作的数量确实非常多。但它们始终不能满足那些想介绍他们从未涉足地区的作家们的兴趣。在经过于广州和澳门附近略微闲逛了一阵子就写一部《中国游记》，可能会严重冒险论述一些根本没有充分了解的事……虽然东方学家克拉普洛特未出其办公室就发现了“波多基岛”，不过在一般情况下都很难在一个未曾进入过的地区有所发现。

附录一

1. 朱勒斯·克拉普洛特

亨利·朱勒斯·克拉普洛特(Henri – Jules Klaproth)于1783年10月11日诞生于柏林。他发表过多篇汉学论文之后,便依附于在分割波兰之后成为俄国公民的波多斯基(J·Potocki)伯爵,此人属于由沙皇亚历山大于1805年派向中国皇帝的戈洛夫金使节团的成员。这次出使完全失败了,因为戈洛夫金伯爵没有进入天朝京师,被蒙古总兵轻蔑地遣返。克拉普洛特又完全表现出了其精力,这要感谢约翰·波多斯基对他的善意。他希望让人崇拜性地怀念他,所以情愿以此人的名字命名他从未去参观过的一个岛屿,但克拉普洛特是以下述方式发现该岛的:

“我参阅了根据康熙皇帝的诏令而测绘的地图上的汉文和俄文原名,不仅从中发现了辽东半岛的海角被画得与在丹维尔地图中完全不同,它还使我看到了在该省南旧海岸以南有一组由18个岛屿组成的群岛,而在我们的任何地图中都未曾出现过。英国人在1816年也没有发现它们,因为它们始终停留在偏南一度多的地方以遥望这片群岛。

“因此,我可以毫不夸张地说,我是发现这批岛屿的第一个欧洲人。虽然我钻在了自己的办公室中,从未受到过中国海上如此频繁的风暴和台风的强烈袭击。由于这些岛屿在中国地图上没有总名称,我称它们为‘已故的约翰·波多斯基群岛’,我曾在这次旅行中有幸陪同这位出使中国的俄国使节。

“天朝一个内地省份的一名中国人,发现了英吉利海峡中的诺曼底岛屿,并以其一名同胞的名字为它们命名,难道不比克拉普洛特的所作所为更为滑稽可笑吗?他置于约翰·波多斯基名下的群岛为地理学家和甚至是外交家们所熟悉,从旅顺港或大连港一直

到达鸭绿江口。此外,任何人都未曾采纳过克拉普洛特的建议。”(详见考狄:《德国东方学家朱勒斯·克拉普洛特》)

2. 古伯察和秦神父被从西藏驱逐

“当1850年在巴黎勒克莱尔和教会出版社出版了八开两卷本的古伯察《1844、1845和1846年的鞑靼西藏旅行纪》时,这部著作取得轰动一时的成功。该游记的法文版本很多,它享有的盛名已由该书的英文、德文、荷兰文、西班牙文、意大利文、瑞典文和俄文译本得以证实。自从马吝(1811~1812年)以来,没有一名欧洲人曾赴西藏首府拉萨旅行,而且那名英国人的旅行除了至今仍为手稿的沿途笔记之外,也未留下任何完整的游记。

“古伯察的旅行受到了俄国著名探险家普热瓦尔斯基的质疑,此人不公正地对待其先驱。这名法国遣使会士的这场官司受到了亨利·裕尔①和奥尔良王子②的捍卫而大获全胜。下面的解释补充了他们的观察并澄清了大家对古伯察从拉萨返回时的情形。

“古伯察的诽谤者们忘记了或根本不知道他有一名旅伴,如同他一样也是法国人的秦神父,该旅伴证明了他的记述。他们无疑也不知道在这部游记问世之前,两位传教士的一些书简就已经发表于《传信年鉴》③和《遣使会年鉴》④中了。

“……1844年,鞑靼地区的宗座代牧孟振生主教⑤就委托秦神父和古伯察先生前往鞑靼蒙古探险,并仔细地对他们负有布道使命的游牧部族的风俗习惯和性格进行调查研究……1844年8月3日,他们离开了黑水川。那里有一个距北京近一百法里的基督教

① 普热瓦尔斯基著作的英译本序:《蒙古》,伦敦1876年。

② 《古伯察神父及其批评者》,由奥尔良王子著,巴黎版。卡尔曼·列维1893年版,12开本,65页。

③ 第19卷,1847年,269~308页;第20卷,1848年,5~33页和118~126页;第21卷,1849年,38~70、73~135、361~434页。

④ 第12卷,1847年,118~182页;第13卷,1848年,227~294、345~425页。

⑤ 孟振生于1807年8月2日生于菲热克,后加入遣使会,于1868年9月间任福苏兰主教和北直隶的宗座代牧,于1868年12月4日死于北京。

教团[①]。他们惟一的陪同是一名青年喇嘛。传教士们前往多伦诺尔、归化城、鄂尔多斯地区、宁夏、阿拉善、万里长城、西宁,最后达到了著名的佛寺塔尔寺,然后又经青海而于10月15日与一个自北京而来的西藏朝贡团会合。他们又经柴达木和巴颜喀拉山,在经过18个月的旅行之后,于1846年1月29日到达拉萨。

"古伯察神父于一封致德望(Etienne)先生的书信中,叙述了他在拉萨居留的情形[②]。这两名传教士似乎在西藏首府受到了优待。但他们不幸于那里遇到了原直隶总督满族人琦善,此人在与英国商务监督义律于广州结束了谈判之后遭贬谪,被判死刑,后于1842年3月12日在广州被押上了船,并在严密看守下被押解北京。从此之后,他又作为钦差而在达赖喇嘛尚年幼时被流放到西藏。他要求驱逐这两名法国人。1846年2月26日,古伯察和秦神父在一队清朝兵勇的护送下离开拉萨,并被解往四川的打箭炉,在那里受到了四川总督的欢迎。他们经由湖北和江西的旅行也很艰难,最终于1846年9月末到达广州。"[③](考狄:《历史和地理学报》,1909年第2期)

由考狄引证的其他文献,特别涉及到了秦神父和古伯察先生的第二段旅行,它们对于证明这次旅行的真实性相当重要。这就是:

法国驻澳门领事北古(Lefebvre de Bécourt)先生致法国外交部长的信,以向他宣布古伯察和秦神父被捕的消息。

荷兰驻广州领事巴塞尔(J. Senn van Basel)致荷兰外交部长的信,以向他通报秦神父和古伯察到达广州,1846年9月27日。

法国领事北古致法国外交部长的信,以向他报告两名法国传教士到达澳门。1846年10月24日。

清朝派的两广总督耆英致法国领事的信,以为中国当局对待法国两名遣使会士的行为辩解,1846年9月29日。

---

① 古伯察先生致遣使会总会长德望先生的书信,1846年12月20日(《传信年鉴》第19卷,1847年,269页)。

② 同上引杂志,第21卷,38页和以下,73页和以下。

③ 古伯察在1847年12月于巴黎写的一篇报告中介绍了这次旅行。见《传信年鉴》第20卷,1848年,118~126页。大家还会发现由同一名传教士写的一部内容更为广泛的叙述,同上杂志,223页和以下,241页以下。

法国领事对总督的答复,1846年10月11日。

耆英致法国领事的复照,1846年10月25日。

如果奥尔良王子知道了这些当时尚未刊布的文献,那么在他撰写他那本小册子《古伯察神父以及对他的批评》时,就会使用浑身解数以驳斥普热瓦尔斯基,并证明古伯察先生游记的真实性了。

附录一

附录二　秦噶哔和古伯察先生的拉萨之行

〔法〕伯希和　著

法国遣使会士古伯察(E·Huc)所著:《1844、1845 和 1846 年的鞑靼西藏旅行记》,遣使会士包世杰(J·－M·Planchet)的最新译注本,北京遣使会印书局 1924 年版,两卷 8 开本,共 426 +493 页。

很少有游记可与古伯察神父的著作相媲美。此书在 1850 ~ 1868 年间,至少出版了七个法文版本[①],后来又被译成了诸多种文

---

① 请参阅《西洋人汉学书目》第 2 卷,第 2119 ~ 2121 号和 2911 号。考狄(Henri Cordier)指出:该书的第一个法文版是 1850 年,8 开本;第二版是 1853 年,12 开本;第三版是 1857 年,8 开本;第五版是 1868 年,12 开本。但至少是其第二、三、四和五版都是完整的 8 ~ 12 开本和 12 ~ 7 开本。此外,1854 和 1857 年的《中华帝国》的第二和第三个版本的情况,也大致如此。考狄并未指出《鞑靼西藏旅行记》的第四版,巴黎高姆兄弟和杜普雷书局版,1860 年,二卷本,12 开本。第一个版本最为珍稀(裕尔不知道该版本,他在普热瓦尔斯基的《蒙古和唐古特人地区》译本的序言中,声称这部《鞑靼西藏旅行记》是 1851 年的,或者据《当代人辞典》而认为是 1852 年出版)。该书从第二版起成为定本。第五版的 8 开本带有 1878 年的出版时间;其他那些同样为 8 开本的书,于 1901 年被抛售,带有一个新标题和 1901 年的出版时间,同时还标有巴黎伦德莱出版社版。除了这些被编为 1 ~ 5 号的版本之外,另外一种一卷本的版本(不为考狄所知)系于 1850 年在图尔奈的卡斯曼父子出版社出版,8 开本,两卷 418 页,没有地图,其书名被延长为《1844、1845 和 1846 年在鞑靼、西藏和中国中原的旅行记》。此外,我还见到过一种版本(亦不为考狄所知),其书名又被简化为《1844、1845 和 1846 年的西藏游记》,布鲁塞尔梅利纳、康斯及其同伴的书局版;后又有利沃纳的同一家出版社的版本;莱比锡梅利纳出版社 1851 年版,两卷 12 开本,259 +283 页,两幅版画,无地图。它还在卡斯特曼的出版机构中出过另一个版本,未注明年份,巴黎波拿巴大街 66 号和图尔奈(比利时)版,大 4 开本,无出版时间,360 页,附有插图,无地图,其完整标题是《鞑靼和西藏行记》。该版本(不为考狄所知)未收 1852 年的序言,虽然它却大大地晚于这一时间。其中有许多删节处,其删节有时会扩大到整章。另外一种版本与 1924 年包世杰版本独立无关。于 1925 ~ 1926 年在巴黎普伦出版社,由达尔登·德·蒂札克负责出版。在由拉·克莱尔和高姆出版社出版的《鞑靼西藏旅行记》版本中所附的地图,原则上是 1840 年由杜夫尔编制的《中国及其藩部地图》,从中再加上旅行家们路线图及几个地名。但其中的增加内容和路线图,却与其他不同版本差别甚大。第一版中的部分地图已由斯文·赫(接下页注)

字[①]。由两名遣使会士穿越亚洲的神奇长途跋涉，有充分理由产生轰动效应。如果是由一种不太精彩的文笔写成其游记，那么它也不会持续很久。但古伯察善于以一种非常生动的文笔叙述，以至于今天尚有许多人在津津有味地阅读此书。数年以来，确实还可以在市场上找到《鞑靼和西藏旅行记》，但其价格不菲，已经涨高了许多。我们应感谢包世杰神父，推出了它的一种新版本，配有许多插图和丰富的注释，部分是由贾格尔（Karel de Jaegher）神父所作，但令人遗憾的是没有索引[②]。我于此无法想到由秦噶哔和古伯察的游记已经提出，而且现在仍在提出的所有问题。其中的主要问题，也就是其拉萨之行的真实性到底有几多，在很长时间之前便已得到解决，但我却想指出，如果说古伯察的著作对于他穿越的地区提供了一种相当正确的基本印象，那么要在具体细节上也都笼统地信任他，也是很危险的，即使是在与本人有关的问题上也概莫能外，他本应该比任何人都能更好地了解这些事件。

为了不再重复，我首先重提一下秦噶哔和古伯察一生中的几个主要标志性时间。

（接上页注）定转载于《南藏》第 3 卷，第 18 页。虽然不同版本中的地图之间差异似乎都具有随意性，但对于秦噶哔和古伯察路线的一种详细研究，便可以使人认为，人们可以对这些地图作一次很（接上页注释）好的比较。在前两种版本中，对于“遣使会司铎—传教士”的记载是附在古伯察的名字之后的。但从第三版（1857 年）起，这一记载又由“前教廷传教士”取代。在考狄对《鞑靼西藏旅行记》一书的法文版所作的提要之外，我们还应补充以 1850 年 4 月《天主教图书月》中的提要。

① 在考狄对哈兹利特（W·Hazlitte）的英译本指出的内容之外，我们还应从中补充以德庇时爵士（Sir John Davis）于《爱丁堡评论》中发表的书评，此文后来又重刊于 1865 年的《中国杂记》中，默里 1865 年版；由裕尔于 1852 年 3 月在《布莱克伍德杂志》中发表的书评，还可以参阅普林塞波于其《西藏鞑靼和蒙古》中的看法，亚伦 1852 年第二版。哈兹利特对《鞑靼西藏旅行记》英译本的一种再版本，曾计划于 1926 年在伦敦出版。至于《鞑靼西藏旅行记》一书的俄译本，考狄（《汉学书目》第 2 卷，第 2911 条）仅指出 1866 年的一种译本，由巴赫迈切夫出版社出版，共 322 页（请参阅梅佐夫：《亚洲书目》第 2793 和 3058 号）；同一年在沃尔出版社又出过另一个版本，共 389 页（请参阅上引梅佐夫书，第 2794 号）；梅佐夫还指出过 1863 和 1865 年发表的有关这部游记的某些提要（请参阅同书第 2789 和 2792 号）；瓦西里耶夫于 1873 年作过有关同一内容的一些札记（第 3062 号）。由奥登堡所作的一条注记，载《传教区杂志》第 365 期（1904 年），第 137 页，我是根据库内和巴托尔德的书而指出这一切的。

② 包世杰先生采纳了自 1853 年起便编定的文献之原样。但他对于在此文和 1850 年文之间的细微差异，却只字未提。

秦噶哔(Joseph Gabet)①于1808年12月4日生于塞耶河畔的奈维(Névy-Sur-Seille,位于汝拉山区)②,于1833年10月27日晋铎,1834年3月加入遣使会(圣—辣匝禄会,Saint-Lazare)③,1835年3月21日从勒阿弗尔(Le Havre)出发赴华,经巴达维亚转岸后,于8月19日抵达中国澳门,于1836年3月16日在那里发宗教愿。他于8月15日离开澳门前往蒙古传教区,并于1837年3月6日到达那里。他的汉姓是"秦"④。他在黑水和热河待过数年,归化了两名喇嘛,其一年长25岁,受洗后取教名为保禄(Paul);另一个则刚刚20岁,受洗后取教名彼得(Pierre),此人被派往澳门,并在那里成为遣使会士冯。最后是一个小沙弥,取名为"受洗约翰"(Jean-Baptiste),他就是古伯察那著名的桑达钦巴(萨木丹尽巴,Samdad-chiemba)⑤。1844年,秦噶哔偕其助手古伯察登程,最终到达拉萨。

---

① 作者此后所指出的内容多少都有点取自爱德华·罗赛(Edouard Rosset)的《书目提要》,1878年出版(请参阅《汉学书目》第2卷,第1152号,它也是《汉学书目》第2卷第1161和1162号的资料来源),同时在某种程度上还有附于包世杰版本中的注释。但无论是罗赛、考狄还是包世杰,他们似乎都不知道玻利尼的农业、科学和艺术学会副主席然德尔(Gindre)的著作:《塞伊河畔的奈维(汝拉)之秦噶哔主教传》,节录发表于该学会的《学报》中,玻利尼-玛雷萨尔印刷厂印制,1867年版,8开本,前面两页是标题和题献,正文47页。秦噶哔的这部传记,除了包括然德尔从古伯察的《鞑靼西藏旅行记》中辑录的资料之外,其余则是根据由秦噶哔的兄弟提供的资料和文献而写成的,此人时任贝散(汝拉)的本堂神父。

② 这就是由罗赛(由考狄沿用)和然德尔提供的时间。包世杰相反却提出了1808年12月6日的时间。

③ 我于此沿用了包世杰先生所指出的内容。然德尔仅说过,秦噶哔于"1834年初"加入了遣使会。罗塞以及继他之后考狄,提供了1834年2月22日的时间。在包世杰先生和其他作家之间,经常出现在时间上的差异,我无法对此作出解释。这样一来,包世杰可能是根据充分的理由,认为孟振生主教授任圣职的时间为1842年7月25日(第1卷,第30和67页),而不是德·穆阿德里神父所说的7月22日(《天主教品阶》,117和140页)。

④ 我根据包世杰神父的版本,提供了这条资料,它可以适得其时地能使人了解这一情况。这样一来则必须承认,在《遣使会年鉴》第12卷(1847年)第5~24页,所发表的达京1845年8月22日的书简中,出现了两次印刷错误。因为Gabet的汉姓:"秦"被两次拼写作Tseu。

⑤ 格拉罕姆·桑德伯格(Graham Sandberg):《西藏探险》第126页,其中将桑巴钦巴的名字Samdud chiemba复原成了Bram-dad Chhe-ba,意为"增加信任"。他参照了柔克义(Rockhill)的《喇嘛之邦》,但柔克义于其行文第45页和索引中,都写作Santa Chemba,而又未作解释。包世杰先生曾为此人专门写了一条注释(第2卷,358~359页),他根据普热瓦尔斯基书的法译本而提出了Seng-teng-Chimba这种形式。该名称的第一部分很可能是bsam-gtan,本意为"闭关"或"静修三昧";该名词的第二部分可能是'jin-pa,意为"抓住"或"理解"。

当这些旅行家们于1846年10月初到达澳门时,遣使会士们的司库吉耶(Guillet)告知秦神父说,他已被任命为特罗亚纳(Troarne)的异教地区主教,但有关其任命的教皇教谕已寄往西湾子,那里是蒙古传教区的所在地,位于宣化府以北十法里处。然而,秦噶哔神父必须马上赴欧洲,以捍卫其传教区的利益。他取道红海并于1847年1月在马赛乘船停泊。他从那里到达巴黎,在巴黎一直停留到4月6日,接着又前往汝拉山区,最后于8月14日偕其弟而到达罗马。他不想在那里接受祝圣,而仅仅接受由孟振生(Mouly)主教亲自主持的蒙古主教的祝圣。后来在巴黎,医生禁止他经受寒冷气候。秦噶哔听从了,于1848年出发赴巴西[①],并于1853年3月3日,死于距里约热内卢只有半法里之遥的耶稣岛山。这位受任主教从未被祝圣成为主教[②]。

古伯察(Régis-Evariste Huc)于1813年6月1日诞生于开吕斯(Caylus,介于塔尔纳河和加龙河两河之间),1836年10月9日加入遣使会士们的队伍,1838年10月15日发愿,1839年1月28日晋铎[③]。他于3月6日乘阿代玛尔(Adhémar)号船,离开勒阿弗尔。

---

① 包世杰先生认为是1849年。

② 我没有发现有任何理由,可以怀疑然德尔提供的有关秦噶哔被任命为特罗阿纳(Troane)挂名主教的非常具体的资料。但无论是罗赛还是包世杰先生,他们对于秦噶哔被任命为挂名主教一事,却只字未提。我很难断定,秦噶哔的长上们是否很关注看到他被祝圣。当人们相信他当时正处在外蒙古、生活在游牧民中,以古伯察为司库而创建一个传教区时,他被任命为主教一事便是可以理解的了。但当他在西藏露面时,恰恰是罗马刚刚将该地区委托给了遣使会士之外的其他人。此外,其身体健康状况却使他既不能在西藏,又不能在蒙古生活下去了。经过圣职授礼之后,其主教的习性几乎成了另一个地区利用他的一种障碍。这一点在其教友古伯察眼中,可能恰恰正是他从不是秦噶哔主教的真正原因。

③ 罗塞以及继他之后的考狄(《汉学书目》第2卷,第1163页)都指出,1836年9月5日是此人进入遣使会内部神学院的时间。此外,包世杰先生可能掌握了一种明确的资料,以将古伯察的晋铎断代为1839年1月28日。但当古伯察本人讲是2月时,包世杰本应在《鞑靼西藏旅行记》第1卷第18页加一条注释。

该船于6月24日停泊于巴达维亚，8月1日在澳门靠岸①，1841年2月20日星期六再从澳门出发，最终于6月17日到达西湾子②。

---

① 在古伯察于1852年所写的《鞑靼西藏旅行记》的序言中，当讲完盖伦(Quélen)主教于1839年2月强迫他接受这项任命之后，又补充说，“数日之后”，他乘坐的阿代玛尔号船从勒阿弗尔起航赴华。我们应该以“数周”来取代“数日”。包世杰先生说，古伯察于1839年3月24日离开巴黎，这是不可能的。因为由古伯察于“1839年5月20日写于印度洋”的书简明确地说明，阿代玛号船于“3月6日下午2时”从勒阿弗尔港起锚；该书简于稍后不远处又介绍说，他及其教友们在船舱中庆祝了3月19日的圣一若瑟节；4月6日，书简中以这样几行文字对他们作了描述：“今天，自我们于勒阿弗尔港起航，正好一个月”(请参阅《遣使会年鉴》第7卷，1842年，323～361页)。至于把8月1日作为到达澳门的时间，我根据对于包世杰先生的信任而指出了它，包世杰声称该时间是由古伯察神父亲自提供的。但他所引证的这句话的剩余部分，都节录自1852年的序言。他于其中仅仅指出，从勒阿弗尔到澳门的旅行共持续五个半月。

② 把1841年6月17日作为到达西湾子的时间，本身就可是真实的，但我没有找到包世杰采纳这一时间的史料出处，在他于1841年9月16日写给总会长的书简中(《遣使会年鉴》第8卷，109页)，古伯察仅仅指出他们的旅行只持续了4个月。他们自澳门出发的时间是“1846年2月20日星期六”，这正是由古伯察本人于1841年3月4日从江西写给马尔古(Marcou)先生的书简中提供的(《遣使会年鉴》)第8卷，363页；《传信年鉴》第15卷，212页，它们均将这封信断代为4月2日)。古伯察的确在1841年9月15日的一封致其弟杂玛蒂安(Domatien)的书简中，声称自己是于1841年2月21日离开澳门的(《遣使会年鉴》第8卷，397页；《传信年鉴》第15卷，73页)，但2月20日确为一个星期六，它在原则上值得信赖。其后，古伯察既搞乱了他莅华的时间，又搞乱了他从澳门出发的时间。早在1852年，古伯察便于其《鞑靼西藏旅行记》中声称，他曾研究东方语言达14年之久。这一切似乎意味着他在晋铎之前就已经在巴黎研究过这些语言了。尽管古伯察在《鞑靼西藏旅行记》的行文中，仍坚持1839年为其晋铎的时间(早于他乘船出发的时间)，但他正是在此时才使人们坚信，他是于1838年出发赴华的。他于其《中国的基督教》一书(第1卷，序言、1页)中声称，自己当时已在中国居住14年之久。但由于他是1851年12月28日再度乘船起航返法的，因而他在远东共停留12年零5个月。我们可以认为这同样是错误的，而且这已在《中华帝国》(第2卷，473页)中得到了明确证实。“我们于1838年初乘船赴华”。这种提前了一年的说法，再度出现在《鞑靼西藏旅行记》(第2卷，370页)一书有关另一个话题中了，即当古伯察在拉萨对驻藏大臣琦善说，他是于“道光二十年二月(1840年)进入中国领土的”，当时琦善本人正在广州任总督(这事实上是一大错误，因为琦善是作为钦差而从北直隶到达广州)。但这一时间是不可能的。尽管古伯察(《鞑靼西藏旅行记》第2卷，290页)(接下页注释)

其汉名是古伯察[①]。包世杰先生声称，古伯察在西湾子或者是该地区，共停留两年左右，以适应传教区的生活和学习汉语。然后，他于

(接上页注释)认为琦善是于“1839 年末”被派往广州的，但此人仅于 1840 年 11 月 29 日才到达那里(请参阅考狄:《中国通史》第 4 卷，12 页)。此外，古伯察暗示的事件，不可能是他于 1839 年 8 月到达澳门一事，因为无论是月份还是年份，均与之不相吻合。此外，中国当局也未对外国人在下船登陆实施任何控制。本处很可能是指(整段文字再无其他意义)古伯察离开澳门而进入中国内地的时间。我们已经看到，由于 1841 年 2 月 20 日，恰恰正是农历元月的最后一天，而且古伯察却是于夜间出发的，所以我们可以承认，古伯察是于次日——2 月 21 日进入中国内地的，也就是农历的二月初一日。1841 年 2 月间，琦善确实尚在广州任总督。因此，对于所有这些时间，在古伯察的头脑中都产生了一年的误差。至于《鞑靼西藏旅行记》中的一段文字(第 2 卷，77 页)，古伯察于其中介绍了“一件发生在 1840 年的事，当时我们正置身于鞑靼地区传教区中”。我们至少应该将此年读作“1841 年”，也可能应为 1842 或 1843 年，也就是至少是在古伯察确实是介绍他亲眼目睹的一切事件的时间范围内。古伯察在他自己于中国的居住期限问题上，顽固地坚持错误，特别令人感到惊讶，以致于它甚至使巴托尔德(Bartol'd)也受骗上当(《欧洲和俄罗斯旅游和探险史》第二版，列宁格勒 1925 年版，127 ~ 128 页)。此外，我们对巴托尔德先生提出的古伯察在华停留的时间“特别长”的看法，还需要略作修改。古伯察的所有那些原来很早便被死神夺去生命的教友们，在华生活的时间都比他要长得多。最后，巴托尔德先生声称他们从蒙古赴西藏的旅行路线有误，因为此前旅行家们都是经四川而入藏。

①由包世杰先生指出的 Gabet 和 Huc 的汉名秦噶哔与古伯察可能是正确的。用“古”来译作 Huc 的做法，出现在达京的一封书简(《遣使会年鉴》第 12 卷，9 页)中。但当两位传教士离开他们的基督教会口之后，便与他们的汉式服装同时，也放弃了他们的汉名。所以，在四川总督呈奏皇帝的上表中，秦噶哔又产生了另一种译法(《遣使会年鉴》第 13 卷，1848 年，209 ~ 217 页)，两名传教士分别被称为噶哔约则(Joseph Gabet)和额窪哩斯塔(Evariste)。叶名琛于其 1857 年 12 月致噶罗(Gros)男爵的一封书简中，所使用的仍然是这样的“欧化”名字。但其译文以及后来的抄件，却又将此名误作“噶哔斯则噶”和“洼提斯拉”(请参阅考狄:《1857 ~ 1858 年对中国的远征》，208 页)。对于由四川总督呈奏朝廷的本章中，又提出了一个时间问题。定兴的这道本章又被全文转载于秦噶哔呈奏教皇庇护五世的报告中了(《遣使会年鉴》第 13 卷，209 ~ 217 页)，特别是转载于古伯察的《中国帝国》中了(第 1 卷，65 ~ 66 页和 83 ~ 86 页)。秦噶哔和古伯察二人都将这份报告断代为“道光二十六年四月四日”。但这一时间却相当于公元 1846 年 4 月 29 日，这是根本不可能的。因为报告中引证的对传教士的审讯记录，肯定应断代为 1846 年 6 月。据古伯察认为(《中华帝国》第 1 卷，65 页)，他于成都逗留后的一年时，即当他正在澳门时，才得以获知宝兴的奏折。此时，秦噶哔已经离开远东有六个多月了。我认为，古伯察可能误抄了其上本的时间，并将带有这一错误时间的上本转给了秦神父，而秦噶哔又立即原封不动地，将之运用于其致教宗的报告中了。

“1843年耶稣升天节”(5月26日)之前不久,便出发“赴黑水和咧咧沟,在那里刻苦地潜心学习满语和蒙语……由其县的长上陪同”。古伯察自拉萨返回澳门后,在澳门一直停留到1848～1849年间①。他当时曾两次北上华北,但他那因赴西藏旅行而忍受的苦难,严重伤害了其健康状况,从而迫使他再次南下宁波,并且最后返回法国。他在苏伊士停泊之后,又前往叙利亚和圣地巴勒斯坦,于1852年6月回到祖国法兰西②。他在始终与遣使会士们保持和睦关系的同时,却于1853年12月26日退出了该修会③。1854年,他出版了两卷本的《中华帝国》(它先于1854年,后于1857年和1862年再版)④;于1857～1858年又推出了四卷本的《中国中原、

① 在《中华帝国》(第1卷,143页)中,古伯察讲到了1850年。但我们稍后将会看到,本段文字所指的内容绝不应作严格地咬文嚼字之理解,他出发赴华北的时间应为1848华末或1849年初。

② 在由包世杰介绍的故事(第1卷,66页)中,有某种错误。他认为古伯察于1853年时仍在澳门,这件事只能是1851年之后了。有关他于1852年6月回到法国一事,请参阅《鞑靼西藏旅行记》和《中华帝国》(第2卷,473页)。

③ 由包世杰以真迹而发表的1857年9月24日的书简表明,古伯察教士曾怀着“崇高敬意”而将其《中国基督教》一书的第3卷邮给了一位长上,很可能是遣使会士们的会长,尽管这位长上未对他寄去的前两卷书给予答复。我不知道包世杰先生为什么和在任何地方都未曾指出过这一点,古伯察已经脱离了遣使会。至于这次分手的时间,罗赛明确地指出是1853年12月26日,而且又由其背景所证实。我们在《汉学书目》第2卷第1163条中也发现了同一时间。因此,如果说考狄于其《法兰西第二帝国初期的殖民政治,印度支那,1852～1858年》(《通报》第2卷的抽印本,第10～12期,1911年,8开本的第231页)中,提供了1852年12月26日这一时间,那也只能是一个印刷错误。

④ 《中华帝国》的初版,即由皇家印书局刊印的那一版。但正如其扉页上的书名页背面所指出的那样,为了高姆兄弟和阿德里安·勒克莱尔出版社的利益,这个两卷八开本的初版印数很少(罗赛之说),甚至连巴黎国家图书馆中也未入藏。它共包括XIX+420+440页,第一卷中配有一幅地图。据罗赛认为,在古伯察退出遣使会之前,该版本被几乎是全文刊印过一次。但古伯察的身分就已经被称为“前教廷传教士”。高姆兄弟出版社于同一年推出了另一个8开版本,它被称为“第二版”;而据罗赛认为,它应该也是出了12开本。第三版(1857年)存着8开和12开两种开本。在由考狄所指出的提要(《汉学书目》第2卷,第2120条)之外,我们还应补存以1854年11月号的《天主教书目》中的版本(漂亮而又无新意的版本)。罗赛讲到了一篇“极其粗糙的”文章,它可能是有关“1854年左右”的《信使》杂志中发表的一部书的书评。法国科学院于其1855年10月30日的会议上,向《中华帝国》一书颁发了一笔2500法郎的奖金(罗赛语)。对《中华帝国》的一种严厉而又不失公正的批评载密迪乐(Meadows)的《中国及其叛乱》一书的第五章中。至于附在《中华帝国》一书中的地图,虽然其出发点始终是杜夫尔(Doufour),但却是由迪奥纳(Dyonnet)雕板,在各种版本中变化不定,其中的旅行路线是以不同的方式介绍的。然而,在《中华帝国》1857年的版本与《鞑靼西藏旅行记》中发表的地图,却是相同的。

鞑靼地区和西藏的基督教》[①]。1857 年，古伯察促使拿破仑三世（Napoléon Ⅲ）夺取安南的“土伦堡”（岘港）[②]。他最终于 1860 年 3 月 25 日逝世。

古伯察有时也会受到不公正的攻击，因为普热瓦尔斯基（Prževal'skii）竟然发展到了否认其拉萨之行的地步，我本人也不赞同让·布肖（Jean Bouchot）在他发表的一篇叫作《古伯察神父的剽窃》的文章中所阐述的观点[③]，其中将古伯察先生的全部著作，甚至是每部著作的所有部分都置于了相同的地位——剽袭。无论古伯察的游记可能会包括什么样的不确切处，也无论从科学的观点上来看是多么脆弱，这次非常著名的旅行之事实却是客观的，因而古伯察著作中的全部意义便直接与此有关[④]。对于其余问题，尤其是在他 1854 和 1857 ~ 1858 年的两部著作中，该神父故意拉长了篇幅，长篇地借鉴了其他著作，有时又是借鉴了他本人的其他著作。但布肖先生在想到东方学家们尚未对这些著作引起注意时，却认为从中国史的观点来讲，由此而发现了一种权威论据，他大错而特错了。

《鞑靼西藏旅行记》系由古伯察神父于 1846 年末到 1848 年末之间写于澳门，当该传教士尚滞留在远东时，便于 1850 年末出版。

---

① 请参阅《汉学书目》第 2 卷，770 页。我应从中补充在 1857 年 9 月号和 1861 年 3 月号的《天主教书目》中，所发表的令人赞不绝口而又平淡乏味的提要。

② 请参阅考狄：《殖民政策》，231 – 245 页。

③ 《研究人员与好奇者的媒介》第 55 卷（1907 年），第 275、414、472、531、577、692 栏，第 57 卷第 579 栏和第 61 卷第 700、806 栏中有关古伯察的札记，它们几乎全部都充斥着重大错误，没有任何一条会涉及到新鲜内容。至于其中由桑德贝格（Grahan Sandberg）于其《西藏探险》（1908 年加尔各答版，8 开本，124 ~ 126 页）中所提供的有关秦噶哔和古伯察的书目资料，我们不禁要问，是什么样的邪恶神灵能如此圆满成功地干扰了他们的思想，所有的时间都错了；据桑德贝格认为，秦噶哔诞生于 1810 年，于 1859 年赴巴西并于 1863 年死于那里；古伯察诞生于 1813 年 8 月 1 日，于 1838 年被派往澳门，1853 年返回法国，1860 年 3 月 31 日逝世。其中对事件的处理，并不比对时间的处理好多少。托玛斯·霍底斯（Thomas Hodich）勋爵于其《神秘的西藏》（伦敦版，无出版时间，应为 1905 或 1906 年，8 开本）中，长篇分析了这两名遣使会士的旅行，但却始终都将他们视为耶稣会士。

④ 《印度支那杂志》，1924 年 11 ~ 12 月号，341 ~ 363 页。布肖（Bouchot）先生于其书第 349 页，表现得如同他能够对古伯察西藏之行提出质疑一般，他本人清楚地知道事实并非如此，而且他本人也于第 363 页确认了这次旅行。

因此由他修订后的第一版,便是1853年的定本①。这部《鞑靼西藏旅行记》在两位旅行家被从西藏押解到中原辖地边陲——四川时戛然而上。此部游记的续文,即从四川到广州一段,则形成了《中华帝国》一书的框架,但其中却不断出现喋喋不休的离题话。最后,古伯察在蒙古和西藏的旅行记又在《中国中原、鞑靼和西藏的基督教》一书中重作了阐述(第4卷,359~420页)。但这并不是我们的惟一资料来源。我们还应再从中补充以下资料②。

1. 秦噶哔致巴黎遣使会总司库德旺(Etienne)先生的一封书简,其时间为"1842年6月于鞑靼地区"③,先刊布于《遣使会年鉴》第12卷(1847年),第611~658页;后又发表了《传信年鉴》第20卷(1844年),第5~33页。

2. 由秦噶哔致其弟费尔迪南·噶哔(Ferdinand Gabet)的一封未刊打字本书简,现藏塞耶河畔的奈维(汝拉),其时间为"1842年8月20日于鞑靼地区"。此封书简的原文是由我在法兰西学术院的同事阿德里安·普朗歇(Adrien Planchet)先生交给我的。

---

① 我不知道古伯察本人是否在杜夫尔的地图上绘制了其路线图,它被附于该书1850和1853年的版本中。所以,他应该是寄回了这幅中国地图,因为他本人是于1852年返回法国的。但斯文·赫定曾写道(《南藏》第3卷,164页):"对于古伯察书中所使用的杜夫尔地图,不知是他们二人共同工作的,还是由古伯察单独制成的"。很明显,因为正如斯文·赫定书第18幅图版所指出的那样,杜尔夫的地图的主要数据形成于1840年(《汉学书目》第2卷,189~190页),它们似乎完全会为后来于1858年绘制成的杜夫尔地图提供某些帮助。在两名传教士旅行期间,他们使用了一块罗盘和"由罗德里沃一古荣绘制的一幅中华帝国的精确地图"(《鞑靼西藏旅行记》第1卷,19页,还请参阅第1卷第39和373页;《传信年鉴》第19卷,285页)。但是,即使是古伯察在返回法国之后,似乎也并不关心绘制一幅与其书中行文相吻合的旅行路线图。

② 最古老的史料之一,也就是由秦噶哔于香港和锡兰之间介绍的一种口碑故事。当他于1846年末返回法国时,该故事可能还继续存在,但并未被发掘出来。该故事于是当时便由庄士敦(Johnston)所提及,庄士敦原任德庇时公爵在华的秘书。庄士敦又将其手稿转交德庇时公爵,它又从德庇时手里传到了帕尔梅屯那里。出自庄士敦的这种信息,已由裕尔写于他对普热瓦尔斯基《蒙古和唐古特地区》一书英译本的序言中了,我仅掌握根据英译本而翻译的普热瓦尔斯基大作《蒙古和唐古特地区》的法译本(巴黎1880年版,8开本,这段文字于其中载第XI、V页)中,我们的英国同事们仅从此才被迫研究该文献。

③ 裕尔为普热瓦尔斯基的书所写的序言之法译文,于此不是译作"鞑靼地区"(Tartarie),而是出现了一个印刷错误,作"Tarbané",该词又出现在包世杰书第1卷,第28页中了。同样,包世杰书中的"Souni……"应该作Souniont。

3. 古伯察致其弟朵纳蒂安·雨克(Donatien Huc)的一封书简,其时间为“1844年2月8日于鞑靼蒙古的黑水川”,先载于《遣使会年鉴》第10卷(1845年),第531~580页;后又转载于《传信年鉴》第17卷(1845年),第369~398页中(其中标注的时间为1844年1月8日)[①]。

4. 达京(Daguin)致马丹(Martin)的一封书简,其时间为“1844年5月22日于黑水”(Hay-Chui),载于《遣使会年鉴》第10卷(1845年),第581~591页。

5. 孟振生主教于1845年3月7日写于西湾子的一封书简[②],刊布于《遣使会年鉴》第11卷(1846年),第420~459页。

6. 达京致德旺先生的一封书简,其时间为“1845年4月22日于三塔传教区”,刊布于《遣使会年鉴》第12卷(1847年),第5~24页。

7. 一封西湾子神学院学生与实习生致巴黎大学生和实习生的书简,其时间为“1846年4月30日于西湾子”,刊载于《遣使会年鉴》第12卷,特别请参阅第400页。

8. 由秦噶哔呈教皇庇护九世(PieIX)的一份《中国传教区报告》,发表于《遣使会年鉴》第13卷(1848年),第114~226页。其中未作任何断代,但肯定属于1847年第二季度[③]。秦神父于其中

① 包世杰所说的“1835年”(第1卷,167页)是一种印刷错误。

② 包世杰书中的“1844年3月”(第1卷,67页)系一种印刷错误。

③ 包世杰先生说(第1卷,4页),这份报告立即于同一年发表在《传信年鉴》中了。但他可能将此文与同样也应归于秦噶哔名下的两种《游记》相混淆了,即我在编号第九与第十之下列出的那两种(但第二部《游记》却与第一部分《报告》有些相同部分)。此外,我们还必须清楚地将这份《呈秦庇护教皇的有关中国传教区的报告》与《呈秦庇护教皇的有关中国传教区状况的简报》,区别开来,后者同样出自噶哔之手(其序言系于1847年10月12日写于罗马),于普瓦西出版,由贵夫人街古斯塔夫·奥利维埃印刷厂印制,8开本,共84页。在这第二本小册子中,秦噶哔并未讲其西藏之行,而仅限于阐述在华天主教传教区的悲惨状况。据他认为,这是由于三种原因造成的:不同修会和宗教团体之间的对立;在培养土著神职人员方面,“几乎完全被疏忽”或者“很大程度上的忽略”;最后是传教士们“缺乏布道”活动。尽管这本小册子显得很客观,不过其中也暴露出了对于近期事态的关注。我们不应忘记,秦噶哔对于将西藏划归给外方传教会一事,感到很伤心。此外,他赴罗马主要是为了在那里捍卫遣使会在蒙古的利益,以对抗前来远东的韦洛勒(Verrolles)主教之“奢望”,此人曾在罗马支持将满洲传教区划归外方传教会。有关这种划分问题,还可以参阅洛内:《外方传教会回忆录》第2卷,622~625页;我手中未掌握洛内的另一部著作:《韦洛勒主教与满洲》。

(第 225 页)暗示了有关西藏传教区一封书简,这是他自巴黎寄往教廷传信部的,这封书简至今为止尚未能在其他地方为人所知。编辑们在发表该报告时,却令人遗憾地删去了有关这次旅行中从“持续的山口”起,直到抵达拉萨期间的一切内容,正如我于前一年发表古伯察 12 月 20 日的书简时,作了双重使用一样。在秦神父报告中,这一未刊部分中,可能会具有某种意义。

9. 秦噶哔对于两位传教士在拉萨的居留及其从拉萨返回广州的停留,所作的一种简单记述。这篇简单记述被断代为“1847 年 12 月于巴黎”,它被刊登在《传信年鉴》第 20 卷(1848 年),第 118 ~ 126页。

10. 一部《遣使会士秦噶哔和古伯察赴拉萨的游记》。如同前种游记一样,它也由秦噶哔神父所撰,但比第九条中提到的那部游记发挥得更深入。它被表表于 1848 年《传信年鉴》5 月和 7 月号,即第 20 卷,第 223 ~ 240 和 241 ~ 251 页。但它仅仅从他们在拉萨的居住而开始,而且未被断代,很可能应稍晚于前一部游记,也就是说仅仅是写于 1848 年年初。但它又部分地重复了呈奏庇护九世教皇报告的部分行文。

11. 古伯察神父致遣使会士总司库德旺先生的一封书简,被断代为 1846 年 12 月 20 日于澳门。它分别刊布于《遣使会年鉴》第 22 卷(1847 年),第 118 ~ 182 页;《传信年鉴》第 19 卷(1847 年),第 269 ~ 308 页。古伯察于其中讲述了自“黑水川”直到拉萨期间的旅行。在《传信年鉴》中,这封书简的前面附有关于蒙古传教区的一篇简述。其中宣称,秦噶哔先生“刚刚返法以停留数月”;其后又带有秦噶哔对六字真言“唵嘛呢叭咪吽”(Om Mani Padme Hlūm)所作的简单说明;这条注释的一份手稿同样也由秦噶哔移交给了亚细亚学会,该学会将之发表在 1847 年 5 月的《亚细亚学报》(462 ~ 464 页)中,并且作了某些修正①。发表古伯察书简的那卷《传信年鉴》,于 1847 年 7 月出版。

12. 古伯察致德旺先生的一封书简,未被断代,系有关两位传

① 经过比较则证明,在《传信年鉴》中,继“灵魂转世论”之后,由于漏抄重复字母而跳过了一行。秦噶哔对于六字真言“唵嘛呢叭咪吽”的这条注释,同样也由然德尔转载于其《秦噶哔主教传》之末了。

教士在拉萨居住事端的，刊载于《遣使会年鉴》第13卷（1848年），第227～294和345～425页；《传信年鉴》第21卷，1849年3月，第38～70和73～136页。

13. 古伯察致德旺先生的一封书简，未作断代，系有关两位传教士从拉萨到察木多旅行的记述。它被单独刊行于《传信年鉴》，1849年11月号，第20卷，第361～434页，但它又被汇集于《遣使会年鉴》的下一年号中了。

14. 古伯察致德旺先生的一封书简，未作断代，系有关从察木多到成都之行的，附有关从成都到澳门之行的六行附言。它被发表在《传信年鉴》，1850年5月号，第22卷，第206～256页；它也曾被汇集在前一年《遣使会年鉴》之中，即第14卷（1849年），第281～476页。

15. 考狄（H·Cordier）的一篇文章：《古伯察和秦噶哔神父从西藏遭逐（1846年）》，首先刊载于1909年的《历史地理评论》，后重印于其《东方史地论丛》第1卷，第281～295页。

16. 尊敬的神父梅西矣（Mercier）的著作：《1851～1854年中国海上的"喀西尼"之战》，巴黎1889年版，8开本。

古伯察的《鞑靼西藏旅行记》最早于1850年由勒·克莱尔（A·Le Clère）出版公司出版。该公司也是《遣使会年鉴》的出版商。我不知道原手稿是在什么状况下交给他们的，甚至不知道它是怎样拼合而成的①。古伯察于1846年12月20日致德旺先生的书简独自涵盖了《鞑靼西藏旅行记》的大部分内容，占据了第1卷中的所有部分以及第2卷的前249页。相反，除了某些意义不大的词汇变化，以及出自印刷错误的专用名词的不同写法之外，本文上文第12、13和14条列举的致德旺先生的书简，全文形成了《鞑靼西藏旅行记》第2卷第250页到书末的行文。下述情况则例外。(1)有关莫克洛夫特（Moocroft）的记述（《鞑靼西藏旅行记》第2卷，第353～358页）；致德旺先生的书简可能未将之包括在内，或者

① 1850和1853年的版本均由勒·克莱尔出版社出版；其余版本系由高姆兄弟出版社出版。由古伯察于1854和1857～1858年出版的著作，大致情况也如此。可能正是在古伯察退出遣使会一事，才导致他改变出版社。但由皇家印书局刊印的《中华帝国》的版本，却同时属于这两家出版社，而且这两家出版社均坐落在卡塞特大街。

是《遣使会年鉴》的出版家认为它对于传教区毫无意义而删去了。(2)《鞑靼西藏旅行记》第2卷第365~366页中"另一种考虑"的段落，但它在《传信年鉴》中却付阙如。(3)在《鞑靼西藏旅行记》第2卷第371页中有关蒙藏历法的段落，自"我们知道，中国中原人……"直到第2卷第375页"……一种相似的方法"，在两种《年鉴》中均付阙如。(4)《鞑靼西藏旅行记》第2卷，第382~384页，对于哲蚌寺(Préboung)和色拉寺(Sera)的描述，在两种《年鉴》中均付阙如。(5)有关桑巴钦巴那难以相处的性格之段落(《鞑靼西藏旅行记》第2卷，第388页。从"质言之……"直到"……一种繁荣状态")，存在于《遣使会年鉴》中(第14卷，第383页)，但却在《传信年鉴》中付阙如。(6)《鞑靼西藏旅行记》第2卷，第391~395页的所有段落(自"首先向我们……"直到"……暴露")，在两种《年鉴》中均付阙如。(7)两种《年鉴》均未提供《鞑靼西藏旅行记》第2卷404~405页中的文字(自"这种编纂……"直到"总共60里")。其中提到了《卫藏图识》，它当时是由李国安借给传教士们的。古伯察声称，于其旅行期间，"每天都在眼前看到此书"。但在该书的问题上，他也提到了夏真特(Hyacinthe)神父和克拉普洛特(Klaproth)的译本，他只是在到达澳门时才获知这一切。(8)两种《年鉴》都缺少《鞑靼西藏旅行记》第2卷第408~410页的段落，即自"公职官吏……"直到"……必须支付乌拉"为止。(9)两种《年鉴》的行文提供了对于克拉普洛特有关独角兽资料的最早影射。但这却不是古伯察于其《鞑靼西藏旅行记》第2卷第423~426页中所抄录的全部内容，即从"我们想到……"起直到"……使其存在毫无疑问了"。(10)《传信年鉴》未提供《鞑靼西藏旅行记》第2卷第433页发表的段落，它由"一旦当我们安身……"而开始。(11)《传信年鉴》缺少《鞑靼西藏旅行记》第2卷第436页的段落，即从"我们离开了……"地方开始。(12)《传信年鉴》缺《鞑靼西藏旅行记》第二卷第447~448页，由"我们一旦作……"处开始。(13)两种《年鉴》均缺《鞑靼西藏旅行记》第2卷第460~461页，自该章开头处直至"居住在西藏……"(14)两种《年鉴》均缺《鞑靼西藏旅行记》第2卷第469~471页，从"从保东到巴贡……"开始到"……在大理石石板上"。(15)两种《年鉴》均缺《鞑靼西藏旅行记》第2卷第493~494页，自"中国政府……"直到"……他们的激流"。(16)两种《年鉴》均缺《鞑靼西藏旅行记》第2卷第502页~503页,自"在巴塘,有……"直到"……用熟石灰"。(17)两种《年鉴》均缺《鞑靼西藏旅行记》第2卷第517~518页,自"城墙与防御工事……"直到"……更为坚固"。(18)两种《年鉴》均缺《鞑靼西藏旅行记》第2卷第519~520页中《跋尾》的最后部分,从"在两年的居住期间……"开始。

我觉得,从上述研究中便可以看出,作为一种很可能的结论,那就是当古伯察将其1846年12月28日的书简寄给德旺先生时,尚无暇撰写其《鞑靼西藏旅行记》。

这就是古伯察1847~1848年的那部著作,正如从其《跋尾》中所看到的那样。第1卷和第2卷第一部分的内容,包括自"黑水"直到拉萨的旅行,本应该是其著作中传到欧洲的第一件。但两种《年鉴》的出版商们认为,在他们已经发表了1846年12月20日的书简之后,不值得再出版全书了。剩余部分于1848~1849年间,分两三次传到了欧洲,出版商们又以某些剪辑而删节性地加入到正式出版物中。但他们掌握有完整的手稿,或者是古伯察制作了它们的一份抄件,然后一并寄去。这样一来,遣使会士们的出版商勒·克莱尔(Le Clère),才得以于1850年出版了《鞑靼西藏旅行记》全书的首版。

古伯察是怎样得以撰写这部旅行记呢?它们似乎明显有三种来源:旅行札记、旅行家的回忆录和在澳门从事的书本研究。我们当然应该将对雅盖(Jacquet)、雷慕沙(Rémusat)和克拉普洛特(Klaproth)的长段引文也归于这最后一类。到于其余部分,人们更喜欢知道在《鞑靼西藏旅行记》中所保留的逐日所作的旅行日记。我非常害怕的事则是,古伯察的笔记本,正如他在1852年的序言中所说的那样,即其沿途所搜集到的某些资料的笔记,并未被非常严格地运用。无论如何,古伯察手中确实掌握有他先前所写的全部著作。他的某些文件,而且也都由传教士们亲自选择并收藏在一个"木匣子"中,在拉萨被从他们手中没收了,但在广州却又退还给了他们[①]。这两位旅行家似乎甚至还抢救了他们全部的贫寒行囊。

① 《中华帝国》第1卷,58~59、65、84~85页;考狄:《古伯察与秦噶哔的遭逐》,载《历史论丛》第1卷,291、293、294页。

因为秦噶哔将数块带有“唵嘛呢叭咪吽”六字真言的石块，从拉萨带回到了欧洲，并将其中的一块交给了巴黎国家图书馆收藏[①]。同样，他们在拉萨开始并于湖北完成了一部《四十二章经》的译本，系根据该经文的蒙文本而翻译的。《亚细亚学报》于其 1848 年 6 月的手册中发表（第 535～557 页）。我对于秦噶哔和古伯察的文件，再不知道更多的情况了，我也不知道它们后来的下落如何。

在这次著名拉萨之行的问题上，世人所提出的第一个问题，便是需要知道这两名遣使会士是怎样导致从事这项壮举的。人们有时曾认为，他们曾是“接受教团长上们的指定，前去寻找通往达赖喇嘛圣城之路的”（马尔康：《西藏》，94 页）。托玛斯·霍尔迪奇（Thomas Holdich）同样也指出，孟振生“派遣古伯察（及其同伴秦噶哔）赴西藏旅行”（《西藏及其秘密》，128 页）。裕尔（Yule）曾捍卫古伯察而反驳普热瓦尔斯基的说法。但他却发现古伯察作为一名旅行家，很缺乏“地理意识”。包世杰对此而回答说（《鞑靼西藏旅行记》第 1 卷，68 页），地理考察并非古伯察的职业，其旅行的目的是传教。包世杰先生为此目的而征引了孟振生主教 1845 年 3 月 7 日的书简，其中提到：“这些财政收入最终使我们得以于去年，向蒙古北方派遣两名欧洲传教士。他们于 1844 年 9 月 10 日从蒙族—汉族（也就是说，基本上是由汉人居住的蒙古地区）出发。这就是秦噶哔和古伯察神父，他们二人都相当好地学会了满语和蒙语，也相当精通藏文。这就是可以使他们能有效地行使在游牧蒙古人中的职务，并试图在这些人中开创了一个传教区。”包世杰先生还引证了孟振生主教于 1846 年 2 月 8 日的书简：“现在尚未得到已出发的秦噶哔和古伯察先生的任何消息。他们前往北方游牧蒙古民中传播福音，很快即将有两年的时间了。”

尽管孟振生主教使用了这样一句话，但人们在一段时间内，甚至还曾认为，在蒙古传教区，获得了几乎是可靠的消息，即秦噶哔和古伯察已经到达北蒙古，正置身于喀尔喀人（Khalkha）中。这就是达京（Daguin）于 1845 年 8 月 22 日，从三塔传教区发出的信件所证明的内容：“首先请允许我向你们讲一下秦噶哔和古伯察到达的喀尔喀部（Halha），它共包括 80 个蒙古部落。我是在他们不知道

① 请参阅《亚细亚学报》，463 页，1847（5）。

的情况下获悉这次到达的,因为我正要去看他们……”达京于是首先介绍了传教士们出发及其个人的奔波,然后是他返回咧咧沟。从喀尔喀人中返回那里的一名蒙古人,“向当地的传道员(教经先生)们叙述说,秦神父和古神父都变成了喇嘛”。这个蒙古人曾在喀尔喀人中见过一座塔或窣塔波。人们将佛教的所有迷信法器都投入到马厩中,又在那里布置了三幅大画像。据他叙述,其一代表着一个怀抱圣婴的女子,其二代表着一个肩扛一只母羊的男子,我已记不起他对第三个人作的画了。咧咧沟的这个蒙古人还声称,他曾与一名来自西藏的喇嘛讨论过。此人回答说,自己将前往北京,并且希望向皇帝请教这种新的教义。秦神父和古神父已经出发,向西北方向黑水以远的地方远足去了,但他自己未能见到他们。可以肯定,这个蒙古人不可能如此扯谎。他并不熟悉我们宗教信仰的法器,既不了解我们这两位教友的出发,更不知道他们的出发计划。次年,在缺乏两名传教士可靠消息的情况下,该蒙古人的叙述在西湾子尚具有某种可信度。当地的神学院学生曾于1846年4月30日致信巴黎神学院的学生们,他们在有关秦噶哔和古伯察的问题上写道:“如果我们相信某些流言的话,那么他们就曾归化过许多喇嘛,砸碎喇嘛们”的偶像,于其位置上竖起了肩扛一只母羊的我主、怀抱圣婴耶稣的慈悲圣母的像。解释经书和传授祈祷,占据了他们的许多时间。”

1847年7月,《蒙古传教区》简介文章(《传信年鉴》第19卷,268页)在讲到内蒙古的基督徒后,又补充说:“在于北部徘徊的游牧部族中,尚无法统计到一名基督徒,他们的活动帐篷一直支到俄罗斯在亚洲的边界。在这个周长约为800里的高原上,尚未插过一根十字架,以向那些没完没了的沙漠朝圣人指出其祖国。1844年时,两名传教士进入了该未知草原的最深处……”接着便是古伯察1846年12月20日的书简,它并未否认前文所述情况。这封信札是这样开始的:“非常尊敬的神父先生,你们可能知道,我们的宗座代牧孟振生主教,很久以来就委托秦神父与我,前往蒙古人的鞑靼地区探险,并仔细研究这些游牧民族的风俗与性格,而且我们也身负向他们传播福音的使命。由于他要求我们走得尽量远一些,所以我们被迫作某些准备,以骆驼队的形式进行组织。”

最后,最典型的文献是由秦噶哔自澳门发出的一封书简(因而可能是1846年10月)，系致其继承人达京先生的。我认为，它在包世杰部分发表该书简之前，它未曾被刊布过，而且值得于此转引①。“从咧咧沟出发，我们向喀尔喀人地区走去。因为我们坚信自己可能被俄罗斯人抓获，所以我们更愿意取道西部之路。我们穿越了察哈尔(Tchakar)，然后渡过黄河，经过鄂尔多斯(Ordos)和阿拉善(Alachan)，最后到达了著名的喇嘛寺——塔尔寺②。我们本希望在那里创建蒙古的第一个基督教会口。我们在那里居住了八个月。八个月之后，我们发现自己设想的希望根本无法兑现，甚至我们也无法在那里居住了。因为此时我们必须改变他们希望强加给我们的喇嘛袈裟③，这就迫使我们到其他地方去寻求出路。当时在清王朝政府与西藏人之间爆发的一场战争，又使我们不可能原路返回了④。这就迫使我们转向西部，我们便进入了卡尔梅克人(Kalmouki，额鲁特人)的大沙漠。经过数月日夜兼程的旅行之后，我们到达了西藏首府拉萨。一旦当我们做出首次尝试，我们便甚感幸慰地看到，其成功已经远远地超出了我们的希望。我们在那里建起了一座小教堂，首次在这个‘佛教之都’唱起了真正的祈祷诗……”

甚至在秦噶哔于1847年第二季度呈奏庇护九世教皇的《中国

① 见包世杰书，第一卷，第2页。包世杰先生并未指出其出处，它可能是出自遣使会档案馆。

② 这就是喇嘛大寺塔尔寺(Kumbum)，秦噶哔以其汉名相称，古伯察则使用了其藏文名称。

③ 秦噶哔与古伯察于其旅行之初，似乎是在孟振生主教的同意下，都采纳了穿普通喇嘛服装的办法，并让人剃去了他们的头发(《鞑靼西藏旅行记》第1卷，15~16页)。包世杰的一条注释(第1卷，43页)告诉我们说，这件事曾在传教区中引起了某种轰动，由韦洛勒主教控制的教廷传信部表态反对这种创新。两名遣使会士的想法是，尽可能少地向他们将要归化的蒙古人提及，在他们所宣扬的教义与“中国天主教”之间存在着某种联系，“中国天主教”即受到了皇帝抨击的天主教，因为在平民的思想中，怀疑它与秘密会社白莲相勾结或共谋(请参阅达京：《传教区年鉴》第12卷，5~24页)。在塔尔寺所提出的是那里的所有喇嘛都穿袈裟的问题，这是传教士们所拒绝的事(《鞑靼西藏旅行记》第2卷，144页)。据古伯察认为，当他与秦噶哔在塔尔寺停留三个多月之后，便有人提到了那里的规则。他们于是便在塔尔寺喇嘛们的同意下，前往附近东科尔寺，他们最终都非常乐意地离开了那里。因为当时人们于1845年9月末获悉，自北京返回的西藏朝贡使即将经由塔尔寺，两名传教士希望与他们会合，直达拉萨。这样一来，他们共在塔尔寺及其附近地区居住八个月左右的时间。

④ 在《鞑靼西藏旅行记》中，并未提到这场“战争”。

传教区的报告》中,他就曾写道,他于1844年8月间,收到过孟振生主教对其旅行的指示:“他委任我为未来传教区的会长,古伯察神父的职衔是司库。这封书简的一段文字是这样表述的:‘你们要从一顶帐篷到另一顶帐篷、从一个部族到另一个部族、从一个喇嘛庙到另一个喇嘛庙地前进,一直到天命使你们能了解到它希望让你们停下来,以开始活动的地方为止。’因此,这些指示给我们的旅行方向留下了充分的自由范围,而且也会使我们的一切活动都具有充分的理由”。秦神父在讲完为什么适应时机的原因使他们更喜欢西行之路后,最多也只补充说:“我们还有前往神秘之源地区的有利条件,而这些民族在那里顽强地坚持吸取其全部信仰”。

所有这些文献都相当清楚地证明,正是遣使会长的指示,才把他们派向了外蒙古西北部库伦(Ourga)方向的喀尔喀人中。我们应该把他们行程路线的改变归功于偶然形势的相助,新路线把他们引向了西南方,并使他们最终到达了拉萨。甚至是当秦噶哔于1846年左右到达澳门之后,他还介绍说,他们绕道拉萨是出于一场事故。1847年在罗马,人们尚可发现,首次于其笔下出现了对“诸多迷信之源头”的影射,他们通过取道西部之路而逐渐地接近了它,尽管他在其他地方未曾作过具体解释。但当奉命在蒙古创建传教区的传教士们(某些虚假的流言,使他们自己在该地区可取得了布道成功),突然出现在被归于另一个修会的西藏地区时,从他们布道使命的观点来看,却面临着完成了一次无效旅行的尴尬局面。我们完全可以肯定,如果孟振生主教的指示提到了西藏或拉萨。那么秦噶哔就绝不会忽略全文引证该段落。但在这样的背景下,诸如玛尔康那样的严肃学者,怎能相信秦噶哔和古伯察会奉命前往西藏的首府呢?我确实感觉到,这种错误是由古伯察本人造成的。他在《鞑靼西藏旅行记》第1卷3页中声称,孟振生主教“于1844年年初前后……把对我们正在从事的这次大旅行的指示寄给了我们,我们旅行的目的是为了研究鞑靼人的性格和习俗,并在可能的情况下考察这个宗座代牧区的幅员和四界”。这一点相当含糊,尤其是当我们联想到孟振生主教于其信中讲到了“北蒙古”和“北部的蒙古游牧民”、秦噶哔明确地提到他们出发时是赴喀尔喀人中时,则更显得含糊不清了。古伯察在1852年8月7日为其书所写的序言中,至少也是讲得模棱两可。“在1844年间,我们开始比较具体地在喇嘛寺中研究佛教,前往统治了高地亚洲民族的诸多迷信之源头的愿望,使我们从事了这些漫长的旅行,而这些旅行最终把我们引向了西藏的首府。"任何一个不知道孟振生主教的指示,而只知道古伯察到达了拉萨的读者,都会得出这样一种印象:拉萨被认为是"统治了高原亚洲民族的诸多迷信之源头"。在整整的这篇序言中,古伯察既然只字未提孟振生主教,又未提到秦噶哔神父,秦神父却是古伯察所在地区的长上,而且始终都是该传教区的会长。最后,古伯察1858年于其《中国的基督教》一书中(第4卷,376~377页),在叙述了归化喇嘛保禄(Paul)、彼得(Pierre)和桑巴钦巴(Samdadchiem ba)之后,又继续作了这样的论述:"归化这三名佛教信徒,对在蒙古的传教士们来说,当然是一种巨大鼓舞。从他们在不同喇嘛庙中搜集到的所有情况来看,他们坚信西藏首府和大喇嘛的驻锡地拉萨,在整个高地亚洲民族的心目中,就如同是佛教的罗马一般;拉萨对于鞑靼人的信仰施加了一种决定性影响;对自那里开始的基督宗教之传播,必然会于某一天取得可观的成果。因此,两位传教士便决定穿越鞑靼地区和西藏,并最终一直到达拉萨,不会被人们不断地置于他们面前的疲劳与危险的场面所吓倒。这些传教士之一就是秦神父(Gobet ,应该作 Gabet),另一名就是本文的作者。"

这段文字非常清楚。古伯察断言,从一开始起,尽管其教友们向他提出了许多反对意见,但他们为1844年的这次旅行所确定的最终目的地就是拉萨。但我们却知道,事实绝非如此。如果说古伯察头脑中想到了拉萨,即使秦噶哔也具有同样的想法,那么这都是背着孟振生主教并在他的指示之外行事的。至于秦噶哔致达京的书简,若非是毫无理由地怀疑其真诚,那就是它否定了这样一种假设[①]。因此,到底是发生了什么事,使人认为它是非常符合人情的呢?当他们返回广州时,秦噶哔和古伯察所受到的欢迎,使他们明白自己完成了一次杰出的旅行。我国的领事北古(Lefēbvre de

① 为了否定这种结论,我们没有必要引证由然德尔在《秦噶哔主教传》中的一句话。然德尔于其中指出(第25页),孟振生主教派遣过两名传教士赴蒙古。此外,"他还鼓励他们,尽其最大可能,以进入西藏"。行文的下文说明,对于整个这一部分,然德尔主要是根据古伯察的著作而写成的。

Bécour)先生当时正在澳门,获悉两名传教士经过了成都,在他们尚未到达广州和澳门之前,就向法国外交部通报,自从英国人芯涅(Turner,他甚至也未到达拉萨)出使西藏以来,他们是惟一进入西域最奇特地区的人,学者特兰西尔宛(Transylvain),也就是乔玛(Cosma de Körois)可能是个"例外"。北古领事于其1846年10月24日自澳门发出的一封最新信件中,又指出"古伯察和秦噶哔先生"在他们的整个旅行中,都受到了良好待遇。他还补充说:"我们希望他们在完成一项危险事业之后,应稍作必要的休息,以保持镇静和头脑清醒,希望在了解一下前人已经在西藏问题上发表的一切著述后,能写出一本对他们的旅行和在西藏居住的记述,它必然会对学术界具有重要意义"①。从秦噶哔致达京先生的书简来看,他似乎保持了我们的领事所嘱咐的那种"镇静和头脑清楚"的状态。但古伯察先生则以其满腔的热情和南方人的饶舌,多少有点头脑发热。他不想成为在某种意义上是偶然而为的大旅行家,在《鞑靼西藏旅行记》中,对于致使两位传教士误入西南方向的偶然情节,都坚决地闭口不提②。他最终于1858年断言,如果说他到达了拉萨,那是由于从一开始和经过长时间有意的讨论,他将该城作为其游记的最终目的地了。

这次旅行的时间表也提出了许多棘手问题,它虽不及其旅行

---

① 考狄:《东方学论集》第1卷,286~287、289页。

② 古伯察仅仅指出(《鞑靼西藏旅行记》第1卷,43页),经过深思熟虑之后,秦噶哔和他本人便决定"向西行"。但在第二段文字中,他已经把这项决议与他们获悉的"有关西藏喇嘛"的情况联系起来了。当两位传教士置身于鄂尔多斯领土时,他们不是继续穿越阿拉善,很可能是决定转向西南,朝着青海湖的鞑靼人地区走去(第1卷,373页)。古伯察的游记于此提出了许多疑问。我于稍后不远处将再回头来谈这个问题。但早在此之前,继他们离开归化城之后不久,在渡过黄河以横穿鄂尔多斯人地区之前,古伯察(《鞑靼西藏旅行记》第1卷,214页)在讲到渡河而提出的困难时,曾经写道:"我们觉得,从感情上来讲,原路折回是不可取的。我们曾心中暗自思量,上帝保佑,我们将会克服一切困难,而一直到达拉萨"。在西宁西部的丹噶尔的问题上,他指出(第2卷,57页;也请参阅第二卷,58~60页):"因此,现在的问题是继续实施我们的计划,一直深入到西藏首府拉萨"。最后,请参阅《鞑靼西藏旅行记》第2卷,184、198页。古伯察事后写道,所有这一切均很难与秦噶哔致达京书简的内容相调和。在古伯察本人的第一种记述中,也就是他1846年12月20日的书简中,我们尚无法读到任何类似的内容。其中提到,他们赴拉萨的计划仅仅在两名传教士已到达青海时,方浮出水面(《传信年鉴》第19卷,296页)。

目的也那样至关重要,但仍不失其真实性和令人惊奇的特征。

人们一般都认为,秦噶哔和古伯察先生是于1844年8月3日登程的①。这确实也是由古伯察于其1846年12月20日致德旺先生的书简中所指出的时间。"1844年8月3日,我们离开了黑水川,此地位于北京以北近一百法里的地方。下面就是这支小小旅行队的人员和顺序。我们年轻喇嘛桑巴钦巴,骑在一头短身材的骡子上,在前面开路:其后面拉着两头驮着我们行囊的骆驼;然后紧跟着秦神父,骑在一头大母驼上;最后是一匹白马,充做我的坐骑。"古伯察于其《鞑靼西藏旅行记》一书中,并未再提出其时间。但他告诉我们说,秦噶哔和他本人提前离开了黑水,以便前往咧咧沟基督教小会口②。年轻的桑巴钦巴为他们牵来了一些骆驼③。时光流逝,"秋季的凉爽之风已经使人感到刺骨了"(《鞑靼西藏旅行记》第1卷,3页)。这支骆驼队最终于咧咧沟组成。它是从那里,而不是从黑水川,按照由古伯察提到的那种生动的方式出发的④。此外,这次由于形势而被迫推迟的真正出发,也不能被置于1844年8月3日。为了证明这一点,只要参照由秦噶哔写给罗马教廷的《有关中国传教区的报告》(《遣使会年鉴》第13卷,165页)就足够了。"我们于1844年8月间到达,继圣母升天节数日之后,我们的宗座代牧主教的一名使者,为我们带来了旅行盘费和指示……"因

① 例如,可参阅然德尔:《秦噶哔主教传》,25页;考狄:《东方学论丛》第1卷,282页;包世杰书,第1卷,3页。

② 有关"黑水"(蒙文作 Kara - usu)和咧咧沟(蒙文作 Birin-gol)的情况,请参阅包世杰书第1卷,68~69页。这两个地址之间有两日行程的距离。传教士们在黑水川的住院设于古鲁头(Koulitou)和咧咧沟之间的马架子村。马架子大致上位于北纬43°30′,几乎位于热河的正北方,距北京东北1/4—东北方向,直线距离为三百公里略多一点。它被标注在附于福兰阁(O·Frank)的《直隶省热河地区记》一书中的地图中了。

③ 古伯察一行最初的计划是除了桑巴钦巴之外,还要携原喇嘛保禄同行。请参阅达京致马丹先生的书简,写于1844年5月22日(《传教区年鉴》第10卷,1845年,589页):"至于我自己,我将出发赴咧咧沟,并将在那里开始传教。继此之后,我将返回黑水。在3~4个月之后,秦噶哔和古伯察也最终出发了。为了以后还能想到蒙古人,他们携新近归化的保禄和施洗约翰及其四头骆驼同行。"

④ 秦噶哔于其致达京的书简中,认为这次旅行仅从咧咧沟开始,也就是古伯察译作"相毗邻的山口"者。

此，从咧咧沟的出发明显不仅大幅度地晚于8月3日，甚至还要晚于8月15日。1845年8月22日，达京致信德旺先生(《遣使会年鉴》第12卷，9页)的书简中写道："因此，现在只好听天由命了。他们(秦噶哔和古伯察)决定于圣母升天节的第二天出发。他们独自前进。仅有一名向导，向喇嘛庙走去，他们在那里试图与一名善良的喇嘛结伴而行。星期天，一切都准备就绪，可以于第二天出发了……('在星期日到星期一的夜间，骆驼到来了')……这次出发被推迟了两天，因为必须修理帐篷。最后，他们于1844年9月11日出发。古伯察骑在其马上，秦噶哔神父骑在他的单峰驼上，喇嘛骑在小骡子上，两头骆驼驮着行李……继他们出发之后，我凄惨地宣布咧咧沟传教区结束了。"圣母升天节是9月8日，于1844年落在一个星期天。由于达京记述的一切都能站得住脚，而且是一种亲眼所见的记述，所以似乎可以使人确信，传教士们从咧咧沟出发的时间为1844年9月11日。然而，古伯察在将其出发的时间置于1844年8月3日的同时，在其他地方又说这是一个星期二(《鞑靼西藏旅行记》第1卷，100页)。1844年的8月3日却是一个星期六，可以被考虑在内的惟一一个星期二，应为9月10日。孟振生主教写于1845年3月7日的信恰恰指出，这些旅行家们一行是于1844年9月10日启程的。我没有非常强有力的理由而在9月10日或11日的时间之间作出选择，尽管我倾向于采纳由达京提供的时间。但无论如何，也必须排除8月3日这个时间。相反，秦噶哔和古伯察很可能是于8月3日离开黑水川，以前往咧咧沟。古伯察于其致德旺先生的书简中，提供了这种资料。他很可能是于其《鞑靼西藏旅行记》中重复了这一切，该书中的几乎所有计算都是以从黑水的出发为参照点的，但其中似乎未指出这次出发的时间。

1844年10月1日，秦噶哔和古伯察都离开了多伦诺尔(Dolōn-nōr，《鞑靼西藏旅行记》第1卷，43页)。从那里出发，经过在石板台(Chaborté，Sabartai)停留，过八月十五中秋节(1844年9月26

日）之后，旅行家们一行便向归化城走去，蒙古人称此城为“青城”①。“我们于九月四日离开了青城，我们的旅行已有一个多月的时间了”（《鞑靼西藏旅行记》第 1 卷，199 页）。读者还可以参阅 1846 年 12 月 20 日的书简，载《传信年鉴》第 19 卷，275 页）。农历九月四日这个时间正好相当于西历 1844 年 10 月 15 日。因此，古伯察于此不是自他们于 8 月 3 日离开黑水的时间起来计算其出发的，而是指他们于 9 月 10 日或 11 日从哵咧沟的真正旅行而开始计算的。稍后，当他们穿过鄂尔多斯河套，正要到达宁夏北部的黄河畔时，古伯察讲到（《鞑靼西藏旅行记》第 2 卷，373 ~ 374 页）过已经使他们经受充分锻炼的两个月的行程，我们会非常强烈的联想到，其他情况同样也如此。但古伯察稍后不久却又具体解释说（《鞑靼西藏旅行记》第 2 卷，1 页）：“自我们从黑水川出发以来，已过去了两个多月”。这是一大错误。当时正处于 11 月初，应该是讲“三个多月”，或者更应该是自哵咧沟开始计算的两个多月。

在《鞑靼西藏旅行记》中（第 1 卷，373 页），正是在穿越鄂尔多斯期间，秦噶哔和古伯察直接向西部的阿拉善走去，途中与正在赴北京的阿拉善的王公相会。他们从阿拉善王公的侍从中获悉，阿拉善的土地天然贫瘠，不肥沃，这一年正处于极大的荒芜之中，他们的牲畜都在那里死亡了。传教士们在研究了安德里沃—古荣（Andriveau – Goujon）的地图之后，当时便决定重新渡过黄河（这是他们无论如何也必须做的事），然后返回由汉人居住的甘肃省，以便到达青海湖（库库诺尔，Koukou – nōr）。第二次渡黄河是在石嘴子的对面完成的，石嘴子确实存在于黄河西岸，位于宁夏北—东北方向的八十多公里处②。但古伯察于其 1846 年 12 月 20 日的书简中，却叙述了另外一件事（《传信年鉴》第 19 卷，283 页）：“我们计

① 秦噶哔曾于 1842 于夏首次赴归化城（呼和浩特，青城）旅行，并提供了有关该城的一些很有意义的资料，发表于其《中国传教区报告》中，载《遣使会年鉴》（第 13 卷，135 ~ 137 页）。

② 请参阅自第三版起，附于《鞑靼西藏旅行记》中的地图。虽然其中的路线图画得可能与古伯察书相吻合，但于此却与先前的版本中一样随心所欲，将石嘴子置于太偏南距黄河相当远的地方，并且画在了黄河东岸。

划在坐落于黄河畔的小城石嘴子休息数日，然后再继续前进，始终穿越鞑靼地区，一直向西走去。我们意欲首先前往阿拉善旗。在石嘴子，数名鞑靼人促使人们继续实施自己的计划，他们向我们断言，我们的那些极度疲劳的牲畜，无法在阿拉善的沙化草原中间生存下去。我们必须考虑他们的善意警告，于是便决定我们将横穿甘肃省，直到西宁，以便接着可以从西宁前往青海湖的蒙古人中。”因此，根据这一最早的记述，使他们改变了行进路线的异议，仅仅在石嘴子才被提出。我们很难在这两种说法之间作出抉择，而且这两种说法又都出自于同一位旅行家。

秦噶哔和古伯察从石嘴子出发，经宁夏和西宁，到达了丹噶尔（在我们的地图上作 Dangar，在费尔寒的地图上作 Tankar）。古伯察说（《鞑靼西藏旅行记》第 2 卷，55 页）：“我们现在正在元月间，自从我们离开黑水川，已有近四个月的时光流逝了”。但从 1844 年 8 月 3 日到 1845 年的 1 月初，已经有足足的 5 个月了。因此，这里需要再一次用咧咧沟来取代黑水川。

秦噶哔和古伯察从丹噶尔出发，在一天间便走完了直达喇嘛庙塔尔寺（Kumbun）的路程。这已经是农历正月初五了（《鞑靼西藏旅行记》第 2 卷，82 ~ 85 页），因而也就是西历 1845 年 2 月 11 日[①]。传教士们在塔尔寺停留了“三个多月”，以学习藏文，直到提出强迫他们穿喇嘛袈裟的服装问题那一天为止。数日之后，甚至就在塔尔寺喇嘛们的建议下，他们迁至一所小喇嘛寺东科尔寺，“距塔尔寺最多有半小时的行程”（《鞑靼西藏旅行记》第 2 卷，185 页）。因此，这次改变住处的时间应为 1845 年 5 月 20 日前后。“大约在 9 月末（《鞑靼西藏旅行记》第 2 卷，185 页），他们获悉西藏的朝贡使将从北京返回，刚刚到达丹噶尔厅。据古伯察认为，两名遣使会士自很长时间以来，就决定赶上这支队伍以前往拉萨，而该使团则应在那里休息数日。至此，经过采办四个月的给养之后，秦噶哔和古伯察便离开了东科尔寺，以前往库库诺尔（青海湖）地

① 洛内（《西藏传教史》第 1 卷，55 页）在指出 1845 年 1 月 5 日这个时间时，完全搞错了，实际上是指中国年的正月五日。

区,等待该使团的经过。这次旅行共用了四天的时间(《鞑靼西藏旅行记》第2卷,186页)。“10月末前后,西藏朝贡使到达了,我们随着这支庞大的队伍前进……”这就是《鞑靼西藏旅行记》中的说法。古伯察1846年9月20日的书简中的说法(《传信年鉴》第19卷,294~297页)则与此大相径庭。在塔尔寺问题上,古伯察仅仅叙述说,他们在这个著名的寺院中共度过“六个多月”(此处既包括塔尔寺又包括东科尔寺)。他继续写道:“在1845年8月间,为了庆祝我们从黑水出发一周年,我们又开始上路了……我们由此又回到了游牧民的生活中,在青海(库库诺尔)湖畔支起了自己的帐篷。但土匪们到来的消息往往会迫使我们宿营;并追随鞑靼人的骆驼队,而他们又不断地变换地点……在我们于青海湖停留期间,我们为自己从事长途旅行的一切工作均准备就绪。我们每天都在等待西藏朝贡使的返回,我们有意加入这支骆驼队以抵达拉萨……10月15日,西藏朝贡使到达了青海湖,我们又启程了……”

古伯察两种记述中的矛盾大量存在,我们很难在它们之间作出决断。但有一件事则显得极有可能,这就是当传教士们离开了东科尔寺时,西藏朝贡使并未到达丹噶尔。如果情况确实如此,那么丹噶尔就位于从塔尔寺到青海湖的路上。他们在距东科尔寺只有一日行程之隔的丹噶尔,与西藏朝贡使相会,而不是在一个受到土匪严重骚扰的地区等待一个月或一月有余。因为为了摆脱土匪,他们要被迫从事经常性的迁移。对于其他问题,则颇为棘手。我们绝不能对他们到达塔尔寺的1845年2月11日这个时间提出质疑。在古伯察的《鞑靼西藏旅行记》一书中,围绕着这一时间有数目太大和很不具体的细节。此外,根据12月20日的同一封书简来看,从黑水川的出发时间为1844年8月3日,如果这两位传教士是在这第一次出发的周年时再度登程的,也就是说是1845年8月3日,那么他们在塔尔寺地区的停留就不会持续“六个多月”,而是不足六个月。我们权且承认,古伯察是以约估的方式而叙述的,他们用的“周年”一词也只能是大约具体到月份为止,1845年8月中旬的这次出发,确实造成了“六个多月”的居住期。但“六个多月”

的这段持续期,却与秦噶哔致达京书简中指出的“八个月”这一数字相抵触。如果我们相反却希望采纳《鞑靼西藏旅行记》中的这个时间,那么一条消息于9月末传到了,再经过至少是一两天的准备,然后是四天的行程,这样就无法将西藏朝贡使到达青海湖的时间定为“10月末”了。如果两位传教士在那里的居住时间确实延长了“四十多天”,正如古伯察于其1846年12月20日的书简中所指出的那样,则更难如此了。最后,尽管古伯察提供的时间表中有如此之多的不确切处,但在他的书简中却有一个具体时间——10月15日,它完全有可能被证实。我们确实在《鞑靼西藏旅行记》中发现许多这样的情况:当古伯察讲到“黑水川”时,确实是指唰咧沟。但我们现在已经很难假设认为,在1846年的书简中,也出现了同样的混淆。我缺乏在这一迷宫中辨明方向和找到可靠的办法。

从青海湖开始的旅行,非常艰苦。秦噶哔几近死亡。最后,两位传教士到达了拉萨:“现在已经是1846年1月29日,我们自黑水川出发,已经18个月了”(《鞑靼西藏旅行记》第2卷,249页)。古伯察于此仅仅是抄袭了他1846年12月20日书简中的一句话。我们已经看到,由于从到达拉萨起的游记、古伯察在澳门随意撰写的书简,都是形成《鞑靼西藏旅行记》的原文,因而它们无法用于证实《鞑靼西藏旅行记》中的记述。相反,从他们到达拉萨起,我们又重新发现了由秦噶哔呈奏教皇庇护九世的《报告》,他于1847年12月间在巴黎所写的简单记述及其《游记》等,后者可能仅仅是1848年初写成的。其旅行简记并未具体说明他们到达拉萨的时间,但我们在他呈奏教皇的《报告》中可以读到(《传教区年鉴》第13卷,169页:“我们于1845年12月末到达拉萨……”《游记》是这样开始的(《传信年鉴》第20卷,223页):“我们于1845年12月末左右到达了拉萨……”据古伯察认为(《鞑靼西藏旅行记》第2卷,358页),当清朝驻藏大臣琦善开始策划驱逐他们时,秦噶哔和他本人在那里“最多也只有一个月”[①]。最后,“根据琦善的命令,我们度过藏历新年节日之后,就必须上路了。我们到达拉萨尚不足两个月,但已经在那里过了两次新年,首先是西历新年,然后是汉历新年,现在却是藏历新年了。虽然在拉萨如同在中国中原一样,人们是根据月相而推算年份的,但这两个地区的历法却并不完全吻合,拉萨的历法始终要较北京的历法晚1个月”(《鞑靼西藏旅行记》第2卷,371页)。离开拉萨的时间是“1846年3月15日”(《鞑靼西藏旅行记》第2卷,400页;《中国的基督教》第4卷,405页)。但秦噶哔既于其呈奏庇护九世教皇的《报告》中,又在1847年12月的简单叙述及其《游记》中均写道,传教士们是于“1846年2月26日”离开了拉萨(《遗使会年鉴》第13卷,197页;《传信年鉴》第20卷,124、238页)。

在有关他们到达拉萨的问题上,尽管古伯察于其1846年的书简及其《鞑靼西藏旅行记》中,都一致认为是1846年1月29日。

---

① 琦善确因他与义律商务监督于1841年1月20日(并非是如同包世杰先生所说的那样为30日)签订草约,从而使中国将香港割让给英国,而臭名昭著。有关他的问题,请参阅马尔康:《西藏》第96页;考狄的《中国通史》和马士的《中华帝国的国际关系史》的索引;《奴才小史》(载《满清稗史》第6~7页;包世杰书,第360页。古伯察(《鞑靼西藏旅行记》第2卷,395页)于一条被断代为1852年的注释中,声称他在出发返法时获悉,“新皇帝(咸丰,1851年登极)将不幸的琦善判处死刑并已被处死”。包世杰先生曾追踪琦善的生涯并直至1858年的死亡,声称在中文文献中并未找到“他确实被皇帝钦命处死的证据,但这一件事很可能是真实的”。事实上,明显完全相反,古伯察附和了一种毫无根据的流言,他1852年的证据怎能对1858年琦善死亡的方式行之有效呢?琦善的名字也被以抄讹的方式出现在库珀(T·T·Cooper)的书中即《贸易先驱的行记》(伦敦1871年,8开本,469页)。在库珀于1868~1869年间试图从中国经西藏赴印度时,拉萨当局针对库珀的问题而向北京呈奏了一份报告,转载于《经西藏和满洲到达中国中原的游记译丛》中。我们必须补充说明:“这是从中文译作英文”。我们特别可以从中读到:“道光二十五年”(1846年),其中的“Kie Shew”(前总督)无疑正是对琦善名字的讹写。至于1846年经过那里并挑起了所有那些灾难的“两名英国人”(完全是出于好意地列举,以为拒绝库珀的到来而辩护),他们正是这两法国遣使会士古伯察和秦噶哔。除了那位中国的高级驻藏大臣琦善之外,特别是传教士们在拉萨还结识了“摄政”。我们将会在马尔康的《西藏》第96~97页中找到有关这一人物的某些资料,他称之为“第斯”。但据桑德伯格认为(《西藏探险》,126页),在阐德拉·达斯(Chandra Das)的《字库》的序言中(1901年加尔各答版,我没有这部著作),有些很具体的资料。据该序言认为,本处所涉及到的摄政王的真正名字是“第斯巴”(Dishipa),他继两名传教士经过那里的两年之后死亡。

但尚未有人指出,古伯察本人曾提供过一种非常有力的论据,足可以支持由秦噶哔指出的12月末这一时间。他确曾具体指出,在不足两个月时间里,传教士们就已经在拉萨两次过新年了,首先是欧式新年,然后是汉地式新年。这样一来,他们必须是于1846年1月1日之前到达拉萨①。汉历新年本身的日子出现在古伯察所指出的到达拉萨的时间之前,因为汉历新年的日子于这一年恰恰落到了2月26日,也就是由秦噶哔指出的离开拉萨的日子。琦善不大可能让一支马队于他任驻藏大臣的当地,在新年的第一天上路。在此情况下,很可能就要把他们的出发时间推迟数日,但古伯察指出的3月15日则是一个相当晚的时间了②。

我认为确实很难把传教士们离开拉萨的时间推迟到3月15日,这不仅是由于秦噶哔指出的2月26日这个时间,而且也是由于在3月15日之后,绝对找不到两名旅行家直到他们离开成都前,经过全部站程和停留处所需要的期限。从拉萨开始,我们便几乎处于了只能参照古伯察的《鞑靼西藏旅行记》和《中华帝国》的记述了。然而,秦噶哔于其呈奏教皇庇护九世的《报告》中,却明确地指出,两名遣使会士是在"6月末前后"从成都出发的(《遣使会年鉴》第13卷,218页)。可是,据古伯察认为,旅行家们共用36天,才从拉萨到达察木多(《鞑靼西藏旅行记》第2卷,459页)。他们在该城共停留三日,然后便在一个石灰岩山区旅行15天左右,在昂地(Anti)停留五日;又旅行十天,在巴塘(Bathang)停留三天;再行路

① 出于疏忽,在甘增米勒(Ganzenmuller)那一般都很认真的著作《西藏》(斯图加特,8开本,12+112页,1878年)中,将两名遣使会传教士在拉萨的停留时间定于1844年。斯拉金特维特(Slagintweit)于《印度和高地亚洲旅行记》第3卷第13页中,沃德尔(Waddell)于其《藏传佛教或喇嘛教》第二卷中,则把两位传教士在拉萨的居留期确定在1845年。由于他们仅仅了解《鞑靼西藏旅行记》,这并不是秦噶哔游记(此外也有点言过其实)的结果,而仅仅是1846年之误。到达拉萨的1845年1月29日这一时间,已由桑德伯格和霍尔底斯(168~169页)再无其他异议地接受了。

② 然德尔于其《秦葛哔主教传》中,指出两位传教士与西藏朝贡使相会合的时间为1845年10月15日,到达拉萨的时间为1846年1月29日,他们离开该城的时间为2月2日。很明显,他采纳了古伯察《鞑靼西藏旅行记》中的前两个时间,惟有第三个时间出自秦噶哔。桑德伯格先生(其书第125页)同时接受,"两位旅行家于1846年1月29日到达拉萨,于3月15日再次出发","在拉萨停留两个多月",这是不可能的。

七日，一直到达理塘(Lithang)，停留两天；再行路八日，一直到达打箭炉(康定)，于“1846 年 6 月的最初几天”，在那里停留(《鞑靼西藏旅行记》第 2 卷，517 页)。这三个月的旅行都要以 3 月 1 日左右离开拉萨为前提。此外，提出到达打箭炉是“6 月的最初几天”，这是最大的下限时间。我们由此便可以联想到，如果秦神父正确地将其从成都出发的时间定为“6 月末左右”，那么两名传教士就应该在打箭炉共停留三天，然后再利用 12 天从成都到打箭炉，并在那里停留 19 天(《中华帝国》第 1 卷，41、90、137、138 页)。这样算来就共有 34 天，从而把旅行家们到达打箭炉的时间置于了 5 月末。这同样也是促使我们在有关他们于拉萨居住期的问题上，更倾向于赞成由秦噶哔提供的时间。此外，当古伯察将他们到达打箭炉的时间(可能太早了一点)定于“1846 年 6 月最初几天”时，却同时又指出，“自我们告别黑水川的基督徒以来，已经有两年的时光流逝了”(《中华帝国》第 1 卷，1 页)。他将数字凑成了整数，“两年”甚至是自 1844 年 8 月 3 日开始算起的，最多也只有 22 个月。

对于其长途旅行的终点，秦神父于其 1847 年 12 月的简短记述之末，讲到了“广州，我们于 1846 年 9 月末到达那里”(《传信年鉴》第 20 卷，126 页)；在他呈奏教皇庇护九世的《报告》中，就如同在他的《游记》中一样(《遣使会年鉴》第 13 卷，223 页；《传信年鉴》第 20 卷，251 页)，都一致声称：“经过 7 个多月的长途跋涉之后，我们最终到达了广州，然后再到达澳门，这已是 10 月初的日子了。自我们离开嘣咧沟基督教会口，已经有两年零数月的光阴”。至于古伯察，他于其《鞑靼西藏旅行记》的跋尾中，作了这样的表述(第 2 卷，519 页)：“经过数月穿越中国的旅行，我们于 1846 年 10 月初，到达了澳门”。古伯察于其《中华帝国》(第 2 卷，468 页)中，用这样的言辞作了如下阐述：“因此，我们最终到达了广州，这是在 1846 年 10 月间，自我们离开拉萨已有 6 个多月了”。它似乎出自其游记的续文。秦神父和他本人在前往澳门之前，仅在广州停留三日。因此，两位传教士各自在到达拉萨的时间问题上，忠于自己的一套时间体系：从 2 月 26 日到 9 月末，有“足足 7 个月”，正如秦噶哔所讲的那样;从3月15日到10月初,仅有6个半月,古伯察在此情况下则可以讲“6个月”。这些作者中的此人或彼人,在其他问题上也不太确切,旅行家们并非完全如同古伯察于其《中华帝国》中所说那样,是于10月初到达广州的;而应该是9月末,正如秦噶哔于其《报告》中所说的那样,也正如他本人于其《回忆录》中所正确指出的那样。我们所掌握的证据,则是由荷兰驻广州领事巴塞尔(von Basel)1846年9月27日所写的报告,这两位遣使会士到达广州后,曾立即请求巴塞尔给予支持①。但秦噶哔和古伯察在广州的停留期限,却比《中华帝国》使人联想到的那样更要长得多,因为他们仅于10月4日才到达澳门②。最后,秦噶哔的记述略为有点强词夺理,因为他声称,自从他们离开哵咧沟后,这次旅行共持续了两年零数月。事实上,从1844年9月10日~11日到1846年10月4日,仅过了两年零不足1个月的时间。

秦噶哔很快就乘船返回欧洲。据古伯察认为,这是两名传教士到达澳门的一个月之后(《中华帝国》第1卷,472页)。古伯察相反却留在了澳门,正如我国领事所希望的那样,他在那里开始撰写其《鞑靼西藏旅行记》。他仅仅写到从打箭炉出发的时间,又被迫中断其工作,以便再次走上赴蒙古传教区的道路。据《中华帝国》第1卷第143页的一条注释认为,他的这次北方之行被断代为1850年,“1850年,我从澳门前往北京,以便在那里拜见四川总督(宝兴)。他自两年来就被召到了皇帝身旁。非常遗憾,当我们到达时,他已于15天之前逝世了。再过一段时间之后,道光皇帝也晏驾了”。道光皇帝晏驾于1850年2月25日。因此,古伯察似乎只能是于1849年末离开澳门,才能在1850年初晋京。但由于《鞑靼西藏旅行记》的第一部分于1849年就在巴黎于《传教区年鉴》中发表了,所以它至少是在该年年初就已经在澳门被撰写成书了。

---

① 请参阅考狄:《东方学论丛》第1卷,第287页。巴塞尔(Van Basel)的信很可能也是写于荷兰,在这种情况下,其信件应该是保存在荷兰档案馆中,刊布它很可能颇有意义。

② 请参阅考狄:《东方学论丛》第1卷,288页。

此外，如果古伯察仅于1849年末离开澳门，那么他将还会有时间写完其续文。事实上，如果古伯察对于四川总督之所言是确切的话，那么明显就应该将其旅行置于1850年之前。该总督确为一个很著名的人物，系宗室室觉罗族人，名叫宝兴。由国史馆所撰其传记载《国朝耆献类征初编》第40卷，20~41页。宝兴于1847年1月17~2月14日到达北京以受召见，皇帝把他留在了那里。他于71周岁时，死于1848年的农历十月间(公元10月27日~11月25日)。如果说古伯察曾怀有会见他的想法，而完成了自澳晋京之行，那也只能是在1848年9~10月，而不是1850年。

古伯察最后返回了法国。他在1852年8月7日为其《鞑靼西藏旅行记》第二版所写的序中，就曾经说过："我们于1852年1月1日乘喀西尼号船(Cassini)离开了澳门……"这个具体时间又一次不太确切。梅西埃(Mercier)先生于其有关《喀西尼公司》的著作中，发表了船长德卜拉(de Plas)先生的一封书简，它是于(1857年)12月28日在海上写成的。它是这样开始的："我们于今晨7日离开澳门船舶停泊锚地……古伯察神父正在此船上……"古伯察自始至终都在时间问题上运气不佳，确切率很低①。

我们已经发现，古伯察在事后"调正"了其旅行的目的地，他往往都提出一些令人疑窦丛生的时间。我非常害怕他同样也是以某种轻率的态度介绍事实，我想通过两个例证而求证之。

第一(《鞑靼西藏旅行记》第1卷，6页)："这个灾难深重的地区，经常下冰雹，而冰雹又往往是大得出奇。我们在那里见过重达12磅的雹粒。有时，只需要一刹那，便可以毁灭整群牲畜。1843年，在一次大风暴期间，我们在旷野中听到了如同飓风一般的响声，很快便在距我们房子不远的旷野落下了有磨盘大的一块巨冰。人们用斧头劈碎了它，而且是在最酷热的时候这样做的，共用了三天才彻底融化。"包世杰(《鞑靼西藏旅行记》第1卷，73~74页)先生用一条颇有意义的注释说明，无论这些巨大的冰雹多么罕见，也

① 我未曾讲到古伯察为历史事件所提出的时间，它们有时同样也不失令人惊讶。

并非是在蒙古史无前例的。我首先同意这种说法，但我并不认为古伯察纯系杜撰，而仅仅是因为他"亲眼目睹"了另一个人向他介绍的情况。在秦噶哔于1842年8月20日致其弟费尔南德(Fernand)的未刊书简中，我确实读到了下面的内容[①]："在刚刚过去的6月最初几天中，下了一场极其可怕的冰雹，以致于绵羊群都被灭绝了……去年，就在我传教的地方附近……出现了一场非常可怕的冰雹风暴，人们用秤称过某些雹粒的重量，它们都重达10～12磅。两年之前，我正处在那里一个异教地区(遇到冰雹风暴时，我一般都在那里蔽身)，降下了一块比三个磨盘还大的冰块。人们用十字镐和锤子砸碎了它，其碎块于3～4日期间才能被融化，尽管当时天气正值7月间的酷暑炎热。"1842年8月，但很有可能是在这一时间之前，古伯察并不在秦噶哔平时生活的地区。我们于上文确曾看到，古伯察于1841年6月17日从澳门到达西湾子，在那里一直停留到1843年5月26日左右。仅仅是从此时起，他才出发赴黑水川和哵唎沟传教区。此外，这一切已由古伯察致其弟书简中的一段文字所证实："彼得与保禄[②]并不在我的身边。第一位正在跟随古伯察先生学习蒙古文，古伯察是刚刚前来与我会合的教友[③]；第二位正在澳门，他在那里也正在聚精会神地学习。我将尽量找到其中的一个人"。此外，在秦噶哔书简与古伯察著作的行文之间的相似性如此之大，以至人们从来都不会想到，在非常准确的一年之周期间，这种风暴会重新爆发。我更多地则是想到，他怎样"亲自看到"了他事实上是从秦神父那里获得的资料。

第二种情况更具有典型特征。古伯察于其《鞑靼西藏旅行记》(第1卷，184～187页)中讲到了库伦活佛；或者如同他所说的那样，是"大库伦的活佛"，这确实是该活佛的土著名称。他于其对喇嘛寺的描述中，加入了这样一段前言："因为我在前一次赴北鞑靼地区的旅行期间，曾有机会参观过该喇嘛庙，所以我于此应当讲述

① 我对原书的拼音采用了现代方式并作了修正。

② 这里是指受秦噶哔归化并施洗的两名原喇嘛。

③ 这就是说前来加入蒙古传教区的人，该传教区的住院设在西湾子。

某些细节”。在该书稍后不远处，当讲到距喇嘛寺只有半法里之遥的中原商人贸易站（粮台）时，他写道：“在夜间于秦噶哔帐篷中，被偷走了一只表和几锭银子，从而使我们不再严格地相信佛教上师戒律的真诚了”。任何阅读这段文字的读者只能会得出这样的结论，认为古伯察曾有一次陪同秦噶哔赴库伦旅行，而且也确实有人没有忽略过这种想法，如玛尔康在《西藏》第 49 页中便持此说。然而，秦噶哔确实曾从西湾子到过库伦。但至于库伦以北，他曾试图一直深入到恰克图（Kiakhta）。我掌握有秦神父本人对这次旅行的一种详细记述，这就是他那封“1842 年 6 月写于鞑靼地区”的书简（《传信年鉴》第 20 卷，4～33 页）。偕秦噶哔旅行的同伴是原来的喇嘛彼得与保禄①。古伯察在此时甚至尚未到达澳门。更有甚者，古伯察很可能是从未到过库伦。他于 1841 年 6 月 17 日到达西湾子，仅于 1843 年 5 月下半月，才出发赴由秦神父开创的传教区。然而，很明显，当他到达时，其县长便让他在传教区工作，不会把一个新来者孤零零地派向他自己刚刚熟悉的遥远地区。此外，古伯察本人也告诉我们说（《鞑靼西藏旅行记》第 1 卷，29 页），1844 年初左右，秦神父和古伯察接到了孟振生主教对他们这次长途旅行的指示。我们通过孟振生主教以及秦噶哔而获知，这次旅行的第一

---

① 秦噶哔的那封写于 1842 年 6 月的书简具体解释说，他于 7 月 10 日离开了西湾子，经过两个半月的旅行后又返归那里，因而也就是 9 月末了，但其中未指出年代。人们相当自然地会承认，这次赴库伦的旅行发生在 1841 年（如然德尔的《秦噶哔主教传》，除了 1842 年 6 月的书简之外，他于此再未举出其他史料来源）。但秦噶哔在呈奏教皇庇护九世的报告（《传教区年鉴》第 13 卷，122 页）中，却明确地将这次旅行断代为 1839 年。非常遗憾，编辑删除了《报告》中有关赴库伦旅行的一切内容。因为他们于前一年已经发表了 1842 年 6 月的书简。再仔细审视其中，便会发现它确实应指 1839 年。秦噶哔不会经常致书德旺先生，他 1842 年 6 月的书信是以重提他已经在其“最近的一封信”中提到的其旅行而开始。尽管他当时尚无余暇寄出有关这次旅行的一种更详细的游记，但此信已经造成了 1842 年之前的某种余地。秦噶哔补充说：“您可能已经获知了两名蒙古喇嘛的归化，在他们接受洗礼时，赐教名彼得和保禄。我们对于上帝为其工作而作出的祝福表示高兴，我们于是便决定立即着手工作，以便在蒙古人中开辟一个新的传教区。但我们希望事先掌握有关极其陌生的该地区及其民众的某些情况与资料……这就是促使我从事一次旅行的主要原因……”所以，赴库伦的旅行发生在黑水和哵唎沟传教区的开创之前，也就是继归化彼得和保禄之后不久的时间。因为这些搜集资料的活动均发生在 1837 年，所以这次旅行很可能是在 1839 年，而不是 1841 年。

个目的地,恰恰就是外蒙古,也就是库伦所在的喀尔喀人地区。因此,古伯察于这一年也并不一定已到达库伦了。现在只留下一种解决办法了,这就是古伯察很可能从秦噶哔那里获得了他有关库伦及其活佛的资料[①]。但作为优秀作家,他会意识到大众更为喜欢第一手而不是第二手的记述。为了讨大众的喜欢,他假冒曾亲自从事过这次旅行。

包世杰(《鞑靼西藏旅行记》第1卷,66~67页)针对两名传教士的语言知识,而提出了一些甚为审慎的看法。秦噶哔可能操一口流利的汉语和蒙古语,另外还开始学习满语。他呈奏教皇庇护九世的《报告》,向我们介绍了他们所从事工作的情况。从1837年归化保禄起,秦噶哔就撰写了一小本《蒙古文愿文集》,还有一小本《天主教基础教理书》。"非常精通满语的保禄为我上满语课,他用蒙文撰写的两本小书被译成了满文"。自从彼得受归化以来,我们全部三个人"用蒙文撰写了一本阐述天主教理的书,引自特兰托公会议,以问答的方式写成;我们后来又写了一本有关基督宗教的历史论著,附有对佛教迷信的批驳;最后是一部有关上帝存在的说教性论著。所有这些著作均存作未刊。我感到害怕的是,在所有这些开端中,会于其中在宗教问题上不知不觉地塞入某种不确切的表达方式,这种害怕情绪始终阻碍了我们将它们付印并大量发行[②]。稍后不久,到1842年左右,秦噶哔写了"一部满语语法书,然后又写了一部有关这种语言与蒙古语之间关系的论著"。所有这一切都显得是以他对于这两种语言那相当广泛的知识为前提的。人们只会非常惊奇地看到,秦噶哔在呈奏教皇庇护九世的同一报告中,曾两次(145~146页和156页)把蒙古词Tchoung - Ouliastaï解释为"东方的芦苇",这似乎说明他在qolosun(芦苇)与uliyasun

① 为了支持自己赴蒙古北部的一次旅行,古伯察未曾征引1844年2月8日(或1月8日)致其弟朵纳蒂安的书简中的这句话,他于其中声称(《传信年鉴》第17卷,373页):"尽管我向鞑靼之北只前进了200法里……"其前后文证明,古伯察于此看到的是黑水川,尽管他指出的距离,甚至与北京相比较,也被严重夸大了。

② 秦噶哔不知道利玛窦(Mattheo Ricci)和艾儒略(Aleni)著作的蒙文与满文旧译本。

(白杨)之间相混淆了。至于古伯察,他被认为能很好地讲汉语,但他肯定是只能阅读那些比较容易的文献。此外,他还对蒙古文有一种充分的知识,完全能满足日常的需要①。至于藏文,尽管他事先学习过一些,即他在塔尔寺地区滞留的7~8个月期间,曾向“大胡子桑达拉”学习过藏文。两名传教士所达到的藏文水平可由以下事实说明:在他们的所有著作中,包括在秦噶哔在1847年5月的《亚细亚学报》中发表的札记(第464页)中,他们都将布达拉(Potala)译成Boudhala,而又将该名词译成“佛陀之山”②。人们于是便会思忖,在这样的条件下,他们怎能在拉萨坚持藏语对话呢?古伯察于其《鞑靼西藏旅行记》中曾对此作过特别有趣的记述。

在《鞑靼西藏旅行记》的这些引人入胜的片断中,最光辉的片断之一是《召请帖木儿》(即前文中的“瘸子帖木儿”——译者),古伯察可能从一名流浪说唱艺人(toolholos)③处听到了这一切。这是罕见的段落之一,1846年12月20日的书简(《传信年鉴》第19卷,

---

① 古伯察于其写于1852年的《鞑靼西藏旅行记》序言中,表现得如同是“自14年来投身于亚洲语言的学习中”的学者。这是以自从他在巴黎遣使会中发愿时便开始此种学习为前提的。他于其《中国的基督教》(第4卷,359页)一书中,也确实声称,当他尚在法国时,“上帝赐给我本人灵感,使我产生了手提十字架,前往向这些游牧民宣讲拯救的福音之愿望”。因此,古伯察从此之后就开始为其未来在蒙古传教作准备,也并非是完全不可能的。但对于一个拥有如此反复无常的丰富记忆力的人来说,人们永远无法知道他与他能够回忆起来或者是他自信回忆起来的事件之间的距离。他1841年4月2日的书信,写于他当时正从澳门赴西湾子的中途路上。它似乎确实说明,直到那里为止,古伯察尚未想到过在中国内地之外从事布教事业,他于是便奉其长上的命令赴蒙古传教(《传信年鉴》第15卷,211页:“我的长上们派我赴北京以远地区,赴西鞑靼地区实施上帝的愿望……”)。此外,“14”年的东方语言学习,很可能出自一种错误的思想,即古伯察是于1838年莅华的。

② 《四十二章经》的译本(有关该译本的情况,请参阅上文),《鞑靼西藏旅行记》第1卷第130页认为,它是根据藏文本而在塔尔寺附近的东科尔寺翻译的;在《亚细亚学报》(1848年6月号,第535和557页)中,又认为它是在拉萨以及从拉萨到湖北之间的途中,根据蒙文本而翻译的。事实上,在下面的意义上来看,这二者均可能是真实的:这两位传教士拥有《四十二章经》的一种四体合璧语言的版本:藏文、蒙文、满文和汉文。开始于东科尔寺的这项工作,可能在拉萨又重新开始了。此外,传教士们应该携带一册西藏摄政送给他们的四体合璧辞书。这里很可能是指《四体清文鉴》。

③ 包世杰的一条注释(第1卷,120页)指出:“或者是Toulach Oulous”,我认为古伯察使用的这个词在某种意义上与da(歌唱家)相似,而包世杰所说的则可能代表着一种方言的发音。

281～282页)已经是全文征引了《鞑靼西藏旅行记》最终文献。他们对他说:“说唱艺人,在你刚才让我们听到的唱词中,一切都非常优美而令人陶醉。然而,你对于不朽的瘸子帖木儿,尚未讲任何话。《召请帖木儿》是一个著名的唱段,深受蒙古人的热爱”。多种声音异口同声地呼唤:“是!是!为我们唱一段《召请帖木儿》”。紧接着是史诗的片断,其中的蒙古人追述了他们的吉祥时代,当时“神一般的帖木儿居住在我们的帐篷下”,以“回来吧!回来吧!我们等待你,帖木儿!”而告结束。但蒙古人,尤其是内蒙古的人,则没有任何理由知晓瘸子帖木儿,因为他统治过俄国突厥斯坦,而从未统治过蒙古。我不知道古伯察于此是否改编了一段蒙古民歌,它原来是指帖木儿之外的另一个人,我还要补充说明,如果说在古伯察的两种游记中,整段文字的写法相同,其场面发生的地点是否相同,那么据《鞑靼西藏旅行记》记载,传教士们可能是在haborté听到了《召请帖木儿》,此地即石板台(Šabartai),位于归化城以东“100法里”处。他们所走的这条路与从恰克图和库伦通向北京的道路相交叉。但在1846年12月20日的书简中,所有这一切都与鄂尔多斯河套的一个驻牧地联系起来了,那里位于归化城以西很远的地方了,当时旅行家们渡过黄河已有十天了。我没有找到任何理由在这两个地区之间作出选择,其中之一似乎并不比另一个的随意性更小多少。古伯察于其札记中搜集到了这个光辉的说唱段子。他又将之置于了一个它认为最合适的地理范畴。

以上看法的结论则是,古伯察在撰写《鞑靼西藏旅行记》时,曾为读者大众而将它们作了大幅度的改编。他丝毫未作“杜撰”,但为了讨好读者而对原稿作了调整和移动,并且获得了成功。《鞑靼西藏旅行记》是一部艺术作品,它给人留下了一种比较真实的整体印象,而事件细节于其中却并不太确切。人们更喜欢知道秦噶哔对所有这一切的想法[①]。古伯察那令人不可思议的生动记述使其教友黯然失色了,而秦神父本来却为其长者和会长。古伯察必然

① 我感到非常惊讶的是,无论是在巴黎还是在中国的遣使会档案中,都没有能证实秦噶哔观点的任何踪迹。

会被立即置身于前列。从1846年10月起,也就是在两名旅行家到达澳门的翌日,法国驻澳门的领事就已经讲到了“古伯察和秦噶哔”。通常的习惯使他必须这样作。我们今天必须作出努力,并且必须重提一下孟振生主教和达京的书简,以便恢复秦神父与古伯察的级别顺序。

(译自荷兰莱敦1926年号的《通报》杂志)

附录三　古伯察与秦神父的鞑靼西藏之行

[法]伯希和著　万明译

在《鞑靼西藏旅行记》这部游记中,古伯察神父描述了他和他的同伴秦噶哔神父穿过蒙古到西藏拉萨的旅程。他的描述立即赢得了成功,而且在四分之三个世纪的推移之后,继续在这一领域里保持了前沿的位置。对几乎是未知的土地的吸引力,以及两位传教士亲身经历的真实的险境,也不足以解释这单纯的好运气,因为其他探险者也已经写出了同样艰难的旅程,可是他们的叙述却很快就被湮没无闻了。这部《旅行记》的持久成功,应该归功于其作者的文学天赋。古伯察用他的眼睛来观察,而且有力地使他所看到的一切栩栩如生地复活,即使有时他假设自己仅仅是报道,这种天赋也使他描述的人或物具有某些炽热的想象力;他有着艺术家的本能,比如有时太单调了,让他轻轻几笔灵活的润色,就大大加强了真实的色彩。有些作家往往以此为借口,否认这次旅行本身的真实性,但是古伯察和秦神父确实在拉萨停留过一些时间,这是没有问题的。当然,无论如何,可以允许古伯察在处理他的客观事实上走得更远一些,即或就他本人来说,他是居于最佳位置,他比任何人知道得都要多,而我将在后面详细指出他的不能被信任之处。①

两位旅行者中,秦噶哔更为年长。约瑟夫·噶哔(Joseph Gabet)于1808年12月4日在塞耶河畔的内维(汝拉)出生,1833年10月27日晋铎,于1834年2月22日加入遣使会。1835年3月21

---

① 凭借《秦噶哔与古伯察的旅行》这篇文章,我大概描述了详情。此文发表于《通报》1925～1926年,第133～178页。而我现在还在为迄今未发表的新资料进行思考。有关详情和若干日期在这里根据塞夫勒大街遣使会档案室中的文件改正。英国作家为古伯察和秦神父传记所提供资料,特别是格拉汉·桑伯格在他的《西藏探险记》中所提供的远不能令人满意。所有有关他的日期都是错误的。

日,他在勒阿弗尔乘埃德蒙号船出发去中国,于6月26日到达巴达维亚,换乘乔治国王号,离开了泗水路线,于8月7日去澳门,并于同月29日到达那里。在那里,他于1836年3月6日发下宗教愿后,在8月5日出发到蒙古传道团,而于1837年3月初到达。他在"黑水"度过了几年,而且在热河,他使两名喇嘛归化,其一是个25岁的男人,受洗后名保禄;另一个才20岁,受洗后名彼得。后者被送到澳门成为冯遣使会士。秦噶哔还使一个和尚归化,名受洗约翰,他就是被古伯察称为著名的"桑木丹尽巴"的。1844年夏天,秦神父与他的同事古伯察一起出发到达拉萨。在1846年10月初,两位旅行者到达澳门,遣使会司库加耶先生通知秦神父,他已经被推荐作为特罗阿的主教,驻地在帕提布斯,教皇的诏书已经送到西湾子,那就是后来蒙古传道团的所在地,在直隶宣化府以北十里格的地方。这整个的事件是冉德拉的《秦噶哔主教传》(波利尼,1867,第8卷)中所记述的,但是,遣使会会士的出版物中却没有记载这件事。无疑地,秦神父有个时期曾考虑担任这个主教职位。1844年4月4日在巴黎召开的遣使会主教会议的一次会上,曾宣布一个教皇通谕给蒙古的代牧主教孟振生,批准孟振生"推荐一位带有特罗阿的主教名义的主教助理";修道会总会长提名秦神父,而委员会通过了。另一方面,在《中国、高丽和日本的天主教教级制度》(上海,1914年,第8卷,第118页)中,耶稣会穆德勒神父根据1911年北京遣使会出版的一个书目,说1844年3月22日孟振生主教提名达京为特罗阿的主教和主教助理,且于1847年已经就任圣职。秦神父不可能在同时接受这同一头衔。也许未必不是冉德拉弄错了主教教区的名称(将"特罗安"当作了"特罗阿")。根据秦神父的哥哥,贝散(汝拉)的本堂神父的谈话,他常常说感谢他的弟弟使这个家庭得以享有进入主教团等级的荣誉。另一方面,1844年4月4日委员会做出决定,提名秦神父,而我认为不可能如穆德勒神父所说,1844年3月22日孟振生会推荐达京。1844年3月20日这个日期,可能是教皇授权在4月4日的会议上提出这个问题,达京在当时没有被提出,而是在后来才考虑到的人选。再者，达京在1845年4月22日和1846年5月15日曾写信（后者未经发表）表明，这期间他正在负责"三塔"的传道团，且并不驻在靠近孟德生的西湾子。最后，不论经过怎么变更，由冉得勒复述了出来。关于这个安排，遣使会官员吉耶先生在1846年10月曾对秦神父说，如果达京于1844年已经接到了任命这一头衔的话，把他任命为特罗阿主教职位的问题就无法解释。事实大概是，依照委员会的决议，孟振生主教"推荐"秦神父为特罗阿的主教职，但他收到教皇授权和委员会决议时，就是说是在1844年底，已是秦神父和古伯察出发进行他们伟大旅行之后。即或可能这一任命新主教的教皇诏书后来送到了西湾子，而当秦神父1847年初到达欧洲时，已不再有任何要他就任圣职的想法了。教皇诏书即使已经送到，也是宣布无效，而是由达京取代秦神父为特罗阿的主教。而假如达京真的于1847年就任圣职，他的任命也不可能早于同年年初。无论如何，秦神父在他的苦难经历结束以后，代替修整于澳门的，是再一次出发，为了蒙古传道团于1846年1月航海到欧洲。他选择了红海路线，于1847年1月在马赛登陆。从那里他去了巴黎，停留到4月6日，然后回到故乡汝拉省，最后由他的兄长，贝散的本堂神父陪伴，8月14日到达罗马。他的介入企图没有得到赞成，当他回到巴黎，他请求他的上级送他回蒙古也是徒劳无功的。虽然他并非没有犹豫，但他还是在1848年10月被委派去了巴西，在那里他忧郁成疾。虽然遣使会会员委员会于1852年4月26日做出决定，给了他"免职通知"，但他仍然在这个职位上。秦神父于耶松的伊瑟尔逝世，那里是距离里约热内卢半里格的地方，时间是在1853年3月3日。

古伯察（Regis – Evariste Huc）于1813年6月1日出生在开吕斯（塔尔恩和加龙），是在一个起初定居于马提尼克岛的家庭里。他于1836年10月5日进入遣使会，在1838年10月15日发下宗教愿，1839年（?）11月28日被授予司铎圣职，3月6日离开勒阿弗尔，乘坐阿德玛尔号船，6月24日仍经过巴达维亚路线，在靠近7月中旬于澳门登陆。1841年2月20日，他离开那里，于6月17日到达西湾子。他居留在西湾子这个地区大约有两年时间,使自己习惯了传教区的生活,而且在那里学习了中文。后来,据包世杰说,在"1843 年耶稣升天节前一些"(也就是 5 月 26 日前),离开那里去了"黑水"和"别列沟"(即咧咧沟)传教区。他在那里申请在这个地区的第一位主教秦神父的指导下学习满文和蒙古语。当他从拉萨回来以后,1846 年 10 月 4 日到达澳门,并且留在澳门直到 1848 年年底或 1849 年年初,然后又北上到中国北部。但是,与此同时,他的健康由于在西藏旅行中所遭受的苦难而受到损害,这使他不得不南下宁波而最终回到法国。他在苏伊士登陆,访问叙利亚和圣地麦加,最后于 1852 年 6 月回到他的故乡。遣使会修会总会长德望先生立即特派他为蒙彼利埃最大的神学院院长。然而,古伯察并未因此完全满足,他于 1853 年 3 月 31 日,也即学年将尽时,请求允许他去探望他的母亲,然后去达克斯游泳。实际上,是他已经决定离开这个修道会区。1853 年 12 月 25 日,在他写给德望的信中说:"教团生活与我的性情合不来"。第二天,也就是 12 月 26 日,遣使会会员委员会接受了他的辞职。长期的意见不合,使古伯察在他的位置上出现错误。起初,1838 年,在他的两年见习期结束时,古伯察就由于他的"在一定方向上违背了愿望",成为职位被委员会推迟授予的惟一的神学院学生。他的旅行,正如我们将看到的,离奇地背离了蒙古名誉主教所起草的计划。而由于秦神父在罗马不合时宜的诉讼,使问题则更进一步复杂化了。当他回到法国时,古伯察并非没有察觉到重要人物的欢迎。他受到了吕茵神父迎接,后来,他知道此人希望在自己的著作里借助对亚洲的侵略和革命的某些想法,因此,这位教区助理在谈话中对此做了解释。古伯察在给他在巴黎同事的一封信中,用一种虚荣的笔调重复了吕茵神父的答复使他感到倍受荣耀。这些巧妙的奉承,与 1852 年末或 1853 年初古伯察得到的荣誉十字勋章,无疑不是没有关联的。而会长德望是不完全满意的。1853 年 1 月 16 日,古伯察从蒙彼利埃写信给他,惊奇而且甚至是抗议似的表示:"一个圣味增爵的儿子,不该在他的黑色法衣的扣眼里佩带红丝带",但又加上一句“在这种事件上，这样的任命是不可能拒绝的”。其实，在他的内心深处是陶醉的。不过，使他离开修会区的真正原因是更加微妙的，也是情理之中的事。古伯察与秦神父一样，曾经在他的旅行过程中，伴随他的教士誓约，行使了某种自由，而后来没有其他行动。在他再一次成为世俗教士及公众崇拜的教区助理以后，1856 年在福尔图雷，1857 年在鲁朗，他都希望提名为主教职，但是，两次机会都有教会当局的反对。理由是有关个人行为，并非关于教义方面。同时，这位前传教士，他的《鞑靼西藏旅行记》使他一举成名，他可以靠卖文为生。1854 年，两卷本《中华帝国》出版。后来，在 1857 ~ 1858 年，又有四卷本《基督教在中国、鞑靼和西藏》的出版。1857 年古伯察督促拿破仑三世占据了安南的土伦（岘港）。他本人在 1860 年 3 月 25 日去世。

1840 年的蒙古，是秦神父和后来古伯察实践他们使徒职责的地方，还有西藏，无论到哪里，环境都引导他们，那里不再是一个世纪以前那片未知的土地，而且也不再是要求获得关于这整个地区知识的情况了，因为他们已经获得了如此直接和有价值的知识。蒙古和西藏在 17 和 18 世纪早期的中国，被满洲皇帝纳入直接统治之下，耶稣会传教团后来在蒙古战役中陪伴着康熙皇帝，一些其他的耶稣会士们曾帮他绘制国家地图。耶稣会士的记述显示在《耶稣会士书简集》或者其他的专著中。我们进一步从去俄罗斯的旅行者或外交官们那里，或者从查理十二的战役后流放到西伯利亚的瑞典战俘那里得来资料，可以加以补充。

西藏留下了更多的神秘感。实际上，1661 年耶稣会士白乃心和乌尔铎曾从北京出发旅行，通过拉萨到印度，但是他们仅仅是穿过了这个国家，而荷兰人冯·布德 3/4 个世纪之后，进行了同样的旅行，不过是从相反的方向，也仅仅是知道了一个名称。再者，根据耶稣会士的记述和嘉布遣会士的记述，他们曾从印度穿越入藏，而且生活在那里，但是他们的记述仍然埋藏在他们圣职的档案和罗马传信部的档案里，或者保存在公共和私人图书馆里，无人知晓。虽然在北京的耶稣会士地图绘制者们没有审定西藏地图，但是这些地图是根据他们训练的门徒们观测制作的，而且长期保存了下来。最好的资料来源是这个地域的自然生态。至于它的政治和宗教情况，1774 年伯戈尔使团到了班禅喇嘛那里，还有马吝使团，他在 1811～1812 年见到达赖喇嘛，但是，这些消息直到 1879 年由玛尔康发表前，从未有人发表过。直到忒纳，他是作为使节在 1783 年到了班禅那里，而他的《一位去班禅宫廷礼貌使节的记事》于 1800 年出版。西方从此以后拥有了关于这个伟大的亚洲神权政治国家的详细概念。

19 世纪初，虽然没有带来关于这些遥远地方更多新的关注，[①]而且甚至人们在 18 世纪了解的也已经被遗忘了，但是有关最大的冲突，也就是“信仰传播”上，在天主教界后来证明是愈加明显了。特别是在法国，不可能通过各地提供这样一个活动范围，能够立即如此广泛又如此崭新的转变信仰。由于中国传教团在 1773 年镇压耶稣会士时受到了严重打击，一些人希望为中国传教团的恶劣境况寻找某些补偿。面对愈来愈严峻的官方驱逐，他们仅仅保持着一种不安定的生存。遣使会会员接续耶稣会士在北京的工作，已经被迫不得已放弃了首都，他们的总会在直隶西湾子的传教站，是 1834 年由一位中国神父建立的。关于他，我们已经在描述秦神父和古伯察的传记中提到过。现在西湾子基督教传教团在蒙古的加剌，孟振生是它的长官。至少在 1836 年，他很自然地送秦神父去北方，访问建立在游牧民地域边上的中国人聚居地，而秦神父则更本能地尝试着使喇嘛改变宗教信仰。同时，“外方传教会”委托给在高丽(1831 年)的一个使徒教区，布律吉尔试图从东蒙古和满洲进入他的代牧区，但是却白费辛苦了。他于 1835 年在别列沟去世。据说在那些“邻接的峡谷”，秦神父和古伯察在九年以后，也就是由此出发开始他们的旅行，进入亚洲北部的。秦神父不久就发

① 季齐姆科夫斯基的《1820～1821 年经蒙古的中国之行》，1824 年在俄罗斯出版。在 1825 年和 1827 年之间译成德文、荷兰文、法文和英文。但我们不知道此书的一个副本在 1844 年以前就到达了中国北方的天主教传教团。对于乔马著作关于西藏的知识，也没有受到更多的重视。

现,他有脱离传教团的危险,而传教团正是他自己创建的。1838 年 11 月 8 日罗马教廷决定,指定蒙古和满洲整个归入外方传教会。可是,这个代牧区的挂名主持人龚伯察主教在 1840 年底才打道前往。经过西湾子,在那里他和孟振生主教一起安排,把北京子午线以东的整个蒙古交付给遣使会员。事实上,罗马提前处理了这两位主教的临时协议,可是 1840 年 8 月 23 日的教皇通谕,西湾子还不知道,而刚刚把蒙古从满洲分出,且指定它归入遣使会。留下给秦神父在耶豪地区所建立的传教站的命运,是我们不确知的。甚至在 1840 年教皇通谕已被远东接受,两个代牧区界限的确定,还引起了某些漫长的争论,而且再一次地迫使龚伯察主教不得不着手去安排到罗马的旅行。

西藏同样是吸引传教士们的地方。在这里,我们还要提到龚伯察主教。在他被提名为满洲的代牧主教之前,他是属于四川传教团的。他在 1832 年年底到达四川。从此,他从未停止过请求他的上级冯达纳主教以及后来的白罗寿主教允许他去西藏传播福音。主教几乎被他说服了。在 1836 年,他写信给巴黎神学院院长说:"从这里出发,两个月就可以旅行到西藏,它的首府是拉萨。那里是大喇嘛的居留地,是个广袤的地方,但仍沉浸在偶像崇拜之中。那里的居民是单纯的人民,不奢侈,但也没有野心……啊,我亲爱的弟兄,那是传播福音多么美好的地方!"龚伯察主教在 1838 年曾对他的一位姐妹吐露心迹:"现在正有一个带着福音去西藏出行的问题,这个伟大的西藏!看一看地图,那是一个 500 里格长,400 里格宽的地方!那是一个新的地域,它从来还没有接受过信仰的火炬。尽管我有罪过,但是我乐于命中注定地带着福音到那里去。你祈祷吧,也希望其他人为这个事业祈祷……"白罗寿主教正是龚伯察主教的继任者,他对此在原则上表示赞同。不仅在从罗马得到对西藏的司法权前是这样,而且在此后他也一直相信要依靠印度阿格拉的主教成就此事。直到 1884 年 8 月,阿格拉的主教授予了白罗寿主教派遣神父去西藏的权利。两年以后,也就是 1846 年 3 月 27 日,教皇通谕创立一个拉萨的代牧主教,而且归外方传教会管辖。但是在此时,龚伯察主教已经被提名去满洲,而且几乎六年过去了。[①] 秦神父和古伯察在他们于 1844 年中期出发旅行时,对于这些变幻莫测的风波,还一无所知。

有时古伯察受到不公正的攻击,普热瓦尔斯基就一直否定拉萨之行的真实性;而且一位作者提到"古伯察神父的剽窃",把古伯察著作中发现的错误全部归入剽窃一类。对此,我也不感到强烈的愤慨。不论《旅行记》的叙述中有着不准确的地方,而且从科学观点来看,它也有些缺失之处。但是,事实上古伯察完成了一次令人瞩目的旅行,而且因此在他书中记述的一切直接有关的事务都是重要的。至于其余的素材,特别是出现在 1854 年和在 1857 ~ 1858 年的部分,这位修道院长是仓促赶写和充分利用了别的作者的材料,只是有时是他自己撰写的。关于中国人的历史,特别的是还没有东方学者曾关注过古伯察著作的权威性资料。

古伯察撰写《鞑靼西藏旅行记》是在澳门,时间是 1846 年底到 1848 年底之间。此书于 1850 年问世,当时古伯察在远东传教团。与第一次修订版相应而生的,是 1853 年的定稿版。这部书结束在两位旅行者已经从西藏回到内地,或者更确切地说是进入了四川。旅行的终结是从四川到广州,形成了一个中华帝国的框架,但是表现出来的片段,淹没在冗长不堪的离题的描绘之中。最后,古伯察在蒙古和西藏的旅行,在《基督教》第 4 卷第 359 ~ 420 页有再一次的描述。

不过,这些并不是我们仅有的资料来源。还应该加上他们的来往书信,包括两位传教士和他们同事们发表过和未发表的书信,另外还有领事的报告。首先,秦神父和古伯察的报道,在《鞑靼西藏旅行记》出版以前,就已经在《传教团年度报告集》和《罗马教会传信部年报》里发表过。在黑兹利特的序言里提到一个文件,是迄今没有刊行的,将在这篇文章的末尾发表。丹尼斯·罗斯好心地在伦敦档案馆找到它并且复印。那是约翰斯顿于 1847 年 2 月 16

① 参见洛内:《龚伯察主教和满洲传教团》,巴黎,特基,1895,第 8 卷,89 ~ 94 页;《西藏传教史》,里尔和巴黎,未注时间,第 1 卷,65 ~ 66 页。

日写给约翰·法兰西斯·大卫的一封信,约翰斯顿正是后来与秦神父一起从香港旅行到锡兰的。即使如此,其他文件仍下落不明。特别是一封有关西藏传教团的长信,那是秦神父在 1847 年从巴黎送往罗马传信部的,还有按照我们调查的结果,更重要的,是秦神父于 1847 年下半年提交给教皇庇护九世报告的第一部分,他在其中描述“从邻近的峡谷”去拉萨的旅程。

说到撰写《鞑靼西藏旅行记》所利用的资料,看来很清楚,有三种类型:一是旅行中所做的笔记,二是旅行者的回忆,三是在澳门查阅图书文献与研究。这最后一种很明显地是,包括雅盖、雷慕沙以及克拉普洛特书中的长篇的引文。至于其他的,人们可能更乐于知道保留在《鞑靼西藏旅行记》中的笔记,那是逐日记录的。恐怕古伯察的笔记本——包括他沿途所记的笔记结集,他在 1852 年的序言里说不是很注意保存的。无论如何,即使如此,古伯察还是亲自写下了每一件事。有些文件是有选择的,而且是被传教士们自己放在一个“木盒子”里,在拉萨曾被拿走,并被没收了,但是在广州又归还给他们了。[①] 旅行者们曾表现出他们要保存整个他们并不丰富的成果,秦神父特地从拉萨带到欧洲几块石头,上面刻有“唵嘛呢叭咪吽”六字真言。其中一个,他送给了国家图书馆。再有他在拉萨开始并完成于湖北的自蒙古文翻译的《四十二章经》,于 1848 年 6 月号《亚洲杂志》发表。[②] 关于秦神父和古伯察的文件,我不知道更多的了,而且我也不知道他们的改动情况。

第一个问题提出的是,关于去拉萨的著名旅行,是由于什么原因促使这两位遣使会会员去着手进行的。有些时候,人们说他们是“由他们的教会长官任命,去归化达赖喇嘛的城市”(玛尔康《西藏》,94 页)。王树德也说孟振生主教“委派古伯察(和一位同伴,即秦神父)去访问西藏”(《神秘的西藏》,128 页)。玉尔对普热瓦

---

① 《中华帝国》第 1 卷,58 ~ 59、65、84 ~ 85 页;考狄《古伯察和秦神父的远征》,载《史学论文集》第 1 卷,291、292、294 页。

② 《亚洲杂志》,535,557 页,1848 年 6 月号。为研究此问题,我在《通报》发表的文章里提供的参考文献,还应加上《四十二章经》,巴黎,12 盒,15 ~ 16、55 ~ 56 页,1878。

尔斯基为古伯察辩护,陈述得很明确。尽管如此,古伯察作为一位旅行家,他没有“地理意识”。对此,包世杰做了回答,在他著作最近的北京版(第1卷,68页,1924年)里,他说旅行不是古伯察的职业,而他旅行的目的是传播福音。与此相关,包世杰还引用了孟振生主教1845年3月的信,信里说:“去年最后的方策是允许我们派出两位欧洲传教士,让他们持有通行许可到蒙古北部去。他们于1844年9月10日从蒙古——中国人的传教团出发,那里通常是由中国人占有的。两位欧洲传教士就是秦神父和古伯察,二人的满语和蒙古语都相当熟练,而且足以通晓藏语,这对他们在游牧的蒙古人中继续履行教士职务,而且企图在蒙古人中间建立一个传教团是很有用的。”包世杰进一步援引了孟振生主教1846年2月8日的信:“我们没有秦神父和古伯察的消息,他们是差不多两年前离开的,去了北方游牧的蒙古人中传播福音”。

不管孟振生主教的陈述,在蒙古传教团,可以相信当时他们有着几乎是关于秦神父和古伯察到达蒙古北部、在喀尔喀人中间的准确消息。这是由达京的一封信指出的。这封信是1845年8月22日写自三塔传教团的:“首先让我提起秦神父和古伯察到达了喀尔喀,那是包括八十多个蒙古王国的地方。我知道他们的到达,蒙古人并不知晓,在这方面我依靠大概告诉你……”达京随后叙述了传教士的出发,他自己的活动,然后他回到别列沟,在那里有一位蒙古人从喀尔喀人中回去“告诉说当地传授教义的人说,秦神父和古神父(古伯察)成为喇嘛”。在喀尔喀蒙古,看到寺庙外“与佛的迷信崇拜有关的所有物件都被不光彩地扔掉了,三幅巨大的肖像放在庙里。一幅是,按照故事,一位妇人手臂里抱着一个孩子;第二是,一个男人肩头扛着一头羊;但已经想不起第三幅是什么了。这个别列沟的蒙古人还说起他们与一位大喇嘛辩论的事。那位大喇嘛是从西藏来的,他回答说自己正要去北京,而且要去向皇帝请教关于这新的教义。蒙古人还告诉他们,秦神父和古神父已经离开那里,朝着西北方向到喀尔喀以外地方去旅行,他不可能见到他们了。确切地说,这位蒙古人所说的并非是谎话,他对我们崇拜的实物是什么也不知道，对我们两位同事的出发，甚至出发的目的地丝毫不清楚”。

翌年，在缺乏关于两位传教士明确的消息时，蒙古人的故事在西湾子仍然局部地被相信着。本地神学院学生在1846年4月30日写给巴黎神学院学生的信里，仍然谈到秦神父和古伯察，说：“如果我们相信某些传闻，他们已经使许多喇嘛归化，而且使喇嘛打破自己的偶像，在那些地方竖立起我主的形象：肩上扛着一只羔羊，还有圣母玛利亚手臂里抱着婴儿耶稣的肖像。在那里解说福音和训练祈祷，无疑也会占去他们许多时间”。

1847年7月，一篇关于蒙古传教团的论文(《传信年鉴》第19卷，268页)中，谈到蒙古内部的基督徒们之后，写道：“那不是一位简单的基督徒，他在北方游牧部落中间寻找，这些部落带着他们可以移动的帐篷流浪，甚至远到亚洲俄罗斯的边界。在辽阔的高原上，周围大约800里格，还没有竖立基督的十字架，对那些在荒漠中长久的朝圣者指出走向拯救之国的道路。1844年时，有两位传教团的神父担负起贯穿深入到未知草原最深处的使命……”接着是古伯察在1846年12月20日的信，我们确实无法否定其先行性，他在信的开始是这样写的：“尊敬的神父，无疑您早已熟知我们的代牧主教，也就是孟振生主教，他委任我们，秦噶哔和我，去探查蒙古鞑靼地方，而且认真学习这些游牧人民的风俗习惯以及他们的文字。那些人中间，是我们传教团要去传播福音的地方。当时，我们被命尽可能地向远处传播，我们必须做好一定的准备，而且要把我们自己置身在一个商队里……”

大多数文本都指向了一点，那是一封信，是秦神父从澳门写给他的继任者达京的一封信(几乎可以肯定是写于1846年10月)。我相信这封信直到包世杰部分出版之前(第1卷，2页)，一直没有发表过，值得在这里重提：“当我们离开别列沟，向喀尔喀地区行进时，确实误认为是俄罗斯使我们宁愿走西方路线。我们穿过察哈尔，然后是黄河，我们通过鄂尔多斯王国和阿拉套，而且最后到达著名的喇嘛庙塔尔寺。[1] 我们希望在蒙古建立第一个基督教传教站。我们在那里停留了八个月,终于看到我们的设想没有机会付诸实现,而且也不可能继续生活在那里。因为我们必须接受喇嘛的习惯,那是他们希望强加于我们的。于是,我们不得不去寻找新的地域。但是,一场战事在中国人和西藏人之间爆发,这使我们不可能回去。[2] 所以我们不得不转向西行。我们插进卡尔梅克大沙漠,而且在旅行几个月之后,到了拉萨。那里是西藏的首府。在那里,从我们最初努力的时刻起,可以告慰我们的是,看到了成功凌驾在我们所有的希望之上,我们建立了一座小教堂,而且有第一次真正信仰的祈祷者在这教堂里作祈祷……"

在 1847 年下半年送给教皇庇护九世关于中国传教团的报告里,秦神父在 1844 年 8 月写了他收到孟振生主教关于他的旅行的指示:"他让我做未来传教团的首领,而古伯察拥有教会司库的头衔"。还有一段这样说道:"你要从帐篷到帐篷,从部落到部落,从喇嘛庙到喇嘛庙,直到天主指示你他希望你停止的地方,在那里做出明确的开端。因此,这个指示使我们有适当充分的活动余地,去决定我们旅行的方向"。在说明了便利的理由以后,遂使他们宁愿走朝向西去的路线。秦神父仅仅加上这样的话:"我们进一步受益,走向神秘之源。那里的人们如此固执地坚持他们所有的信仰"。

所有这些文本足够清楚地表明,传达给他们的遣使会指令达到了外蒙古的西北部,在喀尔喀地方,接近库伦。而且我们必须联系到意外环境在旅程中带来的变化,引导他们到达了西南部,并且终于把他们带到了拉萨。甚至在他们接近 1846 年底到达澳门时,秦神父还说到他们迂回到拉萨是一个意外。1847 年在罗马,我们第一次在他的著作里提及这"神秘之源",那一西方路线使他们走近了它。但是,他仍然没有更清楚地描述它。

---

① 这是藏文名叫 Kumbum 的大喇嘛庙,秦神父给了中文名字塔尔寺,而古伯察则用藏语称之。

② 在《鞑靼西藏旅行记》里,没有提到这场战事。

当时,传教士们在蒙古建立一个传教区的任务,是突然出现的。在这一地区他们传教团传播信仰取得成功的谣传兴起,而且出自西藏之后,他们得到了另一个命令,而且在这个叙述中,当时他们发现他们曾经做的旅行,按照他们传教团本身的观点看来是无效的。那是特别确切的,在孟振生主教的指令里,没有任何地方提到西藏或拉萨。秦神父没有白白去引证那完整的长长的段落。在这种情况下,富于思想的学者如玛尔康能够相信秦神父和古伯察是奉命去的西藏首府,但是这是可能的吗?在我看来,错误就出在古伯察身上。在《鞑靼西藏旅行记》(第1卷,3页),他说:"靠近1844年初……"孟振生主教"为了这一伟大的旅程给我们指令,向我们指明,我们的事业伴随着学习鞑靼风俗习惯的目的,是如果可能的话,去探索代牧区的范围和边界"。这里有足够的含糊,特别是我们回想起孟振生主教在他的信里说到"蒙古的北部",以及"北部的游牧蒙古人",而秦神父明显地说他们出发意欲"进入喀尔喀地域"。在1852年8月7日他写的序言里,古伯察至少谈到了这一点,虽然是不明确的:"1844年,我们开始在喇嘛寺院里详细地学习佛教徒的宗教,希望深入了解从那里衍生出来的迷信的根源。而这种迷信统治了中亚的人们。为此,我们着手开始这漫长的旅行,它使我们到达了西藏的首府"。不知道孟振生主教指令的每一位读者,只要知道古伯察去拉萨,自然地会产生印象,即拉萨就意味着"统治中亚人们的迷信的源头"。整个序言中的话,绝没有一句是孟振生主教的或者是秦神父的,虽然秦神父是古伯察这个管区的首脑,而且所有这一时期都在传教团之中。最后,在1858年他的《基督教教义》(第4卷,376~377页)中,古伯察提到了喇嘛的归化,即保禄、彼得和桑木丹尽巴,然后继续说道:"这三名佛教和尚的转变,对在蒙古的传教士们是一个很大的鼓舞。他们从所有在各个喇嘛庙里学到的东西中解脱出来,变为有坚定信仰的人。拉萨,这个西藏首府和大喇嘛所在地,在所有中亚人的眼里就是佛教的罗马。拉萨产生了一种决定性的影响,超越了鞑靼的信仰,而且从这一城市引导的基督教传播,将来一定能够得到可观的效果。

两位传教士于是下定决心穿越鞑靼地区和西藏，到达拉萨。他们不允许自己被劳累和危险的场景所吓倒，饥饿这种场景连续不断地变幻着出现在他们面前。这两位传教士之一是秦噶哔，而另一位就是本文的作者”。

这段文字写得十分清楚。古伯察坚持说从一开始他们就不顾同事的反对，在1844年进行旅行的最初目的地就是拉萨。我们知道，这不是事实。假如去拉萨的主意是古伯察想起来的，或者甚至是秦神父也想到了，而孟振生主教可并没有持有这种想法，在他的指令里也没有考虑到这种想法。此外，还有秦神父给达京的信，除非我们无故猜疑它的真实性，而正是它揭穿了上述假设的虚假。那么，真实的是发生了什么呢？我设想的是，那是十分合乎情理的：当他们回到广州时，他们受到的欢迎使秦噶哔和古伯察发现他们已完成了一次令人注目的旅行。驻在澳门的法国领事北古，听说这两位传教士在成都的经过，甚至在他们到达广州和澳门之前，已经通知外交部长说：“自从英国人传教团的端纳（他实际上还没有远到拉萨）以来，他们是仅有的到达拉萨的欧洲人，除了学者乔马可能是个例外。他们穿越和进入了中亚最不同凡响的地区之一”。在一封1846年10月24日来自澳门的信里，北古写道：古伯察和秦噶哔先生已经讲述了他们整个的旅程。他接着说：“希望他们在休息之后，恢复到足够的镇定自若，再去进行这样的工作。那就是他们已经熟悉的已经发表的西藏，他们将写出一部关于他们的旅行和停留在西藏的记事，而学术界对此一定会有很大兴趣”。秦噶哔，从他给达京的信来判断，看来他从领事介绍时首先就保持了镇定，但古伯察具有一个真正的南方人的那种急躁和饶舌的特点，这使他比他的领导有所转变，他并不希望被人想象为是由于意外事故，才变成一位伟大的旅行家，如同已经发生的那样。于是，对于所有偶发事件，即引起这两位传教士转变了方向走向了西南这样一个事实，在保留了审慎的沉默以后，古伯察于1858年结束时坚持声称，如果他去了拉萨，那是因为从最开始的时候，就是审慎的反复思考的结果，他是把这个城市作为他的目的地的。

由于没有发表的文献，当我撰写《通报》那篇文章时，证实秦神父和古伯察的同事们的最初反映，对我来说仍然是不可能的。他们听说两人旅行到了拉萨，甚至比我想象的更没有好感。两位旅行家抱怨拉萨的中国地方长官，而秦神父在他同约翰斯顿从香港旅行到加勒波因特时，则又一次坚持了这一点。事实上，秦噶哔为什么如此快地回到欧洲，其真正的理由是他希望西藏传教团再一次归还给遣使会，而且自己成为拉萨的第一任代牧主教。这样他就把自己放在了和他的主教孟振生主教完全的对立面。后者在送一位神父胡缚礼去罗马几个月后，有详细的指令委托他，指令的日期是 1847 年 5 月 10 日，紧接着特别提到的是近来信使带来的信件通知我们，秦噶哔于去年 11 月离开去了欧洲，在那里他为自己要求西藏教区主教的职位……看看……秦噶哔……去没有命令，没有建议，从他的上级主教那里，真正的或推知的都没有，而主教既是代牧主教，又是遣使会的视察员。对于主教，他没有屈尊去商量……由你一个人做我们的代表，你必须独立考虑这些……我们感到遣使会这一小群人不能也不应该去担任西藏的责任。这个代牧区离我们本身很远，已经给了别的传教士们，他们的居住地靠近西藏，那里的代牧主教已经就职，并且大概已经开始了他的职责……秦噶哔的这个要求，在现在目前环境中是最不合时宜的”。这已经足够证明孟振生主教对他的两名部下所做的到拉萨的旅行并非特别喜欢。有着这样的想法，就很容易理解为什么随后传信部本身预先就表示反对秦噶哔了。

旅行的时间表也给他们带来了困境。虽然这没有像旅行目的地那样重要，但是也引起了注意，而且仍然是既真实又惊人的。在《通报》中我的文章里，我指出古伯察在他的《鞑靼西藏旅行记》里给了不确切的日期，包括旅行开始以及他停留在库库诺尔(青海湖)地区的时间。同样的，他到达拉萨的日期，记载的是在 1846 年 1 月 29 日，可是事实上是发生在 1845 年 12 月末。甚至他乘喀西尼号船在 1851 年 12 月 28 日航行到欧洲，这个日期也是错误的。

从开始到结束,使古伯察倒霉的就是他的日期。①

最后,如果古伯察出于在事后"篡改"他的旅行的目的,而且如果他写的日期常常是可疑的,我恐怕在事实上他同样容易显示出这种虚假。在此,我愿意举两个例子来说明。第一个例子,《鞑靼西藏旅行记》第 1 卷,第 6 页记述:"冰雹在这些不幸的地区是经常发生的,而且通常是巨大的。我们自己看到的有些是 12 磅重,有时只要片刻就会消灭整个的羊群。1843 年经历了那种风暴之一,我们听到空中有一种声音,就像一阵狂风,而且随即落在了靠近的一所房子地上,遍地的冰块比平常的磨石还要大,要用斧头才能砸成碎块。虽然经过太阳的暴晒,三天后这些碎块才完全融化"。包世杰(1 卷,73 ~ 74 页)给了一个有趣的注解,说明这些巨大的冰雹虽然可能是罕见的,但是在蒙古部落却并非是无与伦比的。我欣然同意。我不相信古伯察虚构这个故事,但只不过是说明他自己是一个见证人,而不是有另外的人确实告诉他的。在一封没有发表的信里,那是秦噶哔在 1842 年 8 月 20 日写给他的兄弟费尔迪南的,我们读到了如下文字:"在 6 月的第一天,就是刚刚过去的这个月——如此可怕的一阵冰雹落下,使整个的羊群完全消失了。去年靠近我在传教团工作的地方……一场可怕的冰雹发生,有几个冰雹我们称过,每个都有 10 磅和 12 磅那么重。两年前有一块冰雹比三个磨石还大。一阵雹子落下,落在离我所在有一天路程外的地方,那是我经常路过的住着异教徒的地方,那些冰雹用镐和棍棒敲成碎块,虽然那是在 7 月最热的时候,这些碎块也要三天或者四天才能融化"。

1842 年 8 月,准确地说是在更早些时候,古伯察并不在秦神父通常居住的地方。一方面,我们看到的以上文字是十分明显的,古伯察从澳门到西湾子是在 1841 年 6 月 17 日,而一直停留在那里大约到 1843 年 5 月 26 日都没有离开。后来他出发去了"黑水"和"别列沟"的传教团。此外,秦噶哔给他兄弟信中的一段话可以证

① 我没有说古伯察给的是历史事变的日期,即使是偶然也是令人惊讶的。

实:“彼得和保禄(这两个喇嘛是秦神父使之归化并且受洗的)不和我在一起。一个正在教古伯察蒙古语,古伯察是一位同事,他来和我们联系。① 另一个正在澳门学习。我正试图去联络他们中的另一个”。另一方面,秦神父的书信和古伯察的文章是同样的清楚,那场新鲜的冰雹恰好在一年时间里发生,每一个事件都重复得如此紧密,很难想像出来。我更倾向于古伯察叙述的是仿佛他自己看到的,其实他仅仅是听秦噶哔说的。

第二个例子甚至更关系重大。在古伯察的《鞑靼西藏旅行记》(第1卷,134~137页)中,古伯察说到库伦的活佛,或者说他称为“大库伦”的活佛,那是本地的名字。在他叙述喇嘛庙之前,他加上了这些话:“在一次我们旅行进入鞑靼北部时,有机会拜访了这座巨大而雄伟的建筑。关于它,在这里我们要给以详细地描写”。还有,在谈到距离这喇嘛庙半里格外的中国商人的驿站时,他说:“一只手表和几锭银子,夜晚从秦神父那里被偷了,留给我们的无疑是要做上帝正直的门徒”。每位读者看到这里,自然地就会断定古伯察陪伴着秦神父至少有一次旅行到库伦,而且有几次,如果发生了,一定是这样——正如玛尔康记述的(《西藏》,49页)。然而,现在秦神父实际上是从西湾子去的,那是在1839年夏天,而且后来他被抢劫,也不是在靠近库伦的地方,而是在库伦的北方,当时他试图加快行程远至贾克哈塔。关于这次旅行,我们有一个详细的记事,那是秦噶哔自己在“1842年6月于鞑靼”发出的一封信(《传信年鉴》第20卷,4~33页)。秦神父说他仅有的同伴就是前面提到的喇嘛彼得和保禄。这时古伯察甚至还没有到澳门。② 进一步说,古伯察未必曾经去过乌尔加。

他到达西湾子是在1841年6月17日,而且直到1843年5月下旬,他并没有离开秦神父开创的传教团更向北方去。现在很明显,当古伯察到达时,他的教区领导交给他传教工作,而并未让这

① 就是说古伯察来与蒙古传教团联系,蒙古传教团的本部是在西湾子。

② 自从我的文章在《通报》发表以后,我已得到秦神父未发表的书信,确定了他到乌尔加的旅行发生在1841年以前这个事实。

个新来者单独进入一个遥远的地方去探险，而他自己已经去冒险了。

另一方面，古伯察自己告诉我们(《鞑靼西藏旅行记》第1卷，29页)，“接近1844年年初”，秦神父和他接到孟振生主教的指令，谈到这一伟大的旅行。而我们从孟振生主教，也从秦神父那里知道他们的第一个明确目标是外蒙古喀尔喀地域，库伦坐落的地方。所以说古伯察在那特别的一年也没有去库伦。于是，只留下了一种解答：就是古伯察关于库伦和活佛的报道是得归功于秦神父的。作为一个熟练的作者，他知道公众喜欢听第一手资料的故事，而不喜欢第二手的，于是，为了使公众满意，他写出他自己进行了这个短途的旅行。

关于两位传教士的语言学识方面，包世杰(第1卷，66~67页)有很明晰的陈述。秦神父一定能够十分流利地讲中文和蒙语，他还安排学习满语。在他给教皇庇护九世的报告里，提供了他所担任的各项工作的信息。1837年保禄归化以后，当即秦神父就起草了《蒙语祈祷文简集》，还有一个小册子《天主教教义基本教理问答》。他曾说道：“保禄的满语很好，他给我上课，而这两本小书是用蒙文写的，由保禄译成了满文”。在彼得归化以后，他谈到了三件事：“首先，我们用蒙文写了天主教教义，全部叙述源自于特伦托会议，而采用了问答的方式陈述；其次，写了一篇历史的论文，以基督教驳斥佛教的迷信；最后，是一个小册子，是为了教育的目的论述天主的存在。所有这些作品都没有发表。我们恐怕在开始部分可能在一些词语上搞错，以致在神学上表达不准确，这阻碍了我们把它发表或复印出来”。① 后来，大约在1842年，秦神父起草了“一本满文文法，然后又写了一个小册子，是关于满文与蒙语二者的联系。”所有这些工作，似乎都必须预先有着两种语言的相当广泛的知识。我们更惊讶地发现，在秦神父给庇护九世的同一报告中，蒙古名字 Dzun - Uliasti 在两个地方译成(第145~146页和第156

① 秦神父不知道利玛窦和艾儒略的作品有蒙文和满文的译本存在。

页)“东方芦苇”,那似乎是混淆了 qolosun(芦苇)和 ulivasun(白杨)。

至于古伯察,他被认为中文讲得很好,但是肯定没有达到什么都能读的程度,而只是阅读简单易读的文字。此外,他有充分的蒙语知识足够应付日常的需要。谈到藏语,虽然他初步学习过,而且有七八个月在塔尔寺地区随“大胡子桑达拉”做藏族人工作,但是,两位传教士的语言所达到的程度,只要看事实就很清楚了。在他们所有的著作中,包括秦神父发表在 1847 年《亚洲杂志》5 月号上的笔记(464 页),他们将布达拉宫(Bouddhala)一名译成了“佛山”。既然如此,我们不禁要问自己:以这样的藏语会话,他们在拉萨怎么能坚持下去?对此,古伯察在他的《鞑靼西藏旅行记》里给我们留下了如此高度风趣的说明。

在《鞑靼西藏旅行记》很吸引人的部分里,最为出色的地方之一,是“祈祷帖木儿”(前文译作“瘸子帖木儿”——译者)。古伯察说是从一位流浪说唱艺人或 toolbolos 那里听来的。这是很少见的段落之一,因为在 1846 年 12 月 20 日的信里(《传信年鉴》第 14 卷,281 ~282 页),已把《鞑靼西藏旅行记》中的这段话(第 1 卷,90 ~91 页)逐字逐句地讲给了我们。“toolbolos,我们说,这首歌你已经唱得很好,但是你对不朽的帖木儿却还什么也没说。‘祈祷帖木儿’,我们听说是一首著名的歌,是蒙古人所喜爱的——是,是的,立刻有几种声音叫起来——为我们唱‘祈祷帖木儿’”。然后接着是一首史诗的片段,在史诗里蒙古人回忆起快乐的时光,那时“神圣的帖木儿居住在我们的帐篷里”,而最后结尾是“回来吧! 回来吧! 我们等待你,啊,帖木儿!”蒙古人,不过特别是这些内蒙古的人,没有理由去知道泰摩兰(即帖木儿),帖木儿统治俄罗斯、土耳其斯坦,但从未在蒙古统治。我想象那是古伯察在这里采用了一首蒙古民歌,那是歌颂在蒙古人中比帖木儿更伟大的人物的。

现在我要加以说明的是,在古伯察的两段记述里,有两段完全相同的词句,但是事情发生的场景却是不同的。根据《鞑靼西藏旅行记》,传教士听说“祈祷帖木儿”是在沙伯特,而另一个叫石板台,距离归化城东“一百里格”，在他们从恰克图和库伦到北京时，他们的路线经过的地方。1846 年 2 月 26 日的信中谈到，宿营地是在鄂尔多斯的一个弯曲部分，正是归化城的西方，而当时旅行者已于 10 天前渡过了黄河。我想没有理由在这两个地点之间去选择，其中一个十之八九比另一个任意。古伯察的笔记里有技巧高超的写作，他定位在一个地点，那里的周边环境最适合他去夸耀。

结论是来自对古伯察撰写的《鞑靼西藏旅行记》的那些注释，这是为了公众利益而随意修饰的。古伯察没有“虚构”什么，但是他为了讨人喜欢，调换了资料，而且成功了。《鞑靼西藏旅行记》是一部艺术创作，它留给读者一个完整的印象，但是更真实的是叙述事实细节方面非常缺乏精确。[①] 我们更想知道秦神父对此是怎么想的。古伯察绝妙而生动的叙述把他的同伴投入了阴影之中，这位同伴既是他的长者，又是他的上司。古伯察必须把自己放在最前面。从 1846 年 10 月，在我们的旅行者到达澳门后的那一天，在澳门的法国领事已经在说“古伯察和秦噶哔先生”。现实用法跟着仿效。现在，我们的责任是要作出努力，记住孟振生主教和达京的书信，并且重建合理的顺序——秦噶哔和古伯察。

译自《鞑靼西藏旅行记·伯希和(序言)》

Travels in Tartary, Thibet and China 1844 - 1846/Evariste - Regis Huc and JosephGabet. Introduction by PaulPelliot, translated by WilliamHazlitt, NewYork: DoverPub. Inc., 1987.

① 在此处我不想讨论莫克洛菲特的命运这个复杂的问题。虽然古伯察肯定的陈述既震动了，又使沃德尔、G 桑欠、兰顿、傅路德尔和古纳都相信了，我想更可能的是，莫克洛菲特是真的在 1825 年死于阿富汗，而古伯察让他去拉萨，是有疏忽失察之罪的。以此推论，不知道以后如何澄清他自己。

图书在版编目（CIP）数据

鞑靼西藏旅行记/（法）古伯察著；耿昇译．—2版．
北京：中国藏学出版社，2012.2（2024.5重印）

ISBN 978-7-80253-442-1

Ⅰ.①鞑…　Ⅱ.①古…　②耿…　Ⅲ.①游记-西藏-清代　Ⅳ.①K928.975

中国版本图书馆CIP数据核字（2012）第021015号

SOUVENIR D' UN VOY AGE DANS LA TARTARIE
ET LE TIBET PENDANT LES
ANNEES 1884,1845ET 1846
PAR
REGIS-EV ARIESTE HUC
TOME PREMIER
TOME SECOND
PEKIN IMPRIMERIE DES LAZARISTES 1924
（根据1924年北京西什库遣使会书局版的包世杰本译出）

鞑靼西藏旅行记

作　　者　[法]古伯察
译　　者　耿昇
出版发行　中国藏学出版社
　　　　　（北京北四环东路131号）
经　　销　新华书店
印　　刷　北京隆昌伟业印刷有限公司
版　　次　2012年第2版第1次印刷　　2024年5月第2版第2次印刷
开　　本　640×965毫米　1/16
印　　张　45.75
字　　数　671千字
印　　数　3001—6000册
书　　号　ISBN 978-7-80253-442-1/K·291
定　　价　96.00元

图书若有印装质量问题，请与本社发行部联系
E-mail:dfhw64892902@126.com　电话:010-64892902